И. М. Пульнер (1900 – 1942)

ИССЛЕДОВАТЕЛЬСКИЙ ЦЕНТР
ЕВРЕЙСКОГО МУЗЕЯ И ЦЕНТРА ТОЛЕРАНТНОСТИ
РОССИЙСКИЙ ЭТНОГРАФИЧЕСКИЙ МУЗЕЙ

И. М. Пульнер

•

Свадебные обряды у евреев

Academic Studies Press

Библиороссика

ЕВРЕЙСКИЙ МУЗЕЙ И ЦЕНТР ТОЛЕРАНТНОСТИ

Бостон / Санкт-Петербург / Москва

2022

УДК 39
ББК 63.5
П88

Серийное оформление и оформление обложки Ивана Граве

Рецензенты:
д.ф.н. С. Б. Адоньева, д.ф.н. О. В. Белова

Издание подготовлено и осуществлено в рамках издательской программы Исследовательского центра ЧУК Еврейский музей и центр толерантности (Москва) при финансовой поддержке А. И. Клячина
Руководитель и автор грантового и издательских проектов С. Амосова, координатор грантового проекта А. Дека, координатор издательского проекта А. Минко

Пульнер И. М.

П88   Свадебные обряды у евреев; [ред.-сост. В. А. Дымшиц]. — Бостон / СПб., М.: Academic Studies Press / Библиороссика / ЕМЦТ, 2022. — 608 с.

ISBN 978-1-6446988-5-3 (Academic Studies Press)
ISBN 978-5-907532-23-6 (Библиороссика)

Диссертация И. Пульнера «Свадебные обряды у евреев» (1940) — обширное собрание полевых этнографических материалов. Диссертация не была ни защищена, ни опубликована: исследователь умер в блокадном Ленинграде. Текст Пульнера дополняют статьи, посвященные этому исследователю и истории создания его диссертации — Д. Ялен «Научная биография И. Пульнера» и А. Иванова «Собрание документов И. Пульнера в Российском этнографическом музее», а также музыковедческое исследование Е. Хаздан «Музыка ашкеназской свадьбы: terra incognita» и этнографическая статья В. Дымшица «Свадебные обряды у евреев Подолии и Бессарабии», основанная на материалах современных экспедиций.

I. Pulner's dissertation, «Jewish Wedding Ceremonies» (1940), features an impressive volume of field ethnographic materials. Unfortunately, Pulner never got a chance to either defend or publish his work: he passed away in besieged Leningrad. The researcher's text is supplemented by articles on his life and his dissertation, «I. Pulner as the Researcher» by D. Yalen and «Pulner's Papers in the Russian Ethnographic Museum» by A. Ivanov, as well as musicological essay «Music of the Ashkenazi Wedding: Terra Incognita» contributed by E. Hazdan and the article «Jewish Wedding Ceremonies in Podolia and Bessarabia» by V. Dymshits, based on the insights gained during the recent expeditions.

УДК 39
ББК 63.5

ISBN 978-1-6446988-5-3
ISBN 978-5-907532-23-6

© Еврейский музей и центр толерантности, 2022
© Российский этнографический музей, Санкт-Петербург, 2022
© ООО «Библиороссика», оформление и макет, 2022
© Коллектив авторов, 2022

Валерий Дымшиц

Исай Менделевич Пульнер и его ненаписанная книга «Свадебные обряды у евреев»

1.

Степень кандидата наук была учреждена в СССР в 1934 году и в первые годы своего существования оставалась труднодостижимым и значимым шагом в академической карьере. Подразумевалось, что соискатель, защитив диссертацию, затем переработает ее в монографию.

Вероятно, то же самое должно было бы произойти и с диссертацией Исая Пульнера «Свадебные обряды у евреев», но история распорядилась иначе. Не только книга не вышла в свет, но и диссертация не была защищена и, в сущности, даже не была дописана. Диссертант, заведующий Еврейской секцией Государственного музея этнографии (ГМЭ) Исай Пульнер, умер в страшном блокадном январе 1942 года. Останься он в живых, все равно ни его исследованиям, ни его диссертации ходу бы не было. Советский Союз, победив нацизм, сам вскоре перешел на позиции государственного антисемитизма — то брутального, то вялотекущего, так что ни о какой еврейской этнографии больше не приходилось мечтать вплоть до перестройки. Академическая иудаика начала возрождаться в России с конца 1980-х годов, но диссертационная работа Пульнера по-прежнему оставалась неизвестна ни большинству исследователей, ни тем более широкому кругу читателей[1]. Только теперь, по прошествии восьмидесяти лет с момента написания, благодаря поддержке Еврейского музея и Центра толерантности эта черновая машинопись становится тем, чем ей в конце концов предназначено было стать —

---

[1] Рукопись диссертации И. М. Пульнера «Свадебные обряды у евреев» депонирована в архиве Российского этнографического музея (РЭМ, до этого Музей этнографии народов СССР, до этого ГМЭ). Архив РЭМ (АРЭМ). Ф. 29. Оп. 2. Д. 9 (306 л.).

монографией. Это издание имеет значение не только для этнографии, но и для истории науки: восстановив (насколько это возможно) текст Пульнера и дополнив его различными статьями и материалами, в том числе о нем самом, мы надеемся вернуть в историю науки имя этого незаурядного исследователя.

Однако насколько содержательно для современного читателя это сочинение? Конечно, за долгие годы оно не могло не устареть с методологической точки зрения, но в двух важнейших аспектах, наоборот, стало особенно интересным.

Во-первых, наиболее ценная часть материалов, которыми Пульнер иллюстрирует различные этапы свадебного обряда, это полевые записи, сделанные им во время экспедиций на Украину и в Белоруссию, а также полученные от местных собирателей. Бо́льшую часть этих материалов в наше время собрать уже невозможно. В тех местах, где работал Пульнер, зачастую давно нет еврейского населения, и, если бы не его записи, многие элементы локальных вариантов еврейской свадебной традиции были бы утрачены навсегда. Таким образом, это первая презентация собранного Пульнером обширного этнографического материала, прежде всего посвященного обрядам жизненного цикла. Полевые записи Пульнера еще ждут своей публикации.

Во-вторых, прошедшие восемьдесят лет сделали диссертацию Пульнера значимым памятником истории науки. Долгое время считалось, что выдающаяся научная школа в области иудаики, существовавшая в Петербурге в начале XX века, исчезла после революции, не оставив продолжения, так как годы послевоенного государственного антисемитизма затенили активное развитие академической иудаики в довоенном СССР. В последние годы словосочетание «советская иудаика» перестало звучать оксюмороном, тем не менее до воссоздания целостной картины ее развития еще очень далеко[2]. Работа Пульнера позволяет лучше по-

---

[2] Интерес к иудаике в СССР оживился в последние годы. В 2009 году в РГГУ (Москва) прошла международная конференция «Советская иудаика: история, проблемы, персоналии». Ее материалы были опубликованы в сборнике: Советская иудаика: история, проблематика, персоналии. М.: Гешарим; Мосты культуры, 2017. 412 с.

нять, чему наследовала иудаика в Советском Союзе в 1930-х годах, на что она ориентировалась в концептуальном отношении, как развивалась в условиях идеологического диктата.

2.

История была неблагосклонна к изучению народной культуры евреев Восточной Европы. Тот комплекс дисциплин, который мы, не совсем уверенно, называем по-русски «академической иудаикой», возник в Германии, в первой половине XIX века, прежде всего как изучение текстов на древнееврейском языке, то есть как отрасль филологии. Затем к филологии добавилась историография еврейского народа, но еврейская фольклористика и этнография появились гораздо позже, только в первые десятилетия XX века. Фольклористы и этнографы первого поколения за короткий срок собрали значительный материал, однако опубликована была только малая часть собранного. Первая мировая война, продолжившаяся чередой революций, гражданских войн и региональных конфликтов, которые охватили всю Восточную Европу, разорила многие еврейские общины. С этого момента начинается гибель традиционной еврейской культуры, завершившаяся Холокостом. Войны и революции не только остановили экспедиционную и собирательскую работу, но во многом воспрепятствовали публикации того, что было собрано до войны, привели к разорению коллекций и архивов, распылению складывающихся научных школ. К моменту недолгой межвоенной стабилизации еврейский мир Восточной Европы, до этого по большей части заключенный в границы Российской империи, оказался разделен между несколькими недружественными государствами. Все это тоже не способствовало объединению усилий ученых и налаживанию научной коммуникации.

В 1920-х годах исследователям еврейской народной культуры пришлось многое начать заново. Совпавшие в это десятилетие несколько благоприятных факторов позволили появиться в СССР новому поколению еврейских фольклористов и этнографов. Еще продолжали работать старые еврейские культурные и научные институции, такие, например, как Еврейское историко-этнографическое общество (ЕИЭО). Целый ряд выдающихся ученых старой школы преподавали молодому поколению. Советская власть проводила активную политику на «еврейской улице», поддерживая, хотя и в жестких идеологически рамках, еврейскую культуру, науку и образование. Уже в начале 1930-х годов ситуация начала меняться: старые негосударственные институции были закрыты, идеологический диктат стал грубее, власть взяла курс на постепенное свертывание еврейской культуры. Однако несколько молодых исследователей, использовавших «окно возможностей», открывшееся в 1920-х годах, продолжало активно работать в 1930-х. В их числе был и Исай Пульнер — один из очень немногих специалистов по еврейской этнографии, получивших профильное университетское образование.

Поколению ученых, к которому принадлежал Пульнер, так же «не повезло», как и их предшественникам. История трагически повторилась. Вторая мировая война не позволила еврейским этнографам и фольклористам, рекрутированным в науку в 1920-х годах, опубликовать материалы, которые они собрали как раз к ее началу. В пламени Холокоста погиб мир еврейских городов и местечек Восточной Европы. Послевоенная Восточная Европа стала территорией, на которой господствовал более или менее откровенный антисемитизм. Во всяком случае, после 1948 года ни о каком продолжении исследовательской и музейной работы в области еврейской культуры речи больше не шло.

3.

В тот период, когда Пульнер формировался как ученый, еще не существовало непреодолимых границ между «старой» дореволюционной и «новой» советской наукой. В 1923–1925 годах Пульнер учился в так называемом Петроградском еврейском университете, официально именовавшемся Петроградским (затем Ленинградским) институтом еврейской истории и литературы (ИЕИЛ). Одним из основателей этого последнего детища дореволюционной еврейской науки был С. М. Дубнов, сыгравший ключевую роль в создании и работе ЕИЭО. С ЕИЭО был тесно связан выдающийся этнограф Лев Яковлевич Штернберг: он курировал экспедиции, организованные в черту оседлости в 1912–1914 годах Семеном Акимовичем Ан-ским, а в 1920-х годах возглавлял ЕИЭО. Именно Штернберг существенным образом повлиял на научные взгляды Пульнера, который учился у него и в ИЕИЛ, и в Ленинградском государственном университете (ЛГУ).

В своей исследовательской работе Пульнер выступил продолжателем дела ЕИЭО. Его первые экспедиции в Белоруссию были организованы при поддержке этого общества. В 1926 году Пульнеру поручили каталогизировать экспонаты Музея ЕИЭО, которые с 1917 года хранились в Этнографическом отделе Государственного Русского музея (впоследствии ГМЭ). Заведуя Еврейской секцией ГМЭ, Пульнер, храня и экспонируя вещи из коллекции Ан-ского, стал, по существу, «наследником» ЕИЭО и его музея, закрытых властями в 1929 году.

Ключевую роль в собирательской и исследовательской работе Пульнера сыграло наследие отца-основателя еврейской этнографии Семена Акимовича Ан-ского (Шлойме-Занвла Раппопорта, 1863–1920), чье имя Пульнер тем не менее ни разу не упоминает в своей диссертации. Ан-ский был не только писателем и этнографом, но, прежде всего, активным участником российского освободительного движения, одним из основателей Партии социалистов-революционеров (эсеров), депутатом Учредительного собрания от этой партии. В 1918 году он был вынужден бежать из Советской России. Имя Ан-ского постепенно, по мере ужесточения советского режима, изымалось из обращения[3]. В 1931 году Пульнер написал программную статью «Вопросы организации еврейских этнографических музеев и еврейских отделов при

---

[3] Например, стихотворение Ан-ского «Ди швуе» («Клятва»), ставшее гимном Бунда, в 1924 году еще включили в хрестоматию для чтения в советских еврейских школах (*Spivak E.* Farn yungn dor. Hilfsbukh far shul un hoyz. Driter teyl [Для юного поколения. Пособие для школы и дома. Третья часть]. Kiev: Kiev-druk, 1924. Z. 182). Но уже несколькими годами позже имя Ан-ского оказалось полностью под запретом.

общих этнографических музеях», которая стала теоретическим обоснованием его будущей работы в ГМЭ. В этой статье Пульнер пишет, в частности:

> В конце XIX в. в музейную экспозицию проникают идеи народничества через этнографов-народников, фальшиво идеализировавших малые народности и старую русскую деревню. «Пережитки» этого строительства и экспозиции сохранились и в наших музеях до последнего времени[4].

Специалистам было понятно, что список «этнографов-народников», одновременно занимавшихся еврейским музейным строительством, состоит из одного С. А. Ан-ского, но его имя впрямую названо не было. Ан-ский мог упоминаться Пульнером во внутримузейных обсуждениях (эту информацию сохранили протоколы заседаний в музее)[5], но не в публикациях и не в диссертации.

Отсутствие имени Ан-ского в тексте диссертации, очевидно, вызвано невозможностью упоминать именно «враждебных» политиков, а не просто эмигрантов. Например, Пульнер неоднократно ссылается на пинкос Литовского ваада, опубликованный в журнале «Еврейская старина»[6], но ни разу не упоминает фамилию публикатора — историка С. М. Дубнова. Очевидно, что Дубнов, так же как Ан-ский, попал в «зону молчания», поскольку был не просто эмигрантом, но в первую очередь идеологом либе-

---

[4] *Пульнер И. М.* Вопросы организации еврейских этнографических музеев и еврейских отделов при общих этнографических музеях // Советская этнография. 1931. № 3–4. С. 156–163.

[5] См. статью А. Иванова, с. 402 настоящего издания.

[6] См с. 78, 97, 110, 225 настоящего издания. Публикация пинкоса Литовского ваада в переводе на русский и с комментариями была важнейшим историко-политическим проектом С. М. Дубнова, так как на этой подборке документов он обосновывал свои представления о политической автономии еврейских общин. См.: Областной пинкос Ваада главных еврейских общин Литвы: Собрание постановлений и решений Ваада (Сейма) от 1623 до 1761 г.: Печатано с рукописной копии, хранящейся в г. Гродне, с дополнениями и вариантами по спискам городов Бреста и Вильны / Перевод И. И. Тувима, под ред., с предисл. и примеч. С. М. Дубнова // Еврейская старина. Трехмесячник Еврейского Историко-этнографического общества. СПб., 1909–1911.

ральной Фолкспартей (Народной партии) и открытым врагом советского режима. С другой стороны, Пульнер цитирует в диссертации поэму эмигранта С. Черниховского «Свадьба Эльки» в переводе эмигранта В. Ф. Ходасевича[7]. Правда, при этом Пульнер ссылается на публикацию, вышедшую в СССР в 1928 году, когда еще существовали негосударственные издательства[8]. Очевидно, это издание не было формально запрещено и изъято, а сам факт пребывания авторов в эмиграции был не столь существенен.

Отказавшись от публичного упоминания «фальшиво идеализировавшего малые народности народника» Ан-ского, Пульнер тем не менее остался во многом привержен его воззрениям и методам. Ан-ский считал, что целый ряд элементов традиционной культуры находится на грани исчезновения и только собирание и музеефикация сохранят их для будущих поколений. В своей программной статье «Еврейское народное творчество» (1908) Ан-ский призывал: «В настоящее время перед нами стоит неотложная задача: организовать систематическое и повсеместное собирание всех видов народного творчества»[9]. Ключевое словосочетание здесь «неотложная задача». Пульнер, точно так же как Ан-ский (но с гораздо бóльшими основаниями), сетует на гибель традиционной культуры. Он пишет в докладной записке, обосновывающей необходимость собирательской работы: «Остатки еврейской старины гибнут с неимоверной быстротой в результате социалистической перестройки быта и культуры народов СССР»[10].

Еще бóльшую, сугубо практическую роль, в диссертационной работе Пульнера сыграла «Еврейская этнографическая программа "Человек"», составленная Ан-ским в 1915 году по результатам

---

[7] См. с. 144–145 настоящего издания.

[8] Пульнер ссылается на публикацию: *Черниховский С.* Еврейская свадьба / Пер. Вл. Ходасевича // Еврейский вестник: Научно-литературный сб. / Под ред. С. М. Гинзбурга. Л.: О-во распространения просвещения между евреями, 1928. С. 13–15.

[9] *Ан-ский С. А.* Еврейское народное творчество // Пережитое, 1908. Т. 1. С. 276–314. Цит. по: Евреи в Российской Империи XVIII–XIX веков. Сборник трудов еврейских историков. М.; Иерусалим, 1995. С. 643.

[10] АРЭМ. Ф. 2. Оп. 5. Д. 47. Л. 1.

его полевой работы на Украине в 1912–1913 годах. Эта этнографическая программа, предназначенная для изучения жизненного цикла от зачатия до загробного существования, содержит 2087 вопросов. Вопросы, посвященные свадьбе, составляют третью главу программы. Эта глава, в свою очередь, разделена на одиннадцать параграфов и включает 389 вопросов, с 938-го по 1327-й. Структура диссертации Пульнера во многом повторяет рубрикацию главы «Свадьба» в программе «Человек». Основным исследовательским интересом Пульнера-этнографа были обряды жизненного цикла. Как видно из его полевых блокнотов, изучая эти обряды, он использовал программу Ан-ского в качестве вопросника, зачастую не записывая в полевой блокнот свой вопрос, а просто обозначая его номером из программы[11].

Текст диссертации также во многом построен как череда ответов на подразумеваемые, но не приведенные вопросы из программы «Человек». Например, вопрос программы № 1279, посвященный «честности» невесты, выглядит так: «Кому показывают назавтра простыню, как это происходит?»[12] В диссертации Пульнера со ссылкой «Наши полевые записи» читаем: «Обычай показывать простыню раввину был известен в Бердичеве (вторая половина XIX — начало XX в.)»[13]. Программа Ан-ского была использована Пульнером не только для собирания полевых материалов, но и для структурирования многочисленных выписок из этнографической, мемуарной и художественной литературы. Например, вопрос № 1303 в программе выглядит так: «Опишите, как происходит "шлеер-варемес" ("обед в честь фаты") у невесты»[14]. В диссертации Пульнера читаем: «В Хеломе "шлеер-вармес" происходил одновременно с "румпл" (послесвадебное угощение). После срезания волос у молодой здесь приступали к покрыванию

---

[11] Об использовании Пульнером программы «Человек» см. статью А. Иванова, с. 401 настоящего издания.

[12] *An-sky Sh.* Dos yidishe etnografishe program. Ershter teyl: der mentsh. Petrograd, 1915. Z. 153.

[13] См. с. 284 настоящего издания.

[14] *An-sky Sh.* Dos yidishe etnografishe program. Ershter teyl: der mentsh. Z. 155.

ее с помощью "шлеер", при этом устраивали молочную пирушку, состоящую из кофе, пирожков на масле и т. п."[15]. В Хеломе (еврейское название города Хелм, Польша) Пульнер не был, приведенные сведения — это материал из публикации, на которую дана ссылка. По-видимому, диссертация «Свадебные обряды у евреев» — один из самых значительных случаев применения этнографической программы Ан-ского как исследовательского инструмента.

Пульнер следовал за Ан-ским еще в одном отношении. Ан-ский составил свои программы (имеется еще «Историко-краеведческая программа» и существовала неопубликованная и несохранившаяся программа «Субботы и праздники») в расчете на то, что ему, по примеру Тенишевского бюро, удастся создать на местах сеть собирателей, которые, пользуясь его программами, будут записывать локальные варианты традиции и присылать свои записи в ЕИЭО. Война и последовавшая за ней революция помешали этому плану. Пульнер, конечно, не ставил перед собой такую амбициозную задачу, как создание сети «замлеров» (собирателей — *идиш*), тем не менее несколько человек, используя программу Ан-ского, собирали этнографические материалы и присылали ему свои записи по почте[16].

4.

В 1926 году Исай Пульнер поступил на Этнографическое отделение Географического факультета ЛГУ и в 1930 году закончил его с дипломом этнографа-кавказоведа. Его обучение в университете пришлось на самый плодотворный период в работе ленинградской этнографической школы.

В 1919 году по инициативе выдающегося этнографа Л. Я. Штернберга (1861–1927) в Географическом институте был основан Этнографический факультет. В 1925 году Географический институт

---

[15] См. с. 285 настоящего издания.
[16] О работе Пульнера с собирателями см. статью А. Иванова, с. 419–420 настоящего издания.

стал географическим факультетом ЛГУ, а этнографический факультет института — этнографическим отделением этого факультета соответственно.

Начавшиеся в 1929 году в ходе сталинской «культурной революции» нападки на немарксистскую этнографию привели к упадку этнографических исследований[17]. В 1930 году этнографическое отделение было передано в состав филологического, затем исторического факультета, а этнография была объявлена вспомогательной исторической дисциплиной, но к этому времени Пульнер уже получил свое высшее образование.

Идеологом развития этнографии как главной общественной дисциплины выступал Л. Я. Штернберг, который считал этнографию выше истории. С его точки зрения история занимается только избранными, «историческими» народами, а этнография — всем человечеством. Недаром на его надгробии, стоящем на Петербургском еврейском кладбище, начертаны слова: «Все человечество едино». Как ученый Штернберг обладал международным авторитетом; в то же время его биография народовольца и политкаторжанина заставляла советскую власть относиться к нему с уважением. Работы Штернберга по организации рода и семьи у нивхов (дореволюционное название «гиляки») Сахалина восторженно цитировал Фридрих Энгельс, который увидел в них подтверждение идей, высказанных им в книге «Происхождение семьи, частной собственности и государства»[18]. Высокая оценка Энгельса служила подтверждением благонадежности идей Штернберга и гарантировала ему своего рода академическую «неприкосновенность».

На этнологическом отделении преподавали кроме Штернберга еще три выдающихся этнографа — Владимир Германович Богораз (1865–1936), Дмитрий Константинович Зеленин (1878–1954) и Евгений Георгиевич Кагаров (1882–1942).

---

[17] *Слезкин Ю.* Советская этнография в нокдауне: 1928–1938 // Этнографическое обозрение. 1993. № 2. С. 113–125.

[18] *Энгельс Ф.* Вновь открытый случай группового брака // Маркс К., Энгельс Ф. Сочинения. Т. 22. М., 1962. С. 364–367.

Именно Богораз привлек Пульнера к полевой работе, благодаря чему его статья «Из жизни города Гомеля»[19] появилась в сборнике студенческих работ «Еврейское местечко в революции». Эта книга была одним из нескольких студенческих сборников, которые курировал Богораз, среди них: «Старый и новый быт» (Л., 1924–1925), «Революция в деревне» (1924–1925), «Обновленная деревня» (Л., 1925), «Комсомол в деревне» (Л., 1926)[20].

Тема свадебной обрядности, впоследствии столь значимая для Пульнера, была одной из центральных для его учителей и для всего этнографического отделения в целом. Один из студенческих сборников, подготовленных этнологическим отделением, назывался «Материалы по свадьбе и семейно-родовому строю народов СССР». Его редактором, в отличие от других студенческих сборников, был не только Богораз, но и Штернберг. Сборник был посвящен славянскому свадебному обряду в северной и северо-восточной частях Европейской России. В нем впервые в отечественной науке был систематически описан свадебный обряд отдельного макрорегиона[21]. В тот же сборник вошла студенческая работа ученицы (и впоследствии биографа) Штернберга Н. И. Гаген-Торн, посвященная свадебному обряду в Тамбовской губернии[22].

Штернберг активно участвовал в работе ЕИЭО, а после революции даже возглавил его, однако эта деятельность была связана не столько с его научными интересами, сколько с общественным темпераментом и национальным чувством. Чуть ли не единственная его научная работа, посвященная евреям и иудаизму, также пересекается и со свадебной обрядностью. Это написанная

---

[19] *Пульнер И.* Из жизни города Гомеля — этнографо-экономическое исследование // Еврейское местечко в революции: очерки / Под ред. В. Г. Богораз-Тана. М.; Л., 1926. С. 187–196.

[20] *Иванова Т. Г.* Из истории русской фольклористики XX века: 1900 — первая половина 1941 г. СПб.: Дмитрий Буланин, 2009. С. 261.

[21] *Мыльникова К., Цинциус И.* Северовеликорусская свадьба // Материалы по свадьбе и семейно-родовому строю народов СССР / Под ред. В. Г. Богораза и Л. Я. Штернберга. Л., 1926. Вып. 1. С. 17–170.

[22] *Гаген-Торн Н. И.* Свадьба в Салтыковской вол. Моршанского у. Тамбовской г. // Там же. С. 171–195.

в 1924 году небольшая статья «Роль сохранения имени в еврейском левирате»[23].

Профессор Зеленин читал на этнографическом отделении ряд спецкурсов по этнографии восточных славян. В этих курсах предлагалось целостное системное описание обрядов жизненного цикла с одновременным рассмотрением специфики их региональных вариантов, в том числе свадебного обряда. Свадьба, ее обрядность и фольклор входили в круг интересов Зеленина с самого начала его научной карьеры. Одна из его первых работ называлась «Свадебные приговоры Вятской губернии»[24]. В 1927 году Зеленин издал на немецком языке важнейший обобщающий труд по этнографии восточных славян «Russische (Ostslavische) Volkskunde» («Русские (восточнославянские) народные обычаи»)[25]. Несколько параграфов этой монографии посвящены славянской свадьбе, причем с отдельным подробным описанием свадьбы у украинцев и белорусов — этнических соседей евреев Восточной Европы[26].

Тема свадьбы, как и других обрядов жизненного цикла, первоначально не входила в число приоритетных научных интересов Е. Г. Кагарова, по образованию филолога-классика и археолога, однако именно с изучения свадьбы начинается его вхождение в новую для него область славянской этнографии. Сначала Кагаров пишет о свадебной обрядности статью[27], а потом посвящает ей отдельное исследование «Состав и происхождение свадебной обрядности»[28]. Эта работа вышла в свет в 1929 году, то есть как

---

[23] *Штернберг Л. Я.* Роль сохранения имени в еврейском левирате // Штернберг Л. Я. Первобытная религия в свете этнографии. Исследования, статьи, лекции. Л.: Ин-т народов Севера, 1936. С. 109–110.

[24] Свадебные приговоры Вятской губернии. Записал и снабдил примеч. Д. К. Зеленин. Вятка: Губ. тип., 1904. 39 с.

[25] *Zelenin D. K.* Russische (Ostslavische) Volkskunde. Berlin; Leipzig, 1927. 424 S.

[26] *Зеленин Д. К.* Восточнославянская этнография / Пер. с нем. М.: Наука. Главная редакция восточной литературы, 1991. С. 332–345.

[27] *Кагаров Е.* О значении некоторых русских свадебных обрядов // Известия Академии наук, VI серия. Т. XI. Ч. I. Пг., 1917.

[28] *Кагаров Е. Г.* Состав и происхождение свадебной обрядности // Сборник Музея антропологии и этнографии. Т. VIII. Л., 1929. С. 152–195.

раз тогда, когда Пульнер был студентом Кагарова. Впоследствии Кагаров принимал живейшее участие в научной карьере Пульнера, когда тот уже стал самостоятельным исследователем. Кагаров поддержал присуждение Пульнеру степени кандидата наук без защиты диссертации, по совокупности работ[29]. В диссертации Пульнера есть пометки Кагарова — критические замечания и рекомендации[30].

В своей диссертации Пульнер нигде прямо не ссылается на своих преподавателей, но их влияние на его интерпретации полевых материалов несомненно.

5.

Прежде чем перейти к обсуждению теоретического аппарата, с помощью которого Пульнер анализировал свои материалы, следует точней определить время написания текста диссертации. Специфика исторического момента многое определила в этом тексте, поэтому время его создания достаточно существенно. Хотя материал, позднее включенный в диссертацию, Пульнер начал собирать еще в 1920-х годах, сама рукопись была написана в достаточно сжатые сроки, в первой половине 1940 года.

Пульнер, указывая тот или иной населенный пункт, неукоснительно следует не историческому районированию, а текущему советскому административному делению. Например, он пишет: «У украинских (Захарьевка, Гусятин) и молдавских (Балта, Тирасполь) евреев приезд жениха с визитом к невесте считали распущенностью»[31]. Поселок Захарьевка (до революции слобода Херсонской губернии) и город Балта (до революции уездный город Подольской губернии) в настоящее время входят в состав Одесской области Украины. Они расположены всего лишь на расстоянии 80 км друг от друга. Культура еврейских общин этих населенных пунктов практически идентична. Однако до августа

---

[29] Отзыв Е. Г. Кагарова от 12 июля 1939 г. АРЭМ. Ф. 9. Оп. 3. Д. 35. Л. 7.
[30] См. с. 200, 249, 284 настоящего издания.
[31] См. с. 105 настоящего издания.

1940 года Балта находилась в Молдавской АССР в составе УССР. Именно это формальное основание заставило Пульнера называть евреев Балты «молдавскими». После советской аннексии Бессарабии была создана Молдавская ССР, в состав которой вошла только часть бывшей Молдавской АССР. Демаркация границ Украины и Молдавии произошла 2 августа 1940 года, и в соответствии с ней Балта осталась в составе Украины. После этой даты Пульнер, неукоснительно следующий за текущим административным делением, не стал бы называть евреев Балты «молдавскими».

Пульнер также пишет: «В некоторых местах (Едвабне, Белостокская обл.) шадхн, приехав к отцу невесты, спрашивал и т. д.»[32]. Белостокская область была создана 4 декабря 1939 года, после включения Западной Белоруссии в состав БССР.

Таким образом, можно утверждать, что по крайней мере тот вариант рукописи, который нам доступен, был создан между декабрем 1939 года и августом 1940 года. Именно исходя из этого времени работы над диссертацией следует анализировать, что в нее вошло, а чего в ней не хватает, и строить предположения о том, почему она не была закончена.

6.

Диссертация Пульнера выглядит откровенно незавершенной; более того, кажется, что работа над ней оборвалась спонтанно, на полуслове, летом 1940 года. До начала Великой Отечественной войны оставался еще год, но автор не возвращался к своей рукописи. Например, в машинописи были оставлены свободные места, чтобы впечатать туда тексты на идише. Пульнер впечатывает и вписывает цитаты и отдельные слова на идише в первую треть машинописи, а потом прекращает это делать, оставляя незаполненные пробелы. Точно так же с какого-то места в машинописи отсутствуют подстраничные сноски со ссылками на источники, хотя в тексте эти сноски указаны.

---

[32] См. с. 64 настоящего издания.

Можно только гадать, почему диссертация не была завершена. После аннексии Советским Союзом восточных окраин Польши Пульнер увидел для себя новые собирательские и исследовательские возможности, так как традиционная еврейская культура во вновь присоединенных регионах была гораздо сохраннее, чем на «исконной» советской территории. Летом 1940 года границы СССР еще раз передвинулись на запад за счет аннексии Бессарабии, Буковины и прибалтийских республик. Потенциальное исследовательское поле для Пульнера как для специалиста в области еврейской этнографии опять расширилось[33]. Не исключено, что именно планы новых экспедиций остановили работу над почти дописанной диссертацией.

В рукописи диссертации «Свадебные обряды у евреев» кроме отсутствующих цитат и сносок бросается в глаза отсутствие введения: текст начинается сразу с изложения конкретного материала. Нет ни теоретических и методологических оснований, на которых построено исследование, ни описания его целей. В работе отсутствует история изучаемого вопроса в контексте этнографии народов Восточной Европы, а также еврейской этнографии.

Вообще научный аппарат диссертации Пульнера достаточно беден. Полностью отсутствуют ссылки на работы теоретического или компаративного характера, не считая двух упоминаний «Происхождения семьи, частной собственности и государства» Энгельса в первой главе[34]. Ими исчерпываются все упоминания классиков марксизма-ленинизма.

Даже ритуальное для советского исследователя обличение религии выглядит в диссертации вялым и формальным. Пульнер пару раз заявляет о том, что реакционные клерикалы пытались ограничить народное веселье[35], однако примеров таких ограничений почти не приводит. Вообще «Свадебные обряды у евреев» выглядят совершенно не идеологизированным текстом. Кажется, главная зада-

---

[33] Об экспедиционных планах Пульнера см. с. 393 настоящего издания.
[34] См. с. 39, 45 настоящего издания.
[35] См. с. 95, 98 настоящего издания.

ча автора состоит в том, чтобы собрать и предъявить в систематическом виде как можно больше эмпирического материала.

Еще одной очевидной лакуной в диссертационной работе Пульнера является полное отсутствие сравнения еврейских обрядов со славянскими. Любому человеку, хотя бы немного знакомому с этнографией Восточной Европы, сразу же бросается в глаза сходство элементов еврейской и славянской свадебной обрядности. Такие детали ритуала, как усаживание невесты на квашню, поход с невестой в баню, встреча поезда жениха и невесты людьми в вывернутых наизнанку шубах, свадебный хлеб и многое другое, находят очевидные параллели в свадебной обрядности белорусов и украинцев.

Несомненно, Пульнер был знаком со славянскими свадебными обрядами. Его преподаватели, прежде всего Зеленин и Кагаров, говорили о них на своих лекциях, они, равно как и другие этнографы, много писали о свадьбе в своих работах, которые не могли пройти мимо Пульнера. Это видно и из текста его диссертации: например, он везде называет следование к хупе и от хупы специфическим славянским термином «поезд», а не нейтральным словом, допустим «процессия».

Учителя Пульнера всегда настаивали на компаративном подходе к изучению народной культуры и сами практиковали такой подход в своих исследованиях. В конце 1920-х годов Штернберг сформулировал, как пародию на библейский Декалог, «Десять заповедей этнографа». Эти «заповеди» в шутливой форме выражали кредо его научной школы, в том числе обязательность компаративного подхода. Вторая заповедь гласила: «Не сотвори себе кумира из своего народа, своей религии, своей культуры. <…> Кто знает один народ — не знает ни одного, кто знает одну религию, одну культуру — не знает ни одной»[36].

Отсутствие компаративного подхода в тексте диссертации выглядит тем более странно, что он широко представлен в предыдущих публикациях Пульнера. В них он сравнивал свои по-

---

[36] *Гаген-Торн Н. И.* Ленинградская этнографическая школа в двадцатые годы (у истоков советской этнографии) // Сов. этнография. 1971. № 2. С. 142–143.

левые материалы как с данными славянской этнографии, так и с наблюдениями над обрядами неашкеназских еврейских этносов. Например, в статье «Обычаи и верования, связанные с беременностью, родами и новорожденными у евреев» было проведено сравнение материалов, собранных в 1927 году в Завережье (Белоруссия), с источниками по славянской обрядности, с одной стороны, и с работами З. Амитина-Шапиро, посвященными бухарским евреям, с другой[37]. Материалы из Завережья впоследствии составили заметную часть диссертации Пульнера. В своей программной статье, посвященной экспонированию еврейских коллекций в музеях, Пульнер настаивает на тесной взаимосвязи культуры того или иного еврейского этноса с культурой региона проживания и влиянием этнических соседей. Пульнер пишет: «Все они <различные еврейские этносы> представляют собою отдельные этнические еврейские группы, проживающие обособленно друг от друга в окружении местных физико-географических условий, в окружении и тесной связи с местной социально-экономической средой, под влиянием которых и развивается культура каждой этнической группы»[38].

В июле 1939 года Е. Г. Кагаров рекомендовал присудить Пульнеру степень кандидата наук без защиты диссертации. Отмечая компаративный подход как достоинство, присущее работам Пульнера, он писал:

> В своих исследованиях И. М. Пульнер проложил новые пути в исследовании малоизученных вопросов этнографии евреев в СССР. <...> Эти исследования автор проводит с учетом сложных взаимовлияний культуры и быта евреев СССР и окружающего населения. Особенно важны исследования т. Пульнера об обрядах и верованиях, связанных

---

[37] *Пульнер Й.* Обряди й повір'я, сполучені з вагітною, породілею й народженцем у жидів // Етнографічний вісник / Всеукр. Акад. наук, Етногр. коміс. За голов. редагув. акад. А. Лободи та В. Петрова. Кн. 8. Київ, 1929. С. 100–114.

[38] *Пульнер И. М.* Вопросы организации еврейских этнографических музеев и еврейских отделов при общих этнографических музеях // Советская этнография. 1931. № 3/4. С. 157.

с рождением, свадьбой и смертью. <...> Автор привлекает собранные им впервые материалы, а также многочисленные аналогии из быта других народов[39].

Однако ни следа этих «аналогий» не найти в тексте диссертации. Отсутствие теоретического обсуждения собранных материалов трудно объяснить незавершенностью диссертации, потому что хотя работа над оформлением машинописи не была закончена, но сама диссертация была доведена до конца, включая раздел «Общие выводы». Можно предположить, что причиной послужили прошедшие в СССР в 1930–1932 годах дискуссии о месте этнографии в ряду других общественных наук, которые привели к объявлению этой дисциплины «вспомогательной». Статус этнографии был резко понижен, что надолго отбило у этнографов интерес к теории, столь значимый для учителей Пульнера во второй половине 1920-х годах, то есть в годы его студенчества.

Что касается отказа от компаративного подхода, возможно, это было связано с тем положением, в котором находилась возглавляемая Пульнером Еврейская секция. На отдельное структурное подразделение в ГМЭ могли претендовать только этносы, обладающие административным рангом не ниже автономной республики. Вскоре после создания в 1934 году Еврейской автономной области (ЕАО) на Дальнем Востоке пошли разговоры о том, что вскоре ее ранг будет повышен до автономной республики. Еврейская секция была создана во многом под влиянием этих надежд и обещаний. После 1937 года, когда переселение в ЕАО было остановлено и разговоры о создании автономной республики стихли, положение Еврейской секции стало достаточно шатким. В этой ситуации обсуждать черты сходства между еврейской и славянской культурами означало провоцировать закрытие секции и возвращение ее материалов в Белорусский отдел, где они прежде находились[40].

---

[39] Отзыв Е. Г. Кагарова от 12 июля 1939 г. АРЭМ. Ф. 9. Оп. 3. Д. 35. Л. 7.

[40] Подробней о судьбе Еврейской секции ГМЭ см.: *Иванов А.* «В поисках нового человека на берегах рек Биры и Биджана»: еврейская секция Государственного музея этнографии в Ленинграде (1937–1941) // Советская гениза: новые архивные разыскания по истории евреев в СССР. Т. 1 / Сост. и отв. ред. Г. Эстрайх, А. Френкель. СПб.: Academic Studies Press, 2020. С. 171–292.

Каковы бы ни были причины, подтолкнувшие Пульнера к отказу от теоретического анализа и компаративного подхода, это объективно означало шаг назад, возвращение еврейской этнографии на тот уровень, на котором она находилась во времена Ан-ского, то есть на уровень романтического национализма, подчеркивающего уникальность и особость еврейской народной культуры. Это объективно соответствовало тому реакционному повороту в общественных науках, который все больше давал о себе знать на рубеже 1930–1940-х годов.

7.

Анализируя собранные материалы, Пульнер, в основном, опирается на идеи своих учителей.

Ключевую роль в формировании Пульнера как исследователя сыграл Штернберг, за которым он следует даже в мелочах. Например, Пульнер пишет: «В связи с обычаем угощать молодых при разговении куриным бульоном следует отметить роль курицы и петуха в свадебной обрядности у евреев. <…> Курица и петух известны и в свадебной обрядности польских евреев (XVI век): по окончании обряда хупы родные кружили над головами молодых петуха или курицу как символ плодородия»[41]. В кружении курицы или петуха над головой отчетливо опознается обряд «капорес», характерный для Йом Кипура. Связь свадебной обрядности с идеей покаяния и очищения, то есть с Йом Кипуром, очевидна, говорит о ней в том числе и Пульнер[42], а то, что курица или петух являются «символами плодородия», он никак не обосновывает. Между тем это просто повторение рассуждения Штернберга о том, что различные птицы являются атрибутами солярного божества, влияющего на плодородие, в том числе на чадородие в браке. В частности, Штернберг пишет: «Вот почему в брачной церемонии такую роль играют птицы; между прочим, курица и петух и до сих пор еще играют местами роль

---

[41] См. с. 246 настоящего издания.
[42] См. с. 164 настоящего издания.

в обрядах русской свадьбы, также у евреев и др.; у евреев жениха и невесту на свадебном пиру кормят специально птицей»[43]. Очевидно, Штернберг имеет в виду именно «золотой бульон», который подавали новобрачным. Характерно, что приведенная выше цитата из Штернберга присутствует в его опубликованных «Лекциях по эволюции религиозных верований, читанных в 1925/26 и 1926/27 учебных годах», то есть Пульнер должен был не только читать, но и непосредственно слышать это мнение своего учителя. При этом ссылка на работу Штернберга отсутствует. Впрочем, в тексте диссертации вообще отсутствуют, как уже было сказано, ссылки на какие-либо работы общего характера. Пульнер предусмотрительно старался держаться в стороне от всякой теории. В предисловии к вышедшему в 1936 году изданию избранных работ Штернберга его уже активно критиковали за «недопонимание» марксизма[44]. В 1940 году взгляды Штернберга выглядели еще менее приемлемыми.

Пульнер настойчиво повторяет: различные этапы брачной обрядности у ашкеназов содержат элементы купли невесты. Брак путем приобретения или умыкания невесты при родовом строе — одна из ключевых концепций для Моргана и Энгельса, а также для Штернберга, который всецело разделял их взгляды. Однако все литературные свидетельства и этнографические наблюдения, в том числе во множестве приводимые Пульнером, свидетельствуют о том, что эта концепция не имеет никакого отношения к ашкеназам: семья невесты, если она обладала достатком, наоборот, стремилась «купить» жениха, то есть выплачивала приданое, преподносила жениху подарки, оплачивала свадьбу, брала молодую семью на содержание. Тем не менее Пульнер постоянно пишет о «купле невесты», например: «Тноим (условия, заключаемые при

---

[43] *Штернберг Л. Я.* Лекции по эволюции религиозных верований, читанные в 1925/26 и 1926/27 учебных годах // Штернберг Л. Я. Первобытная религия в свете этнографии. Исследования, статьи, лекции. Л.: Ин-т народов Севера, 1936. С. 410.

[44] *Алькор Я. П.* Предисловие редактора // Штернберг Л. Я. Первобытная религия в свете этнографии. Исследования, статьи, лекции. Л.: Ин-т народов Севера, 1936. С. V.

помолвке) предусматривали обоюдные обязательства родителей обеих сторон о материальной помощи новобрачным, то есть содержали наличие элементов купли невесты»[45]. Понять, в чем тут заключаются элементы «купли невесты», решительно невозможно; впрочем, Пульнер никак не пытается свое мнение обосновать. «Купля невесты» становится догмой для всех советских этнографов. Раз у Энгельса сказано: «Со времени возникновения парного брака появляются похищение и покупка женщин. <...> Перед свадьбой жених делает подарки родичам невесты <...>; эти подарки считаются выкупом за уступаемую девушку»[46], — значит, приходится находить эту «куплю» везде, несмотря на то что у Энгельса речь идет об ирокезах, а не об ашкеназах.

Следование догматам Штернберга порой приводило Пульнера к ни на чем не основанным выводам. Например, в «Общих выводах» диссертации он написал: «Главным актом в комплексе свадебных обычаев был акт перехода жены в дом мужа и приобщения ее к его роду»[47], хотя в тексте диссертации подробно рассказывал о том, что в зажиточных еврейских семьях молодожен не только переходил на содержание семьи своей жены, но и поселялся с ее родителями. Штернберг писал о том, что у нивхов после свадьбы жена переходит в род мужа[48]. Пульнер механически повторил эту мысль в выводах своей диссертации. У евреев Восточной Европы нет ни родовой структуры, ни экзогамии, и вообще они не имеют никакого отношения к живущим в доклассовом обществе аборигенам Дальнего Востока, но всё это не так важно, как необходимость слепо следовать догме. К счастью, таких мест в тексте диссертации немного.

В некоторых случаях, когда теория плохо согласуется с материалами, выходом из положения для Пульнера служит формула,

---

[45] См. с. 77 настоящего издания.

[46] *Энгельс Ф.* Происхождение семьи, частной собственности и государства в связи с исследованиями Л. Г. Моргана // Собр. соч. К. Маркса и Ф. Энгельса. М.: ОГИЗ, 1937. Т. XVI. Ч. I. С. 32.

[47] См. с. 292 настоящего издания.

[48] *Штернберг Л. Я.* Семья и род у народов Северо-Восточной Азии. Л.: Издательство института народов Севера ЦИК СССР, 1933. С. 34.

предложенная еще одним его учителем — Зелениным. Зеленин ищет и находит в славянских свадебных обрядах пережитки языческого прошлого, что делает сравнение с ирокезами несколько более уместным. Например, он пишет: «В свадебном обряде восточных славян отчетливо прослеживаются напластования трех эпох. Основа восходит к эпохе экзогамии, к языческим временам умыкания и покупки невесты. Пережитки этой эпохи в изобилии прослеживаются и свадебном ритуале всех восточных славян»[49]. Таким образом, формула Энгельса оказывается более обоснованной применительно к славянской этнографии. Чтобы это обоснование выглядело устойчивым, элементы «купли невесты» Зеленин объявляет пережитками: «Пережитки некогда существовавшей покупки невесты у чужого рода встречаются у всех славян, в том числе и у восточных, однако это именно пережитки»[50]. Слово «пережитки» становится универсальной «отмычкой» для Пульнера всякий раз, когда ему приходится объяснять пресловутую «куплю». Однако он пользуется понятием «пережитков» гораздо менее искусно, чем Зеленин, так как при всем желании невозможно обнаружить пережитки язычества и родового строя у евреев-ашкеназов. Как правило, ссылка на «пережитки» следует в диссертации безо всяких объяснений или с минимальными объяснениями. Например, Пульнер находит даже «пережитки» умыкания невесты в том, что ее незаметно для гостей уводят со свадьбы в спальню. Он пишет: «Внезапное исчезновение, увод молодой в брачный покой представляло собою, надо полагать, пережиточный элемент брака путем умыкания», и далее поясняет: «Это предположение подтверждается, как нам кажется, двумя моментами <...> а) спохватившись "пропажи", женщины переставали танцевать, уступая свое место мужчинам, и б) последние затевали более шумный танец с участием молодого»[51]. Аргументация малоубедительная и даже комичная.

---

[49] *Зеленин Д. К.* Восточнославянская этнография / Пер. с нем. К. Д. Цивиной. М.: Наука. Главная редакция восточной литературы, 1991. С. 332.

[50] Там же. С. 341.

[51] См. с. 279 настоящего издания.

Наибольшее влияние на Пульнера как на ученого оказали работы Кагарова. Кагаров был не только одним из его учителей в университете, но проявлял постоянный интерес к исследованиям своего бывшего студента вплоть до замечаний в тексте диссертационной работы.

Начиная очередной раздел диссертации, например описание сватовства или бракосочетания, Пульнер сначала излагает особенности этих обрядов в библейский и талмудический период. Это очень похоже на работы Кагарова, по образованию археолога и филолога-классика, постоянно сопоставлявшего современные этнографические материалы с античными обрядами. Пульнер следует по его стопам, но не всегда успешно. Сопоставление древних текстов с современными практиками выглядит неубедительно. Непосредственное влияние Библии и Талмуда на обрядность, если речь не идет о прямых галахических предписаниях, минимально. Что касается именно галахи, то ее обсуждение было бы уместно, но для этого гораздо лучше подошли бы не пассажи из Талмуда, а соответствующие галахические кодексы и раввинские респонсы. Но как раз их Пульнер цитирует в небольшом объеме и не систематически. Пульнер — вовсе не знаток раввинистической учености. Библию он цитирует в Синодальном переводе, Мишну — в основном в переводе Переферковича или по статье «Свадебные обряды» из Еврейской энциклопедии. Его экскурсы в древность выглядят наиболее слабой частью диссертационной работы.

Наряду с «куплей невесты», второе универсальное объяснение, часто используемое Пульнером, — это апотропеические практики. В некоторых случаях это объяснение кажется вполне уместным, но часто — избыточным. Например, Пульнер пишет:

> Магической охраной (обманом «злых духов») являлось также кружение поезда жениха (три или семь раз) вокруг центра местечка или города. Отъезд к хупе в «счастливый» день, надо полагать, имел своей целью сокрытие от «злых сил» момента отъезда жениха, а кружение по местечку или городу — его местопребывания[52].

---

[52] См. с. 146 настоящего издания.

Чуть выше Пульнер справедливо замечает, что объезд центра местечка женихом давал ему возможность покрасоваться перед друзьями и невестой. Почему это же действие должно было одновременно скрыть его от «злых духов», совершенно не ясно.

Такое злоупотребление «апотропеическими» объяснениями связано с работой его учителя Кагарова «Состав и происхождение свадебной обрядности». В этой статье Кагаров предлагает все свадебные обряды объяснять наличием в них магических функций, разделяя их, в свою очередь, на две: предохранительную, защищающую от злых сил, и побудительную, то есть обеспечивающую молодым всевозможные блага[53]. Пульнер делает упор именно на предохранительной, апотропеической функции.

Работа Кагарова вышла в 1929 году, когда полемика по важным идеологическим вопросам была еще возможна. Он спорит с универсальной концепцией «купли или похищения невесты», предлагая вместо нее свою «магическую» теорию. Например, рассуждая о славянской свадебной обрядности, Кагаров пишет:

> Народ заслоняет <свадебному> поезду дорогу. <…> Действие это направлено не против жениха, невесты или поезжан, но против недоброжелательных духов, злой силы. Хотя некоторые исследователи объясняют этот обычай пережитком выкупа в пользу родовой или сельской общины, которой принадлежала девушка, но правильнее усматривать здесь, как мне кажется, апотропеический акт[54].

Пульнер описывает похожий еврейский обряд: «В Захарьевке и Гусятине при въезде жениховского поезда в местечко нееврейские обитатели местечка перегораживали едущим дорогу веревкой. Веревку снимали только после уплаты выкупа»[55]. Но спорить с авторитетной теорией «купли или похищения невесты» не приходится, и Пульнер отказывается от всякого объяснения,

---

[53] *Кагаров Е. Г.* Состав и происхождение свадебной обрядности // Сборник Музея антропологии и этнографии. Т. VIII. Л., 1929. С. 152.
[54] Там же. С. 158–159.
[55] См. с. 145 настоящего издания.

зато в следующем абзаце использует «апотропеическое» объяснение кружения поезда жениха по местечку.

Значение работы Пульнера заключается в первую очередь не в анализе собранных им материалов, а в их разнообразии. Кроме собственных полевых материалов он широко использовал многочисленные сборники еврейского фольклора, публикации по еврейской этнографии (их было гораздо меньше), художественную и мемуарную литературу. Весь этот обширный и разнородный материал Пульнер систематизировал, постоянно обращая внимание на региональную специфику вариантов того или иного обряда. Основное внимание в своей диссертации он уделил обычаям евреев Белоруссии и Правобережной Украины, то есть тех регионов СССР, в которых перед Второй мировой войной была наибольшая плотность еврейского населения. Кроме того, именно в этих регионах Пульнер сам бывал в экспедициях и собирал этнографические материалы.

8.

Диссертация Пульнера, как уже было сказано, не была завершена. Мы видели свою задачу в том, чтобы превратить этот незавершенный текст в полноценную, удобную для чтения книгу. При подготовке текста к публикации мы стремились сделать его интересным одновременно и специалистам, и широкому читателю.

Диссертация «Свадебные обряды у евреев» представляет собой машинопись с большим количеством рукописных фрагментов (включая первые 23 рукописных листа) и рукописной правки как на лицевой, так и на оборотной стороне листов. При подготовке текста к печати все эти правки были учтены и отмечены в примечаниях, сопровождающих каждую главу. Например, в итоговом тексте напечатано: «У литовских и белорусских евреев в XVII в. существовал обычай помощи отцу невесты»[56], а в примечании отмечено: «Первоначально в тексте: "У польских и белорусских"».

---

[56] См. с. 78 настоящего издания.

Слово "польских" зачеркнуто, вместо него карандашом вписано "литовских"»[57].

В машинописи были оставлены пробелы для того, чтобы вставить тексты на идише. Также в тексте отмечены подстраничные сноски, содержащие как примечания автора, так и ссылки на источники. Все сделанные автором подстраничные сноски остались на своих местах, то есть под текстом.

Примерно в две трети объема машинописи цитаты на идише не были вписаны, а ссылки на источники отмечены в тексте, но в подстраничных сносках не указаны. Нашей задачей было отыскать все цитаты и ссылки. К сожалению, в некоторых случаях это оказалось невозможно. Все такие пробелы оговорены в примечаниях. Если же восстановить пропущенную цитату или ссылку удалось, то это специально не оговорено.

При подготовке текста диссертации Пульнера к печати были перепроверены все ссылки и цитаты. Также были перепроверены все ссылки на книги Библии и трактаты Талмуда, так как Пульнер не всегда верно указывал источник. Все ссылки на книги Библии, трактаты Талмуда и другие книги религиозного содержания приведены прямо в тексте, непосредственно после соответствующей цитаты.

Машинопись не была вычитана автором и содержит значительное количество опечаток, видимо, допущенных машинисткой. Некоторые из них носят систематический характер: например, в машинописи неоднократно перепутаны слова «почтенный» и «почётный», в результате чего появляется комическое словосочетание «почётные женщины». Все эти опечатки, а также орфографические и пунктуационные ошибки были исправлены, и эти исправления специально не оговорены.

Также была предпринята некоторая стилистическая правка рукописи. Это спорное решение, но мы решились на него исходя из того, что, во-первых, машинопись диссертации не была вычитана и отредактирована, а значит, не выражает окончательную волю автора, и, во-вторых, без этой правки текст книги плохо

---

[57] См. с. 78 настоящего издания.

читается, а наша задача состояла в том, чтобы донести работу Пульнера до возможно более широкого круга читателей. Ниже приведены примеры такой правки. Зачеркивания и подчеркивания показывают сделанные замены.

«Главными и существеннейшими являлись остальные пункты тноим, предусматривавшие размеры приданого, расходы на свадьбу и материальное обеспечение новобрачных на известный период после свадьбы»[58].

Исправления иногда касались порядка слов. Пульнер систематически тяготел к инверсиям; это иногда делает его текст неудобочитаемым. Например, фраза «Отношение народа и разных социальных групп его к приданому сохранилось в ряде еврейских пословиц» была заменена на «Отношение к приданому народа в целом и разных социальных групп в частности сохранилось в ряде еврейских пословиц»[59].

Естественно, сделанные исправления никогда не касались смысла формулировок. Если какая-то из авторских формулировок казалась нам неверной или даже непонятной (такое тоже встречается), она оставлялась без изменений, а возникшее несогласие или непонимание оговаривалось в примечании.

Еще одно существенное изменение в тексте диссертации — переводы с идиша. К сожалению, переводы Пульнера не всегда удовлетворительны как с точки зрения точности, так и с точки зрения литературности. Перевод большинства цитат, если они были доступны, был скорректирован, часто они были переведены с идиша на русский заново. Особенно существенной была такая правка для приведенных в диссертации выступлений бадхенов. Пульнер не понял многие древнееврейские обороты и просто пропустил их. Перевод Пульнера, безусловно, оставлен без изменений в тех случаях, когда он существенен для дальнейших выводов. Без изменений остались также переводы из Шолом-Алейхема, так как Пульнер использовал доступные ему старые, но вполне литературные переводы. В примечаниях даны ссылки

---

[58] См. с. 76 настоящего издания.
[59] См. с. 78 настоящего издания.

на новые, более совершенные в художественном отношении переводы.

В тексте своей диссертации Пульнер приводил используемые им термины и цитируемые тексты поговорок и песен в оригинале, то есть на идише, или по крайней мере оставлял для них место в машинописи. При воспроизведении отдельных слов и текстов на идише было принято спорное решение, пренебрегающее последовательностью в пользу удобства чтения. Мы транскрибировали термины кириллицей (несмотря на то что идиш в настоящее время чаще транскрибируют латиницей), затем воспроизводили его в еврейской графике, а рядом помещали русский перевод. Например: «Еврейская девушка, достигшая брачного возраста и не вышедшая замуж, получала презрительную кличку "алте мойд" (אַלטע מויד, старая дева)»[60]. Выбор в пользу кириллической транскрипции был сделан потому, что дальше сам автор, широко пользуясь этими терминами, воспроизводит их по всему тексту на кириллице. Мы следуем за ним в этом решении, так как превращать текст в мешанину кириллических и латинских литер кажется нам неправильным. В то же время небольшие по объему тексты, прежде всего пословицы и поговорки, которые автор воспроизвел (или планировал воспроизвести) в еврейской графике и сопроводил русским переводом, были дополнены транскрипцией на латинице, выполненной по правилам, рекомендованным YIVO. Например:

אַז אַ מויד פֿאַרזיצט, איז זי ווי אַן אָפּגעלעגענע סחורה;
Az a moyd farzitst, iz zi vi an opgelegene skhoyre;
Когда девка засиделась, она как залежавшийся товар[61].

Еще одной особенностью рукописи Пульнера является то, что все цитируемые им тексты песен (но не прозаические отрывки) он воспроизводил (или намеревался воспроизвести в оставленных пробелах) не только в переводе на русский, но и в оригина-

---

[60] См. с. 39 настоящего издания.
[61] См. с. 39 настоящего издания.

ле, на идише в еврейской графике. Проблема, однако, в том, что многие песни были воспроизведены не целиком: Пульнер часто опускал несколько куплетов, а то и приводил только один куплет. Все процитированные им песни были воспроизведены нами целиком в отдельном приложении, называющемся «Песни о сватовстве, свадьбе и свадебные песни, процитированные в диссертации И. М. Пульнера». В этом приложении текст каждой песни на идише сопровождается транскрипцией на латинице, переводом на русский и, если есть возможность, нотной записью. Получился небольшой сборник свадебных песен, имеющий, на наш взгляд, самостоятельную ценность. Составление этого приложения избавило нас от необходимости воспроизводить достаточно объемные тексты на идише внутри диссертации. Появление в тексте оригиналов песен, а не только подстрочных переводов на русский, утяжелило бы издание и, по нашему мнению, отпугнуло бы от книги читательскую аудиторию, более широкую, чем немногочисленные знатоки идиша. Кроме того, это означало бы дублирование фрагментов основного текста и приложения и способствовало бы неоправданному увеличению объема книги. В то же время небольшие фрагменты на идише, отдельные слова и выражения остались на своих местах, так как они составляют неотъемлемую часть ткани текста и не могут быть из него изъяты.

После текста каждой главы размещены составленные нами примечания, в которых уточняются как детали самой машинописи, так и исторические, этнографические и фольклористические особенности обсуждаемых Пульнером свадебных обрядов. Сохраняется четкое деление: все авторские примечания размещены под страницей, все примечания публикаторов — за текстом.

Так как наша книга посвящена не только еврейской народной культуре, но и истории ее изучения, текст Пульнера дополняют статьи, посвященные ему и истории создания его диссертации: это «Научная биография И. М. Пульнера» Деборы Ялен и «Собрание документов И. М. Пульнера в архиве Российского этнографического музея (историко-археографический обзор)» Александра Иванова.

Пульнер не был этномузыкологом. Он сам пишет: «Изучение и анализ танцев, исполнявшихся на еврейской свадьбе, не является задачей настоящей работы»[62], и уделяет свадебной музыке сравнительно мало внимания. Между тем клезмеры играли ключевую роль во всех свадебных обрядах. Более того, свадьба была почти единственным событием жизненного и календарного циклов, в котором находилось место еврейским музыкантам. Еврейская свадебная музыка осталась до известной степени «белым пятном» на «карте» еврейской свадьбы, нарисованной Пульнером. Статья Евгении Хаздан «Музыка ашкеназской свадьбы: terra incognita» восполняет этот пробел.

Исследования, начатые Пульнером в 1920–1930-х годах, были продолжены уже в начале XXI века и как раз в одном из тех регионов, в которых он проводил свои полевые исследования. Сопоставление материалов, собранных с интервалом почти в 80 лет, позволяет увидеть и то, что изменилось в народной культуре, и то, что осталось неизменным. Материалы современных этнографических экспедиций собраны в приложении «Свадебные обряды у евреев Подолии и Бессарабии».

Этнографическим экспедициям, изучающим народную еврейскую культуру в XXI веке, удалось, казалось бы, невозможное — через 100 лет перебросить мост от экспедиций Ан-ского к современной полевой работе. Мы надеемся, что публикация диссертации Пульнера не только позволит ввести в научный оборот имя и труд забытого исследователя, но и проложит дорогу, по которой к читателям вернутся работы других исследователей еврейской истории и культуры, работавших в первой половине XX века.

---

[62] См. с. 260 настоящего издания.

И. Пульнер

СВАДЕБНЫЕ ОБРЯДЫ У ЕВРЕЕВ

* * *

Около двадцати лет тому назад с диссертацией И. М. Пульнера меня познакомила главный хранитель РЭМа Людмила Борисовна Урицкая (1941–2009), светлой памяти, так много сделавшая для того, чтобы еврейские сокровища этого музея стали доступны «городу и миру». Уже тогда появилась мысль о необходимости публикации этого сочинения, однако прошло много лет и понадобились усилия многих людей, прежде чем этот замысел удалось осуществить. Подготовка издания стала возможна благодаря грантовому проекту Еврейского музея и центра толерантности при щедрой поддержке Александра Клячина. Проект координировали Светлана Ильичева и сотрудники Исследовательского центра ЕМЦТ — Светлана Амосова, Анастасия Дека, Алена Минко. Я признателен Российскому этнографическому музею, предоставившему работу Пульнера для публикации, и, в первую очередь, его главному хранителю Наталье Прокопьевой. Благодарю Аллу Соколову (Государственный музей истории религии, ГМИР) и Татьяну Разумову (Музей истории евреев в России, МИЕВР), которые помогли подобрать иллюстрации для книги. Искренняя благодарность РЭМу, ГМИРу, МИЕВРу и архиву Центра «Петербургская иудаика», предоставивших экспонаты из своих коллекций для публикации. Отдельная благодарность Ольге Беловой, взявшей на себя труд редактирования итогового текста книги.

1. Сватовство[1]

1.1. Общие замечания

По народному поверью, за сорок дней до формирования зародыша «бас-кол» (בת־קול)[a2] провозглашало: «Такая-то предназначена такому-то» (ВТ, Сота 2 а; Моэд Катан 18 б)[3].

По другому поверью, устройством браков занимается сам Бог. «Однажды, — гласит это поверье, — одна женщина спросила Иосе бен Халафта[b]: "За сколько дней Бог создал мир?" — "За шесть". — "Но чем же он занимается с того времени?" — "Бог, — ответил тот, — сидит и устраивает браки: дочь того-то назначается тому-то"» (Мидраш Берешит Раба 68:4; Мидраш Ваикра Раба 8:1)[4].

Несмотря на «божественное предопределение» (предуготовление) брака, сохранилось много данных, свидетельствующих, что еврейские народные массы не полагались в вопросах брака на одного Господа Бога и действовали по собственному усмотрению и разумению.

Так, например, в мидраше[c] рассказывается, что в доталмудический период женщина, желавшая выйти замуж, отправлялась на базарную площадь, высматривала себе мужчину, стараясь ему понравиться, а затем уводила его на свое ложе[5]. У Маймонида рассказывается, что в допалестинский[6] период мужчина встречал на базарной площади женщину и, в случае ее согласия, уводил ее в свой дом, сочетался с нею, и она становилась его женой (Мишне Тора, Законы о браке 1:1).

---

[a] Небесное эхо.
[b] Палестинский законоучитель II в. н. э. [*Слева от текста сделана приписка*: «Следует отметить, что оба <*нрзб.*> имели <в виду> только первый брак».]
[c] Буквально означает — толкование; особый род письменности, возникший из агады — отрасли Талмуда — кодекса религиозно-этических норм.

Указания на заключение брака по своему усмотрению, то есть без «предопределения», находим также в Ветхом Завете[7] и Талмуде:

> 1. И сказал Авраам рабу своему... клянись мне Господом, Богом неба и Богом земли, что ты не возьмешь сыну моему жены из дочерей хананеев, среди которых я живу (Быт 24:2–3).
> 2. И призвал Исаак Иакова, и благословил его и заповедал ему, и сказал: не бери себе жены из дочерей ханаанских (Быт 28:1).
> 3. Моисею понравилось жить у сего человека; и он выдал за Моисея дочь свою Сепфору (Исх 2:21).
> 4. И пошел Самсон в Фимнафу и увидел в Фимнафе женщину из дочерей филистимских. Он пошел и объявил отцу своему и матери своей и сказал: я видел в Фимнафе женщину из дочерей филистимских; возьмите ее мне в жены» (Суд 14:1–2).
> 5. В Иерусалиме, по сообщению Талмуда[8], существовал следующий обычай: в пятнадцатый день месяца Ава[9] и в День Прощения[10] иерусалимские девушки отправлялись в виноградники, где устраивали пляски и сватались к парням, при этом наиболее знатные из них говорили: «Юноша, подыми свои глаза и погляди, кого себе выбираешь, не смотри на меня, обрати внимание на мой род, "миловидность обманчива и красота суетна" (Притч 31:30)» (Мишна, Таанит 4:8)[11].

Как мы видим, поверье о «божественном предопределении» брака оставалось лишь поверьем, а житейская практика действовала по своим собственным законам. Поверье о «предопределении» брака несло в себе религиозно-назидательное начало и, тем самым, как бы исключало возможность индивидуального выбора для вступающих в брак, то есть, другими словами, как бы содержало в себе элементы принуждения (предопределения), что весьма характерно для моногамной семьи. «Она основана на господстве мужа с определенно выраженной целью рождения детей, происхождение которых от отца не подлежит сомнению, а эта бесспорность происхождения необходима потому, что дети в качестве прямых наследников должны наследовать имущество отца»[d].

Нормальным возрастом для вступления в брак считался возраст в 13–18 лет. Не рекомендовалось оставаться вне брака старше 18–20 лет. «Засиживание» в холостяках или девках старше этого возраста считалось, особенно для женщин, неприличным и даже безнравственным актом, ведущим к греху или к помыслам о нем. За молодежью, в особенности за бедными парнями и девушками, достигшими брачного возраста, писал Л. Леванда (Белоруссия, первая половина XIX века), зорко следили. Их «начинают склонять к браку сперва добром, а когда добрые слова не помогают, то увещеваниями, упреками и угрозами, которые действуют сильнее»[e].

Еврейская девушка, достигшая брачного возраста и не вышедшая замуж, получала презрительную кличку «алте мойд» (אַלטע מויד, старая дева). В пословицах про старых дев говорится:

אַז אַ מויד פֿאַרזיצט, איז זי ווי אַן אָפּגעלעגענע סחורה
Az a moyd farzitst, iz zi vi an opgelegene skhoyre
Когда девка засиделась, она как залежавшийся товар[f];

אַן איבערגעוואַקסענע מויד איז ווי פֿאַראַיאָריקער לוח
An ibergevaksene moyd iz vi farayoriker luekh
Перезрелая девка — что прошлогодний календарь[g].

Регламентирование брачного возраста имеет место уже в Талмуде. Согласно талмудической традиции, «до двадцатилетнего возраста человека Всесвятой ждет, когда тот возьмет жену; когда же человек достиг двадцатилетнего возраста и не женится, Бог говорит: "да гниют кости его!"» Там же говорится: «Кому минуло двадцать лет, и он не берет себе жены, тот проводит свою жизнь

---

[d] *Энгельс Ф.* Происхождение семьи, частной собственности и государства. С. 44.
[e] *Леванда Л. О.* Старинные еврейские свадебные обычаи. С. 104.
[f] *Bernshteyn I.* Idishe shprikhverter. Z. 153. № 2156.
[g] Там же. Z. 154. № 2173.

в грехе или, по крайней мере, в помышлениях о грехе» (ВТ, Кидушин 29 б)[h][12].

Брачный возраст у евреев регламентировался и «Шулхан Орухом»[13], где читаем:

> Для всякого израильтянина является мицвой (מצווה, заповедь, богоугодное дело) жениться до восемнадцати лет, женившийся до восемнадцати лет совершает «мицве мин гамивхар» (מצווה מין המבחר, особо важная заповедь), но пусть он не женится до тринадцати лет, чтобы не выглядело это как разврат. И ни в коем случае пусть не останется без жены тот, кто старше двадцати лет. Тот же, кто достигнет двадцати лет и не пожелает жениться, того бес-дин (בית־דין, раввинский суд) принуждает к этому, дабы он выполнил заповедь о «пру урву» (פרו ורבו, «плодитесь и размножайтесь»)[i][14]. Тому же, кто занимается Торой[j] и трудится над ней, разрешается опаздывать (с женитьбою), но дозволяется взять жену, которая содержала бы его, дабы он мог не отрываться от Торы (Шулхан Орух, Эвен а-эзер 1:3).

Брачный возраст девушки определялся по Талмуду моментом наступления половой зрелости. До двенадцати лет девушка считалась по талмудическому праву «ктано» (קטנה, малолетняя), от двенадцати лет до двенадцати лет и шести месяцев — «нааро» (נערה, отроковица), старше этого возраста «богерес» (בוגרת, взрослая, совершеннолетняя), свободно располагающей собою в вопросах замужества и развода (ВТ, Ктубот 39 а)[15].

Таким образом, Талмуд и «Шулхан Орух»:

1. Не рекомендовали вступать в брак мужчине до тринадцати лет и женщине — до наступления половой зрелости.

2. Не рекомендовали оставаться без жены старше восемнадцати — двадцати лет.

3. Не желавшего жениться после двадцати принуждали к женитьбе, чтобы он выполнил заповедь о размножении рода.

---

[h] *Леванда Л. О.* Старинные еврейские свадебные обычаи. С. 104.
[i] Заповедь о размножении.
[j] Изучение Талмуда и религиозных знаний.

Как мы видим, Талмуд и «Шулхан Орух» санкционировали ранние браки у евреев и не рекомендовали браки малолетних (до тринадцати лет для мужчин и до двенадцати лет и шести месяцев для женщин), «чтобы не выглядело это как разврат». Тем не менее и в Талмуде имеются указания на существование у евреев в эпоху Талмуда браков малолетних. Так, например, в трактате «Сота» говорится о матери Моисея, которая совершила ему хупу[16] мальчиком в корзине, сказав: «Может, и не дождусь его хупы»[17]. В другом трактате читаем: «Младенцев сватают по субботам».

Ранние браки и браки малолетних бывали у евреев и в последующие века. Так, например, браки малолетних известны были у польских и немецких евреев в Средние века[k]. Известны браки малолетних и в истории кавказских и среднеазиатских евреев[l]. Бытовали браки малолетних у евреев в России, в рассматриваемый нами период, особенно в первой половине XIX века, во времена так называемой «беголе» (בהלה, переполох).

Период «беголе» был характерен для 1830-х годов, когда с началом царствования Николая I в «черте постоянной еврейской оседлости» распространился слух о готовящемся проекте закона, воспрещающего евреям вступление в брак до достижения совершеннолетия, то есть до 21 года[m]. А. Паперна отмечает в своих мемуарах:

> Этот слух вызвал такой ужас среди литовских и белорусских евреев, что в короткое время переженили всех бывших налицо юношей и детей, начиная с пятилетнего возраста. Это время повального эпидемического умопомешательства,

---

[k] Свадебные обряды // Еврейская энциклопедия. Т. XIV. Стб. 52.

[l] Наши полевые записи.

[m] Возраст для брачующихся был определен «Положением о евреях» от 1835 года в § 17: «Браки между евреями не дозволяются прежде достижения женихом 18-ти и невестою 16-ти лет. Те же, кои впредь вступят в брак прежде сего возраста, а равно родители или старшие родственники, к тому их побудившие или допустившие, и сами лица, брак таковой совершившие, подвергаются тюремному заключению от двух до шести месяцев по усмотрению суда» (Второе полное собрание законов. Т. X. № 8054).

известное под именем «беголе» (переполох), было долго памятно евреям, благодаря последовавшим массовым разводам в течение многих лет[n].

Браки малолетних периода «беголе» получили свое отражение и в еврейской народной песне:

> Мальчики и девочки
> переженились;
> Эта свадьба как Тишебов[o18] —
> Никто не пришел;
> Только отец с матерью
> И дядя Эля
> В длинной деле[p19],
> С короткой бородкой,
> Прыгает и пляшет вместе с ними,
> Как сумасшедшая лошадка[q].

Браки малолетних бытовали у евреев в России и во второй половине XIX века. В 1874 году макаровский цадик[r20] приказал своему приверженцу, богатому хасиду из Богополя, женить своего четырнадцатилетнего сына на дочери другого хасида Хаима-Пейше Ратнера из земледельческой колонии[21] Слобода[22] (в тридцати километрах от Бердичева). Обе стороны договорились и оформили тноим[s].

Затронув вопрос о браках малолетних, следует еще отметить бытовавшую у евреев практику сватовства до рождения «лешем мицве» (לשם־מצווה, ради <выполнения> заповеди), то есть как «нейдер» (נדר, обет). Сватовство до рождения происходило и в тех случаях, когда в одной семье рождались только девочки, а в дру-

---

[n] *Паперна А. И.* Воспоминания. С. 264–364. С. 305.
[o] Девятый день месяца Ава.
[p] Верхний кафтан (*польск.*).
[q] Еврейские народные песни в России. С. 207. № 255.
[r] Святой, чудотворец.
[s] Шпильберг В. Наши полевые записи.

гой — только мальчики. Это делалось при желании «изменить судьбу» и воздействовать на пол будущего ребенка[23].

Мы имеем здесь, таким образом, акт магического воздействия на пол будущего ребенка.

Чем же объясняется бытование у евреев ранних браков и браков малолетних?[24] <...>

> 2. א שטוב דארף האָבן א בעל־הביתטע, און א שטאל דארף האָבן א בעל־הבית
> A shtub darf hobn a balaboste, un a shtal darf hobn a balabos
> Дом должен иметь хозяйку, а хлев — хозяина[t].

> 3. Eine Haus ohne Wirth is wi ein Wagen ohn Reder
> Дом без хозяина, что телега без колес[25].

Таким образом, основным мотивом обязательности брака является хозяйственный мотив: необходимость устройства дома. Этому мотиву подчиняется и обязательность деторождения, продолжения рода, что мы еще ниже увидим на ряде фактов и примеров.

Хозяйственный мотив не является характерным для еврейского <...>[26].

Для Средних веков находим ответ у Моисея Иссерлеса:

> В настоящее время вошло в обычай обручать малолетних детей, ибо при нашем бедственном положении родители часто оказываются не в состоянии снабжать дочерей приданым, а подходящую партию не всегда можно найти (Шулхан Орух, Эвен а-эзер 37:8)[27].

Итак, у польских и немецких евреев в XVI веке браки малолетних объяснялись причинами экономическими, «невозможностью снабжать дочерей приданым».

В первой половине XIX века распространение браков малолетних объясняется стремлением освободиться от долголетних тягот рекрутской повинности и тем самым сохранить для семьи мужскую рабочую силу[28].

---

[t] *Bernshteyn I.* Idishe shprikhverter. Z. 270. № 3690.

Во второй половине XIX века, а в особенности в конце XIX века, с развитием капитализма в России и изменением экономических условий быта еврейского населения, случаев браков малолетних становится все меньше и меньше. Браки, как правило, заключаются юношами старше двадцати двух лет, после освобождения от призыва или по окончании ими военной службы, когда они, уже возмужалые, могут без помех заняться самостоятельной трудовой жизнью и прокормить свою семью без помощи родителей.

Повышение брачного возраста мужчин повлияло соответственно и на повышение брачного возраста женщин.

Еврейских девушек стало уже не так легко выдавать замуж малолетними. Последний момент отражен в следующих двух песнях, приводимых ниже. В первой песне отражен разлад, колебания родителей в вопросе о выдаче своей малолетней дочери замуж:

> Разъезжают мехутоним
> Повсюду (букв. «по всем улицам»),
> Спрашивают у реб Лейзера,
> Нет ли у него дочери на выданье.
> Говорит отец «Да!»
> Говорит мать: «Нет,
> Дочь моя Хаселе
> Мала еще для хупы!»[u]

В другой песне сама девушка дает отпор покушению на ее молодость:

> А никакого жениха я не хочу,
> Потому что он мне еще не нужен,
> А кто молодой выходит замуж,
> Смолоду себя хоронит.
> ....
> Оттого, что я еще молода и красива,
> Буду жить свободной,
> Я могу еще подождать и год, и два,
> А может, и все три[v].

---

[u] Yudishe folkslieder mit melodyen. Bd. 2. Z. 7–8. № 1 (Виленская губ.).
[v] Folklor-lider. Z. 276–277. № 6 (Бершадь, 1926).

Когда парень или девушка достигали принятого брачного возраста, родители подыскивали для них соответствующую партию. Заключение браков у евреев в России в рассматриваемый нами период[29], как и в предыдущие века, происходило путем предварительного сватовства. Институт сватовства являлся следствием экономических условий, лежавших в основе моногамной семьи, продуктом классового характера самого брака и зависимости вступающих в брак от воли родителей, ибо «у всех исторически активных, то есть у всех господствующих классов, заключение брака оставалось тем, чем оно было со времени парного брака, — сделкой, которую устраивали родители»[w]. Брак-сделка по природе своей и по своему характеру нуждался, как правило, в посредничестве, и эту функцию выполнял шадхн (שדכן, профессиональный сват).

---

1 Первые 23 страницы документа рукописные.
2 Бас-кол (*др.-евр.*) — букв. «дочь голоса»; так в Талмуде называется голос Всевышнего, непосредственно обращенный к человеку.
3 Сота (букв. «Неверная жена») — трактат Вавилонского Талмуда (далее ВТ), посвященный испытанию женщины, заподозренной в неверности. Моэд Катан (букв. «Малый праздник») — трактат ВТ, посвященный в основном законам малых праздников.
4 Мидраш Берешит Раба, Мидраш Ваикра Раба — сборники мидрашей на библейские книги Берешит (Бытие) и Ваикра (Левит) соответственно.
5 Пульнер ссылается на Берешит Раба, но в этом сборнике такого сюжета нет.
6 Маймонид имеет в виду период до дарования Торы евреям на горе Синай. Пульнер постоянно использует термин «допалестинский период», имея в виду, что еврейский народ существовал еще до появления древних евреев в Палестине. Утверждение о «допалестинском периоде» еврейской истории подразумевает полное доверие Пульнера к Пятикнижию как к историческому документу.
7 Здесь и далее Пульнер цитирует Писание по Синодальному переводу.
8 Точнее, в Мишне.
9 Во времена Второго Храма в Иудее Пятнадцатое Ава было народным праздником. В разных источниках оно описывается как день всенародного приношения дров в Храм для потребностей алтаря, как «день разбитой секиры»,

---

w *Энгельс Ф.* Происхождение семьи, частной собственности и государства. С. 51.

10 Днем прощения Пульнер называет Йом Кипур. Ни о каких плясках в Йом Кипур Мишна не сообщает. Что имеет в виду Пульнер, неясно.
11 Таанит (букв. «Пост») — трактат ВТ, посвященный законам и молитвам постов.
12 Основной тематикой трактата «Кидушин» (букв. «Посвящение») являются правила обручения.
13 «Шулхан Орух» (שֻׁלחָן עָרוּךְ, «Накрытый стол») — галахический кодекс. Подробнее см. Глоссарий.
14 Плодитесь и размножайтесь (Быт 1:22).
15 Ктубот (букв. «Брачные договоры») — трактат ВТ, посвященный законам семейной жизни.
16 Здесь: свадебный обряд.
17 Эта и следующая ссылки проставлены в рукописи, но самих ссылок нет. Упомянутые здесь сюжеты в Талмуде отсутствуют. Что имел в виду Пульнер, неясно.
18 Тишебов — траурный день в память о разрушении Храма. В Тишебов и предшествующие ему дни свадьбы категорически запрещены. Сыгранная с перепугу свадьба маленьких детей, на которую даже не приглашены гости, уподобляется печальному дню Тишебов. Впрочем, мотив «свадьба на Тишебов» или «на Йом Кипур» встречается в детских песнях-потешках как пример «небывальщины» (см.: Yudishe folkslieder mit melodyen. Bd. 2. Z. 110. № 3; Baym kval: materialn tsum yidishn folklor, 1923. Z. 69. № 12). Скорее всего, атрибутируя представленную песню как свидетельство о «беголе», Пульнер следует за ее интерпретацией, данной С. Гинзбургом и П. Мареком (см.: Еврейские песни в России / Собраны и изданы под ред. и с введением С. М. Гинзбурга и П. С. Марека. СПб.: Изд. редакции «Восхода», 1901. С. XVIII). В этом сборнике она, возможно ошибочно, помещена в разделе «Свадебные песни».
19 Широкий плащ с длинными рукавами.
20 Имеется в виду ребе Янкев-Ицхок из Макарова (1832–1892) — представитель влиятельной чернобыльской хасидской династии. Макаров — местечко Киевской губернии.
21 Начиная с первой половины XIX века русское правительство начало создавать еврейские земледельческие колонии и переселять в них евреев, переводя их из мещан в государственные крестьяне. Всего, преимущественно на Украине, было создано несколько десятков таких колоний.
22 Судя по всему, речь идет о еврейской земледельческой колонии Слобода Низгурец.
23 Смысл не совсем внятно объясненной магической практики заключается в том, что еще до рождения детей семья, в которой все время рождаются девочки, сватает еще не родившегося мальчика, и наоборот — семья, в которой слишком много мальчиков, сватает неродившуюся девочку. Этот обет

должен магическим образом способствовать рождению детей определенного, желательного родителям пола.

[24] Фраза написана на обороте листа. Следующий лист начинается сразу с поговорки, отмеченной цифрой 2. Это означает, что, как минимум, один лист в рукописи отсутствует.

[25] Немецкая поговорка. Источник не найден.

[26] Низ страницы обрезан.

[27] Моше Иссерлес опирается на слова комментаторов Талмуда (XIII век): Тосафот к ВТ, Кидушин, 41 а.

[28] Подобное объяснение того, что евреи не желали служить двадцать пять лет в царской армии, выглядит вульгарно-экономическим. Понятно, что были и другие, личные и религиозные, причины для этого нежелания.

[29] Пульнер нигде специально не оговаривает, на каком периоде времени он концентрирует свое внимание. Тем не менее из приведенных материалов понятно, что это XIX — начало XX века.

1.2. Шадхены (сваты)

У евреев в России роль шадхенов выполняли чаще мужчины, реже — женщины-шадхнтес (שדכנטעס, свахи).

Различали шадхенов местных и областных — ланд-шадхоним (לאַנד־שדכנים, букв. «шадхены страны», то есть действующие на обширной территории).

Функции шадхенов выполняли иногда родные, опекуны или знакомые жениха и невесты, но преимущественно — шадхены-профессионалы, мастера своего дела, для которых шадхонес (שדכנות, сватовство) являлось промыслом.

Профессию шадхена избирали себе большей частью неудачники, отчаявшиеся в успехе в других промыслах и занятиях. Сама профессия шадхена не всегда обеспечивала ему и его семье прожиточный минимум. Мы читаем в мемуарах Э. Дейнарда:

> Среди самых нищих и захудалых профессий «черты еврейской оседлости» в России значились профессии шадхена и бадхена, обеспечивавшие хлебом занимавшихся ими только несколько раз в году, во время свадебного пиршества, и то только лично для шадхена и бадхена, ибо членам своих семейств они приносили лишь печенье и фрукты, но не хлеба досыта[1].

В силу специфики брака-сделки свести стороны, согласовать существующие между ними противоречия было делом весьма нелегким, а подчас почти невыполнимым, и шадхену, заинтересованному только в заработке, приходилось поневоле прибегать ко всевозможным уловкам и хитростям, чтобы преодолеть[2] все препятствия и противоречия и добиться задуманного брака. Вот почему оружием шадхена служили красноречие, сила убеждения, ложь, лесть, находчивость и т. д. Шадхн не смел ни при каких обстоятельствах отступить, ударить лицом в грязь и должен был уметь пустить пыль в глаза. Успех шадхена зависел только от его личных талантов, и, в зависимости от этих талантов, были шадхены разных рангов и социальных категорий.

Характеристика шадхена присутствует в народных песнях. В одной из песен шадхн охарактеризован как лгун и пьяница:

> Шадхн должен уметь опрокинуть чарку
> В оку[a3] спирта;
> Он должен уметь лгать,
> Лишь бы добиться сватовства[b].

В другой песне рассказывается о методах, которыми пользуется шадхн, чтобы добиться задуманного брака:

> И если невеста не желает <предлагаемого ей жениха>,
> Нужно ей задурить голову,
> Чтобы она закричала: «Гвалд[4], хочу!»
>
> И если мехутенесте[5] не желает,
> Нужно ей задурить голову,
> Чтобы она закричала: «Гвалд, хочу!»[c6]

О том же рассказывается и в следующей песне:

> И если жених не желает невесты,
> Нужно его объявить сумасшедшим,
> Нужно ему задурить голову,
> Чтобы он закричал: «Гвалд, она умна!»
>
> И если жених не желает невесты,
> Нужно ему всё разъяснить,
> Нужно ему задурить голову,
> Чтобы он закричал: «Гвалд, она <мне> пара!»
>
> И если жених не желает невесты,
> Нужно его свести с ума,
> Пусть он хоть околеет,
> Чтобы он закричал: «Гвалд, радость!»[d7]

Шадхены, мастера своего дела, в особенности областные шадхены, вели списки женихов и невест. Для этой цели они

---

[a] Мера объема.
[b] Варнавицкая С. (Бершадь). Наши полевые записи.
[c] Folklor-lider. Z. 279–280. № 10 (Белая Церковь, 1930).
[d] Ibid. Z. 278–279. № 9 (Бердичев, 1926).

разузнавали по всем близким и дальним местечкам и городам, у кого имеется сын-жених или дочь-невеста. Для успешности своего предприятия шадхены должны были знать способности и личные качества всех кандидатов на брак со всеми подробностями их ихеса (ייחוס, знатное происхождение, родовитость), а также благосостояния и материального положения родителей молодых людей, и размеры намеченного приданого и кеста (קעסט, содержание молодой семьи в течение оговоренного времени после свадьбы).

Чтобы получить общее представление о том, что представляют собою записи шадхена, приведем здесь некоторые выдержки из записной книжки шадхена из сочинения Шолом-Алейхема[8]. Это список женихов и невест по городам и местечкам, занесенным в алфавитном порядке в «записную книжку»[9]:

> ГАЙСИН: Липа Брош... Шурин Ици Косина... Правая рука на сахарном заводе реб Залмана Радомысльского... Ищет невесту для сына... Единственный... Красивый... Глазенки так и горят... Желательно золотое дно.
> ГЛУХОВ: Ефим Балясный... Аптекарь... Физиономия скобленная. Не любит евреев... Ростовщик. Желает брюнетку... <...>
> КРЕМЕНЧУГ: Отчаянный вольнодумец... Сионист... Сотни комиссий. Умник... Замечательный шахматист... Талмуд наизусть... Знаток и красноречивый... Мастер на анекдоты... Великолепный почерк... По слухам уже женился... <...>
> МЕДЖИБОЖ: Реб Шимшон-Шепсель Шимелиш... Вдовец... Две дочери с тремя тысячами... Прежде хочет сам жениться... Ищет девицу... <...>
> ОВРУЧ: Хава, дочь реб Леви Тонконога... Знатное происхождение... Его жена Гитель... Также хорошего рода... Высокий рост... Красавица... Четыре тысячи... Желает окончившего...[e]
> ПРИЛУКИ: Гимназист Фрайтиг... Сын Михеля Фрайтига... Дома в шапке... Субботу соблюдает... Желает 20 тысяч, ни гроша уступки... От себя дает половину... <...>
> ТАЛНА: Реб Авром Файнчик... Сын раввина... Вдовец... Благочестивый и сведущий в Писании еврей... Ищет вдову при деле...

---

[e] Гимназию или университет.

ТОМАШПОЛЬ: Пять девиц... Три красавицы и две паскудницы... Каждой либо доктора с кабинетом и мебелью, либо адвоката с практикой в Егупце...[f][10] Писал сколько раз... <...>
ШПОЛА: Известный богач Эли Чернобыльский... Дела в Егупце... Посредничество по продаже сахара и имений... В товариществе с известным богачом Бобышкой... Денег куры не клюют... Род без изъяна... Единственная дочь... Подавай ей ангела небесного... Чтоб был умнее доктора... Хорош, как Иосиф Прекрасный, и умен, как царь Соломон... Чтобы пел и играл на всяких инструментах... Телеграфировал в Радомысль...
ЯМПОЛЬ: Моше-Нисель Кимбак... Богач свежеиспеченный... Жена его Бейля-Лея... Пламенно жаждут просватать... Сколько та сторона ни даст, дадут вдвое... Вознаграждение сватам сейчас после обручения... Особая награда свату от матери...[g]

Приведенные здесь выдержки из записей шадхена не нуждаются, как нам кажется, в особых комментариях. Записи говорят сами за себя и всецело отвечают запросам и интересам еврейской буржуазии и религии, а также требованиям ихеса как органической части принудительного брака. Шадхн же, как слуга принудительного брака, «чутко» и всесторонне учел и зафиксировал эти запросы и интересы в своей «записной книжке».

В цитируемом произведении Шолом-Алейхем приводит и рассуждения самого шадхена о своей профессии:

> Взять, например, профессию свата: что может быть легче, приятнее, приличнее и лучше этой работы? Ведь надо только иметь смекалку, чтобы определить, кто кому подходит! Есть, скажем, в Овруче девица, красавица, с четырьмя тысячами, которая помирает по окончившему; и вот Балта приготовила для ее милости сиониста, окончившего бухгалтерию: два сапога — пара! Или взять Талну: живет там еврей-вдовец, мечтающий о вдове при деле, — изволь: поезжай в Хмельник и вступи в законный брак с Басей

---

[f] Киев.
[g] *Шолом-Алейхем.* Похождения неудачника (Менахем-Мендель). С. 192–195.

> Флекель... Все дело... в умении комбинировать. Если бы я стал записным сватом, я поставил бы дело так: списался бы со сватами всего света, собрал бы их реестры и стал бы сочетать, раньше на бумаге, потом на деле, этого жениха с той невестой, а того жениха с этой невестой...[h]

Характеристика свата и его профессии, мастерски нарисованная Шолом-Алейхемом, относится к концу XIX века, но она верна в общих чертах и для свата первой половины XIX века. В этом мы убеждаемся, когда читаем воспоминания А. Готлобера, относящиеся к началу XIX века:

> В те времена сваты примечали мальчиков, успевающих в учебе, и каждого из них заносили в свою записную книжку. В этих книжках было также учтено множество девушек со всеми их достоинствами: одна отличалась красотой, вторая — богатством, а третья — родовитостью[i].

Вооруженные всеми этими сведениями шадхены отправлялись на промысел, пуская в ход все присущие им таланты. У того же А. Готлобера мы читаем:

> Шадхены являлись ежедневно к отцу мальчика и задуривали ему голову тем, что уже пора женить сына, что дочь такого и такого-то богача суженая ему пара, что такой красавицы не сыскать во всем свете, что она прекрасно говорит по-польски[j].

В те времена обиходным языком в Польше и в Подолии, даже после перехода их в состав России, был польский; жены же были кормилицами семьи, в то время как мужья сидели дома или в синагоге, изучая Талмуд. И поэтому знание еврейской девушкой польского языка считалось большим достоинством.

Далее мы читаем в этих же воспоминаниях:

---

[h] Там же. С. 196.
[i] *Fridkin A.* Avraham-Ber Gotlober un zayn epokhe. Z. 33.
[j] Ibid. Z. 33.

...На рассвете является шадхн с письмом от другого шадхена, что у такого и такого-то богача знатного рода из такого-то и такого-то города есть дочь лет десяти[11] — красавица, умеет молиться, читать и писать цифры, что отец обязуется дать столько-то приданого (кроме подарков от невесты) и кест в течение десяти лет. А ищет он юношу — знатока Торы. Если сват при этом знаток своего дела, то он еще приврет от себя. После долгих препирательств и разговоров со стороны отца юноши, старающегося доказать, что это предложение для него «нож острый», шадхн уходит с убеждением, что такой-то согласен только на условия, изложенные в письме второго шадхена. В тот же день он пишет последнему прямо противоположное тому, что сказал отец жениха. Он пишет, что отец жениха обязался со своей стороны дать такое-то приданое, что совершеннейшая ложь. Шадхн со стороны невесты не перестает лгать в ответ, что отец невесты не уступает в гордости и знатности отцу жениха, и приводит доказательства, что поступившее предложение не соответствует его чести и богатству[k].

У нас есть характеристика отношения широких народных масс к шадхенам в народном творчестве и прежде всего в пословицах:

א בחור טאָר קיין שדכן ניט זײַן, (און א הונט קיין קצב)
A bokher tor keyn shadkhn nit zayn (un a hunt keyn katsev)
Холостяку нельзя быть шадхеном (а собаке — мясником)[l],

— гласит еврейская пословица, ибо подобно собаке, которая съест все мясо, шадхн-холостяк сам женится на невесте, как и уже упомянутый «сирсор» в Талмуде[12].

א שדכן איז ווי א מיל
A shadkhn iz vi a mil
Шадхн подобен мельнице[m].

---

[k] Ibid. Z. 34–35.
[l] *Bernshteyn I.* Idishe shprikhverter. 13. Z. 29. № 376.
[m] Ibid. Z. 264. № 3609.

Как ветряная мельница беспрестанно машет своими крыльями, так и шадхн неутомимо действует своим языком.

> אַ שדכן מוז זײַן אַ ליגנער
> A shadkhn muz zain a ligner
> Шадхн должен быть лгуном[n],

ибо одной правдой, правдивым изложением всех известных ему данных о состоятельности жениха и невесты и их родителей, об их ихесе и т. д. он не добился бы удачи в своих делах.

> דעם שדכן שטראָפֿט גאָט ניט פֿאַר זײַן ליגן
> Dem shadkhn shtroft got nit far zayn lign
> Шадхена Бог не наказывает за его ложь[o]

и

> דער שידוך זעט אויס װי דער שדכן
> Der shidekh zet oys vi der shadkhn
> По свату партия[p][13],

то есть партия выглядит не такою, какою она является на самом деле, а такою, какою ее представит и разукрасит шадхн. И поэтому народ часто иронизирует над шадхеном и скомбинированными им партиями:

> אַ זיווג מן השמים!
> דער חתן איז אויף איין אויג בלינד, און די כּלה אויף אײן אויער טויב
> A ziveg min hashomaim! Der khosn iz af eyn oyg blind, un di kale af eyn oer toyb
> Бракосочетание с небес![14] Жених слеп на один глаз, а невеста глуха на одно ухо[q].

---

[n] Ibid. Z. 264. № 3610.
[o] Ibid. Z. 264. № 3611.
[p] Ibid. Z. 274. № 3743.
[q] Ibid. Z. 98. № 1452.

Шадхену нет дела до будущей судьбы супругов; ему — лишь бы получить шадхонес (вознаграждение за сватовство), а там «хоть потоп»:

שמדט זיך דער חתן, שמדט זיך די כלה - אבי דאָס שדכנות אָפּגענומען
Shmadt zikh der khosn, shmadt zikh di kale — abi dos shadkhones opgenumen
Пусть крестится жених, пусть крестится невеста, лишь бы получить шадхонес (плату за сватовство)[r].

Сватая, шадхн часто сообщает сторонам всевозможные небылицы про богатство, размеры приданого, происхождение, достоинства жениха и невесты и т. п.

דער שדכן פֿירט צונויף אַ בוידעם מיט אַ בוידעם
Der shadkhn firt tsunoyf a boydem mit a boydem
Шадхн сводит чердак с чердаком[15],

так что стороны при первой встрече считают себя бесстыдно обманутыми, оскорблёнными, введёнными в заблуждение и готовы подраться и постоять за свою честь и за свой род. Шадхн считает для себя поэтому благоразумным на время скрыться с глаз:

אַז דער שדכן פֿירט צונויף די מחותּנים, באַהאַלט ער זיך אויפֿן בוידעם
Az der shadkhn firt tsunoif di mekhutonim, bahaltn er zikh afn boidem
Когда шадхн сводит мехутоним, сам он прячется на чердаке[s],

— шутит народ про похождения шадхенов.

Шадхенов было слишком много, они вели между собою отчаянную конкуренцию, борьбу за хлеб насущный, и нередко портили друг другу сватовство, вследствие чего налаженная партия расстраивалась:

---

[r] Ibid. Z. 283. № 3867.
[s] Ibid. Z. 264. № 3608.

אַז די שדכנים שלאָגן זיך, צעגייט זיך דער שידוך
Az di shadkhonim shlogn zikh, tsegeit zikh der shidekh
Когда шадхены дерутся, расстраивается сватовство[t],

— говорит по этому поводу пословица. В шадхене народ видел волка в человеческом обличье:

ווען עס חלומט זיך אַ וואָלף, וועט קומען אַ שדכן
Ven es kholemt zikh a volf, vet kumen a shadkhn
Когда снится волк, придет шадхн[u],

— утверждает народная примета. Шадхена не любили, его боялись. Особенно боялась шадхена еврейская молодежь, в частности девушки:

Шадхн глядит
И причиняет мне боль,
Я вольная птица,
Зачем мне господин надо мною[v].

В этой же песне отмечается только денежная заинтересованность, корысть шадхена:

Шадхн входит внутрь (в дом)
Он хочет завершить сватовство,
Он думает что-нибудь заработать
И хочет покрыть мою голову[w16].

Или:

Шадхн, шадхн, горе тебе!
Ой, чего тебе надо было от меня?
Ты получил шадхонес.
И безжалостно зарезал <меня>,
Горе тебе, горе тебе![x]

---

[t] Ibid. Z. 264. № 3606.
[u] Yiddisher folklor. Z. 282. № 106.
[v] Folklor-lider. Z. 278. № 8 (Хотимск, 1928).
[w] Ibid. Второй куплет той же песни.
[x] Еврейские народные песни в России. С. 233. № 279 (Минская губ.).

О похождениях шадхена в народе ходило много рассказов и анекдотов. В одном таком рассказе народ осмеивает назойливость шадхенов:

> Как-то шадхн пришел к молодому человеку предлагать ему партию: «У меня имеется для вас девушка-игрушка, такая красавица», — обращается шадхн к молодому человеку. «О чем вы говорите, — отвечает молодой человек, — оставьте меня в покое». Тогда шадхн вновь ему говорит: «Если вы на красоту не обращаете внимания, то у меня имеется для вас другая девушка. Она не такая уж красавица, но и не такая уж дурнушка, и имеет 5 тысяч рублей приданого». «Оставьте меня в покое», — отвечает молодой человек, а шадхн продолжает: «О, если так, то у вас большие претензии. Но хорошо, у меня имеется для вас другая девушка с приданым в 20 тысяч рублей!» Но молодой человек снова твердит: «Да оставьте же меня в покое, не деньги для меня главное». «Ах так, — заявляет ему тогда шадхн, — значит, вы стремитесь к ихесу, так у меня имеется для вас девушка знатнейшего происхождения, раввины у нее в двадцати поколениях предков, самый высший ихес». Тогда молодой человек заявляет ему: «Знаете, господин хороший, я ни о чем слушать не желаю, я женюсь только по любви». «Спокойно, не сердитесь, — продолжает шадхн свое, — у меня имеется для вас и такая невеста»[17].

О находчивости и изворотливости шадхенов повествует другой рассказ под названием «Предложение со всеми достоинствами».

> К самому почтенному горожанину пришел шадхн с предложением для его дочери. «Реб Пинхас, — говорит шадхн, — у меня для вас не шидех (партия), а цацке (игрушка)». Отвечает шадхену горожанин: «Если подойдет, что же, давайте, кто это?» Отвечает ему шадхн: «Это сын Шнитмехера!» Состроил горожанин гримасу: «Шнитмехера сын? Вы имеете в виду Иоселя Шнитмехера? Ведь он ам-гоорец[18] (невежда), единственный в своем роде!» Отвечает ему шадхн: «Что вы такое говорите: ам-гоорец! А как вы думаете, Ротшильд — ученый? Все же такому зятю, как Ротшильд, вы бы не отказали?» Подумал горожанин и ответил: «Верно! Вот

они, нынешние времена! Но ведь он беден, у него ни гроша за душой». Отвечает шадхн: «Идите, идите, реб Пинхас! Зачем вы говорите такие вещи? Бедняк! А как вы думаете, Раши[у] был богачом? Все же такого зятя, как Раши, вы бы хотели?» Подумал реб Пинхас немного и говорит: «Правильно! Но ведь он такой некрасивый, горбатый!» Рассмеялся шадхн: «Не ожидал от вас таких речей, реб Пинхас! Некрасивый! А как вы думаете, Мендельсон[z] был красив? Он тоже был уродом, горбатым! Все же, такого зятя, как Моисей Мендельсон, вы бы наверно хотели!»[19]

Таков шадхн, таковыми были его функции, и таково было к нему отношение народных масс. Шадхн был продуктом и органическим звеном классового брака — брака-сделки. Брак-сделка без шадхена — посредника и сводника — был немыслим.

Сам процесс сватовства состоял их трех следующих друг за другом актов: предложения, сговора, смотрин и помолвки.

---

[1] Источник не найден. Дейнард написал на иврите автобиографию: *Deinard E. Zikhronot bat ami: le-Ḳorot ha-Yehudim yeha-Yahadut be-Rusiya* (Воспоминания о моем народе. Записки о евреях и иудаизме в России). Saint Louis, 1920. Однако неясно, что именно цитирует Пульнер — это издание или какую-то другую публикацию.

[2] Здесь заканчиваются рукописные страницы. Далее идет машинопись.

[3] Ока — старинная турецкая мера объема, использовавшаяся также на Украине, равна 1,3 литра.

[4] Букв. «караул, спасите» (*идиш*). Восклицание, означающее сильную эмоцию.

[5] Здесь: мать невесты или жениха.

[6] Песня «A shadkhen tsu zayn iz zeyer gut» («Шадхеном быть очень хорошо»). Пульнер цитирует только куплеты, опуская зачин-припев.

[7] Пульнер приводит только куплеты, опуская припев, в котором также упоминается «ока спирта».

[8] Эпистолярная повесть «Менахем-Мендл» принадлежит к известнейшим произведениям Шолом-Алейхема. Входящий в ее состав рассказ «Не везет (Менахем-Мендл — сват)», который цитирует Пульнер, был написан в 1900 го-

[у] Аббревиатура имени Соломона Ицхака (Рабейну Шлойме Ицхак). Знаменитый библейский экзегет и истолкователь Талмуда (1040–1105).

[z] Моисей Мендельсон — знаменитый писатель и философ, зачинатель еврейской Гаскалы (Просветительства).

ду и переработан в 1909 году. Современный русский перевод М. Шамбадала см. в: *Шолом-Алейхем*. Собр. соч. М.: ГИХЛ, 1959. Т. 1. С. 437–454.

9 Перечислены города и местечки Украины со значительным еврейским населением. Порядок перечисления отличается от оригинального, так как порядок букв в русском алфавите отличается от порядка букв в еврейском алфавите.
10 Так в произведениях Шолом-Алейхема всегда иносказательно именуется Киев.
11 Речь идет о начале XIX века, когда богатые еврейские семьи стремились просватать (но не поженить) своих детей как можно раньше. В том же отрывке говорится о том, что у большинства мальчиков уже были невесты к одиннадцати годам.
12 Сирсер (*иврит*) — маклер, посредник. Какой именно посредник и какое место в Талмуде имеется в виду — неясно.
13 Буквальный перевод: «Сватовство выглядит так же, как сват».
14 Выражение, означающее, что брак произошел по воле небес, то есть был предустановлен Божьей волей.
15 Источник пословицы не найден. В сборнике пословиц Бернштейна есть похожая пословица: «Der shadkhn firt tsunoyf vant mit a vant» («Шадхн сводит стену со стеной». *Bernshteyn I.* Idishe shprikhverter. Z. 264. № 3612). Это значит, что шадхн может свести кого угодно с кем угодно.
16 То есть выдать замуж. Замужняя женщина ходила с покрытой головой.
17 Источник не найден.
18 עם־הארץ, букв. «народ земли», невежа, неуч.
19 Источник не найден.

1.3. Предложение

Предложение — первый этап сватовства.

Предложение редко исходило от жениха или невесты, чаще от родителей, опекунов или от шадхена, старавшегося не выпускать из поля своего зрения ни одного жениха и ни одной невесты. Все эти моменты отражены в еврейской песне.

Об инициативе предложения, исходящей от отца, поется в следующей песне:

> Поехал отец
> На Шолем-Зохер[a],
> Привезет он для Леечки
> Красивого парня[b].

В следующей песне сама мать отправляется за шадхеном по инициативе дочери:

> — Мама, куда ты идешь?
> — Дочка, чего ты хочешь?
> Не хочешь ли женишка получить?
> Пойду шадхену скажу!
> — Да, мама, да!
> Значит, хорошая у меня мама:
> Уж она знает, о чем я думаю![c]

Инициатива самого шадхена отражена в третьей песне:

> Шадхены кружат по улицам,
> Они спрашивают отца, нет ли у него девушки на выданье[d].

---

[a] Обрядовая пирушка, устраивавшаяся в первую субботу после рождения мальчика.
[b] Yidisher folklor. Z. 46. № 92 (Кольно, Белостокская обл.).
[c] Еврейские народные песни в России. С. 197. № 244 (Курляндская и Ковенская губ.).
[d] Yidisher folklore. Z. 45. № 89 (Росвигово, Подкарпатская Русь, Чехословакия).

Имея на примете богатого жениха или невесту, шадхн-профессионал, как слуга принудительного брака, не заставлял себя просить или приглашать, он сам являлся в дом богача или знатного лица со своими предложениями. По-иному шадхн относился к бедноте, у которой он не мог рассчитывать на приличное вознаграждение за сватовство («шадхонес»). С беднотой он мало церемонился. Чтобы шадхн выступил посредником в браке бедняков, его нужно было специально приглашать и упрашивать. Так, в одной песне рассказывается, как мать, очевидно из ремесленного сословия, уступившая настояниям и слезам дочери, отправляется к шадхену:

> Был я однажды в маленьком местечке,
> Мать с дочкой я там видал:
> Мать звали Шейне,
> Была у нее единственная дочь Миреле.
>
> Миреле постоянно плакала и рыдала.
> Не пред кем было ей открыть свое сердце.
> О чем плакала Мирка?
> Изо дня в день видела она, как женщины ходят в гайблах[e].
>
> — Мама, мама, беги быстро и проворно,
> Как ветер, и приведи шадхена!
> Прошла мать мимо столба
> И увидела дом шадхена[f].

Мать, из бедных и незнатного рода, увидев нужный ей дом, степенно входит и обращается с почтением к шадхену:

> — Доброе утро, реб Шимен! — Как поживает реб Нохем?
> — Слыхала я в свете, что вы большой мудрец;
> Почему бы вам не подумать о моей Мирке,
> Почему бы не подыскать ей жениха?

---

[e] Чепцы, которые носили замужние еврейские женщины.
[f] Еврейские народные песни в России. С. 204. № 253 (Ковенская губ.). Из этой же песни и следующие два куплета.

На что шадхн не без достоинства отвечает:

— Какое у вашей Мирки приданое?
Есть у меня для нее муж-кормилец:
Сын Авремле, юноша как игрушка,
Владеет он лошадью и собственной коляской!

Зажиточные и середняцкие слои еврейского населения брали себе обычно женихов и невест не из своего поселения. Обычай этот, являвшийся в известной степени следствием принудительного брака, подтверждается материалами, изложенными в предыдущих разделах настоящей главы, и фактом бытования института областных шадхенов.

Указанный обычай отражен в уже приведенных выше песнях «Поехал отец на Шолом-Зохер» и «Шадхены кружат по улицам». Отражен он и во многих других песнях, из которых процитируем здесь некоторые. В одной из этих песен на вопросы «Где мама?» и «Что она принесет?» дочь отвечает:

— Здесь нет!
Что она принесет?
— Женишка для тебя!^g

В другой песне поется:

Три колеса, три колеса
Прикатили из Гругува,
И прямо, и прямо
К маме в дом.

Говорит отец: «Да»,
Говорит мать: «Нет»...^h

Еще в одной песне читаем:

---

g Там же. С. 84. № 110.
h Yidisher folklor. Z. 45–46. № 91 (Коломыя, Станиславская обл.).

> Сижу я на камне,
> Рыдаю и плачу:
> Все девушки становятся невестами,
> А я остаюсь одна.
>
> Будь моя мама доброй,
> Она бы просватала меня;
> Поехала бы в Вилкомир,
> Привезла бы для меня женишка:
> С черными кудрями, с голубыми глазами,
> Чтобы был способен к Торе[i].

Или:

> Папа-мама едут в Вилкомир.
> — Увидишь славного жениха,
> Привезите мне![j]

Обычай брать жениха и невесту из другого поселения был, однако, не под силу еврейской бедноте. Бедная девушка, любящая юношу из другого поселения, но не могущая выйти за него из-за своей бедности, поет:

> Будь у меня лошадь и телега,
> Я бы к тебе поехала;
> Будь у меня кошелек с деньгами,
> Я бы его сберегла[k].

В некоторых местах (Пропойск) в конце XIX — начале XX века зажиточная и религиозно настроенная часть еврейского населения часто обращалась за содействием в подыскивании зятя к рош-сшивс[l]. Здесь же было в обычае брать на воспитание

---

[i] Еврейские народные песни в России. С. 198. № 245 (Ковенская губ.).
[j] Там же. С. 198. № 246 (Вильна).
[k] Yudische folkslieder mit melodyen. Bd. 1. Z. 16. № 8 (Варшава).
[l] Ешиве или ешибот — еврейская духовная семинария. Рош-ешиве — глава ешибота.

«а бохер аз вил лернен» (אַ בחור אַז וויל לערנען, парень, который хочет учиться, то есть преуспевает в учебе) в качестве будущего зятя[m].

Со своими предложениями шадхены приходили по субботам[n] или праздникам, но чаще всего в будни, в любое время дня[o].

Переговоры шадхена с родителями (главным образом с отцом) не были, по-видимому, обставлены особыми церемониями и обрядами.

Придя с предложением, шадхн не всегда и не сразу объявлял о цели своего прихода. Вначале он обычно заводил разговоры о посторонних вещах.

В некоторых местах (Едвабне, Белостокская обл.) шадхн, приехав к отцу невесты, спрашивал иносказательно:

> Реб Нахмен, реб Нахмен, может быть, у вас есть мед[2] или вино?

На что отец невесты, реб Нахмен, отвечал:

> — Меда и вина у меня нет,
> Есть только красивая девушка в горнице[p].

У украинских евреев (конец XIX — начало XX века) шадхену, пришедшему с предложением, не отказывали с первого раза, даже в том случае, если уже заранее решено было отклонить его предложение[3]. Обычай этот, надо полагать, был в свое время распространен не только у украинских евреев, что подтверждается наличием соответствующей еврейской пословицы:

אַ שידוך און אַ שמעק־טאַבאַק טאָר מען ניט אויסשלאָגן
A shidekh un a shmek-tabak tor men nit oysshlogn
Сватовство и понюшку табака нельзя отвергать[q].

---

[m] Гинзбург. Наши полевые записи.

[n] В талмудический период сватать по субботам разрешалось только малолетних.

[o] *Fridkin A.* Avraham-Ber Gotlober un zayn epokhe. Z. 34.

[p] Yidisher folklor. Z. 45. № 90 (Едвабне, Белостокская обл.).

[q] *Bernshteyn I.* Idishe shprikhverter. 1913. Z. 274. № 3738.

К приходу шадхена готовились заранее. Мать, ожидая шадхена, приказывает дочери:

> Застели постели, прибери везде
> Возьми мыло и умойся!ᵣ

Обычно потчевали шадхена водкой или пивом и закуской:

> Шадхн Нохем очень вспыльчивый человек, —
> Приготовь немного водки и какую-нибудь закуску!
> Чем водку, лучше пиво,
> Варенье — это хорошо, пусть останется для меня!ˢ

Сообщив все данные о предлагаемой партии, столковавшись, добившись согласия одной стороны, шадхн поздравлял родителей: «Мазл-тов!» (מזל־טוב!, букв. «Счастливой судьбы!», традиционное поздравление), выпивал рюмку-другую водки или пива, закусывал и отправлялся для переговоров к другой стороне. Когда шадхн и там добивался согласия на брак, через него же назначали день и место встречи для сговора сторон.

---

[1] В этом месте Пульнер ссылается на ВТ, трактат «Шабат». Однако в Талмуде эти сведения отсутствуют.
[2] Имеется в виду напиток из меда, медовуха.
[3] Источник не найден.

ᵣ Еврейские народные песни в России. С. 205. № 253 (Ковенская губ.).
ˢ Еврейские народные песни в России. С. 203. № 252.

1.4. Сговор и смотрины

Сговор и смотрины — второй этап сватовства.

Сговор происходил в заранее установленном месте. На сговор съезжались родители (в первую очередь отцы) с обеих сторон, а иногда также жених и невеста.

Смотрины происходили иногда одновременно со сговором (если при сговоре присутствовали жених и невеста), а иногда отдельно. Так, например, в некоторых местах (Белоруссия, Украина) родители, не удовлетворенные сведениями, полученными от шадхенов, или же из-за недоверия к ним наводили до назначенной встречи справки о женихе (или невесте, соответственно) и о его «мишпохе» (משפחה, семья) через знакомых, родственников или раввинов[a]. В Бердичеве и его окрестностях в конце XIX века отец жениха или отец невесты иногда переодевались бедняками и в субботу или в праздники скрытно отправлялись в дом другой стороны для негласного ознакомления[b].

Время и место встречи для сговора назначалось через шадхенов и избиралось примерно на полпути между местами постоянного жительства сторон[c]. Необходимо отметить, что назначение места сговора вне местожительства сторон характерно было только для зажиточных слоев еврейского населения, так как расходы, связанные с поездкой, были не под силу еврейской бедноте. К тому же беднота, как мы уже отметили, не искала себе, как правило, жениха или невесту вне места своего жительства.

Основная цель встречи состояла в соглашении по поводу материальных условий предстоящего брака и в знакомстве с женихом и невестой.

В XVI веке у польских и литовских евреев, «если жених и невеста раньше не были знакомы, они сходились или съезжались на "смотрины". Обычай вменял в обязанность жениху "посмо-

---

[a] Наши полевые записи.
[b] Шпилберг В. Наши полевые записи.
[c] Наши полевые записи.

треть невесту и себя показать". Это делалось обыкновенно в присутствии родных или близких с обеих сторон»[d].

У евреев в России в XIX веке (в особенности в его первой половине) присутствие жениха и невесты считалось необязательным. В конце XIX — начале XX века стороны отправлялись к месту сговора и смотрин в сопровождении особых экзаменаторов, «мейвиним» (מבינים, знатоки, эксперты), задача которых состояла в испытании жениха и невесты[e].

Останавливались обе стороны в разных заезжих домах. К месту встречи приезжали и шадхены, которые и сводили родителей с обеих сторон. Встреча происходила в том месте, где останавливались родители невесты и сама невеста. Встреча происходила тихо. По народному объяснению, это делалось на случай неудачи переговоров и во избежание «злых языков»[f], однако нам кажется, что всё делалось тихо в целях охраны жениха и невесты от «дурного глаза» и прочего колдовства.

При встрече сторон беседа велась вначале на посторонние темы. Спустя некоторое время подавали «кибед» (כיבוד, угощение) из водки, лекеха (пряник на меду), торта и т. п. Часа через два после начала встречи жениха и невесту отправляли на прогулку. Цель прогулки заключалась в личном знакомстве и беседе вступающих в брак. До их возвращения всё еще не говорили о браке. Во время прогулки невеста пыталась «испытать ум» жениха. Для этой цели невеста, как бы невзначай, роняла за землю платок. Если жених поднимал платок, то он считался умным[g].

При съезде сторон невеста оставалась в отдельной комнате[h]. К ней заходили жених и знакомые, и за чаем велась общая беседа. Спустя некоторое время жениха и невесту отправляли на прогулку. По их возвращении в Заверeжье жениха спрашивали, по-

---

[d] История еврейского народа. С. 340.
[e] Донович М. (Дубровно). Наши полевые записи.
[f] Донович М. Наши полевые записи.
[g] Талалай Г. (Заверeжье). Наши полевые записи.
[h] Талалай Г. Наши полевые записи.

нравились ли они друг другу[i]. В Дубровне шадхен спрашивал обоих[j]. В случае утвердительного ответа приступали к предварительным переговорам об условиях брака, приданом, кесте (содержании молодой четы в течение определенного времени после свадьбы).

Столковавшись, стороны писали «проким ришойним» (פרקים ראשונים, букв. «первые параграфы») или «киньян», акт (קין, букв. «купчая»). Проким ришойним или киньян являлись предварительными условиями и представляли собою основу для составления последующего предбрачного договора. Киньян закреплялся с помощью платка, который давали подержать за конец жениху, а затем невесте[k].

Составление проким ришойним было известно у польских и литовских евреев с XVI века под названием «тноим ришойним» (תְּנָאִים רָאשׁוֹנִים, букв. «предварительные условия»). Тноим ришойним у польских и литовских евреев заключались между родителями жениха и невесты. В тноим ришойним обозначалось, сколько каждая сторона дает приданого за сыном или за дочерью, продолжительность кеста и время проведения свадьбы. В тноим ришойним также фиксировался «кнас» (קנס, букв. «неустойка», штраф для стороны, нарушившей оговоренные условия). Заключение тноим ришойним происходило в присутствии родных и гостей с обеих сторон и заканчивалось вечерней «кнас-мол» (קנס־מאָל, букв. «штрафная трапеза»)[l]. Тноим ришойним у польских евреев носили характер простой гражданской сделки[m].

В Белоруссии и на Украине при сватовстве у богатых или же знатных по своему происхождению евреев во время смотрин или же в период от начала сватовства до помолвки проводились ис-

---

[i] Талалай Г. Наши полевые записи.

[j] Донович М. Наши полевые записи.

[k] Талалай Г. Наши полевые записи.

[l] *Shmuel ha-Levi.* Nakhlat Shiva (נחלת שבעה, Надел семерых, 1664). Опубл. в 1724 году. Л. 10–11. Цит по: *Güdemann M.* Idishe kultur-geshikhte in mitlalter. Z. 85.

[m] История еврейского народа. С. 341.

пытания, «фар'ерн» (פֿאַרהערן, букв. «прослушивание») жениха и невесты упомянутыми выше мейвиним. Мейвиним бывали от обеих сторон. Кроме того, с женихом обычно еще приезжал его «ребе» (רבי, учитель) для отпора особо строгому мейвину — представителю стороны невесты. В качестве мейвиним приглашали иногда раввина, рош-ешиве (главу ешибота) или же вообще «ламдана» (למדן, ученый талмудист). Иногда (Пропойск, Белоруссия) обязанности мейвина со стороны родителей невесты исполнял сам отец невесты (мехутн). Невесту испытывала почтенная и набожная женщина. В Белоруссии (Могилевская губерния) в конце XIX — начале XX века невесту испытывали путем беседы с нею, а также наблюдением за ее поведением.

Испытания жениха состояли в проверке его познаний и искусства в области толкования Талмуда. В Белоруссии (Могилевский уезд) жениху еще предлагали прочесть «мафтир» (מפטיר, заключительный отрывок недельного раздела Пятикнижия)[2], написать адрес[n3].

Описание испытания жениха у белорусских евреев, относящееся к 1860-м годам, дано в воспоминаниях Е. Котика:

> Реб Хацкель взял трактат «Кидушин»[4] и, на мое счастье, открыл как раз на том разделе, который я когда-то учил еще с Довидом-кривым, а теперь — с Ицхок-Ошером, а также самостоятельно. И в Тосафот[o5] и в толкованиях Магаршо[p] мне тоже все было ясно. Он велел мне изложить Мишну с Тосафот.
> Я ответил без запинки. Он велел мне изложить вопросы, которые ставит Магаршо. Я изложил, он закрыл Гемару, опять ущипнул меня за щеку и сказал:
> — Есть уже у меня для тебя хорошая невеста.
> Я опять покраснел, а он с папой снова ушел в другую комнату обговорить все детали, приданое и т. д.[q6]

---

[n] Талалай Г. Наши полевые записи.
[o] Комментарии к Талмуду.
[p] Комментатор Талмуда.
[q] *Kotik Yekh.* Mayne Zikhroynes. Z. 259. Цит. по: *Котик Е.* Мои воспоминания. С. 210.

Примерно к этому же времени относится описание экзамена жениха у украинских евреев в изложении Шолом-Алейхема в его автобиографическом произведении «С ярмарки»[7].

> И вот приехал однажды благообразный еврей с роскошной бородой — кум из Василькова, и не один приехал, а с экзаменатором, молодым человеком с рыжей бородкой, всезнайкой и ученым, докой по части Библии и знатоком древнееврейского языка, но довольно-таки докучливым и назойливым, любившим въедаться в душу.
> Первым делом экзаменатор стал показывать себя перед сватами. С этой целью он взялся за учителя жениха, пустившись с ним в сложный грамматический диспут. Что ни скажет учитель, то у рыжего всезнайки выходило наоборот. Затем он вдруг огорошил учителя внезапным вопросом:
> — Почему сказано в Экклезиасте: «Мухи смертью воздух отравляет» — в единственном числе, а не «Мухи воздух отравляют» — во множественном числе?
> На сие учитель возразил ему:
> — А почему в том же Экклезиасте сказано: «И да вспомнит он Творцов» — во множественном числе, а не «И да вспомнит он Творца» — в единственном числе?
> Тогда экзаменатор повел наступление на учителя совсем с другой стороны:
> — Скажите, пожалуйста, а в каком месте написано «И шли от народа к народу?»
> Учитель пришел в замешательство и ответил с легким смущением:
> — Это из молитвы «Славя Господа, взываем именем Его...»[8]
> Но молодой человек на этом не успокоился:
> — А где еще написано: «Славя Господа, взываем именем Его?»
> Тут учитель еще больше смешался и ответил:
> — Это, надо полагать, где-нибудь в Псалмах написано?
> Рыжий молодой человек разразился торжествующим смехом:
> — Извините меня, ребе, написано не «где-нибудь» в Псалмах, а имеется один раз в Псалмах и один раз не к стыду вашему и не к стыду всех нас сказано в «Сказаниях Времен»[9].
> Для учителя это было смертельным ударом. Крупные капли пота выступили у него на лице. Он был убит.

— Молодой человек этот — плут! — сказал он детям, полой вытирая пот. — Если он за жениха возьмется, то и жених пропащий, и сватовству конец...
А так как в сватовстве был заинтересован и он, сам учитель, значит, — то есть не столько в сватовстве, сколько в деньгах за сватовство — то он пошел на хитрость, шепнув брату жениха, Шолому, чтобы тот тихонько залез под широкий фанерный диван, а самого жениха поместил на диване.
Когда сваты все уселись за полукруглый фанерный стол с неуклюжими лапами, рыжий молодчик взял на цугундер жениха. В это время мать жениха начала накрывать на стол, ставить пряники и водку, будучи, видно, вполне уверена, что экзамен сойдет гладко.
— А ну, скажи-ка мне, паренек, где написано: «Факел презрения уготовлен для колеблющихся в помыслах беспечных?»
— В книге о Иове, — еле слышно раздалось из-под дивана.
— В книге о Иове, — бойко и во весь голос ответил жених.
— Правильно, в книге о Иове. А теперь скажи, не знаешь ли, где еще есть в Библии слово того же корня, что «помыслы».
— «В тот день потерял он мысли свои», в Псалмах! — пищит суфлер из-под дивана, а жених повторяет это громко, слово в слово.
— Значит, с Библией дело как будто в порядке, — говорит экзаменатор, бросая взгляды на стол, где маленькая Хая-Эстер возилась с пряником и вареньем. — Теперь мы займемся немного грамматикой. Какого залога будет глагол «потерял»? Какого наклонения? Лица? Числа? Времени?
Маленький Шолом чуть слышно пищит из-под дивана, а жених повторяет вслух каждое его слово:
— Потерял — глагол действительного залога, определенного наклонения, третьего лица, единственного числа, прошедшего времени. Спрягается так: я потерял, ты потерял, он потерял, мы потеряли, вы потеряли...
— Довольно, довольно, довольно! — воскликнул удовлетворенный экзаменатор, потирая руки и поглядывая на накрытый стол, и, повернувшись к сияющему свату со стороны невесты, сказал:
— Вас поздравить надо! Вы слышали, надеюсь, как молодец этот бойко отвечает на все? Ну-с, давайте, в таком случае, закусим чего-нибудь...[г10]

[г] *Шолом-Алейхем*. С ярмарки. С. 105–107.

Изложенным моментом смотрины заканчивались, и назначался день для помолвки.

Таким образом, сговор и смотрины имели своей основной задачей взаимное знакомство сторон, вступавших в родство, непосредственное знакомство родителей с женихом и невестой, испытание последних, ознакомление с ихесом, с материальным обеспечением сторон, согласование материальных основ брака будущей четы и заключение, в случае взаимного согласия, предварительных условий брака, составление так называемых проким ришойним или киньяна. По совершении этих процедур назначалась вторая встреча сторон для оформления и заключения тноим (תנאים, помолвка).

---

1. Галахический трактат, посвященный законам и обычаям брака. Пульнер указывает неверное название «Nakhum shiva» и, соответственно, неверно его переводит.
2. Мафтир — букв. «заканчивающий чтение». Так называют человека, которого вызывают последним к чтению Торы в субботу и праздники. Он читает «гафтару», то есть отрывок из Пророков, специально приуроченный к этому недельному разделу. Перед гафторой он прочитывает заключительные стихи данного недельного раздела. Эти стихи тоже называются мафтир.
3. Проверялось умение жениха написать адрес на русском языке. В России письмо могло быть отправлено только в конверте, надписанном по-русски. Евреи, особенно зажиточные, должны были часто отлучаться из дому по торговым делам. Соответственно, пригодным к семейной жизни считался только тот, кто мог из поездки или с ярмарки написать жене домой письмо.
4. Так как трактат «Кидушин» посвящен законам обручения, его часто использовали для проверки знаний жениха.
5. Тосафот (букв. «дополнения», *иврит*) — глоссы и комментарии к Талмуду, созданные в школах наследников и учеников Раши в XII–XIII веках, главным образом во Франции и в Германии.
6. Пульнер приводит отрывок из мемуаров Е. Котика в своем, не вполне точном, переводе. Мы заменили его на соответствующий отрывок из современного перевода: *Котик Е.* Мои воспоминания / Пер. с идиша М. А. Улановской; под ред. В. А. Дымшица. СПб.; М.; Иерусалим: Мосты культуры; Гешарим, 2009.
7. Над автобиографическим романом «С ярмарки» Шолом-Алейхем работал с 1913 года. Роман остался неоконченным.

8 Более точный перевод: «Славьте Господа, взывайте к имени Его».
9 Имеется в виду Книга Паралипоменон (Хроники) — историческая книга в составе Библии. Еврейское название «Диврей а-Ямим» можно буквально перевести как «Сказания Времен». Ее обычно изучали мало, поэтому именно ее рыжий молодой человек использовал, чтобы уверенно «срезать» учителя.
10 См. современный русский перевод Б. Ивантера и Р. Рубиной в кн.: *Шолом-Алейхем*. Собр. соч. М.: ГИХЛ, 1959. Т. 3. С. 377–379.

1.5. Тноим (помолвка)

Тноим — последний этап сватовства.

Слово "тноим" (תנאים) древнееврейского корня и означает "условия" (единственное число — תנאי, тнай).

В еврейском быту слово "тноим" имеет двоякое значение:

1. Тноим — добрачная запись, включающая условия заключения брака.

2. Тноим — помолвка, включающая обряд оформления и написания добрачной записи, и кнас-мол.

Тноим — древний обычай и соответствует обычаю "эйрусин" (אירוסין), упоминаемому в Талмуде (Псахим 49 а; Кидушин 18 б; Иевамот 59 а)[1].

У евреев в России тноим состоял из:

1) Окончательного согласования родителями или опекунами жениха и невесты условий брака, изложенных в проким ришойним или киньяне.

2) Написания тноим.

3) Оглашения тноим присутствующим, а также жениху или невесте, если они были при их оформлении.

4) Разбивания глиняной посуды или тарелки.

5) Наделения жениха и невесты "малыми подарками".

6) Кнас-мол (קנס־מאל, букв. "штрафная трапеза").

7) Назначения времени свадьбы.

Акт тноим являлся обязательным элементом еврейского брака и имел своей целью юридическое закрепление материальных основ "шидех" (שידוך, сватовство, брачная партия). Обычай тноим и его содержание доказывают существование у евреев в России брака по договору с элементами купли невесты, что подтверждается самим текстом тноим, киньяном и "прикосновением к платку"[2].

Текст тноим был стандартным, он гласил:

> В добрый час! Да взойдет и цветет, как влажный вертоград, и да обретает благоволение у Господа Всеблагого, и да скажет Он о союзе, что он хорош. Обретший жену обрел благо[3].

Возвещающий раньше, что будет после, да дарует доброе имя и последствие сим словам договора и союза, о которых договаривались и условились сии две стороны, а именно: с одной стороны, такой-то (имярек), представляющий интересы сына своего, отрока такого-то (имярек), а с другой — такой-то (имярек), представляющий интересы дочери своей, с ее ведома и согласия, девицы такой-то (имярек).

Пункт 1-й. Вышеупомянутый отрок, в добрый и счастливый час, возьмет (в жены) вышеупомянутую девицу посредством покрова и посвящения, по закону Моисея и Израиля. И они не должны скрывать и утаивать, — ни он от нее, ни она от него, — ничего из своих имуществ, а должны владеть ими на равных правах и жить в любви и согласии, по обычаю всего мира.

Пункт 2-й. Вышеупомянутый отец жениха справит сыну своему, пред свадьбой, приличную одежду, а также даст ему наличными сумму такую-то.

Пункт 3-й. А вышеупомянутый отец невесты внесет пред свадьбой в приданое дочери своей такую-то сумму и серебряные и золотые украшения на сумму такую-то. И приличную одежду, пропорционально приданому, он справит ей пред свадьбой, а также и постельное и носильное белье, головные уборы, молитвенную ризу (талес) и таковой же балахон[4] (для жениха) — все это соответственно своему положению и пропорционально приданому.

Пункт 4-й. Свадьбе быть, в добрый час, в такой-то день, за счет отца невесты, в месте таком-то, или же раньше этого срока, с обоюдного согласия договаривающихся сторон.

Пункт 5-й. Вышеупомянутый (отец жениха или невесты) обязывается дать после свадьбы новобрачным в течение стольких-то лет полное содержание, то есть стол и квартиру, в своем доме.

Все вышеизложенное приняли на себя договаривающиеся стороны к точному исполнению под опасением для нарушителя херема (отлучения) и штрафа в размере половины приданого. Херем не освобождает от штрафа, а штраф — от херема.

Поручительство за жениха приняли на себя такие-то, за невесту — такие-то; но договаривающиеся стороны обязываются, в случае надобности, выручить поручителей, дабы последние, храни Бог, не понесли ни малейшего ущерба за свое поручительство.

Все сие, учиненное такого-то дня, месяца и года и в таком-то городе, свято и ненарушимо.

Следуют подписи[a].

Пункт первый акта тноим предусматривал:

1) Обязательное оформление брака «посредством покрова и посвящения, по закону Моисея и Израиля», иными словами — согласно существующим обрядам. Брак без соблюдения этих обрядов считался у верующих евреев незаконным, отступлением от еврейства, величайшим позором, и против него боролись всеми доступными средствами, вплоть до херема (отлучение от еврейства, анафема).

2) Владение имуществом на равных правах, при этом супруги не должны скрывать и утаивать, — ни он от нее, ни она от него, — ничего из своего имущества, то есть устанавливается юридическое равноправие супругов на семейное имущество, весьма важное положение еврейского семейного права.

3) Совместную жизнь супругов «в любви и согласии, по обычаям всего мира». Также весьма важное положение, освященное вековой народной традицией.

Главными и существеннейшими являлись остальные пункты тноим, предусматривавшие размеры приданого, расходы на свадьбу и материальное обеспечение новобрачных на известный период после свадьбы, что, как мы уже выше указывали, при практике ранних браков и неприспособленности вступающих в брак к самостоятельной трудовой жизни из-за их молодости, имело весьма важное значение для первых лет семейной жизни[5].

Так, у украинских (Херсонская губерния) и белорусских евреев в конце XIX века приданое жениха должно было составлять одну треть приданого невесты[b].

Следует отметить, что тноим предусматривали обоюдные обязательства родителей обеих сторон о материальной помощи

---

[a] *Леванда Л. О.* Старинные еврейские свадебные обычаи. С. 113–114.
[b] *Ярошевич О. И.* Наши полевые записи.

новобрачным, то есть содержали наличие элементов купли невесты.

Предусмотренное пунктом третьим приданое состояло из денежной суммы и подарков (золотых и серебряных украшений для богатых людей и дешевых вещей для бедноты), а также из одежды, постельного и носильного белья и головных уборов.

Определение размеров денежного приданого мы находим в трактате «Ктубот»:

> Для девицы кетуба[6] — двести зуз[7], а для вдовы — мина (сто зуз)[8]. Девица, ставшая вдовой, разведенной или халуцой[9] после помолвки, получает кетубу в 200 зуз[c], и против нее принимается жалоба о девстве. Для прозелитки, пленной или рабыни, которые выкуплены, обратились в еврейство или отпущены на волю до достижения ими трех лет и одного дня, кетуба — двести зуз, и против них принимается жалоба о девстве. Для малолетней, с которой сожительствовал взрослый, или для взрослой, с которой сожительствовал малолетний, равно как для муккат-эц[d] кетуба — двести зуз, так полагает рабби Меир, а мудрецы говорят: «Для муккат-эц кетуба — мина» (Мишна, Ктубот 1: 2–3)[e].

Размеры денежного приданого, установленные законоучителями Талмуда, послужили стандартом и для последующих веков вплоть до начала XX века, с перерасчетом «зуз» на денежные единицы той страны, где проживали евреи в момент заключения брака[f10]. Стандарт этот являлся минимумом, и обычай не воспрещал зажиточным лицам добровольно увеличивать размеры приданого, но в то же время не поощрял уменьшения этого минимума, то есть затруднял браки для бедноты.

---

[c] После эйрусин невеста считается уже женою будущего супруга, хотя он не «ввел» ее еще под хупу; поэтому она может оказаться вдовой, разведенной или халуцой, оставаясь девицей.

[d] Муккат-эц — буквально означает «раненая деревом». Так называлась всякая девица, лишившаяся девства по несчастной случайности, то есть не посредством полового акта.

[e] Талмуд. Мишна и Тосефта. Т. III. С. 112.

[f] Один зуз — около пятидесяти копеек.

У литовских и белорусских[11] евреев в XVII веке существовал обычай помощи отцу невесты, который был не в состоянии внести минимум установленного приданого. Обычай этот был узаконен Литовским Ваадом[12] в 1639 году и гласил:

> Тому, кто вносит приданого для своей дочери менее ста коп[13] литовских ⟨грошей⟩, родственники обязаны давать пособие, однако не следует принуждать родственников давать пособие, даже на грош больше ста коп литовских ⟨грошей⟩, тому, кто вносит ⟨приданого⟩ более ста коп литовских ⟨грошей⟩. Но если дело идет о знатной фамилии и большинство ее членов, подлежащих обложению и платящих областной сбор, будут согласны на то, чтобы он ⟨отец⟩ дал ⟨приданого⟩ до четырехсот злотых, то родственники обязаны выдать ему пособие даже в том случае, когда приданое будет превышать сто коп литовских ⟨грошей⟩, до четырехсот злотых включительно, согласно вышесказанному[g].

В конце XIX — начале XX века у белорусских евреев (Дубровно, Заверeжье) в «гоб» (גאָב, дар, *здесь*: приданое) включались кроме денег еще дом и мастерская или лавка, а также большая перина, две больших и одна маленькая подушка, ватное одеяло, черное платье, 12 рубах, 18 пар чулок и две пары обуви[h].

В XIX веке у белорусских и украинских евреев существовал обычай помещать приданое до свадьбы в надежные руки, при этом доверенным лицом был по большей части местный раввин.

Отношение к приданому народа в целом и разных социальных групп в частности сохранилось в ряде еврейских пословиц. Еврейская беднота считала, что

ירושה און נדן-געלט האבן קיין מזל ניט
Yerushe un nadn-gelt hobn keyn mazl nit
Наследство и приданое не приносят счастья[i],

---

[g] Областной пинкос Ваада главных еврейских общин Литвы. 1910 // Еврейская старина. Т. III. Вып. 3. С. 196.

[h] Донович М. и Талалай Г. Наши полевые записи.

[i] *Bernshteyn I.* Idishe shprikhverter. Z. 131. № 1879; *Pirozhnikov I.* Idishe shprikhverter. Z. 24.

и

נדן און ירושה זיינען מיט דעם טייוול בחברותא
Nadn un yerushe zaynen mit taylv bekhavruse
Приданое и наследство дружат с чертом[j][14].

Женитьбу ради приданого народ порицал[15]: «Кто берет жену только ради денег, тот имеет неудачных детей»[16], а потому

קוק אויף דעם מיידל, און ניט אויף דעם קליידל
Kuk af dem meydl, un nit af dem kleydl
Смотри на девушку, а не на ее платье[k];

דער נדן גייט אוועק אויף שדכנות
Der nadn geyt avek af shadkhones
Приданое идет на оплату шадхена[l];

נדן און קעסט דויערן איבער די פֿרעסט
Nadn un kest doyern iber di frest
Приданое и кест длятся, пока не кончатся морозы[m],

— жалуется беднота, ибо сумма приданого у них весьма невелика. Бедняки рады, если у них родится дочка-красавица, поскольку

אַ שיין מיידל איז אַ האַלבער נדן
A sheyn meydele iz a halber nadn
Красивая девушка — половина приданого[n].

И наоборот:

אַ מויד מיט אַ הויקער מאַכט זאָרג ערב ובוקר
A moyd mit a hoyker makht zorg erev vavoyker
Девушка с горбом доставляет заботу с утра до вечера[o].

---

[j] Ibid. Z. 178. № 2526.
[k] Ibid. Z. 154. № 2185.
[l] Ibid. Z. 178. № 2525.
[m] Ibid. Z. 178. № 2527.
[n] Ibid. Z. 154. № 2175.
[o] Ibid. Z. 153. № 2163.

По-иному относилась к приданому зажиточная часть еврейского населения. Богатеи хвастали своим богатством и заявляли:

איז דאָ געלט, איז דאָ חתן
Iz do gelt — iz do khosn
Есть деньги — есть жених[p].

К бедному приданому богатеи относились с презрением:

ק״ן זהובים איז אַ קליינשטעטלדיקער נדן
Kaf-nun zehuvim iz a kleynshtetldiker nadn
Сто пятьдесят злотых — приданое в маленьком местечке[q][17],

на что беднота отвечала:

נדן קענען עלטערן געבן, אָבער ניט קיין מזל
Nadn kenen eltern gebn, ober nit keyn mazl
Родители могут дать приданое, но не счастье[r].

Те же мотивы звучат и в еврейской народной песне.

Так, в одной песне бедная девушка, не желающая жить с влюбленным в нее сыном богача без тноим, предлагает ему:

— Хаим, Хаим, что из нас выйдет,
Если мы с тобой живем, как гоим[s][18]?
Давай пойдем к даену[19]
И давай напишем тноим!

На предложение девушки сын богача отвечает:

— Тноим, тноим, тноим,
Для этого, душенька, теперь не время:
Душенька, любонька,
Я же тебя и так не ненавижу!

---

[p] Ibid. Z. 60. № 903.
[q] Ibid. Z. 178. № 2530.
[r] Ibid. Z. 178. № 2529.
[s] Неевреи; в переносном смысле — евреи, нарушающие еврейские религиозные обряды.

Тогда девушка предостерегает влюбленного:

— Ненавидеть, ненавидеть, ненавидеть
За что же тебе меня?
Моего отца, моей матери
Должен ты бояться!

На что сын богача, только играющий в любовь, но не желающий жениться на бедной девушке, хвастливо заявляет:

— Твоего отца, твоей матери
Я не боюсь:
За свои деньги, за свои деньги
Я получу такой товар!ᵗ

Иной ответ звучит в устах влюбленного бедняка

Напишу я письмецо Зелде
И возьму ее <в жены> без платьев и без денегᵘ.

Или:

Тебя люблю и тебя возьму <в жены>
Без платьев и без копейки денег;
На тебе я женюсь
И с тобою проведу мою жизньᵛ.

Как мы видим, еврейские трудовые массы относились отрицательно к обычаю приданого, да он был им и не под силу. Однако этого обычая, освященного вековой традицией, приходилось, как правило, придерживаться в условиях еврейского быта конца XVIII — начала XX века.

Для того чтобы выполнить установленную вековую традицию, чтобы не стать «общественным посмешищем», бедняки при

ᵗ Еврейские народные песни в России. С. 186, № 231 (Минская губ.).
ᵘ *Frishman D.* Reshimes. B. 2. Z. 364.
ᵛ Ibid. Z. 364.

выдаче дочери замуж влезали в долги и даже разорялись. Обещанное приданое не всегда отдавали жениху. Мы читаем у Шолом-Алейхема:

> Приданого Нойах дает за дочерью семьдесят пять рублей. Обещал он дать полтораста, половину наличными сейчас, а другую половину, когда Бог поможет. Но пока этой помощи не видать было. Много, много лет, как Голодаевка[20] ждет, не дождется этой помощи Божьей. Явится ли она когда-либо? Все возможно. Чем она хуже Мессии? А его евреи уже две тысячи лет дожидаются!..[w][21]

Невыполнение обязательств по уплате приданого вызывало конфликты между сторонами, а иногда влекло даже к расторжению тноим.

В силу этих условий неудивительно, что иметь дочь считалось горем, что и отразилось в еврейских пословицах. Недаром еврейская беднота жалуется:

א מיידל איז ווי א שטיין-סחורה
A meydl iz vi a shtein-skhoyre
Девушка — что камнем лежащий товар[x];

א מיידל איז ווי א סאַממעט
A meydl iz vi a samet
Девушка — что бархат[y],

который нельзя запятнать[22].

א מיידל איז ווי א לעגער-סחורה
A meydl iz vi a leger-skhoyre
Девушка — что залежалый товар[z];

---

[w] Шолом-Алейхем. Свадьба. С. 54.
[x] *Bernshteyn I.* Idishe shprikhverter. Z. 153. № 2167.
[y] Ibid. Z. 153. № 2170.
[z] Ibid. Z. 153. № 2169.

אַן איבערגעוואַקסענע מיידל איז ווי אַ פֿאַריאָריקער לוח
An ibergevaksene meydl iz vi a faryoriker luekh
Перезрелая девушка — что прошлогодний календарь[aa],

קליינע מיידלעך צערײַסן די שערצן, גרויסע מיידלעך צערײַסן די הערצן
Kleine meydlekh tseraysn di shertsn, groyse meydlekh tseraysn di hertsn
Маленькие девочки рвут передники, взрослые девушки рвут сердца[ab][23].

Предусмотренные пятым пунктом тноим обязательства «дать после свадьбы новобрачным в течение стольких-то лет полное содержание, то есть стол и квартиру в своем доме», известны в народе под названием «кест».

Под «кест» у украинских евреев (Бердичев и его район) в конце XIX века, по сообщению Б. Шпильберга, подразумевались все издержки по содержанию молодых после свадьбы, кроме одежды. Обычный срок кеста равнялся двум годам, у богатых он удлинялся. Брали «аф кест» (на содержание), как правило, родители невесты[ac].

У белорусских евреев (Заверёжье) продолжительность кеста в конце XIX — начале XX века была такой же, как и у украинских евреев. Кест состоял здесь из расходов на пропитание молодой четы, на одежду, на баню, на табак, на квартиру и еще на брис (обряд обрезания). Обязательства по кесту вносили в тноим или в отдельное соглашение и хранили у раввина[ad]. В Пропойске в этот же период в кест входило пропитание и жилье или только пропитание. В Пропойске (по сообщению Гинзбурга) одного новобрачного взяли «аф кест» на десять лет и десять дней. Но через десять дней тесть заявил зятю: «Йом лешоно» («יום לשנה», «Год за день»)[24], на что зять ответил: «Ойб азой кумт гет, вайл цен йор ан

[aa] Ibid. Z. 154. № 2173.
[ab] Ibid. Z. 154. № 2186.
[ac] Наши полевые записи.
[ad] Талалай Г. Наши полевые записи.

окре» («אויב אַזוי קומט גט, וויל צען יאָר אַן עקרה», «Коли так, то следует развестись, потому что она десять лет бесплодна»)[ae25].

Первый момент обряда тноим, при наличии проким ришойним, состоял в устном подтверждении родителями (главным образом отцами) принятых ими уже раньше условий.

Приступая к выполнению второй части обряда (оформление тноим), у украинских евреев, по описанию А. Готлобера, в начале XIX века накрывали стол и ставили водку и ʼоник-тейглех (האָניק טייגלעך, медовые тейглех[af])[ag]. У белорусских евреев (Дубровно) в конце XIX — начале XX века перед написанием тноим зажигали две свечи (по объяснению Доновича, одна символизировала солнце, другая — луну), а затем приступали к написанию тноим в присутствии родственников[ah]. В некоторых местах (Пропойск) до середины XIX века жених и невеста при написании тноим не присутствовали[ai]. В Пропойске (конец XIX — начало XX века) тноим писали желающие безвозмездно[aj]. У украинских евреев (XIX век) тноим писал хазн (кантор)[ak]. У белорусских евреев (первая половина XIX века), по сообщению Л. Леванды:

> Для составления же акта приглашается обер-шамес (старший служка) большой синагоги, должностное лицо, которое в отдаленные времена исправляло в еврейских общинах обязанности актуариуса и нотариуса; хотя впоследствии обер-шамесы этих обязанностей уже больше не исполняют, им, однако же, по старой памяти, продолжают поручать составление семейных документов, тем более что документы эти немыслимы без выспренних и кудреватых фраз и технических терминов, которые даже для людей очень грамотных и достаточно сведущих составляют terra incog-

---

[ae] Гинзбург. Наши полевые записи. По еврейскому религиозному закону бездетность жены в течение десятилетнего сожительства с нею влекла развод.

[af] Печенье из пропитанных медом сплетенных полосок теста.

[ag] *Fridkin A.* Avraham-Ber Gotlober un zayn epokhe. Z. 35.

[ah] Донович М. Наши полевые записи.

[ai] Гинзбург. Наши полевые записи.

[aj] Гинзбург. Наши полевые записи.

[ak] *Чубинский П. П.* Труды этнографическо-статистической экспедиции. С. 36.

nita. Без таких же фраз и терминов документы эти считаются, по еврейским законам, недействительными и лишенными всякой обязательной силы. А потому изложение этих документов требует от составителя такого навыка и столько специальных знаний, юридических, бытовых и разных других, что один из ученых раввинов в Польше, Самуил Галеви, нашел нужным издать подробное для этого руководство под заглавием «Нахлат Шива», да и этим руководством могут пользоваться только специалисты, так как в нем нет свода положительных законов, а имеется только экстракт казуистических толкований и раввинских респонсов[26], в которых профану трудно ориентироваться[al].

В период существования кагала (XVIII — первая половина XIX века)[27] при оформлении тноим у богатых семей присутствовали раввин и «габоим» (גבּאִים, кагальные старосты), что отображено в следующей песенке:

> Давайте приведем двух, трех габоим,
> Давайте напишем тноим!
> Чернила и перья, почтовая бумага,
> Рейзл, поздравляем тебя!
>
> Забрали <записанные тноим>, убрали <на сохранение>,
> Расступитесь, раввин идет!
> Расступились, привели раввина,
> Веселились всю ночь![am]

У украинских евреев в первой половине XIX века писарь, прежде чем приступить к написанию акта помолвки, справлялся у мехутоним (отцов жениха и невесты) обо всех условиях, подлежащих занесению в тноим[an]. У белорусских евреев (Заверéжье) в конце XIX — начале XX века тноим писали в двух экземплярах — по экземпляру для жениха и для невесты[ao].

[al] *Леванда Л. О.* Старинные еврейские свадебные обычаи. С. 112–113.
[am] Yidisher folklor. Z. 50. № 107.
[an] *Fridkin A.* Avraham-Ber Gotlober un zayn epokhe. Z. 35–36.
[ao] Талалай Г. Наши полевые записи.

После написания тноим требовалось оглашение их присутствующим. Выслушав весь текст тноим, присутствующие поздравляли мехутоним, а также жениха и невесту (если они были при этом) традиционным поздравлением «Мазл-тов!». В Пропойске во второй половине XIX — начале XX века бытовало следующее поздравление:

מיט מזל, מיט גליק, מיט לאַנגע יאָרן זאָלט האָבן פון זיי נחת
Mit mazl, mit glik, mit lange yorn zolt hobn fun zey nakhes.
<Чтобы вам> с благой судьбой, со счастьем, на долгие годы была радость от них <от жениха и невесты>[ap].

Одновременно с поздравлениями разбивали глиняный горшок или тарелку и снова провозглашали «Мазл-тов!», при этом в Заверężье и Дубровне (конец XIX — начало XX века) присутствующие целовались[aq].

У украинских евреев в начале XIX века, по описанию А. Готлобера, тарелку разбивал шадхн, и «в ту же минуту присутствующие также хватают, что попадется под руку, и бросают на пол, чтобы выполнить сказанное: "Если я забуду тебя, Иерусалим, — забудь меня десница моя" (Пс 137:5)»[ar28]. Во второй половине XIX века, по сообщению П. Чубинского, у украинских евреев глиняную посуду били вначале родители жениха и невесты, держа ее вместе и затем одновременно бросая, а затем — близкие друзья и знакомые[as]. У белорусских евреев (Заверężье, конец XIX — начало XX века) разбивали глиняный горшок позади сидящих за столом[at]. Разбивание посуды (Дубровно, конец XIX — начало XX века) символизировало счастливую судьбу: разбивали глиняный горшок или тарелку, завернутую в салфетку[au].

[ap] Гинзбург. Наши полевые записи.

[aq] Наши полевые записи.

[ar] *Fridkin A.* Avraham-Ber Gotlober un zayn epokhe. Z. 35.

[as] Чубинский П. П. Труды этнографическо-статистической экспедиции. С. 36.

[at] Талалай Г. Наши полевые записи.

[au] Донович М. Наши полевые записи. Подробнее об обычае разбивания посуды будет сказано при описании обряда хупы.

После написания и юридического оформления тноим полагалось для их фактического закрепления тут же «дос надн айнгелеген» (דאָס נדן איינגעלייגן, передать приданое <доверенному лицу>). Таким лицом обычно бывал раввин (Дубровно и другие места, конец XIX — начало XX века).

Затем переходили к наделению жениха и невесты «малыми подарками» («большие подарки» посылались лишь к свадьбе жениху). Обычно отец невесты (сам или через посланца)[av] преподносил жениху часы, табакерку, ермолку с вышивкой по краю, карманное издание Библии в переплете, мать же жениха преподносила невесте серьги, кольца, цепочку для часов и другие украшения. От состоятельности родителей зависели размеры и ценность подарков, были ли они золотыми или серебряными, были ли украшены драгоценными камнями и жемчугом или же простыми и дешевыми украшениями. Все же родители обеих сторон старались не ударить лицом в грязь. При равенстве знатности сватающихся сторон родители невесты давали больше приданого и содержания, а родители жениха — подарков невесте на бо́льшую сумму. Если же одна сторона была более знатной по происхождению, то другая, даже сторона жениха, давала больше приданого и подарков[aw].

Заключительным актом тноим бывала упомянутая кнас-мол с обязательными «лекех ун бронфн» (לעקעך און בראָנפן, медовый коржик и водка)[29]. Эта трапеза называлась «кнас-мол», то есть «штрафной», в соответствии с шестым пунктом тноим, гласящим, что «все изложенное приняли на себя договаривающиеся стороны к точному исполнению под опасением, для нарушителя, херема и штрафа в размере половины приданого», и служила лишним символическим предупреждением для «договаривающихся сторон». Эта трапеза также является пережитком купли невесты[30].

Включение в тноим специального пункта о «кнасе» (штрафе за нарушение предусмотренных обязательств) говорит о наличии случаев таких нарушений и о случаях расторжения тноим. Это

[av] *Fridkin A.* Avraham-Ber Gotlober un zayn epokhe. Z. 36.
[aw] *Чубинский П. П.* Труды этнографическо-статистической экспедиции. С. 36.

положение подтверждается и нашими полевыми записями. У белорусских евреев к расторжению тноим относились неодобрительно, в особенности когда невеста была сиротой, это считалось за «авейре» (עבירה, грех). При расторжении тноим (Заверéжье, конец XIX — начало XX века) не разъясняли причину расторжения. При расторжении требовали «кнас» через раввина, который и производил разбирательство. Если при расторжении тноим вторая сторона «нит мойхл гевен» (ניט מוחל געווען, не прощала) нанесенное оскорбление, то это считалось, по поверью, для расторгшей стороны наказанием и предвестьем несчастья: у провинившихся «не держались» дети. В связи с этим известны случаи, что, даже спустя многие годы, разыскивали оскорбленную сторону, чтобы добиться «мехиле» (מחילה, прощения)[ax].

В Пропойске (конец XIX — начало XX века) тноим расторгали при невыполнении одной из сторон своих обязательств, но иногда и потому, что жениху разонравилась невеста. В Пропойске при расторжении тноим их отсылали по почте с указанием причин расторжения. После разбора оскорбленная сторона, простившая расторгшей стороне, выдавала ей «ксав мехиле» (כתב מחילה, письменное прощение)[ay]. В Бердичеве (конец XIX — начало XX века) тноим расторгали, если узнавали, что жених или невеста больны, или если устанавливали, что в роду одной из сторон имеется позорное пятно (безбожник, выкрест и т. п.). При расторжении тноим здесь указывали причину расторжения. При вторичном сватовстве расторгнутая в прошлом тноим считалась недостатком[az].

Таковы в общих чертах обряды и церемонии тноим.

Для полноты изложенного приведем ниже два описания тноим со слов очевидцев. Первое в изложении А. Готлобера в его воспоминаниях (украинские евреи, начало XIX века) и второе — Л. Леванды (белорусские евреи, первая половина XIX века). Как первое, так и второе описания имеют в виду помолвки зажиточных людей.

[ax] Талалай Г. Наши полевые записи.
[ay] Гинзбург. Наши полевые записи.
[az] Шпильберг В. Наши полевые записи.

Вот описание помолвки у А. Готлобера:

> Вечером меня с отцом пригласили к богачу Арну Чудноверу, свату Нахмен-Лейба Черниховера. Когда мы туда пришли, то застали много народа. Меня с отцом усадили на почетное место, один из присутствующих стал писать тноим. Потом их нам прочли, разбили тарелку и поздравили нас.
>
> Когда мы поднялись из-за стола, мой будущий тесть преподнес мне серебряные часы и серебряную табакерку; в те времена и позднее было в обычае преподносить такие подарки одиннадцатилетним женихам, которые еще не знают счета дней жизни, табачный запах еще не проник в их ноздри, — возможно для того, чтобы напомнить им, что с женитьбой кончается их золотое время; они взглянут на часы и увидят, сколько часов жизни у них ушло, они понюхают табак, чтобы заглушить дурной запах жизни, которая начнет им претить.
>
> Когда мы уходили, мимо меня провели красивую десятилетнюю девочку, у которой молоко на губах не обсохло, и на ее щеках цвели розы. Отец сообщил мне, что это моя невеста, которую Бог мне судил, и что вскоре она станет моей женой[ba].

А вот описание Л. Леванды:

> В вечер помолвки жених и невеста одеваются по-праздничному, на их родителях полупраздничные одежды; комната же, в которой должна происходить церемония, убирается и освещается совершенно по-праздничному. Большой стол выдвигается на середину комнаты и покрывается белою, чистою скатертью. На стол ставят письменный прибор и кладут несколько листов бумаги и вексельных бланков. При появлении жениха с его свитою его принимают родители невесты и приветствуют возгласом «благословенны грядущие!». Невеста же еще не показывается, а сидит в своей горнице, окруженная бабушками, тетушками и кумушками, к которым вскоре присоединяется мать жениха. По приглашению хозяина гости, т. е. одни мужчины, расса-

---

[ba] *Fridkin A.* Avraham-Ber Gotlober un zayn epokhe. Z. 24–25.

живаются вокруг стола, причем жениху отводится самое почетное место. Тогда обер-шамесу предъявляют прелиминарные пункты [проким ришойним. — *И. П.*] и дают необходимые объяснения относительно тех подробностей, которые в эти пункты не вошли. Приняв к сведению и пункты, и объяснения, он садится писать формальный договор. <...> По изготовлении этого акта в двух экземплярах в комнату приглашается невеста, которая входит в сопровождении окружавших ее женщин. Мужчины встают со своих мест, и обер-шамес начинает читать условия громогласно и торжественно, а присутствующие молчат и благоговейно слушают. По окончании чтения обер-шамес вынимает из кармана свой носовой платок и подносит его сперва жениху, а потом невесте, которые поочередно притрагиваются к нему кистью правой руки, что должно изображать собою рукобитье, утверждающее только что прочитанное.
«Мазол-тов! В добрый час!» — шумно и радостно восклицают присутствующие, хлопая в ладоши, — и из кухни слышится оглушительный треск от разбиваемой посуды, глиняной или фарфоровой. <...>
Среди взаимных поздравлений сервируется затем легкое угощение, состоящее из крепких напитков и сладких закусок. Мужчины угощаются в одной комнате, а женщины — в другой.
При прощании жених подходит к невесте и безмолвно вручает ей заранее приготовленный подарок, состоящий из какой-нибудь драгоценной вещицы (перстня, браслета, серег и т. п.) или из кредитного билета, причем он, если у него хватает смелости, окидывает свою будущую подругу жизни более любопытным, чем любовным, нежным взглядом, которого и быть не может при его совершенном незнакомстве со стоящей перед ним девушкой. Невеста же, зардевшись, как маков цвет, потупляет глаза и, дрожащими руками принимая подарок, едва слышно процеживает сквозь зубы: «Благодарю».
Этим обряд помолвки и кончается[bb].

Стороны разъезжались, наступал предсвадебный период.

[bb] *Леванда Л. О.* Старинные еврейские свадебные обычаи. С. 113–115.

1. Псахим (от Песах) — трактат ВТ, посвященный в основном законам праздника Песах. Иевамот (от иевама, жена брата) — трактат ВТ, содержит законы, регламентирующие институт левиратного брака и отказа от него, перечисление факторов, препятствующих заключению брака, а также законов обращения в иудаизм.
2. Брак, основанный на выкупе невесты, является одной из центральных идей книги Ф. Энгельса «Происхождение семьи, частной собственности и государства». Пульнер, следуя марксистской догме, пытается доказать недоказуемое, а именно наличие элементов такого брака у евреев Восточной Европы. При этом он сам на множестве примеров показывает, что основное приданое выплачивает семья невесты, а не семья жениха.
3. Аллюзия на стих из Книги Притчей: «Кто нашел добрую жену, тот нашел благо и получил благодать от Господа» (Притч 18:23).
4. Имеется в виду китл, белый халат, надеваемый на Йом Кипур, иногда на Пейсах и другие праздники.
5. Этот абзац вписан от руки на обороте л. 55. Сноска к нему, указывающая на его место в тексте, также от руки, вписана на следующей странице (л. 56).
6. Кетуба (כְּתוּבָּה) — традиционный брачный контракт, в котором указывается в том числе сумма приданого.
7. Зуз (זוז) — древняя монета.
8. Мина (מנה) — в талмудический период денежная единица, равная 100 зузам.
9. Халуца (הצולה) — женщина, прошедшая обряд отказа от левиратного брака (халицы).
10. Пульнер не указывает, в какой именно период и где при расчете приданого «зуз» оценивали в 50 копеек.
11. Первоначально в тексте: «У польских и белорусских». Слово «польских» зачеркнуто, вместо него карандашом вписано «литовских».
12. Литовский Ваад или Ваад главных еврейских общин Литвы (1623–1764) — сейм делегатов от еврейских общин, был центральным органом еврейского самоуправления в Великом княжестве Литовском.
13. Копа — старинная мера счета денег, равная шестидесяти единицам. В Польше и Великом княжестве Литовском был широко распространен денежный счет, основанный на копах литовских грошей. Копа грошей приблизительно равнялась серебряному рублю.
14. В литовском идише, в котором [ш] произносится как [с], в этой поговорке присутствует рифма: Надн ун ерусе / Зайнен мит тайвл бехавpусе.
15. Здесь в тексте диссертации оставлен пробел для цитаты.
16. Пульнер ссылается на талмудический трактат «Сота», но в этом трактате такое высказывание отсутствует.
17. Kaf-nun zehuvim — сто пятьдесят злотых (*др.-евр.*). Такое обозначение суммы приданого напоминает о кетубе (брачном контракте), который составлялся на арамейском и древнееврейском. Еврейские буквы имеют числовое значение: каф — 100, нун — 50; соответственно, каф-нун — 150. Zehuvim (ед. ч.

zohev, от zohov — золото) — злотые. Злотый — монета в Царстве Польском, равная 15 русским копейкам (пятиалтынному). Таким образом, сумма приданого составляет 2 рубля 25 копеек, то есть очень невелика. Она пристала только жителям маленького местечка, бедным провинциалам.

18   Гоим также могло значить «мужики, деревенщина».

19   Даен — судья в раввинском суде, помощник главы раввинского суда. К даену обращались не для составления тноим, а по сложным имущественным вопросам. Возможно, девушка угрожает своему возлюбленному, говоря: или мы составим тноим, или я подам на тебя в суд.

20   Так в ранних русских переводах по настоянию автора переведено название вымышленного им местечка Касриловка.

21   См. современный русский перевод Б. Горина: *Шолом-Алейхем. Не свадьба, а бог знает что* // Шолом-Алейхем. В маленьком мире маленьких людей. М.: Книжники, 2012. С. 22.

22   Объяснение Пульнера выглядит непонятным.

23   Толкование Пульнера не выглядит убедительным.

24   Библейская цитата: «...вы понесете наказание за грехи ваши сорок лет, год за день...» (Числ 14:34).

25   Приведенный Пульнером рассказ — это популярный фольклорный сюжет. Аналогичную историю Е. Райзе записал в Виннице (Подолия). См.: Еврейские народные сказки, собранные Е. С. Райзе. СПб.: Симпозиум, 2000. С. 311.

26   Респонсы, или Вопросы и ответы — сборники решений, вынесенных известными раввинами по тем или иным разделам галахи (еврейского религиозного права).

27   Кагал как форма общинного самоуправления был упразднен в Российской империи в 1844 году.

28   Посуду разбивают для того, чтобы подчеркнуть: пока Иерусалимский Храм разрушен, радость не может быть полной.

29   Лекех ун бронфн — стандартный вариант трапезы при совершении сделок, а также праздновании не дома, а в общественном пространстве, например в синагоге.

30   Пульнер по идеологическим причинам продолжает искать доказательства недоказуемого — купли невесты у евреев Восточной Европы.

2. Свадьба (хасене)

2.1. Общие замечания

«Хасене» (חתונה, свадьба) представляла собою заключительный момент брака.

О свадьбе у древних евреев до нас дошло очень мало данных[1].

В допалестинский[2] и палестинский[a] периоды еврейской истории главным актом в комплексе свадебных обычаев и обрядов считался торжественный ввод невесты в дом родителей жениха. Этот акт назывался «нисуин» (נישואין, внесение) или «ликухин» (ליקוחין, получение) и «хупа» (חופה, покров). В талмудическую эпоху «внесение» невесты в дом родителей жениха совершалось на «апирьен» (אפיריון, специальные носилки) (Мишна, Сота 9:14).

Вводом невесты в дом жениха завершался ее переход в род мужа. Следует, однако, отметить, что в истории еврейского брака указанных периодов были известны и случаи перехода мужа в род жены, например браки Моисея (Исх 2:21) и Самсона (Суд 14:10, 15:1).

В допалестинский и палестинский периоды еврейской истории свадьба была общеродовым праздником, «голосом радости и голосом веселья, голосом жениха и голосом невесты» (Иер 33:11).

О родовом характере древней еврейской свадьбы свидетельствует предание о бракосочетании Иакова с Лией: «Лаван созвал всех людей того места и сделал пир» (Быт 29:22). Участие «всех людей» в свадебных торжествах доказывает, что в этот период еврейской истории свадьба была родовым и массовым праздником.

В палестинский период еврейской истории свадебные торжества сопровождались массовыми процессиями на городских улицах: «И прекращу в городах Иудеи и на улицах Иерусалима

---

[a] Включая и эпоху Талмуда.

голос торжества и голос веселия, голос жениха и голос невесты» (Иер 7:34).

В библейский период еврейской истории свадебные торжества были известны под названием «шивас йемей амиште» (שבעת ימי המשתה, семь дней пира) (Быт 29:27–28; Суд 14:12, 14:17)³. Иногда, в виде исключения, свадебные торжества продолжались 14 дней (Тов 8:20).

В свадебных торжествах видную роль занимали товарищи жениха, «рейим» (רעים, дружки). «И пришел отец его к женщине, и сделал там Самсон пир, как обыкновенно делают женихи. И как там увидели его, выбрали тридцать брачных друзей, которые были бы при нем» (Суд 14:10–11).

Из описания свадьбы Самсона мы также знаем, что во время свадебного пира жених загадывал дружкам загадки (Суд 14:12–19).

В Палестине в день бракосочетания жених украшал свою голову «аторе» (עטרה, венец): «Пойдите, посмотрите, дщери Сионские, на царя Соломона в венце, которым увенчала его мать его в день бракосочетания его, в день радостный для сердца его»[b] (Песн 3:11). В день свадьбы жених в торжественной обстановке, в сопровождении товарищей, «с весельем и ликованием» провожал невесту в свой дом: «В испещренной [затканной золотом. — *И. П.*] одежде ведется она к Царю; за нею ведутся к Тебе девы, подруги ее, приводятся с весельем и ликованием» (Пс 44:15–16).

Если жених и невеста жили не рядом, то в день свадьбы торжественная процессия в составе невесты, ее подруг и родных выходила встречать прибывающего жениха (1 Мак 9:37). Жениха встречали светильниками: «Тогда подобно будет Царство Небесное десяти девам, которые, взяв светильники свои, вышли навстречу жениху» (Мф 25:1). Свадебный пир, как мы уже знаем из изложенного выше о свадьбах Иакова и Самсона, устраивали или родители невесты, или сам жених.

Указания на свадьбу как на массовый праздник радости и веселья сохранились и в Талмуде. Так, в трактате «Ктубот» есть

---

[b] Свадебный венец был отменен после уничтожения еврейского государства (Мишна, Сота 9:14).

указание на то, что «жених увеселялся с невестою» (Ктубот 8а). Там же читаем: «Голос ликования женихов из-под хупы и юношей с пира песен». В трактате «Хагига»[4] свадебное веселье рисуется следующим образом: «И ангелы божьи плясали перед ними, как участники хупы веселятся перед женихом» (ИТ, Хагига 9а).

Данные Талмуда о еврейской свадьбе как о массовом празднике радости и веселья относятся к периоду до разрушения еврейской государственности (70 год н. э.). С уничтожением же еврейской государственности и с разрушением Иерусалима как государственного и религиозного центра, в связи с общим ограничением и запрещением радости и веселья, начинается движение за ограничение размеров свадебных торжеств и свадебного веселья и превращение их из массового народного праздника в узкий семейно-религиозный праздник.

Стремление к тому, чтобы лишить еврейскую свадьбу ее массового характера и ограничить свадебные торжества семейным кругом, объясняется теми же причинами, что ограничение и запрещение игр, песен и веселья, о чем мы уже говорили выше[5].

В дополнение и развитие сказанного приведем здесь некоторые материалы, имеющие непосредственное отношение к ограничению свадебных торжеств.

Так, на рубеже XVI–XVII веков раввин Йоэл Сиркис (1561–1640) запретил ряжение во время праздника Пурим и при увеселении жениха и невесты[6]. Сиркис предписывает:

> Необходимо отметить: в Пурим заведено так, что мужчины одеваются в женские платья и женщины в мужские, а никому до этого дела нет. И более того, они закрываются масками, чтобы их не узнали. Что мы можем сказать об этом: «Оставь евреев в покое, пусть делают что хотят — это скорее ошибка, нежели злонамеренность». Но всякий набожный человек должен предупредить домочадцев и тех, кто ему послушен, чтобы они не нарушали запрет ни во время Пурима, ни при увеселении жениха и невесты[7]. И будет он благословен за то, что удалил то, что может послужить к преткновению нашего народа, чтобы он не придерживался недостойных обычаев (Иоэль Сиркис. Комментарий «Баит хадаш» к Йоре деа, 182).

Запрещение ряженья подтвердил в XVIII веке Хаим-Йосеф-Давид Азулай (1727–1807):

> Нельзя облегчать запрет того, чтобы мужчина надевал женское платье и наоборот, <u>даже для увеселения жениха и невесты</u>...[8] И уважаемый член общины должен добиваться упразднения подобных обычаев, дабы святая община[9] не была подобна стаду без пастуха (Хаим-Йосеф-Давид Азулай. Комментарий «Шиурей браха» к Йоре деа, 182:3).

Для середины XVII века характерно постановление Литовского ваада, ограничивающее пиры и увеселения. Постановление издано в связи с бедствиями, постигшими *в это время*[10] белорусское, украинское, польское еврейство[11]. В этом постановлении говорится:

> Мы также наложили на себя траур по случаю всех постигших нас бедствий: ни в одном израильском доме, даже для увеселения жениха и невесты, не должно раздаваться звуков музыкальных инструментов в продолжение целого года, а именно до праздника Пасхи 411 года[12] по сокращенному летоисчислению[13]. Исключение составляет свадьба, а именно ночь «хупы» (бракосочетания) и во время покрова невесты. После же музыка решительно запрещена. Даже в две вышеупомянутые ночи, а тем более днем, на улице не должно быть слышно звуков каких бы то ни было музыкальных инструментов. Даже во время «хупы» музыка разрешается только на синагогальном дворе.
> Все общины и поселения обязаны позаботиться об издании соответствующего постановления с целью ограничения пиров, насколько это будет возможно. Во всяком случае, бедный или богатый одинаково не вправе приглашать более пяти миньянов[c] на свадебные пиры и более четырех по случаю обряда обрезания. В означенное число входят также родственники и лица, не имеющие права быть свидетелями[d]. На месячном парнесе[e][14] каждой общины лежит обязанность,

---

[c] Миньян — здесь — десять человек.
[d] На суде вследствие родства с хозяином.
[e] Парнес (פרנס) — член кагала, общинного правления.

под опасением отлучения, наблюдать за исполнением второго постановления, а также тех подробных правил, которые будут изданы о пирах, согласно вышеупомянутому, а на того, кто будет строго относиться к этому, да снизойдет благословение[f].

Постановление это вновь подтверждается заседанием ваада в Сельцах в 1655 году[g].

В заключение приведем выдержку из так называемого «Домашнего регламента в Белоруссии» (1845), составленного в Витебске, где в то время находилась резиденция белорусского генерал-губернатора, об ограничении свадебных пиршеств.

> Мужчинам и женщинам, приглашаемым в синагогу к чтению Торы, называемому «унтерфиренис»[15], в субботу пред свадьбой, не давать угощения после молитвы ничего и нигде. В ту же субботу вечером, когда женщины и девицы собираются в доме невесты на девичник «змирос»[16] или когда молодые люди справляют жениховский вечер, никаких трапез не устраивать, а только предлагать воду и пиво для утоления жажды. Трапеза для бедных не подходит под действие сих постановлений.
>
> Свадебных трапез не должно быть больше двух, то есть в вечер после венца и на завтра или следующий за ним день. Число гостей на первой трапезе не может быть больше 20 человек, а на второй не более 30, не считая родственников, сватов и духовенства.
>
> В первую после свадьбы субботу, когда невесту ведут в синагогу, никаких угощений не давать, ни мужчинам, ни женщинам, ни утром, ни после трапезы, разве только сватам и родственникам до второй степени включительно. На помолвках трапез не устраивать, только угощать водкой, тортами, пряниками медовыми и вареньем. Число гостей не должно превышать 30 человек. <...>
>
> Эти постановления вступают в силу 1-го числа предстоящего месяца Сивана[17].

---

[f] Областной пинкос Ваада главных еврейских общин Литвы // Еврейская старина. 1911. Т. IV. Вып. 2. С. 265–266.

[g] Там же. С. 304.

Разослать копии этих постановлений во все уезды обеих губерний[h] согласно изложенному, и по всей силе решений для этих двух губерний, состоявшихся в ночь на среду, 7-гоИяра[18] 605 года[19] Витебск[i].

Как же реагировали еврейские народные массы на все попытки ограничения свадебных торжеств?

Еврейские народные массы, и в особенности их трудовая часть, не желали мириться со всеми запретами, ограничивающими их потребности в радости и веселье. Лучшим доказательством этому является необходимость в постоянном наставлении масс, подтверждаемая вышеприведенными материалами.

Еврейское духовенство неустанно стремилось к превращению свадебных торжеств, как составной части брака, в чисто религиозный акт. Еврейские трудовые массы старались сохранить и отстоять свадьбу как праздник массовый, народный.

Так, М. Гюдеман в исследовании, посвященном обычаям немецких евреев XIV–XV веков, пишет: «Мы уже упоминали, что вся община или "весь народ", как мы это устанавливаем из источников, принимали участие в свадьбе»[j].

Массовый народный характер еврейской свадьбы в Средние века отмечает и исследователь И. Лившиц в своей работе «Бадхены и шуты у евреев»:

> Свадьба в старом еврейском гетто составляла событие, привлекавшее внимание всей общины. Веселье было большим, ибо оно было коллективным. Заботы личные и общие отходили в сторону, зависть и ненависть на время забывались. Важнейшими персонами становились жених и невеста, важнейшей заботой — забота об усилении свадебного веселья, забота о том, чтобы сделать его наиболее впечатляющим и наглядным. Это делалось не только ради жениха и невесты, но, главным образом, для всей общины, считав-

---

[h] Витебской и Могилевской.
[i] Домашний регламент в Белоруссии. С. 115.
[j] Güdemann M. Idishe kultur-geshikhte in mitlalter. Z. 89.

шей свадьбу особым карнавалом, праздником радости. И сколько ни проповедовало духовенство, сколько ни упрекали почетные лица, что свадьба превращается из священного акта в веселое сборище, где насмешки и юмор, сатира и пляски — важнейшие элементы, — им это не помогало. Широкие массы, так называемые низшие слои, «эрев рав» (ערב רב, сброд), жаждавшие веселья, видели в свадьбе легальную возможность повеселиться, которую в ином случае еврею пришлось бы искать за пределами гетто... В свадебном церемониале еврей усматривал почти единственную возможность для такого развлечения[k].

Массовым народным праздником свадьба была и у польских евреев в XVI веке. Здесь жениха и невесту к хупе провожали родственники в сопровождении шумной толпы народа[l].

Свадьба и свадебные торжества были также праздником всеобщей радости и веселья у евреев в России, о чем и поется в еврейской народной песне:

> Давайте
> Объясним,
> Что «один»
> Означает:
> Один — это
> Стол жениха,
> Где едят,
> Где пьют,
> Где гуляют,
> Где поют,
> Где танцуют,
> Где прыгают.
> Стар и млад,
> Все танцуйте,
> Увеселяйте
> Жениха и невесту[m][20].

---

[k] *Lifshits I. Budkhonim un leytsim bay idn.* Z. 38.
[l] История еврейского народа. С. 343.
[m] Еврейские народные песни в России. С. 208. № 259 (Ковенская, Минская губ.).

Массовый народный характер свадьбы у украинских евреев в начале XIX века отмечает А. Готлобер: «На синагогальном дворе собираются юноши и девушки и старики, поджидающие жениха и невесту»[n].

В газете «Hatsfira»[21] читаем о свадьбе у польских евреев в 1890-х годах: «В маленьких местечках, большинство населения которых составляют евреи, придерживаются обычая вести жениха и невесту к хупе и от хупы по улицам в сопровождении праздничной толпы, песен, игры на музыкальных инструментах и плясок»[o].

К этому примерно времени относится и сообщение Липеца, гласящее: «Жениха сопровождает к хупе много народа и окружает его со всех сторон»[p].

В наших полевых записях массовый народный характер еврейской свадьбы отмечается в сообщениях Ярошевича (Гусятин, Захарьевка, Тирасполь, Балта), Шпилберга (Бердичев), Доновича (Дубровно), Талалай (Завережье) и Гинзбурга (Пропойск).

«Когда свадебный поезд подходил к синагоге, здесь уже ждало много народа»[q].

«На свадьбу у бедных приходили незнакомые девушки»[r].

«В былое время почти все население местечка Дубровно являлось на свадьбу»[s].

Аналогичные сообщения имеются и в материалах Г. Талалай и Гинзбурга.

Массовый характер еврейской свадьбы нам приходилось и лично наблюдать в местечках Украины и Белоруссии.

В талмудическую эпоху свадьба включала обряды, связанные:

1. С составлением, чтением, подписанием и вручением невесте «ктубы» (כתובה, брачный договор).

2. С переходом невесты в дом мужа, «хупе» (חופה, покров).

---

[n] *Fridkin A.* Avraham-Ber Gotlober un zayn epokhe. Z. 45–46.

[o] Hatsfira. 1891. № 222.

[p] *Lipietz Y.* Sefer mat'amim. Z. 40.

[q] Ярошевич О. И. Наши полевые записи.

[r] Шпилберг В. Наши полевые записи.

[s] Донович М. Наши полевые записи.

3. С чтением «бирхот шева» (ברכות שבע, семь благословений), именовавшихся еще «бирхот хасаним» (ברכות חתנים, благословения женихов) или «бирхот нисуин» (ברכות נישואין, благословения бракосочетания).

Позже, как мы это увидим ниже, обряд хупы объединился с первым моментом древнего брака — «эйрусин» или «кидушин» (אירוסין, קידושין, обручение, освящение) и стал известен под названием «хупе укидушин» (חופה וקידושין, покров и освящение).

Из изложенного следует, что:

1. Главным актом в комплексе свадебных обычаев и обрядов был акт перехода и ввода жены в дом мужа.

2. Свадебные торжества у евреев всегда были массовым праздником.

3. В допалестинский период свадьба являлась общеродовым праздником.

4. Радость и веселье являлись непременной составной частью свадебных торжеств.

5. С потерей евреями их государственности еврейское духовенство, старавшееся ограничить или вовсе запретить еврейским народным массам веселье, пение и игру на музыкальных инструментах и другие развлечения, старалось ограничить размеры свадебных торжеств пределами семейно-религиозного праздника.

Причины ограничения свадебных торжеств у евреев те же, что и причины ограничения веселья.

6. У евреев в России свадьба продолжала оставаться праздником радости и веселья, не только семейным, но и массовым, коллективным народным праздником.

7. Попытки еврейского духовенства превратить свадьбу, как и брак в целом, в чисто религиозный акт не имели успеха у трудовых еврейских масс в России.

При рассмотрении всего комплекса свадебных обычаев и обрядов у евреев в России следует различать особо предсвадебный период и собственно свадьбу.

В предсвадебный период происходило сближение сторон, вступавших в брак, взаимный обмен подарками и подготовка к самой свадьбе.

Весь комплекс обычаев и обрядов, непосредственно связанных с самой свадьбой, следует рассматривать в следующей последовательности:

1. Обычаи и обряды, связанные с последней неделей до бракосочетания, то есть до «хупе укидушин».
2. Обычаи и обряды, связанные с «хупе укидушин».
3. Обычаи и обряды, следующие непосредственно за хупой.

Из первой группы мы считаем целесообразным отдельно выделить обычаи и обряды, исполнявшиеся до дня бракосочетания, и отдельно — обычаи и обряды, исполнявшиеся в день бракосочетания.

В соответствии с этим планом мы и будем рассматривать весь комплекс свадебных обычаев и обрядов у евреев.

---

[1] Дописано от руки: «носящих к тому же отрывочный характер».
[2] Перечисленные обряды и терминология сформировались в Стране Израиля, к «допалестинскому периоду» (что бы этот термин ни означал) они отношения не имеют.
[3] Строго говоря, упоминание о пире есть только в Книге Судей, а во фрагменте из Книги Бытия говорится только о семи днях, проведенных с Иаковом с Лией после свадьбы.
[4] «Хагига» (букв. «жертва мирная») — трактат Талмуда, где сначала разбираются законы жертвоприношения в Храме, а затем рассматриваются некоторые другие темы, например порядок преподавания тайн мироздания.
[5] То, «о чем мы уже говорили выше», отсутствует. Вероятно, данный абзац остался от предыдущей редакции.
[6] Здесь и далее подчеркивания сделаны Пульнером.
[7] Важное свидетельство о сходстве свадебных и пуримских увеселений. Известно, что бадхн часто был также организатором труппы пуримшпилеров. На свадьбах гостей увеселяли ряженые, разыгрывая такие же сценки, как в Пурим.
[8] Травестия — традиционный элемент пуримского представления, в котором мужчины играют женские роли, и пуримского ряжения. Еще одно доказательство близости увеселений Пурима и свадьбы.
[9] Кегиле кдуше (святая община) — традиционное обозначение еврейской общины какого-либо города.
[10] Выделенные курсивом слова вписаны в машинопись от руки карандашом.
[11] Постановление издано весной 1650 года, после казацкого восстания под предводительством Богдана Хмельницкого (1648–1650), которое уничтожи-

ло множество еврейских общин Украины, южной Белоруссии и восточной Польши.

12. Соответствует 1651 году общего летоисчисления.
13. То есть без указания тысячелетия. Полная дата по еврейскому летоисчислению — 5411 год.
14. Парнес хойдеш (месячный староста) — традиционное название члена коллегии кагальных старшин, которые на выборной основе руководили еврейской общиной. Эта должность так называлась потому, что каждый член коллегии исполнял обязанности главы общины в течение месяца. Часто случалось, что власть в общине пожизненно узурпировал и даже передавал ее по наследству один человек; тем не менее должность продолжала по традиции называться «парнес хойдеш».
15. Унтерфирениш (букв. «подведение», *идиш*) — почетный вызов к чтению свитка Торы, которым оказывают честь жениху в субботу, предшествующую свадьбе. Публикатор документа воспроизводит этот термин с учетом литвацкого диалекта идиша, в котором [ш] произносится как [с].
16. «Змирес» — букв. «песни». Имеется в виду девичник с песнями.
17. Сиван — месяц еврейского календаря, приблизительно соответствует июню.
18. Ияр — месяц еврейского календаря, приблизительно соответствует маю.
19. 15 мая 1845 года.
20. Песня является парафразом пасхальной числословной песни «Ehad mi yodea» («Один, кто знает»).
21. «Гацфира» («Рассвет», *иврит*) — газета на иврите. Издавалась в Варшаве в 1862 году, затем с 1875 по 1931 год, первоначально еженедельник, с 1886 года — ежедневная. Первоначально газета была просветительским изданием, но с 1897 года, то есть с момента возникновения сионистского движения, стала его рупором.

2.2. Предсвадебный период

Предсвадебный период начинался после подписания тноим и кнас-мол. Юноши и девушки, вступавшие в брак, официально становились с этого времени «хосн ун калэ» (חתן און כלה, жених и невеста), а их родители получали название «мехутоним» (מחותנים, сваты) и «мехутонестес» (מחותנעסטעס, сватьи).

Длительность предсвадебного периода по Талмуду определялась: для девицы в «двенадцать месяцев сроку, считая с того времени, как ее потребовал муж», и для вдовы в тридцать дней. «Если срок пришел, — указывается там же, — а бракосочетание не состоялось, то они могут есть из его имущества и могут есть возношение, <если муж коэн>[1]» (ВТ, Ктубот 5 б)[a].

Срок для приготовления к свадьбе предоставлялся и жениху: «Подобно тому, как дают срок женщине, так дают срок и мужчине», — читаем мы в том же трактате[b].

Сроки эти менялись в зависимости от эпохи и местной конкретной обстановки. Например, у евреев в России предсвадебный период длился иногда 3–4 года, но не меньше шести месяцев. Сокращение этого срока не поощрялось. Отступления от принятого обычая были редким явлением и допускались лишь при чрезвычайных обстоятельствах, например при браках малолетних во время «беголе».

У украинских евреев (Бершадь, конец XIX — начало XX века) про отца, сокращающего установленную обычаем длительность периода от тноим до хасене, говорили, что «он собирается продать свою дочь»[c]. <...>[2]

<«Благословен ты, Господи,> Боже наш, Царь вселенной, что не сотворил меня женщиной». Женщины же читали: «Благословен ты, Господи, Боже наш, Царь вселенной, сотворивший меня по воле своей»[3]. Согласно «Кицур Шулхан Орух»[4],

---

[a] Талмуд. Мишна и Тосефта. Т. III. С. 134–135.
[b] Там же. С. 135.
[c] Богомольный Н. Наши полевые записи.

«Необходимо человеку отдаляться от женщин, насколько это возможно. Запрещено подавать женщине знаки руками или ногами или подмигивать ей глазами; запрещено смеяться вместе с ней, вести себя рядом с ней легкомысленно или любоваться ее красотой; запрещено вдыхать запах благовоний, предназначенных специально для женщин, тем более в случае, если она держит их в руках или они висят на ней; запрещено смотреть на крашеные одежды женщины, с которой этот человек знаком, даже если эти одежды не на ней, поскольку это может привести его к плохим размышлениям о ней. Если человек встречает женщину на улице, не следует идти за ней, а следует прибавить шагу, чтобы она осталась в стороне или позади» (Кицур Шулхан Орух, 152:8).

В соответствии с этими обычаями принудительного брака мужчине считалось неприличным встречаться с женщиной, подавать ей руку и оставаться с нею наедине. Мужчине не полагалось спрашивать о здоровье женщины даже через посланца или через ее мужа. Запрещалось посылать ей привет. Религиозные фанатики, особенно хасиды, не проходили между двумя стоящими или сидящими женщинами[5]. Женщинам, входящим в дом хасидского ребе, не полагалось приветствовать присутствующих здесь мужчин, и т. д. Если все это относилось к мужчинам и женщинам вообще, то тем более строгие требования предъявлялись к еврейской молодежи.

Таким образом, ограничения и запрещение жениху и невесте обмениваться между собою визитами были установлены и проводились в интересах принудительного брака *и во избежание возможного сближения мужчин и женщин*[6].

У украинских (Захарьевка, Гусятин) и молдавских (Балта, Тирасполь)[7] евреев (начало XX века) приезд жениха с визитом к невесте считали распущенностью.

> Когда мои родители все же пожелали, чтобы невеста приехала к нам на праздник Кущей [в 1906 году. — *И. П.*], и когда ее родители уж было согласились, и в нашем доме начали готовиться к приему гостьи, получили письмо от отца невесты, захарьевского раввина Гедалии Стрижевско-

го, что подобная вещь недопустима, что это распущенность, позор, неприлично, что всю жизнь будут об этом толковать и т. д. Некоторые из друзей моего отца также поставили ему это на вид. В результате всего этого невеста не приехала.

Я к ней также не поехал и не видел до самой свадьбы[d].

Таковым было отношение к обмену визитами между женихом и невестой со стороны ревностных сторонников принудительного брака. Еврейские же трудовые массы, боровшиеся с принудительным браком, считали для себя эти ограничения не особенно обязательными, а со второй половины XIX века, с усилением борьбы против принудительного брака, почти необязательными.

Обмен визитами происходил обычно по субботам и праздникам, первый визит — в ближайшую после тноим субботу.

По сообщению П. П. Чубинского, обручив сына или дочь, более зажиточные устраивали в первую наступающую субботу «лекех ун бронфн»[e8].

Чаще всего жениха приглашали в дом родителей невесты на Пейсах и на субботу, называвшуюся «шабес-шире» (שבת־שירה, букв. «Суббота Песни»)[9], что подтверждается еврейскими пословицами:

אַ חתן נעמט מען צו נאַכט אויף פּסח
A khosn nemt men tsu nakht oyf peisakh
Жениха берут <то есть приглашают в гости> на ночь Пейсаха[f10]

и

כּלה, איך וועל דיר זאָגן אַ בשׂורה, דײַן חתן וועט קומען אױף שבת־שירה
Kale, ikh vel dir zogn bsure, dayn khosn vet kumen af shabes-shire
Невеста, я сообщу тебе новость, твой жених приедет на шабес-шире[g11].

---

[d] Ярошевич О. И. Наши полевые записи.
[e] *Чубинский П. П.* Труды этнографическо-статистической экспедиции. С. 37.
[f] *Bernshteyn I.* Idishe shprikhverter. Z. 111. № 1622.
[g] Ibid. Z. 135. № 1923.

В конце XIX — начале XX века у украинских и белорусских евреев жених приглашал в дом своих родителей невесту или ее родителей на Пейсах или праздник Кущей, при этом жених и невеста, в силу старой традиции, при встрече не осмеливались заговорить друг с другом, разве только украдкой бросали друг на друга взгляд[h].

Жениха, прибывшего с визитом, вели в субботу в синагогу (Заверéжье, Бершадь)[i]. Также знакомые и соседи, чтобы посмотреть на жениха, являлись в дом невесты под тем предлогом, что пришли что-нибудь одолжить (Заверéжье)[j].

В отношении переписки, как и в отношении визитов, существовали ограничения. В начале рассматриваемого периода переписка поэтому велась, как правило, родителями (главным образом отцами) жениха и невесты, с просьбою передать привет жениху.

Однако со второй половины XIX века, с развитием борьбы против принудительного брака, женихи и невесты также стали переписываться между собою, что подтверждается и наличием по этому поводу еврейской народной песни:

> Письмецо мне жених присылает —
> Расцеловать бы его слова!
> Хотела бы я знать:
> Мой ли он суженый[k12].

Письма эти писали большей частью по установленному трафарету, по специально издаваемым письмовникам[13].

Обычай предсвадебных подарков — древний еврейский обычай. Так, например, уже в Ветхом Завете рассказывается о подарках, принесенных слугой Авраама Елеазаром Ревекке — невесте Исаака (Быт 24:22, 24:53). Подарки преподносились и царю Со-

---

[h] Чубинский П. П. Труды этнографическо-статистической экспедиции. С. 36–37.
[i] Талалай Г., Богомольный Н. Наши полевые записи.
[j] Талалай Г. Наши полевые записи.
[k] Yudische folkslieder mit melodyen. Bd. 2. Z. 55–56. № 38.

ломону при его женитьбе на дочери фараона (3 Цар 9:16). То же читаем мы про замужество Ахсы, дочери Халева (Суд 1:15). В Талмуде эти подарки называются «сивлойнес» (סבלונות, подарки жениха невесте)[14].

В Средние века у немецких евреев «накануне свадьбы виднейшие члены общины относили невесте подарки жениха, по большей части состоявшие из пояса, фаты, верхнего плаща, а впоследствии еще «сивлойнес тфиле» (молитвенный подарок), то есть молитвенника с надписью: «Огэв веахо шолем вереес» (אהבה ואחוה שלום ורעות, любовь и братство, мир и дружба). Жениху дарили кольцо и сапоги, позже талес и китл. Встречались кольца художественной работы с украшением в виде миниатюрной модели синагоги и с надписью «тов гадо» (טוב גדא, доброй судьбы, *арам.*), а позднее «мазл-тов» (מזל־טוב, букв. «Доброй судьбы»)[l]. Как передает М. Гюдеман, у немецких евреев (XIV–XV века) подарок состоял только из пояса, его относили жениху раввины или почтенные члены общины в четверг, предшествующий обручению[m]. Получение подарков сопровождалось пиршеством и приемом гостей. Это пиршество называлось либо «трапезой подарков», либо «кидушин-мол» (קידושין־מאָל, трапеза освящения ‹брака›), либо непонятным термином «шпинолс» (שפינאָלס) или «шпин'олц» (שפינהאָלץ)[n15].

Обычай дарить невесте пояс существовал еще в конце XVIII — начале XIX века, при этом невеста посылала жениху и свой пояс в виде ответного подарка. Обмен поясами совершался, по описанию автора книги «Обряды еврейские...», следующим образом:

> Ввечеру, накануне свадьбы, пересылает жених своей невесте через раввина золотой пояс; отдавая оный, говорит раввин: «Твой жених присылает тебе сей пояс, который ты должна надеть после бракосочетания, чтобы он мог оный видеть на тебе». После того невеста, через сего же раввина, пересыла-

---

[l] Свадебные обряды // Еврейская энциклопедия. Т. XIV. Стб. 52–53.
[m] *Güdemann M.* Idishe kultur-geshikhte in mitlalter. Z. 85.
[n] Ibid. Z. 216, прим. 144.

ет к нему свой пояс, который и надевают на жениха находящиеся у него товарищи и который в тот же самый день должен также быть на нем. Вместо сего в Польше отсылает невеста своему жениху мантию, саван[16] и холщовый колпак, а жених, напротив, пересылает ей шитые башмаки, туфли и колпак. Пояс означает страдание, ибо со вступлением в супружество встретятся также страдания и скорби[о].

Как указывает Э. Френк, у польских и литовских евреев в XVI веке перед богатой свадьбой «дарили обыкновенно золотые червонцы или женские украшения: кольца, серьги, пояса. В Германии в Средние века такие предбрачные подарки не вручались прямо женихом невесте, а передавались ей или ее родителям посторонними лицами»[р]. Это была предосторожность, на которой настаивали раввины. Дело в том, что, по еврейскому закону, для акта обручения достаточно, чтобы мужчина вручил в присутствии двух свидетелей первой встречной женщине монету или кольцо со словами: «Ты мне обручена». При такой упрощенности обряда непосредственная передача подарков женихом невесте имела бы подобие законного обручения, а одного неосторожного слова жениха при этом было бы достаточно, чтобы превратить простой знак вежливости в акт, равносильный официальному обручению. В Польше, где нравы евреев в XVI веке были свободнее, указанная предосторожность не соблюдалась, и от этого происходили часто то печальные, то комические недоразумения. Раввинам приходилось разбирать такие тяжбы, когда жених утверждал, что он, вручая невесте подарки при свидетелях, произнес формулу обручения, а невеста отрицала это, или наоборот. Сначала раввины относились к таким случаям очень строго и признавали в них факт обручения; но впоследствии, когда эти случаи участились, польские раввины решили не придавать им значения и освобождали стороны от всяких обязательств. В Польше, по свидетельству современника, стало обычным явлением, что сватовство расстраивалось и после

о   Обряды еврейские. С. 266–267.

р   Респонс Магаршала № 21. Цит. по: *Frenk E. N.* Meshumadim in Poilen. Z. 96–97.

вручения подарков, и даже после дружеского сближения жениха и невесты[q].

У польских, украинских и белорусских евреев в первой половине XVII века жениху дарили обручальные рубашки [имеется, очевидно, в виду китл. — *И. П.*] и «фачейле» (פֿאַטשיילע, шейный платок), что видно из следующего постановления Литовского ваада, запретившего эти подарки:

> Прежде всего, постановлено, чтобы не дарить ни одному жениху, будь он бедный или богатый, ни обручальных рубашек, ни платка (фачейле), ни полотняной шапки, как то имели обыкновение справлять жениху в первое время. Все это ныне запрещено, и впредь этого делать нельзя. Если даже те вещи уже давно сделаны и лежат готовыми, то их отнюдь не следует отдавать жениху[r].

У евреев в России подарки, которыми обменивались обе стороны, состояли как из предметов, изготовленных собственноручно, так и из покупных. В конце XIX — начале XX века у украинских (Захарьевка) и белорусских евреев невеста, желавшая показать свое мастерство, вышивала и посылала жениху мешочек для тфилин с вышитыми на нем именем и фамилией жениха и годом вышивки. Будущей свекрови она посылала фартук или шелковый платок и разные вышивки. Иногда невеста преподносила подарки и будущему свекру в виде вышитой «кеаре» (קערה, в данном случае салфетка для покрывания мацы)[s17]. В Завережье, Пропойске и Бершади невеста вышивала для жениха «мизрах»[t], а в Бершади — жилет[u]. У белорусских евреев (Дубровно, конец XIX — на-

---

[q] История евреев в России. С. 341–342.

[r] Областной пинкос Ваада главных еврейских общин Литвы // Еврейская старина. 1909. Том. II. Вып. 4 (октябрь — декабрь). С. 106.

[s] Ярошевич О. И. Наши полевые записи.

[t] «Мизрах» (מזרח, букв. «восток») — в данном случае вышитая картина, которая вешалась в доме на восточной стене, чтобы молящийся еврей знал, куда ему следует стоять лицом.

[u] Богомольный Н. Наши полевые записи.

чало XX века) родители невесты дарили жениху часы, портсигар, вышитый мешочек для талеса[v], если эти вещи не были еще подарены во время тноим; а родители жениха дарили невесте цепочку к часам. Одежду дарила только беднота[w]. У украинских евреев невесте дарили кольца, браслет, жемчуг, часы с цепочкой и другие украшения, каждый по своим средствам и возможностям[x].

Иногда (Бердичев, Пропойск) жених и невеста еще посылали подарки своим повитухам. Так, например, в Бердичеве повитухам посылали в подарок фартук и рубаху, а богатые — еще и деньги[y].

В день обручения родители невесты посылали жениху китл и талес.

У белорусских евреев (Завережье) в конце XIX — начале XX века родственники и знакомые посылали невесте китку (плетеную булку). Вес китки доходил иногда до 20–40 фунтов[18]. Китку посыпали маком (чтобы у невесты «было столько детей и внуков, сколько маковых зерен на китке»). Китку привозили на подводе и вручали невесте или ее матери. При вручении желали:

> לאַנגע יאָרן און גוטע טעג, איר זאָלט האָבן נחת פֿון אײַערע קינדער און אַזוי פֿיל גאָלד זאָלט איר האָבן פֿון אײַערע קינדער, ווי די וואָג פֿון דער קיטקע!
> Lange yorn un gute teg, ir zolt hobn nakhes fun ayere kinder un azoy fil gold zolt ir hobn fun ayere kinder, vi di vog fun der kitke!
> Долгих лет и хороших дней, чтобы вы получили удовлетворение от ваших детей, чтобы вы получили столько золота от ваших детей, сколько весу в этой китке!

В ответ на пожелания приславших подарок приглашали на свадьбу[z].

По сообщению Липеца, в тноим вписывали, «что жених преподносит невесте покрывало», а невеста преподносит жениху

---

[v] Молитвенное облачение, накидываемое поверх одежды мужчинами во время утренней молитвы.
[w] Донович М. Наши полевые записи.
[x] Ярошевич О. И. Наши полевые записи.
[y] Шпилберг В. Наши полевые записи.
[z] Талалай Г. Наши полевые записи.

талес и китл, расшитые золотом[19]. В прежние времена, указывает Липец (имея, очевидно, в виду первую половину XIX века), еще в тноим вписывали, что жених посылает невесте «брустух» (ברוסטוך, нагрудник), расшитый серебром или золотом[20]. Жених посылает невесте украшения, которые она надевает на себя спереди (то есть на грудь); невеста же посылает жениху талес и китл, расшитые золотом или серебром, которыми он украшает себя сзади (талес надевается на плечи. — *И. П.*)[aa].

Обычай обмена подарками, как и приданое, был связан со значительными материальными затратами. Это обстоятельство послужило основанием для борьбы с богатыми подарками и большими затратами на них. Отражение этой борьбы у евреев в России мы имеем в уже упомянутом «Домашнем регламенте в Белоруссии». В нем говорится:

> 1. Не нашивать (на платье) никаких кружев. Стоимость верхней одежды жениха, то есть сюртука и шинели, не должна превышать 20 рублей. Для невесты платье и верхняя накидка не должны быть дороже 25 рублей серебром[21].
> 2. Если сумма «надана» [приданого наличными деньгами. — *И. П.*] с главной стороны[22] доходит до 300 рублей, положенных в руках доверенного третьего лица, то можно к вышеуказанной норме (издержек на одежду) прибавить еще 10 % для жениха и невесты. Если же сумма «надана» превышает 300 рублей, то издержки на гардероб жениха и невесты могут превышать 20 % этой суммы. Подарки жениху и невесте можно делать только наличными деньгами, а если пожелают дарить серебряные вещи или драгоценности, то подарки жениху не могут превышать 7 % суммы приданого с главной стороны, а невесте — не больше 15 %. Платки давать соответственно «надану», стоимостью от 3-х до 12 рублей для самых богатых.
> 3. Если нам будет дана какая-либо отсрочка по исполнению закона о перемене старомодной одежды[23], то запрещается вновь делать себе шелковые платья для ношения в будни. Равно и плательщики коробки[24] (за право ношения традиционного платья) лишены права заготовлять себе шелковые

[aa] *Lipietz Y.* Sefer matamim.

платья, кроме одного, для суббот и праздников, стоимостью от 10 до 15 рублей; для будней — исключительно из репса, демикотона или камлота[25], как сказано выше. Это относится и к меховым шапкам для будней, суббот и праздников; нельзя изготовлять новых иначе, как стоимостью от 2-х до 8 рублей, согласно определению в пункте 1. Всякие костюмы не должны оплачиваться дорого, как сказано выше п. 1. Общее правило таково: сокращать расходы на одежду сколько возможно, и да будет благословение на тех, которые тратят поменьше на дорогие платья и удовлетворяются средними[ab].

Подготовка к свадьбе, как мы уже указали, состояла в шитье приданого и одежды для жениха и невесты и для членов их семейств.

Подготовка и шитье приданого и одежды начинались еще задолго до свадьбы. В богатых и зажиточных семьях для этой цели на дом к жениху и невесте приглашали специальных портных и портних. В народной песне об этом поется:

> Бродские[26] портные шьют,
> Молодые женщины принимают;
> Приняли, отложили, —
> Расступитесь, жених идет![ac]

У белорусских евреев (Заверéжье) в конце XIX — начале XX века свадебная одежда жениха состояла из пальто, черного сюртука, талеса (талес преподносил жениху отец невесты), шляпы, ермолки, штраймл (шапка, обшитая собольим мехом), вышитого бархатного талес-зекл (мешочка для талеса). Там же свадебная одежда невесты состояла из белого шелкового платья со шлейфом, белых туфель, белых чулок и белых перчаток, фаты и цветов[ad]. В Бершади в конце XIX — начале XX века невесте шили еще черное шелковое платье, а в богатых семьях — и ротонду[ae][27].

[ab] Домашний регламент в Белоруссии. С. 114.
[ac] Yiddisher folklor. Z. 74.
[ad] Талалай Г. Наши полевые записи.
[ae] Богомольный Н. Наши полевые записи.

В этот же период (последняя неделя до свадьбы) у белорусских евреев (Дубровно) начиналась усиленная подготовка к свадьбе. Устроители свадьбы (родители невесты) производили ремонт и уборку дома, ремонт мебели, где должны были проводиться свадебные торжества; закупали съестные припасы и напитки, заготавливали посуду. Посуду брали напрокат в магазине по две копейки за тарелку, одалживали стулья, приборы, бокалы и т. п. Для приготовления свадебной пищи нанимали специальную «свадебную» повариху. Портные приносили новые платья (при этом их угощали выпивкой)[af].

Чтобы получить общее представление о предсвадебном периоде, нам остается еще остановиться на вопросе о порядке приглашения гостей на свадьбу и свадебные торжества.

Свадьба, как мы уже отмечали, была массовым коллективным праздником, и все еврейское население местечка считало своим долгом побывать на свадебных торжествах. Независимо от этого посылались специальные приглашения почетным лицам — родственникам и добрым знакомым — с просьбой принять участие в предстоящих торжествах.

Прежде всего приглашали на предшествующую бракосочетанию субботу для проводов жениха и его матери в синагогу к так называемому «вызову к Торе»[28].

В проводах жениха в синагогу принимали участие близкие знакомые и родственники, приглашаемые отцом жениха. У зажиточных украинских (Гусятин, Захарьевка, Одесса и другие места) и молдавских (Балта, Тирасполь) евреев в конце XIX — начале XX века участников этих проводов приглашали с помощью специальных пригласительных билетов — «хасене цетлех» (חתונה צעטלעך, букв. «свадебные записки»). Эти билеты служили также приглашением на свадьбу. Бывали отпечатанные в типографии хасене цетлех, составленные по стандартной форме. Приводим здесь содержание такого стандартного свадебного пригласительного билета[29]:

[af] Донович М. Наши полевые записи.

Поздравляем. Поздравляем.
Считаю для себя за честь просить Вас пожаловать повеселиться с нами на бракосочетании нашего сына, жениха, учителя и господина[ag] (имярек), да сияет светоч его, с его суженою, невестой госпожой (имярек), да живет она. Бракосочетание состоится, с Божьей помощью, в ...
Хупа состоится, с Божьей помощью, в такой-то день такого-то года в таком-то месте.
На веселье Вашего сына мы возместим Ваши труды и будем ликовать вместе с Вами[ah].

В такой стандартный печатный пригласительный билет нужно было только вписать время предстоящих проводов в синагогу, место устройства свадьбы и имена жениха и невесты. Некоторые печатали специальные свадебные пригласительные билеты с акростихами на имена жениха и невесты, а иногда еще и на слова «хосн» (חתן, жених) и «кале» (כלה, невеста). Приводим образец такого акростиха[30]:

День радости в нашем доме
Спустился к нам с бракосочетанием нашего сына.
И мы просим Вашу честь
Пожаловать с супругою
К вызову к Торе
В субботу раздела «Вайейро»[31].
Вы, скажем не льстя, доставите нам большое удовольствие,
Прибыв также на хупу.
Возместим Ваш труды на радостных событиях у Ваших детей[ai].

В еврейском тексте первые буквы акростиха прочитываются как «Исгошуа» (имя жениха) и «Броха» (имя невесты).
За этим акростихом следовали указания о месте и времени предстоящих торжеств и имена жениха, невесты и их родителей[aj].

[ag] Принятая форма вежливого обращения.
[ah] Ярошевич О. И. Наши полевые записи.
[ai] Ярошевич О. И. Наши полевые записи.
[aj] Ярошевич О. И. Наши полевые записи.

Пригласительные свадебные билеты разносил за несколько дней до предстоящих торжеств шамес (синагогальный служка), а иногородним их отправляли по почте. Шамесу за разноску билетов уплачивал вознаграждение отец жениха. Кроме того, на свадебном пиру для шамеса еще ставили «кеаре» (קערה, особое блюдо), куда гости опускали монеты в пользу шамеса. Шамес был поэтому заинтересован в раздаче большего числа билетов. Тем не менее шамес часто не вручал билетов некоторым беднякам, у которых он не рассчитывал получить вознаграждения за свои труды. На этой почве между обойденными знакомыми или родственниками, с одной стороны, и родителями жениха и невесты, с другой, возникали неприязнь и обиды: у первых за то, что их обошли приглашением; у вторых за то, что приглашенные не явились. При этом никто и не подозревал, что во всей этой истории виноват шамес[ak].

В связи с этим интересно отметить следующий анекдот.

> В одном маленьком местечке послали шамеса приглашать гостей на свадьбу. Шамесу вручили список приглашенных. В местечке улицы не имели названий, а дома — номеров. Стал ходить шамес из дома в дом и спрашивать: «Кто здесь живет?» — «Зальцман», — ответили ему. Тогда шамес посмотрел в свой список и сказал: «Нет, вас не приглашали»[al].

У гродненских евреев во второй половине XIX века на свадьбу приглашали клезмеры (כלי-זמרים, музыканты) и бадхен (בדחן, свадебный увеселитель). У нас есть описание этого обычая в воспоминаниях бадхена Зизмора:

> В пятницу вечером перед неделей, на которую назначена свадьба, мехутоним (מחותנים, родители новобрачных) посылали клезмеров и бадхена к близким друзьям, родственникам (братья, сестры, дяди, тети) и унтерфирерс (אונטערפֿירערס, дружки) сыграть каболес-шабес[32] (קבלת-שבת, «встреча Суб-

---

[ak] Ярошевич О. И. Наши полевые записи.
[al] Ярошевич О. И. Наши полевые записи.

боты»). При приходе в один из домов бадхен объявлял, в честь кого исполняется «каболес-шабес», а клезмеры играли марш. За свою игру клезмеры получали угощение и плату деньгами.

Этот обычай считался настоящим приглашением на свадьбу. Если клезмеров и бадхена к кому-либо из знакомых и родственников не посылали для исполнения «каболес-шабес», то это считалась большим оскорблением. Оскорбленные не приходили в таких случаях на свадьбу[am].

Отказаться от полученного приглашения к «вызову к Торе» и на свадьбу полагали неприличным, так как «увеселять жениха и невесту» считалось общественным долгом[33]. Поэтому-то все приглашенные и их семьи старались присутствовать на всех свадебных торжествах. Отсутствовали в крайних случаях, и то — иногородние. В последнем случае свадебные подарки и поздравления новобрачным и их родителям посылались по почте. Приводим здесь текст двух поздравительных телеграмм, посланных О. И. Ярошевичу к свадьбе его дядьями. Первая телеграмма из Киева гласила: «Поздравляем благословением 72-го Псалма»[34]. Во второй телеграмме из Дубно говорилось: «Поздравляем благословением коганим»[an35].

Следует еще отметить существовавший у евреев в России обычай приглашать на свадьбу покойных родителей[36]. Делалось это в том случае, если или жених, или невеста, или оба были сиротами. В связи с этим обычаем у украинских (Бердичев) и белорусских (Заверéжье) евреев в конце XIX — начале XX века жених и невеста отправлялись (каждый в отдельности) на кладбище, на могилы родителей, и обращались к ним со следующими словами[37]: «Знай, что сегодня у нас свадьба. Во имя заслуг предков пусть будет нам счастье на долгие годы»[ao].

[am] *Zizmor Ja.* Amolike khasenes. Z. 873.
[an] Ярошевич О. И. Наши полевые записи. "Коганим" — кагониты, причислявшие себя к роду жрецов иерусалимского Храма.
[ao] Ярошевич О. И. Наши полевые записи.

Обычай этот практиковался и в том случае (Дубровно), если умершие родители были погребены не в том городе, в котором жили жених или невеста[ap].

Придя на кладбище, следовало обойти его кругом, при этом бросая чеснок на могилы[38]. Уходя с кладбища, оставляли что-либо на могиле (даже соломинку); это, по объяснению О. И. Ярошевича, должно было свидетельствовать, что посетивший кладбище действительно побывал на могиле. Делалось это для того, чтобы покойник не был в претензии, что его забыли[aq].

У украинских евреев запрещалось ходить на кладбище[ar]:

1) Сиротам в течение года после смерти кого-либо из родных, если они (сироты) не были до этого на кладбище в течение семи лет. Чтобы освободиться от запрета, отправляли предварительно на кладбище шамеса, который стучал по могиле палкой и заявлял: «Знай, что твой родственник такой-то и такой-то хочет прийти к тебе».

2) По понедельникам и четвергам за исключением месяца Элула, когда разрешалось посещать кладбище в любой день[39].

---

[1] Коэн — жрец иерусалимского Храма. Талмудическая норма относится ко времени существования Второго Храма. Подразумевается, что жена коэна также может есть «возношение», то есть пожертвования для коэнов в Храм.
[2] В рукописи отсутствует с. 85.
[3] Четвертое из благословений, произносимых после пробуждения, но до утренней молитвы, в мужском и женском варианте соответственно.
[4] Кицур Шулхан Орух (букв. «Краткий "Накрытый стол"», *др.-евр.*) — общее название ряда галахических кодексов, являющихся сокращенным изложением «Шулхан Оруха». В данном случае имеется в виду популярный в Восточной Европе «Кицур Шулхан Орух», составленный в 1864 году Шломо Ганцфридом (Унгвар, ныне Ужгород, Закарпатье).
[5] Следует следить, чтобы мужчина не шел между двумя женщинами (Кицур Шулхан Орух 3:8).
[6] Выделенные курсивом слова вписаны в машинопись от руки карандашом.

[ap] Донович М. Наши полевые записи.
[aq] Ярошевич О. И. Наши полевые записи.
[ar] Ярошевич О. И. Наши полевые записи.

7 До революции Балта была уездным городом Подольской губернии, а Тирасполь — Херсонской. В Советском Союзе оба эти города были включены в Молдавскую АССР в составе Украинской ССР. После аннексии Бессарабии в 1940 году Тирасполь вошел в состав Молдавской ССР, а Балта — в состав Одесской области Украины. Таким образом, Пульнер называет евреев Балты и Тирасполя молдавскими исходя из административного деления СССР на момент написания диссертации. С этнографической точки зрения евреи этих городов ничем не отличались от евреев других городов и местечек юго-запада Украины.

8 У Чубинского говорится о «закуске» после обручения, но нет ни слова о приезде жениха к невесте или невесты к жениху. Таким образом, этот отрывок Пульнеру следовало бы разместить выше, там, где говорится о запрете встреч жениха с невестой.

9 Суббота между 10-м и 17-м днями месяца Шват, соответствует недельному разделу «Бешалах» («И возвестил»), в состав которого входит Песнь сынов Израиля, которую они воспели, когда расступилось Чермное (Красное) море. Именно это определило название субботы. Шват — месяц еврейского календаря, приблизительно соответствующий концу января — февралю.

10 В сборнике Бернштейна эта пословица выглядит так: «A khosn nemt men nit tsu nakht af peisakh» («Жениха не приглашают в гости на ночь Пейсаха»), то есть имеет прямо противоположный смысл. Сейдер Пейсах (ритуальная трапеза праздника Пейсах) происходит ночью.

11 Бернштейн помечает, что это строчка из народной песни. У Пульнера еврейский текст отсутствует. То, что это фрагмент песни, видно из наличия рифмы «bsire (диалектная форма) — shire».

12 Подробнее о песнях-письмах см.: *Хаздан Е. В.* «A brivele»: Песни-письма у восточноевропейских евреев // Материалы Шестнадцатой ежегодной международной междисциплинарной конференции по иудаике. Ч. 2. М., 2009. С. 301–321.

13 Письмовники на идише были широко распространены и обязательно содержали образцы переписки между женихом и невестой.

14 Непонятно, какое именно место в Талмуде Пульнер имеет в виду.

15 Гюдеман предполагает, что эти непонятные термины связаны со словом «шпин» — прялка, символ замужней женщины. См.: *Güdemann M.* Idishe kultur-geshikhte in mitlalter. Z. 216, прим. 144. В Еврейской энциклопедии термином «шпинголц» назван обед в честь родителей жениха, который устраивали родители невесты в начале субботы (в пятницу вечером), предшествующей свадьбе (Свадебный обряд // Еврейская энциклопедия. Т. XIV. Стб. 52).

16 Имеется в виду китл.

17 Обычно этим словом обозначается ритуальная тарелка для размещения символов Пейсаха. В данном случае имеется в виду матерчатая салфетка с тремя отделениями для трех кусков мацы, верхняя сторона которой используется как «кеаре». На такой салфетке вышиты названия соответствующих продуктов — символов Пейсаха.

18 8–16 кг.

19 Китл могли расшить серебром, воротник талеса (аторе) — украсить серебряным шитьем или серебряными накладками. Украшение молитвенных облачений золотным шитьем не упоминается в других источниках и не встречается в музейных коллекциях.

20 Брустух (брустихл) часто украшали золотым и серебряным шитьем в технике «шпанье» (объемная вышивка).

21 В Российской империи в период 1769–1849 годов имели хождение две валюты — ассигнационный рубль и рубль серебром. Рубль серебром в 1845 году (год публикации «Домашнего регламента») был в 3,5 раза дороже рубля ассигнациями.

22 Имеется в виду сторона невесты.

23 С конца 1830-х годов русское правительство начинает систематическое наступление на использование евреями традиционного платья, действуя как мерами прямого принуждения, так и с помощью налогов. Положение от 1839 года о коробочном сборе установило налог на «шитье еврейской одежды» (имелось в виду мужское и женское верхнее платье) стоимостью 10 рублей. С 1843 года Комитет для определения мер коренного преобразования евреев постановил взимать с каждого еврея в отдельности налог на ношение еврейской одежды. Налог на ношение еврейской одежды был увеличен новым Положением о коробочном сборе от 1844 года.

24 Коробка (коробочный сбор или такса) — первоначально экстраординарный внутренний налог, введенный в XVIII веке кагалами для погашения долгов перед своими кредиторами. Постепенно этот налог стал постоянным и использовался кагалом не только для погашения долгов, но и для внутренних нужд общины. Российское правительство сохранило коробочный сбор, направив его на выплату налоговых недоимок, числившихся за общинами, и разрешило остаток тратить на общинные нужды. Впоследствии правительство направило часть коробочного сбора также на содержание еврейских училищ, создание еврейских земледельческих колоний и финансирование других правительственных реформ в жизни евреев. Коробочным сбором облагалось все, что было связано с соблюдением религиозных традиций: продажа кошерного мяса, зажигание субботних свечей, ношение традиционной одежды. Таким образом, в «Домашнем регламенте» сказано, что те, кто уже платит коробочный сбор за ношение традиционного платья, не должны шить себе новое, чтобы не увеличивать расходы.

25 Репс — плотная хлопчатобумажная или шелковая ткань. Демикотон — плотная и жесткая двойная хлопчатобумажная ткань. Ноский, крепкий и долговечный демикотон шел на пошив верхней одежды и пользовался спросом у бедных горожан. Камлот — грубая шерстяная ткань черного или коричневого цвета.

26 Броды — крупный город в австрийской Восточной Галиции (в настоящее время Львовская область, Украина) на границе с Российской империей. Из Австрии в Россию въезжали через Броды, поэтому евреи — иностранные подданные назывались «бродскими». Таким образом, в песне речь идет о модных «заграничных» портных.

27 Ротонда — верхняя женская одежда в виде большой пелерины без рукавов. Была в моде с 1840-х годах и вплоть до начала XX века.

28 «Вызов к Торе» — алие (עליה, букв. «восхождение», *др.-евр.*, имеется в виду «восхождение на биму, возвышение для чтения свитка Торы»). Также «уф-руф» (אויפֿרוף, «вызов», «призыв»). Так называется приглашение прихожанина на биму для произнесения отрывка из недельного раздела во время утренней службы в субботу. По обычаю в субботу перед свадьбой жениха вызывают к чтению мафтира (заключительного фрагмента недельного раздела) и гафтары (фрагмента из Пророков, следующего за недельным разделом). Этот вызов считается особенно почетным.

29 Текст на идише отсутствует. Для него в рукописи оставлено место.

30 Текст на идише отсутствует. Для него в рукописи оставлено место.

31 Недельная глава «Вайейро» («И явил»). В нее входят стихи Быт 18:1–22:24.

32 В данном случае «каболес-шабес» — название музыкальной темы.

33 Увеселение жениха и невесты считается мицвой, то есть заповедью, богоугодным делом.

34 В Псалме 72 (в русской Библии — Пс 71) речь идет о богатстве, изобилии, процветании и рождении множества детей. «Будет обилие хлеба на земле, наверху гор; плоды его будут волноваться, как лес на Ливане, и в городах размножатся люди, как трава на земле» (Пс 72:16).

35 В Писании сказано, что первый первосвященник Аарон, брат Моисея, и его сыновья благословляли народ так: «Да благословит тебя Господь и сохранит тебя! Да озарит Господь лицо Свое для тебя и помилует тебя! Да обратит Господь лицо Свое к тебе и даст тебе мир!» (Числ 6:24–27). В настоящее время этими словами во время праздников коэны благословляют общину в синагоге. Не исключено, что содержание поздравительной телеграммы определялось тем, что поздравляющий был коэном.

36 Согласно нашим полевым записям, этот обычай был широко распространен среди евреев Подолии до самого последнего времени. Подробней об этом см.: *Дымшиц В.* Еврейское кладбище: место, куда не ходят // Штетл. XXI век. Полевые исследования / Сост. В. Дымшиц, А. Л. Львов, А. В. Соколова. СПб.: Издательство ЕУ СПб, 2008. С. 135–158, а также см. сс. 511 – 516 настоящего издания.

37 Текст на идише отсутствует. Для него в рукописи оставлено место.

38 Единственное свидетельство о том, что на могилы кладут чеснок, было записано от русских иудействующих в селе Привольном (Азербайджан) в 1997 году. Возможно, они сохранили архаическую ашкеназскую практику, вышедшую из употребления в других общинах.

39 Понедельник и четверг — дни, в которые в синагоге, во время утреннего богослужения, читают по свитку недельные разделы Торы. В понедельник и четверг назначают личные посты. Посещение кладбища в Элул (август — начало сентября), то есть перед осенними праздниками, характерно для евреев Украины. По словам информантов, в Элуле лучше ходить на кладбище либо в понедельник, либо в четверг. Подробней об этом см.: *Дымшиц В.* Еврейское кладбище: место, куда не ходят. С. 135–158.

2.3. Последняя неделя до хупы (бракосочетания)

Собственно свадьба начиналась в день хупы (бракосочетание, обряд освящения брака), но свадебные торжества и подготовка к самой свадьбе — за неделю.

Вся эта неделя, называвшаяся «серебряной неделей», была связана со многими обычаями, обрядами, обрядовыми пирушками и поверьями[1].

В течение всей недели жених и невеста нуждались, по народному поверью, в особой магической охране от воздействия «нит гуте» (ניט גוטע, букв. «недобрые», то есть нечистые духи, черти), «порчи» и «эноре» (עין־הרע, дурной глаз, сглаз).

«Трое подлежат охране: жених, невеста и больной»[2], — гласит еврейская пословица, возникшая, по-видимому, под влиянием талмудического изречения: «Трое нуждаются в охране: больной, жених и невеста» (ВТ, трактат «Брахот», 54б.). В силу этого поверья у белорусских (как и у других) евреев в России в конце XIX — начале XX века для охраны жениха и невесты принимались соответствующие меры предосторожности:

1. Жениха и невесту на протяжении всей предсвадебной недели не выпускали без провожатых из дому (Дубровно, Завережье)[a].
2. При выходе из дому жених носил с собою мезузу (дверной амулет) (Завережье)[b3].
3. Жениху и невесте не рекомендовалось уходить далеко от своего дома (Завережье)[c].
4. При возвращении из миквы невеста избегала встреч с собакой (Завережье)[d4].
5. Жениху и невесте не полагалось ходить через реку (Завережье)[e5].
6. Жениху и невесте запрещалось входить в дом, где не было мезузы (Завережье)[f6].

---

[a] Донович М., Талалай Г. Наши полевые записи.
[b] Талалай Г. Наши полевые записи.
[c] Талалай Г. Наши полевые записи.
[d] Талалай Г. Наши полевые записи.
[e] Талалай Г. Наши полевые записи.
[f] Талалай Г. Наши полевые записи.

7. Если жених и невеста выходили ночью из дому, то должны были иметь при себе нож (Пропойск)[g7].

8. В продолжение всей предсвадебной недели жениху и невесте запрещалось работать (Дубровно)[h].

В конце XVIII — начале XIX века жених и невеста за три дня до свадьбы не смели показаться вне своего дома, чтобы не подвергнуться сглазу или злым чарам, разве только при отправлении в дорогу. В этом случае жених брал с собою двух мужчин, а невеста — двух женщин в качестве спутников и охранителей[i].

Несоблюдение предосторожностей влекло, по народному поверью, порчу, похищение, причинение болей, страха и т. д. Так, в местечке Ружаны (Белостокская область) сохранилось следующее предание, относящееся к середине XIX века:

> Моя бабушка рассказывает, что, когда она еще была девушкой, лет 60–65 тому назад, ее сестра выдавала замуж свою дочь. Свадьба должна была быть выездной в деревне. Бабушка тоже ездила на свадьбу. В подводе ехало восемь мужчин, пять женщин и невеста между ними. Когда они уже были за городом — дело было к вечеру — невеста заплакала и закричала, что с нее рвут куски. Она кидалась по возу и прижималась к людям. Но это не помогло. Евреи стали осматривать свои цицит, не негодные ли они, но все оказались кошерными[8]. Стали ощупывать карманы, нет ли там чего нечистого, но ничего не нашли. Тогда мужчины стали спрашивать, носят ли женщины фартуки и «зокн-бендлех» (זאָקן־בענדלעך, чулочные подвязки)[9] — все это у них оказалось. Тем временем невеста продолжала плакать и не находила себе места. Тогда мужчины спросили невесту, была ли она в микве и сменила ли белье. Невеста ответила да. Сильно испугались евреи и стали молить Бога о помощи. Все плакали, но сильнее и громче всех плакала невеста. Ехал с ними старый еврей с седой бородой, который велел остановиться и осмотреть невесту, одета ли она, как полагается перед хупой, и когда убедились, что одета по всем правилам, то

---

[g] Гинзбург. Наши полевые записи.
[h] Донович М. Наши полевые записи.
[i] Обряды еврейские. С. 266.

приказал девушкам осмотреть невестину рубаху. При осмотре рубаха оказалась в крови. Евреи отрезали окровавленный кусок рубахи и бросили. Окровавленный кусок полотна полетал над возом несколько минут и исчез. Невеста перестала плакать, и они отправились на свадьбу[10].

Таковы основные меры, которые принимались для охраны жениха и невесты от «злых духов» и «нечистой силы»[11].

Обычаи и обряды, исполнявшиеся во время «серебряной недели», можно распределить по следующим группам:

а) обычаи и обряды, связанные с понедельником и четвергом, предшествовавшими хупе;

б) обычаи и обряды, связанные с субботой, предшествовавшей хупе;

в) пир для нищих;

г) обычаи и обряды, связанные с кануном хупы.

---

[1] Следующий абзац (включающий группировку обычаев) несколько раз перечеркнут пером. Он же выписан от руки на обороте л. 104, то есть после рассказа о магической защите жениха и невесты.

[2] Источник не найден.

[3] Мезузу, то есть сам пергаментный лист с текстом, считали надежным оберегом. Ее могли взять с собой в дорогу, дать носить жениху или невесте и т. п.

[4] Невеста посещала микву непосредственно перед свадьбой, с тем чтобы иметь возможность после свадебной церемонии провести брачную ночь с мужем. После миквы невеста не должна была видеть нечистых животных (собаку, свинью), так как, по поверью, это могло дурно повлиять на плод, который она могла зачать в первую брачную ночь.

[5] В фольклоре, в том числе еврейском, мост рассматривается как место обитания нечистой силы.

[6] В помещении, не защищенном мезузой, могла таиться нечистая сила.

[7] С точки зрения многих народов, в том числе евреев, острое железо является оберегом.

[8] Цицес носили не только во исполнение заповеди, но и как оберег. Считалось, что поврежденные («некошерные») цицес не защищают от нечистых духов.

[9] Считалось, что фартуки и подвязки защищают женщину от проникновения в ее тело злого духа.

[10] Источник текста на идише не найден.

[11] Этот абзац выписан от руки на обороте л. 104.

2.3.1. *Понедельник и четверг, предшествующие хупе*

У белорусских евреев (Дубровно) в конце XIX — начале XX века в понедельник и четверг[1], предшествующие хупе, жениха вызывали в синагоге, при утренней молитве, к чтению Торы. Во время «алии» (עליה, вызов к Торе) прихожане провозглашали в адрес жениха: «Хазак!», то есть «крепись!»[2]. Отправляясь на «биму» (בימה, помост в центре молитвенного зала для публичной рецитации свитка Торы), где читали Тору, жених надевал талес[3]. Когда жених стоял на биме, молящиеся осыпали его орехами и изюмом, которые собирали присутствующие в синагоге дети. Обычай осыпания жениха орехами или изюмом известен под названием «башитнс» (באשיטנס, осыпание).

Орехи и изюм приносил отец жениха, который передавал их шамесу. Платок, в котором приносили изюм и орехи, дарили шамесу.

После алии в синагоге и в доме родителей жениха устраивали «лехаим» (לחיים, угощение с водкой), во время которого произносили «винчунген» (וויננטשונגען, пожелания) в адрес устроителей угощения, а также жениха и невесты, например такие: «На здоровье, пусть эта пара живет красиво. Получайте от нее удовлетворение и удовольствие. Доживите до свадеб их детей!»[a4]

---

[1] Понедельник и четверг — дни, в которые в синагоге, во время утреннего богослужения, читают по свитку недельный раздел Торы.

[2] Жениха вызывают читать мафтир. «Крепись, и мы укрепимся!» (2 Сам 10:12) — возглас общины, которым принято приветствовать чтеца, вызванного к чтению заключительных стихов недельного раздела.

[3] У ашкеназов талес во время утренней молитвы надевают только женатые мужчины. Таким образом, в этот день молодой человек первый раз в жизни молился в талесе.

[4] Текст на идише отсутствует. Для него в рукописи оставлено место.

---

[a] Донович М. Наши полевые записи.

2.3.2. *Суббота, предшествующая хупе*

Суббота, предшествовавшая хупе, называлась «шабес уфруфениш» (שבת אויפֿרופֿעניש, суббота вызова <к Торе>).

В эту субботу происходили:

1) Торжественные проводы жениха в синагогу к утренней молитве и связанные с ними обряды.

2) Торжественные проводы матери жениха в синагогу к утренней молитве.

3) Угощения в синагоге и в доме родителей жениха до и после обеда.

4) Угощение у жениха после обеда.

5) «Форшпил» у жениха вечером.

6) «Форшпил» у невесты вечером.

Проводы жениха в синагогу у белорусских евреев (Минск, первая половина XIX века) проходили, по описанию Л. Леванды, следующим образом:

> Поутру жених в сопровождении отца и ближайших родственников отправляется в синагогу, где между утренней молитвой и обедней[1] происходит так называемый «уфруф» (אויפֿרוף, вызов <к Торе>), то есть приглашение его на синагогальную эстраду читать «мафтир» (מפטיר, заключительные стихи отдела Пятикнижия, положенного на эту субботу). При этом случае кантор со своим хором поет «ми шеберах» (מי שברך, здравицу)[2] жениху и его родственникам, которых также поочередно приглашают читать по нескольку стихов из недельного раздела Пятикнижия. Во время пения здравицы жениху стоящие на эстраде осыпают его голову орехами[a].

Более подробное описание этого обряда у украинских евреев (начало XIX века) дает нам А. Готлобер:

> В субботу утром отец сзывает к себе своих родственников. Все одеваются в дорогие одежды. Жених наряжается в свои свадебные одежды и, в первый раз, в соболиную шапку[3].

---

[a] *Леванда Л. О.* Старинные еврейские свадебные обычаи. С. 118–119.

Поверх одежды он надевает тизлик[4] — особую длинную и широкую одежду, достигающую до пят, рукава такой же длины, что и одежда. Одежду эту носят внакидку на плечи и рукой поддерживают за шелковые шнурки у шеи, которыми зашнуровывают тизлик, чтобы он не слетел. Эта одежда уже давно вышла из моды, ее еще носят только в Галиции[5]. В этой одежде жениха сопровождают в синагогу.

В эту субботу мехутн и его родственники пользуются в синагоге наибольшим почетом. Они первые во всех обрядах. Они занимают самые почетные места у восточной стены, им распределяют лучшие вызовы к Торе. Богачи уступают свои постоянные места у восточной стены[6] жениху и его родственникам. Жених становится возле раввина, а по сторонам его — мехутоним. Когда жениха призывают к Торе, кантор выкрикивает его имя громче других, а затем поет с певчими. Именно в это время появляются из женского отделения женщины и забрасывают публику жменями орехов. Дети бедняков бросаются собирать орехи. После молитвы все присутствующие направляются к жениху на брохо[7] [закуску. — *И. П.*][b].

Проводы жениха и его матери в синагогу и обряды, с ними связанные, сохранились у украинских и белорусских евреев до начала XX века[c].

При этом жениха провожали в синагогу его сверстники — юноши, с которыми он потом закусывал в особой комнате[d]. У белорусских евреев (Пропойск) в конце XIX — начале XX века жених отправлялся в синагогу без провожатых. Орехи и конфеты, которые бросали в жениха, приносил с собою отец жениха[e]. В Гродно (вторая половина XIX века) молитва в синагоге обставлялась с большой торжественностью. До вызова жениха кантор и певчис исполняли «змиройс» (זמירות, религиозные гимны)[8],

---

[b] *Fridkin A.* Avraham-Ber Gotlober un zayn epokhe. Z. 39–40.
[c] *Чубинский П. П.* Труды этнографическо-статистической экспедиции. С. 33–34; Наши полевые записи.
[d] *Чубинский П. П.* Труды этнографическо-статистической экспедиции. С. 34.
[e] Гинзбург. Наши полевые записи.

в которых упоминаются жених и невеста, как например: «Как на жениха возложил венец» (כחתן יכהן פאר) (Ис 61:10)[9] или «Выходит, как жених из брачного чертога своего» (כחתן יוצא מחופתו) (Пс 19 (18):6)[10]. Здесь же на голову жениха сыпали кроме орехов еще изюм и миндаль[f].

У украинских евреев (Бершадь) в конце XIX — начале XX века местная интеллигенция приносила к башитнс розы. При башитнс здесь произносили пожелания: «Пусть путь его будет усеян розами»[g][11].

В Захарьевке и Гусятине (украинские евреи), Балте и Тирасполе (молдавские евреи) в конце XIX — начале XX века проводы жениха в синагогу происходили следующим образом:

> В субботу рано утром все приглашенные со своими женами собирались у отца жениха. Когда все уже были в сборе, жениху предлагали «открыть проводы» правой ногой[12]. За ним следовали все мужчины. Когда жених появлялся в синагоге, шамес усаживал его у восточной стены на первом месте, а затем всех мехутоним (приглашенных со стороны жениха) тоже на почетных местах. Когда жениха призывали к чтению субботнего раздела Пятикнижия, его облачали в талес[13]. По окончании чтения раздела Пятикнижия шамес открывал окна женского отделения синагоги или же впускал женщин в мужское отделение (к дверям). Хазн (חזן, кантор), находящийся в это время на синагогальной биме, исполнял «Эход йохид умюход галелуйо»[14] (אחד יחיד ומיוחד הללויה, «Один, единственный и единый, аллилуйя»)[15], а женщины «башитн» (באשיטן, осыпали) жениха полными жменями орехов, конфет и кусочками лекех (לעקעך, медовый пряник). Находящиеся в синагоге дети и даже взрослые кидались собирать лакомства, так как считалось большой мицве (богоугодным делом) вкусить это угощение. Все поздравляли жениха и друг друга и желали «мазл тов» (מזל טוב, счастливой судьбы). К чтению раздела Пятикнижия здесь вызывались и все мехутоним (приглашенные со стороны жениха). Распорядок призыва последних устанавливал главный мехутн (отец

---

[f] *Zizmor Ja.* Amolike khasenes. Z. 873.

[g] Богомольный Н. Наши полевые записи.

жениха). Для каждого из вызываемых выделялось по три стиха из недельного раздела Пятикнижия. За вызов приглашенные давали деньги на синагогу.

Мехутенесте (мать жениха) отдельно от мужчин провожали к «башитнс» приглашенные женщины[h].

По описанию П. Чубинского (южные и юго-западные губернии Украины), проводы мехутенесте в синагогу во второй половине XIX века происходили таким образом:

> Накануне субботы две, обыкновенно молодые, женщины, родственницы молодого, а большей частью сама мать жениха, ходят по домам знакомых, близких и дальних, и приглашают женщин пожаловать на другой день утром в дом мехутенысты (матери жениха) провожать ее в синагогу (in Schill herein führen)[16]. В субботу утром собираются хотя не все приглашенные, но большая часть их, и «мехутеныста» отправляется в сопровождении их в синагогу[i].

В Захарьевке и Гусятине (Украина), Балте и Тирасполе (Молдавия) в конце XIX — начале XX века мехутенесте, отправляясь к башитнс, наполняла мешок или корзинку конфетами, орехами и ломтиками медовых пряников. Больше всего было здесь орехов, почему и говорили «баварфн дем хосн мит нислех» (באַװאָרפֿן דעם חתן מיט ניסלעך, забросать жениха орехами).

Относил мешок или корзинку в синагогу ребенок, где принесенное распределялось между женщинами в ожидании башитнс.

По окончании вызова к Торе все направлялись во главе с женихом в дом его родителей, где в специально устроенном «шалаше» устраивалось угощение для всех приглашенных к «проводам жениха». При этом для мужчин накрывали отдельные столы и для женщин отдельные. Во время угощения шамес приглашал гостей пожаловать после обеда[j][17].

---

[h] Ярошевич О. И. Наши полевые записи.
[i] Чубинский П. П. Труды этнографическо-статистической экспедиции. С. 33.
[j] Ярошевич О. И. Наши полевые записи.

У белорусских евреев (Минск) в первой половине XIX века по возвращении из синагоги в доме родителей жениха сервировалось «кибед» (כיבוד, легкое угощение) для мужчин, приходящих с поздравлениями по случаю состоявшегося вызова к Торе. Для женщин поздравлять жениха с вызовом к Торе считалось необязательным[k].

В Могилевской и Витебской губерниях в первой половине XIX века кроме угощения в доме родителей жениха еще устраивали особое угощение в синагоге для молящихся[l].

У украинских евреев (южные и юго-западные губернии) в конце XIX — начале XX века близкие знакомые[m] или даже все приглашенные на свадьбу (Гусятин, Захарьевка, Балта, Тирасполь)[n] приходили со своими женами и детьми во второй половине дня в дом родителей жениха, где им предлагали угощение с медовухой, вином и пивом. Собравшиеся проводили время в веселых беседах и пении. Там, где имелись кантор и певчие, их приглашали для развлечения гостей[o].

В Гусятине, Захарьевке, Балте и Тирасполе (конец XIX — начало XX века) сами гости приносили с собою вино, орехи, айнгемахтс (варенье из редьки на меду) и кугели (пудинги). Здесь же приглашали для увеселения гостей русских музыкантов (евреям запрещено играть в субботу на музыкальных инструментах)[p].

Одновременно с угощением в доме родителей жениха сам жених веселился отдельно со своими товарищами (Украина, южные и юго-западные губернии, вторая половина XIX века). Собравшиеся на пирушку проводили время до вечера за пивом и закуской. Угощение друзья жениха ставили за свой счет[q].

---

[k] *Леванда Л. О.* Старинные еврейские свадебные обычаи. С. 119.

[l] Домашний регламент в Белоруссии. С. 115.

[m] *Чубинский П. П.* Труды этнографическо-статистической экспедиции. С. 34.

[n] *Ярошевич О. И.* Наши полевые записи.

[o] *Чубинский П. П.* Труды этнографическо-статистической экспедиции. С. 34; *Ярошевич О. И.* Наши полевые записи.

[p] *Ярошевич О. И.* Наши полевые записи.

[q] *Чубинский П. П.* Труды этнографическо-статистической экспедиции. С. 34.

В то время, когда у жениха собирались его сверстники, у невесты с двух часов пополудни собирались для танцев и увеселений ее сверстницы-девушки и знакомые женщины.

Увеселение у невесты называлось «форшпил» (פֿאָרשפּיל, букв. «предварительная игра»). Форшпил продолжался до наступления вечера, а при наличии клезмеров и до полуночи[18]. У белорусских евреев (Витебская и Могилевская губернии, первая половина XIX века) празднество у невесты называлось еще «змирес» (זמירות, букв. «песни»), что свидетельствует о том, что форшпил сопровождался песнями[r].

У белорусских евреев (Минск) в первой половине XIX века форшпил устраивали не днем, а вечером[19]. На форшпил приглашали исключительно женщин. Время проводили в танцах и пении. Клезмерам платили сами танцующие, а не устроители форшпил. Последние ограничивались предоставлением помещения и освещения. Л. Леванда отмечает:

> Девушка, желающая потанцевать, ангажирует партнершу или, точнее, компаньоншу, и на сложенный ими, по равной доле, «капитал» они заказывают музыкантам танец и пляшут. Девушка же, не располагающая никаким капиталом, а потому не могущая участвовать паем ни в какой танцевальной ассоциации, может просидеть весь вечер, не потанцевав ни разу, если над ней не сжалится кто-нибудь из сердобольных ровесниц и не «угостит» ее танцем за свой счет[s].

Из танцев бытовали здесь полька, вальс, мазурка, кадриль и лансье[20]. Леванда указывает:

> На танцы у музыкантов существует определенная такса: за польку — 5 коп., за вальс — 5 коп., за мазурку — 10 коп., за кадриль — 20 коп., за лансье — 25 коп. От платы по таксе не освобождалась и невеста[t].

---

[r] Домашний регламент в Белоруссии. С. 110.
[s] *Леванда Л. О.* Старинные еврейские свадебные обычаи. С. 119.
[t] Там же.

Угощения на форшпил не полагалось, так что гости должны были довольствоваться собственными лакомствами, принесенными из дому[u].

Уже в упомянутом выше «Домашнем регламенте в Белоруссии» была сделана попытка к ограничению размеров пирушки во время «змирес»: разрешалось предлагать гостям только воду и пиво[v].

У белорусских евреев (Заверéжье) в конце XIX — начале XX века во время форшпил танцевали кадриль, казачок, польку (по 8 или по 18 человек). Гостей угощали орехами, конфетами, семечками и «кулае» (кушанье из ржаной муки, лимонной соли[21], клюквы и яблок). Приготавливалось «кулае» таким образом: за три дня до форшпил варили в горячей печи муку на воде. Через два дня в эту смесь высыпали лимонную соль, клюкву и яблоки и снова ставили в субботнюю печь[22]. К форшпил это кушанье вынималось из печи и подавалось гостям[23].

Форшпил длился до минхе (מנחה, предвечерняя молитва). Во время форшпил невеста обязана была приветливо обходиться с гостями. На прощание она им говорила[24]: «Не заставляйте себя приглашать к покрыванию, к гавдольным свечам»[w][25].

Форшпил бытовал и у польских евреев[26].

Форшпил — древний обычай. Так, по изысканиям А. Ш. Гершберга, исследователя еврейских свадебных обычаев в эпоху Талмуда, форшпил был известен в Палестине под названием «протогамье»[x][27] и заимствован евреями у греков. Как указывает Гершберг, обычай «протогамье», известный в Палестине, не был известен евреям в Вавилонии[28].

Распевавшиеся на форшпил песни сопровождались танцами и поэтому известны под названием «танц-лидер» (טאַנץ-לידער,

---

[u] Там же.

[v] Домашний регламент в Белоруссии. С. 110.

[w] Талалай Г. Наши полевые записи. Гавдольные свечи — разноцветные плетеные восковые свечи. Употреблялись главным образом при исполнении обряда «гавдоле» на исходе субботы.

[x] Предбрачье. От греческих корней protos — начальный, первый и games — брак.

песни для танцев). Из этих песен до нас дошли очень немногие, и по ним нельзя получить четкого и полного представления о характере и обычаях форшпил. Сохранившиеся песни отражают лишь некоторые настроения еврейских девушек и отзвук народной борьбы с принудительным браком.

Отметим здесь наиболее характерные из дошедших до нас танцевальных песен.

Одна из этих песен называется «А мейдл танцт» (א מײדל טאַנצט, «Девушка танцует»). В этой песне девушка жалуется, что она лишена возможности выйти замуж за любимого человека[29]:

> Зачем мне моя новая баскина[30],
> Если надеть ее не могу?
> Что мне делать, если я мезинька[у31],
> И Мотке мне не отдают?
> О горе мне, и горе моим годам[32]:
> Мой дорогой Мотке уехал.
>
> Зачем мне новая кадриль,
> Если танцевать ее не могу?
> Что мне делать, если я невинная девушка,
> А Мотке мне не отдают?
> О горе мне...
>
> Зачем мне мой новый казакин[33],
> Если носить его не стану?
> Что мне делать, если я хваткая девушка[34],
> А Мотке мне не отдают?
> О горе мне...
>
> Зачем мне шелковая рацимope[35],
> Если шить ее не шьют?
> Что мне делать, если я девушка с приданым,
> А Мотке мне не отдают?
> О горе мне...

В другой песне танцующая девушка говорит о своих чувствах к отсутствующему возлюбленному:

[у] Мезинька (мезинке) — младшая дочь (*идиш*).

> Хотела бы тебя любить,
> Ты от меня далеко;
> Хотела бы тебя поцеловать,
> Стыдно мне перед людьми.
>
> Так сыграйте же, сыграйте новую кадриль,
> Которая стоит недорого!
> Если парень любит девушку,
> Он горит как огонь![z]

Однако не только жалобные и грустные, но также радостные и задорные песни звучали на форшпил. Вот песня трудящейся еврейской девушки, вступавшей в брак с бедным, но красивым юношей:

> Пляшите, девушки,
> Веселитесь, женщины,
> Дочь Мотки
> Берет <в мужья> портного.
> Без одежды, без приданого
> Лишь бы был красивый молодой человек[aa].

Пела и танцевала во время форшпил и мать невесты.
В одной из песен матери отражены ее настроения перед расставанием со своей дочерью, вступающей в брак[36]:

> Так сыграйте мне, музыканты,
> Сыграйте мне веселый <танец>
> В честь наших добрых друзей,
> Танец веселый в честь жениха и невесты.
> Большая радость у нас сегодня!
> Нет большей радости у матери,
> Чем вести свое дитя в добрый час <к хупе>.
> Так сыграйте мне, музыканты, живо,
> Сыграйте мне веселую <мелодию> к застолью.
> Дитя мое, утешение мое,
> Как велико страданье матери!

---

[z] Yiddisher folklor. Z. 43. № 81 (Подберезы, Виленской губернии).
[aa] Ibid. Z. 284. № 17.

> Самое красивое дитя ты у меня забираешь,
> Солнце прелестное,
> Сиявшее так долго в доме,
> Сейчас у меня забирают.
> В счастливый час возьми ее у меня.

В приведенных выше песнях отражены мотивы угнетенного положения женщины и ее протесты против принудительного брака.

---

1. Имеется в виду минха (послеполуденная молитва).
2. Ми шеберах (Тот, Кто благословил, *др.-евр.*) — молитва во здравие определенного лица. В том числе ее произносят во здравие того, кого вызывают к Торе. Так как жениха и его родственников мужского пола вызывают к Торе, то в их честь читают «Ми шеберах».
3. Штраймл. Такую шапку носил только женатый мужчина, соответственно, ее дарили жениху на свадьбу.
4. Атласный или шелковый кафтан.
5. В австрийской Галиции, в отличие от российской «черты оседлости», власти не пытались насильственно реформировать еврейское платье, поэтому там в ортодоксальных кругах сохранялись более архаичные элементы национального костюма.
6. Места у восточной стены синагоги, рядом с орн-койдешем, считались самыми почетными и на постоянной основе принадлежали самым богатым людям в городе.
7. Брохо (букв. «благословение») — трапеза, во время которой произносят благословение над вином или водкой.
8. Строго говоря, процитированные ниже «змирес» не являются ими в точном смысле этого слова, то есть не являются религиозными гимнами на специально сочиненные слова. Это приспособленные для пения отрывки из Писания.
9. Пульнер предлагает перевод «Как над жнихом витает слава». Синодальный перевод точнее и лучше подходит для ситуации свадьбы. Полностью этот стих звучит так: «Радостью буду радоваться о Господе, возвеселится душа моя о Боге моем; ибо Он облек меня в ризы спасения, одеждою правды одел меня, как на жениха возложил венец и, как невесту, украсил убранством».
10. Пульнер предлагает перевод «Как жених выходит из-под своей хупы», то есть предлагает оставить присутствующее в оригинале слово «хупа» без перевода, что лучше отвечает ритуальному использованию этого псалма. Полностью этот стих звучит так: «И оно (солнце) выходит, как жених из

брачного чертога своего, радуется, как исполин, пробежать поприще». Песнопение на этот стих из псалма до сих пор исполняют перед свадьбой и на свадьбах.

[11] Текст на идише отсутствует. Для него в рукописи оставлено место.
[12] Начать движение с правой ноги — хорошая примета.
[13] У ашкеназов в талесе молится только женатый мужчина. Соответственно, в этот момент жених первый раз в жизни надевал талес.
[14] Пульнер ошибочно понимает «галелуйо» как «галайло» и, соответственно, переводит как «в эту ночь».
[15] Первый стих и название популярного пиюта (религиозного гимна) «Один, единственный и единый в эту ночь», составленного выдающимся литургическим поэтом, раввином и каббалистом Авигдором Каро (умер в 1439 году, Прага). Перед свадьбой и на свадьбе обычно исполняют песнопение на первый стих этого пиюта.
[16] Искаженное, за счет приближения к немецкому, выражение на идише «ин шул арайн фирн» (провожать в синагогу).
[17] Непонятно, куда именно приглашал шамес пирующих.
[18] Так как играть на музыкальных инструментах в субботу нельзя, то клезмеров приглашали только по окончании субботы, после заката. В этом случае веселье, уже с клезмерами, продолжалось до полуночи.
[19] Для того чтобы иметь возможность пригласить клезмеров после окончания субботы.
[20] Лансье — английский танец, похожий на кадриль. Получил широкую популярность в конце XIX века.
[21] Лимонная соль — смесь соли и лимонной цедры.
[22] То есть в печь, вытопленную в пятницу вечером перед наступлением субботы.
[23] Кулае — диалектное или, возможно, неверно записанное или неверно напечатанное название лакомства, популярного у белорусских евреев. Правильное название — «клаен» (букв. «отруби», *идиш*). Вот как описан рецепт «клаен» в романе Дойвбера Левина «Лихово», действие которого происходит в белорусском местечке: «Клаен — варево, приготовленное из неотсеянной муки, из меда и еще из чего-то, из тмина, что ли, — по виду напоминало пойло из дегтя, смешанного с крахмалом, и варилось оно в редких, высокоторжественных случаях, как то: рождение сына, сговор, новоселье, покупка коровы и тому подобное» (*Дойвбер Левин. Лихово. М.: Книжники, 2017*).
[24] Текст на идише отсутствует. Для него в рукописи оставлено место.
[25] Во время обряда «покрывания невесты» присутствующие держали в руках плетеные гавдольные свечи.
[26] Ссылка отсутствует.
[27] Ссылка вписана от руки.
[28] В тексте указаний на источник нет. По-видимому, имеется в виду сочинение: *Gershberg A.-Sh.* Khayey ha-tarbut be-Yisrael bi-tkufat ha-Mishna ve-ha-Talmud («Культурная жизнь Израиля в эпоху Мишны и Талмуда»), 1922.

29 Текст на идише отсутствует. Для него в рукописи оставлено место. Близкий вариант этой песни см.: Yudische folkslieder mit melodyen. Z. 90. № 6 («Gey ikh arayn in shtub»).
30 Баскина — кофта, напоминающую кацавейку, с баской, широкой оборкой на лифе. В России широко распространилась в XIX веке, став своеобразным символом городской мещанской одежды.
31 Сноска вписана от руки. Младшую дочку не могли выдать замуж, пока не вышли замуж старшие сестры. В этом трагедия героини песни. Ее как младшую балуют, покупают ей наряды, а замуж за любимого не отдают.
32 Идиоматическое выражение, означающее крайнюю степень огорчения.
33 Казакин — верхняя одежда, короткий кафтан, сшитый в талию, со сборками сзади.
34 Над словом «хваткая» карандашом вписан вариант: «удалая».
35 Рациморе — шелковое платье. От польск. *racimore* — разновидность шелка. Происходит от названия французской шелковой ткани ras de St. Maure — ткань Сен-Мора.
36 Ссылка отсутствует. Оригинальный текст песни найти не удалось.

2.3.3. *Пир для нищих*

Обязательным элементом в комплексе свадебных обрядов и обычаев был пир для нищих. Его устраивали у минских евреев (первая половина XIX века) назавтра после форшпил[a], у гродненских евреев (вторая половина XIX века) за день или два до хупы[b], у украинских евреев (начало XIX века) в воскресенье или понедельник, следующие за той субботой, в которую жениха вызывали к Торе[c].

Пир для нищих обычно устраивали зажиточные люди — родители невесты, а в некоторых местах отдельно и родители жениха. В Дубровне (конец XIX — начало XX века) гостей приглашал на пир шамес[d], в Пропойске (конец XIX — начало XX века) нищие приходили на пир без особого приглашения[e]. Нищие приходили на пир с удовольствием. Еврейская пословица гласит:

ווען קלאָגט דער אָרעמאַן? אז ער האָט צוויי חתונות אין איין טאָג
Ven klogt der oreman? Az er hot tsvey khasenes in eyn tog
Когда плачет бедняк? Если у него две свадьбы в один день[f].

Бедняк плачет, потому что сможет побывать только на одной свадьбе. У гродненских евреев (вторая половина XIX века) для увеселения нищих на пир приглашали клезмеров и бадхена[g]. Во время пира для нищих жених и невеста усаживались с ними за столом на почетном месте[h]. На пиру мужчины сидели за одним столом, а женщины за другим (Пропойск, конец XIX — начало XX века)[i]. Меню этого пира у минских евреев (первая половина

---

[a] *Леванда Л. О.* Старинные еврейские свадебные обычаи. С. 119.
[b] *Zizmor Ja.* Amolike khasenes. Z. 873.
[c] *Fridkin A.* Avraham-Ber Gotlober un zayn epokhe. Z. 41.
[d] Донович М. Наши полевые записи.
[e] Гинзбург. Наши полевые записи.
[f] *Bernshteyn I.* Idishe shprikhverter. Z. 23. № 300.
[g] *Zizmor Ja.* Amolike khasenes. Z. 873.
[h] *Леванда Л. О.* Старинные еврейские свадебные обычаи. С. 119.
[i] Гинзбург. Наши полевые записи.

XIX века) состояло из трех блюд и напитков[j], у украинских евреев (первая половина XIX века) в меню входили рыба, мясо и другие кушанья с пивом; у зажиточных людей еще бывали мед и вино[k]. В Пропойске (вторая половина XIX века) меню пира для нищих включало те же блюда, что и меню «хупе-вечере» (свадебного пира)[l].

Обслуживали гостей за столом родители жениха и невесты и их домочадцы (Минск, первая половина XIX века)[m], самые почтенные члены семьи и родственники (Украина, начало XIX века)[n], а в некоторых местах (Бердичев, конец XIX — начало XX века) к столу подавала и сама невеста1.

После «брохес»[o] жених и невеста обходили столы и наделяли гостей деньгами (Гродно, вторая половина XIX века)[p]. У украинских евреев (начало XIX века) хозяева раздавали пожертвования[q]. Леванда пишет, что у минских евреев (первая половина XIX века) «нищенствующая братия из ученого и духовного сословия кроме угощения в натуре получали каждый по серебряной монете, дабы и их семейства не были обделены, вкусили чего-нибудь из происходящего в городе семейного праздника»[r]. После пира (украинские евреи, начало XIX века) гости танцевали для увеселения жениха и невесты[s], в Бердичеве (конец XIX — начало XX века) один из почтенных гостей танцевал с невестой, остальные танцевали хороводный танец вокруг невесты[t]. В Пропойске (конец XIX — начало XX века) с гостями танцевали мехутоним[u].

---

[j] *Fridkin A.* Avraham-Ber Gotlober un zayn epokhe. Z. 41.

[k] Гинзбург. Наши полевые записи.

[l] Гинзбург. Наши полевые записи.

[m] *Леванда Л. О.* Старинные еврейские свадебные обычаи. С. 119.

[n] *Fridkin A.* Avraham-Ber Gotlober un zayn epokhe. Z. 41.

[o] Здесь: благословления, завершающие трапезу.

[p] *Zizmor Ja.* Amolike khasenes. Z. 873.

[q] *Fridkin A.* Avraham-Ber Gotlober un zayn epokhe. Z. 41.

[r] *Леванда Л. О.* Старинные еврейские свадебные обычаи. С. 119–120.

[s] *Fridkin A.* Avraham-Ber Gotlober un zayn epokhe. Z. 41.

[t] Шпильберг В. Наши полевые записи.

[u] Гинзбург. Наши полевые записи.

При получении подарков и при танцах гости приветствовали мехутоним и новобрачных и произносили добрые пожелания. В Пропойске (конец XIX — начало XX века) мехутоним желали[2]: «Со счастьем, получайте от них [новобрачных. — *И. П.*] множество удовольствий до исчерпания ваших лет жизни»[v]. В Бердичеве (конец XIX — начало XX века) невесте желали[3]: «Проживи с ним [с мужем. — *И. П.*] свои годы в богатстве и почете, получи удовлетворение от своих детей»[w].

---

[1] Источник не указан.
[2] Текст на идише отсутствует. Для него в рукописи оставлено место.
[3] Текст на идише отсутствует. Для него в рукописи оставлено место.

---

[v] Гинзбург. Наши полевые записи.
[w] Шпильберг В. Наши полевые записи.

2.3.4. Канун хупы

По мере приближения дня хупы усиливалась подготовка к ней и нарастало число обрядов, подлежащих выполнению. Большинство из них было связано с кануном хупы и днем хупы.

Обычаи и обряды кануна хупы состояли из:
1) съезда сторон;
2) обрядового купания невесты;
3) пиршества у невесты, «маден-мол» (מאָדן־מאָל, девичник);
4) пиршества у жениха, «хосн-мол» (חתן־מאָל, мальчишник).

2.3.4.1. Съезд сторон

Как мы уже отмечали, хупа обычно устраивалась на полпути между постоянным местожительством жениха и невесты. Туда и съезжались обе стороны.

Съезд сторон начинался накануне хупы (иногда еще раньше) и заканчивался в день хупы. Первыми, по обычаю, приезжали невеста, ее родители, ее родственники, близкие друзья и знакомые, то есть «калес цад» (כלהס צד, букв. «сторона невесты»), так как родители невесты являлись устроителями свадебных торжеств и их обязанностью была встреча и прием прибывающих к хупе жениха, его родителей, родственников и близких друзей и знакомых, то есть «хоснс цад» (חתנס צד, букв. «сторона жениха»).

У украинских евреев (начало XIX века) старались выехать к хупе в «счастливый» день. Счастливым днем считался вторник, несчастливым понедельник[a1]. Если выехать во вторник не удавалось (Захарьевка, Гусятин, конец XIX — начало XX века), то жениха с частью его багажа еще в воскресенье отправляли из родного дома в дом к знакомому или родственнику, а оттуда он уже мог выехать и в понедельник[b]. Обычай этот, по-видимому, применялся для охраны от «недобрых» духов, действовавших по понедельникам. Мы, следовательно, имеем здесь дело с магическим обманом духов.

Среди вещей, которые брал с собою в дорогу жених, должен был быть парик для новобрачной[2]; среди вещей невесты — талес

---

[a] *Fridkin A.* Avraham-Ber Gotlober un zayn epokhe. Z. 41.
[b] Ярошевич О. И. Наши полевые записи.

для новобрачного (украинские и молдавские³ евреи, конец XIX — начало XX века)ᶜ.

На протяжении всего пути и на остановках участники поезда жениха веселились, ели, пили, танцевали, пели. Подъезжая к местечку или городу, где должна была состояться хупа, останавливались и посылали верхом на лошади вестового известить о прибытии жениха и мехутоним (украинские и белорусские евреи, XIX — начало XX века)ᵈ.

В местечке или городе уже заранее заготавливалось несколько дрожек и экипажей с разукрашенными «огневыми» конями. В некоторых местах (украинские евреи, начало XIX века) «безлошадные» одалживали лошадей и экипажи у родственников или даже у христиан. В таких случаях не особенно обращали внимание на нарушение закона о шатнезе (שעטנז, смешение шерсти со льном)⁴, которое встречалось в обивке сидений нееврейских повозокᵉ. По прибытии вестового мехутоним родственники и близкие знакомые невесты в сопровождении клезмеров, захватив с собою леках, водку и вино, отправлялись встречать поезд жениха (украинские и белорусские евреи, XIX — начало XX века)ᶠ.

На месте встречи устраивали «лехаим» (выпивка и угощение) и пляски под клезмерскую музыку. После выпивки встречающие усаживали жениха в лучший экипаж и отправлялись в местечко или город также под звуки клезмерской музыки. Ехали не спеша, шагом.

Обстановку встречи жениха описывает в своей песне бадхн А. Фидельман⁵:

> И вдруг бац,
> Все в один голос,
> И все в одно слово:
> «Жених едет, жених едет!»

ᶜ Ярошевич О. И. Наши полевые записи.
ᵈ Наши полевые записи.
ᵉ *Fridkin A.* Avraham-Ber Gotlober un zayn epokhe. Z. 41.
ᶠ Наши полевые записи.

Живо схватили коней и телеги,
Живо навстречу,
Все, правда, уже были кроткими,
Все были полупьяными.
Но только всё оказалось ошибкой,
Зря подняли тревогу на всю улицу.
С ума можно сойти, ума лишиться.
Жених и не думает прибывать.
Примерно через пару часов
Появился настоящий посланец —
Веселый крестьянин с пьяной рожей,
И крикнул со смехом: «Янкл-меламед»[6].
И тут-то всем стало весело и радостно.
«Мехутн, ша, жених-то уж тут, —
Закричал весь народ. —
Музыканты, к инструментам».
И все сразу,
Все в один голос:
«Где тетя Итка?
У нее жениховская китка[g]».
У кого бутылка водки в руках,
У кого торт,
Кто держит китку,
А кто уже пьет из кружки.
Короче, расселись по телегам
И поехали навстречу...
Слышен голос радости и веселья[7]:
И точно, мехутены с женихом едут,
И точно, всё как должно быть.
Мы крикнули: «Музыканты, живо!»
Что за шум и гомон?
Музыканты почти пьяны.
«К инструментам, давай!
Выйдем навстречу народу!»
И все, наверное, знают,
Когда едут с женихом, то радуются все.
Таков обычай:
Не жалеют лошадок, стегают у хомута.
Зачем лошадок бьют?
Чтобы обогнать друг друга.

---

[g] Плетеная хала.

Более подробное описание поезда жениха и самой встречи нарисовал С. Черниховский:

> Мальчик лет десяти, вестовой, — во дворе Мордехая[h].
> Волосы всклочены густо; рубаха расстегнута; ноги
> Голыми пятками бьют по бокам проворной кобылки.
> «Едут! — кричит вестовой: — На семи подводах!» Тотчас же
> В десять мужицких подвод, припасенных заранее, люди
> Быстро садятся, толкаясь, подводы битком наполняя.
> Громко кричит Мордехай: «Музыканты, сюда! Музыканты!
> Сваты! Где сваты? Скорее! А выпивка есть? А закуска?
> Девушки! Ну же! Проворней!.. Извозчики! Трогай!» — И разом
> Десять мужицких подвод за ворота несутся со свистом,
> Гомоном, топотом, гиком и щелканьем. Вон уж
> Быстро одна за другой понеслись, обгоняя, помчались.
> Спереди — псы со дворов, позади — непроглядная туча
> Пыли. Подводы несутся — встречать жениха дорогого.
> В двух, примерно, верстах от Подовки[i], вдали от дороги.
> Грустно средь ровного поля маячит курган одинокий...
> ....
> «Царской могилой» зовется курган, и к нему-то с дороги
> Реб Мордехай и свернул, родню жениха поджидая.
> Шумной, веселой гурьбой на курган побежали девицы,
> Споря, кто раньше взберется. За ними степенно, неспешно,
> Не забывая девиц понукать, подзадоривать шуткой,
> Шли старики, отдуваясь. Взошли на вершину кургана,
> Стали — и дикая ширь степная пред ними открылась...
> ....
> Пыль задымилась над шляхом, вставала, росла, приближалась.
> Вот уже в ней показались летящие быстро повозки,
> Вот уже стали видны в повозках сидящие люди,
> Вот повернули к кургану, все ближе и ближе. Капелла
> Встречный грянула марш. Замахали, задвигались шумно
> Те, что стоят на кургане, и те, что подъехали в бричках,
> Свата приветствует сват, родные родных обнимают.
> «Мазел-тов! Здравствуй, жених!» — «Эй, мазел-тов!
> Здравствуйте, сваты!»
> Уж у подножья кургана разложена пестрая скатерть;

---

[h] Отец невесты.
[i] Местечко.

Вот, уже солнечный луч купается в золоте винном;
Вот, уж его теплота касается коржиков пухлых,
Булок, кусочков мацы, крендельков и других угощений,
Звонкой стеклянной посуды, серебряных круглых подносов...
Весело сваты друг другу кричат: «На здоровье! Лехаим!»
Пьют и едят старики, а за ними, жеманясь, девицы.
....
Кончили все это пеньем, объятьями, радостным шумом.
....
И принялись танцевать под музыку славной капеллы,
Весело ей подпевая. Плясали с большим оживленьем,
Впрочем, — мужчины одни[9]. Девицы на них возроптали,
Стали со сватами спорить. Тогда и для них музыканты
Бойкую дернули польку — и девушки тоже плясали.
....
Стали садиться в подводы, чтобы ехать в Подовку, — однако
Спутали все экипажи, и каждый как сел, так и ехал.
Мчались вовсю, торопили извозчиков, громко кричали,
Их лошадей погоняя, махая кнутами, стараясь
Между возниц возбудить благородное соревнованье.
Перекликались, шутили, кричали ура, баловались,
Много тут было забавы и много приятного сердцу...
Так-то семья Мордехая встречала приехавших сватов[j10].

При въезде в местечко или город любопытные высыпали на улицу поглядеть на едущих. В Захарьевке и Гусятине (конец XIX — начало XX века) при въезде жениховского поезда в местечко нееврейские обитатели местечка перегораживали едущим дорогу веревкой. Веревку снимали только после уплаты выкупа[k].

В Бердичеве (конец XIX — начало XX века) при въезде в местечко жениха встречал еврей-водовоз с полной бочкой. Вода тут же при встрече выливалась из бочки[l11]. Въезд в местечко или город (Украина, конец XIX — начало XX века) должен был длиться как можно дольше, чтобы все друзья смогли вдоволь наглядеться на едущих и порадоваться, а недруги — огорчиться[m].

---

[j] *Черниховский С.* Еврейская свадьба. С. 13–15.
[k] *Ярошевич О. И.* Наши полевые записи.
[l] *Шпильберг В.* Наши полевые записи.
[m] *Ярошевич О. И.* Наши полевые записи.

По обычаю поезд с женихом объезжал кругом три или семь раз центр города или местечка, лавки[12] (украинские евреи, начало XIX века)[n]. При этом старались проехать и мимо дома невесты, чтобы она, хотя мельком, могла бы бросить взгляд на жениха[o].

По окончании магического кружения по городу или местечку жениховский поезд отводили на заранее снятое и заготовленное для него родителями невесты место пребывания в заезжем доме или другом месте.

Таким образом, съезд сторон к хупе как один из моментов свадебных торжеств отличался массовым характером. Поезд жениха и его встреча обставлялись всеобщим весельем, пированьем, музыкой, пеньем и танцами. Родные невесты готовились к встрече жениха заранее. Встреча поезда жениха происходила за пределами местечка или города.

В целях магической охраны жениха и невесты от «злых сил» следовало отправиться к месту хупы в «счастливый» день. Магической охраной (обманом «злых духов») являлось также кружение поезда жениха (три или семь раз) вокруг центра местечка или города. Отъезд к хупе в «счастливый» день, надо полагать, имел своей целью сокрытие от «злых сил» момента отъезда жениха, а кружение по местечку или городу — его местопребывания[13].

Прибыв на станцию[14] (украинские евреи, конец XIX — начало XX века), жених одевался в новую праздничную одежду, и знакомые невесты приходили приветствовать его приезд, совершить «каболес поним» (קבלת פנים, приветствие). Посетителей угощали водкой и пряниками. В некоторых местах жениха окружали юноши-дружки[p]. По сообщению О. И. Ярошевича, немедленно по прибытии на станцию жениха и его свиту угощали кофе и закуской.

Все желания хоснс цад (родственников жениха) старались удовлетворить. Но последние дулись и искали, к чему бы придраться, пока к ним не приходили с извинениями и в сопровождении клезмеров.

---

[n] *Fridkin A.* Avraham-Ber Gotlober un zayn epokhe. Z. 42.
[o] Ярошевич О. И. Наши полевые записи.
[p] Ярошевич О. И. Наши полевые записи.

В полдень или немного позднее жениху и мехутоним приносили закуску и обед (леках, водку, вино, печенья, жареных уток, компот). Для этого обеда все угощения были приготовлены особо, даже булки, которые назывались «файнкухн» (פײנקוכן)[15]. Старались во всем угодить приезжим, даже столы были с планками, чтобы можно было на них поставить ноги.

Очевидно, старались избежать ссор. Как сказано в Талмуде: «Со времени разрушения Иерусалимского Храма не было свадьбы без ссоры»[q][16].

К обеду приглашались клезмеры. Их первой обязанностью было играть во время обеда, а затем исполнять марш для каждого мехутена в отдельности. Марш этот назывался «Добривеч» (очевидно, от слов «добрый вечер». — И. П.). Приступая к исполнению марша, провозглашали[17]: «Это играют для такого-то дяди жениха; это — для такого-то друга жениха, и т. д.». При этом никто из присутствующих мужчин и женщин не оставался без марша, и каждый платил клезмерам за почетный марш.

Затем начинались танцы, длившиеся час, не больше, так как жениху нужно было приготовиться к «каболес поним» (если жених приехал в день хупы. — И. П.)[г].

Таковыми были обычаи, связанные со съездом сторон, со встречей и приемом поезда жениха.

---

[1] Широко распространенно поверье, что не следует начинать никакое дело (в том числе пускаться в дорогу) в понедельник. Оно основано на том, что в рассказе о сотворении мира во второй день творения (соответствующий понедельнику) Всевышний ни разу не говорит о результате своего труда «Это хорошо», зато в третий день творения (соответствующий вторнику) произносит это дважды (Быт 1:10–12). Это представление было популяризировано «Цеена у-Реена», известным пересказом Библии на идише, составленным в XVII веке. Там сказано: «Есть мудрецы, что говорят, в понедельник (второй день творения) не следует начинать никакой новой работы, потому что в рассказе про этот день не помянуты слова "это хорошо"» (Цеена у-Реена. С. 21).

[q] Ярошевич О. И. Наши полевые записи.

[г] Ярошевич О. И. Наши полевые записи.

² Парик в качестве свадебного подарка символизировал новый статус новобрачной, точно так же, как штраймл — новый статус молодого мужа. Замужняя еврейка коротко стригла или брила голову, поверх которой носила чепец или платок. В конце XIX века в связи с распространением моды на шляпки, которые нужно было носить поверх прически, в более модернизированных и зажиточных семьях женщины заменили чепец на парик. В настоящее время парик носят только замужние ультраортодоксальные еврейки, но в конце XIX века он выглядел как символ модернизации.

³ Под молдавскими евреями Пульнер имеет в виду жителей городов и местечек на территории Молдавской АССР в составе Украины (см. выше прим. 6 к гл. 2.2).

⁴ Шатнез (шаатнез) — ткань, состоящая из смеси шерстяной и льняной (шире — растительной) пряжи, а также изделия, сшитые из такой ткани. Библия запрещает носить одежду из такой ткани (Левит 19:19, Втор 22:11). В Талмуде запрет был распространен на любые изделия из смесовых тканей.

⁵ Вероятно, Пульнер цитирует песню по одному из двух опубликованных сборников Фидельмана: *Fidlman A.* Di kleynshtetldike khasene (Местечковая свадьба). Vilna, 1873; или: *Fidlman A.* Lider tsum tsayt fartraybung (Песни для времяпрепровождения). Vilna, 1877. Сами сборники обнаружить не удалось. Текст на идише Пульнер не приводит.

⁶ Смысл шутки непонятен.

⁷ Цитата из Книги пророка Иеремии, которая полностью звучит так: «Опять будет слышен голос радости и голос веселья, голос жениха и голос невесты» (Иер 33:11). Эти слова стали текстом популярного песнопения, исполняемого на свадьбах.

⁸ Еврейская земледельческая колония. В настоящее время село в Херсонской области, Украина.

⁹ Традиционно мужчины и женщины танцуют отдельно.

¹⁰ Идиллия С. Черниховского «Свадьба Эльки». Фрагмент песни пятой «Понедельник». Идиллия написана в 1920 году. Первая публикация: «Гаткуфа», № 14–15, Варшава, 1922. Первая публикация перевода Ходасевича: Беседа, № 4, 5, Берлин, 1924. Современное издание с параллельным текстом оригинала: *Ходасевич В.* Из еврейских поэтов. С. 216–287.

¹¹ Аналогичный обряд известен у славян.

¹² Судя по всему, речь идет о том, что экипаж с женихом совершал некоторое количество кругов по базарной площади, на которой находились лавки.

¹³ Неясно, на основании чего Пульнер приходит к выводу, что эти практики имеют магическую природу.

¹⁴ Здесь у Пульнера калька с идиша. На идише словом «станцие» называется место временного пребывания в дороге — гостиница или постоялый двор.

¹⁵ Непонятно, какое блюдо имеется в виду. Файнкухн или фанкухн (от нем. Pfannkuchen) означает на идише оладьи, однако Пульнер пишет о булках.

¹⁶ Неясно, какое место в Талмуде имеет в виду Пульнер.

¹⁷ Текст на идише отсутствует.

2.3.4.2. Обрядовое купанье невесты

Обрядовое купанье невесты производилось в канун хупы, с наступлением вечера. Обрядовое купанье производилось только в том случае, если невеста была в это время «чистой». «Чистой» она считалась спустя семь дней по окончании «нида» (נידה, menstruatio). Обрядовое купанье невесты производилось в специально для этого устроенном, обычно при бане[1], бассейне — «микве» (מיקווה, букв. «скопление воды»), наполненном естественным путем дождевой, речной или колодезной водой по специально проведенному к микве желобу. При совершении обряда предписывалось строгое выполнение определенных правил[2]. Так, например, при погружении в воду все тело должно было полностью и непосредственно соприкасаться с водою. Между телом и водою не должно было быть «хцицо» (חציצה, преграда, средостение). Средостением же считался всякий прилипший к телу или волосам предмет, даже самый незначительный по своим размерам, но мешающий воде смочить тело. Поэтому женщины перед окунанием в микву обязаны были распустить волосы, вынуть из них все шпильки и тщательно расчесать; они были обязаны снять все кольца и браслеты, серьги и все прочие предметы, мешающие соприкосновению тела с водой. Для наблюдения за выполнением женщинами правил «твиле» (טבילה, ритуальное окунание) в микву нанимали специальных «тукеринс» (טוקערינס, окунальщицы).

В микву в канун хупы невеста отправлялась впервые в своей жизни (девушки не посещали микву). У украинских евреев в начале XIX века, по сообщению А. Готлобера, невесту отводили в микву в сопровождении клезмеров. По пути в микву перед невестой плясали старухи. Они же обучали в микве невесту законам menstruatio[3], законам о «немен хале» (נעמען חלה, отделение халы), то есть о куске теста, который сжигают в печи перед выпечкой хлеба, и «лихт-бенчен» (ליכט בענטשן, благословение свечей) — трем обязательным для еврейских женщин религиозным обрядам[4]. Эти обряды разучивались с невестой много раз, чтобы она их запомнила навсегда. По поверью, за их соблюдение женщине уготована жизнь и на этом, и на том свете; она будет пользоваться симпатией и Бога, и мужа; у нее будут легкие роды; у нее родятся кошерные (честные, набожные) сыновья и красивые, набожные дочери; она проведет всю свою жизнь в довольствии и радости[a].

Невесту вели в микву в сопровождении клезмеров также у польских евреев (Хелом[5], Люблинская губерния, XIX век)[6].

У белорусских евреев (Минск) в первой половине XIX века невесту сопровождали в микву тетушки и кумушки[b7]. В Пропойске (конец XIX — начало XX века) невесту сопровождали мать, повитуха и другие женщины[c], на Украине (южные и юго-западные губернии, вторая половина XIX века) — близко знакомые женщины[d]. Сопровождавшие невесту (Минск, первая половина XIX века) брали с собой кульки с пряниками, изюмом, миндалем и другими лакомствами[e].

В микве (Заверéжье, конец XIX — начало XX века) тукерин до погружения невесты в воду обрезала ей ногти, расчесывала волосы, обливала тремя ведрами теплой воды и произносила: «таре» (טהרה, букв. «чистая»), после чего невеста должна была трижды окунуться в микву[f]. Подробное описание этого обряда у белорусских евреев (Минск) в первой половине XIX века находим у Л. Леванды:

> Накануне этого дня [хупы. — *И. П.*], по наступлении вечера, тетушки и кумушки, захватив с собою свертки с пряниками, изюмом, миндалем и другими лакомствами, ведут невесту в баню, где она, после омовения, в первый раз в жизни совершает троекратное обрядовое погружение в купель (микве), при радостных возгласах кумушек: «кошер! кошер! кошер!» (чиста) и хлопаньи в ладоши. Захваченные с собою лакомства съедаются в предбаннике, причем лакомствами

---

[a] *Fridkin A.* Avraham-Ber Gotlober un zayn epokhe. Z. 42.
[b] *Леванда Л. О.* Старинные еврейские свадебные обычаи. С. 120.
[c] Гинзбург. Наши полевые записи.
[d] *Чубинский П. П.* Труды этнографическо-статистической экспедиции. С. 34.
[e] *Леванда Л. О.* Старинные еврейские свадебные обычаи. С. 120.
[f] Талалай Г. Наши полевые записи.

же наделяется и вся банная прислуга, независимо от раздаваемой ей мелкой монеты, иногда в довольно значительном количестве. Осчастливленная прислуга рассыпается в благодарностях, поздравлениях и пожеланиях всех земных благ — здравия, счастья, долголетия, богатства и — кучи детей[g].

На обратном пути из миквы (Завережье, конец XIX — начало XX века) невеста старалась избегать встреч с собакой, свиньей и лошадью. (То же находим в Талмуде: Бава Меция[8], 84 а.) В случае встречи с ними она обязана была вернуться в микву и снова подвергнуться троекратному погружению. Невеста также обязана была вернуться в микву при обнаружении несрезанного ногтя и в случае, если она не полностью окунулась в воду. Для невесты считалось хорошей приметой встретить на пути в микву мальчика[h][9].

По сообщению Д. Френкеля, в Бродах (Галиция) в XVII веке у местных евреев господствовал обычай, состоявший в том, что несколько сот девушек, празднично одетых, сопровождали невесту в микву в середине дня. Поездом руководил комедиант, сидевший на коне лицом к хвосту и развлекавший публику разными шутками[10].

Описание обрядового купания невесты мы находим и в еврейской народной песне, записанной в Ковенской губернии во второй половине XIX века:

> Мимо мельницы, мимо колеса
> Ведут невесту прямо в баню;
> Вдоль по новым мостовым
> Ведут невесту окунать в микву.
>
> Ведут невесту окунать,
> Бегут женщины поглядеть;
> Как только невесту выводят,
> Жених выходит из клойза[11]

---

[g] *Леванда Л. О.* Старинные еврейские свадебные обычаи. С. 120.
[h] Талалай Г. Наши полевые записи.

Со стаканчиком вина, с кусочком флодн[12].
Ее должны скорее искупать,
Ее не должны утопить,
Ее должны кошерно ополоснуть.

Хватают за рученьку,
Ополаскивают рученьку,
Хватают за ноженьку,
Обмывают ноженьку.

Невеста моя, невеста сладкая,
Как тебе понравилось?
— Вода миквы — сладкая как сахар,
Застудила себе молодые ноги!

Ой, увы, горько,
Смотри, мой жених, я дрожу!
Возьми меня
Под свою шубу!

— Как я могу тебя взять?
Мне стыдно пред людьми!
— Стыдись, не стыдись,
Возьми шубу и возьми меня с собою!

Лейбеле банщик,
Золотые колеса.
Авремеле, ворчи,
Зеликл, молчи.
Повернись, невеста,
Трижды кругом[i13].

Приведенная здесь шуточная песня по стилю напоминает еврейские детские песни. В песне мы находим, однако, весьма интересные подробности обряда купания невесты, уже позабытые. Прежде всего следует отметить: строчки «Ведут невесту окунать, / Бегут женщины поглядеть» напоминают о массовости этого обряда в Бродах. В песне также подчеркивается, что жених встречает невесту вином и флодн, о чем нет упоминаний ни в литера-

---

[i] Еврейские народные песни в России. С. 212. № 260.

туре, ни в наших полевых записях. Далее, продрогшая невеста просится к жениху под шубу: «Возьми меня / Под свою шубу!» Жених отвечает уклончиво: «Как я могу тебя взять? / Мне стыдно пред людьми!» Этот момент, возможно, указывает на то, что когда-то жених по обычаю действительно укрывал невесту после миквы своей шубой, и в момент возникновения песни с этим народным обычаем уже началась борьба со стороны религии. Следует, наконец, отметить упоминания в песне троекратного обрядового кружения вокруг невесты[14]. Все эти детали восполняют, таким образом, процедуру обрядового купанья невесты.

Обряд купания — древний еврейский обычай и известен уже в библейскую эпоху еврейской истории. По мнению известного еврейского ученого, философа и врача времен Средневековья Маймонида[15] (1135–1204), этот обряд существовал у евреев в добиблейское время и был включен в Ветхий Завет из уважения к народному обычаю[16]. Талмуд и более поздние кодификаторы еврейских религиозных законов разработали подробности совершения обряда, которые впоследствии и стали обязательными для всех евреев вне зависимости от страны их проживания и общинной принадлежности.

---

[1] Вода в микве была очень холодной, поэтому миква всегда находилась в одном помещении с баней, в которой была парная.

[2] Далее до конца абзаца следует не выделенная Пульнером выписка из статьи «Миква» (Еврейская энциклопедия. Т. 11. Стб. 56–58).

[3] В этом месте в работе Пульнера оставлен пробел, куда мог бы уместиться только термин «нида». Однако в оригинальном тексте употреблено выражение на идише «диним фун гештлехлехн лебн» (דינים פון געשלעכטלעכן לעבן, религиозные законы половой жизни).

[4] Две основные ритуальные обязанности женщины, помимо посещения миквы, это «отделение халы», то есть сжигание определенной порции теста при выпечке хлеба в память о принесении хлебной жертвы в Иерусалимский Храм, и «благословение свечей», то есть произнесение благословений над специально зажженными свечами перед наступлением субботы и праздников.

[5] Еврейское название польского города Холм. Пульнер приводит именно еврейское название, так как, видимо, пользовался еврейским источником.

[6] Источник не указан.

7   Пульнер повторяет слово «кумушки» вслед за Левандой (см. ниже), то есть не в его словарном значении. Строго говоря, «кумушка» — это либо уменьшительное от «кума», то есть «крестная мать», либо «сплетница». Здесь это слово просто означает «знакомая или родственница старшего возраста».
8   Бава Меция (Средний раздел) — трактат Талмуда, посвященный имущественным отношениям. Определяет ответственность за чужую собственность, взятую кем-либо для хранения или для использования.
9   Согласно поверью, увиденное на пути в микву, которая предшествовала супружеским отношениям, могло повлиять на будущий плод. Соответственно, если невеста перед свадьбой увидит мальчика, то это может повлиять на то, что ее первенцем будет мальчик.
10 Источник не указан. Сведений об авторе найти не удалось.
11 Клойз — небольшая синагога, молельня, принадлежащая либо профессиональной корпорации, либо какой-либо хасидской группе.
12 Флодн — кондитерское изделие, нечто вроде торта с вареньем. В разных местах под эти названием понимались различные рецепты.
13 В сборнике «Еврейские народные песни в России» песня помечена как «предсвадебная», хотя форма текста, в частности резкая смена ритма, может означать, что это — детская песня, зачин игры, в которой «невеста» — водящий. Пульнер в тексте диссертации опускает шестнадцать последних строк.
14 Пульнер неверно интерпретирует текст песни. В нем не предлагается обойти невесту кругом, а сказано: «Повернись, невеста, / Трижды кругом».
15 Маймонид, Мишне Тора, Законы миквы, 1:2. Более точное значение этого места в труде Маймонида таково: законы об очищении путем полного окунания в воду миквы не записаны в Пятикнижии, а известны из традиции, но в Пятикнижии можно найти на них некоторые намеки.
16 Пульнер дает ссылку на Еврейскую энциклопедию, не указывая том и страницу. Однако в Энциклопедии Брокгауза и Ефрона этих сведений нет.

2.3.4.3. Маден-мол (девичник)

Девичник, «маден-мол» (מֵאדְן-מאָל, букв. «девичья трапеза»), устраивался после возвращения невесты из миквы (в тот же вечер). У украинских и белорусских евреев (вторая половина XIX — начало XX века) в маден-мол участвовали преимущественно девушки — подруги невесты[a1]. У белорусских евреев (Гродно) во второй половине XIX века на маден-мол также приглашали девушек со стороны хоснс цад (со стороны жениха)[b].

На маден-мол невеста прощалась со своей девичьей жизнью.

На маден-мол девушки проводили время в песнях и танцах под музыку клезмеров[c2], при этом следует отметить, что исполнялись те же танцы и пелись те же песни, что и во время «форшпила». Угощали присутствующих орехами, семечками, чаем и пивом[3].

По сообщению П. Чубинского, в южных и юго-западных украинских губерниях по окончании танцев около десяти — одиннадцати часов вечера на «маден-мол» приглашали жениха и его родителей на ужин, приготовленный в доме невесты. Гости приходили в сопровождении клезмеров, а после ужина возвращались в свою квартиру[d].

---

[1] Чубинский не использует термина «маден-мол», а говорит о «вечере хосен-мол» (вечер мальчишника).
[2] У Чубинского сказано: «В доме невесты в этот вечер устраиваются танцы. <...> Повеселить невесту, особенно бедную сироту в вечер "хусен-мула" тоже считается богоугодным делом».
[3] Источник сообщения об исполнении «тех же песен» и угощении не указан.

---

[a] *Чубинский П. П.* Труды этнографическо-статистической экспедиции. С. 37.
[b] Zizmor Ja. Amolike khasenes. Z. 873.
[c] *Чубинский П. П.* Труды этнографическо-статистической экспедиции. С. 38.
[d] Там же.

2.3.4.4. Хосн-мол (мальчишник)

Мальчишник, «хосн-мол» (חתן־מאָל, букв. «трапеза жениха»), устраивался одновременно с маден-мол и, подобно ему, составлял прежде, по-видимому, одно целое с «форшпил»[1].

На хосн-мол приглашали юношей — товарищей жениха. На хосн-мол жених прощался со своей холостяцкой жизнью.

По словам Л. Леванды, во время хосн-мол

> ...жених говорит аминь своей холостой жизни, с которой он прощается навсегда. Происходит маленькая пирушка, во время которой поются песни, произносятся спичи и пожелания, даются обещания и клятвы в вечной дружбе и т. п. Дело иногда не обходится без слез со стороны жениха и его товарищей, ввиду раскрывающейся перед первым большой неизвестности, которая, бог знает, что для него готовит. Шутка ли, начать серьезную борьбу с жизнью при совершенной неподготовленности к ней, о чем не могут не знать эти, хотя и неопытные, но все-таки уже что-нибудь маракующие юноши! Правда, родители обещают новобрачным несколько лет полного содержания, но ведь несколько лет — не вся жизнь. Это юноши понимают, а потому их последняя холостяцкая пирушка, по-еврейски хосн-мол, соответствующая девичнику, Polterabend, veilles des noces[a2] других народов, носит на себе такой грустный, меланхолический оттенок.
> Пируют до полуночи, после чего друзья расстаются при взаимных рукопожатиях, поцелуях и слезах[b].

Описание некоторых деталей этой пирушки находим у А. Готлобера (Украина, начало XIX века).

> И вот церемонии этого дня... У жениха собираются тогда юноши. Жених сидит на почетном месте, одетый в свадебную одежду, со штраймл [особая шапка. — *И. П.*] на голове, а юноши — вокруг него. Но не каждый может занять место возле жениха: место стоит денег, и его стоимость отдается

---

[a] Канун свадьбы (*нем., франц.*).
[b] *Леванда Л. О.* Старинные еврейские свадебные обычаи. С. 121.

белферу[3], то есть помощнику меламеда [учителя. — *И. П.*] в том хедере, в котором обучался жених. Белфер носит на голове высокий сподик[4] [особая шапка. — *И. П.*], который выше всех прочих сподиков. Его волосы черны, завиты в кудряшки и слиплись от сливового сока или пива, которыми он их смочил, чтобы волосы стояли торчком и блестели; одет он в длинную одежду из черной китайки[5], опоясанную черным гартлом[6] [шнур. — *И. П.*]. На ногах у него черные начищенные сапоги.

Белфер становится перед юношами, одной ногой на пол, другой на скамейку, и восклицает голосом разъяренного медведя: «Юноши, жених подобен царю, деньги по его достоинству!», имея в виду, чтобы юноши купили места возле жениха. Начинается торг. Один называет цену, другой набавляет, третий еще набавляет и т. д., пока один не назовет самую большую сумму и не займет место по правую руку от жениха. Тогда белфер берется продавать место по левую руку и ближайшие места справа и слева, убеждая юношей, что большая честь сидеть рядом с юношами, которые сидят справа и слева от жениха. Так он действует, пока не распродаст все места. Затем юношей угощают, и они беседуют с женихом о его дроше [речь на талмудическую тему, которую жених произносит во время свадебного пира. — *И. П.*] и о других вещах. Так они проводят время до минхе [предвечерняя молитва. — *И. П.*], после чего все встают и направляются к невесте. Здесь их встречают музыкой, а женщины пляшут вокруг них до начала суде [пира. — *И. П.*]. Вечером того же дня отец жениха устраивает пир для друзей жениха. Когда подают цимес[7], один из опьяневших юношей опрокидывает миску, и все присутствующие смеются. Поев, все расходятся[c].

Таковые основные обряды, исполнявшиеся в канун хупы. Для полноты обзора нужно еще отметить следующий обычай, бытовавший у белорусских евреев (Заверéжье, Дубровно) в конце XIX — начале XX века: в канун свадьбы жених и невеста отправлялись ко всем, с кем они поссорились, и просили у них прощения. При этом они плакали.

---

[c] *Fridkin A.* Avraham-Ber Gotlober un zayn epokhe. Z. 42–43.

Обычай этот был известен не только белорусским евреям и был, по-видимому, связан с поверьем, по которому в день свадьбы жениху и невесте прощались все их грехи. Поэтому просьба о прощении должна была быть одним из моментов очищения от грехов.

Резюмируя сказанное, можно констатировать, что упомянутые обряды и обычаи представляли собой расставание жениха и невесты со своей холостой жизнью и прощание родителей со своими детьми.

Празднества «серебряной недели», как и свадьба в целом, носили массовый характер, характер народного веселья.

Религиозный элемент в этих празднествах был лишь внешней формой, историческим наслоением.

В песнях невесты во время форшпил и маден-мол звучал протест против ее закабаления, против принудительного брака, а следовательно, и против основ принудительного брака и религиозных элементов в нем.

Проводы жениха в синагогу, освобожденные от внешней религиозной мишуры, сводились фактически к обряду «башитнс», то есть к магическому, а не религиозному обряду.

То же самое можно сказать и про обрядовое купание невесты, являвшееся древним магическим обрядом.

К этой же категории относятся и обычаи, связанные с магической охраной жениха и невесты от козней и происков «недобрых» духов.

Пирушки, в том числе и пир для нищих, также являлись пережиточным древним магическим обрядом для умилостивления духов, о чем мы еще будем говорить ниже. В рассматриваемый нами период указанные пиршества уже потеряли свое обрядовое значение.

Танцы и танцевальные песни, исполнявшиеся во время «серебряной недели», также не содержали в себе религиозных элементов, тем более что представители религии на протяжении веков преследовали песню, танцы, игру на музыкальных инструментах и вообще всякое массовое веселье.

1. На основании чего Пульнер делает такой вывод — неясно.
2. Термины на немецком и французском языках вписаны Пульнером от руки.
3. Белфер — помощник меламеда в хедере. В его обязанности входит доставлять самых маленьких учеников из дома в хедер и обратно, дополнительно заниматься с детьми, следить за дисциплиной и т. п. Пульнер пишет это слово как «бахелфер», то есть не фонетически, а транскрибирует.
4. Сподик — разновидность штраймла. Высокая цилиндрическая меховая шапка.
5. Китайка — легкая хлопчатобумажная ткань.
6. Гартл — кушак, сплетенный из шелковых нитей. Надевается поверх сюртука. Необходимая часть мужского костюма в праздник и во время богослужения.
7. Цимес — тушеные овощи, чаще всего морковь или пастернак.

2.4. День хупы (бракосочетания)

День хупы был кульминационным моментом всей свадебной церемонии, днем окончательного расставания невесты с девичьей, а жениха — с холостой жизнью и вступления обоих в новую, еще неведомую им, семейную жизнь. В соответствии с этим обряды дня хупы проходили одновременно под флагом радости и грусти[1].

По поверью, в день хупы особенно усиливались происки и козни «злых духов» и «нечистой силы» по отношению к жениху и невесте, и, соответственно, усиливалась охрана жениха и невесты. Ослабление или нарушение установленных мер охраны приводили, по поверью, к несчастным случаям.

К середине XVIII века относится следующее преданье, описывающее событие, якобы произошедшее в Шаргороде (Подолия).

> Жили однажды в большой дружбе два товарища. Они всегда изучали Гемару [Талмуд. — *И. П.*] вместе. Случилось так, что один товарищ скончался. Оставшийся стал тогда изучать Гемару в одиночестве. Когда он подрос, его засватали. По обычаю в день хупы нельзя оставлять жениха одного. Но в ночь хупы, когда народ суетился, жених вышел на минуту на улицу. Едва он вышел, подошел к нему умерший товарищ и говорит ему: «Как поживаешь?» Вначале он [жених. — *И. П.*] испугался, но вскоре перестал пугаться и рассказал, что сегодня у него свадьба. Тогда [умерший. — *И. П.*] товарищ ему говорит: «Идем со мною на минуту, покажу тебе, где я живу». Отвечает он [жених. — *И. П.*]: «Как я могу уходить, когда мне скоро нужно отправляться к хупе?» Отвечает ему товарищ: «Все же на минуту-то можешь пойти». И пошли они за город, ввел его товарищ в очень красивый и богатый дом. На столе лежала Гемара. И говорит ему [умерший. — *И. П.*] товарищ: «Попробуем, кто из нас лучше помнит учебу». Сели они вдвоем учиться за стол и так просидели 150 лет.
> Спустя 150 лет жених отправился назад к тестю, чтобы справить хупу, так как ему казалось, что всё случилось только что.

Подошел он к дому тестя и видит: совершенно другой дом, перестроенный. Жители города, когда они его увидели в старинной одежде, стали над ним смеяться. Тогда он вошел в дом, чтобы позвать тестя и свою невесту. И стали все глядеть на него как на сумасшедшего. На печи лежала старая бабушка. Услышав его слова и то, как он назвал по имени своего тестя и невесту, она рассказала, что 150 лет тому назад произошел случай: жених исчез в ночь хупы. Когда он это услыхал, стал он просить Бога о смерти и умер. И записали это в пинкос[a2].

Об аналогичном случае, произошедшем якобы в конце XIX века под Могилевом, рассказала нам Г. Талалай: невеста, ушедшая в день хупы из дому около полуночи, была похищена «ди нит гуте» (די ניט גוטע, букв. «недобрыми»)[b].

В другом предании, записанном в Грубешове (Люблинская губерния) и относящемся к XIX веку, рассказывается:

Когда-то на том месте, где сейчас находится синагога, жил большой богач. Сосватал он себе невесту из знатного рода. Жених и невеста стояли под хупой, а раввин им «гегебн хупе укидушин» (געגעבן חופה וקידושין, букв. «давал хупу и освящение <брака>», то есть совершал обряд бракосочетания). Когда жених собрался произнести 'Арей ат»[c3], разверзлась земля и поглотила жениха и невесту. На этом-то месте и построили синагогу[4].

Сравнивая меры магической охраны жениха и невесты, применявшиеся на протяжении всей недели до хупы, с мерами, применявшимися в день хупы, мы видим, что и те и другие преследовали одну и ту же цель, а именно: предотвратить козни и происки «недобрых».

В целях профилактики полагалось:
1. Изолировать жениха и невесту в доме.

---

[a] Yiddisher folklor. Z. 138–139.
[b] Талалай Г. Наши полевые записи.
[c] Первые слова молитвы, которые жених произносит во время обряда.

2. Если жениху или невесте было нужно выйти из дому, то им следовало идти с провожатым или иметь при себе нож (ночью)[5] или мезузу (дверной амулет)[6].

3. Жениху и невесте запрещалось входить в дом, где не было мезузы[7].

4. Жениху и невесте нельзя было уходить далеко от дома.

5. Жениху и невесте запрещалось ходить через реку, где, по поверью, водились «недобрые»[8].

6. Жених старался выехать из дому в «счастливый» день и, прежде чем заехать на станцию, проделать семь кругов или три круга вокруг центра местечка или города.

7. Невесте при возвращении из миквы рекомендовалось избегать встречи с собакой, свиньей и лошадью.

8. Невесте, отправлявшейся к месту совершения хупы, полагалось быть «чистой»[9].

9. Жениха и невесту освобождали от работы в течение всей предсвадебной недели.

10. Жених и невеста должны были избегать покойников.

Орудиями защиты служили:

а) мезуза, то есть священный текст[10];

б) металл, острое и колющее орудие (нож);

в) дневной свет (избегание темноты).

Весь комплекс обычаев и обрядов дня хупы следует рассматривать в следующей последовательности[11]:

а) воздержание жениха и невесты от еды;

б) исполнение музыкантами (клезмерами) «добрыдзень»;

в) оформление «ктубы» (כתובה, брачный контракт);

г) «ди кале базецн» (די כלה באַזעצן, посажение невесты);

д) «каболес понем» (קבלת פנים, *букв.* встречание, приветствие, то есть прием у жениха);

е) «ди кале бадекн» (די כלה באַדעקן, покрывание невесты);

ж) обряд хупы;

з) «хупе вечере» (חופה וועטשערע, свадебный ужин);

и) увод молодых на брачное ложе[12].

1. Далее чуть менее половины страницы (лист 143) перечеркнуто. Этот же текст с небольшими изменениями вписан от руки на обороте листа 145, после описания мер по охране жениха и невесты от «недобрых».
2. Пинкос — книга записей еврейской общины или какого-либо братства или корпорации. Служила своего рода летописью. Эта история была широко распространена, причем все рассказчики локализовали ее в Шаргороде. См. другие версии этого сюжета в: Еврейские народные сказки. С. 93–94.
3. ʼАрей ат (вот ты, *др.-евр.*) — начальные слова формулы, с помощью которой жених провозглашает невесту своей женой. Называть их молитвой — неверно.
4. Источник текста не указан и неизвестен.
5. Нож, как и другие острые предметы из железа (иголка, топор и т. п.), широко представлен в славянских верованиях как оберег от нечистой силы и сглаза, особенно во время обрядов перехода. Например, как славяне, так и евреи клали нож не только в карман жениху, но и под подушку новорожденному.
6. Мезуза — это не амулет, а предмет, необходимый для исполнения заповеди. Тем не менее Пульнер, называя мезузу дверным амулетом, прав. Народная религия приписывала мезузе обережные функции. На ее обороте, несмотря на многочисленные раввинские запреты, выводили зашифрованные по определенной схеме имена Божьи. Порча мезузы рассматривалась как причина появления нечистой силы в доме. Человек, находящийся в угрожаемом положении — больной, путешествующий или в стадии перехода, — мог носить мезузу с собой как амулет.
7. В дом, на дверном косяке которого нет мезузы, легко проникает нечистая сила.
8. Нечистая сила, с точки зрения поверий народов Восточной Европы, живет в воде.
9. Это не обережная практика, а прямое требование галахи.
10. Оберегом являлся не сам по себе текст, а текст, написанный определенным образом на пергамене, то есть материальный объект.
11. Этот перечень выписан на обороте листа 145. Первоначально в нем отдельным пунктом значились «отправление свадебного поезда к хупе» и «возвращение свадебного поезда от хупы».
12. Ниже, также на обороте листа 145, выписан порядок рассмотрения непосредственно самого обряда хупы: 1) общие замечания; 2) место устройства хупы; 3) время устройства хупы; 4) участники хупы; 5) свадебный поезд к хупе; 6) обряд хупы; 7) свадебный поезд от хупы. Список перечеркнут крест-накрест.

2.4.1. *Воздержание жениха и невесты от еды*

В день хупы, по народному поверью, в Небесном судилище решалась судьба всей будущей жизни жениха и невесты. При этом в расчет принималось их личное поведение, а также «зхус овес» (זכות אבות, заслуги предков), отмеченные в «небесных книгах». В этот день, как верили, предки жениха и невесты отправлялись к престолу Всевышнего и молили о благополучии новобрачных[1]. В силу этого поверья день хупы являлся днем покаяния и отпущения грехов для жениха и невесты, почему последние и обязаны были соблюдать строгий пост, не принимая в течение всего дня ни пищи, ни питья. В некоторых религиозных семьях постились и мехутоним[2].

В этот день, по народному поверью, новобрачным прощались их грехи, как отмечено в Талмуде: «Как только человек женился — его грехи ему прощаются»[3].

В день хупы жених читал установленные для постов специальные покаянные молитвы, как «видуй» (וידוי, букв. «исповедь», молитва о прощении грехов) во время минхи. Соблюдение поста новобрачными в библейскую эпоху неизвестно. Установлен он был лишь в посталмудический период[a]. С этого времени пост новобрачных вошел в число обязательных элементов свадебных обрядов и строго соблюдался. Тот, кто не придерживался этого поста или нарушал его, по существующему у украинских евреев поверью (конец XIX — начало XX века), умирал, как и при несоблюдении поста в Йом Кипур (יום כיפור, Судный день), в текущем году[b].

Таким образом, соблюдение поста в день хупы определялось в рассматриваемый нами период религиозными мотивами и имело своей задачей воспитание у жениха и невесты духа покорности перед религией.

---

[a] Свадебный обряд // Еврейская энциклопедия. Т. XIV. Стб. 53.
[b] Ярошевич О. И. Наши полевые записи.

1   Сходство между свадьбой, с одной стороны, и Рош а-Шана и Йом Кипуром, с другой, еще и в том, что перед осенними праздниками также просят у умерших предков заступничества перед Богом.
2   Источник установить не удалось.
3   На самом деле близкое по смыслу утверждение «Троим прощаются грехи... и женившемуся» содержится не в Талмуде, а в комментарии Раши к Книге Бытия (Быт 36:3). Этот комментарий восходит к сборнику мидрашей «Мидраш Шмуэль» (Сборник толкований на Книги пророка Самуила, в христианской Библии — 1-я и 2-я Книги Царств).

2.4.2. «Добрыдзинь»

Обрядом «добрыдзинь» открывался день хупы. Состоял этот обряд в том, что клезмеры и бадхн обходили жениха, невесту, мехутоним и других почтенных лиц и исполняли в их честь виват или туш. По сообщению Л. Леванды, у белорусских евреев (Минск) в первой половине XIX века это происходило так:

> Часу в девятом утра «маршалек» [то же, что и бадхн. — *И. П.*] в сопровождении музыкантов является сперва к жениху, а потом к невесте и дает сенаду («добрый день»), причем он рифмованной прозой и под аккомпанемент музыки произносит подобающее случаю приветствие. «Маршалеку» и музыкантам подносится по рюмке водки и небольшому прянику[a].

В Пропойске и в Заверёжье (конец XIX — начало XX века) для исполнения «добрыдзинь» приходили только клезмеры без бадхена. Приходили они еще до базецнс (באזעצנס, посажение ‹невесты›), но когда невеста уже сидела посреди комнаты, одетая в свадебное платье. В Пропойске и Заверёжье (конец XIX — начало XX века) после посещения жениха и невесты клезмеры отправлялись для исполнения «добрыдзинь» к мехутоним и другим почтенным лицам[b]. В Виленской губернии (вторая половина XIX века) клезмеры являлись в семейство жениха, а затем и невесты в пятницу вечером и исполняли мелодии «каболес шабес» (קבלת שבת, встреча субботы)[c1].

---

[1] Ритуал «встречи субботы» сопровождается исполнением специальных гимнов на определенные мелодии.

---

[a] *Леванда Л. О.* Старинные еврейские свадебные обычаи. С. 122.
[b] Талалай Г. и Гинзбург. Наши полевые записи.
[c] Свадьба у евреев. С. 2.

2.4.3. Оформление кетубы (брачного контракта)

Слово «кетуба» (כתובה)[1], как и «тноим», древнееврейского происхождения и в переводе означает «написанное» — письменный документ, письменный договор.

В еврейском брачном праве кетуба являлась вторым после тноим основным обязательным юридическим документом, окончательно закрепляющим брачный союз. Вот почему кетуба именовалась в быту брачным актом или брачным договором.

Без оформления кетубы по установленному стандарту и обряду брак с точки зрения верующих считался недействительным, незаконным.

Кетуба — древний еврейский брачный институт. История кетубы еще мало исследована, да и документов о ней сохранилось слишком мало.

Кетуба как брачный договор уже описана в Талмуде, где вопросам ее составления посвящен специальный трактат, который так и называется «Кетубот»[2].

Как указывает исследователь и переводчик Талмуда на русский язык Н. Переферкович:

> В талмудической литературе сохранились три известия о происхождении института кетубы:
> 1) Тосефта Кетубойс[3]: Вначале кетуба находилась у отца жены, и мужу было легко развестись с нею. Тогда Шимон бен Шетах (I–II в. до н. э.) постановил, чтобы ее кетуба сохранялась у мужа, и чтобы он ей написал: «все мои имущества да будут обеспечением твоей кетубы» (Тосефта Кетубот 12,1).
> 2) Иерушалми Кетубойс[4]: Вначале кетуба сохранялась у ее родителей, и мужу легко было развестись с нею; тогда постановили, что кетуба должна храниться у ее мужа. Так как развод все еще казался делом легким, то постановили, чтобы муж покупал на свои деньги чаши, блюда и миски; на это и намекает Мишна, говоря (Кетубот, VIII, 8): «он не может сказать ей: "вот кетуба твоя лежит на столе, но все его имущества обеспечивают ее кетубу"». Затем постановили новое правило, чтобы муж пускал женину кетубу в обо-

рот, дабы, потеряв эти деньги, он не так легко решался отпустить ее. Это одно из трех постановлений Шимона сына Шетаха (ИТ, Кетубот, гл. VIII, конец листов 32б–32в)[5].

3) Вавилонский Талмуд: Рав Иуда сказал: Вначале писали кетубу девице на 200 зуз, а вдове на мину (100 зуз); тогда мужчины старились и не брали жен. Шимон сын Шетаха установил, чтобы ее кетуба обеспечивалась всем его имуществом. Это подтверждается и барайтой[a][6]: «Вначале писали кетубу девице на 200 зуз, а вдове на мину, и они старились и не брали жен»[b]; вследствие этого постановили, чтобы кетубу... клали в доме ее отца. Но, рассердившись на нее, он (муж) мог сказать: «иди к своей кетубе» (то есть к отцу); тогда постановили, чтобы кетубу переносили в семью мужа («в дом ее свекра»), причем богатые покупали себе на эти деньги серебряные и золотые вазы, а бедные — горшки. Но рассердившись на нее, он все еще говорил: «возьми свою кетубу и уходи», тогда пришел Шимон сын Шетаха и установил, чтобы он писал: «все мои имущества обеспечивают ее кетубу» (ВТ, Кетубот 82б)[c].

Приведенные Н. Переферковичем выдержки из Талмуда дают нам право заключить, что юридическое обоснование, упорядочение кетубы и определение ее границ было произведено еще до нашей эры (I–II век до н. э.) Шимоном бен Шетахом.

Древние кетубы до нас не дошли. Наиболее ранний из дошедших до нас текстов кетубы — это текст р. Гаи бен Давида[7] из Пумбедиты[d] (вторая половина IX века), изданный по рукописи, хранящейся в Государственной Публичной библиотеке им. М. Е. Салтыкова-Щедрина в Ленинграде[8] (сборник «חדשים גם ישנים» («Хадашим гам яшаним», «Новые древности»), I, № 9. С. 46–47)[9]. Из последующих текстов кетубы отметим текст, опубликованный в «Махзор Витри» (מחזור ויטרי)[10], составленном Симхой бен Шмуэ-

---

[a] Барайта (ברייתא) — один из текстовых слоев Талмуда.
[b] Поскольку не у всякого находились свободные деньги, чтобы выдавать на руки женам.
[c] Талмуд. Мишна и Тосефта. Т. III (книга 5 и 6). С. 176.
[d] Крупный город в Вавилонии.

лэм из Витри; текст «Сэфер а-Итур» (ספר העיטור, Книга Украшений, XII век, опубл. 1608, Венеция)[11]; «Мишне Тора»[12] Маймонида (законы Левирата, IV, 33)[e].

Перечисленные варианты текстов кетубы не были едины по своему содержанию; тем не менее они легли в основу применявшейся у европейских евреев, в том числе и у евреев России, стандартной кетубы, составленной по названному выше тексту Маймонида. Текст этой кетубы гласил:

> В такой-то день недели, в такой-то день месяца, в год такой-то по сотворении мира, по летоисчислению, принятому у нас в городе таком-то, господин такой-то, сын господина такого-то, сказал девице (вдове, разведенной) такой-то, дочери господина такого-то: «Будь моею женою по праву Моисееву и Израилеву, и я буду для тебя работать, тебя чтить, кормить и содержать, по обычаю мужей иудейских, воистину работающих, чтящих, кормящих и содержащих своих жен; и я дам тебе твое девичье вено[13] серебром 200 зуз, причитающихся тебе по закону Моисееву (вдове или разведенной пишут: по установлению ученых), и пищу, и одежду, и потребности твои; и буду жить с тобою, как обычно на всей земле». — И согласилась такая-то девица (или вдова, разведенная) сделаться его женою. — И приданое, которое она ему принесла из дома отца (когда нет, пишут: из женской половины), как серебром, так и золотом, драгоценностями, платьем, домашними и постельными принадлежностями, принял на себя господин такой-то, жених сей, оценкой в 100 зекуков чистого серебра. — И согласился господин такой-то, жених сей, прибавить ей своих 100 зекуков чистого серебра, так что общая сумма выходит в 200[f] зекуков чистого серебра. — Итак, говорил господин такой-то, жених сей: ответственность за сию рядную запись, за сие приданое и сию прибавку я возлагаю на себя и на моих наследников, чтобы взыскать их из лучшего достояния и имущества, которыми ныне владею где-либо под небом и которое приобрету в будущем, будь это недвижимое или движимое имущество; все это обеспечивает и ручается за рядную за-

---

[e] Кетуба // Еврейская энциклопедия. Т. IX. Ст. 448.
[f] Около 75 рублей.

пись, за приданое и прибавку, не исключая даже одежды, что на плечах моих, пока я живу и после моей смерти, отныне и вовек. — И ответственность за сию рядную, сие приданое и сию прибавку принял на себя господин такой-то, сын господина такого-то, по всей силе рядных и дополнительных записей, обычных между дочерьми израилевыми, совершенных по установлению наших мудрецов, блаженной памяти, отнюдь не в смысле неправомерного меморандума, или схемы документа. И заручились мы всем вышеописанным и объясненным от господина ... сына ... жениха сего, в пользу господина такого-то, дочери такого-то, девицы (вдовы, разведенной) сей через символическую передачу вещи, могущей служить объектом приобретения. И все сие прочно установлено (следуют подписи свидетелей, а в некоторых местах и жениха)[g].

Приведенный стандартный текст кетубы прежде всего подтверждает, как и акт тноим, обязательность еврейского брака по закону Моисея и Израиля, то есть посредством «хупе укидушин» (חופה וקידושין, покрова и освящения). Текст кетубы также указывает на существование у евреев в рассматриваемый нами период брака по договору, при этом в самом договоре присутствуют кроме обычая принесения приданого невестой и пережитки купли невесты, а именно:

1. Оплата женихом девства невесты веном в сумме 200 зуз, причитающихся ей «по закону Моисееву».
2. Обязательство жениха прибавить к приданому невесты «100 зекуков чистого серебра», то есть суммы, равной приданому последней.
3. Обязательства жениха по отношению к будущей жене: «Я буду для тебя работать, тебя чтить, кормить и содержать по обычаю мужей иудейских», то есть жених приобретает невесту не как рабочую силу, а как будущую жену, за которую он сам обязуется работать и которую обязуется кормить.
4. Передача вещи, могущей служить «объектом приобретения», то есть купли.

---

[g] Кетуба // Еврейская энциклопедия. Т. IX. Стб. 448–449.

Таким образом, тексты тноим и кетубы дают нам возможность установить в еврейском браке в рассматриваемый нами период (XIX–XX века) наличие элементов брака посредством купли невесты (в пережиточной форме) и посредством договора. При этом купля невесты оформлялась посредством письменного договора и «через символическую передачу вещи, могущей служить объектом приобретения».

В приведенном тексте кетубы установлен только минимальный размер приданого в 200 зекуков. Давать приданое ниже этого минимума не поощрялось. Увеличивать размер приданого, как и в акте тноим, не запрещалось, и обязательства, принимаемые сверх этого минимума, вносились в так называемую «тойсфойс кетуба» (תוספות כתובה, дополнительная кетуба), которая публично не оглашалась[14].

«Тойсфойс кетуба» уже была известна, как мы видели выше, в эпоху Талмуда.

Следует отметить, что у польских и литовских евреев еще в XVI веке, а у российских евреев в рассматриваемый нами период (XIX–XX века)[h] существовал обычай, по которому отец невесты часто выдавал ей или зятю «штар хаци-зохер» (שטר חצי זכר, букв. «половина от суммы мужчины»), то есть письменное обязательство «завещать семье своей дочери... определенную сумму денег, в размере половины той части наследства, которая придется на долю каждого из его сыновей» (респонсы С. Лурии, № 69; респонсы Меира из Люблина, № 4; акты виленской археографической комиссии, т. XVII, № 66)[i].

Оформление кетубы производилось утром, до полудня, родителями (отцами или опекунами) вступающих в брак в присутствии раввина, писца и миньяна. У украинских евреев (первая половина XIX века) письменное оформление кетубы происходило до полудня у раввина или кантора, исполнявшего также обязанности писца. После подписания кетубы посылали шамеса к жениху, чтобы он совершил каболес киньян (קבלת קניין, букв.

---

[h] Шпильберг В. Наши полевые записи. (Бердичев, конец XIX — начало XX века.)
[i] История евреев в России. С. 343–344.

«вступление во владение»). Этим акт юридического оформления кетубы заканчивался. После этого клезмеры направлялись к «посажению невесты»[j].

Кетуба составлялась в одном экземпляре и после хупы хранилась у жены[k]. Во время обряда хупы текст кетубы оглашался перед новобрачными и всеми присутствующими.

---

[1] Слово «кетуба» сначала было написано Пульнером как «ксуба», то есть в ашкеназском произношении, но затем повсюду исправлено. Возможно, ориентиром явилось написание термина в Еврейской энциклопедии.

[2] Кетубот («Брачные контракты») — трактат Талмуда, посвященный составлению брачных контрактов.

[3] Тосефта — сборник дополнений к Мишне, составленный в соответствии с порядком трактатов Мишны.

[4] Трактат «Кетубот» в Иерусалимском Талмуде.

[5] В двух первых источниках, приведенных Переферковичем, слово «кетуба» означает капитал, сохраненный мужем для жены на тот случай, если она разведется или овдовеет. Только в третьем источнике термин «кетуба» означает документ, гарантирующий выплату этого капитала.

[6] Барайта — суждения танаев, не включенные в Мишну.

[7] Имеется в виду Гаи бен Давид — даян и пумбедитский гаон (890–897).

[8] Пульнер заменяет в тексте из Еврейской энциклопедии название Императорской Публичной библиотеки на современное ему советское название. В настоящее время — Российская национальная библиотека.

[9] О каком сборнике идет речь — неясно.

[10] Махзор — сборник молитв и литургических гимнов на пять главных праздников года. «Махзор Витри» также содержит различные комментарии и иные материалы. Составлен в XI веке одним из учеников Раши р. Симхой б. Шмуэлем.

[11] «Сэфер а-Итур» — галахический сборник, посвященный в том числе вопросам брака. Составлен р. Исааком бен Аба Мари из Марселя (XII век).

[12] «Мишне Тора» («Повторение Торы») — полный систематический кодекс галахи, составленный Рамбамом (Маймонидом).

[13] Вено (*славянск.*, устар.) — выкуп за невесту, уплачиваемый женихом.

[14] В отличие от основной части кетубы, которая имела ритуальный характер, «дополнительная кетуба» содержала перечисление реальных имущественных обязательств мужа перед женой.

---

[j] *Fridkin A.* Avraham-Ber Gotlober un zayn epokhe. Z. 43.

[k] Талалай Г. Наши полевые записи.

2.4.4. Ди кале базецн (посажение невесты)

Обряд «ди кале базецн» или «базецнс» (די כלה באַזעצנס, посажение невесты) совершался после оформления и подписания кетубы.

Основное назначение обряда — подготовить невесту к моменту, когда жених должен будет покрыть ее голову платком.

Обряд «ди кале базецн» происходил в доме невесты, в отдельной комнате[a], или в специально снятом для этого помещении. У украинских евреев (вторая половина XIX — начало XX века) ди кале базецн (как и свадебный пир) происходило в летнее время в специально построенном «шалаше»[b]. У белорусских евреев (Минск) в первой половине XIX века помещение, где происходило ди кале базецн, освещалось множеством свечей[c]. На базецнс невесту одевали в свадебное платье. В конце XVIII — начале XIX века невесту убирали специально приглашенные женщины[d]. У украинских евреев (конец XIX — начало XX века) невесту одевали мехутонесте (матери жениха и невесты)[e], в других местах — подружки. Подружек полагалось две[1].

Институт подружек (как и дружек жениха) — древний еврейский обычай. Так, наличие дружек мы уже находим в библейский период еврейской истории (свадьба Самсона, Суд 14:11). У белорусских евреев (Дубровно, конец XIX — начало XX века) подружки одевали невесту в белое шелковое платье, белые туфли и белые перчатки[f]. У украинских евреев (конец XIX — начало XX века) невесту одевала калес цад (букв. «сторона невесты», здесь: родственницы со стороны невесты) у нее в доме, а затем отводили под звуки клезмерской музыки в шалаш. Направляясь в шалаш, шествие старалось пройти мимо дома жениха[g]. У белорусских

---

[a] *Zizmor Ja.* Amolike khasenes. Z. 873.
[b] *Чубинский П. П.* Труды этнографическо-статистической экспедиции. С. 38; Ярошевич О. И. Наши полевые записи.
[c] *Леванда Л. О.* Старинные еврейские свадебные обычаи. С. 125.
[d] Обряды еврейские. С. 270.
[e] Ярошевич О. И. Наши полевые записи.
[f] Донович М. Наши полевые записи.
[g] Ярошевич О. И. Наши полевые записи.

евреев (Пропойск, конец XIX — начало XX века) невесту в помещение, в котором должно было происходить базецнс, сопровождали мать, подруги и знакомые женщины[h]. В некоторых местах в конце XVIII — начале XIX века, наряжая невесту, девушки пели ей, как до́лжно обходиться с мужем во время супружества[i]. Во время базецнс присутствовали только знакомые женщины, приглашенные двумя молодыми женщинами из числа родственниц невесты[j]. К моменту прибытия невесты со своей свитой в шалаш здесь уже была в сборе хоснс цад, то есть в данном случае родственницы со стороны жениха, пришедшие потанцевать и познакомиться с невестой, чтобы затем похвалить перед женихом ее красоту и его удачный выбор[k].

У белорусских евреев (конец XIX — начало XX века) мехутонесте (мать жениха) приносила невесте к базецнс торт (Пропойск)[l] и конфеты (Заверёжье)[m]. При их вручении мехутонесте целовала невесту[n].

Из мужчин при базецнс присутствовали только бадхн и клезмеры (Гродно, конец XIX века)[o].

Обряд состоял из следующих элементов: посажение невесты на квашню[2] или на стул, расплетение волос, заплетенных в этот день в мелкие косы, срезание волос и, наконец, оплакивание невестой девичьей жизни.

Обряд сопровождали игра клезмеров, танцы и выступление бадхена.

Управлял церемонией бадхен, а иногда и шамес (синагогальный служка).

---

[h] Гинзбург. Наши полевые записи.
[i] Обряды еврейские. С. 270–271.
[j] *Чубинский П. П.* Труды этнографическо-статистической экспедиции. С. 38.
[k] Ярошевич О. И. Наши полевые записи.
[l] Гинзбург. Наши полевые записи.
[m] Талалай Г. Наши полевые записи.
[n] *Zizmor Ja.* Amolike khasenes. Z. 873.
[o] Ibid.

Посажение происходило у украинских евреев (XIX век) большей частью на стуле, а в некоторых местностях на покрытой квашне[p]. У белорусских же евреев (XIX — начало XX века) — преимущественно на перевернутой кадке из-под теста[q]. У белорусских евреев (Гродно, Пропойск) во второй половине XIX — начале XX века квашню покрывали подушкой и одеялами[r]. В Дубровне (конец XIX — начало XX века) возле квашни еще ставили елку[s3].

У белорусских евреев (Минск) в первой половине XIX века невесту подводили и усаживали на перевернутую кадку почтенные женщины. Сев на квашню, невеста закрывала лицо платком и начинала плакать. Обычай требовал, чтобы невеста хорошенько выплакалась в день своей свадьбы, дабы потом она всю жизнь смеялась и радовалась[t].

В Минске (первая половина XIX века)[u] и у литовских евреев (вторая половина XIX века)[v] косы невесте расплетали приглашенные на базеценс женщины. Женщины, расплетавшие косы, окружали невесту со всех сторон, при этом они расплетали косы одной рукой, а в другой держали зажженную свечу[w]. У гродненских евреев (конец XIX века) косы расплетали мать невесты и «бобес» (באָבעס, повитухи), держа в руках «авдоле-лихт» (הבדלה ליכט, свечи для гавдолы)[x4]. В Пропойске (конец XIX — начало XX века) косы невесты расплетали ее подруги[y]. У украинских

---

[p] *Чубинский П. П.* Труды этнографическо-статистической экспедиции. С. 38; *Fridkin A.* Avraham-Ber Gotlober un zayn epokhe. Z. 43.

[q] *Леванда Л. О.* Старинные еврейские свадебные обычаи. С. 124; Свадьба у евреев. С. 2; *Zizmor Ja.* Amolike khasenes. Z. 873; Гинзбург. Наши полевые записи.

[r] Гинзбург. Наши полевые записи.

[s] Донович М. Наши полевые записи.

[t] *Леванда Л. О.* Старинные еврейские свадебные обычаи. С. 124–125.

[u] Там же.

[v] Свадьба у евреев. С. 2.

[w] *Леванда Л. О.* Старинные еврейские свадебные обычаи. С. 125.

[x] *Zizmor Ja.* Amolike khasenes. Z. 873.

[y] Гинзбург. Наши полевые записи.

евреев (южные и юго-западные губернии) во второй половине XIX века женщины, расплетавшие косы, давали при этом по несколько копеек в пользу бедных[z]. За расплетением кос следовало их срезание. Срезание волос считалось обязательным. Девушек, отказавшихся срезать волосы, считали развращенными, и, по поверью, у них умирали дети и случались другие несчастья[aa]. У украинских евреев (начало XIX века) расплетенные косы срезали каждую в отдельности. Невеста молчала при этом, а окружающие ее женщины плакали. Клезмеры при совершении обряда играли грустные мотивы, отчего плач женщин еще усиливался[ab]. У гродненских евреев (конец XIX века) косы срезали мать невесты и повитухи, а клезмеры исполняли при этом «а базеценс» (א באַזעצנס, ⟨мелодия⟩ посажения), настраивающий на грустный лад. При этом плач и рыдания стояли как в Судный день[ac5].

В некоторых местах Белоруссии при срезании волос вместе с женщинами плакала и невеста. Мать читала ей при этом назидания, а подруги пели «базецнс» (באַזעצנס, ⟨песни⟩ посажения). Там же невеста сейчас же после срезания волос надевала «голендру» (האָלענדרע, «чепец»)[ad6].

Содержание песен «базецнс» — пожелание невесте счастливой жизни и напоминание о необходимости соблюдать обязательные для еврейской женщины обряды и заповеди, а именно: зажигание свечей, отделение халы, высаливание мяса[7] и посещение миквы.

Приводим здесь одну из песен, распевавшихся подругами невесты по время «базецнс»:

> Милая, любимая невеста,
> Слушай, я предсказываю тебе:
> Пусть счастье тебе сияет так,
> Как солнце ясное!

---

[z] *Чубинский П. П.* Труды этнографическо-статистической экспедиции. С. 38.
[aa] Гинзбург. Наши полевые записи.
[ab] *Fridkin A.* Avraham-Ber Gotlober un zayn epokhe. Z. 43.
[ac] *Zizmor Ja.* Amolike khasenes. Z. 873.
[ad] Окунь З. М. Наши полевые записи.

Милость обрети
У Бога и у людей;
Свечи благословляй
В правильное время.

Муку покупай
Дешево ли, дорого ли;
Халу отделяй
И в огонь бросай.

Мясо покупай,
Кошеруй его;
Ибо это считается важнейшей
Из всех «еврейских вещей» [то есть религиозных традиций].

В микву ходи
В правильное время,
Будут твои дети
Хорошими, набожными людьми.

Милая, любимая невеста,
Берегись греха!
Ибо все пойдет в счет
При рождении ребенка[ae].

В унисон этим песням во время базецнс выступал и бадхн со своими бадхонес (импровизированной рифмованной прозой). Описание и содержание бадхонес во время базецнс у белорусских евреев (Минск) в первой половине XIX века приводит Л. О. Леванда:

«Маршалек» [то же, что и бадхн. — *И. П.*], влезший на табурет, дабы он был виден и слышен во всей комнате, начинает рифмованной прозой импровизировать речь, в которой объясняет невесте важность этого торжественного дня для всей ее жизни, возможность горьких разочарований, необходимость переносить их без ропота, с полной покорностью Провидению, «которое, что делает, знает, никого понапрас-

---

[ae] Yudishe folkslieder mit melodyen. B. 2. Z. 53. № 37.

ну не обижает, за грехи только карает, но за добродетели вознаграждает; а потому жаловаться на Провидение — грех, возбуждающий в праведниках смех и влекущий за собою наказание тем, что человеку бывает худо в мире будущем и сем. Того ради, невестушка моя, плачь, да текут из очей твоих слезы вскачь, моли-проси у Господа Бога, покаравшего Гога и Магога, да даст Он тебе сердце доброе, незлобивое, мягкое, благочестивое, дабы ты добро делала умеючи, милостыню раздавала не жалеючи, ибо милостыня к Богу приближает, от напастей и болезней спасает и от мук в аду освобождает»[af]8.

Далее, сообщает Леванда, бадхн излагал пред невестой предстоящие ей обязанности супруги, матери и хозяйки:

...обязанности тяжелые, но возложенные на нее не произволом людей, а волей Бога и предписанием религии, которые святы; горе той женщине, которая уклоняется от этих обязанностей или исполняет их неряшливо: на том свете взыщут с нее за это сторицей; она будет раскаиваться, но уже будет поздно. Но зато какою славою она будет озарена, когда будет усердно и добросовестно исполнять лежащие на ней обязанности! Она уподобится той доблестной жене, которую воспел премудрый царь Соломон и на которую должны быть похожи все дочери Израиля9.
Свою импровизацию бадхн произносил нараспев, в минорном тоне, под аккомпанемент скрипки и баса10 под сурдинку[ag]. При этом невеста и все присутствующие плакали навзрыд.
Заканчивал выступление бадхн словами утешения, музыка играла марш или вальс, и грустное настроение у присутствующих исчезало[ah].

А. Готлобер сообщает в своих мемуарах об украинских евреях (первая половина XIX века):

[af] *Леванда Л. О.* Старинные еврейские свадебные обычаи. С. 124–125.

[ag] Трезубая вилочка, насаживаемая на скрипичную подставку, чтобы приглушить резкость звука; глушник.

[ah] *Леванда Л. О.* Старинные еврейские свадебные обычаи. С. 124–125.

Бадхн начинает свою импровизацию выкриком: «Штил зол зайн!» (שטיל זאל זיין, «Пусть будет тихо!»), но женщины подымают еще больший шум.

Начинает бадхн свою назидательную проповедь в рифмах. Обычно он сообщает невесте, что для нее сегодня Судный день, что она должна просить Божьего милосердия, чтобы быть избавленной от наказаний. Наступающая ночь для нее — ночь бдения, ее суженый — красивейший из юношей, поэтому пусть она возвысит свой голос как шойфер (бараний рог)[ai] в плаче и горьких рыданиях, чтобы вымолить у Бога, чтобы они [невеста с женихом. — *И. П.*] навеки были неразлучны. Пусть каждая девица увеселяет их танцами, а каждый юноша — песнями... Затем он [бадхн. — *И. П.*] переходит к веселому. Всякий раз он заканчивает прибауткой, например: «Он [жених. — *И. П.*] за тебя в огонь, а ты [невеста. — *И. П.*] — в воду». Когда бадхн заканчивает, клезмеры играют веселую мелодию, и женщины сразу начинают веселиться и танцевать[aj].

У белорусских евреев (Заверéжье) во второй половине XIX — начале XX века если невеста была сиротой, то бадхн исполнял для нее до начала бадхонес «Эйл моле рахамим», (אֵל מָלֵא רַחֲמִים, букв. «Бог Многомилостивый», заупокойная молитва). Здесь же (Заверéжье) содержание бадхонес, по нашим полевым записям, было следующим:

Знать ты должна, дорогая невеста, что сегодня у тебя такой день, когда ты можешь вымолить прощение, сегодня тебе прощают грехи за все годы, как в Судный день. Получи паспорт на 75 лет, чтобы ты никогда не была разлучена со своим нареченным. Поэтому, дорогая невеста, плачь и рыдай и вымоли хорошую жизнь, хороших и набожных детей. И скажем: Аминь![11]

По окончании выступления бадхена начинались танцы[ak].

[ai] Шойфер (שׁוֹפָר) — инструмент из бараньего или козьего рога, в который трубят в Новолетие, а также в элул (время, предшествующее Новолетию).
[aj] *Fridkin A.* Avraham-Ber Gotlober un zayn epokhe. Z. 44–45.
[ak] Талалай Г. Наши полевые записи.

По сообщению П. П. Чубинского, у украинских евреев (южные и юго-западные губернии) во второй половине XIX века бадхн при исполнении своей импровизации стоял на возвышении. Бадхн также говорил

> ...о скоротечности земной жизни и ее радостей, о важности дня, в который невеста должна исповедоваться перед Богом и раскаяться в своих грехах; если она [невеста. — *И. П.*] сирота, «бадхн» описывает, как ее покойные родители, или родитель стоит перед престолом Всевышнего и ходатайствует о ее счастливой будущности и об отпущении ее грехов. Стихи он декламирует отдельными куплетами, и после каждого — музыка повторяет одни и те же трогательные мотивы. Некоторые присутствующие женщины плачут навзрыд, и вообще большая часть бывает тронута до слез[a1].

И. И. Кацович (Минск, 1870-е годы), сам бадхн по профессии[12], описывает свои бадхонес во время базецнс следующим образом:

> Подхожу к невесте и мотивом настоящего бадхена начинаю посажение невесты. Я ей рассказываю, как перед хупой нужно молиться о хорошей судьбе и о хороших и набожных детях. Все женщины уже плачут, выпитая водка и женские слезы придают мне смелости. Возвышаю голос, прыгаю сразу в рай и начинаю представлять, как родители невесты стоят там перед Божьим престолом и молят всесильного Бога о своем одиноком дитяти, как сейчас примчатся сюда их души и поведут сироту <под хупу>. Женщины плачут, мужчины трут глаза, а невеста падает в обморок. Я спохватываюсь, что чересчур хватил, и кончаю многими благословениями[13].

По окончании бадхонес начинались танцы. У белорусских евреев (Минск) в первой половине XIX века танцы происходили и до бадхонес, в начале обряда базецнс. Описание танцев находим у Л. О. Леванды:

[a1] *Чубинский П. П.* Труды этнографическо-статистической экспедиции. С. 38.

Свадьба начинает обозначаться раньше на «главной квартире» невесты. Туда, около полудня, начинает прибывать молодежь прекрасного пола, расфранченная до последней возможности. Ее принимает мать невесты, сама же невеста еще не выходит из своей горницы, будучи занята своим туалетом, в чем ей помогают подруги, пришедшие чуть не с зарею[am]. Когда невеста, в полном свадебном наряде и окруженная своими подругами, медленно и величественно, как подобает «королеве», вступает в танцевальную комнату, «маршалек» провозглашает нараспев:

— В честь, в честь невесты дорогой, сияющей наравне с утренней зарей, восхищающей глаза добрых друзей, а также посторонних людей, ударяйте по струнам смелой рукой, да запоют они, как соловей ночною порой!

Музыканты начинают играть туш, и молодые гости, поднявшись с мест, идут навстречу невесте с приветствиями и поцелуями.

Начинаются танцы. Несмотря на строгий пост[14], невеста тоже танцует, так как она обязана перетанцевать с каждой из присутствующих девушек, в противном случае, обойденные будут чувствовать себя обиженными. Танцы, с продолжительными перерывами, продолжаются часа два или три. Тем временем начинают прибывать гости постарше, до дряхлых старушек включительно, так что в зале мало-помалу становится так тесно, что яблоку негде упасть. Танцы прекращаются сами собою, потому что танцевать просто негде[an].

В Дубровне и Пропойске (конец XIX — начало XX века) церемония танцев совершалась следующим образом: шамес или бадхн провозглашал: «Первый танец!» Каждая из присутствующих женщин должна была протанцевать с невестой. К танцу вызывал присутствующих по очереди маршалек следующим образом: «Приглашается бабушка невесты, почтенная богачка Гита, к первому танцу с невестой. Приглашают мать невесты ко второму танцу с невестой», и т. д.[15]

[am] В Заверёжье (конец XIX — начало XX века) невесту, по сообщению Г. Талалай, одевали пожилые замужние женщины. Наши полевые записи.
[an] *Леванда Л. О.* Старинные еврейские свадебные обычаи. С. 122.

Затем приглашались мехутенестес со стороны жениха и знакомые в соответствии с их рангом и оказываемым им почетом.

Приглашенные подходили по очереди к невесте, делали с нею несколько туров и снова усаживали на место. Возвращаясь на свое место, они бросали музыкантам в цимбалы монеты, согласно пословице:

נותן בצימבעלן הולך בטענצן
Nosn betsimbl holekh betentsn
Бросающий (букв. «дающий») в цимбалы идет танцевать[ao16].

Во время танцев бадхн выступал со своим бадхонес, а музыканты играли при этом грустные мотивы[ap]. Пляски продолжались два-три часа, после чего бадхн и музыканты отправлялись за женихом для совершения обряда «ди кале бадекн» (די כלה באדעקן, покрывания невесты)[aq].

Таково содержание обряда «ди кале базецнс».

В обряде участвовали исключительно женщины — подруги невесты и пожилые женщины.

Основные элементы обряда: покрывание квашни одеялами и подушками, посажение невесты на стул или квашню[17], расплетение и срезание волос у невесты при зажженных гавдольных свечах под звуки клезмерской музыки и песни подруг, наставления для невесты от матери и подруг (в их песнях) о предстоящей ей семейной жизни и о ее обязанностях как замужней женщины. Обязательными элементами обряда «базецнс» были «бадхонес» (выступления бадхена) и танцы. В целом же обряд «базецнс» был подготовкой к следующему обряду «ди кале бадекн». Лейтмотивами всего обряда были оплакивание невестой девичьей жизни и напоминание ей о предстоящем супружестве. Этими мотивами насыщены песни и бадхонес. Их подчеркивают и гавдольные свечи[18].

[ao] *Bernshteyn I.* Idishe shprikhverter. Z. 222. № 3076.

[ap] В Пропойске (конец XIX — начало XX века), по сообщению Гинзбург, музыканты исполняли полонез.

[aq] Донович М. и Гинзбург. Наши полевые записи.

В рассмотренном нами обряде, так же как в предыдущих и в последующих (о чем мы будем говорить ниже), видное место занимали бадхн и клезмеры — непременные участники свадебных торжеств, еврейские народные певцы и музыканты.

---

1   Источник не указан.
2   Усаживание невесты во время расплетания кос на перевернутую квашню характерно также для свадебной обрядности у славян.
3   Украшенная елка также присутствует в славянском свадебном обряде.
4   Гавдола (букв. «разделение») — обряд отделения субботы от буден, совершаемый на исходе субботы. Одним из его элементов является зажигание специальной свечи, сплетенной из нескольких (обычно четырех или шести). Присутствие гавдольной свечи во время базецнс подчеркивает смысл этого обряда — отделение девичьей жизни от жизни в браке.
5   Во время литургии Йом Кипура вся община ритуально рыдала.
6   Название чепца «голендра» (букв. «голландский») связано либо с тем, что его первоначально делали из голландского полотна, либо с фасоном.
7   Высаливание мяса — стадия его кошерования. Перед приготовлением хозяйка кладет кусок мяса на специальную плетеную решетку (залц-брет, букв. «соленая доска») и густо посыпает его солью. Соль «вытягивает» кровь из мяса. Кровь стекает сквозь решетку.
8   Бадхен произносил свою речь, импровизируя ее на набор устойчивых рифм и мотивов. Эта речь представляла собой неравносложную силлабику, напоминающую русский раешный стих.
9   Жена доблестная (другой перевод — добродетельная) — «эйшес хайл» — упоминается в Книге Притчей Соломоновых (31:10). Фрагмент из Притчей, в котором упоминается «доблестная жена», является текстом популярного субботнего гимна, прославляющего хозяйку дома.
10 Бас — народный струнный инструмент, напоминающий виолончель.
11 Пульнер оставляет место для текста на идише, но сам текст не приводит.
12 Судя по первой фразе из приведенной ниже цитаты, Кацович не был профессиональным бадхеном.
13 Пульнер не указал источник. Возможно, это цитата из: *Katsovich I.-I. Zekhtsig yohr leben. Arayenerungen eygene un algemayn (1859–1919)* (Шестьдесят лет жизни. Личные и общественные воспоминания). Nyu York: Maks N. Mayzel, 1919.
14 Весь день свадьбы жених и невеста постятся.
15 В машинописи оставлено место для еврейского текста, однако он отсутствует. Источник также не указан.
16 Макароническая поговорка на смеси древнееврейского и идиша.
17 В перечне элементов обряда два первых пункта идут в обратном порядке: сначала покрывание квашни, потом посажение невесты. Порядок восстановлен по смыслу.
18 Видимо, Пульнер хочет сказать, что гавдольные свечи подчеркивают отделение девичьей жизни от супружества.

2.4.5. Каболес поним (приветствование или прием гостей <у жениха>)

Обряд «каболес поним» (קבלת פנים) происходил одновременно с обрядом «ди кале базецн», а иногда даже предшествовал ему.

Обряд «каболес поним» в рассматриваемый нами период состоял из следующих частей:

1. Родители невесты подносят жениху подарки.
2. Жених произносит «дроше» (דרשה, речь, букв. «проповедь») или бадхн — бадхонес.
3. Принимают гостей.
4. Отправляются к «покрыванию невесты».

У белорусских евреев (Минск) в первой половине XIX века свадебные подарки жениху состояли из китла, пояса, ермолки (шапочки из белого атласа с серебряным шитьем)[1] и талеса[a]. У украинских (южные и юго-западные губернии) и гродненских евреев во второй половине XIX века подарки состояли только из талеса и китла[b].

Передавал жениху подарки у белорусских (Минск) и украинских (южные и юго-западные губернии) евреев бадхн. Его, в сопровождении клезмеров, посылали к жениху родители невесты[c].

У украинских (Захарьевка, Гусятин), молдавских (Балта, Тирасполь) и белорусских (Дубровно) евреев (конец XIX — начало XX века) официальному началу «каболес поним» предшествовал визит женщин — матери невесты, ее родственниц и знакомых, которые приходили в дом жениха из дома невесты еще до начала ее посажения[d]. При входе в дом жениха гости приветствовали присутствующих словами «гут моргн» (גוט מאָרגן, доброе утро). Пришедших ожидали накрытые столы и угощения, напитки

---

[a] *Леванда Л. О.* Старинные еврейские свадебные обычаи. С. 126.
[b] *Чубинский П. П.* Труды этнографическо-статистической экспедиции. С. 39.
[c] *Леванда Л. О.* Старинные еврейские свадебные обычаи. С. 126; Чубинский П. П. Труды этнографическо-статистической экспедиции. С. 39.
[d] *Ярошевич О. И. и Донович М.* Наши полевые записи.

и печенье. Когда гости усаживались, к ним выходил жених, которому желали прожить всю жизнь счастливо[e].

В Дубровне (конец XIX — начало XX века) гости поздравляли жениха и его родителей, говоря «мазл-тов» (מזל טוב, счастливой судьбы)[f].

Гостям не давали долго засиживаться. Приходили мужчины, и женщины возвращались к невесте.

Для мужчин столы накрывались заново[g]. У гродненских евреев ставили на столы по подсвечнику с зажженными свечами[h2]. В Пропойске (конец XIX — начало XX века) гости, как правило, приносили угощение с собой или оплачивали его позднее. Калес цад (родственницы невесты) присылали жениху китки (плетеные халы)[i].

Общее описание обстановки каболес поним на богатой свадьбе у минских евреев (первая половина XIX века) дает Л. О. Леванда:

> На «главной квартире»[j] жениха свадьба пока еще очень мало заметна. Правда, большая комната уже убрана по-праздничному, посредине ее стоит длинный-предлинный стол, покрытый белоснежной скатертью, но гостей еще очень мало, да и те сидят где попало, в одиночку или группами в два-три человека, и шепотом ведут разговоры, не имеющие никакого отношения к свадьбе. Жених, в полном свадебном облачении, с заложенными назад руками, слоняется из угла в угол, ежеминутно поглядывает на стенные часы, стрелки которых, как ему кажется, движутся вперед слишком медленно. Родители же его суетятся как угорелые, торопятся, отдают приказания и тут же отменяют их, и так рассеянны, что на обращаемые к ним вопросы отвечают, по большей части, невпопад.

---

[e] Ярошевич О. И. Наши полевые записи.
[f] Донович М. Наши полевые записи.
[g] Ярошевич О. И. Наши полевые записи.
[h] *Zizmor Ja.* Amolike khasenes. Z. 874.
[i] Гинзбург. Наши полевые записи.
[j] Местопребывание жениха.

Но, когда день начинает склоняться к вечеру, отец жениха, отправив свою супругу к невесте, возвращается к гостям, которых он теперь только начинает принимать и приветствовать, как подобает гостеприимному хозяину.

— Добро пожаловать! Добро пожаловать! — расточает он направо и налево, подскакивая то к одному, то к другому из гостей, число которых растет теперь с каждой минутой, тому крепко пожимая руку, а того обнимая. — Уже вечереет, не пора ли в добрый час?

— Пора! Еще бы! — отвечают со всех сторон.

— В таком случае, прошу вас, господа, за стол.

Гости не заставляют себя долго просить и садятся вокруг стола. Жених, надев внакидку свою верхнюю одежду, садится на почетное место, между своими посажеными отцами. Перед ним кладут большой кулич на шафране с изюмом, покрытый пестрой салфеткой. И, по мановению хозяина, на столе появляются громадные подносы, уставленные разноцветными напитками в хрустальных графинах и сладкими закусками на фарфоровых блюдечках. Гости начинают поспешно отдавать должное предлагаемому им угощению, пьют, закусывают, чокаются и поздравляют виновников торжества, а жених только облизывается и глотает слюнки, потому что пост для него еще не окончился[3]. Угощение это на свадебном языке называется каболас-поним, то есть приемом, аудиенцией, которую его величество жених-король дает приглашенному им на свадьбу «народу»[k].

Когда жених и гости уже сидели за столами, приходил бадхн с подарками от родителей невесты и клезмеры.

Не всегда, однако, жених произносил дроше во время каболес поним. При неумении произнести дроше последняя, по сообщению Ахуна, заменялась «диврей кибушин» (דברי כיבושין, назидательные речи) бадхена[l].

В Дубровне (конец XIX — начало XX века) бадхн при своем появлении провозглашал: «Хосн дойме лемелех! Унтерфирер, немт дем хосн цу бадекнс!» (חתן דומה למלך! אונטערפירער, נעמט דעם חתן

---

[k] *Леванда Л. О.* Старинные еврейские свадебные обычаи. С. 123–124.
[l] *Akhun.* Der Gleker. Z. 56.

צו באדעקנס; «Жених подобен царю! Дружки, ведите (букв. "возьмите") жениха к покрыванию!»). При этом клезмеры играли «а фрейлехс» (א פריילעכס, «веселый <танец>»)⁴.

По сообщению Леванды, в Минске (первая половина XIX века) бадхн, раскладывая перед женихом подарки, выступал со своими бадхонес «о роковом значении "вечного костюма"⁵, в который еврей облекается во время утренней молитвы, в день Всепрощения, в первые две ночи Пасхи и в день, в который он говорит миру вечное прости». Леванда пишет:

> Речь эта, само собою разумеется, вызывает у присутствующих чувство грусти; у более чувствительных или нервных появляются слезы на глазах. Даже сам «маршалек» кажется растроганным и ежеминутно подносит платок к глазам, чтобы осушить свои слезы, которые, конечно, только подразумеваются. По выполнении своей задачи «маршалек», без всяких предисловий, внезапно переходит в мажорный тон, начинает импровизировать о более веселых предметах, и присутствующие возвращаются к своему прежнему нормальному настроению.
> — Теперь, господа, пойдем в добрый час покрывать невесту, — говорит «маршалек», и жених, захватив с собою шелковую фату, вместе с гостями отправляется в предшествии⁶ «маршалка» к невесте, которая все еще продолжает сидеть на покрытой кадке посредине комнаты[m].

У гродненских евреев (вторая половина XIX века) бадхн напоминал жениху, «что у него сегодня Судный день. При этом читал рифмованное двустишие на буквы слов "талес" и "китл"». Слова первого стиха начинались на буквы слова «талес» (טוב לגבר יעשה תשובה, «хорошо мужчине каяться») и второго — на буквы слова «китл» (קבורה יללה טהרה לויה, «погребение, плач, омовение, похороны»)[n].

Характерную импровизацию бадхена опубликовал Ахун в своем произведении «Дер глекер» («דער גלעקער», «Звонарь»).

---

[m] *Леванда Л. О.* Старинные еврейские свадебные обычаи. С. 126.
[n] *Zizmor Ja.* Amolike khasenes. Z. 874.

Ахун пишет, что при передаче жениху талеса и китла бадхн обращался к нему с такими словами:

> *Сын мой, сын мой*[7], дитя мое! Оглянись сегодня, ты должен знать, что берешь себе жену. *И весь мир подобен свадьбе* (Эрувин, 54а)[8]. Весь мир обновляется, но эти одежды — неизменны[9] Сегодня танцуют одни, завтра другие, а послезавтра вовсе третьи. Но эти одежды вечные свидетели: во время сейдера надевают китл, ежедневно к утренней молитве — талес и цицес, в Грозные дни [от Нового года до Судного дня. — И. П.] надевают талес и китл[10], а через 120 лет вновь надевают талес и китл[11]. Они свидетели, что он <жених> молился в талесе и цицес. Соблюдал Пейсах и сейдер и верил в День Суда[12]. Как говорил царь Соломон: «Да будут во всякое время одежды твои светлы» (Еккл 9:8), то есть всегда представляй перед собой эти белые одежды, даже в разгар танцев на твоей свадьбе[o13].

Содержание речи бадхена во время каболес поним у польских евреев в середине XIX века передает писатель И. Линецкий в своем произведении «Дос хсидише йингл» («דאָס חסידישע ייִנגל», «Хасидский мальчик»)[14]:

> Дорогой жених, дорогой жених[15], выслушай мои слова:
> Нынешний день для тебя — Йом Кипурим[p16]!
> «Кипурим» означает, согласно моему толкованию:
> Все твои Прегрешения Милостью Бога Прощены[17].
> Дорогой жених, дорогой жених, дорогой жених!
> Воспари к Богу в небесах,
> Сокруши Его сердце горючими слезами,
> Чтобы был долговечным твой брак
> С твоей невестой, в добрый час,
> Поскольку <слово> «жених» означает «Жизнь Продли Нам»[18].
> Дорогой жених, покайся в своих грехах,
> Чтобы от тебя произошло поколение, состоящее сплошь из мудрецов[19].
> Знай, что за день сегодня у тебя:

---

o   *Akhun M.* Der Gleker. Z. 56.

p   Судный день.

Ты идешь к хупе с плачем и стенанием.
Знаешь, дитя, что означает <слово> «хупе»?
Молчите, господа! Только молчите, молчите!
«Хупе», дитя мое, означает вот что.
Послушай-ка сейчас мои речи:
<u>«Хупе» можно разделить на две части: ху-пе.</u>
<u>Только покайся горячо,</u>
<u>Ведь «хупе» можно прочитать туда и обратно</u>[20]:
<u>Г</u>лина и <u>Г</u>оршечник — <u>Ч</u>удеса <u>У</u>зри; <u>А</u>ллилуйя, <u>И</u>збавь меня и <u>В</u>сю мою <u>Ж</u>изнь[21].
Дорогой жених, сегодня радость и веселье,
Ты идешь под хупу с невестой!
А что же такое значит <слово> «невеста»? «Невеста» — это значит...
Кто удостоился <это знать> и кто это знает?
«Невеста» значит — слушай, что я тебе скажу —
Такими словами нужно стенать.
«Невеста» можно прочитать туда и обратно,
Ты для этого прочитаешь <букв. «повернешь»> в обратную сторону.
Смотри на это слово в оба глаза:
<u>В</u>се <u>Т</u>ебя <u>Б</u>лагодарят; <u>П</u>окаяние по <u>Т</u>воим <u>З</u>аповедям — <u>В</u>озвеличивает <u>Т</u>ебя![22]
Дорогой жених, выслушай мои последние слова!
Пресвятой, благословен Он, Он сам — твой суженый!
Только Ему показывай свое лицо,
Он будет питать тебя и твою супругу.
Пролей же, дорогой жених, слезы,
И ступай к хупе с правой ноги[23],
И моли Бога за свою супругу:
Поскольку <слово> «женщина» означает: «<u>У</u>слышь <u>М</u>ой <u>В</u>опль!»[24]
А меня вознагради, как полагается,
И тогда твой брак точно будет благополучным![q][25]

Сторонники принудительного брака старались подчинить своим интересам и этот свадебный обряд. Следует, однако, отметить, что не всегда и не везде бадхены шли на поводу у религии:

---

[q] *Linetski I.* Dos khsidishe ingl. Z. 94–95.

многие бадхены чутко прислушивались к запросам и чаяньям трудовых еврейских масс, отображая в своих песнях их настроения и мечты. И этих-то народных певцов раввины бесконечно преследовали.

Так, например, утянский раввин Шмуэль Биньямин Пимадик[26], выступая в своем религиозно-назидательном сочинении («Советы назидания»)[27] против бадхенов, писал:

> И бадхены, увеселяющие людей, не исполняют заповедей, приводящих к спасенью. Они увеселяют других, а себе причиняют горе. И про них Исаия говорит: «Беззаконнику — горе, ибо будет ему возмездие за дела рук его» (Ис 3:11). И про них сказано в Екклесиасте: «И нет у человека преимущества пред скотом» (Еккл 3:19), ибо мы знаем по традиции от ребе Меира из Перемышлян, что бадхены превращаются после смерти в гусей[28].

Раввин Данциг жаловался в своем сочинении «Хохмес одом» («חכמת אדם», «Мудрость человека»),[29] что бадхены, «блистающие» на свадьбах, «нарушают запрет святой Торы». Автор религиозно-назидательного сочинения «Лев тов» («לב טוב», «Доброе сердце»)[30] пишет в предисловии к этому сочинению: «Как много этих маршаликов, которые смешат людей, говорят дерзости и скабрезные речи»[г]. Еще резче выступление автора сочинения «Эц хаим» («עץ חיים», «Древо жизни»)[31], заявившего, что бадхены — это «преступники, шуты, плетущие рифмы и извергающие скабрезности»[s].

Раввины преследовали бадхенов как «преступников и шутов», но тем не менее трудовые еврейские массы не переставали любить бадхенов, и ни одна еврейская свадьба, даже бедная, не обходилась без участия этих певцов из народа.

Э. Дейнард пишет в своих воспоминаниях: «Бадхн присутствовал даже на свадьбах у бедноты, поскольку родственники и знакомые новобрачных желали получить удовольствие»[32].

[г] Бадхен // Еврейская энциклопедия. Т. III. Стб. 662.

[s] Там же.

При сравнении обряда «каболес поним» с обрядом «ди кале базецн» напрашивается следующий вывод. Наименование обряда «прием гостей у жениха» не было его первоначальным наименованием. При своем возникновении этот обряд, как нам кажется, назывался «дем хосн базецн» (דעם חתן באַזעצן, посажение жениха). В пользу такого предположения говорит тождество основных мотивов и задач обоих обрядов. Так, в обоих обрядах имелся момент назидания — в первом случае назидания невесты, во втором — жениха. Основные мотивы назиданий одни и те же, именно: напоминание о значении дня хупы как дня покаяния и прощения грехов, указание на необходимость вымолить в верховном судилище прощение этих грехов для счастливой и неразлучной супружеской жизни, напоминание о смертном часе, о бренности тела, о смирении, о покорности Провидению и т. д. Тождественность мотивов — явление, несомненно, не случайное и указывает на то, что оба обряда до момента дополнения их содержания религиозно-назидательными элементами имели одно и то же назначение и содержание, а именно: в первом случае «посажение невесты», во втором — «посажение жениха». При этом в первом случае имело место оплакивание невестой ее девичьей жизни, а во втором — оплакивание женихом его холостой жизни. В дальнейшем первый обряд сохранил свое содержание и, следовательно, наименование, а второй — усложнился новым моментом, «приемом гостей» у жениха, и получил новое название.

Появление в обоих обрядах религиозных мотивов, таких как покаяние, смирение и молитва о прощении грехов и ниспослании счастливой супружеской жизни, по-видимому, совпадает со временем появления у обряда «посажения жениха» его второго дополнительного наименования «каболес поним».

---

1   Китл, пояс (как правило, белый и с серебряной пряжкой) и вышитая серебром белая ермолка — элементы облачения мужчины на Йом Кипур. Такой подарок подчеркивает близость свадебного обряда и Йом Кипура.
2   Зизмор пишет, что это гавдольные свечи, освещающие лицо жениха с обеих сторон.

3 В день свадьбы жених и невеста постятся от пробужденья до застолья после свадебного обряда, которое происходит поздно вечером.
4 Источник не указан. В рукописи сделана сноска «Донович М. Наши полевые записи» (она соответствует указанию места записи: «в Дубровне»), но эта сноска зачеркнута и поставлена сноска справа, что означает, что предполагаемый источник был на идише.
5 Имеется в виду талес, который используется во всех перечисленных случаях, включая похороны, когда тело умершего накрывают талесом. У ашкеназов мужчина начинает использовать талес только после женитьбы.
6 Так у Леванды. Очевидно, имеется в виду «под предводительством маршалека».
7 Обращение на древнееврейском.
8 Сокращенная цитата из трактата «Эрувин» приведена в оригинале на арамейском языке. Полностью она выглядит так: «Шмуэль сказал раву Йеуде: "Сообразительный, хватай и ешь, хватай и пей, ибо этот мир, с которым мы расстанемся, подобен свадебному пиру"». Мудрецы Талмуда имеют в виду нечто вроде античного «лови момент». Однако бадхен вкладывает в нее совсем иной смысл: элементы свадьбы будут присутствовать в жизни жениха до самой его кончины. «Эрувин» — трактат Талмуда, посвященный законам соблюдения субботы.
9 Эта фраза отсутствует в переводе Пульнера.
10 Подчеркнутые фрагменты цитаты отсутствуют в оригинальном тексте. Возможно, Пульнер пользовался другим изданием.
11 «Через 120 лет», то есть «когда умрешь» — традиционный эвфемизм. У ашкеназов умершего хоронят в китле и покрыв тело талесом.
12 Мужчина надевает китл не только на свадьбе, но также на сейдере и в синагоге на Йом Кипур.
13 В рукописи текст на идише отсутствует.
14 В первом издании (1868 года) этот сатирический роман назывался «Дос пойлише йингл» («Польский мальчик»).
15 В оригинале «хосн-леб», то есть «жених — жизнь <моя>».
16 Йом Кипур.
17 Буквы слова «кипурим» составляют аббревиатуру слов этого стиха.
18 Буквы слова «хосн (жених)» составляют аббревиатуру этих слов.
19 В оригинале сказано буквально «поколения сплошь из танаев». Танаи (II век до н. э. — II век н. э.) — мудрецы, чьи суждения и высказывания составили Мишну.
20 Подчеркнутые стихи отсутствуют в приведенном Пульнером еврейском тексте.
21 Буквы слова «хупе» составляют аббревиатуру слов первого полустишия. Буквы слова «хупе» в обратном порядке составляют аббревиатуру слов второго полустишия. Слова первого полустишия «Глина и Горшечник» могут быть также поняты как «Материя и Творец». Это аллюзия на библейский стих «Вот, что глина в руке горшечника, то вы в Моей руке, дом Израилев»

(Иер 18:6). Этим стихом начинается один из пиютов Йом Кипура. Таким образом, бадхн подчеркивает связь между этим праздником и днем свадьбы.
22 Буквы слова «кале (невеста)» составляют аббревиатуру слов первого полустишия. Буквы слова «кале» в обратном порядке составляют аббревиатуру слов второго полустишия.
23 Начать движение с правой ноги — к удаче.
24 Буквы слова «ише» («женщина») составляют аббревиатуру этих слов.
25 Речь бадхена представляет собой неравносложный силлабический стих с парными рифмами, напоминающий русский раешник.
26 Личность не установлена.
27 В тексте рукописи оставлено место для еврейского названия книги, но само это название не вписано.
28 Источник цитаты не найден.
29 Очень популярное этико-галахическое сочинение, дополняющее «Шулхан Орух».
30 «Лев Тов» («Доброе сердце») — книга по этике Ицхока б. Элиокума из Позена (Познани). Впервые напечатано в Праге в 1620 году. Описывает нормы поведения в синагоге, а также в повседневной жизни.
31 «Эц Хаим» («Древо жизни») — ключевое сочинение лурианской каббалы, составленное Хаимом Виталем в 1573 году.
32 Скорее всего, имеется в виду: *Deinard E.* Zikhronot bat ʿami: le-Ḳorot ha-Yehudim yeha-Yahadut be-Rusiya (Воспоминания о моем народе. Записки о евреях и иудаизме в России). Saint Louis, 1920.

2.4.6. Ди кале бадекн (покрывание невесты)

«Ди кале бадекн» (די כלה באַדעקן, покрывание невесты) совершалось после «каболес поним» у жениха.

«Покрывание невесты» — обязательный обряд еврейской свадебной церемонии, следы которого встречаются уже в библейский период еврейской истории при бракосочетании Исаака и Ревекки.

> Ревекка взглянула, и увидела Исаака, и спустилась с верблюда. И сказала рабу: кто этот человек, который идет по полю навстречу нам? Раб сказал: это господин мой. И она взяла покрывало и покрылась (Быт 24:64–65).

В Дубровне (конец XIX — начало XX века) соблюдался следующий церемониал покрывания невесты:

По окончании обряда «посажения невесты» бадхн и клезмеры отправлялись приглашать жениха для совершения обряда «покрывания невесты». При входе в дом жениха бадхн провозглашал: «Жених подобен королю! Дружки, возьмите жениха к покрыванию!»[1]

При этом жених выходил вперед, за ним становились унтерфиреры (дружки, шаферы), а клезмеры играли «а флейлехс». До отправления в дом невесты перед женихом клали китку или торт, присланные из дома невесты. Жених, в свою очередь, посылал в ответ торт с надписью «Мазл тов».

Направлявшийся к покрыванию невесты поезд жениха выстраивался в следующем порядке: впереди шли бадхн и клезмеры, за ними следовал шамес, за шамесом — жених со своими шаферами, и сзади — все остальные.

При входе в дом невесты шамес провозглашал: «Лозт а вег!» (לאָזט אַ וועג, «Дайте дорогу!»). При этом клезмеры играли «виват». После этого участники поезда входили в дом невесты. При входе жениха присутствующие с зажженными свечами в руках расступались и давали ему дорогу. Жених подходил к невесте и покрывал ее фатой или платком, называемым «дектух» (דעקטוך, букв.

«платок для покрывания»), который ему подносили подруги невесты.

Когда жених покрывал невесту, его осыпали овсом[2] (в более поздний период серпантином). Подружки невесты подносили мужьям гавдольные свечи, увитые бумажными цветами и лентами. Если среди подружек были женщины в состоянии «нида» (ритуально нечистые), то они передавали свечи другим женщинам[3]. После этого все отправлялись с веселыми песнями и музыкой к хупе. До отправления к хупе на жениха надевали китл, а на невесту — пальто[a].

В Бердичеве, лет шестьдесят тому назад, невесту покрывали паройхесом (פרוכת, занавес для орн-койдеша, то есть кивота для свитков Торы в синагоге), позже стали покрывать шелковым платком[b].

В Пропойске (конец XIX — начало XX века) поезд жениха, направлявшийся к покрыванию невесты, должен был состоять из миньяна[c].

В Заверéжье (конец XIX — начало XX века) на пути следования жениха останавливали мельницу[d4].

В Пропойске жениха, входившего в дом невесты, старухи приветствовали пожеланием долголетия «Мит ланге йорн!» (מיט לאנגע יארן, «На долгие годы!»)[e].

В Виленской губернии (вторая половина XIX века) входившего жениха шамес (синагогальный служка) приветствовал следующими словами: «Каболес поним лехосн!» (קבלת פנים לחתן, «Встреча жениха!»). Выслушав приветствие, жених в сопровождении мужчин подходил прямо к заплаканной невесте и покрывал ее голову поданным ему платком, при этом присутствующие женщины осыпали его хмелем или овсом[f].

---

[a] Донович М. Наши полевые записи.
[b] Шпильберг В. Наши полевые записи.
[c] Гинзбург. Наши полевые записи.
[d] Талалай Г. Наши полевые записи.
[e] Гинзбург. Наши полевые записи.
[f] Свадьба у евреев. С. 2.

В Завережье (конец XIX — начало XX века) входившего жениха встречали возгласом: «Мах а варе, дер хосн гейт!» (‫מאַך אַ װאַרע‬, ‫דער חתן גייט‬, «Расступись, жених идет!»), при этом все присутствующие женщины от мала до велика зажигали по свече. Присутствующие старухи благословляли жениха, после чего он подходил к невесте, брал у нее с колен покрывало и набрасывал ей на голову. Невеста при этом плакала и закрывала лицо платком, чтобы не видеть жениха. Набросив покрывало на голову невесте, жених поворачивался и уходил. Уходившего жениха осыпали конфетти. После этого женщины передавали зажженные свечи мужчинам, и жених с мужчинами направлялся к хупе в сопровождении бадхена и клезмеров. Уходящих напутствовали: «Мит дер рехтер фус! Ин а гутер шо! Ин а мазлдикер шо!» (‫מיט דער רעכטער‬ ‫פוס! אין אַ גוטער שעה! אין א מזלדיקער שעה!‬, «С правой ноги! В добрый час! В счастливый час!»)[g].

У украинских евреев (начало XIX века) первым входил в дом жених, а за ним все мехутоним. При появлении жениха клезмеры играли «а фрейлехс», а бадхн провозглашал: «Виват!» Жених набрасывал на голову невесты платок или покрывало и уходил. Но прежде, чем он успевал повернуться, женщины забрасывали его и мехутоним хмелем. Жениха и невесту с плачем благословляли их родители[h].

У белорусских евреев (Минск) в первой половине XIX века, по описанию Л. Леванды, «ди кале бадекн» происходило так:

> Развернув фату и захватив ее края кончиками пальцев, жених и сопровождающие его гости подходят к невесте и, накидывая фату на ее голову, произносят следующий стих из книги Бытия (24: 60)[5]: «Сестра наша, да сделаешься ты тысячами мириадов»[6].
> Стоящие позади невесты девушки осыпают мужчин градом ячменя, который они держат наготове в своих передниках. По совершении вышеописанного обряда невеста, не снимая с себя покрывала, встает со своего сидения, кадку убирают из комнаты, и «маршалек» провозглашает «первый танец».

---

[g] Талалай Г. Наши полевые записи.

[h] *Fridkin A.* Avraham-Ber Gotlober un zayn epokhe. Z. 45.

Невесту ставят посредине комнаты, музыка начинает играть полонез и «маршалек» вызывает громко и нараспев сперва родственников невесты, а потом каждую из присутствующих в комнате матрон.

Вызов гласит так: «Скромницу хваленую, богоявленную[7], праведную, добродетельную, жену доблестную, мудрую и сердобольную, госпожу такую-то, да живет она сто двадцать лет, — покорнейше просят протанцевать с невестой первый танец! Вот-вот, она идет-грядет, расступитесь, дайте место доброму другу невесты и не злому врагу нам, музыкантам!»

Вызываемая, важным утиным шагом с перевальцем, приближается или, точнее, подплывает к невесте, совершает с нею медленно и в такт музыки три оборота, при громких аплодисментах присутствующих, и медленно же уплывает, уступая место следующей. В протягивающуюся же к ней руку «маршалка» она опускает одну или несколько серебряных монет — для него и его товарищей.

Когда невеста таким образом протанцует со всеми наличными замужними женщинами (девушки к этому танцу не приглашаются), она на короткое время удаляется в свою горницу для отдыха и надевания подвенечного платья. Начинаются приготовления к венцу. Так как уже смеркается, то гости мужского пола совершают раннюю вечерню (минха) соборне, причем жених читает про себя большую исповедь, положенную на день Всепрощения[8], ибо полагается, что все его прежние грехи ему прощены, и он идет к венцу чистый, как новорожденный или как голубь[i].

Таковы основные моменты обряда «ди кале бадекн».

В еврейском народном творчестве сохранились некоторые песни, исполнявшиеся при обряде покрывания невесты. Прежде всего отметим песни встречи жениха и его свиты.

В одной из песен возвещается о приближении жениха к дому, где должен совершиться обряд «покрывания» невесты:

> Он идет, он идет, вот он здесь,
> В счастливый час!
> Поздравления тестю и теще!

---

[i] *Леванда Л. О.* Старинные еврейские свадебные обычаи. С. 126–128.

> Я добыла драгоценный камень!
> Без платьев и без приданого,
> Лишь бы у моей дочери был муж!ʲ

Следующая песня, известная под названием «Мах а варе, хоснс цад» (מאַך א װאַרע, חתנס צד, «Расступись, сторона жениха»), была массовой по исполнению и представляла собой туш в честь жениха. Ее пели, когда жених вступал в дом невесты:

> Расступись, сторона жениха!
> Встаньте вкруг,
> Здесь все сегодня будут плясать,
> Большие и малые, стар и млад,
> Гей, гей!
>
> Пусть забудет все заботы тот,
> Кто нам добрый друг.
> Никто не знает, что будет завтра,
> А у нас сегодня радость.
> Гей, гей!
>
> Калес цад, что сидите там,
> Потрудитесь выйти из-за столов!
> Молодое здоровое поколение
> Пусть вырастет большим!
> Гей, гей!ᵏ⁹

Третья песня была написана[10] М. М. Варшавским в манере выступлений бадхенов и впоследствии стала популярной народной песней[11]. Ее исполняли девушки — подруги невесты. В этой песне невесте напоминают о ее девичьей жизни, о ее обязанностях по отношению к мужу, к детям и т. д.

> Ты нравишься жениху,
> Потому что ты красива и прелестна;
> Вскоре поставят хупу,
> Вскоре будет хупа.

ʲ Yiddisher folklor. Z. 48. № 100.
ᵏ Селиба, Минская губ.

Увидишь новый мир,
Как-то говорят, что он красив...
Но я не знаю, должна ли ты радоваться...
Плачь же, невестушка, плачь!

В муках тебя взрастили,
Мучились без конца,
Заглядывали тебе в глаза,
Дрожали над тобой.
Ты, наверное, чувствуешь это, дитя мое:
Сердцем ты чиста,
Не забудь же отца и мать.
Плачь же, невестушка, плачь!

Ты всегда будешь вспоминать,
Что ты чувствовала в детстве:
Вот тут ты стояла,
Вон там играла.
Молодые годы улетают,
Они не возвращаются.
Так и жизнь наша проходит...
Плачь же, невестушка, плачь!

Когда счастье будет тебе сиять и светить,
Не забудь о бедняке,
Человек должен всегда помнить,
Что с ним может случиться завтра.
Ой! Каждый человек беден,
Как бы богат он ни был —
Так написано в наших книгах... —
Плачь же, невестушка, плачь!

Когда твой муж будет проливать слезы,
Будет огорчать свое сердце,
Услади ему его жизнь,
Облегчи его страданье.
Деткам твоим
Как следует объясни наше несчастье,
Что плакать — у нас означает «жить».
Плачь же, невестушка, плачь!

> Жениха ведите к невесте,
> Скорей засыпьте его цветами;
> Бога мы все будем молить,
> Чтобы он послал тебе удачу.
> Куда бы ты ни повернулась,
> Пусть всегда с тобою пребудет Бог;
> Он услышит твои слезы —
> Плачь же, невестушка, плачь!^l

Обряд «ди кале бадекн», как и обряд «ди кале базецн», сопровождался, как уже отмечалось, танцами. Танцевали под клезмерскую музыку или под песни. Одна из таких песен исполнялась, по-видимому, после того, как жених покрывал голову невесты платком, и после того, как его осыпали хмелем (конфетти). В песне этой поется:

> Поздравляем жениха,
> Поздравляем невесту!
> Всем нам большого счастья,
> Всем сватам!^m

Следующая хороводная песня, сопровождавшаяся игрой клезмерской капеллы, сопровождала танец «Ди род» («Круг») в честь «калес цад». Эта популярная в народных массах песня тоже была написана М. Варшавским. Песня полна ликованьем. Солировала, как видно из содержания песни, мать жениха[12]:

> Клезмеры, бейте в тарелки!
> Кто меня теперь оценит?
> Ой, ой! Бог велик!
> Он благословил мой дом…
> Младшенькую выдаем —
> Младшенькую выдали[13]!
>
> Сильнее!.. Веселей!..
> Ты — царица, я — царь,

---

l *Varshavskiy M.* Veyn zhe, kalenju, veyn // *Varshavskiy M.* Idishe folkslider. Z. 26–28.
m Yiddisher folklor. Z. 48. № 101 (Лодзь).

Ой, ой, я сам
Собственными глазами видел,
Как Бог меня осчастливил —
Младшенькую выдали!

Сильнее!.. Лучше!..
Круг, делайте круг шире!
Возвеличил меня Бог,
Он принес мне счастье!
Гуляйте, дети, всю ночь!
Младшенькую выдали!

Преданный дядя Иосе
И добрая тетя Сося
Мне к хосн-мол[14]
Дорогие вина без счета
Прислали из Страны Израиля[15].
Младшенькую выдали!

Мотл!.. Шимен!..
Бедняки пришли,
Накройте для них лучший стол[16],
Дорогие вина, дорогую рыбу,
Ой, ой, дочка, поцелуй меня, —
Младшенькую выдали!..

Айзик!.. Черт!..[17]
Бабушка пляшет «Казачек»[18].
Не сглазить бы, посмотрите только, посмотрите.
Как она ступает и как она идет,
Ой, радость, ой, веселье!
Младшенькую выдали!

Ицик!.. Шпицик!..[19]
Почему молчишь со своим смычком?!
На клезмеров прикрикни:
То ли они играют, то ли они спят?
Рвите все струны надвое!
Младшенькую выдали![n]

---

[n] *Varshavskiy M.* Di rod (Kales tsad) // Varshavskiy M. Idishe folkslider. Z. 29–31.

Приведем в заключение еще одну хоровую танцевальную песню, известную под названием «фрейлехс». Песня эта сопровождалась игрой клезмеров и исполнялась в честь «хоснс цад» (родни жениха). Эта песня, как и предыдущая, также написана по народным мотивам[20] М. Варшавским:

> Мехутены идут, дети,
> Давайте веселиться
> Тихо, только тихо!
> Жених — это чудо.
> Сыграйте «виват» для хоснс цад!
>
> Вот идет дядя Хоне
> С тетей Ханой.
> Тихо, только тихо!
> Это лучший подарок.
> Сыграйте «виват» для хоснс цад!
>
> Сестра жениха Фрейдл,
> Возьмите ее в круг.
> Тихо, только тихо!
> Она кружится как волчок.
> Сыграйте «виват» для хоснс цад!
>
> Реб Эли, это жениха дядя,
> Животик поглаживает.
> Тихо, только тихо!
> Он из всех дядей дядя.
> Сыграйте «виват» для хоснс цад!
>
> Вот идет мехутн Миндик,
> Чем мы согрешили.
> Тихо, только тихо!
> Он дуется, как индюк.
> Сыграйте «виват» для хоснс цад!
>
> Возьмитесь за руки все!
> Жених с невестою.
> Тихо, только тихо!
> Бог пусть даст им изобилие —
> Родне жениха и родне невесты...°

° *Varshavskiy M.* A freylekhs // Varshavskiy M. Yidishe folkslider. Z. 31–33.

Как мы видим, песни, исполнявшиеся во время «ди кале бадекн», являлись массовыми песнями[21].

Время покаяния и очищения от грехов заканчивалось обрядами «ди кале базецн» и «каболес поним», поэтому-то в песнях, исполнявшихся во время обряда «ди кале бадекн», как правило, отсутствуют грустные моменты. Наоборот, они проникнуты тем ликованием, которыми полны все присутствующие перед отправлением к хупе.

Весь обряд «ди кале бадекн» состоял из следующих элементов:

1. Остановка работы мельницы на пути следования жениховского поезда к «бадекнс»[22].
2. Обмен тортами.
3. Встреча жениха и его свиты приветственными возгласами, игрой клезмеров и песнями.
4. Зажигание присутствующими женщинами гавдольных свечей и передача свечей после покрывания невесты мужчинам.
5. Покрывание женихом головы невесты платом (паройхесом, платком, покрывалом).
6. Прикрывание невестой своего лица при приближении к ней жениха, чтобы не видеть его.
7. «Башитнс» (осыпание) жениха (а в некоторых местах — и мужчин-мехутоним) овсом, хмелем, ячменем, конфетти или серпантином.
8. Танцы и песни под аккомпанемент клезмеров.
9. Благословение жениха и невесты перед их отправлением к хупе родителями и всеми присутствующими[23].
10. Отправление к хупе: жених и невеста выступают с правой ноги.
11. Напутствия жениху и невесте.

---

1   Повтор материала, приведенного в предыдущей главе.
2   Обсыпание молодоженов овсом или хмелем также характерно для славянской свадьбы.
3   Женщина в состоянии ритуальной нечистоты не должна ничего передавать из рук в руки мужчине.

4 Речь идет о водяной мельнице. У белорусов при прохождении мимо мельницы поезда невесты мельник останавливал водяное колесо.

5 Так этот стих приведен у Леванды. В Синодальном переводе он полностью звучит так: «И благословили Ревекку и сказали ей: сестра наша! да родятся от тебя тысячи тысяч!» То есть невесте желают многочисленных детей.

6 В рукописи на обороте листа 189 карандашом сделана приписка: «С торжественными приветствиями жениху и невесте ср. указание Исайи 49:18 и Иеремии 2:32, Пс 45:15 и т. д. У Матфея 9:15 упоминается о "брачном чертоге", его "сынах"». Приводим упомянутые в приписке цитаты:
«Всеми ими ты облечешься, как убранством, и нарядишься ими, как невеста» (Ис 49:18).
«Забывает ли девица украшение свое и невеста — наряд свой?» (Иерем 2:32).
«В испещренной одежде ведется она к Царю; за нею ведутся к Тебе девы, подруги ее» (Пс 45:15, у христиан Пс 44:15).
«Могут ли печалиться сыны чертога брачного, пока с ними жених?» (Мф 9:15).

7 Так у Леванды. Возможно, опечатка, имелось в виду «богобоязненная».

8 Имеется в виду «Ал хет» («За грехи»), покаянная молитва на Йом Кипур.

9 Для текста на идише оставлено место, но он не вставлен. Источник обнаружить не удалось.

10 У Пульнера «составлена». Он калькирует еврейское слово «мехабер» («писатель»), которое буквально означает «составитель». Считалось, что средневековый автор не пишет «от себя», а «составляет» свои книги, компилируя авторитетные мнения. Однако тексты песен Варшавского — вполне самостоятельные поэтические произведения, хотя и стилизованные в народном вкусе.

11 Шолом-Алейхем издал сборник песен Варшавского «Йидише фолкслидэр» («Еврейские народные песни») в 1901 году. Это название вызвало полемические возражения этномузыколога и композитора Юлия Энгеля, который указывал на то, что песни Варшавского вполне авторские. Очевидно, Пульнер в этом споре занимает сторону Шолом-Алейхема.

12 Непонятно, почему Пульнер делает такой вывод. Из текста песни это никак не следует, в том числе грамматически. Скорее, слышны голоса разных членов семьи невесты. Например, строчку «Ты — царица, я — царь» следует, вероятно, понимать как пропетую отцом невесты. Пульнер, опираясь на свое понимание текста, переводит рефрен как «Младшенькую выдала». Это было нами систематически исправлено. Также непонятно, почему Пульнер размещает эту популярную песню в главе, посвященной «кале бадекн». В песне речь идет скорее о свадебном пире после хупы.

13 Здесь и далее Пульнер пишет «Мезиньку выдала!», то есть использует еврейское слово «мезиньке» («младшая дочь») без перевода. На обороте л. 191 сделана помета карандашом: «Пояснить, что значит "мизинька", ибо в русском сохранилось только слово мизинец и редко в значении "младший сын". Мызынка — "младшая дочь" в украинском, мизинка — в белорусском;

польск. mizynny — младший. Е. К.». Очевидно, замечание сделано научным консультантом Пульнера Е. Г. Кагаровым.

14 Мальчишник, пирушка у жениха.
15 В 1882 году бароном Э. Ротшильдом была основана винодельня «Кармель», первая в Эрец Исроэл (Стране Израиля). Так в еврейской традиции (и в песне Варшавского тоже) называется та территория, которая в 1930-х годах носила название Палестина. Пульнер «политически грамотно» переводит «Палестина».
16 Угощение для нищих — важный элемент традиционной свадьбы.
17 В оригинале «Айзик! Мазик!». Слово «мазик» (букв. «вредитель») — одно из обозначений злого духа. Здесь использовано для рифмы.
18 Еврейский народный танец.
19 Букв. «острый, остряк». Здесь использовано для рифмы.
20 Пульнер преувеличивает степень подражания Варшавского фольклорным песням.
21 Не вполне понятно, что означает «массовые песни». Возможно, имеется в виду то, что их исполняли хором все присутствующие на свадьбе.
22 Выше Пульнер указывает, что водяную мельницу останавливали только в Заверeжье. Сложно судить о том, насколько повсеместно был распространен этот обычай.
23 Выше Пульнер нигде не упоминает этот элемент обряда.

2.4.7. *Хупа (бракосочетание)*

2.4.7.1. *Общие замечания*

Рассматривая весь обряд хупы, следует прежде всего остановиться на самом понятии «хупа», а также на таких вопросах: место и время устройства хупы, участники хупы, свадебный поезд, и, наконец, на элементах самого обряда хупы[1].

Обряд хупы следовал непосредственно после обряда «ди кале бадекн» и известен был, как мы уже указывали, под названием «хупа у-кидушин» (חופה וקידושין, «покров и освящение»).

В еврейской свадебной обрядности термин «хупа» имел два значения, именно: хупа — покров, балдахин, под которым совершался акт бракосочетания, и хупа в соединении с «кидушин» — сам акт бракосочетания (освящение брака).

Обряд хупы у евреев в России в рассматриваемый нами период многие именуют венчанием. Такое наименование обряда является, по нашему мнению, неточным, так как в указанный период у евреев в России, насколько нам известно, никаких венцов (венков) во время хупы не употреблялось.

Наименование обряда хупы у евреев в России венчанием следует объяснить бытованием в прошлом в еврейской свадебной обрядности венцов (венков). Об этом мы уже знаем из приведенной выше выдержки о бракосочетании царя Соломона[a2], об этом также свидетельствует следующее место в Талмуде:

> В войну Веспасиана запретили венцы женихов и бубны, в войну Тита запретили венцы невест...[b] Какие «венцы женихов»? Из соли и серы, но венцы из роз и мирта им дозволили. Что это за «венцы невест»? Это «золотой город»[3]; но она может выйти в уборе из тонкой шерсти (Мишна Сота, IX:14)[c].

---

[a] См. главу «Свадьба» («Хасене») настоящей работы.

[b] «В войну Веспассиона... в войну Тита»» — имеются в виду два этапа Первой иудейской войны (66–70 годы н. э.), завершившейся разрушением Иерусалима и взятием крепости Масада.

[c] Цит. по: Талмуд. Мишна и Тосефта. Т. III. С. 332.

Таким образом, на основании сказанного можно заключить, что именование обряда хупы у евреев в России венчанием в рассматриваемый нами период является пережитком[4], поэтому правильнее именовать обряд хупы бракосочетанием, освящением брака.

Что же представляла собою «хупа» как место покрова и освящения, и каков генезис самой «хупы»?

По мнению Н. Переферковича, хупа — брачное ложе, брачная комната[d].

Другой исследователь этого вопроса в <...>[5] полагает, что хупа представляла собою носилки — палатку с покрытием. В палатке находилось ложе или кресло для невесты. На этих-то носилках уносили молодую после обряда освящения или обручения в дом ее мужа.

В «Шулхан Орух» (XVI век) хупой называется «уединение жениха и невесты» (Шулхан Орух, Эвен һа-эзер, 35:1).

В примечании к этому определению Н. Переферкович цитирует Моше Иссерлеса (1520–1572):

> Некоторые говорят, что хупой называется не уединение, а всякий ввод невесты женихом в дом свой во имя нисуин[e], некоторые говорят, что хупой называется простирание плаща над их головами во время славословия; некоторые говорят, что хупой девицы называется выход ее с гиномом[f], а хупой вдовы — ее уединение с мужем; теперь же [XVI век. — *И. П.*] хупой обыкновенно называют балдахин на столбцах, под которым публично ставят жениха и невесту, и он ее там освящает (Комментарий «Мапа» к Шулхан Орух, Эвен һа-эзер, 35:1)[g].

---

[d] Талмуд. Мишна и Тосефта. Т. III. С. 35.

[e] Нисуин (נישואי) означает в буквальном переводе «несение», «перенесение». В данном случае под «нисуин» подразумевается ввод молодой в дом мужа во имя брачного сочетания.

[f] Гином (от древнеевр. הינומה) — «подвенечная фата», покрывало невесты.

[g] Талмуд. Мишна и Тосефта. Т. III. С. 35.

Таково мнение исследователей и таковы высказывания автора «Шулхан Орух» и его комментатора Моше Исерлеса о хупе.

Все изложенное можно свести к следующим восьми положениям:

1. Хупа была местом уединения жениха и невесты.
2. Хупа являлась брачным ложем, брачной комнатой.
3. Хупа представляла собою брачные носилки невесты, на которых последнюю относили в дом ее жениха.
4. Хупа — всякий ввод невесты женихом в свой дом во имя нисуин.
5. Хупа — распростертый над головами плащ.
6. Хупа девицы — покрывало невесты.
7. Хупа вдовы — ее уединение с мужем.
8. Хупа — балдахин на столбиках, под которым ставят жениха и невесту.

Подтверждаются ли эти положения какими-либо памятниками или документами?

Прежде всего о самом термине «хупа».

«Хупа» (חופה) — слово древнееврейского происхождения, производное от «хафаф» (חפף, «покрывать»).

Термин «хупа» неоднократно встречается в Ветхом Завете. У пророка Исаии слово «хупа» приводится для обозначения покрова славы: «потому что над всякою славою будет "хупа"»[6] (Ис 4:5). О связи хупы с женихом и невестой говорится у пророка Иоиля: «Пусть жених выйдет из чертога своего и невеста из "хупы"[7] своей» (Иоиль 2:16); и в псалмах «И он выходит, как жених из своей "хупы"»[8] (Пс 18:6).

В Торе в рассказе о бракосочетании Исаака говорится: «И ввел ее Исаак в шатер Сарры, матери своей, и взял Ревекку, и она сделалась ему женою» (Быт 24:67)[9].

О хупе как о месте обручения говорится в Талмуде, в трактате «Кидушин»: «хупа, под которой совершается обручение, согласно закону и установленным обычаям» (ВТ, Кидушин, 3а)[10].

Определение самого понятия «хупа» присутствует в трактате «Сота»: «В последнюю войну запретили хупы женихов. Что такое "хупы женихов"? — золоченый балдахин; но им дозволяется устроить деревянный переплет и развешивать что угодно (Тосефта Сота, гл. XV, 4)»[h].

Под «что угодно», как полагает исследователь обрядов брака в эпоху Талмуда А. Ш. Гершберг, имелись в виду орехи, гранаты, сосуды с растительным маслом и пурпурная тесьма — все это по окончании обряда раздавалось нищим[i].

В хупе также вешали разрисованные простыни с прикрепленными к ним золотыми луночками[11]. Хупу строили и из камыша (ВТ, Сота, 49б).

По сообщению талмудической агады[j], в Палестине существовал следующий обычай: при рождении мальчика сажали кедр, а при рождении девочки — мирт. Когда дети становились взрослыми и вступали в брак, эти деревья срубали для устройства хупы (ВТ, Гитин, 57а).

Бытование брачных носилок, именовавшихся «апирьон» (אפריון), подтверждается следующим местом в трактате «Сота»: «Запретили невесте совершать шествие в носилках по городу» (Тосефта Сота, гл. XV, 4)[k].

Приведенные здесь материалы недостаточны, конечно, для окончательного установления генезиса хупы; тем не менее они, как нам кажется, достаточны для следующего предварительного заключения, а именно:

1. В библейский период акт бракосочетания совершался посредством введения невесты в шатер ее жениха (бракосочетание Исаака с Ревеккой), то есть уединением жениха и невесты в брачном покое, на брачном ложе.

2. Термин «хупа» как покров встречается уже в Библии (Ис 4:5).

3. Там же указывается о связи хупы с женихом и невестой (Иоиль 2:16; Пс 18:6), то есть о существовании хупы невесты и хупы жениха.

---

[h] Талмуд. Мишна и Тосефта. Т. III. С. 332.
[i] *Gershberg A.Sh.* Khayey ha-tarbut.
[j] Агада — часть талмудической литературы, содержащая, главным образом, исторические предания и легенды.
[k] Талмуд. Мишна и Тосефта. Т. III. С. 332.

4. О хупе как месте обручения невесты «согласно закону и установленным обычаям» находим упоминания в Талмуде.

5. Хупа, по Талмуду, «золоченый балдахин» или «деревянный переплет», где развешивали «что угодно», то есть орехи, гранаты, сосуды с растительным маслом и пурпурную тесьму.

6. В эпоху Талмуда хупу строили из камыша, кедра или мирта.

7. В эпоху Талмуда до начала II века н. э. у евреев бытовали брачные носилки невесты, на которых ее «вводили» в дом жениха.

8. В период возникновения «Шулхан Орух» (XVI век) хупа известна как:

а) уединение жениха и невесты;

б) «балдахин на столбиках, под которым публично ставят жениха и невесту и он ее там освящает (то есть берет в жены)».

Таким образом, уже в эпоху Талмуда хупа являлась балдахином, под которым совершалось обручение невесты и жениха «согласно закону и установленным обычаям». Хупа как балдахин существовала и в Средние века. Такою же она являлась и у евреев в России в рассматриваемый нами период. Так, например, у украинских евреев (начало XIX века) хупа (балдахин) состояла из четырех шестов, между которыми натягивалось шелковое полотнище небесного цвета[l]. Это полотнище прикреплялось к шестам посредством колец. У белорусских евреев (Минск, первая половина XIX века) полотнище хупы устраивали из шелкового или парчового занавеса, который обычно висит перед кивотом[12], и четырех деревянных столбиков, соединенных металлическими кольцами с углами занавеса. Хранили хупу в синагоге[m].

---

[1] Этот абзац написан от руки на обороте л. 194.
[2] На обороте л. 195 надпись карандашом: «О венцах женихов упоминается в книге прор. Исайи (Ис 61, стих 10): "...как на жениха возложил венец"».

---

[l] *Fridkin A.* Avraham-Ber Gotlober un zayn epokhe. Z. 45.
[m] *Леванда Л. О.* Старинные еврейские свадебные обычаи. С. 128.

3 Головное ювелирное украшение, род диадемы.
4 Представляется, что Пульнер дает слишком сложное объяснение. Еврейский свадебный обряд часто называют по-русски «венчанием» просто в силу языковой инерции, хотя на еврейской свадьбе, в отличие от православной, никаких венцов нет.
5 В тексте рукописи оставлено место для названия сочинения, но оно не вписано. Что это за сочинение, установить не удалось.
6 В Синодальном переводе: «ибо над всем чтимым будет покров».
7 В Синодальном переводе: «из горницы».
8 В Синодальном переводе: «И оно [солнце] выходит, как жених из брачного чертога своего».
9 В Пятикнижии в этой фразе слова «хупа» нет.
10 Перевод очень приблизительный. Более точно: «Совершение хупы также является способом совершения обручения»
11 Источник не установлен. Непонятно, что Пульнер имеет в виду под словом «луночки».
12 Паройхес.

2.4.7.2. Место устройства хупы

В Средние века хупу устраивали на открытом воздухе у дверей синагоги. По предписанию Магарила — для юноши и девушки в самой синагоге на биме (синагогальной эстраде); для вдовца и вдовы — на синагогальном дворе. У немецких евреев (XIV–XV век) обряд хупы устраивали на синагогальном дворе, а в других общинах — в самой синагоге[a].

У польских евреев обряд проводили «на синагогальном дворе или на примыкающей к синагоге площади, под открытым небом, в ознаменование того, что "потомство брачущихся будет многочисленно, как звезды небесные"»[b].

В России хупа устраивалась под открытым небом, преимущественно на синагогальном дворе. У белорусских евреев (Каменец-Литовский) в первой половине XIX века хупу устраивали возле большого бесмедреша (синагоги)¹.

Следует еще отметить уже упомянутый обычай устраивать свадьбу, в том числе и хупу, на полпути между постоянным местожительством жениха и невесты. У украинских евреев (Бердичев) в конце XIX и начале XX века богатые мехутоним (родители жениха и невесты) иногда устраивали свадьбу, в том числе и хупу, вне своего местечка по следующим причинам:

1. Если обе стороны проживали далеко друг от друга.
2. Для уменьшения числа гостей (когда их ожидалось слишком много).
3. Для уменьшения расходов.
4. Если жених или невеста уже были просватаны за другую / другого, влюблены в другую / другого до сватовства — во избежание скандала.
5. Если жених недавно освободился от призыва — во избежание зависти и скандала со стороны призывников[c].

---

[a] *Güdemann M.* Idishe kultur-geshikhte in mitlalter. Z. 88.
[b] Еврейская энциклопедия. Т. XIV. Ст. 55.
[c] Шпильберг В. Наши полевые записи.

Устраивали в таких случаях хупу на полпути между постоянным местом жительства мехутоним — в деревне у посессора[2], в маленьком местечке или на станции[d3].

Из изложенного мы видим:

1. Хупа не была первоначально связана с синагогой. Связь хупы с синагогой — последующий этап в ее развитии — была установлена в интересах еврейской религии.

2. Хупа, главным образом у зажиточного населения, устраивалась вне постоянного местожительства сторон.

---

[1] Источник не найден.
[2] Арендатор, управляющий у помещика.
[3] Постоялый двор.

---

[d] Шпильберг В. Наши полевые записи.

2.4.7.3. Время устройства хупы

Хупу у евреев в России, как и тноим, принято было устраивать только в определенные дни недели, а также только в установленные для этого месяцы года.

У белорусских евреев (Дубровно, Завережье, Пропойск) в конце XIX — начале XX века хупу устраивали во вторник или пятницу, иногда (Пропойск) в воскресенье[a]. Понедельник, как сообщил нам М. Донович (Дубровно), считался несчастливым днем, в этот день скончался Моисей[1]. В пятницу после полудня в тело вселяется «нешоме есойре» (נשמה יתרה, добавочная субботняя душа. — *И. П.*)[b2]. В Пропойске хупу не совершали по понедельникам, средам и субботам[c].

У украинских евреев (Бердичев) в конце XIX — начале XX века также не устраивали хупу по понедельникам. Этот день плохой: в этот день евреи пережили много горя[d3].

Хупу, как и тноим, не устраивали в дни Сефиры, за исключением Лагбоймер (33 день Сефиры), в период с 17-го Таммуза до Тишебова включительно, в холамоед (с третьего по шестой дни праздников Пасхи и Кущей)[e] и в Рош-хойдеш (первый день месяца) Тишрей[f].

Принято было устраивать хупу, как уже упомянуто, в Лагбоймер, в первую пятницу после праздника Швуэс (Пятидесятница[4]), в Шабес Нахаму (первая суббота после Тишебов)[g], в Хануку[h], в Рош-хойдеш (первый день месяца) Одер[i], в месяцах Нисане и Элуле[j].

---

[a] Донович М., Талалай Г. и Гинзбург. Наши полевые записи.
[b] Наши полевые записи.
[c] Гинзбург. Наши полевые записи.
[d] Шпильберг В. Наши полевые записи.
[e] Белорусские и украинские евреи (конец XIX — начало XX века). Наши полевые записи.
[f] Гинзбург. Наши полевые записи (Пропойск).
[g] Наши полевые записи. Белорусские и украинские евреи (конец XIX — начало XX века).
[h] Шпильберг В. Наши полевые записи (Бердичев).
[i] Богомольный Н. Наши полевые записи (Бершадь).
[j] Талалай Г. Наши полевые записи (Завережье).

У белорусских (Пропойск, Завережье, Дубровно) и украинских (Бердичев, Бершадь) евреев хупа назначалась на первые дни месяца[k]. По сообщению Ахуна[5], «в один день можно ставить одну хупу, так как сказано: неделя эта полна»[16]. У польских евреев свадьбу устраивали обыкновенно в пятницу днем или перед наступлением субботы[m].

На установлении времени совершения хупы отразились влияния Талмуда и различных народных поверий. Так, в Талмуде, в трактате «Кетубот», читаем:

> «Нисуин» (נישואין, бракосочетание) с девицею совершается в среду, а с вдовой — в четверг, ибо два раза в неделю бейс-дины[n] заседают в городах: по понедельникам и четвергам. Так что если у него (мужа) есть жалоба относительно девства, он может на следующее утро отправиться в бейс-дин (Ктубот 1,1)[o].

Таким образом, для палестинского периода еврейской истории установленные для устройства свадьбы дни были приурочены к заседаниям бейс-дина.

В период римского владычества в Палестине (I–II век н. э.) у евреев вошло в обычай устраивать хупу во вторник:

> Со времени опасности вошло в обычай вводить (жен в хупу) во вторник, и мудрецы этому не воспротивились. Если он (жених) желает совершить (бракосочетание) в понедельник, то его не слушают, но совершать (в этот день) по необходимости[p] — дозволено (Ктубот 1,1)[q].

---

[k] Наши полевые записи.
[l] *Royzengarten A.* Sefer matamim. Z. 55.
[m] Еврейская энциклопедия. Т. XIV. Стб. 55.
[n] Бейс-дин (בית דין, букв. «дом закона») — суд.
[o] Талмуд. Мишна и Тосефта. Т. III. С. 111.
[p] «Онес» (אונס), непреодолимый случай, force majeure [Прим. Н. Переферковича].
[q] Талмуд. Мишна и Тосефта. Т. III. С. 111.

Установление в дни римского владычества вторника как дня бракосочетания связано, как полагает Переферкович, с усвоением римскими властителями над евреями Jus primae noctis[r]. Понедельник, как мы уже отмечали, считался неблагополучным днем для устройства бракосочетания.

В трактате «Ктубот» объясняются причины назначения для вдовы четверга как дня бракосочетания:

> Почему установили: бракосочетание со вдовой совершается в четверг? Если бракосочетание будет происходить в один из прочих дней недели, то он (новобрачный) оставит ее и пойдет к своей работе; поэтому установили, чтобы бракосочетание происходило в четверг, так что он радуется с нею три свободных дня: в четверг, пятницу и субботу (Ктубот 1,1)[s].

Дней, установленных в Талмуде для бракосочетания, придерживались, за небольшими исключениями, и в последующие века. Так, в рассматриваемый нами период у евреев в России понедельник считался несчастливым днем. В связи с этим у украинских (Захарьевка, Гусятин) и молдавских (Тирасполь, Балта) евреев в конце XIX — начале XX века в понедельник не начинали никакой работы, не отправлялись в путь, не выезжали на свадьбу. Если выезжать все же было необходимо в понедельник, то перебирались, как уже указывалось, в воскресенье в другой дом[7] к знакомому, откуда уже отправлялись в путь в понедельник. В таких случаях полагали, что из дому выезжали в воскресенье.

> Мой брат (Тирасполь) должен был выехать на свадьбу в понедельник и его перевели в воскресенье вместе с вещами к хорошему знакомому, где он переночевал и оттуда уже отправился в путь в понедельник[t].

---

[r] Право первой ночи (*лат.*).
[s] Талмуд. Мишна и Тосефта. Т. III. С. 111.
[t] Ярошевич О. И. Наши полевые записи.

Там же (Тирасполь) женщины не брали в понедельник глины из оврага для обмазывания дома, так как, по поверью, от этого в доме заводились «тираны» (черные жуки). Среда, как и понедельник, также считалась несчастливым днем, и в этот день также не начинали никакой работы (Тирасполь, конец XIX — начало XX века) Исключение допускалось для изучения Торы[u].

Вторник считался у евреев самым счастливым днем, так как в этот день Творец, по поверью, завершил оставшуюся с понедельника работу и всю работу, намеченную на вторник, почему в Торе и сказано про вторник дважды «тойв» (טוב, «хорошо»)[8]. Написанное в этот день письмо датировалось так: «День, в который "тойв" упомянуто дважды»[v]. По поверью, человек, рожденный в воскресенье, или совершенно счастлив, или совершенно несчастен, так как в воскресенье созданы свет и тьма. Рожденный в пятницу — набожен[w,9].

В субботу не устраивали хупу, так как это день отдыха.

Месяц Нисан, который соответствует зодиакальному знаку «Тале» (טלה, Овен), почитался счастливым, так как связан с исходом из Египта. По-видимому, этому месяцу приписывали счастье и потому, что он был первым месяцем весны, когда все в природе возрождается, воскресает.

Месяцы Таммуз и Ав связаны с преданиями об осаде и разрушении Иерусалима, они считались месяцами национального траура и покаяния. Месяцем покаяния считался также и Тишрей[10]. В эти месяцы не устраивали свадеб. В месяце Ав свадьбу разрешалось устраивать только в первую субботу после Тишебов, в так называемую Шабес Нахаму (שבת נחמו, «Суббота утешения»[11]). Эта суббота связана с верой в возрождение еврейского государства в Палестине. Устраивались свадьбы и во время праздника Маккавеев[12], так как этот праздник связан с национальной победой евреев над греко-сирийскими интервентами.

---

[u] Ярошевич О. И. Наши полевые записи.
[v] Ярошевич О. И. Наши полевые записи.
[w] Ярошевич О. И. Наши полевые записи.

Дни Сефиры также считались траурными днями в связи с преданием о массовой смерти в эти дни учеников знаменитого законоучителя рабби Акивы (I век н. э.). Смертность среди учеников раби Акивы прекратилась, по преданию, на тридцать третий день Сефиры, в Лагбоймер. В дни Сефиры, исключая Лагбоймер, запрещались увеселения, свадьбы, купание, а также стрижка волос и ногтей.

---

[1] Народная легенда, не имеющая книжного источника.
[2] Сказано в Талмуде (ВТ, Таанит 27б; Бейца 16а): «Человеку дается добавочная душа накануне субботы, а на исходе субботы ее забирают у него».
[3] Народная легенда, не имеющая книжного источника.
[4] У Пульнера вместо «Пятидесятница» ошибочно написано «Семидесятница». Возможно, это была попытка перевести темин «Шавуот» буквально, то есть «седмицы, недели».
[5] У Ахуна эта цитата отсутствует. Она есть в сочинении Ройзенгартена.
[6] То есть одна свадьба уже «заполняет» неделю исполненной заповедью.
[7] Здесь и в следующем абзаце Пульнер использует термин «изба», явно плохо подходящий для дома в местечке.
[8] Быт 1:10–12.
[9] Это поверье основано на сказанном в ВТ, Шабат 156а.
[10] В Тишрей перед наступлением осенних праздников, когда определяется судьба человека, было принято каяться, просить прощения и посещать могилы предков, прося у них заступничества.
[11] У Пульнера ошибочно переведено «Суббота надежды».
[12] Ханука.

2.4.7.4. Участники хупы

Кроме жениха и невесты при совершении обряда хупы присутствовали родители новобрачных или их опекуны, ближайшие родственники, знакомые и вообще все желающие. Присутствующих должно было быть по обычаю не меньше миньяна (десять религиозно совершеннолетних мужчин, то есть старше 13 лет), они являлись «эйдес» (עדות, свидетелями) при совершении обряда. В миньян могли быть зачислены только «кошере эйдес» (כשרע עדות, кошерные свидетели), то есть такие, которые не нарушали религиозный закон и святость субботы и не ели трейфе (טרפה, пищу, запрещенную к употреблению еврейским религиозным законом). Там, где присутствовало много «кошерных» свидетелей, но среди них один был свидетель «посул» (פסול, негодный), свидетельства всех остальных становились «ботул» (בטל, недействительными)[a].

При обряде хупы, даже на беднейшей свадьбе, должен был присутствовать раввин, чтобы обряд обручения совершался точно по всем правилам закона Моисея и Израиля[b].

На свадьбы бедных приходили, как уже выше отмечалось, незнакомые девушки ради мицвы (богоугодного дела) и приносили невесте подарки (Бердичев, конец XIX — начало XX века)[c]

Кроме вышеперечисленных лиц при обряде хупы присутствовали клезмеры, бадхн и шамес.

По народному поверью, на свадьбе детей-сирот присутствовали их покойные родители (души покойников)[d].

---

[a] *Akhun M.* Der Gleker. Z. 57–58.
[b] Ibid. Z. 58.
[c] Шпильберг В. Наши полевые записи.
[d] Талалай Г. Наши полевые записи. Заверёжье, конец XIX — начало XX века.

2.4.7.5. Свадебный поезд к хупе

К хупе отправлялись после «ди кале бадекн» (די כלה באַדעקן, покрывание невесты). Свадебный поезд, то есть шествие к хупе, обставлялся весьма торжественно и сопровождался особыми церемониями. Его освещали горящими «гавдоле-лихт» (הבדלה ליכט, свечами для гавдолы), а в некоторых местах и горящими факелами. Свадебный поезд отправлялся к хупе под звуки клезмеров и сопровождался танцами. Кроме клезмеров свадебный поезд сопровождал также бадхн.

В Минске в составе свадебного поезда участвовали группы мальчиков, выкрикивавших: «Хосн дойме лемейлех» («חתן דומה למלך», «Жених подобен царю!»)[a].

По описанию второй половины XIX века, перед отправлением свадебного поезда к хупе:

> Дружки жениха *или шафера*[b] надевают *ему китл*, зажигают два факела, весельчак [бадхн. — *И. П.*] выкликает по очереди *родителей и старших родственников* обеих сторон для подачи благословения, каждый приглашенный возлагает руки на голову жениха и невесты, благословляет их по установленной формуле и затем отправляются к месту венчания[c1].

Перед отправлением свадебного поезда в Литве:

> Кладут жениху, согласно с предписанием Талмуда, немного пепла на голову, в память разрушения Храма Иерусалимского[d]. Но в здешних местностях [южные и юго-западные

---

[a] *Леванда Л. О.* Старинные еврейские свадебные обычаи. С. 129.

[b] По сообщению М. Берлина, в дружки жениху и невесте назначают две четы, которые должны быть непременно первобрачные, из них мужья бывают шаферами, а жены — их подругами.

[c] *Берлин М.* Очерк этнографии еврейского народонаселения в России. С. 25.

[d] Посыпание головы пеплом отмечает и Ахун. Как указывает Ахун, посыпают то место на голове, где надевают тфилин, как предписано в ВТ, Бава Батра 60б: «Необходимо посыпать пеплом голову жениха...», что является символом траура по разрушенному Иерусалиму (*Akhun M.* Der Gleker. Z. 58).

губернии Украины. — *И. П.*] обычай этот не соблюдается. Не существует также обычая благословлять жениха посредством рукоположения. Здесь «шамес» восклицает, чтобы женщины-старушки благословляли жениха, и они или благословляют его, или отвечают: «Да благословит его Бог». Факелов зажигают здесь не два, а множество, и их носят шаферы, родители новобрачных и родные[e].

Свадебный поезд, направлявшийся к хупе, состоял обычно из двух частей: поезда жениха и поезда невесты. Первым отправлялся к хупе со своей квартиры поезд жениха, а затем, когда жених уже стоял под хупой (балдахином), со своей квартиры отправлялся поезд невесты.

Структура поезда жениха, так же как и поезда невесты, не была случайной.

Все участники поезда должны были держаться установленных народным обычаем мест. Свадебный поезд жениха имел следующую структуру.

У белорусских евреев (Минск) в первой половине XIX века:

> Впереди всех идет «маршалек» с музыкантами, играющими марш; за музыкантами следуют мальчики, от времени до времени выкрикивающие: «жених подобен королю!»; за мальчиками выступает жених, имея по правую руку своего посаженого отца, а по левую — посаженого отца невесты; посаженые отцы держат каждый по зажженному восковому факелу в руке; на женихе поверх сюртука надета заветная, так называемая вечная рубашка[2], только что полученная в подарок от невесты, а поверх рубашки — плащ или шуба внакидку; шествие замыкают гости мужского пола[f].

В Дубровно (конец XIX — начало XX века) впереди поезда шли клезмеры, за ними бадхн. За бадхеном — шамес (синагогальный

---

[e] *Чубинский П. П.* Труды этнографическо-статистической экспедиции. С. 39–40.

[f] *Леванда Л. О.* Старинные еврейские свадебные обычаи. С. 129.

служка). Затем следовали жених с дружками. За ними — родственники со стороны жениха, а сзади — все остальные[g].

У украинских евреев (Бердичев, конец XIX — начало XX века) впереди шли клезмеры. За ними — жених, а сзади — все остальные[h].

Структура поезда невесты почти не отличалась от структуры поезда жениха.

У белорусских евреев (Дубровно, конец XIX — начало XX века) в поезде невесты впереди шли клезмеры. За ними — бадхн. За бадхеном — шамес. За шамесом — невеста. По правую руку невесты шел ее отец, по левую — мать. За ними — родственники со стороны невесты, а сзади — остальные. В Дубровно родители невесты, даже если они были разведены, все равно вели невесту к хупе. Сопровождавшие поезд клезмеры играли грустные мелодии[i]. В Завережье (конец XIX — начало XX века) невесту вели к хупе без клезмеров[j]. В Пропойске (конец XIX — начало XX века) впереди поезда шли клезмеры. За ними — невеста и унтерфиреры. Унтерфиреры держали в руках горящие свечи. Если невеста была сиротой, то ее, вместо родителей, вели к хупе пожилые женщины[k].

В начале 1870-х годов, сообщает в своих мемуарах Хаим Чемеринский, на Пинщине (Полесье, Белоруссия), «когда жениха и невесту вели к хупе, бадхн Ноте-Довид шел впереди и бил в медные тарелки в такт»[l].

Если свести изложенное к графическому начертанию, то получим следующие схемы свадебного поезда:

---

[g] Донович М. Наши полевые записи.

[h] Шпильберг В. Наши полевые записи.

[i] Донович М. Наши полевые записи.

[j] Талалай Г. Наши полевые записи.

[k] Гинзбург. Наши полевые записи.

[l] *Beregovski M.* Yidishe instrumentale folks-muzik. Цитата приведена по изданию: *Береговский М.* Еврейская народная инструментальная музыка / под ред. М. Гольдина. М.: Советский композитор, 1987. С. 22, сноска 4.

ПОЕЗД ЖЕНИХА К ХУПЕ

1. Белорусские евреи (Минск). Первая половина XIX века

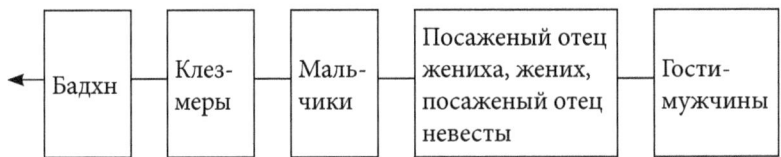

2. Белорусские евреи (Дубровно). Конец XIX — начало XX века

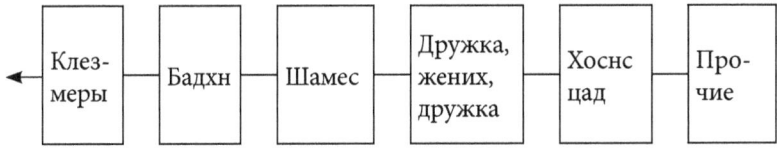

3. Украинские евреи (Бердичев). Конец XIX — начало XX века

ПОЕЗД НЕВЕСТЫ К ХУПЕ

Белорусские евреи (Дубровно, Пропойск). Конец XIX — начало XX века

В Белоруссии (Минск, первая половина XIX века) жених, отправляясь к хупе, надевал поверх сюртука китл, а поверх него — плащ или шубу[m]. Надевание женихом шубы, даже летом, отмечено также у евреев города Нежина (Украина) в 1810-х годах[n]. В Пропойске (конец XIX — начало XX века) невеста, отправляясь к хупе, ничего с собою не несла, вынимала из головы все шпильки, развязывала все узлы, расстегивала платье[o]. В Завережье,

---

[m] *Леванда Л. О.* Старинные еврейские свадебные обычаи. С. 129.
[n] Долгоруков.
[o] Гинзбург. Наши полевые записи. См. также: *Royzengarten A*. Sefer matamim. Z. 17.

в этот же период времени, невесту перед отправлением к хупе напутствовали следующими словами:

אין אַ גוטער שעה, אין אַ מזלדיקער, מיט לאַנגע יאָרן, מיא אַ גוטע דור, מיט אַ ייִדישן

In a guter sho, in a mazldiker, mit lange yorn, mit a gute dor, mit a yidishn

В добрый час, в счастливый, на долгие годы с хорошим <будущим> еврейским поколением[p].

В Бердичеве (конец XIX — начало XX века) жених (в других местах и невеста), отправляясь к хупе, выступал из дома с правой ноги[q]. Обычай этот получил свое отражение в еврейской пословице:

אין אַ גוטער מזלדיקער שעה, מיטן רעכטן פוס
In a guter mazldiker sho, mitn rekhtn fus
В добрый счастливый час, с правой ноги[r].

Свадебный поезд освещался горящими свечами и факелами. Свечи зажигали также под хупой[s].

В Пропойске (конец XIX — начало XX века) горящие свечи несли унтерфиреры[t], в Бердичеве — все участники поезда. В Бердичеве в конце XIX века использовали гавдольные свечи, а в начале XX века — просто восковые (кошерные)[u3].

---

[1] Слова, выделенные курсивом, вписаны от руки.
[2] Китл.
[3] В отличие от сальных свечей, которые приготовляли из трефного сала кошерных животных.

---

[p] Талалай Г. Наши полевые записи.
[q] Шпильберг В. Наши полевые записи. См. также: *Royzengarten A.* Sefer matamim. Z. 21.
[r] *Bernshteyn I.* Idishe shprikhverter. Z. 157. № 2221; *Lipietz Y.* Sefer matamim. Z. 35; *Royzengarten A.* Sefer matamim. Z. 21.
[s] *Lipietz Y.* Sefer matamim. Warszawa. 1890. Z. 35.
[t] Гинзбург. Наши полевые записи.
[u] Шпильберг В. Наши полевые записи.

2.4.7.6. Обряд хупы (бракосочетание)

Церемония хупы (бракосочетания) состояла из многих обязательных обрядов. Главным среди них был обряд бракосочетания посредством «хупе укидушин» (חופה וקידושין, «покрова и освящения»). Брак и сожительство супругов без «хупе укидушин» считалось у верующих евреев незаконным и категорически недопустимым, величайшим грехом, нарушением одного из важнейших устоев брака и строго преследовалось сторонниками принудительного брака. В постановлении Ваада главных еврейских общин Литвы от 1623 года мы читаем:

> Если кто осмелится простереть руки к беззаконию и разрушить ограду во Израиле обручением женщины или девицы не в присутствии десяти лиц и не под балдахином, то совершивший этот предосудительный поступок, равно как и лица, предложившие себя в свидетели обряда — да будут отлучены и прокляты в сем и в будущем мире, и да не простится им грех их; суд же должен преследовать этих грешников, поставить их к столбу (позорному), наказать их сорока ударами (плети) без замены штрафом; обуздать и смирить их всякого рода гонениями и отлучениями, дабы оградить поколение от распущенности[a].

Сила этого постановления оставалась действенной и в рассматриваемый нами период для евреев в России.

Обряд хупы у евреев в России слагался из следующих моментов:

1. Провожание вступающих в брак к месту хупы (свадебный поезд жениха и свадебный поезд невесты).
2. Семикратный обход невесты вокруг жениха, стоящего под хупой (балдахином).
3. Благословение новобрачных.
4. Благословение раввина над бокалом вина; чтение благословений браку посредством покрова и освящения; отпивание женихом и невестой по глотку вина из бокала.

---

[a] Областной пинкос Ваада главных еврейских общин Литвы. 1909 // Еврейская старина. Т. II. Вып. 1. С. 26.

5. Надевание женихом кольца на указательный палец правой руки невесты; произнесение женихом установленной брачной формулы «Вот ты освящаешься мне этим кольцом по закону Моисея и Израиля»; обращение шамеса к присутствующим: «Будьте свидетелями!»

6. Оглашение раввином (или другим лицом) кетубы перед невестой.

7. Произнесение «семи благословений» и отпивание женихом и невестой из бокала по три глотка вина.

8. Разбивание посуды.

9. Поздравление новобрачных.

10. Возвращение жениха и невесты от хупы (свадебный поезд новобрачных).

У украинских евреев (начало XIX века) жениха и невесту к месту хупы провожали, по описанию А. Готлобера, следующим образом:

> Издали уже слышны звуки «хупе-марша», исполняемого на скрипке, кларнете, барабане, тарелках и флейте. В окружении множества свечей впереди всех идет жених, одетый в белый китл и черный тизлик[b] поверх него. По обеим сторонам жениха идут унтерфиреры [дружки. — *И. П.*] с гавдольными свечами в руках. Ступают степенно, шаг за шагом, пока не подходят к хупе и не останавливаются. Затем унтерфиререс [подружки. — *И. П.*] приводят под звуки веселой музыки невесту. Невесту ставят по правую руку от жениха, и кантор с певчими поют «Ми адир ал хакойл…» (מי אדיר על הכל, «Кто сильнее всех…»)[1]. Дружки и подружки кружат невесту семь раз вокруг жениха и снова ставят ее по правую руку от него[c].

Сопровождение кружения невесты вокруг жениха пением также отмечено и в Бердичеве в конце XIX — начале XX века[d].

---

[b] По описанию А. Готлобера, «тизлик» представлял собою «род длинного, достигающего пят, шелкового платья, очень широкого. Рукава так же длинны, как и само платье. Тизлик носят внакидку на плечи, а рукою придерживают у шеи шелковые шнурки, не дающие тизлику упасть».

[c] *Fridkin A.* Avraham-Ber Gotlober un zayn epokhe. Z. 45–46.

[d] Шпилберг В. Наши полевые записи.

В Гусятине и Захарьевке (Украина), в Тирасполе и Балте (Молдавия) в конце XIX — начале XX века при приближении жениха к месту хупы шамес приветствовал его возгласом: «Борух габо!» (ברוך הבא, букв. «Благословен грядущий!», то есть «Милости просим»). В это время появлялся раввин и указывал унтерфирерам, где поставить жениха. Унтерфиреры ставили его в центре пространства под хупой, лицом на восток. После этого шамес провозглашал: «Унтерфирерс, гейт нох дер кале!» (אונטערפירערס גייט נאך דער כלה, «Дружки, идите за невестой!»). Дружки (мужчины и женщины) подводили невесту под хупу (балдахин). Место, где поставить невесту, также указывал раввин. Подводили невесту к хупе с юга, при этом совершали с нею семикратный обход вокруг жениха. Счет вел шамес, который по окончании обхода ставил невесту по правую руку от жениха, немного боком, чтобы вступающие в брак могли видеть друг друга, во избежание подмены невесты[e].

В Заверéжье (конец XIX — начало XX века) жених становился под хупой лицом на восток, а невеста против него, при этом ей не разрешалось смотреть на жениха, так как, по поверью, она могла ослепнуть. Невесту родители держали под руки. Семикратный обход вокруг жениха здесь производили справа налево, число кругов отсчитывалось. При обходе кантор и певчие пели гимны[f].

В Дубровне (конец XIX — начало XX века) жениха подводил под хупу (балдахин) и ставил лицом на восток шамес. После этого бадхн, клезмеры и шамес отправлялись за невестой.

При приближении невесты унтерфиреры с зажженными гавдоле-лихт (гавдольными свечами) в руках подводили невесту по указанию бадхена под хупу и ставили ее также лицом на восток. В это время кантор и певчие пели «Ми адир ал хакойл...» (מי אדיר על הכל, «Кто сильнее всех...»), а жених и невеста читали «Неворейх ал хакойл» (נברך על הכל, «Благословим за все»). Затем, если жених и/или невеста были сиротами, читали заупокойную

---

[e] Ярошевич О. И. Наши полевые записи.
[f] Талалай Г. Наши полевые записи.

молитву «Эйл моле рахамим» (אל מלא רחמים, «Бог, исполненный милосердия»). После этого родители или родные жениха благословляли жениха, а родители или родные невесты благословляли невесту[g]. В Пропойске (конец XIX — начало XX века) невесту благословляли родители жениха, а жениха — родители невесты[h]. В Завережье родители благословляли вначале жениха, а затем — невесту. При благословении новобрачным желали: «видгу леров» (וידגו לרוב, «Умножайтесь как рыбы», Быт 48:16)[12].

В Гродно (вторая половина XIX века), после того как жених становился под хупу и клезмеры отправлялись за невестой, кундесы (проказники) кололи жениха и мехутоним булавками или иголками, а присутствующие смеялись[j]. И. Эльзет сообщает, что жених тоже добродушно смеялся[3]. Указанный обычай также отмечен писателем И. Линецким у польских евреев (середина XIX века): жениха награждали еще и тумаками. Кундесов И. Линецкий называет «вайсе хевре» (ווייסע חברה, «белой компанией»)[k4].

Подробные сведения о кундесах находим в «Книге о Кундесе», опубликованной в переводе Д. Маггида, который пишет в предисловии к публикации следующее:

> Автор, выросший на границе Австрии и России в начале прошлого столетия, приводит в ней факты из частной и общественной жизни евреев не только чисто местного характера, но и общераспространенные в Польше, Литве, Волыни и других местах[l].

Это замечание Д. Маггида для нас очень ценно, так как оно указывает на широкое распространение кундесов и названного обычая еще в начале XIX века.

---

[g] Донович М. Наши полевые записи.
[h] Гинзбург. Наши полевые записи.
[i] Талалай Г. Наши полевые записи.
[j] *Zizmor Ja.* Amolike khasenes. Z. 874.
[k] *Linetski I.* Dos khsidishe ingl. Z. 96.
[l] *Маггид Д. Г.* Книга о кундесе. С. 493.

Что же представляли собою кундесы?

В «Книге о кундесе», в главе «О подходящем месте для кундеса и о лицах, подходящих к сему званию», читаем:

> 1) Мудрецы кундесов установили общим правилом, что любое место, город или селение, где имеется десяток жителей[5] и бывает базарный день, обязательно должно иметь кундеса. Всякий город, в котором не оказывается кундеса, не может почитаться нормальным поселением.
>
> 2) Хотя их мудрецы говорят, что все годны для звания кундеса, однако самое лучшее, если таковой будет из порядочной семьи и сирота, без отца непременно, холостой, но никак не женатый, в возрасте не моложе 14 и не старше 19 лет[6].
>
> 3) Пять примет приписывают кундесу: он должен быть дерзким по отношению ко всем, никого не должен стесняться, ничто не должно мешать его своеволию, он должен быть проворным в своей профессии и быстроногим[m][7].

Где появляется кундес и чем занимается? На этот вопрос получаем ответ в главе «Случаи, где кундес должен быть одним из первых 10-ти участников»:

> 1. Везде, где совершается какое-нибудь публичное происшествие, например: похороны, халица[n], развод, венчание под балдахином, пожар, *werbunek* (рекрутский набор, *польск.*), убой собак, приезд раввина, танцующий медведь, маршировка солдат, комедианты, объявление о публичном наказании и т. п., кундес должен быть одним из первых 10-ти участников. <...>
>
> 6. Кундес должен бежать впереди музыканта, когда тот ведет свадебную процессию к балдахину, и держать пояс в руке. Когда же процессия возвращается из под балдахина домой, кундес должен громко и по-немецки[8] кричать: «Bitter iz dem Chossn, a treyfe Kale, a treyfe!» («Горько жениху, трефная[o] невеста, трефная!»). В течение всего года он должен держать

---

[m] Там же. С. 496.
[n] Обряд освобождения от левиратного брака.
[o] Нечистая.

столбики балдахина[9] и доску для обряда халицы[10]. Он должен вместе с шамесом в бане мыть ногу того, для кого совершается обряд халицы[11].

7. Хотя сказано, что кундес обязан держать столбики балдахина в течение всего года, однако от начала месяца Ава и дальше, если желает, он имеет право поставить на это дело другого вместо себя[12], так как к тому времени уже имеются зрелые шишки и колючки[13], которые кундес обязан нарвать и кидать их всем, находящимся возле балдахина, в волосы»[p][14].

Дальше в главе о том, что кундес делает во время свадьбы, читаем: «Он обязательно должен постоянно иметь с собою палку с железным острым концом, чтобы колоть им людей, стоящих возле балдахина (во время венчания)»[q].

Из «Книги о кундесе» узнаем:

1) что кундес колол не только жениха и мехутоним, но и всех присутствующих рядом с хупой;

2) что оружием кундеса были не только булавки, но и «палка с железным концом»;

3) что кундес не только колол, но и бросал шишки и колючки в волосы присутствующим рядом с хупой;

4) что кундес бежал впереди музыканта, с поясом в руке, когда тот вел свадебную процессию к балдахину;

5) что при возвращении свадебной процессии от хупы кундес кричал по-немецки: «Bitter iz dem Chossn, a treyfe Kale, a treyfe!»;

6) что обязанностью кундеса являлось держание столбиков балдахина.

Таким образом, «Книга о кундесе» расширяет наши сведения о кундесе и обычаях, выполняющихся им во время хупы[15].

После благословения жениха и невесты раввин (или другое соответствующее лицо) читал благословение о совершении брака «путем покрова и освящения» и произносил благословение над бокалом вина, из которого давал отпить по глотку жениху

---

[p] *Маггид Д. Г.* Книга о кундесе. С. 501–502.
[q] Там же. С. 512.

и невесте. Затем следовал обряд самого «освящения» или обручения невесты с женихом. «Освящение» состояло в чтении женихом установленной формулы и надевании невесте кольца на указательный палец правой руки.

У украинских (Гусятин, Захарьевка) и молдавских (Тирасполь, Балта) евреев в конце XIX — начале XX века надевание кольца происходило следующим образом: окончив благословения, раввин давал отпить из бокала жениху, а затем невесте. После этого шамес показывал раввину кольцо[r16], и последний спрашивал присутствующих, имеет ли кольцо ценность одной «пруты»[17] [денежки. — *И. П.*], на что спрашиваемые отвечали утвердительно. Тогда раввин обращался к жениху и спрашивал, его ли это кольцо. В большинстве случаев кольцо было чужим и его одалживали до окончания хупы, но раввин заставлял владельца временно подарить, а не одолжить, кольцо жениху. После опроса и ответа раввин передавал кольцо жениху для освящения невесты, а свидетелям вменял в обязанность внимательно следить за тем, как жених производит освящение. Раввин приказывал невесте вытянуть вперед правую руку и отставить указательный палец. Когда невеста исполняла приказание, шамес читал с женихом вслух слово в слово формулу освящения: ʼарей ат мекудеш ли бетабас зу кедас Мойше вэ Исроэл» (הרי את מקודשת לי בטבעת זו כדת משה וישראל, «Ты освящаешься мне этим кольцом по закону Моисея и Израиля»).

При совместном чтении указанной формулы случались смешные истории. Так, когда при чтении формулы доходили до слова «ты», шамес приостанавливал чтение, не произносил это слово сам и обращался к жениху: «Скажи "ты"», чтобы не получилось, что шамес освящает себе невесту. И случалось, что жених повторял буквально слова шамеса «Скажи "ты"». Тогда в дело вмешивался раввин и с трудом наставлял жениха, пока тот не уразумевал, как правильно читать формулу[s].

---

[r] По закону оно должно было быть серебряным и без камней, однако в последнее время (начало XX века) употребляли и золотые кольца.

[s] Ярошевич О. И. Наши полевые записи.

В Дубровне (конец XIX — начало XX века) для освящения употреблялось специальное общественное кольцо «табас кидушин» (טבעת קידושין, обручальное кольцо, букв. «кольцо освящения»). Бадхн или шамес предлагал жениху перед освящением поднять кольцо на ладони вверх. Это символическое поднятие кольца означало акт его покупки[t].

Обычай освящения невесты кольцом позднего происхождения. В талмудический период еврейской истории пользовались для освящения монетой. Монета или кольцо должны были быть не из золота, а только из серебра. По объяснению Липеца, серебро символизирует милосердие, а золото — «дин» (דין, закон, суд). Жених же подобен королю и должен быть милосердным. Милосердным жених должен быть еще и потому, что в этот день ему прощаются все его грехи[u].

Чтение вслух кетубы перед женихом и невестой имело значение окончательного закрепления брачного союза новобрачными.

В Дубровне (конец XIX — начало XX века) после «освящения невесты» читали «шева брохес» (שבע ברכות, семь благословений). Чтения «семи благословений» иногда удостаивались, в виде особой чести, присутствующие при хупе почетные гости, при этом каждое благословение читало особое лицо. Приглашая к чтению «шева брохес», бадхн или шамес провозглашал: «Мен из нехабед плойни-бен-плойни мит дер брохес ришойне» (מען איז נכבד פלוני בן פלוני מיט דער ברכה ראשונה, «Оказывают честь такому-то, сыну такого-то, первым благословением»). По окончании чтения первого благословения бадхен (или шамес) приглашал новое лицо: «Мен из нехабед плойни-бен-плойни мит дер брохе шейни» (מען איז נכבד פלוני בן פלוני דער מיט ברכה שניה, «Оказывают честь такому-то, сыну такого-то, вторым благословением») — и так все семь благословений[v].

---

[t] Донович М. Наши полевые записи.
[u] *Lipietz Y.* Sefer matamim.
[v] Донович М. Наши полевые записи.

Затем следовало разбивание бокала.

Разбивание посуды совершалось таким образом: у украинских евреев (начало XIX века) шамес приносил к хупе две бутылки — одну с вином и одну пустую. По окончании «шева брохес» шамес подкладывал жениху под ноги пустую бутылку, а тот наступал на бутылку и разбивал ее. При этом, как пишет А. Готлобер, для богатого жениха заготавливали бутылку из тонкого стекла, чтобы ее было легко разбить[w].

В конце XIX — начале XX века в Гусятине и Захарьевке (Украина), в Тирасполе и Балте (Молдавия) посуду разбивал шамес, а затем тщательно собирал все осколки, чтобы предупредить колдовство. Полагали, что знахарки используют осколки для того, чтобы накликать несчастье на молодых, поэтому заворачивали посуду перед разбиванием в салфетку, чтобы осколки не рассыпались и ни один из них не остался на земле[x]. В Дубровне (конец XIX — начало XX века) шамес после «шева брохес» допивал из бокала вино и только затем кидал бокал под ноги жениху[y].

В отличие от тноим, когда разбивали глиняную посуду, во время хупы разбивали обязательно стеклянный сосуд.

Обычай разбивания сосуда во время хупы бытовал у евреев и в Средние века. Так, по описанию Магарама Минца (XV век), в Познани обручавший жениха и невесту сейчас же после первого благословения и после того, как они отпивали вино из кубка, выливал остатки вина и передавал кубок жениху, который разбивал его ногой. Это должно было напомнить о разрушении Иерусалимского Храма. В Германии жених разбивал кубок, бросая его в стену. Магарам Минц указывает на еще одну интересную деталь: в Познани использовали «брохе койсес» (ברכה כוסות, кубки благословенья), кубки с широко открытым пойлом, как для обручения девицы, так и для обручения вдовы. В Герма-

---

[w] *Fridkin A.* Avraham-Ber Gotlober un zayn epokhe. Z. 45.
[x] Ярошевич. Наши полевые записи.
[y] Донович М. Наши полевые записи.

нии при обручении девицы применяли «гутер-алеф» (גוטער־אלף, букв. «хороший первый») — «брохе-койсе» с узким горлышком, а при обручении вдовы «кройз» (קרויז, букв. «закругленный») — кубок с широко открытым пойлом[z].

Обряд разбивания сосуда под хупой существовал у польских и литовских евреев в XVI веке[aa].

Разбиванием стеклянного сосуда собственно обряд хупы заканчивался. Присутствующие поздравляли новобрачных: «Мазл тов!» (מזל טוב!, «Счастливой судьбы!»), целовались, а клезмеры играли «а фрейлехс» (אַ פֿריילעכס, «веселый»).

В заключение следует еще отметить обычай, распространенный среди многих народов: новобрачные, стоя под хупой (балдахином), стремились наступить друг другу на ногу. Якобы кто успеет первым наступить на ногу, тот в будущем получит власть в семье. Так, у украинских евреев (начало XIX века) невеста, выходя из-под хупы по окончании обряда, старалась наступить на большой палец ноги жениха[ab]. В Бердичеве, Гусятине, Захарьевке, Тирасполе и Балте, а также в Пропойске и Заверeжье (конец XIX — начало XX века) невеста старалась наступить жениху на ногу, когда она стояла под хупой[ac].

После поздравлений новобрачные и участники хупы отправлялись в дом молодой, где происходил свадебный пир.

Таково содержание обряда хупы. Последовательное описание этого обряда имеется у Л. Леванды. Это описание мы и приводим здесь в качестве заключения настоящего раздела. Описание Леванды относится к белорусским евреям (Минск, первая половина XIX века), но оно остается в основном верным, за некоторыми исключениями, для евреев в России всего рассматриваемого нами периода. Леванда пишет:

---

[z] Сведения, сообщаемые Магарамом Минцем, цит. по: *Güdemann M.* Idishe kultur-geshikhte in mitlalter. Z. 86–87.

[aa] История евреев в России. С. 343.

[ab] *Fridkin A.* Avraham-Ber Gotlober un zayn epokhe. Z. 46.

[ac] Шпильберг В., Ярошевич О. И., Талалай Г., Гинзбург. Наши полевые записи.

Под балдахином жениха ожидают раввин, кантор с певчими и синагогальный шамес с бутылкой изюмного вина[18] и стаканом в руках. Лица эти приветствуют жениха и его свиту возгласом: «Благословенны грядущие!», и кантор с певчими начинает петь псалом.

Когда жених с посажеными отцами занял место под балдахином, «маршалек» с музыкантами отправляются за невестой. Последняя, с закрытым фатой лицом, ведомая под руки посажеными матерями, приближается к балдахину под звуки того же марша. Ее не прямо ставят рядом с женихом, а предварительно обводят ее вокруг него семь раз, причем кантор продолжает петь псалом. Когда невеста займет место по левую руку жениха, начинается обряд венчания.

Шамес наливает в стакан вино, подносит раввину, а тот, поднимая стакан вверх, громко произносит следующее молитвословие:

«Прославлен[19] Ты, Господь, Бог наш, Царь вселенной, сотворивший виноградный плод[20].

Прославлен Ты, Господь, Бог наш, Царь вселенной, освятивший нас своими заповедями, предостерегший нас от блуда, запретивший нам обрученных, но разрешивший нам вступающих с нами в брак путем "покрова и посвящения", — прославлен Ты, Господь, освящающий нас путем "покрова и посвящения"».

Предстоящие говорят «аминь», и стакан подносится к губам жениха и невесты, которые отпивают от него по одному глотку. Вслед за тем жениху подносят золотое кольцо, и тот, надевая кольцо на указательный палец правой руки невесты, произносит на древнееврейском языке следующее: «Вот, ты посвящаешься мне в жены сим кольцом по закону Моисея и Израиля». Произнесению этих слов предшествует возглас шамеса ко всем предстоящим: «Будьте свидетелями!» Раввин передает стакан шамесу и развертывает подносимую ему отцом невесты бумагу. Шамес обращается к предстоящим с возгласом: «Просят о совершенном молчании во время чтения кетубы!» [брачной записи. — *И. П.*], и раввин начинает читать следующий документ на халдейском языке[21].

<...>

По окончании чтения этого документа раввин складывает его и передает шамесу, который, со своей стороны, вручая его невесте, говорит:

— Вот тебе, доченька, документ; держи и храни его сто двадцать лет; смотри, не потеряй его, потому что без него тебе нельзя жить со своим мужем.

Раввин или кто-нибудь другой из почетных гостей опять берет стакан вина и совершает над ним следующие семь бенедикций[22]:

«Прославен Ты, Господь, Бог наш, Царь вселенной, создавший виноградный плод.

Прославен Ты, Господь, Бог наш, Царь вселенной, сотворивший все во славу свою.

Прославен Ты, Господь, Бог наш, Царь вселенной, сотворивший человека.

Прославен Ты, Господь, Бог наш, Царь вселенной, сотворивший человека по образу Своему и подобию Своему и изготовивший для него из него же здание навеки[ad], — прославен Ты, Господь, сотворивший человека.

Ты обрадуешь и развеселишь бесплодную, когда соберешь вокруг нее детей ее в веселии, — прославен Ты, Господь, который обрадует Сион о сынах его.

Радостью обрадуй друзей возлюбленных, подобно тому, как Ты обрадовал творение Твое, в саду Эдемском, на востоке, — прославен Ты, Господь, доставляющий радость жениху и невесте.

Прославен Ты, Господь, Бог наш, Царь вселенной, сотворивший радость и веселие, жениха и невесту, ликование и восторг, любовь и братство, мир и дружбу. О, Господи, Бог наш, да раздаются в скором времени в городах Иудейских и на стогнах Иерусалимских глас веселия и глас радости, глас жениха и глас невесты, глас ликующих женихов, возвращающихся из-под своих балдахинов, и юношей — со своих шумных пиршеств, — прославен Ты, Господь, Бог наш, доставляющий жениху радость о невесте своей».

Стакан опять подносится к губам жениха и невесты, которые на этот раз отпивают от него по три глотка, остальное выпивает шамес, который, опорожнив стакан, кладет его под правую ногу жениху — и тот раздавливает его. Это тоже в память Иерусалимской катастрофы[23].

Воздух оглашается восторженными криками присутствующих: «Мазол-тов! Мазол-тов! В добрый час!», балдахин

[ad] Намек на сотворение Евы (прим. Л. Леванды).

свертывается, музыка начинает играть галоп — и жених с невестой, в сопровождении посаженых пар, направляются в дом невесты. <...>

После принесения поздравлений гости обоего пола, за исключением девушек, расходятся по домам впредь до ужина[ае].

---

1   Гимн, в котором перечисляются в алфавитном порядке атрибуты Всевышнего.
2   В Синодальном переводе «да возрастут они во множество». Фрагмент благословения, которое Иаков произносит над сыновьями Иосифа.
3   Источник не указан. Возможно, это: *Elzet I.* Shṭudyen in dem amoligen inerlikhen idishen lebn. Montreal, 1927.
4   Линецкий не употребляет слова «кундес». В его книге «Польский мальчик» наименование «вайсе хевре» относится просто к присутствующей на свадьбе молодежи.
5   В данном случае «жители» — совершеннолетние мужчины. То есть речь о полноценной еврейской общине, так как в ней есть миньян.
6   От 14 до 19 лет — традиционный брачный возраст для юношей из зажиточных семей. Кундес должен быть сиротой, чтобы не позорить отца.
7   Пародия на популярный талмудический трактат «Пиркей овес» («Поучения отцов»), в котором множество рассуждений строится на том, что определенный объект должен обладать определенным числом качеств, например: «Семью качествами отличается глупец и семью — мудрец» (Пиркей овес 1:7).
8   Ошибка перевода. Приведено восклицание на идише, который в XIX веке часто назывался «тайч», то есть буквально «немецкий», но, конечно, им не был.
9   То есть держать один из столбиков, на которых натянута хупа. Таким образом, кундес оказывался близко к центру церемонии и мог колоть и жениха, и других участников свадьбы.
10 Было принято, чтобы во время обряда халицы деверь, который не женится на вдове своего покойного брата, сидел, опираясь спиной на вертикально поставленную доску, на которой омывают покойников. Считалось, что этим обеспечивается символическое присутствие покойного брата. Халица, так же как и свадьба, происходила при большом стечении народа.
11 Перед совершением обряда халицы шамес публично мыл мужчине, проходящему этот обряд, ногу, на которую предстояло надеть ритуальный кожаный башмак.
12 Это шуточное замечание, так как с 17 Таммуза по 9 Ава (дни траура по Иерусалимскому Храму) вообще запрещено устраивать свадьбы. «Книга

ае *Леванда Л. О.* Старинные еврейские свадебные обычаи. С. 129–132.

кундеса» — это народная юмористическая книга, пародирующая уставы всевозможных гильдий и братств (хеврес). Пульнер не заметил, что часть «законов» в этой книге имеет отчетливо пародийный характер.

13 Плоды репейника.
14 Было принято, чтобы 9 Ава мальчики кидали друг в друга и во взрослых репьи, которые очень трудно отодрать от одежды и бороды. Этот обычай, вызывавший неизменную ярость старших, неоднократно упоминается в мемуарах. Быть может, происхождение этого обычая связано с ритуальной порчей (надрыванием) одежды скорбящим, или же напоминает о колючей власянице, в которую в древности облачались во время траура. Как бы то ни было, такое поведение считалось терпимым для детей, но не для взрослых. Упоминание о кундесах, которые в Аве кидают колючки в стоящих у хупы, пародийно, так как до 10 Ава никаких свадеб не устраивали. Неясно, кидали ли кундесы колючки в участников свадьбы, проводившейся после 9 Ава.
15 Пульнер почти дословно пересказывает фрагменты из публикации Магида. Очевидно, он колебался, что должно войти в окончательный вариант текста — пересказ или цитирование.
16 Источник информации, приведенной в сноске, не указан.
17 Прута — мелкая медная монета, которую чеканили в Иудее с середины II века до н. э. до конца I века н. э. Эта монета упоминается в Талмуде в связи с тем, что если стоимость похищенного была меньше пруты, то не могла быть возбуждена судебная тяжба. Таким образом, ритуальный вопрос о «пруте» имел символический характер: требовалось подтвердить, что обручальное кольцо обладает подлинной ценностью.
18 В некоторых ритуальных ситуациях, например для освящения брака, необходимо именно виноградное вино. Кошерного вина, то есть приготовленного евреями начиная со стадии выжимания сока, у евреев в Белоруссии не было, поэтому они готовили вино из изюма. Изюм мелко рубили, смешивали с водой и ставили бродить.
19 Любое благословение начинается со слова «борех», которое обычно переводят как «благословен».
20 Благословение на виноградное вино.
21 То есть на арамейском.
22 Благословений.
23 Речь идет о разрушении Иерусалимского Храма.

2.4.7.7. Свадебный поезд от хупы

В отличие от свадебного поезда к хупе, когда жених со своей свитой отправлялся к месту совершения бракосочетания отдельно от невесты и ее свиты, свадебный поезд от хупы был единым. Исключение из этого правила делалось лишь в том случае, когда молодая была «тмео» (טמאה, нечистой), то есть в период ее месячных[a].

Свадебный поезд после хупы возвращался в дом родителей молодой, где в этот вечер устраивали «хупе-вечере» (חופה-וועטשערע, свадебный пир, букв. «ужин <после> хупы»).

Свадебный поезд от хупы также имел свою структуру. Так, в Дубровне (конец XIX — начало XX века) свадебный поезд молодых открывали клезмеры. За ними следовал бадхн. За бадхеном шли молодые (молодая по левую руку от мужа). По обеим сторонам от новобрачных шли унтерфиреры (дружки и подружки, шаферы). Сзади следовали мехутоним и все остальные участники хупы (бракосочетания)[b].

В Завережье и в Пропойске (конец XIX — начало XX века) свадебный поезд открывали молодая и сопровождавшие ее женщины. За ними следовали клезмеры и бадхн. За клезмерами и бадхеном — жених и сопровождавшие его мужчины[c].

В пути следования свадебного поезда (Завережье) клезмеры исполняли «а ределе» (א רעדעלע, хоровод, букв. «кружок»), а все участники поезда хлопали в ладоши и пели негромко шуточную песню[1]:

> Обманули, обманули,
> Поймали, обманули,
> Без платьев, без приданого,
> Совсем славного парня[d].

---

[a] Ярошевич О. И. Наши полевые записи.
[b] Донович М. Наши полевые записи.
[c] Талалай Г., Гинзбург. Наши полевые записи.
[d] Талалай Г. Наши полевые записи.

В Белоруссии, Литве и Польше (вторая половина XIX века) при возвращении свадебного поезда от хупы перед молодыми плясали старухи с «бабками» (пирогами) в руках. Пляшущие старухи спрашивали молодого: «ци ди хале одер ди кале» (צִי די חלה אָדער די כלה, «Халу или невесту?»)[e].

У белорусских, украинских, польских и литовских евреев (XIX — начало XX века) был распространен обычай встречать возвращающийся от хупы свадебный поезд полными ведрами воды[2].

Встречал молодых обычно водонос, а иногда (Бердичев) водовоз или шамес[f]. В Минске (первая половина XIX века) новобрачные опускали в каждое ведро по серебряной монете и шли далее, «предшествуемые пляшущими, поющими и хлопающими в ладоши женщинами»[g]. В Завережье, Дубровне и Пропойске (конец XIX — начало XX века) монеты опускали мехутоним. Деньги эти предназначались для бедных[h]. В Дубровне (конец XIX — начало XX века) при приближении свадебного поезда новобрачных к дому невесты на порог дома клали серебряную вещь, на которую молодой наступал ногой[i].

В Минске (первая половина XIX века) молодых встречала на пороге мать невесты с караваем пшеничного хлеба в одной руке и стаканом вина в другой. При этом следовали взаимные объятия, поцелуи и слезы радости[j].

У украинских (Гусятин, Захарьевка) и молдавских (Балта, Тирасполь) евреев молодых встречали тортами, цветами и криками «ура!»[k].

В Борщове[3] (Украина, вторая половина XIX века) при приближении свадебного поезда к дому родителей новобрачной молодой обращался к теще:

---

[e] *Royzengarten A.* Sefer matamim. Z. 20.
[f] Шпильберг В. Наши полевые записи.
[g] *Леванда Л. О.* Старинные еврейские свадебные обычаи. С. 132.
[h] Талалай Г., Донович М., Гинзбург. Наши полевые записи.
[i] Донович М. Наши полевые записи.
[j] *Леванда Л. О.* Старинные еврейские свадебные обычаи. С. 132.
[k] Ярошевич О. И. Наши полевые записи.

Теща, теща,
Откройте ставни!
Поскольку я веду вам красивую невесту,
Дайте кусочек флодн![4]

В Пропойске (конец XIX — начало XX века) молодых при входе в дом встречали тортом и игрой клезмеров. Перед молодыми плясал человек в вывернутой наизнанку шубе[5], а бадхн импровизировал свои бадхонес. Здесь молодые входили в дом правой ногой[6]. Вступал в дом первым молодой. Невеста, войдя в дом, зажигала две свечи[7] (матери молодых зажигали каждая дополнительно по свече). На стол возле молодых клали китку (халу)[1].

Обычая, по которому первым входил в дом молодой, по-видимому, когда-то придерживались строго. Этот обычай интересно представлен в воспоминаниях Е. Котика (Белоруссия, Каменец Литовский, 1860-е годы)[8]:

> После хупы родные невесты ее тут же схватили и увели, чтобы она пришла домой раньше меня. Это было для них нечто вроде средства, чтобы она верховодила в семье. В те времена этому придавали большое значение. Кто именно, жених или невеста, возвращаясь после хупы, первый ступит в дом, тот и будет верховодить. Но Арье-Лейб[9] с моей роднёй, которая не желала уступать, быстро перебежали им дорогу, чтобы я пришел домой первым. Родня невесты тоже не хотела уступать «власть», и получился бег наперегонки, просто Бог знает что. На мне был китл поверх атласной капоты, а поверх китла — пальто. Но портной Юда-Лейб заузил мое пальто, и во время бега оно задралось. Показался китл, и мне было очень стыдно.
>
> Невеста со своей роднёй оказалась тем временем на крыльце, а я был еще только у крыльца, на которое вели шесть ступенек. Тут Арье-Лейб заявил, что невеста должна сойти с крыльца, чтобы жених с невестой вошли в дверь одновременно.
>
> Ничего не поделаешь, пришлось невесте с ее роднёй спуститься по ступенькам, а с обеих сторон следили, чтобы

---

[1] Гинзбург. Наши полевые записи.

жених с невестой переступили порог одновременно. Мы поднимались на крыльцо, а с обеих сторон кричали:
— Одновременно! Одновременно!
Невеста, однако, быстренько ставит свою ножку за порог дома — значит, будет теперь надо мной властвовать!.. Ловкий Арье-Лейб, однако, это заметил и не допустил: велел нам снова обоим спуститься, и с обеих сторон снова закричали:
— Одновременно! Одновременно! — точно солдат муштруют.
Я в душе смеялся над всем этим делом и дал-таки невесте возможность войти немного раньше. Пусть ей будет приятно. И моя умудрилась-таки опять первой сунуть ножку в дверь. Тут уж Арье-Лейб совсем рассердился и сказал, что жених с невестой вообще не должны сюда заходить: их надо вести туда, где остановился жених, то есть к деду. И если она и дальше будет пытаться пройти вперед жениха, то пусть это продлится хоть всю ночь, ей этого не позволят. Нас провели с клезмерами еще некоторое расстояние до дома деда. Но там тоже было высокое крыльцо. Родные невесты, однако, устав и не имея, как видно, сил препираться с Арье-Лейбом, прекратили свои попытки, хотя и кричали:
— Одновременно! Одновременно!
И следили за нашими ногами: на этот раз все прошло благополучно, и мы вошли в дом одновременно[m].

Когда молодые входили в дом, их отводили в «хейдер йихуд» (חדר ייחוד, комната уединения) для разговения. Пожилые участники хупы расходились в ожидании свадебного ужина, а молодежь оставалась танцевать.

---

1 Еврейский текст отсутствует. Близкая по содержанию песня: Ot azoy, un ot azoy // Еврейские народные песни в России. С. 195. № 238.

2 Обычай основан на примете, распространенной также у славян: встретить человека с полным ведром — к счастью.

---

[m] *Kotik Ye.* Mayne Zikhroynes. Z. 287–288. Цит по: *Котик Е.* Мои воспоминания. С. 229–230.

3   Непонятно, о каком Борщове идет речь — о маленьком местечке Борщов на Волыни около Житомира или о довольно крупном городе Борщёв, расположенном в Восточной Галиции (ныне Тернопольская область, Украина).
4   Источник не указан.
5   Вывернутая наизнанку, то есть мехом вверх, шуба — типичный костюм для обрядового ряжения у восточных славян. Также встречалась как костюм ряженых у евреев во время празднования Пурима. Упоминание вывернутой наизнанку шубы — еще одна черта, сближающая свадебные увеселения с Пуримом.
6   Это считалось хорошей приметой.
7   За себя и за мужа. Это символизировало, что именно в этом доме ей предстоит зажигать субботние свечи.
8   Е. Котик женился в 1865 году.
9   Дед мемуариста.

2.4.8. *Хупе-вечере (свадебный пир, ужин)*

Хупе-вечере (חופה וועטשערע, свадебный пир, букв. «свадебный ужин») являлся праздником после хупы и, подобно последней, был массовым народным увеселением.

Обычай устройства свадебного пира отмечен уже в библейский период еврейской истории: свадьба Самсона (Суд 14:10), свадьба Товита (Тов 8:19–20). Свадебный пир неоднократно упоминается в Талмуде, а также в материалах более позднего периода.

Хупе-вечере состоял из двух частей — разговения молодых и собственно свадебного пира.

2.4.8.1. *Разговение молодых*

Разговение молодых после установленного для них поста происходило, по имеющимся в нашем распоряжении материалам, следующим образом.

У белорусских и украинских евреев (XIX — начало XX века) новобрачных сразу же после возвращения от хупы оставляли наедине в «хейдер йихуд» (חדר ייחוד, комната уединения)[a].

В Гродно во второй половине XIX века в эту комнату никого кроме молодых не допускали. У дверей ставили двух «кошерных» (כשר, *здесь* правомочных) свидетелей[1]. Они должны были засвидетельствовать, что в комнату вошли только молодые. Обычай ставить свидетелей соблюдался согласно предписанию «Кицур Шулхан Орух», и свидетели назывались «эйдей йихуд» (עדי ייחוד, «свидетелями уединения»)[b].

В Минске (Белоруссия) и Староконстантинове (Волынь, Украина) в первой половине XIX века и в Гродно (Белоруссия, вторая половина XIX века) молодым сразу же после их удаления в «хейдер йихуд» подносили для разговения куриный бульон, известный под названием «ди гилдене йойх» (די גילדענע יויך, «золотой бульон»)[c]. В Дубровне (конец XIX — начало XX века) «золотой бульон»

---

[a] Наши полевые записи.

[b] *Zizmor Ja.* Amolike khasenes. Z. 874; Кицур Шулхан Орух 141:29.

[c] *Леванда Л. О.* Старинные еврейские свадебные обычаи. С. 133; *Zizmor Ja.* Amolike khasenes. Z. 874; *Fridkin A.* Avraham-Ber Gotlober un zayn epokhe. Z. 46.

подавали с рисом или другой крупой, и вместе с бульоном жареное или вареное мясо[d]. В Гродно, Завережье и в Пропойске молодым до «золотого бульона» подавали для разговения чай или кофе и пирожки. В Завережье эти пирожки назывались «фледлех» (производное от «флодн»), в Пропойске — «плецлех» (лепёшки)[e].

В Гродно «золотой бульон» молодым подавал «сарвер» (סאַרװער, прислуживающий на свадьбах, официант. — *И. П.*)[f2].

У украинских (Гусятин, Захарьевка) и молдавских (Балта и Тирасполь) евреев «золотой бульон» молодым подавали в одной миске, из которой они ели одновременно. Придерживались, однако, этого обычая лишь тогда, когда молодая бывала «чистой» (не менее семи дней после окончания месячных). В противном случае, то есть когда у молодой были во время свадьбы месячные, новобрачных вовсе не оставляли наедине в продолжение нескольких дней после хупы и подавали им «золотой бульон» каждому в отдельной посуде. В брачной постели с ними должен был все это время находиться ребенок, которого называли «шоймер» (שומר, страж). Это продолжалось до тех пор, пока у молодой не кончались месячные, и она могла сходить в микву (бассейн для ритуального омовения)[g].

В Староконстантинове (начало XIX века), в отличие от гродненского обычая, в «хейдер йихуд» приходили мехутоним и мехутенестес, которых сарвер оделял «золотым бульоном» из тарелки новобрачных, за что и получал от каждого из угощаемых вознаграждение[h].

В связи с обычаем угощать молодых при разговении куриным бульоном следует отметить роль курицы и петуха в свадебной обрядности у евреев. Так, в Палестине навстречу свадебному поезду молодых выходили с петухом и курицей (ВТ, трактат «Гитин», 56 б). В Познани (XIV век) петуха и курицу кружили над

---

[d] Донович М. Наши полевые записи.
[e] Талалай Г., Гинзбург. Наши полевые записи.
[f] *Zizmor Ja*. Amolike khasenes. Z. 874.
[g] Ярошевич. Наши полевые записи.
[h] *Fridkin A*. Avraham-Ber Gotlober un zayn epokhe. Z. 46.

хупой, чтобы молодые плодились[i]. Курица и петух известны и в свадебной обрядности польских евреев (XVI век): по окончании обряда хупы родные кружили над головами молодых петуха или курицу как символ плодородия[j3].

Обычай удаления молодых для разговения в специальную комнату, именуемую «хейдер йихуд» («комната уединения»), кружение петуха и курицы над хупой или головами молодых и замена петуха и курицы впоследствии куриным «золотым бульоном» позволяют нам утверждать, что «хейдер йихуд» являлся пережитком обычая ввода невесты в брачный покой, а следовательно, частью комплекса свадебных обычаев и обрядов у евреев в России (покрывание невесты, хупа, а также так называемый кошер-танц и увод молодых на брачное ложе)[4].

В Гродно, пока молодые разговлялись в уединении, девушки в соседней комнате проводили время в танцах[k]. В Гусятине и Захарьевке (Украина), Тирасполе и Балте (Молдавия) танцы устраивались после разговения. Танцевали здесь «полиш»[5]. В танцах участвовала и невеста. Во время танцев она держала в руке платок за один конец, а за другой держался танцующий. Танцующий делал с невестой несколько туров и возвращал ее на место. По окончании танцев представители хоснс цад отправлялись к себе на станцию немного отдохнуть и переодеться к хупе-вечере, который начинался около полуночи[l].

В Минске (первая половина XIX века) молодая в танцах не участвовала. По словам Леванды:

> Окруженная посажеными парами, не отстающими теперь от нее ни на одну минуту (этого требует обычай), она отдыхает от треволнений истекшего дня. От времени до времени она перекидывается незначительным словом с молодым, который сидит тут же и тоже отдыхает[m].

---

[i] *Güdemann M.* Idishe kultur-geshikhte in mitlalter. Z. 87.
[j] История евреев в России. С. 343.
[k] *Zizmor Ja.* Amolike khasenes. Z. 874.
[l] Ярошевич О. И. Наши полевые записи.
[m] *Леванда Л. О.* Старинные еврейские свадебные обычаи. С. 132.

1 «Кошерными», то есть пригодными, свидетелями признаются двое мужчин, которые не являются родственниками жениха или невесты, а также родственниками между собой (Шулхан орух, Хошен Мишпат 33).
2 Функции сарвера были более разнообразными. Он не только сервировал свадебный стол, но и руководил приготовлением наиболее сложных блюд для свадебной трапезы.
3 Кружение петуха или курицы над головой явно напоминает обряд капорес, предшествующий Йом Кипуру. В обрядности Йом Кипура и свадьбы есть очевидные параллели, например, жених носит китл, так же как в Йом Кипур. Бадхены, говоря о необходимости покаяния перед свадьбой, также часто сравнивали свадьбу с Йом Кипуром.
4 Смысл этого предложения непонятен.
5 Польский, полонез.

2.4.8.2. Хупе-вечере (свадебный пир, ужин)

Собственно хупе-вечере устраивался (за редкими исключениями) не сразу после разговения молодых. Начинался он обычно в девять, а иногда и в двенадцать часов вечера.

Хупе-вечере, как уже отмечалось, устраивали родители молодой в своем доме или, если они были зажиточными людьми, в специально снятом помещении, имевшем танцевальный зал. У украинских евреев в летнее время хупе-вечере устраивали в «балагане» (шалаше)¹.

Церемониал хупе-вечере, как и церемониал многих других свадебных обрядов, отражал существовавшие классовые взаимоотношения и классовые противоречия в еврейском обществе рассматриваемого нами периода.

Приглашения на свадьбу (включая хупе-вечере) рассылались, как уже указывалось выше, через шамеса (синагогального служку) или, для иногородних, по почте. Однако у белорусских и украинских евреев (конец XIX — начало XX века) наиболее близких и почтенных родственников приглашали еще раз особо перед самым ужином[a].

У белорусских евреев (Дубровно) особые приглашения передавал шамес по специальному списку. Приходя в дом приглашаемого, шамес провозглашал: «Плойни бен плойни 'от гебетн кумен аф хупе-вечере мит дер ганцер семейство» פלוני בן פלוני האָט געבעטן קומען אויף חופה וועטשערע מיט דער גאַנצער סעמייסטווע, «Такого-то, сына такого-то, просят прийти на хупе-вечере со всем семейством»)[b]. У украинских (Захарьевка, Гусятин) и молдавских (Балта, Тирасполь) евреев (конец XIX — начало XX века) за особо почтенными лицами посылали клезмеров (музыкантов), которые и сопровождали этих лиц на хупе-вечере под звуки оркестра[c].

В Дубровне гости, входившие в помещение, где происходил хупе-вечере, приветствовали присутствующих словами: «Гут

---

[a] *Чубинский П. П.* Труды этнографическо-статистической экспедиции. С. 41; Донович М. Наши полевые записи.

[b] Донович М. Наши полевые записи.

[c] Ярошевич О. И. Наши полевые записи.

овнт, мазл тов!» (גוט אָוונט, מזל טוב, «Добрый вечер, поздравляем!»), а бадхн, в свою очередь, встречал каждого из гостей в отдельности приветственным возгласом: «Шкоцл кумт! А мехутн аф хасене, реб плойни бен плойни! Брухим габоим!» (שקאָצל קומט! אַ מחותן אויף חתונה, רב פלוני בן פלוני! ברוכים הבאים!, «Шкоцл пришел! Мехутн на свадьбу, господин такой-то, сын такого-то! Благословенны пришедшие!²»)ᵈ³.

Возглас бадхена выполнял двоякую функцию: 1) приветствовал гостя и 2) оповещал всех о прибытии того или иного гостя.

У украинских и белорусских евреев мужчин рассаживали отдельно от женщин, за особыми столами, при этом места распределялись по степени почета и ихеса (знатности рода). Самые почетные места отводились молодым. В Минске (первая половина XIX века) молодого усаживали за столом мужчин, а молодую — за столом женщинᵉ. В Пропойске и Завережье (конец XIX — начало XX века) молодых усаживали рядом, при этом молодая находилась справа от молодогоᶠ. В Дубровне (конец XIX — начало XX века) возле молодых усаживали мехутоним, за ними родственников, а затем знакомых, при этом ближе всего к молодым сидели самые почтенные людиᵍ. В Завережье (конец XIX — начало XX века) после мехутоним сажали унтерфиреровʰ. Здесь же молодые «блозн зих» (בלאָזן זיך, букв. «дулись», то есть важничали) за столом. Все их желания старались исполнять. В Пропойске (конец XIX — начало XX века) молодых усаживали в центре стола, по бокам от них мехутоним (отцов молодых), а затем всех остальных. Женщин усаживали за отдельным столом. Возле молодых клали китку (плетеную халу)ⁱ. В Виленской губернии (вторая половина XIX века) каждый из гостей, хотя он и был приглашен на хупе-вечере по одной и той

ᵈ Донович М. Наши полевые записи.
ᵉ *Леванда Л. О.* Старинные еврейские свадебные обычаи. С. 132.
ᶠ Гинзбург и Талалай Г. Наши полевые записи.
ᵍ Донович М. Наши полевые записи.
ʰ Талалай Г. Наши полевые записи.
ⁱ Гинзбург. Наши полевые записи.

же форме, по одному и тому же списку и одним и тем же шамесом, занимал место у стола по своему личному достоинству и знатности. Место поближе к жениху принадлежало раввину (если он почтил хупе-вечере своим присутствием), ученой и денежной аристократии, а простые люди садились подальше. Но и между последними не было равенства: меламед (учитель хедера) был не чета портному, а шинкарь — пекарю[j].

В Дубровне (конец XIX — начало XX века) шамес, после взаимных приветствий, забирал у пришедших гостей верхнюю одежду и усаживал их за стол. Молодых же усаживал сам бадхн, провозглашая при этом: «Хосн дойме ле мейлех!» (חתן דומה למלך, «Жених подобен царю!»)[k].

В Минске родители молодых и ближайшие родственники за стол не садились, они следили за порядком, распоряжались, угощали присутствующих за столом и почти беспрестанно раскланивались и благодарили за обращаемые к ним тосты[l].

На богатых свадьбах гостей за столом обслуживали специальные сарверы и сарверки (наемные свадебные официанты и официантки) и шамес. В статье «Свадьба у евреев» мы читаем о том, что искусство хорошего сарвера состоит в том,

> ...чтобы аккуратно рассортировать порции щуки и жаркого и проч., и чтобы аристократическою порцией не попасть в плебейский уголок. При соблюдении такого порядка опаздывавший на свадьбу ничего не теряет. Появись только важная особа, даже к концу ужина — сейчас же раздается голос сарвера: «Хорошую порцию рыбы для реб Хаима!» и пр.[m]

Шамес (Дубровно) не только принимал у гостей при входе их верхнюю одежду, но и обслуживал их у кадушки с водой с кружкой в руках: поливал им на руки, когда они отправлялись их мыть перед началом трапезы[n4].

---

[j] Виленский вестник. 1869. № 110. С. 2.
[k] *Донович М.* Наши полевые записи.
[l] *Леванда Л. О.* Старинные еврейские свадебные обычаи. С. 132–133.
[m] Свадьба у евреев. С. 2.
[n] *Донович М.* Наши полевые записи.

На богатые свадьбы для приготовления блюд хупе-вечере приглашали специальных кухарок, они же часто выполняли обязанности сарверкес (официанток).

Труд сарверов, сарверкес, кухарок и шамеса оплачивался, так же как и труд бадхена и клезмеров.

В Пропойске труд сарверов оплачивал согласно предварительной договоренности мехутн (отец молодой) и, кроме того, гости, уходя домой, — каждый по своим возможностям[o].

В Бердичеве и в других местах (конец XIX — начало XX века) на свадебный стол ставили специальные «кеарес» (קערות, ритуальные тарелки, блюда), куда гости кидали монеты для бадхена, кантора (если он присутствовал на хупе-вечере), сарверов и шамеса. Ставили также особые блюда для сбора пожертвований на деятельность разных благотворительных обществ, как то: хевре талмуд-тора (братство по бесплатному религиозному обучению бедных детей), хевре малбиш арумим (братство одевания нагих, то есть приобретения одежды для бедняков), хевре бикур хойлим (братство помощи больным), хевре 'ахносас кало (братство вспомоществования бедным невестам, занимавшееся сбором средств для бесприданниц) и т. п. Для сбора денег для хеврес (братств) приходили их габаи (старосты).

Следует особо отметить оплату труда раввина, кантора и шамеса. Причитающиеся им деньги назывались «рахаш» (аббревиатура слов «рабоним, хазоним, шамосим» — «раввины, канторы, синагогальные служки»).

Труд клезмеров (музыкантов) также оплачивался как устроителем хупе-вечере, так и гостями, заказывавшими музыку или танцы.

Меню хупе-вечере состояло из предварительного угощения «лекех ун бронфн» (לעקעך און בראָנפֿן, пряник и водка) и собственно ужина. В Пропойске «лекех ун бронфн» состоял из водки, цукер-бейглех (צוקער בייגלעך, сахарные баранки) и монелех (מאָנעלעך, маковники)[p].

---

[o] Гинзбург. Наши полевые записи.

[p] Гинзбург. Наши полевые записи.

В Минске меню хупе-вечере состояло из трех-четырех блюд с обязательной рыбной закуской: фаршированной рыбой и рубленой селедкой, приправленной уксусом, прованским маслом, луком, перцем и крутым яйцом. Напитки употреблялись простые и дешевые: водка, пиво и изюмное вино, да и те в очень умеренных дозах. Налегали больше на яства, которые были не изысканны, но вкусны, благодаря их пряным приправам[q].

В Дубровне, Заверéжье, Пропойске на закуску полагалась маринованная или рубленая селедка и выпивка. На ужин — фаршированная рыба с хреном и горчицей, мясное блюдо (говядина, кура, индейка), бульон с рисом или «миндалями»[5] (мучные шарики на яйцах с отверстиями в середине) и компот. В Староконстантинове (Волынь, начало XIX века) меню хупе-вечере состояло из рыбы, бульона, жареного и вареного мяса, а также вина и водки[r].

Столом хупе-вечере обычно управлял бадхн. В Виленской губернии (вторая половина XIX века), когда гости были уже в сборе, бадхн провозглашал: «Мен бет цум тиш!» (מען בעט צום טיש, «Просят к столу!»)[s]. В Дубровне бадхн провозглашал тосты[t]. Тосты провозглашались по рангу гостей и почету, который хотели им оказать, при этом вначале провозглашались тосты за хоснс цад (жених и его родственники), затем за калес цад (невеста и ее родственники): «Лехаим хосн!» (לחיים חתן, «За здоровье жениха!»), «Лехаим хоснс цад!» (לחיים חתן'ס צד, «За здоровье хоснс цад!»), «Лехаим кале!» (לחיים כלה, «За здоровье невесты!»), «Лехаим калес цад!» (לחיים כלהס צד, «За здоровье калес цад!»), «Лехаим мехутн фун хоснс цад!» (לחיים מחותן פון חתנס צד, «За здоровье свата со стороны жениха!», то есть отца жениха) и т. д.

В Пропойске во время «лекэх ун бронфн» в соседней комнате в продолжение одного — двух часов танцевали. Женщины танцевали с женщинами, а мужчины — с мужчинами. Хупе-вечере

---

[q] *Леванда Л. О.* Старинные еврейские свадебные обычаи. С. 133; Наши полевые записи.

[r] *Fridkin A.* Avraham-Ber Gotlober un zayn epokhe. Z. 46.

[s] Свадьба у евреев. С. 2.

[t] Донович. Наши полевые записи.

здесь открывали мужчины. Когда мужчины сидели за столом, женщины танцевали, и наоборот[u].

В Гродно клезмеры, игравшие во время хупе-вечере, исполняли попурри из мелодий известных канторов, таких как Каштан, Борух Берлинер, Ехиэльке Шпил-Фойгл[6], а также из светских произведений[v].

На некоторых свадьбах пели кантор и певчие, исполнявшие разные молитвы и гимны, а перед бенчн (послетрапезное благословение) они провозглашали здравицу мехутоним и гостям, от которых получали вознаграждение[w].

В Дубровне танцевали кадрили, польки, казачки и редлех[x,7].

У украинских (Гусятин, Захарьевка) и молдавских (Балта и Тирасполь) евреев клезмеры приветствовали гостей, играя «добривеч» (то есть «добрый вечер», название мотива. — *И. П.*)[y]. В Минске, Пропойске и в других местах клезмеры занимали гостей в течение всего хупе-вечере. Не оставался без работы и бадхн. Кроме управления столом, он еще развлекал гостей своими бадхонес[z].

В Дубровне устроители хупе-вечере в продолжение всего ужина обходили гостей и неустанно приглашали их есть и пить[aa].

Таково общее описание хупе-вечере. Этим, однако, не исчерпывается описание хупе-вечере, который включал еще поднесение «дроше гешанк» (דרשה געשאנק, свадебный подарок), «бенчн» (בענטשן, послетрапезное благословение)[8], развлечения и т. д. К описанию этих моментов хупе-вечере и переходим.

---

[u] Гинзбург. Наши полевые записи.
[v] *Zizmor Ja.* Amolike khasenes. Z. 874.
[w] Донович М. Наши полевые записи.
[x] Донович М. Наши полевые записи.
[y] Ярошевич О. И. Наши полевые записи.
[z] Бадхонес — *здесь* юмористические и сатирические вирши на темы о молодых, устроителях хупе-вечере, гостях, свадьбе в целом и т. д. Бадхн часто выступал и на другие, не связанные со свадьбой, темы. Многие бадхонес были направлены против местной еврейской буржуазии и местных заправил.
[aa] Донович М. Наши полевые записи.

1 Шалаш — термин Пульнера. Правильней было бы говорить о навесе, палатке или каком-то другом временном сооружении.
2 Более правильный перевод: «Добро пожаловать! На свадьбу <пришел> мехутн, господин такой-то, сын такого-то! Милости просим!» Слово «скоцл» в выражении «Скоцл кумт!» («Добро пожаловать!») Пульнер приводит в форме «шкоцл», так как в литвацком диалекте идиша, бытовавшем в Белоруссии, «с» произносится как «ш».
3 На обороте л. 239 сделана надпись карандашом: «К стр. 170: следует объяснить слово (с)шкоцл: нельзя переводить по-русски "Шкоцл пришел". Какой это Шкоцл? סקאָצ[ע]ל קומט [скоц[е]л кумт. — *Прим. ред.*] означало в древнюю эпоху [da]s Got(t)es wille kom(m)t или das Willkommen Gottes: "Добро пожаловать!" А Вы, Исай Менделевич, сделали из Шкоцля какое-то мифологическое существо!? Е. К.». Это замечание с совершенно верным объяснением этимологии выражения «скоцл кумт» принадлежит Е. Кагарову.
4 Имеется в виду ритуальное омовение рук перед трапезой.
5 Имеется в виду «мандлех» (миндалины) — шарики из теста, которые кладут в суп.
6 К сожалению, о каких именно канторах идет речь, установить не удалось.
7 Редл — хороводный танец, от «редл» — «кружок» (*идиш*).
8 Бенч — букв. «благословлять» (*идиш*). Имеется в виду благословление, произносимое после трапезы. Пульнер везде переводит его как «потрапезная молитва». Мы систематически заменяем на «послетрапезное благословение».

2.4.8.3. Хосн-дроше и дроше-гешанк (проповедь жениха и подарок за проповедь)

Обычай произнесения женихом «дроше» (דרשה, проповедь, толкование) во время хупе-вечере и преподнесения «дроше-гешанк» (דרשה געשאַנק, подарок за дроше) был распространен у всех евреев в России в рассматриваемый нами период.

Л. Леванда пишет:

> В прежние времена, когда знание Талмуда ценилось у евреев очень высоко, жених обязан был, стоя под брачным балдахином, читать публично пред всей свадебной публикой ученую диссертацию собственного сочинения, для наглядного доказательства своих недюжинных познаний в Талмуде, его комментаторах, глоссаторах и т. п., по отношению к которым евреи, все равно, ученые или круглые невежды, преисполнены благоговения. Но с течением времени, когда знание еврейской молодежью Талмуда сделалось большой редкостью, обязательные подвенечные диссертации женихов стали постепенно выходить, а теперь уже совсем вышли из моды, однако ж установленные за них премии остались, против чего женихи и их родители, разумеется, меньше всего протестуют, находя, что премии за подразумеваемую дроше, диссертацию, — вещь хорошая. Не протестуют и подносители премий, потому что знают, что и их сыновья, в свою очередь и при подобных же обстоятельствах, тоже получат даровые премии, — стало быть, любезность за любезность[a].

Таким образом, если считать указание Леванды достоверным, дроше произносили прежде под хупою (балдахином), а затем она была перенесена на хупе-вечере.

Начинал жених дроше после второго или третьего блюда, иногда даже после первого блюда. В Староконстантинове (Волынь, первая половина XIX века) дроше произносили в перерывах между блюдами[b]. В Пропойске (конец XIX — начало

---

[a] *Леванда Л. О.* Старинные еврейские свадебные обычаи. С. 134.
[b] *Fridkin A.* Avraham-Ber Gotlober un zayn epokhe. Z. 46.

XX века) дроше начинали после первого блюда или в конце ужина[c], в Дубровне (конец XIX — начало XX века) — в конце ужина[d], в Гродно (вторая половина XIX века) — после первого блюда[e1].

На Украине (Староконстантинов, начало XIX века) во время произнесения молодым дроше бадхн прерывал его и сам начинал импровизированную пародийную дроше. Кончив свою «дроше», бадхн провозглашал: «Дроше гешанк!» (דרשה געשאַנק, «Подарок за дроше!»), и все присутствующие, от родителей молодых до дальних родственников и знакомых, преподносили подарки, при этом бадхн называл поименно каждого из дарителей и его дар[f]. В Минске (первая половина XIX века) между вторым и третьим блюдом на середину пиршественного зала выдвигался небольшой стол, покрытый скатертью. Бадхн подходил к этому столу, ударял по нему ладонью и провозглашал: «Подарки со стороны друзей жениха и со стороны друзей невесты!» Получив приглашение, гости в указанном порядке подходили к столу и передавали свои подарки. Приняв подарок, бадхн поднимал его, объявлял имя дарителя и клал подарок на стол[g].

Л. Леванда указывает:

> Без подарка никто из приглашенных не является, потому что он сгорел бы со стыда от учинения такого неприличия. Даже иногородние друзья, которые на свадьбе не присутствуют, не считают себя освобожденными от поднесения подарка, и они свои подарки пересылают по почте. Благодаря этому обычаю ценность подарков равняется иногда трети суммы приданого жениха и невесты, что для начинающих самостоятельную жизнь имеет немаловажное значение[h].

---

[c] Гинзбург. Наши полевые записи.
[d] Донович М. Наши полевые записи.
[e] *Zizmor Ja.* Amolike khasenes. Z. 874.
[f] *Fridkin A.* Avraham-Ber Gotlober un zayn epokhe. Z. 46.
[g] *Леванда Л. О.* Старинные еврейские свадебные обычаи. С. 133.
[h] Там же. С. 134.

В Дубровне (конец XIX — начало XX века) после бульона перед молодыми ставили большой таз, бадхн ударял рукой по столу и провозглашал: «Дроше-гешанк! Хоснс цад, дроше-гешанк! Калес цад, дроше-гешанк!» (!דרשה געשאַנק, חתנס צד, דרשה געשאַנק! כלהס צד, דרשה געשאַנק!, «Свадебный подарок (букв. "подарок за дроше")! Сторона жениха, свадебный подарок! Сторона невесты, свадебный подарок!»). Приглашенные подходили к бадхену, передавали ему подарки, а бадхн громко называл имя дарителя и его подарок, уснащая свою речь бадхонес. Когда, например, дарили полдюжины ложек, бадхн импровизировал: «От дос ʽот гешенкт дер хоснс фетер. Мир ʽот мен гешенкт ойх зэкс лефл, обер хилцерне» (אָט דאָס האָט געשענקט דער חתנס פעטער. מיר האָט מען געשענקט אויך זעקס לעפל, אָבער הילצערנע, «Вот это подарил дядя жениха. Мне тоже подарили шесть ложек, только деревянных»). Когда дарили самовар, бадхн говорил: «От дос ʽот гешенкт дер мехутн плойни бен плойни, ди гройс ви шабес ʽа-годл (אָט דאָס האָט געשענקט דער מחותן פלוני בן פלוני, די גרויס ווי שבת הגדול, «Вот это подарил сват такой-то, сын такого-то, большое, как Великая суббота!²»)[i].

Дроше-гешанк могли быть самые разные: начиная от денег, украшений, столовой и чайной посуды, мебели, белья, домашней утвари и кончая передаточными актами на предприятия, закладными на дома, заведения и т. д. Ценность и количество подарков зависели от зажиточности дарителей. Иногда это были золотые и серебряные вещи, драгоценные камни, жемчуг, значительные суммы денег, а иногда — деревянная утварь, простые ситцевые платья, полотенца, домашняя мелочь и т. д.

В Дубровне, после того как все дроше-гешанк были поднесены, таз с ними убирали, а присутствующие желали: «Ницт гезунтерʽейт!» (ניצט געזונטערהייט, «Пользуйтесь на здоровье!»)[j].

В Гродно (вторая половина XIX века) один процент стоимости дроше-гешанк выделялся в пользу бадхена, клезмеров и сарвера[k3].

---

[i] Донович М. Наши полевые записи.
[j] Донович М. Наши полевые записи.
[k] *Zizmor Ja.* Amolike khasenes. Z. 875.

После того как все дроше-гешанк были поднесены, хупе-вечере продолжался, продолжались выступления бадхена, танцы и застольные песни.

---

[1] В воспоминаниях Зизмора сказано, что жених произносил дроше «после рыбы».
[2] Великая суббота — это суббота, непосредственно предшествующая празднику Пейсах.
[3] Зизмор пишет не об одном проценте от стоимости подарков, а о некотором фиксированном проценте. Величина суммы при этом, по его словам, могла достигать двухсот рублей.

2.4.8.4. Бенчн (послетрапезное благословение)

После последнего блюда читали «бенчн» (בענטשן, послетрапезное благословение, букв. «благословлять») и «шева брохес» (שבע ברכות, семь благословений), те же, что были прочитаны, когда молодые стояли под хупой и отпивали из бокала[1].

В Гродно (вторая половина XIX века) на богатых свадьбах право начать послетрапезное благословение продавалось с «аукциона». Так, если кто-то предлагал за честь начать «бенчн» двадцать пять рублей, то следующий называл бо́льшую сумму, а третий — еще бо́льшую. Честь начать благословение оставалась за тем, кто вносил самую большую сумму. Собранные таким образом деньги жертвовали в пользу Талмуд-Торы (бесплатная начальная религиозная школа для детей бедноты).

После «бенчн» и «шева брохес» (Дубровно, конец XIX — начало XX века) бадхн обращался к гостям со следующими словами: «Дер бал-симхе 'от гебетн мен зол нит фарибл 'обн, им ирце 'ашем, аф зайн тохтерс киндерс хасене вет эр фарбесерн» (דער בעל שמחה האָט געבעטן מען זאָל ניט פֿאַראיבל האָבן, אם ירצה השם אויף זיין טאָכטערס קינדערס חתונה וועט ער פֿאַרבעסערן, «Устроитель празднества (отец невесты) просил, чтобы никто не обижался, если на то будет воля Божия, на свадьбе детей его дочери он улучшит <праздник>»).

Выслушав выступление бадхена, мужчины подымались из-за стола и переходили в соседнюю комнату для танцев. Находящиеся же здесь женщины переходили в первую комнату, из которой вышли мужчины, и занимали места за столом. Жених оставался некоторое время за столом с женщинами, а затем уходил к мужчинам, невеста же оставалась с женщинами. Женщинам подавали те же блюда и менее крепкие напитки. Бадхн также увеселял женщин. «Дроше-гешанк» больше не собирали. Габаи (старосты благотворительных братств) опять подходили к столу за сбором денег для своих братств. Габаи, которых не пригласили на свадьбу, ни за что не садились за стол и не притрагивались к еде и напиткам.

После ужина пожилые гости расходились по домам. Уходя, они наделяли деньгами сарверов и кухарок. Молодежь оставалась для танцев.

---

[1] Здесь и далее на протяжении этой главы источники не указаны.

2.4.8.5. Танцы и развлечения

Мы уже упоминали выше о танцах во время форшпил, во время проводов невесты в микву, «маден-мол», «ди кале базецн» и «ди кале бадекн», о танцах по пути следования свадебного поезда. Как мы уже отмечали, танцы происходили и во время хупе-вечере. Но особенный размах танцы получали по окончании свадебного ужина, когда столы убирали, и площадь для танцев расширялась.

Из танцев, бытовавших во время свадебных торжеств, мы уже называли польку, вальс, мазурку, кадриль, лансье, казачок и редл. Отметим также: фрейлехс, шер, семине, мазл-тов, дрейдл-танц, карагод, волехл, гопче-танц, галоп, полонез, крейц-польке, пач-танц (танец, сопровождающийся хлопаньем в ладоши), козачке (исполняли двое мужчин или мужчина с маленькой девочкой), зибншрит, рейлендер, скочне и, наконец, кошер-танц[1].

Изучение и анализ танцев, исполнявшихся на еврейской свадьбе, не является задачей настоящей работы[2], поэтому, говоря о танцах, мы ограничимся лишь несколькими общими замечаниями.

Танец известен у евреев издавна. Без танцев не обходились, по-видимому, свадебные торжества и в глубокой древности, о чем свидетельствуют материалы, изложенные нами выше в разделе «Общие замечания» главы «Свадьба»[3]. Танец у евреев, как и у других народов, имел когда-то магическое значение и лишь впоследствии стал употребляться преимущественно как развлечение.

У евреев в России танец сохранил пережитки магии во время проводов невесты в микву, во время следования свадебного поезда и, как мы увидим ниже, при исполнении так называемого кошер-танц.

Часть перечисленных выше танцев, исполнявшихся во время свадебных торжеств и, в частности, на хупе-вечере, заимствована у окружающих народов. Об этом говорят и названия танцев, например полька, мазурка[4] и т. д. Тем не менее следует отметить, что не всегда можно судить по одному только названию танца о его заимствованном происхождении. Точно так же нельзя утверждать по одному еврейскому названию танца о его еврейском происхождении.

Исследователь еврейского музыкального фольклора М. Береговский пишет по этому вопросу в своей работе «Еврейская инструментальная народная музыка»[a][5] следующее:

> Собирая материалы и сведения о еврейских танцах и, в особенности, о наиболее распространенных у нас фрейлехсе и шере, мы столкнулись с тем, что танец «шер» ни разу не упоминается в еврейской литературе, как в художественной, так и в мемуарной. Мы записали целый ряд описаний еврейских свадеб, и среди всех этих описаний названы различные танцы, но шер ни разу не упоминается[b].
> В народных песнях шер также упоминается считанное число раз. Все эти песни происходят с Украины.
> Был ли шер известен только украинским евреям? Несомненно, нет. Хотя в литературе мы об этом не находим указаний, но по сообщениям, полученным нами от ряда лиц, мы знаем, что шер был распространен в Белоруссии, в Литве и в Польше. И если бы даже мы этот танец в последнее время (начиная со второй половины XIX века) не встретили в этих краях, то и это не являлось бы доказательством того, что он прежде там не был известен. Евреи не могли позаимствовать шер из украинского репертуара — на Украине (и вообще у славянских народов) такого танца нет. В тех же случаях, когда украинцы танцевали шер, они позаимствовали его у евреев[c].
> В книге Фр. Бёме[6] «Geschichte des Tanzes in Deutschland»[7] (Лейпциг, 1886) мы находим танец под названием «Der Scharer oder Schartanz»[8] (кн. 1, с. 56). В книге Г. Шюнемана «Das Lied der deutschen Kolonisten in Russland»[9] (Мюнхен, 1923) мы также находим подзаголовок к песне № 158 «Schär-Lied oder Tanz»[10] (с. 275). Такой же подзаголовок есть у песни под № 339, в примечании к которой Шюнеман пишет: «Это любимая танцевальная песня». <...> Видимо, можно предположить, что этот танец евреи много сотен лет тому

---

[a] *Beregovski* M. Yidishe instrumentale folks-muzik.
[b] Ibid. Z. 7.
[c] Ibid. Z. 8–9.

назад заимствовали в Германии и в значительной мере ассимилировали его (во всяком случае, придали еврейский характер музыке)[d].

Этот танец имеет еврейское название: слово «шер» на идише означает «ножницы», но и нееврейское название танца не всегда говорит о его нееврейском происхождении.

Береговский пишет далее:

> Бывают случаи, когда название танца, встречающегося у евреев, не еврейское, а украинское, и все-таки трудно установить, заимствован ли этот танец из украинской среды. На еврейских свадьбах клезмеры играли «скочнес». По стилю и характеру «скочнес» почти то же, что «фрейлехс», а в мелодиях «скочнес» нет специфических национальных штрихов. У украинцев мы встречаем танец под названием «скочні», «доскочні», «доскочісті», и у поляков мы встречаем такой танец «skoczek». То же название «skočna» мы находим в чешском танцевальном репертуаре. По сообщению многих клезмеров, «скочнес» не являлись в еврейской среде особым танцем. Так обычно называли «а фрейлехс», имевший особую техническую разработку. Из украинской инструментальной народной музыки подобное невозможно было заимствовать[e].

О скочне и возможности заимствования ее у поляков следует отметить упоминание Е. Карновича в его работе «Быт польского народа»:

> Были в народе [у поляков. — *И. П.*] еще и другие, ныне совершенно уже забытые танцы. Так, старинные польские писатели упоминают о танце, называвшемся «кляcканым», остатки которого сохранились еще в свадебных танцах евреек, о ценаре, гоньоне, рукаване, скочке, дзьоле, голубце, сейдаке, пжепюрке[f].

---

[d] Ibid. Z. 9–10.

[e] Ibid. Z. 11. Ср.: *Береговский М.* Еврейская народная инструментальная музыка. С. 11.

[f] *Карнович Е.* Быт польского народа. С. 256.

Береговский далее пишет:

> Часто бывает так, что танец имеет еврейское название, а мелодия его заимствована у другого народа. Так, например, на кошер-танц всегда играли полонез. Многие клезмеры, у которых мы записали этот танец, исполняли в этом случае популярный полонез Огиньского «Les adieux a la patrie»[11g].[12]

Изложенным выше мы ограничиваем наши замечания по вопросу о свадебных танцах у евреев в России.

И согласно нашим полевым записям, и как утверждает М. Береговский на основании своих исследований, до конца XIX века у евреев мужчины, как правило, не танцевали вместе с женщинами фигурных танцев. Женщины танцевали «шер» отдельно[h].

Исключения допускалось только для «кошер-танц». При исполнении этого танца невеста держалась за один конец платка, а танцевавший с ней мужчина — за другой. Прикасаться же друг к другу или держаться за руки танцующим не разрешалось.

Следует, однако, отметить, что в XVI веке у евреев бытовали совместные танцы мужчин и женщин[i]. Из сказанного следует, что запреты мужчинам танцевать с женщинами были введены после XVI века.

Танцы исполнялись под звуки песен (например, в субботу на «форшпил»), но главным образом под аккомпанемент клезмеров.

Следует, однако, отметить, что на бедных свадьбах, на которых устроителям приглашение клезмеров было не по средствам, танцы исполнялись большей частью под пение.

В еврейском фольклоре сохранился ряд песен, сопровождавших танцы на свадебных торжествах. Некоторые из них нами приведены выше. Приведем здесь еще несколько характерных танцевальных песен.

---

[g] *Beregovski M.* Idishe instrumentale folks-muzik. Z. 11.
[h] Ibid. Z. 8.
[i] История евреев в России. С. 346–347.

Танец «семене» или «семеле» сопровождался обычно следующей песней:

> Сыграйте «семеле» в честь тети невесты!
> Непрошеная, сама пришла.
> Она бедная, но хваткая,
> Вот вам «пеймл»[13] и сыграйте казацкую![j]

Родственная по содержанию песня сопровождала танцы, которые назывались «казачок», «думе», «семеле»:

> Хацкеле, Хацкеле, сыграй мне казацкую!
> Хоть и бедная, лишь бы хваткая!
>
> *Припев*:
> Бедной быть нехорошо, бедной быть нехорошо,
> Не будем стыдиться собственной крови!
>
> Хацкеле, Хацкеле, сыграй же мне «думу»!
> Хоть и бедная, лишь бы набожная!
>
> Хацкеле, Хацкеле, сыграй мне семеле,
> За «драерл»[14] на Хацкину лавчонку!
>
> Хотя и бедная, все же тетя,
> Непрошеная, сама пришла![k][15]

В обеих песнях, как мы видим, отражены классовые взаимоотношения в еврейском обществе. Тетку невесты, бедную родственницу, не пригласили на свадьбу, но она, женщина «хваткая», боевая, не считаясь со своими богатыми родственниками, сама явилась на свадебные торжества, заявляя: «Не будем стыдиться собственной крови».

«Крейц-польке» танцевали в сопровождении песни с такими словами:

---

[j] Yiddisher folklore. Z. 40. № 69 (Подберезы, Виленская губерния).
[k] Lider-zamlbukh far der yidisher shul un familie. Z. 24. № 38. (Ровно, Волынская губерния).

> Дважды десять — двадцать,
> Я танцую крейц-польку;
> Крейц-польку я танцую с удовольствием,
> Но не с такими господами;
> Таких господ, как ты,
> Я топчу моими башмаками[l].

При исполнении польки, мазурки и шера пели:

> Мойше, Мойше, иди-ка сюда,
> Станцуем мы польку с шером!
> И когда доживем, у Лейбочки
> Мы станцуем шер ввосьмером.
>
> Хая, Хая, иди-ка сюда,
> Мы станцуем мазурку с шером![m16]

Из танцевальных песен укажем еще песню, исполнявшуюся во время танца «зибншрит»[n]:

> Раз, два, три, четыре, пять, шесть, семь,
> Письмецо я тебе написал;
> Мне нравится, тебе нравится,
> Давай вместе хупу поставим!
> Давай не будем слушать, что люди скажут,
> Давай поженимся![o]

Следует еще отметить, что бытовали танцы, исполнявшиеся одновременно под аккомпанемент клезмеров и пение. Примером одной из таких песен является следующая:

> От мала до велика,
> Танцуйте с невестой.

---

[l]   Yiddisher folklore. Z. 40. № 63 (Подберезы, Виленская губерния).
[m] Yudische folkslieder mit melodyen. Bd. 2. Z. 47. № 31 (Умань, Киевская губерния).
[n]   Дословно «семь шагов».
[o]   Yiddisher folklore. Z. 41. № 71.

Клезмеры: И когда с невестой танцуют,
Это жизнь для меня.
Покружатся все мехутоним —
И у меня снова есть деньги.

Танцующие: Разменяйте-ка мне рубли на злотые[17],
Заплачу тогда клезмерам
И они мне сыграют... и т. д.[18]

Таковы общие сведения о танцах и танцевальных песнях, исполнявшихся во время свадебных торжеств и, в частности, во время хупе-вечере. Из песен, звучавших во время свадебных торжеств, отметим еще застольные песни. Среди застольных песен были песни, сочиненные и исполнявшиеся бадхенами, и народные песни, исполнявшиеся присутствующими на свадьбе. Из застольных песен, сочиненных определенным бадхеном, отметим «Мазлтов» («Поздравляю»). Распевалась эта песня бадхеном Гилелом Клибановым (Белоруссия, вторая половина XIX века):

Поздравляю вас всех,
Вас всех, всех мехутоним.
Поздравляю жениха и невесту,
Поглядите только теперь на их лица,
Как на них покоится шехина[19].
Взгляните только на выражение их лиц
И вслушайтесь в мой напев.
Вы наверняка поймете,
Что они уговорили самого Бога,
Чтобы счастливо идти к хупе.
И пусть их «квитл» выйдет чистым[20]
Сегодня у этого стола.
Клезмеры, играйте громко.
Поздравляю вас всех, всех.
И я спою еще раз
В честь жениха и невесты.

Вы, мехутоним, гуляйте, братья,
Сегодня-таки ваш день.
И укрепите свои члены,
Для вас стоит спиртное.

Сегодня вы здесь удостоились заслуги,
У вас сегодня веселье и радость,
Особенно у жениха и невесты.
Они наверняка радуются.
И они наверняка охотно
Выслушают мою новую песню,
Которую я им здесь разъясню,
Сидя за столом.
Клезмеры, играйте громко.
Поздравляю вас всех, всех,
Я спою еще раз
В честь жениха и невесты[p].

Приведенная здесь песня связана по своему содержанию со свадебными торжествами и отражает радость и веселье хупе-вечере. Но не всегда песни бадхена воспевали только свадебные торжества. Многие из этих песен посвящены другим темам. Таковы, например, песни: «Молодость и старость», «Телеграф», «Сигара», «Кусочек хлеба», «Зеркало», которые распевал бадхн Пейсах-Эли (Бобруйск, вторая половина XIX века). Таковы песни «Птица», «Свеча», «Лето и зима», «Заезжий дом», «Железная дорога», «Око», «Рубль», «Роза», «Споры старого мира», «Замаскированный мир», «Сборщик» и т. д., которые распевал в свое время известный Элиокумом-бадхен, он же Элиокум Цунзер (Белоруссия, конец XIX и начало XX века)[21].

В этих песнях бадхн воспевал текущие события, знакомил слушателей с телеграфом, железной дорогой и т. д. и нередко разоблачал местечковых заправил и еврейскую буржуазию. Многие бадхены выступали, таким образом, как носители культуры и светских знаний для еврейских народных масс. Разоблачая местечковых заправил и еврейскую буржуазию, эти бадхены тем самым воспитывали в массах ненависть к своим поработителям.

В заключение приводим весьма популярную в свое время застольную песню из цикла еврейских народных свадебных песен:

---

[p] *Klibanov H.* Di elente Shulamis. Z. 22–31.

Один и один.
Я начну вам разъяснять,
Что означает один:
Один — это дом для свадьбы,
В котором едят, в котором пьют,
В котором гуляют, в котором поют,
В котором танцуют, в котором прыгают.
Как бедные, так и богатые, все хлопайте в ладоши,
Веселите жениха и невесту.
Во что свадьба обошлась,
Пусть им Бог возместит!

Один и один.
Я начну вам разъяснять,
Что означает два:
Два — это жених и невеста,
Которым всевышний возместит.
Один — дом для свадьбы...

Один и один.
Я начну вам разъяснять,
Что означает три:
Три — это сваты,
Которые отсчитывают наличные.
Два — это жених и невеста...

Один и один.
Я начну вам разъяснять,
Что означает четыре:
Четыре — это шесты для хупы,
Под которой прошли жених и невеста.
Три — это сваты...

Один и один.
Я начну вам разъяснять,
Что означает пять:
Пять — это музыканты,
Которые играют для богатых и бедных.
Четыре — это шесты для хупы...

Один и один.
Я начну вам разъяснять,
Что означает шесть:
Шесть — это хорошие люди[22],
Которые благословляют жениха и невесту.
Пять — это музыканты…

Один и один.
Я начну вам разъяснять,
Что означает семь:
Семь — это хорошие дни[23],
Когда можно и когда нельзя.
Шесть — это хорошие люди…[q][24]

Таковы характерные народные песни и бадхонес, исполнявшиеся во время хупе-вечере. Песни, танцы и игра клезмеров занимали, как мы видим, большое место в увеселениях во время свадебных торжеств и, в частности, во время хупе-вечере. Этим увеселения, однако, не ограничивались. После хупе-вечере бадхн потешал гостей разными загадками[r], играми, фокусами и представлениями.

Во второй половине XIX века у литовских и белорусских евреев, «потешив публику ораторством, бадхн перерождается в актера-фокусника. Представляет он "Премудрый суд Соломона"[25], "Пьяного мужика в кабаке" и проч. — одним словом, бадхн горазд на все руки»[s].

У. Ковнер в своих мемуарах «Из записок еврея» сообщает о выступлении бадхенов на свадьбе (Виленская губ., начало 1850-х годов): «Были тут и генералы в сусальных эполетах[26], и Баба-яга, и медведь, и всякие превращения»[t].

---

[q] Yiddisher folklore. Z. 48–49. № 102 (Вильно).

[r] Загадывание загадок во время свадебного пира было известно евреям еще в библейское время, во время свадьбы Самсона (Суд 14: 12–19).

[s] Свадьба у евреев. 1869. С. 2.

[t] *А. Г.* Из записок еврея. С. 986. Цит. по: *Ковнер А. Г.* Из записок еврея // Евреи в России.

Иногда устраивались игры и представления, обычно даваемые лишь в Пурим[u]. Известный шутник и бадхн Мотке Хабад (Вильно, первая и начало второй половины XIX века) «занимался тем, что был сарвером на больших свадьбах, рассказывал анекдоты, давал разные "представления", например переряжался в офицера»[27].

О бадхене как о комедианте и фокуснике рассказывает также А. Готлобер (Украина, Староконстантинов, начало XIX века): «Тогда бадхн прекращает свои речи и делается комедиантом, становится на голову, одевает вывернутую овчину[28], ходит на четвереньках, ревет, как медведь, и показывает фокусы»[v]. Про бадхена Пиньке (Копыль, Белоруссия, середина XIX века) читаем в воспоминаниях А. И. Паперны:

> Зато по возвращении из-под балдахина, когда новобрачные и почетные гости усаживались за установленный яствами и напитками стол, Пиньке из проповедника-моралиста превращался в барда, шута и фокусника. На его обязанности лежало теперь веселить и забавлять публику, и он, выпивая одну рюмку за другой и приходя от этого все больше и больше в экстаз, то распевал под аккомпанемент музыки народные песни, то рассказывал веселые сказки, анекдоты, шутки, произносил эпиграммы, каламбуры, иногда очень колкие и направленные против присутствующих тут же «шелковых людей»[29], богачей и святош, и все это экспромтом и непременно рифмами; пускал в ход также и чревовещательство, глотание горящих лент и т. п. Он умел также изображать собою Януса и, разделив лицо свое рукою на две половины, одною половиною смеялся, а другою плакал...[w]

О бадхене как об актере читаем в воспоминаниях Я. Зизмора. Речь идет об известном бадхене Элиокуме Цунзере (Белоруссия, вторая половина XIX века):

---

[u] Еврейская энциклопедия. Т. 14. Стб. 53.
[v] *Fridkin A.* Avraham-Ber Gotlober un zayn epokhe. Z. 47.
[w] *Паперна А. И.* Из Николаевской эпохи. С. 23. Цит. по: *Паперна А. И.* Из Николаевской эпохи // Евреи в России. С. 49.

Он сам в состоянии был сочинить представление, например: «Скупой юноша», «Местечковый кантор», «Брошенная жена»[30] [неразведенная. — *И. П.*] ищет своего мужа», «От колыбели до гроба». Элиокум Цунзер имел с собой чемодан с бородами, разными одеждами, в том числе и женскими, и исполнял каждую вещь с мимикой и комизмом, как настоящий художник[x].

Из игр, проводившихся после хупе-вечере, находим описание одной игры у бадхена Элиокума Цунзера под названием «Ди шток-шпил» («Игра с палкой»). Игра «шток-шпил», читаем мы, проводится таким образом: посреди избы расставляют стулья, один стул спинкой направо, второй — налево. На стульях, например, на десяти рассаживается десять человек, а одиннадцатый ходит с палкой вокруг стульев. Кого из сидящих он ударит, тот встает и следует за ним. После этого встают остальные и также следуют за водящим игру. Внезапно водящий садится на один из стульев и все прочие следуют его примеру. Оставшийся без места начинает водить[31].

В сочинениях Элиокума Цунзера также опубликована одна из загадок, загадываемых гостям. Загадав загадку, бадхн затем предлагает разгадку:

> Мои отец и мать живы, сама рождаю живых детей, но я не живое существо. Нет у меня дыханья как у дерева и камня. Мать меня рождает без радости. Рождение моих детей длится долго. Мне подобны земля и небо. Из-за меня ведут великие споры[32]. Я состою из двух цветов. Я к рождению моего ребенка — мертва.
> Подсказать вам не решаюсь. Если скажу вам про яйцо, сами догадаетесь[33].

В заключение приведем еще две загадки, которые загадывали бадхены. Первую загадку загадывал бадхн Рувеле (Кобрин, Белоруссия, 1850-е годы)[34]:

---

[x] *Zizmor Ja*. Fun mayne zikhroynes vegn badkhonim. Z. 87–88.

Помню, однажды на свадьбе у кого-то из членов нашей семьи — я ещё был мальчиком — Рувеле громко сказал за ужином:

— Хочу загадать загадку, и тот, кто не разгадает, должен будет заплатить десять копеек.

Поставили тарелку, и Рувеле спросил:

— Господа! Как может быть, чтобы четыре человека разделили между собой три яблока, и чтобы каждому досталось по целому яблоку?

Естественно, что никто не знал ответа. Бросили в тарелку по десять копеек, и когда набралось восемнадцать целковых, Рувн спокойно берет тарелку с деньгами и высыпает деньги себе в карман. Потом ставит на стол пустую тарелку и говорит:

— Господа! Я тоже не знаю, нате двадцать грошей, как мы договорились[у].

А вот загадка бадхена Хайкеля (Полтава, 1830-е годы):

— Господа!.. Еще один вопрос, самый мудрый, наифилософский, самый...

— Спрашивай, спрашивай!

— Нет, господа, это вопрос дорогого сорта; десять грошей нельзя — себе дороже стоит. Кто не сумеет его разрешить, тот да уплатит двадцать грошей!

— Ну, это уж чересчур дорого.

— Как угодно. Мы свой товар упакуем для других.

— Куда ни шло, спрашивай.

— Итак, двадцать грошей?

— Двадцать, двадцать!

— Какой вопрос вопросительнее всех вопросов? — глубокомысленно спросил Хайкель, приложив палец к носу.

Евреи задумались не на шутку.

— Да, — сказали некоторые, — это глубокий вопрос, каббалистический.

— Не отвечаете? Если вы честные люди, то платите по уговору.

Все расплатились добросовестно.

— Ну, объясни же теперь ты, Хайкель.

[у] *Kotik Ye.* Mayne Zikhroynes. Z. 40. Цит по: *Котик Е.* Мои воспоминания. С. 55.

— Господа, вы не знаете?
— Не знаем, конечно.
— Ну, и я тоже не знаю и плачу. Вот двадцать грошей по уговору[z].

Такова общая характеристика танцев, песен и других развлечений, бытовавших на свадебных торжествах у евреев в России. Общая присущая им черта — массовость, жизнерадостность, юмор. Если в содержании некоторых песен или же в некоторых мелодиях клезмеров проскальзывала грусть, то она имела лишь назидательное значение. Свадебные торжества, увеселение жениха и невесты старались сделать как можно разнообразнее. Тут были танцы и песни, бадхонес и клезмерская музыка, загадки и шутки, фокусы, разнообразные представления, ряженье и т. д.

В этом массовом народном ликовании терялись, исчезали навязанные трудовым массам религиозные элементы еврейской свадьбы. И не только терялись. Бадхены часто использовали свою трибуну для анекдотов, шуток, эпиграмм, каламбуров, «иногда очень колких и направленных против присутствующих тут же "шелковых людей", богачей и святош»[aa].

---

[1] Перевод названий некоторых из упомянутых танцев:
Лансье — кадриль-лансье (от *франц.* lancier, букв. «улан») — английский бальный танец. Получил широкое распространение в середине XIX века. В начале XX века стал популярен в России в народном быту.
Редл — кружок (*идиш*). Хороводный танец.
Фрейлехс — веселый (*идиш*).
Шер — «ножницы» (*идиш*). Танец, напоминающий кадриль.
Семене или семеле — происхождение названия неясно. Возможно, восходит к старинному танцу из юго-западной Германии, который назывался «Zepeletanz», то есть «танец-косичка».
Мазл-тов — «поздравляем» (*идиш*).
Дрейдл-танц — от «дрейдл» — «волчок, юла» (*идиш*).

[z] *Богров Г.* Записки еврея. С. 82–83.
[aa] *Паперна А. И.* Из Николаевской эпохи. С. 23. Цит. по: *Паперна А. И.* Из Николаевской эпохи // Евреи в России. С. 49.

Карагод — «хоровод» (*идиш*).

Волехл — «валашский» (*идиш*).

Гопче-танц — танец с прыжками.

Крейц-польке — «крестовая полька», вариант популярного в Белоруссии народного танца «крыж-полька» или «крыжачок». Название отражает переходы танцующих крест-накрест.

Зибншрит — «семь шагов» (*идиш*). Народный танец австрийского происхождения.

Рейлендер — «рейнский» (*идиш*). Немецкий народный танец, похожий на польку.

Кошер-танц — кошерный (дозволенный) танец. Называется также «мицве-танц», то есть танец во исполнение заповеди. Ритуальный танец. Невеста танцует его со всеми уважаемыми мужчинами на свадьбе, причем и она, и партнер держатся за концы платка или кушака.

2   В этом месте на полях надписано черными чернилами: «См. новую работу: Oesterles. The Sacred Dance. 1924; Wetter S. P. La danze rituelle... Rev hist. litter. Relig. 1922, 254 стр.». Имеются в виду следующие работы: *Oesterley W. O. E.* Sacred Dance in the Ancient World: a Study in Comparative Folklore (1923); *Wetter G. P.* La danse rituelle dans l'église ancienne // Revue di histoire et de littérature religieuses. Paris, 1922. VIII. P. 254–275.

3   В главе «2.1. Свадьба. Общие замечания» действительно речь идет о свадебных торжествах у евреев в древности, но при этом про танцы ничего не сказано.

4   Полька — танец чешского происхождения, мазурка — польского.

5   Многое из этой книги вошло в диссертацию М. Береговского, защищенную в январе 1944 года, по-русски эти материалы опубликованы в: *Береговский М.* Еврейская народная инструментальная музыка / Под ред. М. Гольдина. М.: Советский композитор, 1987. В переводе на английский эта работа вышла в кн.: Old Jewish Folk Music: The Collections and Writings of Moshe Beregovski / Ed. and translated by Mark Slobin. Philadelphia: University of Pennsylvania Press, 1982. P. 530–549.

6   Пульнер неверно транскрибирует фамилию Бёме как Бегемес.

7   История танца в Германии (*нем.*).

8   Шарер или танец «шар» (букв. «ножничный» или танец «ножницы»). Die Shar — старинная или диалектная форма слова «die Schere» — «ножницы».

9   Песня немецких колонистов в России (*нем.*).

10   «Ножничная» песня или танец (*нем.*).

11   Прощание с родиной (*фр.*).

12   Ср.: *Береговский М.* Еврейская народная инструментальная музыка. С. 12.

13   Три гроша, мелкая монета.

14   Три гроша, мелкая монета.

15   В сборнике Кагана дан вариант песни, состоящий из двух куплетов, см.: Yudische folkslieder mit melodyen. Bd. 2. Z. 43–44. № 29.

16   Пульнер приводит первый и половину второго куплета песни.

17 Злотый — монета в Царстве Польском в составе Российской империи. Равнялась пятиалтынному, то есть 15 копейкам.
18 Еврейский текст отсутствует. Источник не указан.
19 Шехина — Божественное присутствие в иудаизме.
20 Квитл — записка или билет. Во время призыва молодые люди, достигшие призывного возраста, тянули жребий. Тот, кто вытягивал чистый «билет», освобождался от призыва. Таким образом, слова «пусть их "квитл" (билет) выйдет чистым» — это пожелание удачи, доброй судьбы.
21 Источник не указан. Возможно, это: Lifshits Y. Badkhonim un leytsim bay yidn.
22 Семь человек произносят семь благословений во время бракосочетания. Один из них — это раввин, осуществляющий обряд. Остальные шестеро — это и есть упомянутые добрые люди, почетные гости на свадьбе.
23 Семь дней — послесвадебная неделя, во время которой ежедневно читают для молодых семь благословений. В этот период на молодых распространяются различные ритуальные ограничения: им нельзя работать, нельзя выходить из дома одним и т. п.
24 Песня представляет собой переделку числословной песни «Ахад ми йодеа» («Один, кто знает», *иврит*), которая входит в состав Пасхальной Агады. Существует также вариант песни «Один, кто знает» на идише.
25 Имеется в виду суд Соломона, определившего подлинную мать ребенка (3 Цар 3:16–28). Существует пуримшпил на этот сюжет. Это показывает пересечения между выступлением бадхена и репертуаром пуримшпилеров.
26 Военный мундир с эполетами, упомянутый и в следующем примере, — традиционный костюм пуримшпилеров, исполняющих роли Ахашвейреша (Артаксеркса) и Амана.
27 Источник не найден. Возможно, это: Lifshits Y. Badkhonim un leytsim bay yidn.
28 Овчинный тулуп мехом наружу — типичный костюм ряженого. Использовался в том числе евреями для ряженья на Пурим. Это еще одна деталь, сближающая свадебные увеселения с Пуримом.
29 «Шелковые люди» — «зайдене йидн» (букв. «шелковые евреи») — прозвище богачей, которые ходили в шелковых капотах.
30 Агуна — женщина, чей муж пропал без вести. Она не может выйти замуж до тех пор, пока не получит разводное письмо или свидетельство о его смерти.
31 Источник не указан. Возможно, это: Lifshits Y. Badkhonim un leytsim bay yidn.
32 Трактат ВТ «Бейца» («Яйцо») начинается такой мишной: «О яйце, снесенном в праздник, мудрецы школы Шамая говорят: будет съедено, а мудрецы школы Гилеля говорят: не будет съедено». Это одна из самых известных дискуссий в Талмуде.
33 Источник не указан. Возможно, это: Lifshits Y. Badkhonim un leytsim bay yidn.
34 В книге Е. Котика «Мои воспоминания» Рувеле назван шутом («лец»). Автор «Воспоминаний» специально подчеркивает, что вместе со знаменитой капеллой клезмеров из города Кобрина выступал кроме бадхена еще и шут Рувеле, в обязанности которого входило увеселять гостей на свадебном пиру.

2.4.8.6. Первая брачная ночь

Увод молодых в брачный покой происходил некоторое время спустя после хупе-вечере, в разгар танцев и всеобщего веселья. Уходу молодых предшествовал так называемый «кошер-танц» — танец «чистоты» невесты. Исполнение «кошер-танц» символизировало отсутствие у молодой менструации в последние семь дней, а также то, что она посетила микву.

У белорусских евреев (Минск, первая половина XIX века) церемония «кошер-танц» происходила таким образом:

> По уборке нагроможденных подарков «маршалек» провозглашает: «Кошерный танец!» Молодая приглашается из женского отделения в мужское, музыка начинает играть полонез, и каждый из присутствующих мужчин, не исключая даже тех, которые причисляют себя к духовному классу, совершает с молодой три тура, при громких аплодисментах всей свадебной публики. Вслед за тем составляется полонез исключительно для женщин. Но в середине танца и поднятой им суматохи молодая внезапно и незаметно для танцующих исчезает из цепи, будучи уведена посажеными матерями в брачный покой. Спохватившись своей пропажи, женщины перестают танцевать, уступая место мужчинам. Последние затевают более шумный танец, нечто вроде старо-польского рондо, с участием и молодого, который затем и в свою очередь внезапно исчезает, будучи уведен посажеными отцами туда, куда раньше уведена была молодая[a].

Некоторые подробности, сопровождавшие «кошер-танц», сообщает Я. Зизмор (Гродно, вторая половина XIX века).

> По окончании «бенчн» подружки выводили молодую на середину комнаты. На руке у нее был повязан платок с выступающим концом. За этот конец брался по очереди каждый из мехутоним и делал с молодой несколько туров. Этот танец назывался «кошер-танц».
> Бадхн каждого из присутствующих приглашал по очереди к «кошер-танц», при этом он сочинял на имя приглашенно-

---

[a] *Леванда Л. О.* Старинные еврейские свадебные обычаи. С. 134.

го акростихи и каламбуры (נוטריקון און גימטריות, нотарикон и гематрии)[1]. После того как приглашенный делал несколько туров, бадхн выкрикивал: «Шойн гетанцт!» (שוין געטאַנצט, «Уже станцевал!») и приглашал следующего. Танец начинал раввин и заканчивал новобрачный. Танцевали все присутствующие по очереди.

Приглашенные дарили бадхену и клезмерам деньги.

После кошер-танц клезмеры играли «карагод» — особый танец, во время которого отдельно мужчины и отдельно женщины кружились, взявшись за руки.

В разгаре танцев молодые исчезали. Дружки подхватывали их и уводили в брачную комнату[b].

У украинских евреев (Староконстантинов, первая половина XIX века) «кошер-танц» происходил так:

> После хупе-вечере жених и невеста усаживаются на стулья посреди комнаты (в некоторых местах обоих усаживали на один стул), и бадхн начинает рифмовать. Этими рифмами он приглашает мехутоним к танцу с невестой и, рифмуя на начальные буквы каждого имени[2], он выводит, что для приглашенного подходит танцевать с невестой. Когда бадхн кончает свои речи, клезмеры играют «виват» и приглашают «шабас», то есть шамеса, бадхена, сарвера, делить между собой собранные у мехутоним во время танцев деньги. Затем клезмеры играют полонез, и отец жениха танцует с невестой, держась за край платка, но не дотрагиваясь до нее рукой. Едва отец жениха начинает танец с невестой, вся публика берется за руки, клезмеры переходят от полонеза к фрейлехсу, все пляшут и скачут, кроме невесты, опять пьют, и веселье разгорается все больше[c].

В Пропойске (конец XIX — начало XX века) жениха и невесту усаживали (как и в Староконстантинове) на стуле посреди комнаты. Мужчины читали «Господь — Пастырь мой; я ни в чем не буду нуждаться» (Пс 23:1)[3], клезмеры играли «кошер-танц»,

---

[b] *Zizmor Ja.* Amolike khasenes. Z. 875.
[c] *Fridkin A.* Avraham-Ber Gotlober un zayn epokhe. Z. 47.

а мужчины делали вокруг жениха семь кругов и затем уводили последнего в брачную комнату. Невесту уводили еще до этого[d].

В Бердичеве «кошер-танц» с молодой первым танцевал раввин: он подходил к молодой, доставал из кармана платок, один конец которого подавал молодой, и делал с нею несколько туров. В это время остальная публика объединялась в карагод (хоровод) и кружилась в пляске вокруг танцующих[e].

Брачную постель готовили в Завережье (вторая половина XIX — начало XX века) матери[f], а в Пропойске (вторая половина XIX — начало XX века) — подруги молодой[g]. В Завережье в подушки зашивали сахар. Брачную постель устраивали здесь в теплом помещении.

В Гродно (вторая половина XIX века) после увода молодой в брачный покой подружки наставляли ее в супружеских обязанностях. То же делали дружки в отношении молодого[h].

В Гусятине и Захарьевке (Украина), в Балте и Тирасполе (Молдавия) в тех случаях, когда невеста бывала «нечистой», в брачную постель клали ребенка[i].

В Староконстантинове (начало XIX века) после увода молодых в брачный покой за ними запирали дверь[j].

В Бердичеве в прежние времена (очевидно, в XIX веке) родители молодых оставались на страже у дверей брачного покоя[k].

Вскоре после увода молодых в брачный покой пожилые гости расходились, а молодежь продолжала веселиться, иногда до рассвета.

Как мы видим, увод молодых в брачный покой сопровождался специальным танцем, так называемым «кошер-танц».

---

[d] Гинзбург. Наши полевые записи.
[e] Шпильберг В. Наши полевые записи.
[f] Талалай Г. Наши полевые записи.
[g] Гинзбург. Наши полевые записи.
[h] *Zizmor Ja.* Amolike khasenes. Z. 876; Талалай Г. Наши полевые записи.
[i] Ярошевич. Наши полевые записи.
[j] *Fridkin A.* Avraham-Ber Gotlober un zayn epokhe. Z. 47.
[k] Шпильберг В. Наши полевые записи.

«Кошер-танц» символизировал «чистоту» молодой.

Содержание самого танца (например, кружение вокруг молодой) указывает на первоначальное магическое его назначение.

Внезапное исчезновение, увод молодой в брачный покой представляло собою, надо полагать, пережиточный элемент брака путем умыкания. Это предположение подтверждается, как нам кажется, двумя моментами из описания «кошер-танц» у минских евреев (первая половина XIX века), а именно: а) спохватившись «пропажи», женщины переставали танцевать, уступая свое место мужчинам, и б) последние затевали более шумный танец с участием молодого.

Наше предположение, по-видимому, подтверждает и обычай запирания дверей брачного покоя после увода туда молодых (Староконстантинов).

---

[1] Предлагаемый Пульнером перевод «акростихи и каламбуры» неточен.
Нотарикон — это аббревиатура нескольких слов по их первым буквам. Возможен и обратный ход: считая слово или имя аббревиатурой, можно «раскрыть» зашифрованную в нем фразу. Очевидно, об этом здесь и идет речь.
Гематрия — сумма числовых значений букв, составляющих данное слово или имя. Этот метод позволяет сопоставлять слова, имеющие одинаковую гематрию.
Таким образом, с помощью нотарикона и гематрии бадхен играет с именами тех, кого вызывает для участия в «кошер-танц».
[2] Это и есть пример упомянутого выше нотарикона.
[3] Пульнер приводит номер псалма в соответствии с еврейской Библией. В христианской Библии это псалом 22.

2.5. Первая неделя после хасене (свадьбы)

Днем хупы свадебные торжества не заканчивались. Они обычно длились еще целую неделю и назывались «шивас йемей 'амиште» (שיבעת ימי המשתה, «семь дней пира»).

На время всей этой недели (Пропойск, конец XIX — начало XX века) молодые освобождались от всякой работы и находились под особой охраной. Без провожатых их не пускали на улицу[a].

В Заверенье и Дубровне (конец XIX — начало XX века) первая неделя после хасене называлась «золотой неделей»[b1]. В Хеломе (Люблинская губерния, вторая половина XIX века) «золотой неделей» называлась неделя до «ойфруфн», а неделя от «ойфруфн» до свадьбы — «серебряной»[2]. В Дубровне «серебряная неделя» следовала после «золотой». За «серебряной неделей» — «деревянная» и, наконец, «глиняная»[c].

В Хеломе во время семи дней послесвадебного пира устраивали ежедневно «суде» (סעודה, трапеза), а молодую пару провожали в синагогу на молитву. В эти дни унтерфирерс (подружки) приглашали молодую и ее близких к себе в гости. В последний из семи дней устраивали особенно торжественную трапезу, веселились до поздней ночи[3].

В Дубровне в вечер пятницы, приходящейся на послесвадебную неделю, и затем в субботу до обеда устраивали угощение, «леках ун бранфн», во время которого читали «шева брохес» (שבע ברכות, «семь благословений»). Если во время «семи дней пира» к молодому приезжал гость, то «шева брохес» читали и в будни. Здесь же в течение этой недели молодые наносили визиты родственникам и близким друзьям[d].

В Гусятине и Захарьевке (Украина), Балте и Тирасполе (Молдавия) во время «семи дней пира» родственники приглашали к себе молодых с визитом и угощали их рыбой[e].

---

[a] Талалай Г., Донович М. Наши полевые записи.
[b] Гинзбург. Наши полевые записи.
[c] Донович М. Наши полевые записи.
[d] Донович М. Наши полевые записи.
[e] Ярошевич О. И. Наши полевые записи.

Из всех «семи дней» следует особо выделить субботу и первый день после свадьбы.

Суббота «семи дней пира» была связана с введением молодой в синагогу. Этот обряд символизировал вступление ее в сообщество замужних женщин и был распространен у всех евреев в России.

По словам Л. Леванды, это выглядело так (Минск, первая половина XIX века):

> Финал всего цикла свадебных обрядов и церемоний составляет введение новобрачной в синагогу в ближайшую субботу после свадьбы. Новобрачную сопровождают туда и обратно ближайшие родственницы и кумушки. По возвращении из синагоги подается легкое угощение[f].

В Пропойске молодую сопровождали в синагогу матери молодоженов и почтенные женщины. Молодой уступали в синагоге самое почетное место[g].

В Дубровне молодую провожали в синагогу к утренней молитве родственницы и знакомые женщины. Приглашала сопровождавших специальная женщина, «а руферке» (אַ רופֿערקע, «созывающая»). Она обходила заранее намеченные дома. Входя в дом, она говорила: «А гут шабес айх! Ир зол нит лозн бетн ди кале ин шул арайн фирн. Лекех ун бранфн! А гут шабес!» (אַ גוט שבת אײַך! איר זאָלט ניט לאָזן בעטן די כלה אין שול אַרײַנפֿירן. לעקעך און בראַנפֿן! אַ גוט שבת!, «Доброй вам субботы! Не заставляйте себя просить сопровождать невесту в синагогу. Пряник и водка! Доброй субботы!»). В субботу утром приглашенные женщины наряжались и отправлялись с молодой в синагогу. В синагоге молодую, будь она даже из бедных, усаживали на почетном месте и поздравляли: «Мазл-тов!»[h]

В Завережье молодую сопровождали в синагогу пожилые женщины. Перед отправлением в синагогу молодой желали: «Ин а гутер, ин а мазлдикер шо! Биз 'ундерт ун цванцик йор! Дер'арт

---

[f] *Леванда Л. О.* Старинные еврейские свадебные обычаи. С. 135.
[g] Гинзбург. Наши полевые записи.
[h] Донович М. Наши полевые записи.

тринкен аф а брис!» (אין א גוטער, אין א מזלדיקער שעה! ביז הונדערט און צוואַנציק יאָר! דערהאַרט טרינקען אויף א ברית!, «В добрый, в счастливый час! До 120 лет! Доживите до того, чтобы выпить на обрезании!»[4]).

В синагоге раввинша или жена богача уступали молодой свое место. Пришедшую поздравляли и желали ей: «Мазл тов! Золсту зайн а гройсе гвиринте, кесеф везов зол ба дир зайн!» (מזל טוב! זאָלסטו זײַן א גרויסע גבירינטע, כסף וזהב זאָל באײַ דיר זײַן, «Поздравляем! Чтобы ты стала большой богачкой, чтобы у тебя было серебро и золото!»). В синагоге молодую обучали молитвам и как себя вести во время службы.

После молитвы в доме молодой устраивали «леках ун бранфн»[i].

В Гусятине, Захарьевке, Балте и Тирасполе первая суббота после свадьбы называлась «дер фрейлехер шабес» (דער פֿריילעכער שבת, «веселая суббота»). Многие из мехутоним (родители и родственники) со стороны жениха, приехавшие на свадьбу, оставались на эту субботу в доме родителей молодой. Был здесь и сам молодой муж, который в большинстве случаев оставался, хотя бы на короткое время, на содержании у тестя.

Утром молодую чету и всех мехутоним вели в синагогу. Для приглашения последних, а также родственников и друзей, посылали шамеса. Приглашенные, собравшись в доме отца молодой, направлялись в синагогу: мужчины сопровождали молодого, а женщины — молодую. В синагоге пришедшим уступали почетные места. При чтении субботнего раздела Пятикнижия отцы молодой четы, поднявшись на биму, разделяли недельный раздел Пятикнижия на отрывки по несколько стихов и указывали, кого вызывать к чтению каких отрывков. В честь каждого из вызванных к Торе провозглашали здравицу[5].

После молитвы все направлялись в «шалаш» («балаган»), где делали «кидуш» (благословение на вино и хлеб) и устраивали субботнюю трапезу, при этом женщины рассаживались отдельно от мужчин. Среди женщин занимала почетное место молодая, а среди мужчин — молодой. К трапезе мехутоним со стороны молодожена приходили со своими семьями и приносили с собою

---

[i] Талалай Г. Наши полевые записи.

для молодых и мехутоним со стороны молодой вино, варенье, «куглен» (קוגלען, пудинги), орехи и т. д. Трапеза проходила при всеобщем веселье. После послетрапезного благословения читали «семь благословений», и молодые отпивали из «койс шел брохо» (כוס של ברכה, «бокал благословения»). Вечером снова устраивали трапезу, так называемую «шалешудес» (שלוש סעודות, третья субботняя трапеза). Время за трапезой проводили в пении «змирес» (זמירות, субботние песнопения). Во время этой трапезы снова читали «шева брохес», и молодые снова отпивали из «койс шел брохо». Трапеза обычно затягивалась до поздней ночи[j].

Первый день после свадьбы был отмечен двумя обрядовыми пирушками, называвшимися «румпл» и «шлеер-вармес».

Обряд «румпл» (רומפל) символизировал сохранение молодой девственности до свадьбы. «Румпл» — происходит от средневерхненемецкого слова «Rumpl» и означает «шум, неистовство». Немецкое происхождение слова указывает на заимствование обряда «румпл» у немецких евреев[6].

Описание обряда «румпл» есть у Зизмора (Гродно, вторая половина XIX века):

> Назавтра, утром после хупы, в доме молодых устраивали «румпл». На румпл приходили мехутоним с женами, а также бадхн и клезмеры. Клезмеры играли для каждого из присутствующих «добрыдзень»[7]. При появлении молодых гости провозглашали «виват», а мехутоним требовали у родителей молодой сладкую водку, а на закуску только твердый сыр. Затем следовала молочная закуска[8]. Пирушка, веселье и танцы продолжались до вечера[k].

По сообщению А. Готлобера (Староконстантинов, начало XIX века), эта трапеза выглядела так:

> Назавтра после первой брачной ночи устраивают молочную пирушку с креплех (קרעפלעך, пельмени), начиненными сыром. В этот день мать молодой приносит старейшинам го-

---

[j] Ярошевич О. И. Наши полевые записи.
[k] *Zizmor Ja.* Amolike khasenes. Z. 876.

рода простыни и показывает, что ее дочь была честной девушкой, чтобы муж, если он когда-либо вздумает дать ей развод, не смог опорочить ее[19].

Л. Леванда рассказывает (Минск, первая половина XIX века):

> Чуть свет, перед запертыми дверьми брачной опочивальни появляются матери молодых, иногда в сопровождении посаженых матерей. Услышав шорох, свидетельствующий, что новобрачные уже проснулись, они входят в опочивальню, и мать молодого супруга снимает с брачного ложа простыню и уносит ее к раввину, который подвергает простыню исследованию и дает свой отзыв[m].

В Хеломе[10] (вторая половина XIX века) назавтра после хупы и уже после отсылки в дом молодой подарков, состоявших из «шайтл» (שייטל, парик замужней женщины)[11], молитвенника, зеркала и прочего, мать молодого, часто в сопровождении близких родственниц, приходила «получить удовольствие», то есть посмотреть, выполнена ли «мицва»[12] по еврейскому обычаю, и поднимала молодую с постели. После одевания молодой состригали волосы. При этой процедуре она, часто четырнадцати-пятнадцатилетняя, горько плакала по обрезанным красивым косам[13].

Обычай показывать простыню раввину был известен также и в Бердичеве (вторая половина XIX — начало XX века)[n].

В Завережье простыню брачного ложа показывали знакомым. Если молодая оказывалась девственницей, пили красное вино[o].

В связи с обрядом «румпл» или обычаем пить красное вино (Завережье) после установления факта девственности невесты небезынтересно указать здесь на следующий обычай:

---

[l] *Fridkin A.* Avraham-Ber Gotlober un zayn epokhe. Z. 47.
[m] *Леванда Л. О.* Старинные еврейские свадебные обычаи. С. 135.
[n] Шпильберг В. Наши полевые записи.
[o] Талалай Г. Наши полевые записи.

После ночного свадебного пиршества, когда уже восходит утренняя заря, все гости во главе с «мехутоним» отправляются с музыкой к одной лавочке, которая находится на площади. Здесь все останавливаются; музыка начинает играть, и присутствующие танцуют. Затем все пьют «לחיים» [«лехаим» — букв. «за жизнь». — И. П.] и расходятся по домам[p].

В этой лавчонке, по преданию, был убит «святой каббалист» рабби Шимшон Остропольский[14].

«Шлеер-вармес» (שלייער וואַרמעס) или «шлеер-молцайт» (שלייער מאָלצײַט)[15], то есть обед в честь надевания чепца, происходил в некоторых местах после «румпл», а в некоторых местах одновременно с ним.

По сообщению Л. Леванды (Минск, первая половина XIX века):

Часу в первом пополудни дается обед, на который приглашаются только ближайшие родственники обоих сторон. Обед называется «чепчиковым», потому что в этот день новобрачная в первый раз надевает чепчик, знаменующий ее уже как замужнюю женщину. Музыканты играют душераздирающие «прости» при громких рыданиях присутствующих, получают условленный гонорар за свои труды, выпивают последнюю рюмку водки — и свадьба считается оконченной[q].

В Хеломе «шлеер-вармес» происходил одновременно с «румпл». После срезания волос у молодой здесь приступали к покрыванию ее с помощью «шлеер» (שלייער, головная накидка, вуаль)[16], при этом устраивали молочную пирушку, состоящую из кофе, пирожков на масле и т. п. После пирушки проводили «лащине»[r][17], то есть мехутенесте (мать и родственницы со стороны новобрачного) приглашали молодую жену и ее родственниц к себе на станцию на угощение. Молодая и ее свита отправлялись в сопро-

---

[p] *Клячко М.* Волынские предания. С. 393 (Острополь, Волынская губерния).
[q] *Леванда Л. О.* Старинные еврейские свадебные обычаи. С. 135.
[r] В Киевской губернии этот обычай назывался «ульштине».

вождении клезмеров. На станции приглашенных угощали напитками, разными пирогами, айнгемахтс (варенье из редьки в меду) и т. п. Мать новобрачного наделяла невестку подарками (брошью, кольцом и т. п.), известными под названием «шейн гелт» (שיין געלט, букв. «красивые деньги», то есть «деньги за красоту», деньги за возможность взглянуть на молодую в шлеере в доме мужа)[18].

Желающие взглянуть на молодую должны были дать «выкуп» деньгами или подарками. До получения выкупа мехутенесте прятали молодую. После осмотра новобрачной и вручения «выкупа» она возвращалась к себе домой. Там опять устраивали обед. В Сквире, Ружине и Бердичеве этот обед назывался «шлейер-вармес»[19].

В Заверeжье (конец XIX — начало XX века) «шлейер-вармес» сопровождался игрой клезмеров и танцами. К обеду полагались «леках ун бранфн», китки, фаршированная рыба, мясо, суп[s].

Таковы обряды и обычаи первого дня после хупы.

На второй день после хупы, а в некоторых местностях в последний из «шивас йемей 'амиште» («семи дней пира»), происходили прощание молодых со своими родителями и разъезд гостей, при этом устраивали прощальный обед.

В Гродно (вторая половина XIX века) прощальный обед устраивали на второй день после хупы. В этот день молодая прощалась со своими родителями, если она переходила в дом мужа; если же молодой переходил в дом жены, то он прощался со своими родителями. Прощальный обед состоял здесь из трех блюд, таких же, какие подавали во время хупе-вечере.

После обеда иногородние гости разъезжались и свадебные торжества считались законченными[t].

Момент прощания молодых со своими родителями отражен в еврейских народных песнях. Известные по этому поводу прощальные свадебные песни можно разделить на три группы:

1. Песни расставания молодой со своими родителями.
2. Песни расставания молодой со своими подругами.
3. Песни родителей молодых.

---

[s] Талалай Г. Наши полевые записи.
[t] *Zizmor Ja.* Amolike khasenes. Z. 876.

Иллюстрацией прощальных свадебных песен первой группы могут служить следующие две песни. В первой песне молодая поет:

> До свидания, мои любимые родители,
> Я уезжаю в дальнюю дорогу,
> Где никакой ветер не веет,
> И где никакая птичка не летает,
> И где никакой петух не кукарекает.
>
> Будьте здоровы,
> Мои любимые родители,
> Я уезжаю от вас!
> Бог даст
> Здоровья и жизни,
> И мне счастливого пути![u20]

Вторая прощальная песня построена на диалоге молодого мужа со своей женой:

> Стоят кареты,
> Стоят кареты
> У маминых дверей.
> Венец мой, сердце мое,
> Садись, поедем со мной.
> Как мне садиться
> С вами уезжать,
> Если я еще не простилась
> Со своей мамой?
> Будь же здорова, моя мама,
> Была я тебе дочерью,
> С малолетства воспитана,
> Взрослой улетела.
> Ой, маменька!
>
> Стоят кареты,
> Стоят кареты
> У папиных дверей.

---

[u] Lider-zamlbukh far der yidisher shul un familie. Z. 26. № 47.

> Венец мой, сердце мое,
> Садись, поедем со мной.
> Как мне садиться
> С вами уезжать,
> Если еще я не простилась
> Со своим папой?
> Будь же здоров, мой папа,
> Была я тебе дочерью,
> С малолетства воспитана,
> Взрослой улетела.
> Ой, папенька![v]

Нотки грусти, связанные с расставанием с родным домом и любимыми родителями, звучат в обеих песнях, а в первой — еще и мысль о дальней дороге и неведомой стране.

Прощание новобрачной со своими подругами отражено в следующей песне, заимствованной из украинского фольклора[21]:

> Ни топила, ни варила
> На припечку кашу.
> Прощевайте, мои милы,
> Я уже не ваша.
>
> Ни топила, ни варила,
> На припечку жар, жар.
> Я уеду со своего сила
> Кому буде жаль, жаль.
>
> Ни топила, ни варила,
> На припечку дымно.
> Як уеде со своего сила
> Кому-с буде дивно.
>
> Ни топила, ни варила,
> На припечку кашу,
> Прощевайте мои милы,
> Я уже не ваша[22].

---

[v] Baym kval: materialn tsum yidishn folklor. Yidishe folkslider. Z. 68. № 7 (Вильно).

В качестве образцов прощальных свадебных песен третьей группы приведем три песни. Первая из этих песен поется матерью жениха и связана с переходом молодого в дом родителей жены:

> Будьте же здоровы,
> Будьте же здоровы,
> Мои милые сваты.
> Мы оставляем
> Жениха у вас,
> Не превратите его
> В бесстыжего.
>
> Бесстыжим,
> Бесстыжим
> Не делайте его,
> Не то, когда пришлете
> К нам невесту,
> Мы над ней посмеемся[w].

Следующие две песни связаны с переходом молодой жены в дом родителей мужа. Вот первая:

> Сватья моя, сватья верная,
> Ой, давайте будем навеки сватьями,
> Отдаю вам свою дочь в невестки,
> Пусть она у вас не спадет с лица.
>
> Сватья моя, сватья верная,
> Мое дитя рано не будите,
> И если заметите проступок моего дитяти,
> Скройте его, как родная мать.
>
> Сватья моя, сватья верная,
> Детей рожать — кровь проливать,
> И если вы увидите, что ваш сын любит невестку,
> Пусть это вас совершенно не сердит[x].

---

[w] Yiddisher folklor. Z. 285. № 21 (Калининдорф, Украина).
[x] Yiddisher folklor. Z. 227. № 22 (Славута, Украина).

Вот вторая (Белая Церковь, Украина):

> Вы уже уезжаете,
> Вы уже уезжаете,
> Мои милые сваты;
> Мою дочь в невестки вам даю,
> Да пусть она у вас не спадет с лица.
>
> Зять мой,
> Зять верный,
> Тебя в зятья беру;
> Мою дочь в жены тебе отдаю,
> Пусть она у тебя не похудеет.
>
> Сватья моя, сватья верная,
> Не смейтесь над моим ребенком,
> И если увидите в нем недостатки,
> Скройте их, как родная мать.
>
> Сватья моя, сватья верная,
> Я еду к вам в паричке;
> Хотя я слыхала, что у вас красавицы-дочки,
> Вы берете невестку прекрасную[у].

После обеда иногородние гости разъезжались и свадебные торжества считались законченными.

---

[1] См. также: *Royzengarten A.* Sefer matamim. Z. 15.
[2] Источник не указан.
[3] Источник не указан.
[4] То есть женщине желали дожить до рождения сына.
[5] Во время утренней молитвы в понедельник, четверг и субботу происходит публичная рецитация недельного раздела Пятикнижия по свитку Торы. Для этого на биму по очереди вызывают прихожан, от имени которых прочитывают соответствующий отрывок. Вызванных к Торе должно быть не меньше семи, но может быть гораздо больше. Первый и второй вызовы к Торе зарезервированы за коэнами и левитами. Остальные вызовы распределяет габай (староста общины). Наиболее почетными считаются третий и шестой;

[у] Folklor-lider. Z. 286–287. № 23 (Белая Церковь).

седьмой вызов, последний вызов и мафтир ценятся чуть ниже; четвертый и пятый — еще ниже. Мафтир — вызов к чтению гафтары, текста из пророков, добавляемого к каждому недельному разделу. В данном случае вызовы распределяет не габай, а отцы новобрачных среди родственников и гостей, приехавших на свадьбу. После вызова к Торе произносится специальная молитва «Ми шеберах» («Тот, кто благословил») за здравие поднявшегося на биму.

6 Объяснение выглядит не вполне точным. Существует немецкий глагол «rumpeln», который означает «шуметь, грохотать». Поскольку в идише основная масса корней германская, то германское название обряда не может свидетельствовать о его «заимствовании у немецких евреев». Однако в идише глагол «rumpeln» отсутствует, а термин «румпл» обозначает только конкретный обряд, поэтому действительно выглядит необычно.

7 Жанр клезмерской музыки.

8 Иудаизм строго запрещает совместное употребление мясных и молочных продуктов. Так как меню хупе-вечере включает блюда из мяса, то молочное там отсутствует. Соответственно, по контрасту послесвадебная трапеза — молочная.

9 На обороте л. 281 надпись карандашом: «О показе следов девственности сравните материал приведен<ный> в рецензии Кагарова на книги Corso, Советская этнография, 1936, № 1, с. 177 (б<ибли>ография!)». Имеется в виду работа: *Кагаров Е. Г.* Новейшие труды Р. Корсо по этнографии Абиссинии и итальянских колоний в Африке // Советская этнография. 1936. № 1. С. 176–177. Вероятно, это замечание принадлежит самому Е. Кагарову.

10 Еврейское название польского города Хелма.

11 Пульнер ошибочно переводит слово «шайтл» как «чепец».

12 Речь идет о том, что исполнение супружеских обязанностей — это заповедь.

13 Источник не указан.

14 Во время восстания Хмельницкого.

15 Более точный перевод. Шлеер — женское головное покрывало, накидка, соответственно, «шлеер-вармес» — «обед в честь надевания накидки», «шлеер-молцайт» — «трапеза в честь надевания накидки».

16 Пульнер ошибочно переводит слово «шлеер» как «чепец».

17 Лащине — существительное от глагола «лащен» (*идиш*) — ласкать, ластиться. Указанное в сноске название обряда «ульштине» — непонятно. Возможно, в рукописи допущена какая-то опечатка.

18 Источник не указан.

19 Источник не указан.

20 В сборнике Гинзбурга и Марека «Еврейские народные песни» два куплета этой песни приведены как два самостоятельных варианта. См.: Еврейские народные песни в России. С. 213. № 262 (Ковенская губерния) и № 261 (Гродненская губерния).

21 Песня не на украинском языке, а на «суржике» (русско-украинском пиджине). Припечек — шесток, сило — село.

22 Источник не указан.

3. Общие выводы

Обобщая материалы, изложенные в главе «Свадьба (хасене)»[1], можно сделать следующие выводы:

1. Свадьба у евреев в России, как и брак в целом, сохранила в себе, кроме обычаев и обрядов, характерных для моногамной семьи, ряд обычаев, присущих предыдущим формам развития еврейской семьи[2].

2. На еврейские свадебные обряды и обычаи оказали значительное влияние Ветхий Завет, Талмуд, «Шулхан Орух» и сочинения многих религиозных кодификаторов.

3. Главным актом в комплексе свадебных обычаев был акт перехода жены в дом мужа и приобщения ее к его роду[3].

4. В свадебных обычаях и обрядах у евреев России отражены классовые взаимоотношения и противоречия в еврейском обществе.

5. Несмотря на попытки и стремления религиозных кодификаторов ограничить веселье и пиршества и превратить еврейскую свадьбу в узкосемейный и религиозный праздник, она всегда оставалась массовым народным праздником, праздником коллективного веселья и радости.

6. О свадьбе у евреев в библейский период до нас дошли лишь отрывочные сведения, по ним нельзя восстановить всю картину еврейской свадьбы этого периода. Сказанное сохраняет свое значение для талмудического и, отчасти, для последующих периодов.

7. В талмудическую эпоху еврейская свадьба включала в себя обряды, связанные с оформлением кетубы, собственно обряд хупы, момент перехода жены в дом мужа. Позже обряд хупы объединился с первым моментом древнееврейского брака — обручением или освящением (кидушин) и получил наименование «покров и освящение» (хупе-укидушин).

8. У евреев в России весь комплекс свадебных обрядов и обычаев делился на две части, а именно: обряды и обычаи, связанные с предсвадебным периодом, и обряды и обычаи, связанные непосредственно со свадьбой.

9. Обряды и обычаи предсвадебного периода включали момент сближения сторон, вступавших в родство, взаимный обмен подарками и подготовку к самой свадьбе.

10. До середины XIX века визитами, а также письмами, обменивались главным образом родители (преимущественно отцы) вступающих в брак. Обмен визитами и переписку между женихом и невестой сторонники принудительного брака и в особенности раввины старались всячески ограничить и даже запретить. Еврейские трудовые массы, боровшиеся с принудительным браком, считали для себя эти ограничения не совсем обязательными.

Обмен визитами происходил по субботам и праздникам, а первый визит — в ближайшую после тноим субботу. Родители невесты приглашали к себе жениха чаще всего на Пейсах и «шабес шире» (суббота за четыре недели до праздника Пурим)[4].

11. Обычай предсвадебных подарков — древний еврейский обычай и известен уже в Ветхом Завете.

В XIV–XV веках у немецких евреев подарки жениха относили невесте виднейшие члены общины. Эти подарки состояли из пояса, фаты, верхнего плаща и молитвенника. Подарки же невесты, посланные жениху, состояли из кольца, сапог, китла и талеса. В конце XVIII — начале XIX века невеста посылала жениху пояс в виде ответного подарка.

У польских и литовских евреев предсвадебные подарки при богатом браке состояли из золотых червонцев или женских украшений (кольца, серьги, пояса).

У евреев в России подарки невесты состояли из собственноручно изготовленных предметов (вышитые мешочки, мизрах и жилет) и покупных (часы, портсигар, цепочка к часам и др.). Невеста посылала подарки будущим свекру (вышитая «кеара»), свекрови (фартук или шелковый платок) и повитухе (фартук, рубаха, деньги). Родители невесты посылали подарки жениху (китл и талес). Невесте родственники и знакомые посылали китку, посыпанную маком, весом до 20–40 фунтов.

12. Обычай обмена предсвадебными подарками (так же как и приданое), связанный со значительными материальными затратами, был для еврейской бедноты непосильным бременем. Это обстоятельство вызвало борьбу с большими затратами на предсвадебные подарки.

13. Все еврейское население считало для себя обязательным побывать на свадьбе. Независимо от этого родственникам, близким друзьям и знакомым посылались специальные пригласительные билеты. Приглашения рассылались через шамеса, а иногородним — по почте. Отказаться от приглашения считалось неприличным, так как «увеселять жениха и невесту» было общественным долгом[5].

У евреев в России существовал также обычай приглашать на свадьбу покойных родителей, если жених или невеста были сиротами. Для их приглашения сирота (жених или невеста) шел на кладбище.

14. Длительность предсвадебного периода регламентировалась. У евреев в России предсвадебный период длился иногда три-четыре года, но не меньше шести месяцев. Сокращение этого срока не поощрялось. У украинских евреев про отца, сокращающего установленную обычаем длительность предсвадебного периода, говорили, что он «собирается продать свою дочь».

Установление у евреев в России длительного предсвадебного периода объяснялось ранним возрастом вступающих в брак.

15. Обряды и обычаи, связанные непосредственно со свадьбой, состояли из следующих основных комплексов:

а) обряды и обычаи ближайшей к свадьбе недели;

б) обряды и обычаи, связанные с хупой (бракосочетание, обручение);

в) обряды и обычаи, связанные с хупе-вечере (свадебный пир);

г) обряды и обычаи, связанные с первой брачной ночью.

16. Особую группу составляли обряды и обычаи, связанные с первой неделей после свадьбы. Эта группа включала следующие моменты:

а) празднование девственности невесты и обряд надевания чепца;

б) обряд прощания молодых со своими родителями.

17. Предшествующая свадьбе неделя заключала в себе:

а) магическую охрану жениха и невесты;

б) ввод жениха в синагогу и башитнс (осыпание его зернами, орехами, изюмом, конфетами);

в) пирушки в доме родителей жениха;

г) форшпил у невесты и жениха (суббота).

18. Проводы жениха в синагогу носили массовый характер. Отправлялся жених из дому «с правой ноги». В процедуре «башитнс» активное участие принимали женщины во главе с матерью жениха. Проводы жениха в синагогу, освобожденные от внешней религиозной мишуры, сводились фактически к обряду «башитнс» (осыпание жениха), то есть к магическому, а не религиозному обряду[6].

19. В «форшпил» участвовали: у жениха — его друзья; у невесты — ее подруги.

Время на «форшпил» проводили в танцах и пении.

Угощение участвующие в «форшпил» приносили с собой или расплачивались за него позже.

20. В песнях, распевавшихся на «форшпил» у невесты, отражен протест против принудительного барка. В песнях девушек также звучали радость и задор. Мать невесты изливала в песнях свои чувства, связанные с расставанием с дочерью.

21. Обязательным был обычай устраивать пир для нищих. У евреев в России пир для нищих устраивали главным образом зажиточные люди.

22. Для кануна хупы характерны следующие моменты:

а) съезд сторон;

б) обрядовое купанье невесты;

в) маден-мол (девичник) и хосн-мол (мальчишник);

г) просьбы о прощении, высказанные женихом и невестой.

23. Основным мотивом обычаев и обрядов кануна хупы являлось прощание жениха и невесты со своей холостой жизнью, а также прощание родителей со своими детьми.

24. Съезд сторон к месту хупы начинался накануне. Первыми выезжали к месту хупы родители невесты, невеста и их близкие родственники и знакомые (калес цад). Устройство гостей и свадебных торжеств лежало на обязанности родителей невесты.

25. Отъезд и прибытие к месту хупы сопровождались мерами магической охраны жениха и невесты от влияния «недобрых духов».

26. Встреча поезда жениха носила массовый характер и сопровождалась игрой клезмеров, песнями и пирушкой. Встреча поезда жениха происходила за пределами местечка (или города). Все желания хоснс цад старались удовлетворить.

27. Обряд омовения в микве — древний еврейский обычай. Проводы невесты в микву для обрядового купания носили массовый характер и происходили в сопровождении женщин и клезмеров. Среди женщин присутствовала и повитуха. В микве невесту обучали обязанностям замужней женщины. В микве для сопровождавших невесту женщин и для банной прислуги устраивали угощение (пряники, изюм, миндаль, пироги).

28. Маден-мол (девичник) — пиршество невесты. Основной его смысл — прощание невесты со своей девичьей жизнью.

Время на маден-мол проводилось в песнях и танцах под аккомпанемент игры клезмеров.

29. Хосн-мол (мальчишник) — пиршество жениха. Содержание мальчишника — прощание жениха со своей холостой жизнью. У украинских евреев (начало XIX века) места за столом жениха отдавались на откуп его друзьям. Чем ближе к жениху, тем место считалось почетнее. Собранные за выкуп мест деньги шли в пользу белфера (помощника учителя хедера).

30. День хупы был днем окончательного расставания невесты со своей девичьей, а жениха — с холостой жизнью. В соответствии с этим обряды этого дня были одновременно окрашены в тона грусти и радости.

31. В день хупы в связи с темой прощения грехов и определения в Верховном Судилище будущих судеб вступающих в брак проводилась усиленная религиозная пропаганда необходимости для жениха и невесты покаяния, смирения, покорности и очищения от грехов.

32. В день хупы также усиливали магическую охрану жениха и невесты от козней и происков «недобрых духов».

33. Основными обрядами и обычаями для хупы являлись:

а) воздержание жениха и невесты от еды;

б) исполнение клезмерами «добрыдзень»;

в) оформление кетубы (брачного договора);

г) посажение невесты и посажение жениха;

д) покрывание невесты;

е) обряд хупы;

ж) свадебный пир, ужин (хупе-вечере);

з) увод молодых на брачное ложе.

33. У евреев в России в рассматриваемый нами период воздержание жениха и невесты от еды связывалось с покаянием и очищением от грехов. Следует, однако, полагать, что это объяснение более позднего происхождения: обычай при своем возникновении имел другую функцию (магическую)[7].

34. Кетуба (брачный договор) — это по существу документ хозяйственного порядка, определявший хозяйственную основу будущей семейной жизни новобрачных.

В содержании кетубы, а следовательно, и в жизни, сохранились элементы пережитков купли невесты. Кетуба также обязывала к совершению брака по религиозному обряду, «по закону Моисея и Израиля».

35. Обряд посажения невесты («ди кале базецн») состоял в подготовке к покрыванию женихом головы невесты. Обряд происходил в специальном помещении («шалаш» и др.), в присутствии женщин. Помещение, где совершался обряд, освещалось гавдольными свечами. Невесту сажали (преимущественно в Белоруссии) на перевернутую квашню, покрытую одеялами и подушками.

Содержание обряда: расплетение и подстригание[8] волос у невесты (почтенными женщинами, матерью, повитухой или подругами); плач невесты; бадхонес; песни, объясняющие невесте значение для нее дня хупы и наставляющие ее в предстоящих ей после свадьбы обязанностях, танцы и песни под аккомпанемент клезмеров.

Бадхн, клезмеры и подружки — обязательные участники обряда. Бадхн — руководитель обряда.

36. Одновременно (а иногда и раньше) с посажением невесты в доме родителей жениха происходило посажение жениха, называемое «прием у жениха» («каболес поним»). Основное назначение обряда «каболес поним» то же, что и обряда посажения невесты. Содержание обряда: вручение жениху подарков (китл, пояс, ермолка, талес) от родителей невесты, выступление бадхена, прием гостей, их угощение и уход к «покрыванию невесты». Подарки вручались через бадхена. Выступление бадхена на «каболес поним» идентично с его выступлением на «ди кале базецн».

Сторонники принудительного брака, в особенности представители религии, старались подчинить своим интересам выступления бадхена и содержание его бадхонес. Не всегда, однако, бадхены шли на поводу у религии. Многие из них чутко прислушивались к запросам и чаяниям трудовых еврейских масс, отображали в своих бадхонес настроения масс. Этих-то певцов из народа раввины всячески преследовали.

37. Тождественность обрядов «ди кале базецн» и «каболес поним» свидетельствует, что оба обряда до момента дополнения их содержания религиозно-назидательным элементом имели одно и то же назначение и содержание: в первом случае — «посажение невесты», во втором — «посажение жениха». При исполнении первого обряда невеста оплакивала свою девичью жизнь, а при исполнении второго — жених свою холостую жизнь. В дальнейшем первый обряд сохранил свой первоначальный смысл и, следовательно, наименование, а второй усложнился новым моментом — «приемом» у жениха и получил новое наименование. Появление в нем религиозных элементов (покаяние, смирение, молитва о прощении грехов и ниспослании счастливой супружеской жизни) совпадает, по-видимому, с моментом появления у второго обряда его нового наименования.

38. Следы обряда «покрывания невесты» («ди кале бадекн») встречаются еще в Торе. Совершался обряд после «каболес поним». Основное содержание обряда — набрасывание женихом

платка на голову невесты. Исполнение обряда происходило при массовом стечении народа (женщины, подруги невесты, жених и его свита), при зажженных свечах. Обряд сопровождался песнями и танцами под аккомпанемент клезмеров. Во время обряда жениха осыпали зернами и хмелем.

39. Слово «хупа» имеет два значения: балдахин и обряд обручения, освящения невесты (бракосочетание). Хупа уже была известна в библейский и в талмудический периоды. Под хупою имелись в виду «золоченый балдахин», «деревянный переплет», сделанный из камыша, на котором развешивали «что угодно», брачные носилки невесты. С XVI века хупа — это балдахин на столбиках.

В библейский и талмудический периоды хупа — место уединения жениха и невесты, брачное ложе, брачный покой. В Средние века хупа уже известна как место совершения акта бракосочетания.

40. В талмудический период хупа устраивалась в опочивальне. В Средние века — под открытым небом, на синагогальном дворе или же в самой синагоге. У евреев в России — на синагогальном дворе или на площади у синагоги.

У евреев в России, главным образом у зажиточных людей, хупа устраивалась обычно на полпути между постоянным местожительством жениха и невесты.

Хупа как обычай ввода невесты в брачный покой не была в свое время связана с религией.

41. У евреев в России хупа, как и тноим, устраивалась в определенное время года и в «счастливые» дни. На установлении времени устройства хупы отразились влияние Талмуда и народных поверий.

42. Непременными участниками хупы, кроме жениха и невесты, были их родители или опекуны, ближайшие родственники и знакомые, клезмеры, бадхн, раввин и шамес.

43. Свадебный поезд к хупе проходил с особыми церемониями. Зажигались гавдольные свечи или факелы. Поезд сопровождали клезмеры и кундесы. Свадебный поезд к хупе состоял из двух частей — поезда жениха и поезда невесты. Первым отправлялся

поезд жениха. Обе части поезда имели установленную обычаем структуру, при этом все участники поезда должны были держаться определенных для них мест.

44. Церемониал хупы состоял из:

а) приведения жениха и невесты к месту хупы;

б) семикратного обвода невесты вокруг жениха, стоящего под хупой;

в) благословения новобрачных;

г) благословения на совершение брака «посредством покрова и освящения»;

д) обручения невесты посредством кольца;

е) оглашения кетубы;

ж) чтения «шева брохес» («семи благословений»);

з) разбивания стеклянной посуды;

и) поздравления новобрачных;

к) возвращения новобрачных в дом родителей невесты (свадебный поезд от хупы).

Перечисленные обряды и обычаи включают три основных момента: хозяйственно-правовой (кетуба), магический (обвод невесты вокруг жениха, наступание на ногу, кундесы, разбивание посуды) и религиозный (освящение). Магические элементы имелись и во время следования свадебного поезда от хупы (пляски старух, встреча новобрачных караваем или тортом, вывернутой наизнанку шубой, наступание на серебряную вещь на пороге и т. д.).

45. Обычай уединения молодых после хупы в «хейдер йихуд»[9] является пережитком обычая ввода невесты в брачный покой, следовательно, частью общего комплекса свадебных обрядов и обычаев (покрывание невесты, хупа, кошер-танц, увод молодых на брачное ложе). «Золотой бульон» (куриный) — пережиточная замена петуха и курицы, фигурировавших в свадебной обрядности у евреев в палестинский период еврейской истории и в Средние века[10].

46. Свадебный пир, ужин (хупе-вечере) устраивали родители молодой. Хупе-вечере, как весь свадебный церемониал, был массовым свадебным торжеством.

В церемониале хупе-вечере отражены существовавшие в еврейском обществе классовые взаимоотношения и классовые противоречия.

Во время пира мужчины рассаживались отдельно от женщин, при этом молодой сидел, как правило, среди мужчин, а молодая — среди женщин.

Гостей за столом обслуживали специальные «сарверс», а также родители молодых и их ближайшие родственники.

Меню хупе-вечере состояло из предварительного угощения (леках ун бранфн) и собственно ужина (фаршированная рыба, мясное блюдо, бульон, компот, напитки).

47. Обычай «дроше», то есть произнесение речи молодым, не был известен в древности. Обычай этот, как и подарки (дроше-гешанк), возник, по-видимому, в Средние века.

48. Хупе-вечере сопровождался игрой клезмеров, танцами, застольными и танцевальными песнями, выступлениями бадхена (бадхонес), играми и представлениями. Управлял свадебным пиром бадхн.

49. Увод молодых на брачное ложе связан с древним свадебным обычаем ввода молодой в дом мужа. «Кошер-танц», предшествовавший уводу молодых, несомненно, заключал в себе пережитки магических плясок (кружение вокруг невесты) и принадлежности женщины всем мужчинам рода (участие всех мужчин в танце)[11]. Пережитком умыкания невесты является внезапное исчезновение невесты из круга танцующих. Из магических пережитков, связанных с первой брачной ночью, следует еще отметить: зашивание сахара в подушку, укладывание ребенка[12] в постель молодых[13], запирание дверей и охрана брачного покоя. Запирание дверей и охрана брачного покоя являются, возможно, еще и пережиточным элементом прежнего умыкания невесты.

50. Первый день после хупы был связан с празднованием сохранения невестой своей девственности (демонстрация простыни с брачного ложа, красное вино) и вступления молодой в сообщество замужних женщин.

Церемонии первого дня после хупы сопровождались пирушками — «румпл» и «шлейер-вармес». На «румпл» ели молочные блюда, среди которых центральное место занимал сыр.

51. Первая неделя после хупы («шева йемей ʼамиште», «семь дней пира») была неделей прощания молодых со своими родителями, что отражалось в обычаях, обрядах и песнях, исполнявшихся на протяжении этой недели.

---

1 Несмотря на это утверждение, из текста «Выводов» видно, что в них обсуждаются обе части работы — как «Сватовство», так и «Свадьба».
2 Вывод непонятен. Из него следует, что у евреев в России были пережитки полигамного брака. Но они нигде не упомянуты в тексте диссертации. Судя по всему, их и не было.
3 Видимо, автор хотел сказать к «роду мужа». Это спорно, потому что а) никаких «родов» у евреев Восточной Европы не было; б) часто молодая семья на несколько лет переходила на содержание отца жены и жила в его доме.
4 Это не совсем верно. Праздник Пурим приходится на месяц Адар. В еврейском календаре есть високосные годы, насчитывающие тринадцать месяцев за счет удвоения месяца Адар. В таком году есть первый и второй Адар. Пурим в этом случае отмечают во второй Адар, и от «шабес шире» до Пурима проходит не четыре, а восемь недель.
5 Увеселение жениха и невесты было не «общественным долгом», а религиозной заповедью. «Заповедь требует веселить жениха и невесту» (Кицур Шулхан Орух 149:9).
6 Через все выводы проходит противопоставление «религиозных» обрядов «магическим». На чем это противопоставление основано — неясно.
7 Пульнер не объясняет, какую именно магическую функцию имел пост жениха и невесты.
8 В тексте диссертации дважды упомянуто подстригание волос новобрачной — во время «кале базецн» и после первой брачной ночи. К сожалению, Пульнер не указывает, в каких регионах была в ходу первая из упомянутых практик, в каких — вторая. В выводах упомянут только первый случай.
9 В диссертации Пульнер называет комнату, в которой уединялись новобрачные, «хейдер йихуд» — «комната уединения». В выводах он ее называет «хейдер меюхед», что можно перевести как «отдельная комната». Использовался ли этот, второй термин — неясно. В тексте выводов для сохранения терминологического единообразия восстановлен термин из основного текста.
10 В тексте диссертации в связи с «золотым бульоном» упоминается присутствие петуха и курицы в свадебной обрядности талмудического периода и в Средние века, однако прямого вывода о связи этих давних обрядов с угощением новобрачных «золотым бульоном» не высказано. Вывод о такой взаимосвязи выглядит надуманным. Традиционно куриный бульон рассматривался как питательное блюдо, укрепляющее силы после поста.

[11] Трактовка обрядов свадьбы как пережитков каких-то обычаев родового строя выглядит надуманной.
[12] Присутствие ребенка в брачной постели должно было предотвратить физический контакт молодоженов в тот период, когда новобрачная была ритуально нечистой. Ребенок, не достигший возраста религиозного совершеннолетия (13 лет для мальчиков, 12 — для девочек), был избавлен от ответственности за грех пребывания в чужой супружеской спальне.
[13] От строки с этим текстом проведена стрелка к примечанию, вписанному карандашом: «Об этом обычае см. Колпаков. Об одном хакасском……». О какой статье идет речь — неясно.

Список литературы

(Список литературы, использованной И. М. Пульнером. Библиографические данные уточнены. Список дополнен теми современными изданиями, по которым были процитированы некоторые использованные Пульнером сочинения.)

Akhun Meyer b. Itskhak. Der Gleker. Vilne, 1913. [Ахун Меир б. Ицхак. Звонарь. Вильна, 1913. (идиш)]

Bam kval: materialn tsum yidishn folklor. Yidishe folkslider / Gezamlt, derklert, klassifitsirt, kontrolirt un ibergegbn tsum druk mit a forvort fun zamler fun Sh. Bastomski. Vilne: Naye Yidishe Folksshul, 1923. [У источника: материалы по еврейскому фольклору. Еврейские народные песни / Собрал, прокомментировал, проверил и передал в печать с предисловием собирателя Ш. Бастомский. Вильна: Новая еврейская народная школа, 1923. (идиш)]

Beregovski M. Yidishe instrumentale folks-muzik (Program tsu forshn di muzikalishe tetikayt fun di yidishe klezmer). Kiev: Kabinet far derlernen di yidishe sovetishn literatur, shprakh un folklor. Folklor-sektsie, 1937. [Еврейская инструментальная народная музыка. (Программа изучения музыкального творчества еврейских музыкантов). Киев: Кабинет по изучению еврейской советской литературы, языка и фольклора. Секция фольклористики, 1937. (идиш)]

Bernshteyn I. Idishe shprikhverter: folkshtimlekhe groys-oysgabe. Varshe, 1913. [Бернштейн И. Еврейские пословицы: народное большое издание. Варшава, 1913. (идиш)]

Elzet I. Shṭudyen in dem amoligen inerlikhen idishen lebn. Montreal, 1927. [Эльзет И. Исследования внутренней еврейской жизни в прошлом. Монреаль, 1927. (идиш)]

Folklor-lider: naye materialn-zamlung / Unter redaktsie fun M. Viner; araynfir un bamerkungen Z. Skuditski. Band 2. Moskve: Emes, 1936. [Народные песни: сборник новых материалов / Под ред. М. Винера; предисл., примеч. З. Скудицкого. Т. 2. М.: Эмес, 1936. (идиш)]

Frenk E. N. Meshumadim in Poilen in XIX yohrhundert. Warshe: M. I. Freid, 1923. [Френк Е. Н. Выкресты в Польше в XIX столетии. Варшава: Издательство М. И. Фрейда, 1923. (идиш)]

Fridkin A. Avraham-Ber Gotlober un zayn epokhe loyt farsheydene kvaln. Vilne: B. A. Kletskin, 1925. [Фридкин А. Авраам-Бер Готлобер и его эпоха согласно различным источникам. Вильна: Издательство Б. А. Клецкина, 1925. (идиш)]

Frishman D. Reshimes. Varshe, 1911. B. 2. [Фришман Д. Записки. Варшава, 1911. Т. 2. (идиш)]

Gershberg A.-Sh. Khayey ha-tarbut be-Yisrael bi-tkufat ha-Mishna ve-ha-Talmud. 1922. [*Гершберг А.-Ш.* Культурная жизнь народа Израиля в эпоху Мишны и Талмуда. Б/м, 1922. (иврит)]

Güdemann M. Idishe kultur-geshikhte in mitlalter. Berlin: Klal-farlag, 1922. [*Гюдеман М.* История еврейской культуры в Средние Века. Берлин: Объединенное издательство, 1922. (идиш)]

Klibanov H. Di elente Shulamis. Vilne, 1901. [*Клибанов Г.* Одинокая Суламифь. Вильна, 1901. (идиш)]

Kotik Yekh. Mayne Zikhroynes. Ershter teyl. Berlin: Klal-farlag, 1922. [*Котик Е.* Мои воспоминания. Ч. 1. Берлин: Объединенное издательство, 1922. (идиш)]

Lider-zamlbukh far der yidisher shul un familie. 82 lider far a draystimiken khor (oykh far solo) mit begleytung fun piano. Beylage fun trop (teamey amikra) / Tsuzamengeshtelt fun Z. Kiselgof, baarbet fun A. Zhitomirski un P. L'vov. Petersburg; Berlin: Gezelshaft far idishe folks-muzik in Peterburg un Leo Vints in Berlin, 1912. [Сборник песен для еврейской школы и семьи. 82 песни для трехголосного хора (также для сольного исполнения) в сопровождении фортепьяно. С приложением ударений (согласно Писанию) / Составил З. Кисельгоф, обработали А. Житомирский и П. Львов. СПб., Берлин: Петербургское общество еврейской народной музыки и Берлинское общество Лео Винца, 1912. (идиш)]

Lifshits I. Badkhonim un leytsim bay idn // Arkhiv far der geshikhte fun yidishn teater un drame. Bd 1. Vilne, Nyu-York: Yidisher visnshaftlekher institut (YIVO), 1930. Z. 38–74. [*Лифшиц И.* Бадхены и шуты у евреев // Архив истории еврейского театра и драмы. Т. 1. Вильна, Нью-Йорк: Еврейский научный институт (ИВО), 1930. С. 38–74. (идиш)]

Linetski I. Dos khsidishe ingl: Di lebns-beshraybung fun di poylishen yuden: fun zayn geboyren biz zayn ferloyren. Vilne: ha-Ahim Bletnitski, 1897. [*Линецкий И.* Хасидский мальчик. Жизнеописание польского еврея от его рождения до его погибели. Вильна: Братья Блетницкие, 1897. (идиш)]

Lipietz Y. Sefer matamim. Warshe, 1890. [*Липиц И.* Книга о «вкусных блюдах», то есть о смыслах. Варшава, 1890. (идиш)]

Oesterley W. O. E. Sacred Dance in the Ancient World: a Study in Comparative Folklore. Cambridge University Press, 1923.

Old Jewish Folk Music: The Collections and Writings of Moshe Beregovski / Ed. and translated by Mark Slobin. Philadelphia: University of Pennsylvania Press, 1982. P. 530–549.

Pirozhnikov I. Idishe shprikhverter. Vilne, 1908. [Пирожников И. Еврейские пословицы. Вильна, 1908. (идиш)]

Royzengarten A. Sefer matamim: Di gute kvaln oyf di kheylike minkhogim fun di Isroel. Pietrkov. [*Ройзенгартен А.* Книга о «вкусных блюдах», то есть о смыслах. Хорошие источники святых обычаев народа Израильского. Петроков, б/д. (идиш)]

Varshavskiy M. Idishe folkslider (mit noten) / Mit a forrede fun Sholem-Aleykhem. Varshe: Druk. Aleksander Ginz, 1901. [*Варшавский М.* Еврейские народные песни (с нотами) / С предисловием Шолом-Алейхема. Варшава: Тип. Александра Гинца, 1901. (идиш)]

Wetter G. P. La danse rituelle dans l'église ancienne // Revue di histoire et de littérature religieuses. Paris: 1922. VIII. P. 254–275.

Yiddisher folklor / Unter redaktsie fun I.-L. Kahan. Vilne, 1938. [Еврейский фольклор / Под ред. И. Л. Кана. Вильна, 1938. (идиш)]

Yudische folkslieder mit melodyen / Oys dem folks-moyl gezamlt fun Y. L. Kahan. Bd. 1. New York; Varshe: Di internatsional bibliotek ferlag, 1912. [Еврейские народные песни с мелодиями / Собраны из уст народа И. Л. Каном. Т. 1. Нью-Йорк; Варшава: Международное библиотечное издательство, 1912. (идиш)]

Yudishe folkslieder mit melodyen / Oys dem folks-moyl gezamlt fun Y. L. Kahan. Bd. 2. New York, 1920. [Еврейские народные песни с мелодиями / Собраны из уст народа И. Л. Каном. Т. 2. Нью-Йорк, 1920. (идиш)]

Zizmor Ja. Amolike khasenes // Pinkes: far der geshikhte fun Vilne in di yorn fun milkhome un okupatsye. Vilne: Druk. B. Tsiyenson, 1922. Z. 876–878. [*Зизмор Я.* Былые свадьбы // Пинкас: из истории Вильны в годы войны и оккупации. Вильна: Тип. Б. Циенсона, 1922. С. 876–878. (идиш)]

Zizmor Ja. Fun mayne zikhroynes vegn badkhonim // Pinkes: far der geshikhte fun Vilne in di yorn fun milkhome un okupatsye. Vilne: Druk. B. Tsyunson, 1922. Z. 873–875. [*Зизмор Я.* Из моих воспоминаний о бадхенах // Пинкас: из истории Вильны в годы войны и оккупации. Вильна: Тип. Б. Циенсона, 1922. С. 873–875. (идиш)]

А. Г. [Ковнер А. Г.] Из записок еврея // Исторический вестник. Т. 91 (январь — март). 1903. С. 977–1010.

Береговский М. Еврейская народная инструментальная музыка / Под ред. М. Гольдина. М.: Советский композитор, 1987.

Берлин М. Очерк этнографии еврейского народонаселения в России. СПб.: Тип. В. Безобразова и Ко, 1861.

Богров Г. Записки еврея. Одесса: Книгоиздательство Шермана, 1912. Т. II.

Домашний регламент в Белоруссии (1845) / Пер. М. Г. Кагана // Еврейская старина. СПб., 1910. Т. 3. Вып. 1 (январь — март). С. 110–117.

Еврейская энциклопедия. Свод знаний о еврействе и его культуре в прошлом и настоящем. В 16 т. СПб.: Издательство Брокгауз-Ефрон, 1906–1913.

Еврейские народные песни в России / Собраны и изданы под ред. и с введением С. М. Гинзбурга и П. С. Марека. СПб.: Изд. редакции «Восхода», 1901.

Еврейские народные сказки, предания, былички, рассказы и анекдоты, собранные Е. С. Райзе. СПб.: Симпозиум, 2000.

История еврейского народа. Т. 1: История евреев в России. М.: Т-во «Мир», 1915.

Кагаров Е. Г. Новейшие труды Р. Корсо по этнографии Абиссинии и итальянских колоний в Африке // Советская этнография. 1936. № 1. С. 176–177.

Карнович Е. Быт Польского народа // Живописная Россия. Отечество наше в его земельном, историческом, племенном, экономическом и бытовом значении. Бесплатное приложение к журналу «Новь». М., СПб.: издание тов. М. О. Вольфъ, 1896. Т. 4: Царство Польское. Ч. 1. № 1–6 (ноябрь — апрель). С. 213–229.

Клячко М. Волынские предания // Еврейская старина. СПб., 1911. Т. IV. Вып. III (июль — сентябрь). С. 389–394.

Ковнер А. Г. Из записок еврея // Евреи в России. XIX в. М.: НЛО, 2000. С. 177–246.

Леванда Л. О. Старинные еврейские свадебные обычаи // Пережитое. Сборник, посвященный общественной и культурной истории евреев в России. СПб, 1911. Т. 3. С. 103–132.

Маггид Д. Г. Книга о Кундесе. Бытовая пародия начала XIX века // Еврейская старина. Трехмесячник Еврейского Историко-этнографического общества. СПб., 1913. Т. VI. Вып. 4 (октябрь — декабрь). С. 493–526.

Областной пинкос Ваада главных еврейских общин Литвы: Собрание постановлений и решений Ваада (Сейма) от 1623 до 1761 г.: Печатано с рукописной копии, хранящейся в г. Гродне, с дополнениями и вариантами по спискам городов Бреста и Вильны / Перевод И. И. Тувима, под ред., с предисл. и примеч. С. М. Дубнова // Еврейская старина. Трехмесячник Еврейского Историко-этнографического общества. СПб., 1909–1911. С. 33–48.

Обряды еврейские, или Описание церемоний и обыкновений, наблюдаемых евреями как вне храма, так равно и во все торжественные дни, во время молитвы, при обрезании, при свадьбах, родинах, смерти, погребениях и проч. Орел: Тип. И. Сытина, 1830.

Паперна А. И. Из Николаевской эпохи // Евреи в России. XIX в. М.: НЛО, 2000. С. 27–176.

Паперна А. И. Из Николаевской эпохи // Пережитое. Сборник, посвященный общественной и культурной истории евреев в России. Т. 2–3. СПб., 1910–1911. С. 103–157.

Свадьба у евреев // Виленский вестник. 1869. № 110. С. 6.

Талмуд. Мишна и Тосефта. В 7 т. Критич. пер. Переферковича Н. СПб.: Тип. П. П. Сойкина, 1902–1911.

Ходасевич В. Из еврейских поэтов. М. — Иерусалим: Гешарим, 1998.

Цеена у-Реена. М.: Мосты культуры — Книжники, 2012.

Черниховский С. Еврейская свадьба / Пер. В. Ходасевича // Еврейский вестник: Научно-литературный сб. / Под ред. С. М. Гинзбурга. Л.: Общество распространения просвещения между евреями, 1928. С. 12–27.

Чубинский П. П. Труды этнографическо-статистической экспедиции в Западно-Русский край, снаряженной Императорским Русским Географическим Обществом. Юго-западный отдел. Материалы и исследования. Т. 7. Вып. 1: Евреи. Поляки. Племена немалорусскаго происхождения. Малоруссы. (Статистика, сельский быт, язык). СПб., 1872.

Шолом-Алейхем. Похождения неудачника (Менахем-Мендель) // Шолом-Алейхем. Полное собрание сочинений / Единственно разрешенный и одобренный автором перевод с еврейского Ю. И. Пинуса. М.: Книгоиздательство «Современные проблемы», 1914. Т. VI, кн. 5.

Шолом-Алейхем. С ярмарки. Пер. с евр. Б. И. Маршака. Киев: Государственное издательство нацменьшинств в УССР, 1938.

Шолом-Алейхем. Свадьба / Единственно разрешенный и одобренный автором перевод с еврейского Ю. И. Пинуса. М.: Книгоиздательство «Современные проблемы», 1911. Т. III.

Энгельс Ф. Происхождение семьи, частной собственности и государства в связи с исследованиями Л. Г. Моргана // Собр. соч. К. Маркса и Ф. Энгельса. М.: ОГИЗ, 1937. Т. XVI. Ч. I.

1. Соломон Юдовин. Свадьба в Полонном. 1913

2. Бланк для тноим. Варшава. 1903

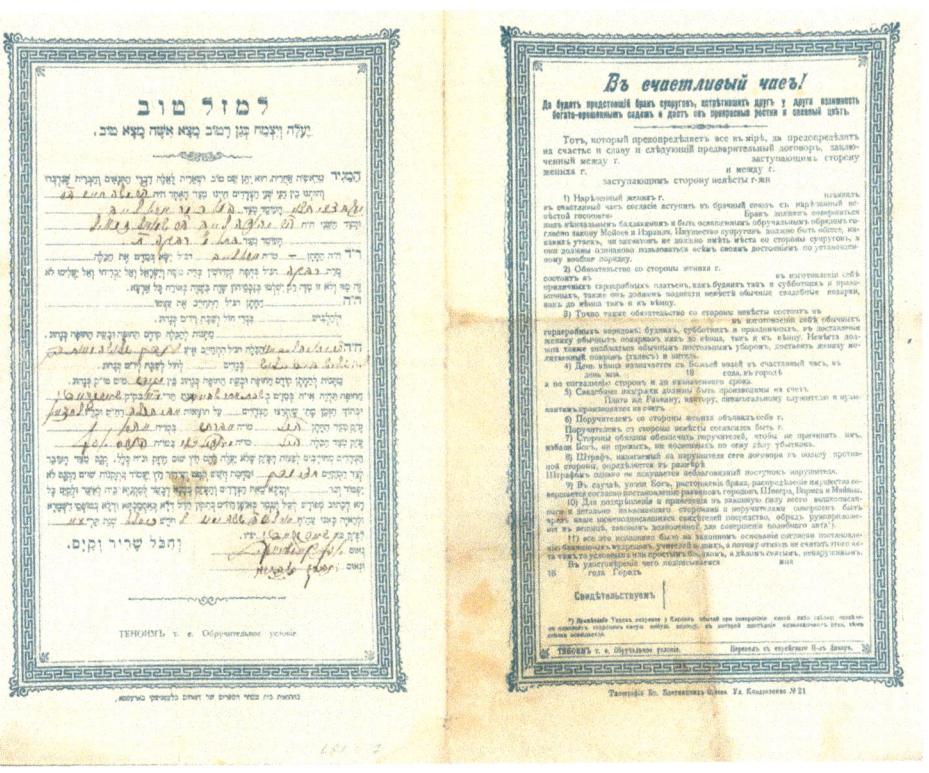

3. Бланк для тноим. Одесса. Конец XIX в.

4. Мендл Горшман. Расстроенная свадьба. Нэпманы. 1926

5. Пир для нищих. 1912-1914 гг.

6. Приглашение на свадьбу. Бершадь. 1903

7. Приглашение на свадьбу. Мукачево. 1978

8. Приглашения на свадьбу.
А) Могилев-Подольский. 1954. Б) Атаки. 1958.

9. Бланк для ктубы. Варшава. Нач. XX в.

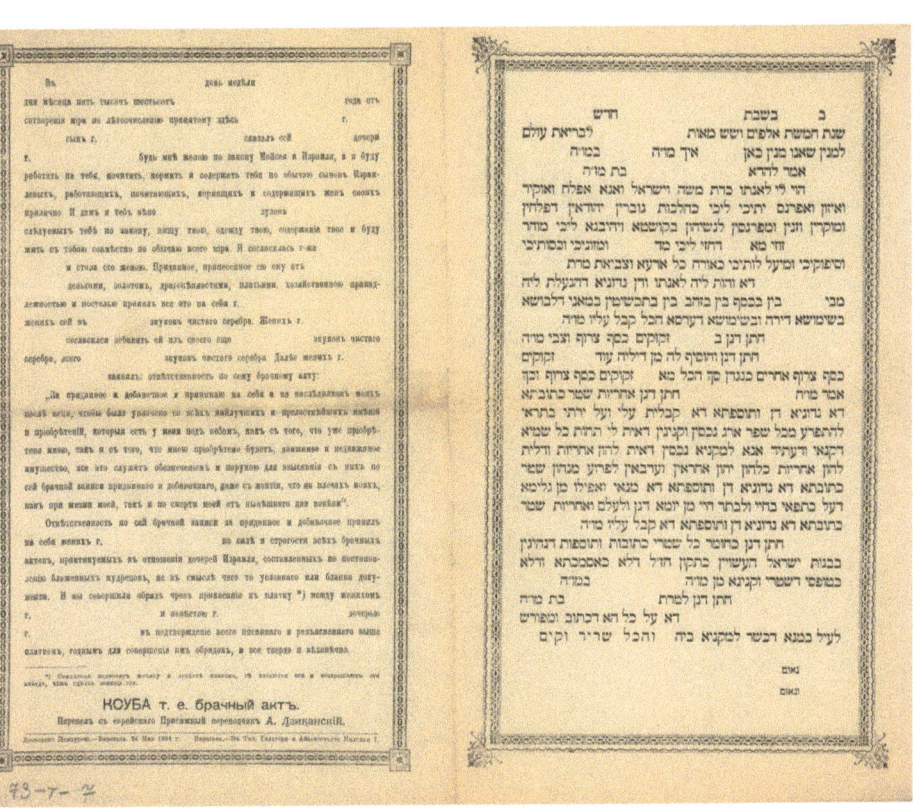

10. Бланк для ктубы. Варшава. 1894

11. Неизвестный художник. Еврейская свадьба. 1875

12. Соломон Юдовин. Шулхойф в Ольке. 1913

13. Свечи для свадебной церемонии

14. Алексей Транковский. Еврейская свадьба

15. Хупа. Текуч, Румыния. 1896

16. Сухер-Бер Рыбак. Свадьба. 1923

17. Леонид Пастернак. Клезмеры

18. Печатные доски для выпекания лекеха на свадьбу. Украина. Нач. XX в.

19. Китл для жениха на свадьбу. Лович, Польша. Конец XIX в.

20. Праздничный наряд. Российская империя. Конец XIX в.

21. Исаак Аскназий. Еврейская свадьба. 1893

22. Анатолий Каплан. Свадьба нищих. 1976

ПРИЛОЖЕНИЯ

Песни о сватовстве, свадьбе и свадебные песни

Транскрипция и транслитерация текстов на идише дана в соответствии с нормами YIVO. В транслитерациях допущены отступления, связанные с передачей рифмы в диалектном произношении. Мелодии песен записаны согласно современным нормам нотной графики. Песни М. Варшавского даются без аккомпанемента. В скобках после номера песни указна страница в тексте диссертации Пульнера, на которой процитирована эта песня. Переводы несколько отличаются от тех, которые приведены в тексте диссертации, так как Пульнер старался в тексте своей диссертации, в том числе и в переводах, максимально использовать приведенные им специальные термины, характерные для еврейского свадебного обряда. В переводах в приложении для удобства понимания многие еврейские термины заменены на соответствующие русские.

1. (с. 42) Еврейские народные песни в России. С. 207. № 255 (Вильна, в настоящее время Вильнюс, Литва; Столбцы, Минская губерния, в настоящее время Минская обл., Беларусь).

Yingelekh mit meydelekh	ייִנגעלעך מיט מיידעלעך
Hobn zikh tzunumen;	האָבן זיך צונומען;
Tishebov di khasene —	תּשעה-באָב די חתונה -
Keyner iz nit gekumen;	קיינער איז ניט געקומען;
Nor der tate mit der mamen	נאָר דער טאַטע מיט דער מאַמען
Mit dem feter Elia,	מיט דעם פֿעטער אליה,
Mit der langer delye,	מיט דער לאַנגער דעליע,
Mit der kurtzer berdl,	מיט דער קורצער בערדל,
Shpringt un tantzt tzuzamen,	שפּרינגט און טאַנצט צוזאַמען,
Vi a meshugener ferdl.	ווי אַ משוגענער פֿערדל.

Мальчики и девочки / переженились; / Эта свадьба как Тишебов — / Никто не явился; / Только отец с матерью / И дядя Эля, / В длинной деле (кафтане), / С короткой бородкой, / Прыгает и пляшет вместе с ними, / Как сумасшедшая лошадка.

2. (с. 44) Yudishe folkslieder mit melodyen. Bd. 2. Z. 7–8. № 1. (Виленская губерния, в настоящее время Литва).

Forn mekhutonim	פֿאָרן מחותּנים
Iber ale gasn,	איבער אַלע גאַסן,
Fregn bay reb Leyzern	פֿרעגן בײַ רב לייזערן
A tokhter tzu farknasn.	אַ טאָכטער צו פֿאַרקנסן.
Zogt der tate: "Yo!"	זאָגט דער טאַטע: ‏„יאָ!‟
Zogt di mame: "Neyn,	זאָגט די מאַמע: ‏„נײן,
Mayn tokhter Khasele	מײַן טאָכטער כאַסעלע
Iz tzu der khupe kleyn!"	איז צו דער חופּה קלײן!‟

Разъезжают мехутоним / Повсюду (букв. «по всем улицам»), / Спрашивают у реб Лейзера, / Нет ли у него дочери на выданье. / Говорит отец: «Да!» / Говорит мать: «Нет, / Дочь моя Хаселе / Мала еще для хупы!»

3. (с. 44) Folklor-lider: Naye materialn-zamlung. С. 276–277. № 6 (Бершадь, Подольская губерния, в настоящее время Виницкая область, Украина. 1926). Пульнер приводит текст второго и четвертого куплетов.

A sheyn meydele bistu,	אַ שײן מײדעלע ביסטו,
N'a sheyn khosn hostu:	נ׳אַ שײנעם חתן האָסטו:
Fun a sheynem yikhes bistu, —	פֿון אַ שײנעם ייִכעס ביסטו, —
Un a voser khosn vilstu?	און אַ װאָסער חתן װילסטו?

— Un keyn khosn vil ikh nit,	— און קײן חתן װיל איך ניט,
Vayl ikh darf im nokh nit hobn,	װײַל איך דאַרף אים נאָך ניט האָבן,
Un az me hot yung khasene,	און אַז מע האָט יונג חתונה,
Vert men yung bagrobn.	װערט מען יונג באַגראָבן.

Vayl du bist azoy yung un sheyn,	װײַל דו ביסט אַזױ יונג און שײן,
Vu zhe kumstu ados tsu visn?	װוּ זשע קומסטו אַדאָס צו װיסן?
— Vayl ikh bin nokh yung un sheyn,	— װײַל איך בין נאָך יונג און שײן,
Vel ikh keyn shidekh nit shlisn.	װעל איך קײן שידעך ניט שליסן.

Vayl ikh bin nokh yung un sheyn,
Vel ikh mir lebn fray,
Kh'kon nor vartn a yor un tzvey
Un efsher take dray.

װײַל איך בין נאָך יונג און שײן,
װעל איך מיר לעבן פֿרײַ,
כ'קאָן נאָר װאַרטן אַ יאָר און צװײ
און אפֿשר טאַקע דרײַ.

Ты красивая девушка, / И у тебя красивый жених. / Ты хорошего происхождения, / А какого жениха ты хочешь?

А никакого жениха я не хочу, / Потому что он мне еще не нужен, / А кто молодой выходит замуж, / Смолоду себя хоронит.

Оттого, что ты так молода и красива, / Как ты об этом узнала? / Оттого, что я еще молода и красива, / Не буду заключать никакого сватовства.

Оттого, что я еще молода и красива, / Буду жить свободной, / Я могу еще подождать и год, и два, / А может, и все три.

4. (с. 49) Пульнер. Полевые записи (Бершадь).

A shadkhen darf kenen a kos makhn
Fun an oke spirt;
Er darf zikh kenen a lign zogn,
S'zol vern oysgefirt.

אַ שדכן דאַרף קענען אַ כּוס מאַכן
פֿון אַן אָקע ספּירט;
ער דאַרף זיך קענען אַ ליגן זאָגן,
ס'זאָל װערן אויסגעפֿירט.

Шадхн должен уметь опрокинуть чарку / В оку спирта; / Он должен уметь лгать, / Лишь бы добиться сватовства.

5. (с. 49) Folklor-lider: Naye materialn-zamlung. Z. 279–280. № 10 (Белая Церковь, Киевская губерния, в настоящее время Киевская область, Украина. 1930). Пульнер цитирует только куплеты, опуская зачин и припев.

A shadkhen tsu zayn iz dokh zeyer gut,	א שדכן צו זיין איז דאָך זייער גוט,
Es iz fun got a brokhe,	עס איז פֿון גאָט אַ ברכה,
Er fardint dos kerbele zeyer gut,	ער פֿאַרדינט דאָס קערבעלע זייער גוט,
On a shum melokhe.	אָן אַ שום מלאכה.
Tomer vil nit di kale,	טאָמער וויל ניט די כלה,
Darf men ir zen di kop fardreyen,	דאַרף מען איר זען די קאָפּ פֿאַרדרייען,
Zi zol shrayen: "Gvald ikh vil".	זי זאָל שרייען: "גװאַלד איך וויל,,,
Vayl a shadkhen tsu zayn	ווייל אַ שדכן צו זיין
iz dokh zeyer gut… ect.	איז דאָך זייער גוט… אאוו.
Tomer vil nit di mekhutoneste,	טאָמער וויל ניט די מחותּנתטע,
Darf men ir zen di kop fardreyen,	דאַרף מען איר זען די קאָפּ פֿאַרדרייען,
Zi zol shrayen: "Gvald ikh vil".	זי זאָל שרייען: "גװאַלד איך וויל,,,
Vayl a shadkhen tsu zayn	ווייל אַ שדכן צו זיין
iz dokh zeyer gut… ect.	איז דאָך זייער גוט… אאוו.

Быть шадхеном — / это, однако, очень хорошо, / Это благословенье от Бога, / Он зарабатывает целковый очень хорошо, / Без особого труда.

И если невеста не желает [предлагаемого ей жениха], / Нужно ей задурить голову, / Чтобы она закричала: «Гвалд, хочу!»

Потому что быть шадхеном — / это, однако, очень хорошо, и т. д.

И если мехутенесте не желает, / Нужно ей задурить голову, / Чтобы она закричала: «Гвалд, хочу!»

Потому что быть шадхеном — / это, однако, очень хорошо, и т. д.

6. (с. 49). Folklor-lider: Naye materialn-zamlung. Z. 278–279. № 9 (Бердичев, Киевская губерния, в настоящее время Житомирская область, Украина. 1926). Пульнер приводит только куплеты, опуская припев.

Un az der khosn vil nit di kale, Darf men im makhn meshuge, Me darf im zen di kop fardreyen, R'zol shrayen: "Gvald, zi iz a kluge".	אוּן אַז דער חתן װיל ניט די כּלה, דאַרף מען אים מאַכן משוגע, מע דאַרף אים זען די קאָפּ פֿאַרדרייען, ר׳זאָל שרײַען: ״גװאַלד, זי איז אַ קלוגע,,.
Tsu dertsu darf men kenen a koysl makhn Un take fun an oke spirt, Ale mentsn megn lakhn, Abi kh'hob mayns oysgefirt.	צו דערצו דאַרף מען קענען אַ כּוסל מאַכן און טאַקע פֿון אַן אָקע ספּירט, אַלע מענטשן מעגן לאַכן, אַבי כ׳האָב מײַנס אויסגעפֿירט.
Un az der khosn vil nit di kale, Darf men im makhn klor, Me darf im zen di kop fardreyen, R'zol shrayen: "Gvald, s'iz a por".	אוּן אַז דער חתן װיל ניט די כּלה, דאַרף מען אים מאַכן קלאָר, מע דאַרף אים זען די קאָפּ פֿאַרדרייען, ר׳זאָל שרײַען: ״גװאַלד, ס׳איז אַ פּאָר,,.
Tsu dertsu darf men kenen a koysl makhn ect.	צו דערצו דאַרף מען קענען אַ כּוסל מאַכן אאװ.
Un az der khosn vil nit di kale, Darf men im makhn tzedreyt, Er meg afile bakumen di mapole R'zol shrayen: "Gvald, es iz a freyd".	אוּן אַז דער חתן װיל ניט די כּלה, דאַרף מען אים מאַכן צעדרייט, ער מעג אַפֿילו באַקומען די מפּלה ר׳זאָל שרײַען: ״גװאַלד, עס איז אַ פֿרייד,,.
Tsu dertsu darf men kenen a koysl makhn ect.	צו דערצו דאַרף מען קענען אַ כּוסל מאַכן אאװ.

И если жених не желает невесты, / Нужно его объявить сумасшедшим, / Нужно ему задурить голову, / Чтобы бы он закричал: / «Гвалд, она умна!»

К тому же надо уметь бокальчик опрокинуть / Именно в оку спирта, / Все люди могут смеяться, / Лишь бы вышло по-моему.

И если жених не желает невесты, / Нужно ему всё разъяснить, / Нужно ему задурить голову, / Чтобы он закричал: «Гвалд, она [мне] пара!»

К тому же надо уметь бокальчик опрокинуть, и т. д.

И если жених не желает невесты, / Нужно его свести с ума, / Пусть он хоть околеет, / Чтобы он закричал: «Гвалд, радость!»

К тому же надо уметь бокальчик опрокинуть, и т. д.

7. (с. 56) Folklor-lider: Naye materialn-zamlung. Z. 278. № 8 (Хотимск, Могилевская губерния, в настоящее время Могилевская область, Беларусь. 1928). Пульнер цитирует первый и второй куплеты.

Der shadkhen varft an eygl	דער שדכן ווארפֿט אן אייגל
Un tut mir a tzar,	און טוט מיר א צער,
Ikh bin a frayer feygl,	איך בין א פֿרײַער פֿויגל,
Af vos darf ikh dem oyberhar.	אויף וואָס דאַרף איך דעם אויבערהאַר.
Der shadkhen geyt derinen,	דער שדכן גייט דערינען,
Er vil dem shidekh ekn,	ער וויל דעם שדוך עקן,
Er meynt epes fardinen,	ער מיינט עפעס פֿאַרדינען,
Un vil mayn kop tzudekn.	און וויל מײַן קאָפ צודעקן.
A man darf men gevirn,	א מאַן דאַרף מען גבירן,
Punkt vi er vil.	פונקט ווי ער וויל.
Vi er zol zikh firn,	ווי ער זאָל זיך פֿירן,
Mus men shvaygn shtil.	מוז מען שווײַגן שטיל.
Nokh draysik yor	נאָך דרײַסיק יאָר
Zogt men, az me tor nit,	זאָגט מען, אז מע טאָר ניט,
Un eyder a shlekhter ziveg,	און איידער א שלעכטער זיווג,
Zol zayn beser gornit.	זאָל זײַן בעסער גאָרניט.

Шадхн глядит / И причиняет мне боль, / Я вольная птица, / Зачем мне господин надо мною?

Шадхн входит (в дом), / Он хочет завершить сватовство, / Он думает что-нибудь заработать / И хочет покрыть мою голову (выдать замуж).

Человек должен богатеть / Так, как хочет. / Как бы он себя ни вел, / Нужно молчать.

После тридцати лет / Говорят, что уже нельзя (замуж), / И чем плохой брак, / Пусть уж лучше ничего.

8. (с. 56) Еврейские народные песни в России. С. 233. № 279 (Минская губерния, в настоящее время Беларусь).

Shadkhen, shadkhen, a klog tsu dir!	שדכן, שדכן, אַ קלאָג צו דיר!
Oy, vos hostu gehat tsu mir?	אוי, װאָס האָסטו געהאַט צו מיר?
Du host genumen di shadkhones	דו האָסט גענומען די שדכנות
Un host gekoylet on rakhmones,	און האָסט געקוילעט אָן רחמנות,
A klog tzu dir, a klog tzu dir!	אַ קלאָג צו דיר, אַ קלאָג צו דיר!

Шадхн, шадхн, горе тебе! / Ой, чего тебе надо было от меня? / Ты получил шадхонес / И безжалостно зарезал [меня], / Горе тебе, горе тебе!

9. (с. 60) Yidisher folklor. Z. 46. № 92 (Кольно, Белостокская область, в настоящее время Подляское воеводство, Польша). Пульнер цитирует первый куплет.

Der tate iz geforn	דער טאַטע איז געפֿאָרן
Afn sholem-zokher,	אויפֿן שלום־זכר,
Vet er brengen far Leetshelen	װעט ער ברענגען פֿאַר לאָהעטשעלען
A sheynem bokher.	אַ שיינעם בחור.

Mit gele peyes,	,מיט געלע פּאות
Un mit gute deyes,	,און מיט גוטע דעות
Mit shvartse oygn;	;מיט שוואַרצע אויגן
Tsu der Toyre vet er toygn.	.צו דער תּורה וועט ער טויגן

Поехал отец / На Шолем-Зохер, / Привезет он для Леечки / Красивого парня.

С русыми пейсами / И с хорошими мыслями, / С черными глазами; / К Торе будет он годным.

10. (с. 60) Еврейские народные песни в России. С. 197. № 244 (Курляндская и Ковенская губернии, в настоящее время Латвия и Литва). Пульнер приводит последний куплет.

— Mame, vu geystu?	?מאַמע, וווּ גייסטו -
— Tokhter, vos vilstu?	?טאָכטער, וואָס ווילסטו -
Vilstu nit a por shikhelekh hobn?	?ווילסטו ניט אַ פּאָר שיכעלעך האָבן
Ikh vel geyn dem shuster zogn!	!איך וועל גייען דעם שוסטער זאָגן
— Neyn, mame, neyn!	!ניין, מאַמע, ניין -
Heyst a shlekhte mame ikh hob:	:הייסט אַ שלעכטע מאַמע איך האָב
zi veyst nit, vos ikh meyn!	!זי ווייסט ניט, וואָס איך מיין

— Mame, vu geystu?	?מאַמע, וווּ גייסטו -
— Tokhter, vos vilstu?	?טאָכטער, וואָס ווילסטו -
Vilstu nit a kleydele hobn?	?ווילסטו ניט אַ קליידעלע האָבן
Ikh vel geyn der shnayderke zogn!	!איך וועל גיין דער שנײַדערקע זאָגן
— Neyn, mame, neyn!	!ניין, מאַמע, ניין -
Heyst a shlekhte mame ikh hob:	:הייסט אַ שלעכטע מאַמע איך האָב
zi veyst nit, vos ikh meyn!	!זי ווייסט ניט, וואָס איך מיין

— Mame, vu geystu?
— Tokhter, vos vilstu?
Vilstu nit a hitele hobn?
Ikh vel geyn der putsmakherke zogn!
— Neyn, mame, neyn!
Heyst a shlekhte mame ikh hob:
zi veys nit, vos ikh meyn!

— מאַמע, װוּ גייסטו?
— טאָכטער, װאָס װילסטו?
װילסטו ניט אַ היטעלע האָבן?
איך װעל גיין דער פוצמאַכערקע זאָגן!
— ניין, מאַמע, ניין!
הייסט אַ שלעכטע מאַמע איך האָב:
זי װייסט ניט, װאָס איך מיין!

— Mame, vu geystu?
— Tokhter, vos vilstu?
Vilstu nit a por zekelekh hobn?
Ikh vel geyn der kniterke zogn!
— Neyn, mame, neyn!
Heyst a shlekhte mame ikh hob:
zi veyst nit, vos ikh meyn!

— מאַמע, װוּ גייסטו?
— טאָכטער, װאָס װילסטו?
װילסטו ניט אַ פאָר זעקעלעך האָבן?
איך װעל גיין דער קניטערקע זאָגן!
— ניין, מאַמע, ניין!
הייסט אַ שלעכטע מאַמע איך האָב:
זי װייסט ניט, װאָס איך מיין!

— Mame, vu geystu?
— Tokhter, vos vilstu?
Vilstu nit a khosele hobn?
Ikh vel geyn dem shadkhen zogn!
— Yo, mame, yo!
Heyst a gute mame ikh hob:
zi veyst shoyn, vos ikh meyn!

— מאַמע, װוּ גייסטו?
— טאָכטער, װאָס װילסטו?
װילסטו ניט אַ חתּן'לע האָבן?
איך װעל גיין דעם שדכן זאָגן!
— יאָ, מאַמע, יאָ!
הייסט אַ גוטע מאַמע איך האָב:
זי װייסט שוין, װאָס איך מיין!

— Мама, куда ты идешь? / — Дочка, чего ты хочешь? / Не хочешь ли пару туфелек? / Пойду скажу сапожнику! / — Нет, мама, нет! / Значит, плохая у меня мама: / Она не знает, о чем я думаю!

— Мама, куда ты идешь? / — Дочка, чего ты хочешь? / Не хочешь ли платье получить? / Пойду портнихе скажу! / — Нет, мама, нет! / Значит, плохая у меня мама: / Она не знает, о чем я думаю!

— Мама, куда ты идешь? / — Дочка, чего ты хочешь? / Не хочешь ли шапочку получить? / Пойду модистке скажу! / — Нет, мама, нет! / Значит, плохая у меня мама: / Она не знает, о чем я думаю!

— Мама, куда ты идешь? / — Дочка, чего ты хочешь? / Не хочешь ли пару чулок получить? / Пойду вязальщице скажу! / — Нет, мама, нет! / Значит, плохая у меня мама: / Она не знает, о чем я думаю!

— Мама, куда ты идешь? / — Дочка, чего ты хочешь? / Не хочешь ли женишка получить? / Пойду шадхену скажу! / — Да, мама, да! / Значит, хорошая у меня мама: / Уж она знает, о чем я думаю!

11. (с. 60) Yidisher folklor. Z. 45. № 89 (село Росвигово, Подкарпатская Русь, Чехословакия, в настоящее время в черте города Мукачево, Закарпатская область, Украина). Пульнер цитирует только фрагмент первого куплета.

Der foygl iz gefloygn	דער פֿויגל איז געפֿלויג
gold grobn, gold grobn;	גאָלד גראָבן, גאָלד גראָבן;
Yutele vil	יוטעלע וויל
a hosn hobn, a hosn hobn,	אַ חתן האָבן, אַ חתן האָבן.
Di shagkhonim dreyen zikh iber di gasn,	די שדכנים דרייען זיך איבער די גאַסן,
Zey fregn dem tatn,	זיי פֿרעגן דעם טאַטן,
tsi er hot a meydele tsu farknasn;	צי ער האָט אַ מיידעלע צו פֿאַרקנסן;
Der tate zogt yo, di mame zogt neyn,	דער טאַטע זאָגט יאָ, די מאַמע זאָגט ניין,
Yutele iz nokh tsu kleyn	יוטעלע איז נאָך צו קליין
unter der khupe tsu geyn.	אונטער דער חופה צו גיין.
M'rekht zikh, m'flekht zikh,	מ׳רעכט זיך, מ׳פֿלעכט זיך,
m'tut zikh shoyn on,	מ׳טוט זיך שוין אָן,
Toyznt dukatn greyt men on;	טויזנט דוקאַטן גרייט מען אָן;
Toyznt dukatn iz dokh	טויזנט דוקאַטן איז דאָך
zeyer a sakh gelt,	זייער אַ סך געלט,
Yutele mitn khosn	יוטעלע מיטן חתן
'eln mirtchim [imirrttse ha-shem] hobn	עלן מערטשים [אם ירצה השם] האָבן
a gutn shem oyf der velt.	אַ גוטן שם אויף דער וועלט.

Птичка полетела / золото копать, золото копать, / Ютеле хочет / жениха, жениха. / Шадхены кружат по улицам, / Они спрашивают отца, / нет ли у него девушки на выданье; / Отец говорит «да», мать говорит «нет», / Ютеле еще мала / идти под хупу.

Считают, заплетают [косы], одеваются, / Тысячу дукатов готовят, / Тысяча дукатов — / это ведь очень много денег. / Ютеле с женихом, / будут, Бог даст, / иметь добрую славу.

12. (с. 61) Еврейские народные песни в России. С. 204–205. № 253 (Ковенская губерния, в настоящее время Литва.) В сборнике вариант песни неполный, пропуски отмечены отточиями. Пульнер не приводит последние шесть строк.

Amol bin ikh in a kleyn shtetl geven,	אַמאָל בין איך אין אַ קליין שטעטל געוועזן,
A mame mit a tokhter hob ikh dort gezen:	אַ מאַמע מיט אַ טאָכטער האָב איך דאָרט געזען:
Di mame ruft men mitn nomen Sheyne,	די מאַמע רופֿט מען מיטן נאָמען שיינע,
Hot zi a tokhter Mirele eyne.	האָט זי אַ טאָכטער מירעלע איינע.
Mirele flegt shtendik veynen un klogn,	מירעלע פֿלעגט שטענדיק וויינען און קלאָגן,
Zi't nit gehat far vemen di harts oystsuzogn.	זיט ניט געהאַט פֿאַר וועמען די האַרץ אויסצוזאָגן.
Vos iz geven Mirkes geveyn?	וואָס איז געווען מירקעס געוויין?
Zi flegt zen ale tog vayblekh in hayblekh geyen.	זי פֿלעגט זען אלע טאָג ווײַבלעך אין הײַבלעך גיין.
— Mame, mame, loyf gikh un geshvind	‫- מאַמע, מאַמע, לויף גיך און געשווינד
Un bring dem shadkhen vi a vind!	און ברינג דעם שדכן ווי אַ ווינד!
Di mame iz gegangen farbay a slup	די מאַמע איז געגאַנגען פֿאַרבײַ אַ סלופּ
Un hot derzen dem shadkhen's shtub.	און האָט דערזען דעם שדכנס שטוב.
— Gut morgn, reb Shimon! Vos makht ir, reb Nokhem?	‫- גוט מאָרגן, רב שמעון! וואָס מאַכט איר, רב נחום?
Kh'hob gehert in der velt, ir zayt a groyser khokhem;	כ'האָב געהערט אין דער וועלט, איר זײַט אַ גרויסער חכם;
Vos zolt ir nit haltn mayn Mirke in zinen,	וואָס זאָלט איר ניט האַלטן מײַן מירקען אין זינען,
Far ir a khosn tsu gefinen?	פֿאַר איר אַ חתן צו געפֿינען?
— Vos batreft ayer Mirkes nadan?	‫- וואָס באַטרעפֿט אײַער מירקעס נדן?
Kh'hob far ir a broyt-geber a man:	כ'האָב פֿאַר איר אַ ברויט־געבער אַ מאַן:
Avreml's a zun, a bokher a tsatske, —	אַברהמלס אַ זון, אַ בחור אַ צאַצקע, -
Er hot a ferd mit an eygene klyatske!	ער האָט אַן פֿערד מיט אַן אייגענע קליאַצקע!..
....	....
— Farbet di bet, makh reyn umetum	‫- פֿאַרבעט די בעט, מאַך ריין אומעטום
Un makh di zeyf un vash zikh arum!	און נעם די זייף און וואַש זיך אַרום!
— Vos zol ikh zikh vashn vi zumer zhabes,	‫- וואָס זאָל איך זיך וואַשן ווי זומער זשאַבעס,
Az ikh bin nokh klor fun far akhtogen shabes!..	אַז איך בין נאָך קלאָר פֿון פֿאַר אַכטאָגען שבת!..

"Mazl-tov!" shrayt der oylem,	‏„מזל טובֿ!" שרײַט דער עולם,
Khatske zitst vi der leymener goylem;	‏חצקע זיצט ווי דער ליימענער גולם;
Mirke rirt zikh nit fun ort,	‏מירקע רירט זיך ניט פֿון אָרט,
Un Khatske redt nit oys a vort.	‏און חצקע רעדט ניט אויס אַ וואָרט.

Однажды был я в маленьком местечке, / Маму с дочкой я там видел: / Маму звали Шейне, / Была у нее единственная дочь Миреле.

Миреле постоянно плакала и рыдала. / Не пред кем было ей открыть свое сердце. / О чем плакала Мирка? / Изо дня в день она видела, как женщины ходят чепцах[1].

— Мама, мама, беги быстро и проворно, / Как ветер, и приведи шадхена! / Прошла мать мимо столба / И увидела дом шадхена.

— Доброе утро, реб Шимен! Как поживаете, реб Нохем? / Слыхала я в свете, что вы большой мудрец; / Почему бы вам не подумать о моей Мирке, / Почему бы не подыскать ей жениха?

— Какое у вашей Мирки приданое? / Есть у меня для нее муж-кормилец: / Сын Авремле, юноша как игрушка, / Владеет он лошадью и собственной коляской!..

— Застели постели, прибери везде, / Возьми мыло и умойся! — Зачем мне мыться, как лягушкам, / Если я еще чистая с прошлой субботы!..

— «Мазл-тов!» — кричит народ, / Хацке сидит как болван; / Мирка не двигается с места, / А Хацке не вымолвит ни слова.

---

[1] Чепец — головной убор замужней женщины.

13. (с. 62) Еврейские народные песни в России. С. 84. № 110 (Ковенская губерния, в настоящее время Литва). Пульнер цитирует несколько строчек из середины песни. Песня построена на вопросах — ответах и, скорее всего, является зачином детской игры, где на вопросы отвечает водящий-«птичка». Гинцбург и Марек поместили ее в раздел IV своего сборника «Детские и школьные песни».

Feygele, feygele!	פֿײגעלע, פֿײגעלע!
— Pi-pi-pi!	־ פּי־פּי־פּי!
Vu iz di mame?	װוּ איז די מאַמע?
–Nito hi!	־ ניטאָ הי!
Vos't zi brengen?	װאָס׳ט זי ברענגען?
— A khosele far dir!	־ אַ חתּ׳עלע פֿאַר דיר!
Vos't der khosele brengen?	װאָס׳ט דער חתּ׳עלע ברענגען?
— A glezele bir!	־ אַ גלעזעלע ביר!
Vu'stu shteln?	װוּ׳סטו שטעלן?
— Untern tir!	־ אונטערן טיר!
Mit vemen'stu trinken?	מיט װעמען׳סטו טרינקען?
— Ikh mit dir!	־ איך מיט דיר!
Tint un feder	טינט און פֿעדער
Un papir, —	און פּאַפּיר, ־
Mazl-tov,	מזל טובֿ,
Tokhter, dir!	טאָכטער, דיר!
Tsugenumen,	צוגענומען,
Avekgeleygt, —	אַװעקגעלײגט ־
A vare gemakht:	אַ װאַרע געמאַכט:
Der khosn geyt,	דער חתן גייט.
A vare gemakht,	אַ װאַרע געמאַכט,
Dem khosn gebrakht;	דעם חתן געבראַכט;
Opgehulyet	אָפּגעהוליעט
A gantse nakht!	אַ גאַנצע נאַכט.

Птичка-птичка! / — Пи-пи-пи! / Где мама? / — Здесь нет! / Что она принесет? / — Женишка для тебя! / Что женишок принесет? / — Стаканчик пива! / Где поставишь? / — Под дверью! / С кем будешь пить? / — Я с тобой!

Чернила, и перо, / И бумага, — / Поздравляю, / Дочка, тебя! / Взяли, / Отложили, / Расступились: / Жених идет, / Расступились, / Жениха доставили, / Прогуляли / Всю ночь!

14. (с. 62) Yidisher folklor. Z. 45–46. № 91 (Коломыя, Галиция, в настоящее время Ивано-Франковская область, Украина. Пульнер указывает: «Коломыя, Станиславская область». Станислав — историческое название города Ивано-Франковска). Пульнер цитирует первые шесть строчек. По-видимому, эта песня представляет собой детскую считалку.

Dray reder, dray reder	דרײַ רעדער, דרײַ רעדער
Fun Gruguv aroys,	פֿון גרוגוּװ אַרױס,
Un glaykh, un glaykh	און גלײַך, און גלײַך
Tsu der mamen in hoyz.	צו דער מאַמען אין הױז.
Der tate zogt yo,	דער טאַטע זאָגט יאָ,
Di mame zogt neyn:	די מאַמע זאָגט נײן:
Ikh bin nokh tsu kleyn	איך בין נאָך צו קלײן
Tsu der khupe tsu geyn.	צו דער חופּה צו גײן.
Men flekht zi,	מען פֿלעכט זי,
Men tsekht zi,	מען צעכט זי,
Men tut zi on,	מען טוט זי אָן,
Dray hundert dukatn greyt ir on.	דרײַ הונדערט דוקאַטן גרײטן איר אָן.
Shteyen leykhter bay der tir,	שטײען לײַכטער בײַ דער טיר,
Mazl-tov der shviger un der shnir	מזל־טובֿ דער שװיגער און דער שנור.
On kleyder, on nadan,	אָן קלײדער, אָן נדן,
Abi mayn tokhter hot a man!	אַבי מײַן טאָכטער האָט אַ מאַן!

Три колеса, три колеса / Прикатили из Гругува, / И прямо, и прямо / К маме в дом.

Папа говорит: «Да», / Мама говорит: «Нет», / Я еще слишком мала, / Чтобы идти у хупе.

Заплетают ее, / Чистят ее, / Одевают ее, / Три сотни дукатов готовят для нее.

Стоят светильники у дверей, / Поздравляем свекровь и невестку! / Без нарядов, без приданого, / Лишь бы у моей дочери был муж!

15. (с. 63) Еврейские народные песни в России. С. 198. № 245 (Ковенская губерния, в настоящее время Литва). Пульнер не приводит последний куплет, видимо, из-за его выраженной религиозной направленности.

Zits ikh afn shteyn	זיץ איך אויפֿן שטיין
Un klog un veyn:	און קלאָג און וויין:
Ale meydelekh kale vern,	אַלע מיידלעך כלה ווערן,
Un ikh blayb aleyn.	און איך בלײַב אַליין.

Az mayn muter volt geven a gute,	אַז מײַן מוטער וואָלט געוועון אַ גוטע,
Volt zi mir farknast;	וואָלט זי מיר פֿאַרקנסט;
Zi volt geforn in Valkemir	זי וואָלט געפֿאָרן אין וואַלקעמיר
Gebrakht a khosele far mir:	געבראַכט אַ חתן'לע פֿאַר מיר:
Mit di shvartse hor, mit di bloye oygn,	מיט די שוואַרצע האָר, מיט די בלויע אויגן,
Tsu der Toyre zol er toygn.	צו דער תּורה זאָל ער טויגן.

Tsu der Toyre zol er toygn,	צו דער תּורה זאָל ער טויגן,
Un vi di Toyre oysgemakht,	און ווי די תּורה אויסגעמאַכט,
Zol er lernen tog un nakht;	זאָל ער לערנען טאָג און נאַכט;
A brivele zol er mir shraybn,	אַ בריוועלע זאָל ער מיר שרײַבן
A gut yidele zol er blaybn.	אַ גוט ייִדעלע זאָל ער בלײַבן.

Сижу я на камне, / И рыдаю, и плачу: / Все девушки становятся невестами, / А я остаюсь одна.

Будь моя мама доброй, / Она бы просватала меня; / Поехала бы в Вилкомир, / Привезла бы для меня женишка: / С черными волосами, с голубыми глазами, / Чтобы был способным к Торе.

Чтобы был способным к Торе. / А чтобы одолеть Тору, / Пусть он учит день и ночь; / Пусть письмо он мне напишет, / Пусть он будет хорошим евреем.

16. (с. 63) Еврейские народные песни в России. С. 198–199. № 246 (Вильна, в настоящее время Вильнюс, Литва). Пульнер цитирует три первые строки — зачин песни.

Tate, mame forn in Valkemir.	טאַטע־מאַמע פֿאָרן אין וואַלקעמיר.
— Vestu zen a faynem khosn,	- וועסטו זען אַ פֿײַנעם חתן,
Bring far mir!	ברינג פֿאַר מיר!
— Efsher vilstu a shuster far a man?	- אפֿשר ווילסטו אַ שוסטער פֿאַר אַ מאַן?
— Neyn, mame, neyn!	- ניין, מאַמע, ניין!
A shuster far a man vil ikh nit,	אַ שוסטער פֿאַר אַ מאַן וויל איך ניט,
Dratve tsien ken ikh nit.	דראַטווע ציען קען איך ניט.
— Efsher vilstu a shnayder far a man?	- אפֿשר ווילסטו אַ שנײַדער פֿאַר אַ מאַן?
— Neyn, mame, neyn!	- ניין, מאַמע, ניין!
A shnayder far a man vil ikh nit,	אַ שנײַדער פֿאַר אַ מאַן וויל איך ניט,
Ayzen brenen ken ikh nit.	אײַזען ברענען קען איך ניט.
— Efsher vilstu a shenker far a man?	- אפֿשר ווילסטו אַ שענקער פֿאַר אַ מאַן?
— Neyn, mame, neyn!	- ניין, מאַמע, ניין!
A shenker far a man vil ikh nit,	אַ שענקער פֿאַר אַ מאַן וויל איך ניט,
Fleshlakh shveynken ken ikh nit.	פֿלעשלאַך שוויינקען קען איך ניט.
— Efsher vilstu a melamed far a man?	- אפֿשר ווילסטו אַ מלמד פֿאַר אַ מאַן?
— Neyn, mame, neyn!	- ניין, מאַמע, ניין!
A melamed far a man vil ikh nit,	אַ מלמד פֿאַר אַ מאַן וויל איך ניט,
Skhires monen ken ikh nit.	שׂכירות מאָנען קען איך ניט.

Папа-мама едут в Вилкомир. / — Увидишь славного жениха, / Привези мне!

— Может, ты хочешь сапожника в мужья? / — Нет, мама, нет! / Сапожника в мужья я не хочу, / Дратву тянуть я не умею.

— Может, ты хочешь портного в мужья? / — Нет, мама, нет! / Портного в мужья я не хочу, / Утюг раскалять я не умею.

— Может, ты хочешь шинкаря в мужья? / — Нет, мама, нет! / Шинкаря в мужья я не хочу, / Бутылки споласкивать я не умею.

— Может, ты хочешь меламеда в мужья? / — Нет, мама, нет! / Меламеда в мужья я не хочу, / Плату [за обучение] требовать я не умею.

17. (с. 63) Yudische folkslieder mit melodyen. Bd. 1. Z. 16. № 8 (Варшава). Пульнер приводит последний, третий куплет. Эта песня — вариант весьма распространенного текста: «Volt ikh gehat fligelekh» — «Если бы были у меня крылышки».

Hintern brik, nebn brik,	הינטערן בריק, נעבן בריק,
Shteyt a meydl Dina;	שטייט אַ מײדל דינה;
Dina steyt, der khosn geyt	דינה שטייט, דער חתן גייט
Mit Avrom avinu.	מיט אברהם אבינו.
Ven ikh zol hobn a fligerl,	װען איך זאָל האָבן אַ פֿליגערל,
Volt ikh tsu dir gevunken;	װאָלט איך צו דיר געװוּנקען;
Ven ikh zol hobn a glezl vayn,	װען איך זאָל האָבן אַ גלעזל װײַן,
Volt ikh tsu dir getrinken.	װאָלט איך צו דיר געטרונקען.
Volt ikh hobn a ferd un vogn,	װען איך זאָל האָבן אַ פֿערד און װאָגן,
Volt ikh tsu dir geforn;	װאָלט איך צו דיר געפֿאָרן;
Volt ikh hobn a baytl gelt,	װען איך זאָל האָבן אַ בײַטל געלט,
Volt ikh dem farshporn.	װאָלט איך דעם פֿאַרשפּאָרן.

За мостом, у моста / Стоит девушка Дина; / Дина стоит, жених идет / Вместе с праотцем Авраамом.

Будь у меня крылышко, / Я бы тебя помахала, / Будь у меня стананчик вина, / Я бы тебя напоила.

Будь у меня лошадь и телега, / Я бы к тебе поехала; / Будь у меня кошелек с деньгами, / Я бы его сберегла.

18. (с. 64) Yidisher folklor. Z. 45–46. № 90 (Едвабне, Белостокская область, в настоящее время Полясское воеводство, Польша). Пульнер взял только три строчки из этой песни, напоминающей зачин игры в салочки.

Dray reder, dray rodn,	דרײַ רעדער, דרײַ ראָדן,
Iz farforn tsu reb Nakhmen's hoys:	איז פֿאַרפֿאָרן צו רב נחמן'ס הויז:
"R'Nakhmen, r'Nakhmen,	"ר'נחמן, ר'נחמן,
efsher hot ir med un vayn?"	אפֿשר האָט איר מעד און ווײַן?,,
"Med un vayn hob ikh nit,	"מעד און ווײַן האָב איך ניט,
Nor a sheyne meydl in kamer arayn».	נאָר אַ שײנע מײדל אין קאַמער אַרײַן.
Sore, Sore, tu zikh on,	שרה, שרה, טו זיך אָן,
Vayl der khosn fort shoyn on!	ווײַל דער חתן פֿאָרט שוין אָן!
Khaya, Khaya, greyt tsum tish!"	חיה, חיה, גרײט צום טיש!"
Vos vet men esn?	וואָס וועט מען עסן?
Hiner un fish.	הינער און פֿיש.
Vos vet men trinken?	וואָס וועט מען טרינקן?
Med un vayn.	מעד און ווײַן.
Sorele vet loyfn in mikve arayn.	שרהלע וועט לויפֿן אין מיקווה אַרײַן.

Три колеса, три круга, / Прикатили к дому реб Нахмана: / Реб Нахман, реб Нахман, / может быть, у вас есть мед или вино? / — Меда и вина у меня нет, / Есть только красивая девушка в горнице.

Соре, Соре, одевайся, / Поскольку жених уже подъезжает! / Хая, Хая, приготовь стол! / Что будут есть? / Кур и рыбу. / Что будут пить? / Мед и вино. / Сореле побежит в микву.

19. (с. 65) Еврейские народные песни в России. С. 203–204. № 252 (Пильтен, Курляндская губерния, в настоящее время Пилтене, Латвия; Шкуды, Ковенская губерния, в настоящее время Скуодас, Литва). Пульнер берет один куплет из пространного текста, который является вариантом № 235 из того же сборника (см. № 12 настоящего Приложения).

— Nokhum der shadkhen iz a groyser kaysn, — Bazorg a bisl bronfn, un epes tsu farbaysn! — Eyder bronfn, beser bir, Ayngemakhts iz gut — loz blaybn far mir!	‏- נחום דער שדכן איז אַ גרויסער כּעסן, באַזאָרג אַ ביסל בראָנפֿן, און עפּעס צו פֿאַרבײַסן! ‏- איידער בראָנפֿן, בעסער ביר, אײַנגעמאַכטס איז גוט — לאָז בלײַבן פֿאַר מיר!

— Шадхн Нохем очень вспыльчивый человек, — / Приготовь немного водки и какую-нибудь закуску! / — Чем водку, лучше пиво, / Варенье — это хорошо, / пусть останется для меня!

20. (с. 80–81) Еврейские народные песни в России. С. 186. № 231 (Минская губерния, в настоящее время Беларусь).

— Khaim, Khaim, vos vet fun undz zayn, Vos mir lebn vi goim? Lomir geyen tsum dayan Un lomir shraybn tnoim!	‏- חיים, חיים, וואָס וועט פֿון אונדז זײַן, וואָס מיר לעבן ווי גוים? לאָמיר גיין צום דיין און לאָמיר שרײַבן תּנאים!
— Tnoim, tnoim, tnoim Iz yetst, dusheniu, nit keyn tsayt: Dusheniu, lyubeniu, Ikh hob dikh azoy oykh nit faint!	‏- תּנאים, תּנאים, תּנאים איז יעצט, דושעניו, ניט קיין צײַט: דושעניו, לובעניו, איך האָב דיך אַזוי אויך ניט פֿײַנט!
— Faint, faint, faint Far vos hostu mikh hobn? Far mayn tatn, far mayn mamen Darfstu moyre hobn!	‏- פֿײַנט, פֿײַנט, פֿײַנט פֿאַר וואָס האָסטו מיך האָבן? פֿאַר מײַן טאַטן, פֿאַר מײַן מאַמען דאַרפֿסטו מורא האָבן!

— Far dayn tatn, far dayn mamen
Hob ikh nit keyn moyre:
Far mayne gelt, far mayne gelt
Vel ikh krign azelkhe skhoyre!

פֿאַר דײַן טאַטן, פֿאַר דײַן מאַמען
האָב איך ניט קיין מורא:
פֿאַר מײַנע געלט, פֿאַר מײַנע געלט
וועל איך קריגן אַזעלכע סחורה!

— Хаим, Хаим, что из нас выйдет, / Если мы с тобой живем, как гоим[2]? / Давай пойдем к даену[3] / И давай напишем тноим!

— Тноим, тноим, тноим, / Для этого, душенька, теперь нет времени: / Душенька, любонька, / Я же тебя и так не ненавижу!

— Ненавидеть, ненавидеть, ненавидеть / за что же тебе меня? / Моего отца, моей матери / Должен ты бояться!

— Твоего отца, твоей матери / Я совсем не боюсь: / За свои деньги, за свои деньги / Я получу такой товар!

21. (с. 81) *Frishman D.* Reshimes. Bd. 2. Z. 364.

Ikh vel onshraybn a brivl tsu Zelden
Un vel zi nemen on kleyder un on gelt.

איך וועל אָנשרײַבן אַ בריוול צו זעלדען
און וועל זי נעמען אָן קליידער און אָן געלט.

Напишу я письмецо Зелде / И возьму ее [в жены] без платьев и без денег.

---

[2] Здесь: крестьяне, мужичье.
[3] Помощник раввина.

22. (с. 81) *Frishman D.* Reshimes. Bd. 2. Z. 364.

Dir hob ikh lib un dir vel ikh nemen	דיר האָב איך ליב און דיר וועל איך נעמען
On kleyder un on a kopike gelt;	אָן קליידער און אָן אַ קאָפּיקע געלט;
Mit dir vel ikh khasene hobn	מיט דיר וועל איך חתונה האָבן
Un mit dir vel ikh opfirn mayn velt.	און מיט דיר וועל איך אָפּפירן מײַן וועלט.

Тебя я люблю и тебя возьму [в жены[/ Без платьев и без копейки денег; / С тобой у меня будет свадьба / И с тобой проведу мою жизнь.

23. (с. 85) Yidisher folklor. Z. 50. № 107 (село Подбродье, Виленская губерния, в настоящее время Пабраде, Литва). Й. Л. Каган отмечает, что есть вариант этой песни среди детских песен (Z. 306). Словесные формулы, завершающие песню, повторяются в некоторых других. См., например, песню из сборника «Еврейские народные песни в России» (№ 12 в данном Приложении), которая помещена собирателями в раздел детских песен.

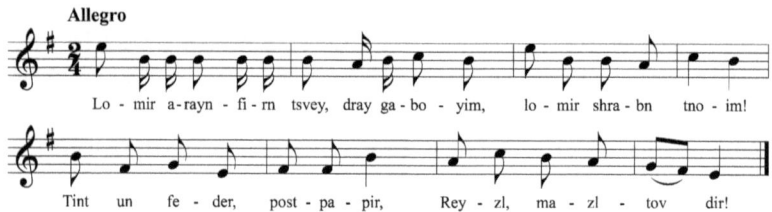

Lomir araynfirn tsvey, dray gaboyim,	לאָמיר אַרײַנפירן צוויי, דרײַ גבאים,
Lomir shrabn tnoim!	לאָמיר שרײַבן תנאים!
Tint un feder, post-papir,	טינט און פעדער, פּאָסט-פּאַפּיר,
Reyzl, mazl-tov dir!	רייזל, מזל-טוב דיר!
Tsugenumen, avekgeleygt,	צוגענומען, אַוועקגעלייגט,
Makht a vare, der rebe geyt!	מאַכט אַ וואַרע, דער רבי גייט!
A vare gemakht, dem rebn gebrakht,	אַ וואַרע געמאַכט, דעם רבין געבראַכט,
Opgehulyet a gantse nakht!	אָפּגעהוליעט אַ גאַנצע נאַכט!

Давайте приведем двух, трех габаев, / Давайте напишем тноим! / Чернила и перья, почтовая бумага, / Рейзл, поздравляем тебя!

Забрали [тноим], убрали [для сохранности], / Расступитесь, раввин идет! / Расступились, привели раввина, / Веселились всю ночь!

24. (с. 99) Еврейские народные песни в России. С. 208–211. № 259 (Шавли, Ковенская губерния, в настоящее время Шауляй. Литва). Текст является парафразом исполняемой во время пасхального седера песни «Ehad mi yodea». Пульнер цитирует фрагмент первого куплета.

Oy, akh	אִי אַך
Beyomenyu!	בימינו!
Lomir gebn a shvakh	לאָמיר געבן אַ שבח
Tsum boyre eloykeynu,	צום בורא אלהינו,
Vos er zitst	וואָס ער זיצט
Mimaal eliyonim, —	ממעל עליונים, –
Akhas veakhas!	אחת ואחת!
Lomir zen	לאָמיר זען
Tsu fartaytshn,	צו פֿאַרטייטשן,
Vos "eyns"	וואָס ״איינס״
Tut batayt:	טוט באַטײַט:
Eynts iz	איינס איז
Dem khosn's tish,	דעם חתנ׳ס טיש,
Avu me est,	אַוווּ מע עסט,
Avu me trinkt,	אַוווּ מע טרינקט,
Avu m'hulyet,	אַוווּ מ׳הוליעט,
Avu m'zingt,	אַוווּ מ׳זינגט,
Avu me tantst,	אַוווּ מע טאַנצט,
Avu me shpringt.	אַוווּ מע שפרינגט.
Alte, yunge,	אלטע, יונגע,
Tantst ale,	טאַנצט אלע,
Zayt m'sameakh	זײַט משמח
Khosn ve kale!	חתן ופלה!

Vos di khasene	וואָס די חתנה
Hot gekost,	האָט געקאָסט,
Vet dokh Got	וועט דאָך גאָט
Zayn memayle.	זיַין ממלא!
Oy akh	אי אך
Beyomenyu!	בימינו!
Lomir gebn a shvakh	לאָמיר געבן אַ שבח
Tsum boyre eloykeynu,	צום בורא אלהינו,
Vos er zitst	וואָס ער זיצט
Mimaal eliyonim, —	ממעל עליונים, -
Akhas veshtaym!	אחת ושתים!
Lomir zen	לאָמיר זען
Tsu fartaytshen,	צו פאַרטיַיטשן,
Vos "tsvey"	וואָס ,,צוויי''
Tut batayt:	טוט באַטיַיט:
Tsvey zaynen	צוויי זיַינען
Khosn-kale, —	חתן־כּלה, -
Got zol zey	גאָט זאָל זיי
Zayn memayle!	זיַין ממלא!
Eyns iz	איינס איז
Dem khosn's tish etc.	דעם חתן'ס טיש א. ז. וו.
Oy akh	אי אך
Beyomenyu! etc.	בימינו א. ז. וו.
Akhas vesholeysh!	אחת ושלוש!
Lomir zen	לאָמיר זען
Tsu fartaytshen,	צו פאַרטיַיטשען,
Vos "dray"	וואָס ,,דריַי''
Tut batayt:	טוט באַטיַיט:
Dray zaynen	דריַי זיַינען
Di klezmorim	די כּלי־זמרים,
Vos zaynen mesameakh	וואָס זיַינען משמח
Zkeynim u-n'orim.	זקנים ונערים.
Tsvey zaynen	צוויי זיַינען
Khosn-kale etc.	חתן־כּלה א. ז. וו.

Oy akh	אי אך
Beyomenyu! etc.	בימינו! א. ז. וו.
Akhas vearba!	אחת וארבע!
Lomir zen	לאָמיר זען
Tsu fartaytshen,	צו פֿאַרטײַטשען,
Vos "fir"	וואָס „פֿיר"
Tut batayt:	טוט באַטײַט:
Fir zaynen	פֿיר זײַנען
Di khupe-shtangen,	די חופה־שטאַנגען,
Vos khosn-kale	וואָס חתן־כּלה
Zaynen d'rayn fargangen.	זײַנען ד'רײַן פֿאַרגאַנגען.
Dray zaynen	דרײַ זײַנען
Di klezmorim etc.	די כּלי־זמרים א. ז. וו.
Oy akh	אי אך
Beyomenyu! etc.	בימינו! א. ז. וו.
Akhas vekhomesh!	אחת וחמש!
Lomir zen	לאָמיר זען
Tsu fartaytshen,	צו פֿאַרטײַטשען,
Vos "finf"	וואָס „פֿינף"
Tut batayt:	טוט באַטײַט:
Finf zaynen	פֿינף זײַנען
Di mekhutonim,	די מחותּנים,
Vos zaynen	וואָס זײַנען
Mekabl-ponim.	מקבּל פּנים.
Fir zaynen	פֿיר זײַנען
Di khupe-shtangen etc.	די חופּה־שטאַנגען א. ז. וו.
Oy akh	אי אך
Beyomenyu! etc.	בימינו! א. ז. וו.
Akhas vesheysh!	אחת ושש!
Lomir zen	לאָמיר זען
Tsu fartaytshen,	צו פֿאַרטײַטשען,
Vos "zeks"	וואָס „זעקס"
Tut batayt:	טוט באַטײַט:

Zeks iz	זעקס איז
Di Havdoles,	די הבדלות,
Got zol gebn	גאָט זאָל געבן
Gute Mazoles!	גוטע מזלות!
Finf zaynen	פֿינף זײַנען
Di mekhutonim etc.	די מחותנים א. ז. וו.
Oy akh etc.	אױ אך א. ז. וו.
Akhas vesheva!	אחת ושבע
Lomir zen	לאָמיר זען
Tsu fartaytshen,	צו פֿאַרטײַטשען,
Vos "zibn"	װאָס ,,זיבן''
Tut batayt:	טוט באַטײַט:
Zibn iz	זיבן איז
Di sheva brokhes,	די שבע ברכות,
Got zol gebn	גאָט זאָל געבן
Gute hatslokhes!	גוטע הצלחות!
Zeks iz	זעקס איז
Di Havdoles etc.	די הבדלות א. ז. וו.

Ой, ах [горе] / Нашим дням! / Давайте воздадим хвалу / Творцу Богу нашему, / Который сидит / Очень высоко, — / Один и один!

Давайте, / Объясним, / Что «один» / Означает: / Один — это / Стол жениха, / Где едят, / Где пьют, / Где гуляют, / Где поют, / Где танцуют, / Где прыгают. / Стар и млад, / Все танцуйте, / Увеселяйте / Жениха и невесту! / Сколько эта свадьба / Стоила, / Бог им / Возместит.

Ой, ах / Нашим дням! / Давайте воздадим хвалу / Творцу Богу нашему, / Который сидит / Очень высоко, — / Один и два!

Давайте / Объясним, / Что «два» / Означает: / Два — это / Жених и невеста, — / Путь Бог / Им воздаст! / Один — это / Стол жениха, и т. д.

Ой, ах / Нашим дням! и т. д. / Один и три!

Давайте / Объясним, / Что «три» / Означает: / Три — это / Музыканты, / Что увеселяют / Старых и малых. / Два — это / Жених и невеста, и т. д.

Ой, ах / Нашим дням! и т. д. / Один и четыре!

Давайте / Объясним, / Что «четыре» / Означает: / Четыре — это / Столбики хупы, / Между которыми / Проходят жених и невеста. / Три — это / Музыканты, и т. д.

Ой, ах / Нашим дням! и т. д. / Один и пять!

Давайте / Объясним, / Что «пять» / Означает: / Пять — это / Сваты, / Которых / Встречают и приветствуют. / Четыре — это / Столбики хупы, и т. д.

Ой, ах / Нашим дням! и т. д. / Один и шесть!

Давайте / Объясним, / Что «шесть» / Означает: / Шесть — это / Гавдолы[4], / Пусть Бог даст / Добрых созвездий / (то есть хорошую судьбу)! / Пять — это / Сваты, и т. д.

Ой, ах и т. д. / Один и семь!

Давайте / Объясним, / Что «семь» / Означает: / Семь — это / Семь Благословений, / Пусть Бог даст / Доброй удачи! / Шесть — это / Гавдолы, и т. д.

---

[4] Имеется в виду, что после гавдолы наступают шесть будничных дней недели до следующей субботы.

25. (с. 107) Yudische folkslieder mit melodyen. Bd. 2. Z. 55–56. № 38. Пульнер цитирует второй куплет.

Bin ikh mir a kale —	בין איך מיר אַ כּלה –
Akh, vi voyl iz mir!	אך, ווי ווויל איז מיר!
S'freyen zikh mit mir ale,	ס׳פֿרייען זיך מיט מיר אַלע,
Di freyd iz nor ba mir.	די פֿרייד איז נאָר בײַ מיר.
Shikt mir der khosn a brivele —	שיקט מיר דער חתן אַ בריוועלע –
Tsukyshn zayne verter!	צוקושן זײַנע ווערטער!
Kh'volt gevolt visn:	כ׳וואָלט געוואָלט וויסן:
Tsi iz er mayn basherter.	צי איז ער מײַן באַשערטער.
Shikt mir der khosn matones —	שיקט מיר דער חתן מתּנות –
Banayt er mayne yorn!	באַנײַט ער מײַנע יאָרן!
Shvert er mir benemunes:	שווערט ער מיר בנאמנות:
S'vet zayn af lange yorn!	ס׳וועט זײַן אויף לאַנגע יאָרן!
Firt men mikh tsu der khupe,	פֿירט מען מיך צו דער חופּה,
Firt men mikh tsurik, —	פֿירט מען מיך צוריק, –
Shteyen meydelekh un vayber	שטייען מיידעלעך און ווײַבעלעך
Un vinchn mir glik.	און ווינטשן מיר גליק.

Tsu morgens in der fri
Di simkhe iz in gantsn:
Der man zitst baym tish,
Dos vaybele geyt shoyn tantsn!

Shabes in der fri
Firt men mikh in shil,
Shteyen meydelekh un vaybelekh
In di gasn fil.

In akht teg arum
Nemt men mikh af kest, —
Me halt mikh azoy uf,
Vi a feygele in nest.

In fir vokhn arum
Iz di simkhe oys, —
Dos vaybele loyft arum
Vi a farsamte moyz.

Kleyder un nadan
Hostu mir gegebn,
Mit a shlekhtn man
Muz ikh, nebekh, leben!

Oy, oy, oy! Vi volt ikh shoyn gern
Dem shlekhtn man shoyn poter vern!
Oy, oy, oy! Vi volt ikh shoyn gern
Gor tsurik a meydl vern!

צו מאָרגענס אין דער פֿרי
די שׂמחה איז אין גאַנצן:
דער מאַן זיצט ביַים טיש,
דאָס ווײַבעלע גייט שוין טאַנצן!

שבת אין דער פֿרי
פֿירט מען מיך אין שול,
שטייען מיידעלעך און ווײַבעלעך
אין די גאַסן פֿול.

אין אַכט טעג אַרום
נעמט מען מיך אויף קעסט, -
מע האַלט מיך אַזוי אויף,
ווי אַ פֿייגעלע אין נעסט.

אין פֿיר וואָכן אַרום
איז די שׂמחה אויס, -
דאָס ווײַבעלע לויפֿט אַרום
ווי אַ פֿאַרסמטע מויז.

קליידער און נדן
האָסטו מיר געגעבן,
מיט אַ שלעכטן מאַן
מוז איך, נעבעך, לעבן!

אײַ, אײַ, אײַ! ווי וואָלט איך שוין גערן
דעם שלעכטן מאַן שוין פּטור ווערן!
אײַ, אײַ, אײַ! ווי וואָלט איך שוין גערן
גאָר צוריק אַ מיידל ווערן!

Я — невеста. / Ах, как мне хорошо! / Все со мной веселятся, / Радость все еще со мной.

Письмецо мне жених присылает — / Расцеловать бы его слова! / Хотела бы я знать: / Мой ли он суженый.

Посылает мне жених подарки — / Делает меня счастливой (букв. «обновляет он мои годы»)! / Клянется он мне честным словом: / Это на долгие годы!

Ведут меня к хупе, / Ведут меня обратно, — / Стоят женщины и девушки / И желают мне счастья.

Назавтра с утра / Веселье в разгаре: / Муж сидит за столом, / Женушка уже пускается в пляс!

Утром в субботу / Ведут меня в синагогу, / Стоят девушки и женщины / На улице во множестве.

В течение восьми дней / Меня содержат, / Меня обеспечивают так, / Как птицу в гнезде.

В течение четырех недель / Веселье заканчивается, — / Женушка мечется, / Как сумасшедшая (букв. «как отравленная мышь»).

Платье и приданое / Мне дали. / С плохим мужем / Должна я, бедняжка, жить.

Ой, ой, ой! Как бы я хотела, / Освободиться от плохого мужа. / Ой, ой, ой! Как бы я хотела / Вновь стать девушкой!

26. (с. 113) Yidisher folklor. Z. 74. № 165 (село Росвигово, Подкарпатская Русь, Чехословакия, в настоящее время в черте города Мукачево, Закарпатская область, Украина).

Broder shnayders shnaydn tsu,	ברָאדער שניידערס שניידן צו,
Yunge nekeyves nemen tsu;	יונגע נקבות נעמען צו;
Tsugenumen, avekgeleygt,	צוגענומען, אַוועקגעלייגט,
Makht a vare, der khosn geyt!	מאַכט אַ וואַרע, דער חתן גייט!

Бродские портные шьют, / Молодые женщины принимают; / Приняли, отложили, — / Расступитесь, жених идет!

27. (с. 134) Yidisher folklor. Z. 43. № 81 (село Подбродье, Виленская губерния, в настоящее время Пабраде, Литва).

Ikh volt dir veln libn,
Bistu fun mir vayt;
Ikh volt dir veln kushn,
Shem ikh zikh fun layt.
To shpilt zhe, shpilt dem nayen kadril,
Vos er kost nit tayer!
Az der bokher libt di meydl,
Brent er vi a fayer!

איך וואָלט דיר וועלן ליבן,
ביסטו פון מיר ווײַט;
איך וואָלט דיר וועלן קושן,
שעם איך זיך פאַר לײַט.
טאָ שפילט זשע, שפילט דעם נײַען קאַדריל,
וואָס ער קאָסט ניט טײַער!
אַז דער בחור ליבט די מיידל,
ברענט ער ווי אַ פײַער!

Хотела бы тебя любить, / Ты от меня далеко; / Хотела бы тебя поцеловать, / Стыдно мне перед людьми.

Так сыграйте же, сыграйте новую кадриль, / Которая стоит недорого! / Если парень любит девушку, / Он горит, как огонь!

28. (с. 134) Folklor-lider: Naye materialn. Bd. 2. Z. 284. № 17.

Tantst, meydlekh,	טאַנצט, מיידלעך,
Hulyet, vayber,	הוליעט, װײַבער,
Motkes tokhter	מאָטקעס טאָכטער
Nemt a shnayder.	נעמט אַ שנײַדער.
On kleyder, on nadan	אָן קליידער, אָן נדן
Abi a sheyner yungerman.	אַבי אַ שיינער יונגערמאַן.

Пляшите, девушки, / Веселитесь, женщины, / Дочь Мотки / Берет [в мужья] портного. / Без одежды, без приданого, / Лишь бы был красивый молодой человек.

29. (с. 151–152) Еврейские народные песни в России. С. 212. № 260 (Ковенская губерния, в настоящее время Литва). В сборнике песня помечена как «предсвадебная», хотя содержание и форма текста, в частности резкая смена ритма, могут указывать на то, что это — детская песня, зачин игры, в которой «невеста» — водящий. Пульнер опускает шестнадцать последних строчек.

Farbay mil, farbay rod	פֿאַרבײַ מיל, פֿאַרבײַ ראָד
Firt men di kale glaykh in bod;	פֿירט מען די כּלה גלײַך אין באָד;
Farbay naye brukn	פֿאַרבײַ די נײַע ברוקן
Firt men di kale tukn.	פֿירט מען די כּלה טוקן.

Firt men di kale tukn,	פֿירט מען די כּלה טוקן,
Loyfn di vayber kukn;	לויפֿן די װײַבער קוקן;
Vi men firt nor di kale aroys,	װי מען פֿירט נאָר די כּלה אַרויס,
Geyt der khosn fun kloyz aroys.	גייט דער חתן פֿון קלויז אַרויס.

Mit a glezele vayn, mit a shtikele flodn,	מיט אַ גלעזעלע װײַן, מיט אַ שטיקעלע פֿלאָדן,
Me zol ir gikher opbodn,	מע זאָל איר גיכער אָפּבאָדן,
Me zol ir nit dertrikn,	מע זאָל איר ניט דערטריקן,
Me zol ir kosher shvenken.	מע זאָל איר כּשר שװענקען.

Khapt men on far a hentele, כאַפּט מען אָן פאַר אַ הענטעלע,
Shvenkt men op a hentele; שװענקט מען אָפּ אַ הענטעלע;
Khapt men on far a fisele, כאַפּט מען אָן פאַר אַ פיסעלע,
Shvenkt men op a fisele. שװענקט מען אָפּ אַ פיסעלע.

Kale mayn, kale fayn, ‒ כּלה מײַן, כּלה פײַן,
Vi iz dir gegangen? װי איז דיר געגאַנגען?
— Mikve vaser — tsuker-zis, ‒ מיקװה װאַסער ‒ צוקער־זיס,
kh'hob opgefroyrn di yunge fis! כ'האָב אָפּגעפרױרן די יונגע פיס!

Oy vey, biter, אױ װײ, ביטער,
Ze, mayn khosn, ikh tsiter! זע, מײַן חתן, איך ציטער!
Nem mikh arunter נעם מיך אַרונטער
Unter dayn futer! אונטער דײַן פוטער!

Vi ken ikh dir nemen? ‒ װי קען איך דיר נעמען?
Kh'mus zikh far laytn shemen! כ'מוז זיך פאַר לײַטן שעמען!
— Shem zikh yo, un shem zikh nit, ‒ שעם זיך יאָ, און שעם זיך ניט,
Nem der futer un nem mikh mit! נעם דעם פוטער און נעם מיך מיט!

Leybele beder, לײבעלע בעדער,
Gilderne reder, גילדערנע רעדער,
Avremele brum, אברהמלע ברום,
Zelikel shtum, — זעליקל שטום, ‒
Drey zikh, di kale, דרײַ זיך, די כּלה,
Dray mol arum! דרײַ מאָל אַרום!

Fidelt di moyz, פידעלט די מױז,
Tantst di loyz, טאַנצט די לױז,
Fliet di fli פליט די פלי
Durkhn fentster aroys. דורכן פענצטער אַרױס.
Yunge shnayders יונגע שנײַדערס
Shnaydn tsu, שנײַדען צו,
Blotike nekeyves בלאָטיקע נקבות
Nemen tsu. נעמען צו.

Tsugenumen,
Avekgeleygt.
A vare gemakht:
Der khosn geyt,
A vare gemakht,
Der khosn gebrakht
Tsu der kale
A gantse nakht.

צוגענומען,
אַוועקגעלייגט
אַ וואַרע געמאַכט:
דער חתן גייט.
אַ וואַרע געמאַכט,
דער חתן געבראַכט
צו דער כלה
אַ גאַנצע נאַכט.

Мимо мельницы, мимо колеса / Ведут невесту прямо в баню; / Вдоль по новым мостовым / Ведут невесту окунать в микву.

Ведут невесту окунать, / Бегут женщины поглядеть; / Как только невесту выводят, / Жених выходит из клойза.

Со стаканчиком вина, с кусочком пирога. / Ее должны скорее искупать, / Ее не должны утопить, / Ее должны кошерно ополоснуть.

Хватают за рученьку, / Ополаскивают рученьку, / Хватают за ноженьку, / Обмывают ноженьку.

Невеста моя, невеста сладкая, / Как тебе понравилось? / — Вода миквы сладкая как сахар, / Застудила себе молодые ноги!

Ой, увы, горько, / Смотри, мой жених, я дрожу! / Возьми меня / Под свою шубу!

— Как я могу тебя взять? / Мне стыдно пред людьми! / — Стыдись, не стыдись, / Возьми шубу и возьми меня с собой!

Лейбеле-банщик, / Золотые колеса, / Авремеле, ворчи, / Зеликл, молчи, / Повернись, невеста, / Три раза вокруг.

Играет на скрипке мышь, / Танцует вошь, / Вылетает муха / Сквозь окно. / Юные портные / Шьют, / Грязные женщины / Забирают. / Забрали, / Отложили, / Расступитесь: / Жених идет, / Расступитесь, / Жених принес / Невесте / Всю ночь.

30. (с. 176–177) Yudishe folkslieder mit melodyen. 2 Bd. Z. 53–54. № 37 (Варшава).

Sheyne, libe kale,	שיינע, ליבע כלה,
Her, ikh zog dir for:	הער, איך זאָג דיר פֿאָר:
Dayn mazl zol dir shaynen,	דײַן מזל זאָל דיר שײַנען,
Vi di zun iz klor!	ווי די זון איז קלאָר!
Kheyn zolstu gefinen	חן זאָלסטו געפֿינען
Ba got un ba layt;	בײַ גאָט און בײַ לײַט;
Likht zolstu bentshn	ליכט זאָלסטו בענטשן
Tsu der rekhter tsayt.	צו דער רעכטער צײַט.
Mel zolstu koyfn,	מעל זאָלסטו קויפֿן,
Volvel oder tayer;	וואָלוול אָדער טײַער;
Khale zolstu nehmen	חלה זאָלסטו נעמען
Un varfn in dem fayer.	און וואַרפֿן אין דעם פֿײַער.
Fleysh zolstu koyfn,	פֿלייש זאָלסטו קויפֿן,
Kosher zolstu makhn;	כשר זאָלסטו מאַכן;
Dos vert dokh gerekhnt	דאָס ווערט דאָך גערעכנט
Far ale yidishe zakhn.	פֿאַר אַלע ייִדישע זאַכן.
Tvile zolsyu geyen	טבילה זאָלסטו גיין
Tsu der rekhter tsayt,	צו דער רעכטער צײַט,
Vestu khobn kinder	וועסטו האָבן קינדער
Gute, frume layt.	גוטע, פֿרומע לײַט.

Sheyne, libe kale, Hit zikh far a zind! Alts vert opgerekhnt, Ven me geyt tsu kind.	שיינע, ליבע כלה, היט זיך פֿאַר אַ זינד! אַלץ װערט אָפּגערעכנט, װען מע גייט צו קינד.

Милая, любимая невеста, / Слушай, я предсказываю тебе: / Пусть счастье тебе сияет так, / Как солнце ясное!

Милость обрети / У Бога и у людей; / Свечи благословляй / В правильное время.

Муку покупай, / Дешево ли, дорого ли; / Халу отделяй / И в огонь бросай.

Мясо покупай, / Кошеруй его; / Ибо это считается важнейшей / Из всех религиозных традиций (букв. «еврейских вещей»).

В микву ходи / В правильное время, / Будут твои дети / Хорошими, набожными людьми.

Милая, любимая невеста, / Берегись греха! / Ибо все пойдет в счет / При рождении ребенка.

31. (с. 188–189) *Linetski I.* Dos khsidishe ingl. Z. 94–95. Перевод и комментарий к этому тексту см. в тексте Пульнера.

Khosn-leb, khosn-leb, her oys mayn diburim:	חתן לעב, חתן לעב, הער אויס מײַנע דיבורים:
Hayntiker tog iz ba dir yom-hakipurim!	הײַנטיקער טאָג איז בײַ דיר יום-הכּפּורים!
"Kipurim" makht, nokh mayne pilpulim,	,,כּפּורים" מאַכט, נאָך מײַנע פּלפּולים,
Kol psheykha verakhameykha adeynoy mekhulim!	כּל פשעיך ורחמיך יה מחולים!
Khosn-leb, khosn-leb, khosn-leb!	חתן לעב, חתן לעב, חתן לעב!
Tsu got in himl tu a shveb,	צו גאָט אין הימל טו אַ שוועב,
Tsebrekh dayn harts nit heyse trern,	צעברעך דײַן האַרץ מיט הייסע טרערן,
Az dayn zug zol lang gevern	אַז דײַן זוג זאָל לאַנג געווערן[5]
Mit dayn kale in a guter sho,	מיט דײַן כּלה אין אַ גוטער שעה,
Vi der "khosn" makht haym tigdolani no!	ווי "חתן" מאַכט חײם תגדלני נא!
Khosn-leb, tu tshuve oyf dayne khatoim!	חתן לעב, טו תּשובה אויף דײַנע חטאים!
Du zolst hobn a dor fun gole tanoim,	דו זאָלסט האָבן אַ דור פֿון גאָלע תּנאים,
Veys, vos haynt iz oyf dir far a tog:	ווייס, וואָס הײַנט איז אויף דיר פֿאַר אַ טאָג:
Du geyst tsu der khupe mit yomer un klog.	דו גייסט צו דער חופה מיט יאָמער און קלאָג.
Veystu, mayn kind, vos khupe batayt?	ווייסטו, מײַן קינד, וואָס חופה באַטײַט?
Shat, raboysim! Shat nor shat!	שאַט, רבותים! שאַט נאָר שאַט!
Khupe batayt azoy, mayn kind,	חופה באַטײַט אַזוי, מײַן קינד,
Her nor mayne diburim atsind:	הער נאָר מײַנע דיבורים אַצינד:
Khupe ken men teyl oyf khu — po	חופה קען מען טיילן אויף חו - פה
Du tu nor tshuve af der heysn sho	דו טו נאָר תּשובה אויף דער הייסן שעה
Vi "khupe" makht hin un tsurik kfulim:	ווי "חופה" מאַכט הין און צוריק כּפֿלים:
Khoymer veyoytser ploys havot	חומר ויוצר פלאות הבט,
Haliluyah pltoni vegam khayim!	הללויה פלטני וגם חיים!

---

[5] געווערן

Khosn-leb, haynt iz a simkhe vetshale,	חתן לעב, הײַנט איז אַ שמחה וצהלה,
Geyst haynt tsu der khupe mit dayn kale!	גייסט הײַנט צו דער חופה מיט דײַן כלה!
Vos heyst den azelekhs kale? — kale heyst —	וואָס הייסט דען אַזעלעכס כלה? - כלה הייסט -
Ver s'hot a zkhie un ver es veyst?	ווער ס'האָט אַ זכייה און ווער עס ווייסט?
Kale heyst — her vos ikh vel dir zogn —	כלה הייסט - הער וואָס איך וועל דיר זאָגן -
Oyf azoyne verter darf men klogn;	אויף אַזוינע ווערטער דאַרף מען קלאָגן;
"Kale" makht i ahin i aher,	"כלה,, מאַכט אי אַהין, אי אַהער,
Vu du vest nor ton a ker,	וווּ דו וועסט נאָר טאָן אַ קער,
Zolst batrakhtn dos vort beshney eynekho:	זאָלסטו באַטראַכטן דאָס וואָרט בשני עיניך:
Kelim lekhe hodu, hatshuve lemitsves kvodekho!	כלים לך הודו, התשובה למיצוות כבודך!

Khosn-leb, her oys mayne letste verter:	חתן לעב, הער אויס מײַנע לעצטע ווערטער:
Koydesh borukh hu iz dayn bashherter!	קודשא ברוך הוא אליין איז דײַן באַשערטער!
Zolst nor tsu im dayn ponim vayzn	זאָלסט נאָר צו אים דײַן פּנים ווײַזן
Vet er dir mit dayn zugosi shpayzn	וועט ער דיר מיט דײַן זוגתי שפּײַזן
Tu zhe, khosn-leb, mit trern a gis	טו זשע, חתן לעב, מיט טרערן אַ גיס
Un gey tsu der khupe mitn rekhtn fis	און גיי צו דער חופה מיטן רעכטן פֿיס[6]
Un bet got azoy far dayn zugosi:	און בעט גאָט אַזוי פֿאַר דײַן זוגתי:
Azoy vi ishe makht ono shma haktsekosi!	אַזוי ווי אשה מאַכט אָנאַ שמע הכצעקתי!
Un mir baloyn vi es ker tsu zayn	און מיך באַלוין ווי עס קער צו זײַן
Vet dayn zivug avade alie yafe zayn!	וועט דײַן זווג אוודאי עולה יפה זײַן!

---

[6] פֿוס

32. (с. 197–198) *Yidisher folklor.* Z. 48. № 100 (село Росвигово, Подкарпатская Русь, Чехословакия, в настоящее время в черте города Мукачево, Закарпатская область, Украина).

Er geyt, er geyt, ot iz er do,	ער גייט, ער גייט, אָט איז ער דאָ,
In a mazldiker sho!	אין אַ מזלדיקער שעה!
Shver un shviger mazl-tov!	שווער און שוויגער מזל־טוב!
Kh'hob gekhapt an even-tov!	כ׳האָב געכאַפט אַן אבן־טוב!
On kleyder un on nadan,	אָן קליידער און אָן נדן,
Abi mayn tokhter hot a man!	אַבי מײַן טאָכטער האָט אַ מאַן!

Он идет, он идет, вот он здесь, / В счастливый час! / Поздравления тестю и теще! / Я добыла драгоценный камень! / Без платьев и без приданого, / Лишь бы у моей дочери был муж!

33. (с. 198–200) *Varshavskiy M.* Tsum badekn der kale [Veyn zhe, kalenyu, veyn] // Varshavskiy M. Yidishe folkslider. Z. 26–28.

Du bist dem khosn gefeln,	דו ביסט דעם חתן געפֿעלן,
Vorem du bist dokh sheyn un fayn;	װאָרעם דו ביסט דאָך שײן און פֿײַן;
Bald vet men di khupe shteln,	באַלד װעט מען די חופה שטעלן,
Bald vet di khupe zayn.	באַלד װעט די חופה זײַן.
A naye velt vestu derzen,	אַ נײַע װעלט װעסטו דערזען,
Epes zogt men zi iz zeyer sheyn...	עפּעס זאָגט מען זי איז זײער שײן...
Nor ikh veyst nit, tsi darfstu zikh freyen...	נאָר איך װײס ניט, צי דאַרפֿסטו זיך פֿרײען...
Kalenyu, veyn zhe, veyn!	כּלהניו, װײן זשע, װײן!
Men hot dikh in tsores dertsoygn,	מען האָט דיך אין צרות דערצױגן,
Gemuchet zikh on a shir,	געמוטשעט זיך אָן אַ שיעור,
Gekukt in dayne oygn,	געקוקט אין דײַנע אױגן,
Getsitert iber dir.	געציטערט איבער דיר.
Du filst es, mayn kind, min-hastame:	דו פֿילסט עס, מײַן קינד, מן־הסתּמה:
Dayn harts iz kosher-reyn.	דײַן האַרץ איז כּשר־רײן.
Farges zhe nit tate-mame.	פֿאַרגעס זשע ניט טאַטע־מאַמע.
Kalenyu, veyn zhe, veyn!	כּלהניו, װײן זשע, װײן!
Du vest zikh tomid dermonen	דו װעסט זיך תּמיד דערמאָנען
Vos du host kindvayz gefilt:	װאָס דו האָסט קינדװײַז געפֿילט:
Ot do bistu geshtanen,	אָט דאָ ביסטו געשטאַנען,
Ot dort hostu zikh geshpilt.	אָט דאָרטן האָסטו זיך געשפּילט.
Di yunge yorn farshvebn...	די יונגע יאָרן פֿאַרשװעבן...
Zey kumen tsurik nit tsu geyn.	זײ קומען צוריק ניט צו גײן.
Azoy fargeyt undzer lebn...	אַזױ פֿאַרגײט אונדזער לעבן...
Kalenyu, veyn zhe, veyn!	כּלהניו, װײן זשע, װײן!
Az dos glik vet dir shaynen un laykhtn,	אַז דאָס גליק װעט דיר שײַנען און לײַכטן,
Farges nit dem oreman,	פֿאַרגעס ניט דעם אָרעמאַן,
Der mench muz tomid trakhtn,	דער מענטש מוז תּמיד טראַכטן,
Vos vet mit im morgn zayn.	װאָס װעט מיט אים מאָרגן זײַן.
Oy! Yeder mench iz orem,	אױ! יעדער מענטש איז אָרעם,
Vi raykh er volt nisht geven.	װי רײַך ער װאָלט נישט געװען.
Azoy zogt undzere sforim...	אַזױ זאָגן אונדזערע ספֿרים...
Kalenyu, veyn zhe, veyn!	כּלהניו, װײן זשע, װײן!

Az dayn man vet trern fargisn,	אַז דײַן מאַן וועט טרערן פֿאַרגיסן,
Farbitert vet zayn dos harts,	פֿאַרביטערט וועט זײַן דאָס האַרץ,
Zolst im zany lebn farzisn,	זאָלסטו אים זײַן לעבן פֿאַרזיסן,
Fargringern zayn shmarts.	פֿאַרגרינגערן זײַן שמאַרץ.
Dayne kinderlekh zolstu gebn	דײַנע קינדערלעך זאָלסטו געבן
Undzer umglik gut tsu farshteyn,	אונדזער אומגליק גוט צו פֿאַרשטיין,
Az veynen heyst ba undz lebn.	אַז וויינען הייסט בײַ אונדז לעבן.
Kalenyu, veyn zhe, veyn!	כּלהניו, ויין זשע, וויין!
Dem khosn firt tsu der kale,	דעם חתן פֿירט צו דער כּלה,
Bashit im mit blumen gikh:	באַשיט אים מיט בלומען גיך:
Got veln mir betn ale	גאָט וועלן מיר בעטן אַלע
Er zol dir zayn matslikh.	ער זאָל דיר זײַן מצליח.
Vu du vest zayn vendn un kern,	וווּ דו וועסט זיך ווענדן און קערן,
Zol got far dir tomid shteyn;	זאָל גאָט פֿאַר דיר תּמיד שטיין;
Er zol dayne trern derhern.	ער זאָל דײַנע טרערן דערהערן.
Kalenyu, veyn zhe, veyn!	כּלהניו, ויין זשע, וויין!

Ты нравишься жениху, / Потому что ты красива и прелестна; / Вскоре поставят хупу, / Вскоре будет хупа. / Увидишь новый мир, / Как-то говорят, что он красив... / Но я не знаю, должна ли ты радоваться... / Плачь же, невестушка, плачь!

В муках тебя взрастили, / Мучились без конца, / Заглядывали тебе в глаза, / Дрожали над тобой. / Ты, наверное, чувствуешь это, дитя мое: / Сердцем ты чиста, / Не забудь же отца и мать. / Плачь же, невестушка, плачь!

Ты всегда будешь вспоминать, / Что ты чувствовала в детстве: / Вот тут ты стояла, / Вон там играла. / Молодые годы улетают, / Они не возвращаются. / Так и жизнь наша проходит... / Плачь же, невестушка, плачь!

Когда счастье будет тебе сиять и светить, / Не забудь о бедняке, / Человек должен всегда думать, / Что с ним может случиться завтра. / Ой! Каждый человек беден, / Как бы богат он ни был — / Так написано в наших святых книгах... / Плачь же, невестушка, плачь!

Когда твой муж будет проливать слезы, / Будет огорчать свое сердце, / Услади ему его жизнь, / Облегчи его страданье. / Деткам твоим / Как следует объясни наше несчастье, / Что плакать — у нас означает «жить». / Плачь же, невестушка, плачь!

Жениха ведите к невесте, / Скорей засыпьте его цветами; / Бога мы все будем молить, / Чтобы он послал тебе удачу. / Куда бы ты ни повернулась, / Пусть всегда с тобою пребудет Бог; / Он услышит твои слезы — / Плачь же, невестушка, плачь!

34. (с. 200). *Yidisher folklor*. 48. № 101 (Лодзь, Польша). Комментарий Й.-Л. Кагана: старухи поют ее, танцуя перед женихом и невестой, когда их провожают из-под хупы.

Mazl-tov dem khosn,	מזל־טובֿ דעם חתן,
Mazl-tov di kale!	מזל־טובֿ די כּלה!
S'iz undz zayn tsu groys mazl,	ס׳זאָל אונדז זײַן צו גרױס מזל,
Mekhutonim ale!	מחותּנים אַלע!

Поздравляем жениха, / Поздравляем невесту! / Всем нам большого счастья, / Всем сватам!

35. (с. 200–201) *Varshavski M.* Di rod (Kales tsad) // *Varshavski M.* Yidishe folkslider. Z. 29–31.

Di rod (Kales tsad) — די ראָד (כּלה׳ס־צד)

Shlogt klezmers in di tatsn,   שלאָגט כּלי־זמרס אין די טאַצן,
Ver vet atzind mir shatsn?   ווער וועט אַצינד מיר שאַצן?
Oy, oy! Got iz groys!   אוי, אוי! גאָט איז גרויס!
Er hot dokh gebencht mayn hoyz...   ער האָט דאָך געבענטשט מײַן הויז...
Di mizinke gib ikh oys —   די מיזינקע גיב איך אויס —
Di mizinke oysgegebn!   די מיזינקע אויסגעגעבן!

Shtarker!.. Freylekh!..   שטאַרקער!.. פֿריילעך!..
Du — di malke, ikh — der meylekh!   דו ־ די מלכּה, איך ־ דער מלך,
Oy, oy, ikh aleyn   אוי, אוי, איך אַליין
Hob mit mayne oygn gezen,   האָב מיט מײַנע אויגן געזען,
Vi got hot mir matsliekh geven —   ווי גאָט האָט מיר מצליח געווען ־
Di mizinke oysgegebn!   די מיזינקע אויסגעגעבן!

Shtarker!.. Beser!..   שטאַרקער!.. בעסער!..
Di rod, di rod makh greser!   די ראָד, די ראָד מאַכט גרעסער!
Groys hot mikh got gemakht,   גרויס האָט מיך גאָט געמאַכט,
Glik hot er mir gebrakht,   גליק האָט ער מיר געבראַכט,
Hulyet, kinder, a gantse nakht!   הוליעט, קינדער, אַ גאַנצע נאַכט!
Di mizinke oysgegebn!   די מיזינקע אויסגעגעבן!

Der trayer feter Yose   דער טרײַער פֿעטער יוסי
Un di gute mume Sose   און די גוטע מומע סאַסי
Hobn mir tsu khosn-mol   האָבן מיר צום חתן־מאָל
Tayere vaynen on a tsol   טײַערע ווײַנען אָן אַ צאָל
Mir geshikt fun Eretz-Isroel —   מיר געשיקט פֿון אֶרץ־ישׂראל ־
Di mizinke oysgegebn!   די מיזינקע אויסגעגעבן!

Motl!.. Shimen!..   מאָטל!.. שמעון!..
Di oreme layt iz gekimen.   די אָרעמע־לײַט זײַנען געקומען.
Shtelt zey dem shenstn tish,   שטעלט זיי דעם שענסטן טיש,
Tayere vaynen, tayere fish,   טײַערע ווײַנען, טײַערע פֿיש,
Oy-vey, tokhter, gib mir a kish, —   אוי וויי, טאָכטער, גיב מיר אַ קוש, ־
Di mizinke oysgegebn!   די מיזינקע אויסגעגעבן!

Ayzik!.. Mazik!..	אײַזיק!.. מזיק!..
Di bobe geyt a kazik.	די באָבע גייט אַ קאַזיק.
Keyn eyn-ore, zet nor, zet,	קיין עין־הרע, זעט נאָר, זעט,
Vi zi tupet un vi zi geyt,	ווי זי טופּעט, און ווי זי גייט,
Oy, a simkhe, oy, a freyd! —	אוי, אַ שִׂמחה, אוי, אַ פֿרייד! ־
Di mizinke oysgegebn!	די מיזינקע אויסגעגעבן!
Itsik!.. Shpitsik!..	איציק!.. שפּיציק!..
Vos shvaygstu mit dem shmitsik?!	וואָס שווײַגסטו מיט דעם שמיציק?!
Af di klezmer tu a geshrey:	אויף די כּלי־זמר טו אַ געשריי:
Tsi shpiln zey, tsi shlofn zey?	צי שפּילן זיי, צי שלאָפֿן זיי?
Rayst di strunes ale af tsvey! —	רײַסט די סטרונעס אַלע אויף צוויי! ־
Di mizinke oysgegebn!	די מיזינקע אויסגעגעבן!

Хоровод (букв. «круг», Сторона невесты)

Клезмеры, бейте в тарелки! / Кто меня теперь оценит? / Ой, ой! Бог велик! / Он благословил мой дом... / Младшенькую выдаем — / Младшенькую выдали!

Сильнее!.. Веселей!.. / Ты — царица, я — царь, / Ой, ой, я сам / Собственными глазами видел, / Как Бог меня осчастливил — / Младшенькую выдали!

Сильнее!.. Лучше!.. / Круг, делайте круг шире! / Возвеличил меня Бог, / Он принес мне счастье! / Гуляйте, дети, всю ночь! / Младшенькую выдали!

Преданный дядя Иосе / И добрая тетя Сося / Мне к хосн-мол (мальчишнику) / Дорогие вина без счета / Прислали из Страны Израиля. / Младшенькую выдали!

Мотл!.. Шимен!.. / Бедняки пришли, / Накройте для них лучший стол, / Дорогие вина, дорогую рыбу, / Ой, ой, дочка, поцелуй меня, — / Младшенькую выдали!..

Айзик!.. Черт!.. / Бабушка пляшет «Казачок». / Не сглазить бы, посмотрите только, посмотрите. / Как она ступает и как она идет, / Ой, радость, ой, веселье! — / Младшенькую выдали!

Ицик!.. Шпицик!.. / Почему молчишь со своим смычком?! / На клезмеров прикрикни: / То ли они играют, то ли они спят? / Рвите все струны надвое! — / Младшенькую выдали!

36. (с. 202) *Varshavski M.* A freylekhs // Varshavski M. Yidishe folkslider. Z. 31–33. Эта песня имеет две основных мелодических версии. Варианты, близкие к опубликованному в сборнике Варшавского, записывали в основном зарубежные артисты, такие как Иза Кремер, Теодор Бикель и др. В репертуаре советских исполнителей М. Эпельбаума, Н. Лифшицайте и др. был распространен второй вариант. Его припев начинался фанфарной квартой, начало куплетов также строилось на восходящем квартовом ходе, напоминающем возгласы бадхена.

A freylekhs (Khosn's tsad)

Di mekhutonim geyen, kinder,
Lomir zikh freyen —
shat nor shat!
Der khosn iz gor a vunder —
Shpilt a vivat dem khosn's tsad!

פֿרײלעכס (חתן'ס־צד)

די מחותּנים גייען, קינדער,
לאָמיר זיך פֿרייען –
שאַט נאָר שאַט!
דער חתן איז גאָר אַ וווּנדער –
שפּילט אַ וויוואַט דעם חתן'ס־צד!

Ot geyt der feter Khone	אָט גייט דער פֿעטער חנה
Mit der mume Khane —	מיט דער מומע חנה ־
shat nor shat!	שאַט נאָר שאַט!
Dos iz der bester matone,	דאָס איז דער בעסטער מתנה,
Shpilt a vivat dem khosn's tsad!	שפּילט אַ וויוואַט דעם חתנ'ס־צד!
Dem khosn's shvester Freydl	דעם חתנ'ס שוועסטער פֿריידל
Nemt zi arayn in redl —	נעמט זי אַריַין אין רעדל ־
shat nor shat!	שאַט נאָר שאַט!
Zi dreyt zikh vi a dreydl —	זי דרייט זיך ווי אַ דריידל ־
Shpilt a vivat dem khosn's tsad!	שפּילט אַ וויוואַט דעם חתנ'ס־צד!
Reb Eli, dem khosn's feter	רב אלי, דעם חתנ'ס פֿעטער
Dos baykhl glet er —	דאָס בײַכל גלעט ער ־
shat nor shat!	שאַט נאָר שאַט!
Er iz feter fun ale feters —	ער איז פֿעטער פֿון אַלע פֿעטערס ־
Shpilt a vivat dem khosn's tsad!	שפּילט אַ וויוואַט דעם חתנ'ס־צד!
Ot geyt mekhutn Mindik,	אָט גייט דער מחותּן מינדיק,
Mit vos khobn mir farzindikt —	מיט וואָס האָבן מיר פֿאַרזינדיקט ־
shat nor shat!	שאַט נאָר שאַט!
Er blozt zikh vi an indik —	ער בלאָזט זיך ווי אַן אינדיק ־
Shpilt a vivat dem khosn's tsad!	שפּילט אַ וויוואַט דעם חתנ'ס־צד!
Nemt bay di hent aykh ale!	נעמט בײַ די הענט אײַך אַלע!
Der khosn mit der kale —	דער חתן מיט דער כּלה ־
shat nor shat!	שאַט נאָר שאַט!
Got zol zey zayn mimale —	גאָט זאָל זיי זײַן ממלא ־
Dem khosn's un der kale's tsad...	דעם חתנ'ס און דער כּלה'ס־צד...

Фрейлехс (Сторона жениха)

Сваты идут, дети, / Давайте веселиться — / Тихо, только тихо! / Жених — это чудо. / Сыграйте «виват» для стороны жениха!

Вот идет дядя Хоне / С тетей Ханой — / Тихо, только тихо! / Это лучший подарок, / Сыграйте «виват» для хоснс цад.

Сестра жениха Фрейдл, / Возьмите ее в круг — / Тихо, только тихо! / Она кружится, как волчок — / Сыграйте «виват» для хоснс цад!

Реб Эли, это жениха дядя, / Животик поглаживает — / Тихо, только тихо! / Он толще всех дядей — / Сыграйте «виват» для хоснс цад!

Вот идет сват Миндик, / Чем мы согрешили — / Тихо, только тихо! / Он дуется, как индюк — / Сыграйте «виват» для хоснс цад!

Возьмитесь за руки все! / Жених с невестою — / Тихо, только тихо! / Бог пусть даст им изобилие — / Родне жениха и родне невесты...

37. (с. 241) Yidisher folklor. Z. 50. № 104.

Shviger, shviger,	שוויגער, שוויגער,
Makht uf di lodn!	מאַכט אויף די לאָדן!
Kh'fir dokh aykh a sheyne kale,	כ'פֿיר דאָך אײַך אַ שיינע כלה,
Git a shtikl flodn!	גיט אַ שטיקל פֿלאָדן!

Теща, теща, / Откройте ставни! / Поскольку я веду вам красивую невесту, / Дайте кусочек пирога!

38. (с. 264) Yidisher folklor. Z. 40. № 69 (местечко Подберезы, Виленская губерния, в настоящее время село Подберезы, Гродненская область, Беларусь). Примечание Й.-Л. Кагана : «Поют, когда танцуют семеле».

Shpilt a semele far di kale's a mume! שפילט א סעמעלע פֿאַר די כּלה'ס א מומע!
Nit keyn gebetene, aleyn gekumen. ניט קיין געבעטענע, אַליין געקומען.
Zi iz an oreme, ober a khvatske, זי איז אַן אָרעמע, אָבער א כוואַטסקע,
Ot aykh a peyeml un shpilt a kazatske! אָט אײַך א פּײעמל און שפילט א קאַזאַצקע!

Сыграйте «семеле» в честь тети невесты! / Непрошеная, сама пришла. / Она бедная, но хваткая, / Вот вам три гроша и сыграйте казачок!

39. (с. 264) Lider-zamlbukh far der yidisher shul un familie. Z. 24. № 38.

Khatskele, Khatskele, shpil mir a kazatskele!	כאַצקעלע, כאַצקעלע, שפּיל מיר אַ קאַזאַצקעלע!
Un khoch an oreme, abi a khvatske!	און כאָטש אַן אָרעמע, אַבי אַ כוואַטסקע!
Orem iz nit gut, orem iz nit gut,	אָרעם איז ניט גוט, אָרעם איז ניט גוט,
Lomir zikh nit shemen mit eygenem blut!	לאָמיר זיך ניט שעמען מיט אייגענעם בלוט!

Khatskele, Khatskele, shpil-zhe mir a dume!	כאַצקעלע, כאַצקעלע, שפּיל־זשע מיר אַ דומע!
Un khoch an oreme, abi a frume!	און כאָטש אַן אָרעמע, אַבי אַ פֿרומע!
Orem iz nit gut...	אָרעם איז ניט גוט...

Khatskele, Khatskele, shpil mir a semele,	כאַצקעלע, כאַצקעלע, שפּיל מיר אַ סעמעלע
Far a drayerl af Khatskes kremele!	פֿאַר אַ דרייערל אויף כאַצקעס קרעמעלע!
Orem iz nit gut...	אָרעם איז ניט גוט...

Khoch an oreme, fort a mume,	כאָטש אַן אָרעמע, פֿאָרט אַ מומע,
Nit keyn gebetene, aleyn gekumen!	ניט קיין געבעטענע, אַליין געקומען!
Orem iz nit gut...	אָרעם איז ניט גוט...

Хацкеле, Хацкеле, сыграй казачок! / Хоть и бедная, лишь бы хваткая! / Бедной быть нехорошо, бедной быть нехорошо, / Не будем стыдиться собственной крови!

Хацкеле, Хацкеле, сыграй же мне «думу»! / Хоть и бедная, лишь бы набожная! / Бедной быть нехорошо...

Хацкеле, Хацкеле, сыграй мне «семеле», / За три гроша на Хацкину лавчонку! / Бедной быть нехорошо...

Хотя и бедная, едет тетя, / Непрошеная, сама пришла! / Бедной быть нехорошо...

40. (с. 265) Yidisher folklor. Z. 40. № 63 (местечко Подберезы).

Tsvey mol tzen iz tsvantsik,	צוויי מאָל צען איז צוואָנציק,
Kreyts-polke tants ikh;	קרייץ־פּאָלקע טאַנץ איך;
Kreyts-polke tants ikh gern,	קרייץ־פּאָלקע טאַנץ איך גערן,
Ober nit mit azelkhe hern;	אָבער ניט מיט אַזעלכע הערן;
Azelkhe hern azoy vi du	אַזעלכע הערן אַזוי ווי דו
Tret ikh unter mayne shu.	טרעט איך אונטער מײַנע שו.

Дважды десять — двадцать, / Я танцую крейц-польку; / Крейц-польку я танцую с удовольствием, / Но не с такими господами; / Таких господ, как ты, / Я топчу моими башмаками.

41. (с. 265) Yudische folkslieder mi melodyen. Bd. 2. Z. 47. № 31 (Умань, Киевская губерния, в настоящее время Черкасская область, Украина). Пульнер приводит первый и половину второго куплета песни.

Moyshe, Moyshe, kum shoyn akher,	משה, משה, קום שוין אַהער,
Veln mir tantsn a polke mit a sher!	וועלן מיר טאַנצן אַ פּאָלקע מיט אַ שער!
Un az mir veln derlebn, ba Leybishken	און אַז מיר וועלן דערלעבן, בײַ לייבישקען
Veln mir tantsn in akhtn a sher.	וועלן מיר טאַנצן אין אַכטן אַ שער.
Khaya, Khaya, kum shoyn akher,	חיה, חיה, קום שוין אַהער,
Veln mir tantsn a mazurke un a sher!	וועלן מיר טאַנצן אַ מאַזורקע און אַ שער!
Az mir veln derlebn, ba Dvoyrkeln	אַז מיר וועלן דערלעבן, בײַ דבורה'קעלן
Veln mir tantsn a polke un a sher.	וועלן מיר טאַנצן אַ פּאָלקע און אַ שער.

Мойше, Мойше, иди-ка сюда, / Мы станцуем польку с шером! / И когда доживем, у Лейбочки / Мы станцуем шер ввосьмером.

Хая, Хая, иди-ка сюда, / Станцуем мы мазурку с шером! / И когда доживем, у Дворочки / Мы станцуем польку с шером!

42. (с. 265) Yidisher folklor. Z. 41. № 71 (Мостиска, Галиция, в настоящее время Львовская область, Украина).

Eyns, tsvey, dray, fir, finf, zeks, zibn,	אײנס, צוויי, דרײַ, פיר, פינף, זעקס, זיבן
A brivele hob ikh dir geshribn;	אַ בריוועלע האָב איך דיר געשריבן;
Mir iz gefeln, dir iz gefeln,	מיר איז געפֿעלן, דיר איז געפֿעלן,
Lomir beyde a khupe shteln!	לאָמיר ביידע אַ חופה שטעלן!
Lomir nit hern, vos menchn zogn,	לאָמיר ניט הערן, וואָס מענטשן זאָגן,
Lomir beyde khasene khobn!	לאָמיר ביידע חתונה האָבן!

Раз, два, три, четыре, пять, шесть, семь, / Письмецо я тебе написал; / Мне нравится, тебе нравится, / Давай вместе хупу поставим! / Давай не будем слушать, что люди скажут, / Давай поженимся!

43. (с. 266–267) *Klibanov Hilel*. Di elente Shulamis. Z. 22–31.

Mazl-tov aykh ale,	מזל־טוב אײַך אַלע,
Aykh ale, ale mekhutonim,	אײַך אַלע, אַלע מחותּנים,
Mazl-tov khosn-kale,	מזל־טוב חתן־כּלה,
Batrakht nor yetst zeyer ponim,	באַטראַכט נאָר יעצט זייער פּנים,
Vi es ruft af sey di shekhine,	ווי עס רוט אויף זיי די שכינה,
Git nor a blik af zeyer mine,	גיט נאָר אַ בליק אויף זייער מינע,
Un hert zikh ayn in mayn negine,	און הערט זיך אײַן אין מײַן נגינה,
Vet ir farshteyn gevis,	וועט איר פֿאַרשטיין געוויס,
Az zey hobn poyeln geven ba got aleyn,	אַז זיי האָבן פּועלן געוווען בײַ גאָט אַליין,
Az zey zoln mit glik tsu der khupe geyn,	אַז זיי זאָלן מיט גליק צו דער חופּה גיין,
Un zeyer kvitl zol oykh aroys geyn reyn,	און זייער קוויטל זאָל אויך אַרויס גיין ריין,
Haynt, far dem tish,	הײַנט, פֿאַר דעם טיש,
Klezmer shpilt tsu afn kol,	כּלי־זמר שפּילט צו אויפֿן קול,
Mazl-tov aykh ale, ale,	מזל־טוב אײַך אַלע, אַלע,
Un ikh vel zingen nokh amol	און איך וועל זינגען נאָך אַמאָל,
Lekoved khosn vekale.	לכּבֿוד חתן וכּלה.

Ir, mekhutonim, hulyet, brider,	איר, מחותנחם, הוליעט, ברידער,
Haynt iz take ayer velt,	הײַנט איז טאַקע אײַער װעלט,
Un kreftikt ayere glider,	און קרעפֿטיקט אײַערע גלידער,
Di mashke hot men far aykh geshtelt.	די משקה האָט מען פֿאַר אײַך געשטעלט.
Ir hot do haynt a skhus gegosn,	איר האָט דאָ הײַנט אַ זכות געגאָסן,
Ba aykh iz haynt simkhe vesosn,	בײַ אײַך איז הײַנט שׂמחה וששׂון,
Bifrat bay der kale mit der khosn,	בפֿרט בײַ דער כּלה מיט דעם חתן,
Zey freyen zikh dokh gevis.	זײ פֿרײען זיך דאָך געװיס.
Un zey zaynen dokh gevis gern,	און זײ זײַנען דאָך געװיס גערן,
Mayn naye lid oys tsu hern,	מײַן נײַע ליד אױס צו הערן,
Velkhe ikh vel zey do derklern,	װעלכע איך װעל זײ דאָ דערקלערן,
Zitsndik tsum tish,	זיצנדיק צום טיש,
Klezmer shpilt tsu afn kol,	קלי־זמר שפּילט צו אױפֿן קול,
Mazl-tov aykh ale, ale,	מזל־טובֿ אײַך, אַלע, אַלע,
Un ikh vel zingen nokh amol	און איך װעל זינגען נאָך אַמאָל
Lekoved khosn vekale.	לכּבֿוד חתן וכּלה.<...>.

Поздравляю вас всех, / Вас всех, всех мехутоним. / Поздравляю жениха и невесту, / Поглядите только теперь на их лица, / Как на них покоится шехина. / Взгляните только на выражение их лиц / И вслушайтесь в мой напев. / Вы наверняка поймете, / Что они уговорили самого Бога, / Чтобы счастливо идти к хупе. / И пусть их «квитл» выйдет чистым / Сегодня у этого стола. / Клезмеры, играйте громко. / Поздравляю вас всех, всех. / И я спою еще раз / В честь жениха и невесты.

Вы, мехутоним, гуляйте, братья, / Сегодня-таки ваш день. / И укрепите свои члены, / Для вас стоит спиртное. / Сегодня вы здесь удостоились заслуги, / У вас сегодня веселье и радость, / Особенно у жениха и невесты. / Они наверняка радуются. / И они наверняка охотно / Выслушают мою новую песню, / Которую я им здесь разъясню, / Сидя за столом. / Клезмеры, играйте громко. / Поздравляю вас всех, всех, / Я спою еще раз / В честь жениха и невесты.

44. (с. 268–269) Yidisher folklor. Z. 48–49. № 102 (Вильна). Комментарий Й.-Л. Кагана: песня была исполнена в 1897 году на свадьбе, после хупе-вечере. См. также комментарий к № 24 в этом Приложении.

Akhas veakhas,	אחת ואחת,
Ikh vel aykh onheybn tsu fartaytshn,	איך וועל אײַך אָנהייבן צו פֿאַרטײַטשן,
Vos der eyns tut batayt:	וואָס דער איינס טוט באַטײַט:
Eyns iz der khasene-hoyz,	איינס איז די חתונה־הויז,
Avu me est, avu me trinkt,	אַוווּ מע עסט, אַוווּ מע טרינקט,
Avu me hulyet, avu me zingt,	אַוווּ מע הוליעט, אַוווּ מע זינגט,
Avu me tantst, avu me shpringt.	אַוווּ מע טאַנצט, אַוווּ מע שפּרינגט.
Say orem, raykh, pacht ale,	סײַ אָרעם, רײַך, פּאַטשט אַלע,
Zayt mesameakh khosn-kale,	זײַט משׂמח חתן־כּלה,
Vos di khasene hot opgekost,	וואָס די חתונה האָט אָפּגעקאָסט,
Zol sey got zayn mimale!	זאָל זיי גאָט זײַן ממלא!

Akhas veakhas,	אחת ואחת,
Ikh vel aykh onheybn tsu fartaytshn,	איך וועל אײַך אָנהייבן צו פֿאַרטײַטשן,
Vos der tsvey tut batayt:	וואָס דער צוויי טוט באַטײַט:
Tsvey zaynen khosn-kale,	צוויי זײַנען חתן־כּלה,
Vos der oybershter is zey mimale;	וואָס דער אויבערשטער איז זיי ממלה;
Eyns iz der khasene-hoyz...	איינס איז די חתונה־הויז...

Akhas veakhas,	אחת ואחת,
Ikh vel aykh onheybn tsu fartaytshn,	איך וועל אײַך אָנהייבן צו פֿאַרטײַטשן,
Vos der dray tut batayt:	וואָס דער דרײַ טוט באַטײַט:
Dray zaynen di mekhutonim,	דרײַ זײַנען די מחותּנים,
Vos zey tseyln di mezumonim;	וואָס זיי ציילן די מזומנים;
Tsvey zaynen khosn-kale...	צוויי זײַנען חתן־כּלה...

Akhas veakhas,	אחת ואחת,
Ikh vel aykh onheybn tsu fartaytshn,	איך וועל אײַך אָנהייבן צו פֿאַרטײַטשן,
Vos der fir tut batayt:	וואָס דער פיר טוט באַטײַט:
Fir zaynen di khupe-shtangen,	פיר זײַנען די חופּה־שטאַנגען,
Vos khosn-kale zaynen durkhgegangen,	וואָס חתן־כּלה זײַנען דורכגעגאַנגען,
Dray zaynen di mekhutonim...	דרײַ זײַנען די מחותּנים...

Akhas veakhas,	אחת ואחת,
Ikh vel aykh onheybn tsu fartaytshn,	איך וועל אייך אָנהייבן צו פֿאַרטייַטשן,
Vos der finf tut batayt:	וואָס דער פֿינף טוט באַטייַט:
Finf zaynen di klezmorim,	פֿינף זײַנען די קלעזמאָרים,
Vos zey shpiln far raykh un orem;	וואָס זיי שפּילן פֿאַר רייַך און אָרעם;
Fir zaynen di khupe-shtangen...	פֿיר זײַנען די חופּה־שטאַנגען...

Akhas veakhas,	אחת ואחת,
Ikh vel aykh onheybn tsu fartaytshn,	איך וועל אייך אָנהייבן צו פֿאַרטייַטשן,
Vos der zeks tut batayt:	וואָס דער זעקס טוט באַטייַט:
Zeks zaynen di gute mentshn,	זעקס זײַנען די גוטע מענטשן,
Vos zey tuen khosn-kale bentshn;	וואָס זיי טוען חתן־כּלה בענטשן;
Finf zaynen di klezmorim...	פֿינף זײַנען די קלעזמאָרים...

Akhas veakhas,	אחת ואחת,
Ikh vel aykh onheybn tsu fartaytshn,	איך וועל אייך אָנהייבן צו פֿאַרטייַטשן,
Vos der zibn tut batayt:	וואָס דער זיבן טוט באַטייַט:
Zibn zaynen di gute teg,	זיבן זײַנען די גוטע טעג,
Vos me tor nit un vos me meg;	וואָס מע טאָר ניט און וואָס מע מעג;
Zeks zaynen di gute mentshn...	זעקס זײַנען די גוטע מענטשן...

Один и один. / Я начну вам разъяснять, / Что означает один: / Один — это дом для свадьбы, / В котором едят, в котором пьют, / В котором гуляют, в котором поют, / В котором танцуют, в котором прыгают. / Как бедные, так и богатые, все хлопайте в ладоши, / Веселите жениха и невесту. / Во что свадьба обошлась, / Пусть им Бог возместит!

Один и один. / Я начну вам разъяснять, / Что означает два: / Два — это жених и невеста, / Которым Всевышний возместит. / Один — дом для свадьбы...

Один и один. / Я начну вам разъяснять, / Что означает три: / Три — это сваты, / Которые отсчитывают наличные. / Два — это жених и невеста...

Один и один. / Я начну вам разъяснять, / Что означает четыре: / Четыре — это шесты для хупы, / Под которой прошли жених и невеста. / Три — это сваты...

Один и один. / Я начну вам разъяснять, / Что означает пять: / Пять — это музыканты, / Которые играют для богатых и бедных. / Четыре — это шесты для хупы...

Один и один. / Я начну вам разъяснять, / Что означает шесть: / Шесть — это хорошие люди, / Которые благословляют жениха и невесту. / Пять — это музыканты...

Один и один. / Я начну вам разъяснять, / Что означает семь: / Семь — это хорошие дни, / Когда можно и когда нельзя. / Шесть — это хорошие люди...

45. (с. 287) Lider-zamlbukh far der yidisher shul un familie. Z. 26. № 47.

Zayt gezund, mayne libe eltern,	זײַט געזונד, מײַנע ליבע עלטערן,
Ikh for avek in a vaytn veg,	איך פֿאָר אַװעק אין אַ װײַטן װעג,
Vu keyn vind vet nit,	װוּ קיין װינד װעט ניט,
Un vu keyn foygl flit nit,	און װוּ קיין פֿויגל פֿליט ניט,
Un vu keyn hon kreyt nit!	און װוּ קיין האָן קרייט ניט
Zayt gezund, mayne libe eltern,	זײַט געזונד, מײַנע ליבע עלטערן,
Ikh for fun aykh avek!	איך פֿאָר פֿון אײַך אַװעק!
Got zol gebn	גאָט זאָל געבן
Gezunt un lebn,	געזונד און לעבן,
Un mir a gliklikher veg!	און מיר אַ גליקליכער װעג!

До свидания, мои любимые родители, / Я уезжаю в дальнюю дорогу, / Где ни ветер не веет, / И где ни птичка не летает, / И где ни петух не кукарекает.

Будьте здоровы, / Мои любимые родители, / Я уезжаю от вас! / Бог даст / Здоровья и жизни, / И мне счастливого пути!

46. (с. 287–288) Baym kval: materialn tsum yidishn folklor. Yidishe folkslider. Z. 68. № 7 (Вильна). Вариант песни (с мелодией), записанный в Киеве в 1929 году, см. в сборнике: *Береговский М. Я.* Еврейские народные песни. М., 1962. С. 101.

Shteyen di karotn,	שטייען די קאַראָטן,
Shteyen di karotn,	שטייען די קאַראָטן,
Lebn der mames tir,	לעבן דער מאַמעס טיר,
Kroyn mayne, serdtse mayne,	קרוין מײַנע, סערדצע מײַנע,
Zets zikh forn mit mir.	זעץ זיך פֿאָרן מיט מיר.
Vi zol ikh zikh zetsn	ווי זאָל איך זיך זעצן
Forn mit aykh,	פֿאָרן מיט אײַך,
Az ikh hob zikh nit gezegnt	אַז איך האָב זיך ניט געזעגנט
Mit mayn mamen glaykh.	מיט מײַן מאַמען גלײַך.
Zay zhe gezunt, mame mayne,	זײַ זשע געזונט, מאַמע מײַנע,
Ikh bin geven a tokhter dayne.	איך בין געווען אַ טאָכטער דײַנע.
Kleynerheyt ufgetsoygn,	קליינערהייט אויפֿגעצויגן,
Groyserheyt avekgefloygn,	גרויסערהייט אַוועקגעפֿלויגן,
Oy, maminke!	אוי, מאַמינקע!

Shteyen di karotn,	שטייען די קאַראָטן,
Shteyen di karotn,	שטייען די קאַראָטן,
Lebn der tatns tir,	לעבן דער טאַטנס טיר,
Kroyn mayne, serdtse mayne,	קרוין מײַנע, סערדצע מײַנע,
Zets zikh forn mit mir.	זעץ זיך פֿאָרן מיט מיר.
Vi zol ikh zikh zetsn	ווי זאָל איך זיך זעצן
Forn mit aykh,	פֿאָרן מיט אײַך,
Az ikh hob zikh nit gezegnt	אַז איך האָב זיך ניט געזעגנט
Mit mayn tatn glaykh.	מיט מײַן טאַטן גלײַך.
Zay zhe gezunt, tate mayner,	זײַ זשע געזונט, טאַטע מײַנער,
Ikh bin geven a tokhter dayne.	איך בין געווען אַ טאָכטער דײַנע,
Kleynerheyt ufgetsoygn,	קליינערהייט אויפֿגעצויגן,
Groyserheyt avekgefloygn,	גרויסערהייט אַוועקגעפֿלויגן,
Oy, tatinke!	אוי טאַטינקע!

Стоят кареты, / Стоят кареты / У маминых дверей. / Венец мой, сердце мое, / Садись, поедем со мной. / Как мне садиться / С вами уезжать, / Если я еще не простилась / Со своей мамой? / Будь же здорова, моя мама, / Была я тебе дочерью, / С малолетства воспитана, / Взрослой улетела. / Ой, маменька!

Стоят кареты, / Стоят кареты / У папиных дверей. / Венец мой, сердце мое, / Садись, поедем со мной. / Как мне садиться / С вами уезжать, / Если еще я не простилась / Со своим папой? / Будь же здоров, мой папа, / Была я тебе дочерью, / С малолетства воспитана, / Взрослой улетела. / Ой, папенька!

47. (с. 289) Folklor-lider: Naye materialn-zamlung. Z. 285. № 21 (Калининдорф, Украина, до 1927 года земледельческая колония Большая Сейдеменуха, Херсонская губерния, в настоящее время село Калиновское, Херсонская область, Украина).

Zayt zhe mir gezunt,
Zayt zhe mir gezunt,
Mayne libe mekhutonim,
Mir lozn iber
Dem khosn ba aykh.
Ir zolt im nit makhn
Farn azes-ponim.

Farn azes-ponim,
Farn azes-ponim,
Zolt ir im nit makhn,
Vorem az ir vet shikn
Di kale tsu undz
Vet mir zi oyslakhn.

זײַט זשע מיר געזונט,
זײַט זשע מיר געזונט,
מײַנע ליבע מחותּנים,
מיר לאָזן איבער
דעם חתן בײַ אײַך,
איר זאָלט אים ניט מאַכן
פֿאַרן עזות־פּנים.

פֿאַרן עזות־פּנים,
פֿאַרן עזות־פּנים,
זאָלט איר אים ניט מאַכן,
װאָרעם אַז איר װעט שיקן
די כּלה צו אונדז
װעלן מיר זי אויסלאַכן.

Будьте же здоровы, / Будьте же здоровы, / Мои милые сваты. / Мы оставляем / Жениха у вас, / Не превратите его / В бесстыжего.

Бесстыжим, / Бесстыжим / Не делайте его, / Не то, когда пришлете / К нам невесту, / Мы над ней посмеемся.

48. (с. 289) Folklor-lider: Naye materialn-zamlung. Z. 286. № 22 (Славута, Волынская губерния, в настоящее время Хмельницкая область, Украина).

Mekhuteneste mayne, mekhuteneste getraye,	מחותנתטע מײַנע, מחותנתטע געטרײַע,
Lomir zayn af eybik mekhutonim,	לאָמיר זײַן אויף אייביק מחותנים,
Ikh gib aykh avek mayn tokhter far a shnur,	איך גיב אײַך אַוועק מײַן טאָכטער פֿאַר אַ שנור,
Zi zol ba aykh nit onvern dos ponim.	זי זאָל בײַ אײַך ניט אָנווערן דאָס פּנים.

Mekhuteneste mayne, mekhuteneste getraye,	מחותנתטע מײַנע, מחותנתטע געטרײַע,
Mayn kind zolt ir fri nit vekn,	מײַן קינד זאָלט איר פֿרי ניט וועקן,
Un tomer vet ir zen an avle af mayn kind,	און טאָמער וועט איר זען אַן עוולה אויף מײַן קינד,
Vi an eygene mame zolt ir dos fardekn.	ווי אַן אייגענע מאַמע זאָלט איר דאָס פֿאַרדעקן.

Mekhuteneste mayne, mekhuteneste getraye,	מחותנתטע מײַנע, מחותנתטע געטרײַע,
Af kinder hobn tut men blut fargisn,	אויף קינדער האָבן טוט מען בלוט פֿאַרגיסן,
Un tomer vet ir zen az der zun hot lib di shnur,	און טאָמער וועט איר זען אַז דער זון האָט ליב די שנור,
Zol es aykh gornit fardrisn.	זאָל עס אײַך גאָרניט פֿאַרדריסן.

Сватья моя, сватья верная, / Ой, давайте будем навеки сватьями, / Отдаю вам свою дочь в невестки, / Пусть она у вас не спадёт с лица.

Сватья моя, сватья верная, / Мое дитя рано не будите, / И если заметите проступок моего дитяти, / Скройте его, как родная мать.

Сватья моя, сватья верная, / Детей рожать — кровь проливать, / И если вы увидите, что ваш сын любит невестку, / Пусть это вас совершенно не сердит.

49. (с. 290) Folklor-lider: Naye materialn-zamlung. Z. 286–287. № 23 (Записал Шолом Купершмид в городе Белая Церковь, 1930). В 1929 году М. Береговский записал эту же песню в Белой Церкви от того же исполнителя, З. Каштыляна, портного, 33-х лет[7]. Тексты двух записей имеют незначительные расхождения. Нотная запись приводится по сборнику Береговского.

---

[7] Береговский М. Я. Еврейские народные песни. М., 1962. С. 97–98.

Ir fort zikh shoyn avek,
Ir fort zikh shoyn avek,
Mayne libe mekhutonim,
Ikh gib zikh aykh avek mayn tokhter far a shnur,
Zi zol ba aykh nit onvern dos ponim.

איר פֿאָרט זיך שוין אַוועק,
איר פֿאָרט זיך שוין אַוועק,
מײַנע ליבע מחותּנים,
איך גיב זיך אײַך אַוועק מײַן טאָכטער פֿאַר אַ שנור,
זי זאָל בײַ אײַך ניט אָנווערן דאָס פּאָנעם.

Eydem mayner,	איידעם מײַנער,
Eydem getrayer,	איידעם געטרײַער,
Dikh nem ikh far an eydem:	דיך נעם איך פֿאַר אַן איידעם;
Ikh gib zikh dir avek mayn tokhter far a vayb,	איך גיב זיך דיר אַוועק מײַן טאָכטער פֿאַר אַ ווײַב,
Zol ba dir nit onvern dem geyder.	זי זאָל בײַ דיר ניט אָנווערן דעם גיידער.
Mekhuteneste mayne,	מחותּנתטע מײַנע,
Mekhuteneste getraye,	מחותּנתטע געטרײַע,
Ir zolt fun mayn kind nit lakhn,	איר זאָלט פֿון מײַן קינד ניט לאַכן,
Tomer vet ir zen an avle fun mayn kind,	טאָמער וועט איר זען אַן אַוולע פֿון מײַן קינד,
Vi an eygene muter zolt ir es farglaykhn.	ווי אַן אייגענע מוטער זאָלט איר עס פֿאַרגלײַכן.
Mekhuteneste mayne,	מחותּנתטע מײַנע,
Mekhuteneste getraye,	מחותּנתטע געטרײַע,
Ikh for tsu aykh mit a parikl,	איך פֿאָר צו אײַך מיט אַ פּאַריקל,
Khotya ikh hob gehert, ir hot zikh sheyne tekhter,	כאָטיאַ איך האָב געהערט, איר האָט זיך שיינע טעכטער,
Ir nemt a shnur iz zi an antikl.	איר נעמט אַ שנור איז זי אַן אַנטיקל.

Вы уже уезжаете, / Вы уже уезжаете, / Мои милые сваты; / Мою дочь в невестки вам даю, / Пусть она у вас не спадет с лица.

Зять мой, / Зять верный, / Тебя в зятья беру; / Мою дочь в жены тебе отдаю, / Пусть она у тебя не похудеет.

Сватья моя, сватья верная, / Не смейтесь над моим ребенком, / И если увидите в нём недостатки, / Скройте их, как родная мать.

Сватья моя, сватья верная, / Я еду к вам в паричке; / Хотя я слыхала, что у вас есть красавицы-дочки, / Вы берете невестку прекрасную.

Дебора Ялен

Научная биография И. М. Пульнера

15 января 1941 года директор Государственного музея этнографии (ГМЭ)¹ в Ленинграде Е. А. Мильштейн утвердил 52-страничный план работы всех подразделений музея на предстоящий год². Важную роль в нем играла тема «Творчество народов СССР», а в раскрытии этой темы особое место было отведено еврейской секции музея. Секцией руководил этнограф Исай Менделевич Пульнер. Ее задачи на 1941 год включали в себя целый ряд мероприятий: реорганизацию и расширение экспозиции «Евреи в царской России и в СССР», открытой в марте 1939 года; подготовку к публикации этнографических фотографий для альбома выставки; разработку образовательных материалов для взрослых и школьников; подборку библиографических материалов по этнографии евреев СССР; санобработку, реставрацию, учет и подготовку к экспонированию новых материалов, привезенных из экспедиций. Еврейской секции предстояло подготовить специальные экспозиции, посвященные еврейскому жилищу, одежде и свадебным обрядам. Эти планы как нельзя лучше вписывались в тему «Творчество народов СССР», заявленную ГМЭ как основная тема работы музея. Предстоящая экспозиция, посвященная

---

¹ Государственный музей этнографии в Ленинграде был выделен из Государственного Русского музея в 1934 году. В 1948 году туда были переданы коллекции московского Музея народов СССР, и он получил новое название — Государственный музей этнографии народов СССР. В настоящее время называется Российский этнографический музей (РЭМ).
² Производственно-тематический план на 1941-й год (52 л.) (Архив Российского этнографического музея (АРЭМ). Ф. 2. Оп. 1. Д. 833).

свадебным обрядам, должна была основываться на диссертации Пульнера «Свадебные обряды у евреев»³.

Эти масштабные планы были сорваны нацистским вторжением в Советский Союз 22 июня 1941 года. Сотрудники музея сразу же включились в гражданскую оборону и борьбу за сохранение коллекций. До самой смерти от голода в январе 1942 года Пульнер вместе со своими коллегами оставался в здании ГМЭ, укрывая музейные коллекции от авианалетов⁴. В антисемитской атмосфере послевоенного сталинизма еврейская секция ГМЭ не была восстановлена: еврейская коллекция перестала экспонироваться, а вклад Пульнера в советскую этнографию канул в Лету. Кроме того, до конца советского периода архивные материалы еврейской секции ГМЭ, будучи формально доступными, мало кого интересовали по существу — еврейская этнография прекратила свое существование в послевоенном Советском Союзе.

В 1970–1980-х годах журнал на идише «Советиш геймланд» («Советская родина») опубликовал три статьи о Пульнере и еврейской секции ГМЭ, но они были доступны узкому кругу читателей⁵. К моменту распада СССР в конце 1991 года лишь небольшая группа специалистов была осведомлена о том, что когда-то существовала еврейская секция ГМЭ под руководством И. М. Пульнера.

В годы, последовавшие за распадом Советского Союза, в России возродилась еврейская этнография. В значительной степени

---

³ АРЭМ. Ф. 2. Оп. 1. Д. 833. Л. 18, 22; Диссертация Пульнера (АРЭМ. Ф. 29. Оп. 2. Д . 9. 306 л).

⁴ См., напр.: *Vinkovetzky A.* Dos lebn un di arbet fun an etnograf (Жизнь и работа этнографа) // Sovetish Heymland. 1975. № 12. Общий обзор публикаций советского периода см. в: *Станюкович Т. В.* 250 лет Музею антропологии и этнографии имени Петра Великого, 1714–1964. М.; Л., 1964; *Станюкович Т. В.* Этнографическая наука и музей (По материалам этнографических музеев Академии наук). Л., 1978.

⁵ См.: *Vinkovetzky A.* Dos lebn un di arbet fun an etnograf; *Beider Kh.* Leningrader motivn (Ленинградские мотивы) // Sovetish Heymland. 1974. № 2; *Krupnik I.* Tsu der geshikhte fun etnografishe kolektsyes (К истории этнографических коллекций) // Sovetish Heymland. 1988. № 7.

на этот процесс повлияло наследие С. А. Ан-ского, автора прославленной пьесы «Дибук» и руководителя знаменитых этнографических экспедиций в черту оседлости в 1912–1914 годах[6]. Собранные Ан-ским коллекции, десятилетиями хранившиеся в запасниках, были наконец экспонированы в залах музея, переименованного в Российский этнографический музей (РЭМ)[7].

С конца 1980-х годов возобновились еврейские этнографические экспедиции на Украину и в Белоруссию. Во многом они повторяли ставшие легендарными экспедиции Ан-ского. Ан-ский стал вдохновляющей легендой для новых энтузиастов полевых исследований. В тени его личности наследие советской еврейской этнографии долгое время оставалось малозаметным. Однако в последние годы советская иудаика подверглась переоценке, что привело к более нюансированному пониманию того, как велась научная работа в условиях диктата большевистской идеологии. В первую очередь это относится к деятельности И. М. Пульнера, который к середине 1930-х годов прочно утвердился в качестве видного этнографа и музейного работника. В 1939 году известный советский этнограф Е. Г. Кагаров назвал Пульнера «лучшим в СССР знатоком этнографии евреев нашего Союза и одним из наиболее известных представителей советской этнографической науки вообще»[8]. Будучи разносторонним исследователем, Пульнер в 1920–1930-х годах проводил полевые исследования в Белоруссии, Грузии и на Украине. Он собирал сведения о еврейской материальной культуре, народной медицине, традиционной кухне, а также об обычаях и верованиях, касающихся рождения,

---

[6] *Сафран Г.* Неприкаянная душа. Семён Ан-ский: русский революционер, еврейский этнограф, автор «Дибука». Биография. СПб.: Симпозиум, 2020. С. 255–280.

[7] *Урицкая Л. Б., Якерсон С. М.* Еврейские сокровища Петербурга: ашкеназские коллекции Российского этнографического музея. СПб., 2009.

[8] Отзыв Кагарова на научную работу Пульнера (АРЭМ. Ф. 9. Оп. 3. Д. 35. 13 Л. «Отзывы Е. Кагарова, В. Струве, В. Банк, И. Мещанинова, А. Генко о деятельности и научных трудах И. М. Пульнера; жизнеописание; список научных трудов; перечень экспедиций. (5 июля 1935–14 ноября 1935)»). Отзыв Кагарова (Л. 7.) датирован 12 июля 1939 года.

брака и смерти; свою работу он вел как среди ашкеназов, так и среди грузинских евреев.

Пульнер оставил после себя значительный корпус архивных документов, большинство из которых сохранилось в архиве РЭМ. Эти материалы насчитывают около 5000 страниц, как машинописных, так и рукописных документов на русском и на идише. Среди них есть полевые блокноты, планы работы еврейской секции, проекты статей, переписка с коллегами, в том числе международная, а также текст неоконченной диссертации. Биографию Пульнера и его обширное научное наследие следует анализировать сквозь призму исторической эпохи, характеризующейся динамизмом и безжалостной общественной трансформацией.

От сионизма к советской науке

Исай (или, как его называли по-еврейски, Шая) Пульнер родился в 1900 году в местечке Сновск Черниговской губернии, детские годы провел в Гомеле и в 1919 году окончил там еврейскую гимназию А. Е. Ратнера. Уехав в 1923 году из Гомеля в Ленинград получить высшее образование, Пульнер прошел путь, характерный для целого поколения молодых советских евреев.

После падения царского режима евреи начали массово мигрировать в крупные города в поисках работы и образования[9]. Изменение в их положении в первые годы существования СССР было столь масштабным, что само по себе стало предметом этнографических штудий, в том числе исследований Пульнера.

Из личного дела Пульнера видно, как он обозначает свое «социальное происхождение». Покойного отца, который работал бухгалтером в различных гомельских учреждениях, он называет «служащим»[10]. Биографические сведения, опубликованные спустя

---

[9] Подробнее об этом явлении см. в: *Freitag G.* Nächstes Jahr in Moskau! Die Zuwanderung von Juden in die sowjetische Metropole 1917–1932. Göttingen: Vandenhoeck & Ruprecht, 2004.

[10] См. личное дело Пульнера в Отделе архивных документов Российской национальной библиотеки (ОАД РНБ. Ф. 10/1. Оп. 1. Д. 5).

много лет после смерти исследователя, позволяют предположить, что он происходил из религиозной семьи: его отец описывается в них как «ламдан» (ученый человек, талмудист), но сам Исай Пульнер вполне предсказуемо опускает в личном деле любые упоминания об этом[11].

В автобиографии Пульнер сообщает, что в 1918–1923 годах являлся членом сионистской спортивной организации «Маккаби»[12], но потом официально порвал с «националистической» организацией и даже написал об этом письмо в партийную газету на идише «Дер эмес» («Правда»)[13]. В 1925 году Пульнер, став комсомольцем, выступил соавтором руководства на идише по групповым видам спорта и спортивным играм для еврейской молодежи. Это руководство было предназначено для использования местным комсомольским активом[14].

В 1923–1925 годах Пульнер учился в Петроградском (затем Ленинградском) институте еврейской истории и литературы

[11] *Vinkovetskii A.* Dos lebn un di arbet fun an etnograf. Z. 162.

[12] Маккаби (от Маккавеи) — сионистская спортивная федерация, основанная в 1912 году. Кроме спорта способствовала популяризации среди еврейской молодежи иврита и идей сионизма. Клубы «Маккаби», несмотря на большевистское преследование сионистского движения, смогли просуществовать в СССР до середины 1920-х годов, маскируясь под клубы еврейской рабочей молодежи «Молот», так как само слово «маккаби» и значит «молот» на иврите.

[13] В автобиографии, хранящейся в архиве личных дел сотрудников ГПБ им. Салтыкова-Щедрина (датирована 1931 годом, дополнительные материалы — ноябрем 1935 года), Пульнер указывает, что добровольно вышел из состава еврейской «националистической спортивной организации». Его личное дело доступно в РНБ (Арх. РНБ. Ф. 10/1. Д. l. Л. 8). Несколько менее подробный опубликованный вариант см. в: Сотрудники Российской национальной библиотеки: деятели науки и культуры: биографический словарь. СПб.: Наука, 1999. Благодарю Виктора Кельнера, обратившего мое внимание на личное дело Пульнера.

[14] *Pulner I., Bentsionov D.* Baveglekhe un sportive masn-shpiln in shtetl (Подвижные и спортивные массовые игры в местечке). М.: 1925. В брошюре описаны такие спортивные игры, как «Красные и белые», «Волк и овцы» и «Атака». Брошюра призвана пропагандировать социалистический коллективизм и физическую культуру среди еврейской молодежи (как явствует из иллюстраций, в основном — юношей). Не исключено, что при составлении этой брошюры Пульнер использовал опыт, приобретенный им в рядах «Маккаби».

(ИЕИЛ)¹⁵, где в 1924–1925 годах также занимал должность секретаря правления института.

В 1926 году он поступил на этнографическое отделение географического факультета Ленинградского государственного университета (ЛГУ) и в 1930 году окончил его с дипломом этнографа-кавказоведа. В студенческие годы Пульнер работал под руководством выдающихся этнографов В. Г. Тана-Богораза, Л. Я. Штернберга¹⁶ и Е. Г. Кагарова. Учебная программа ЛГУ свидетельствует о том, какими высокими научными стандартами как теоретической, так и практической подготовки руководствовались его наставники. В программу входили такие дисциплины, как эволюция материальной культуры, музееведение, сравнительная фольклористика, экспериментальная психология, доисторическая культура, экономическая география, общая геология, введение в биологию, этнография Кавказа, изучение грузинского и немецкого языков, а также семинары по таким темам, как «Эволюция религиозных верований» и «Ислам и эволюция социальной культуры». Практическая подготовка включала в себя обучение статистике, полевой геологии, рисованию, фотографии. Студенты также были обязаны изучать «политические предметы», в том числе исторический материализм, политическую экономию и историю коммунистической партии, а также проходить военную подготовку¹⁷.

---

[15] Петроградский (Ленинградский) институт еврейской истории и литературы был открыт как Петроградский еврейский народный университет в начале 1919 года, в конце того же года переименован в Петроградский институт высших еврейских знаний (Еврейский университет). Ректором стал историк С. Г. Лозинский. Среди профессоров было много известных ученых. Реорганизован в 1920 году в Петроградский институт еврейской истории и литературы с пятью факультетами: философский, филологический, историко-социальный, юридический и национального искусства. Закрыт летом 1925 года.

[16] О роли Штернберга в формировании учебного плана географического факультета см.: *Kan S.* Lev Shternberg: Anthropologist, Russian Socialist, Jewish Activist. Lincoln: University of Nebraska Press, 2009. Ch. 7.

[17] АРЭМ. Ф. 1/2. Оп. 3. Д. 188.

Обучение в ЛГУ и научная деятельность Пульнера отражают нарастающую политизацию советской этнографии[18]. В 1920-е годы в ней доминирует стремление зафиксировать стремительный переход народов СССР от «старого» к «новому» быту. Хотя формально Пульнер получил диплом специалиста по кавказскому региону, его студенческие практики проходили в основном в еврейских местечках бывшей черты оседлости. Пульнер лично пережил тот самый переход от «старого» к «новому», который его учили наблюдать и документировать беспристрастным взглядом профессионала среди родной для него этнической группы. Граница, отделяющая наблюдателя от наблюдаемого, была в этом случае очень прозрачна.

Хоть этнография евреев никогда не была приоритетной исследовательской темой ни для Штернберга, ни для Богораза, они оба сыграли важную роль в этой науке как наставники молодых специалистов[19]. В 1923–1924 учебном году Штернберг в своих лекциях по этнографии для студентов ИЕИЛ говорил о необходимости систематических этнографических исследований среди еврейского населения в бывших еврейских местечках, крупных городах и сельскохозяйственных колониях[20]. Штернберг четко сформулировал исследовательскую задачу: он считал необходимым задокументировать стремительный переход от старого к новому образу жизни и призывал своих студентов собирать материал по таким темам, как практики воспитания детей, струк-

---

[18] Современный взгляд на развитие советской этнографии в предвоенный период см.: *Hirsch F.* Empire of Nations: Ethnographic Knowledge and the Making of the Soviet Union. Ithaca and London: Cornell University Press, 2005.

[19] Как отмечает Сергей Канн, Штернберг больше интересовался эволюционным значением иудаизма, а Богораза занимал его распад под влиянием советской модернизации. См.: *Kan S.* Lev Shternberg: Anthropologist, Russian Socialist, Jewish Activist P. 21, 387.

[20] См. «Инструкция для обследования еврейского населения в этнографическом и экономическом отношении: из записей студентов на лекциях, читанных в Ленинградском институте еврейской истории и литературы профессорам Л. Я. Штернбургом в 1923–24 учебном году» (Российский государственный архив социально-политической истории (РГАСПИ), Ф. 272. Оп. 1. Д. 532. Л. 1–9).

тура занятости, официальное использование идиша в советских учреждениях, политическая принадлежность, изменение отношения к сексу и многое другое[21]. Однако главным вдохновителем студенческих этнографических экспедиций являлся Богораз: он руководил самыми ранними полевыми исследованиями Пульнера, посвященными «западным евреям»[22], то есть ашкеназам. Летом 1924 года несколько студентов, в том числе и Пульнер, провели этнографическое обследование своих родных городов, а в 1926 году результаты их усилий были опубликованы в сборнике под названием «Еврейское местечко в революции»[23]. В автобиографии Пульнер называет статью, опубликованную им в этом сборнике под заголовком «Из жизни города Гомеля», «этнографически-экономическим очерком»[24]. В ней он описал социально-экономические преобразования в среде еврейских рабочих, ремесленников и торговцев Гомеля, ставшего к тому моменту достаточно крупным городом, и делал обзор межпоколенческого конфликта и противостояния идеологических лагерей — бундовцев, сионистов и приверженцев религиозной тра-

---

[21] Там же.

[22] Упоминание Пульнера о том, что экспедиция изначально задумывалась для изучения «западных евреев»: АРЭМ. Ф. 9. Оп. 2. Д. 35. Л. 3. Термин «западные евреи» в современной научной литературе не используется. Был, очевидно, сконструирован по образцу термина «восточные евреи» (мизрахи). Этот последний используется как собирательное название грузинских, горских, бухарских евреев и других неашкеназских и несефардских общин.

[23] Несмотря на название сборника, студенческие публикации были посвящены не только бывшим местечкам. Вероятно, Богораз выбрал название «Еврейское местечко в революции» как параллель к теме социалистических преобразований в деревне, которая являлась основной для других сборников студенческих работ. Подробнее о студенческих экспедициях и связанных с ними публикациях см.: *Yalen D.* Documenting the «New Red Kasrilevke»: Shtetl Ethnography as Revolution Narrative // East European Jewish Affairs. Vol. 37, № 3. December 2007. P. 353–375. Об изменениях в идеологическом восприятии местечка см.: *Ялен Д.* «Так называемое еврейское местечко»: штетл, большевистская идеология и советская этнография в межвоенный период // НЛО. № 102. 2010. Июнь. С. 145–157.

[24] ОАД РНБ. Ф. 10/1.

диции — на фоне экономического кризиса времен Гражданской войны и НЭПа.

В 1926 году Пульнеру поручили каталогизировать экспонаты, которые С. А. Ан-ский оставил на попечение Государственного Русского музея, перед тем как покинуть советскую Россию[25]. Хотя народнический и «националистический» подход Ан-ского к культуре был строго запрещен в советской этнографии, влияние Ан-ского на Пульнера неоспоримо. Ан-ский составил по результатам своих экспедиций в черту оседлости пространную (более двух тысяч вопросов) этнографическую программу «Дер менч» («Человек»). В своих полевых заметках Пульнер использует многие вопросы из этой программы и собирает на них ответы своих информантов[26]. В диссертации Пульнера «Свадебные обряды у евреев» присутствуют многочисленные параллели с предпринятым Ан-ским изучением обрядов жизненного цикла[27].

Написанная Пульнером в 1926 году на идише работа «Yidishe shprikhverter un rednsratn vegn shpayz» («Еврейские пословицы и поговорки о еде») содержит более 300 выражений, собранных как в ходе этнографических экспедиций, так и при работе с источниками[28]. В этой рукописи Пульнер систематически сравнивает употреблявшиеся на идише выражения о еде с аналогичными выражениями на иврите, немецком, русском, белорусском, украинском и других языках и классифицирует их по географическому бытованию, сельскохозяйственным технологиям, пищевой ценности и символическому значению тех или иных продук-

---

[25] Предметы, принадлежавшие музею Еврейского историко-этнографического общества (ЕИЭО), были переданы Ан-ским в 1918 году для сохранения в Русский музей. О попытках ЕИЭО вернуть свою коллекцию см.: *Pevzner E.* The Story of One Collection // Pinkas: Annual of the Culture and History of East European Jewry. 2008. Vol. 2. P. 120–171.

[26] Об опроснике Ан-ского см.: *Deutsch N.* The Jewish Dark Continent: Life and Death in the Russian Pale of Settlement. Cambridge: Harvard University Press, 2011. Пример полевых наблюдений Пульнера, основанных на опроснике Ан-ского: АРЭМ. Ф. 2. Оп. 5. Д. 12.

[27] АРЭМ. Ф. 2. Оп. 3. Д. 188. Л. 10.

[28] По словам А. Виньковецкого, исследование было закончено в 1926 году.

тов[29]. Во вступлении к этой работе Пульнер подчеркивает важность реконструкции «фолкс-штейгер» («народного обычая») и то, как изучение связанных с едой выражений «дает нам возможности и материал для изучения языка, изучения народной психологии и философии»[30].

Влияние Ан-ского и Штернберга можно обнаружить также в двух статьях Пульнера о еврейских верованиях и обрядах, связанных с беременностью, родами и новорожденным ребенком. Обе были опубликованы в 1929 году. Статья «О фольклоре грузинских евреев» вышла на немецком языке в венском журнале «Mitteilungen zur Jüdischen Volkskunde» («Исследования еврейского фольклора»). В ней были представлены результаты экспедиций в Грузию, организованных ЛГУ в 1926 и 1928 годах[31]. Статья «Обычаи и верования, связанные с беременностью, родами и новорожденными у евреев» была напечатана на украинском языке в «Вестнике этнографии» Комитета по этнографии Украинской АН. В ней использован сравнительный подход к еврейской и славянской культурам. В этой статье Пульнер опирается на целый ряд дореволюционных и современных ему источников, в том числе на материалы, собранные им самим в 1927 году в Заверéжье (Белоруссия)[32], а также на работы этнографа Залма-

---

[29] YIVO. RG 2131. Box 1. Эта рукопись выплыла на свет совсем недавно. Ее тайком вывез из СССР этномузыколог Арон Виньковецкий, в конце 1970-х годов эмигрировавший в Израиль. В 2017 году она была продана на аукционе в США вместе с другими личными бумагами Виньковецкого и приобретена YIVO, где теперь доступна для исследователей. Благодарю доктора Эдди Портной из YIVO, который сообщил мне о приобретении этой рукописи. YIVO — Yidisher Visenshaftlikher Institut (Еврейский научный институт), Нью-Йорк; старейший и крупнейший исследовательский центр, занимающийся культурой и историей евреев Восточной Европы.

[30] Pulner I. Yidishe shprikhverter un rednsratn vegn shpayz. Z. 39 (YIVO. RG 2131. Box 1).

[31] Pulner J. Zur volkskunde der georgischen Juden // Mitteilungen zur Jüdischen Volkskunde. Wien, 1929. S. 60–65.

[32] Пульнер И. Обряди й повер'я, сполучені з вагітною породілею й народженцем у жидів // Етнографічний вісник / Укр. Акад. Наук, Етногр. коміс. За голов. редагув. А. Лободи та В. Петрова. Кн. 8. Київ, 1929. С. 100–114. На материалы, собранные в Заверéжье, Пульнер ссылается в: АРЭМ. Ф. 2. Оп. 5. Д. 3. Л. 103.

на Амитина-Шапиро, посвященные евреям Средней Азии. В этих статьях Пульнер неоднократно ссылается на Библию и Талмуд, а также на раввинистические источники, когда говорит о такой, например, теме, как защита новорожденных от демона Лилит. Обе статьи носят в основном описательный характер и почти не содержат тенденциозной политической риторики.

В 1929 году Пульнер участвовал в организованной Еврейским историко-этнографическим обществом (ЕИЭО)[33] этнографической экспедиции в Грузию. В том же году он выступил в качестве официального консультанта ЕИЭО, подготовил план реконструкции экспозиции Музея ЕИЭО[34]. Все это свидетельствует о тесном сотрудничестве Пульнера с этой «буржуазной» организацией. Сотрудничество, однако, оказалось недолгим, так как уже в декабре 1929 года ЕИЭО и его музей были закрыты властями.

В 1930 году Пульнер готовил экспозиции по теме «Иудаизм» как для Академии наук, так и для Антирелигиозного музея, располагавшегося в те годы в здании Исаакиевского собора. Специальную выставку, посвященную еврейской культуре, он провел в 1932 году в Доме культуры им. Максима Горького в Ленинграде. Кроме того, в 1930 году Пульнер стал сотрудником еврейского отделения Государственной публичной библиотеки имени Салтыкова-Щедрина (ГПБ) в Ленинграде — эту должность он сохранял до 1937 года. В ГПБ он работал над составлением библиографий по целому ряду еврейских тем — задача, которая свидетельствует о его владении не только идишем, но и ивритом[35].

---

[33] Еврейское историко-этнографическое общество — исследовательская, музейная и общественная организация, объединявшая лучшие научные силы, связанные с иудаикой в России. Существовало (с перерывами) в Петербурге (Петрограде, Ленинграде) с 1908 по 1929 год. Издавало журнал «Еврейская старина». С 1916 года при обществе был открыт музей, ядром которого стали коллекции, собранные экспедициями С. А. Ан-ского.

[34] Информационное письмо [Ленинградского музея Еврейского историко-этнографического общества] № 4 членам кружка друзей музея, 1929 г. (АРЭМ. Ф. 2. Оп. 5. Д. 7. Л. 5–7).

[35] См., напр., библиографические материалы, собранные в статье: *Пульнер И.* Итоги и задачи изучения кавказских (грузинских и горских) евреев // Советская этнография. 1936. № 4–5. С. 105–121.

В 1931 году Пульнер организовал конференцию, собравшую в Ленинграде представителей еврейских отделов библиотек РСФСР, Украинской и Белорусской республик[36].

В годы «Великого перелома». Работа Пульнера в еврейской рабочей группе ИПИНа

Заметный сдвиг в публичной идеологической позиции Пульнера произошел в 1931 году, когда он был принят на работу в Институт по изучению народностей СССР (ИПИН)[37], для того чтобы создать в нем Еврейскую рабочую группу. ИПИН был организован в 1930 году Академией наук для изучения влияния коллективизации и индустриализации на «этноисторическое развитие» населения[38]. Соответственно, работа ИПИНа была напрямую связана с задачами «социалистического строительства» в период Первой пятилетки. Кроме того, в 1931 году власти поставили перед антропологами и этнографами, работающими в ИПИНе, задачу опровергнуть нацистские теории расового и биологического детерминизма[39]. Сотрудники ИПИНа были направлены в различные концы страны для сбора антропометрических данных, анализов крови и исследований трудоспособности с целью научно доказать, что человеческий потенциал определяют условия жизни, а не раса[40]. Это исследование охватило всю страну; например, специальный интерес для властей представляли народности советского Дальнего Востока. Особенно актуальным стало такое исследование также для тех, кто изучал еврейские общины.

В качестве сотрудника ИПИНа Пульнер был назначен секретарем Еврейской рабочей группы[41]. Хотя группа просущество-

---

[36] Арх. РНБ. Ф. 10/1.
[37] О работе ИПИН см.: *Hirsch F.* Empire of Nations: Ethnographic Knowledge and the Making of the Soviet Union. P. 143, 250–255, 259, 263, 264.
[38] Ibid. P. 143.
[39] Ibid. P. 232–233, 250.
[40] Ibid. P. 251.
[41] «Институт по изучению народов СССР Белоруский сектор ИПИН (1931)» (Архив Российской академии наук (АРАН). Ф. 135. Оп. 1, Д. 244. 224 л).

вала очень недолго, менее двух месяцев, он сумел в качестве сотрудника ИПИНа принять участие в этнографической экспедиции в Белоруссию. Формально главная задача группы состояла в том, чтобы задокументировать «производительные силы» еврейских общин, особенно тех, которые перешли к сельскому труду. Протоколы заседаний, составленные Пульнером в 1931 году, дают представление о ее составе и предполагаемых целях[42]. Примечательно, что в состав группы входило несколько врачей и антропологов, которые ранее публиковались в медико-биологических сборниках «Вопросы биологии и патологии евреев», выходивших в 1926–1930 годах[43]. Можно предположить, что в агрессивном идеологическом климате, царившем в годы «Великого перелома», Еврейская рабочая группа была приемлемой площадкой для продолжения прежних медицинских и физико-антропологических исследований, хотя и в новом, марксистско-ленинском ключе.

«Смешанный» состав сотрудников Еврейской рабочей группы свидетельствует о сосуществовании «новых» и «старых» исследовательских подходов. Под прикрытием марксистско-ленинской риторики изучения «производительных сил» планы Еврейской рабочей группы, подробно изложенные в протоколе ее заседаний, были сосредоточены главным образом на том, как облегчить коммуникацию и улучшить координацию между еврейскими исследовательскими организациями в СССР[44], а также на пред-

---

[42] АРАН. Ф. 135. Оп. 1. Д. 244. Л. 13, 13–18об, 134–147, 180–182, 182об, 184, 184об.

[43] Из документа, подписанного Пульнеромом 15 марта 1931 г., следует, что в состав Еврейской рабочей группы ИПИН входили следующие лица: А. М. Брамсон, В. И. Биншток, А. Я. Борисов, И. Н. Винников, Г. И. Дембо, Ю. И. Гессен, М. Я. Домнич, Т. Г. Лисс, Л. С. Каминский, Ц. С. Пороховникова, З. Е. Черняков, А. Ю. Харит, И. Г. Франк-Каменецкий, С. Б. Юдовин (АРАН. Ф. 135. Оп. 244. Д. 244. Л. 132, 178).

[44] Например, Еврейская рабочая группа попыталась скоординировать планы исследований с Институтом еврейской пролетарской культуры ВУАН (Киев). Еврейская рабочая группа включила в свои планы перевод с идиша на русский язык «Трехлетнего плана», составленного Общественно-экономической комиссией Института еврейской пролетарской культуры. См.: Plan un program fun der sotsial-ekonomisher sektsiye af 1930–1931, 1931–1932, 1932–1933 y. //

ложениях по сбору экспонатов, работе музеев и научных публикациях. Эти планы имеют ряд общих черт с деятельностью недавно закрытого «буржуазно-националистического» ЕИЭО. Более того, в состав Еврейской рабочей группы вошли такие ключевые для ЕИЭО и его музея фигуры, как А. М. Брамсон и С. Б. Юдовин. Несмотря на то что протоколы заседаний содержат обязательные формулировки об изучении «производительных сил», они также указывают на намерение проводить систематические исследования и по многим другим темам.

Идеологическая неоднозначность этих протоколов, однако, никак не отразилась в статье «Вопросы организации еврейских этнографических музеев и еврейских отделов при общих этнографических музеях», написанной Пульнером по просьбе белорусского сектора ИПИНа и этнографического отдела Государственного Русского музея. Эта статья была опубликована в журнале «Советская этнография» в 1931 году[45]. Она содержит воинственную критику «буржуазных» еврейских музеев и представляет собой манифест, провозглашавший формирование новых экспозиций эпохи культурной революции. В условиях масштабной кампании против «буржуазных специалистов» и предпринятой Русским музеем замены старых кадров новым поколением[46] эта статья свидетельствует о решимости Пульнера продемонстрировать свою идеологическую благонадежность. Ее риторический запал создает образ ученого, совсем не похожего на того, кто всего лишь двумя годами ранее публиковал аполи-

---

Byuletin funem institut far yidisher kultur ba der alukrainisher visinshaftlekher akademiye. № 5 (8). Yuli 1930. Z. 1–8 (План и программа социально-экономической секции на 1930–1931, 1931–1932, 1932–1933 гг. // Бюллетень Института еврейской культуры Всеукраинской академии наук. 1930. Июль. № 5 (8). С. 1–8).

[45] *Пульнер И.* Вопросы организации еврейских этнографических музеев и еврейских отделов при общих этнографических музеях // Советская этнография. 1931. № 3–4. С. 156–163.

[46] О реорганизации музейной системы в СССР см. в: *Hirsch F.* Empire of Nations. Ch. 5. См. также статью: *Иванов А.* «Евреи в царской России и в СССР»: выставка достижений еврейского хозяйственного и культурного строительства в Стране Советов // НЛО. 2010. № 102. С. 158–182.

тичные исследования еврейских верований и обычаев, связанных с беременностью и деторождением. Например, в статье «Обряди й повері'я, сполучені з вагітною породілею й народженцем у жидів» (1929) Пульнер подчеркивает культурное взаимовлияние еврейского и славянского населения. Ту же самую тему он развивает в статье «Вопросы организации еврейских этнографических музеев и еврейских отделов при общих этнографических музеях» (1931), но в гораздо более догматизированном ключе. В более ранней статье, опубликованной на украинском языке, политическая риторика почти отсутствует.

Пульнер начинает статью с заявления о крахе «старого буржуазного музейного уклада». На его месте, пишет он, «создаются новые советские этнографические музеи, с новыми установками и марксистско-ленинской методологией». Отвергая все наследие старой музейной системы, созданной «этнографами-народниками», он с особым усердием клеймит еврейских этнографов и этнографические музеи. Он утверждает, что, так же как царский режим поднимал на щит идеи великорусского шовинизма, буржуазные еврейские ученые пропагандировали ложное представление о евреях как о чем-то «монолитном и бесклассовом». «Сионистские националистические теоретики, с одной стороны, и антисемитские — с другой, рассматривают мировое еврейство, проживающее отдельными группами в разных странах, как единую неделимую нацию». Буржуазные еврейские музеи помещали религию — «культ» — в центр своего нарратива, тем самым «замыкали еврейскую культуру в узкие националистические рамки, отрывали ее от всего окружающего, идеализировали и облагораживали ее».

Вместо этого, настаивает Пульнер, евреев следует изучать как неотъемлемую часть соответствующей географической и социально-экономической среды. Отметив, что «евреи, проживающие в пределах СССР, как и евреи других стран, не представляют собою единого национального организма», Пульнер разделяет еврейское население страны на пять отдельных групп: 1) «западные евреи»; 2) грузинские евреи; 3) горские (дагестанские) евреи; 4) крымские евреи; 5) среднеазиатские или бухарские евреи. «Поэтому нельзя экспонировать все еврейские этнические группы, проживающие в СССР, совместно. Евреев грузинских следует экспонировать в окружении грузин, горских — народов Дагестана и т. д. Западных евреев, проживающих в УССР, БССР и РСФСР, следует экспонировать в каждой из названных республик»[47]. Примечательно, однако, что основную часть своей статьи Пульнер посвящает этнографии говорящих на идише и проживающих на территории бывшей черты оседлости «западных евреев».

В соответствии с задачами, поставленными перед ИПИНом, статья Пульнера была сосредоточена на экспонировании социально-экономической модернизации евреев (главным образом «западных евреев»). Пульнер предложил разделить еврейские этнографические выставки на две части: первая часть посвящена старому быту, вторая — новому, социалистическому[48]. Часть экспозиции, рассказывающая о жизни при советской власти, должна подчеркивать достижения новых социальных отношений, просвещения, современной медицины, экономической «продуктивизации», достигнутой благодаря сельскохозяйственному и промышленному труду. В этой части экспозиции должна тщательно соблюдаться формула, характеризующая советскую еврейскую культуру как «национальную по форме и социалистическую по содержанию».

В то же время в своей статье Пульнер говорит и о музейной репрезентации дореволюционной жизни, уделяя большое вни-

---

[47] *Пульнер И.* Итоги и задачи изучения кавказских (грузинских и горских) евреев // Советская этнография. № 4–5. 1936. С. 157. В этой статье аргументация Пульнера выстроена по идеологическим лекалам большевистской национальной политики. Однако его интерес к неашкеназским группам имел гораздо более давние корни. В бытность членом ЕИЭО Пульнер участвовал в дискуссиях по поводу этнокультурного разнообразия евреев на территории бывшей Российской империи, которые велись в совсем ином политическом ключе. Подробнее о подходе ЕИЭО к евреям-неашкеназам, проживавшим в Российской империи, см.: *Veidlinger J.* Jewish Public Culture in the Late Russian Empire. Indiana University Press, 2009. P. 274–282.

[48] См. также анализ этой статьи в работе: *Иванов А.* «Евреи в царской России и в СССР»: выставка достижений еврейского хозяйственного и культурного строительства в Стране Советов. С. 160–161.

мание еврейской традиции. Посетители его гипотетической выставки смогли бы узнать о «классовом происхождении» праздничных обрядов и их роли в «противодействии социалистическому строительству», а также об «антинаучной основе» еврейской народной медицины и ее угрозе общественному здоровью. Кроме того, они получили бы достаточно подробные знания о еврейском религиозном календаре и об обрядах жизненного цикла, связанных с рождением, браком и смертью. Эта гипотетическая музейная экспозиция гарантировала, что традиционная еврейская культура не канет в Лету.

Статья «Вопросы организации еврейских этнографических музеев и еврейских отделов при общих этнографических музеях» выглядит как революционный манифест, содержащий недвусмысленное осуждение старых этнографов-народников и призывы к материалистическому истолкованию иудаизма и еврейской цивилизации. Но если сопоставить эту статью с неопубликованными протоколами еврейской рабочей группы ИПИНа за тот же год, то общая картина выглядит достаточно неоднозначной.

Еврейская секция Ленинградского государственного этнографического музея

Как уже было сказано, в своей статье «Вопросы организации еврейских этнографических музеев» Пульнер категорически отвергал идею о том, что евреи составляют этнографическое целое. Однако еврейская секция ГМЭ, которую он возглавил в 1937 году, была основана на совершенно противоположных принципах. В ходе реорганизации в середине 1930-х годов среди сотрудников музея развернулась дискуссия о правильной репрезентации евреев как одной из дисперсных национальностей СССР. Точно так же, как Пульнер в своей статье 1931 года, руководители музея обсуждали, должны ли советские евреи быть представлены в отдельной музейной экспозиции или в составе экспозиций, посвященных соответствующим республикам. Наконец, после создания в 1934 году Еврейской автономной области (ЕАО) на Дальнем

Востоке встал вопрос: а не заслуживают ли евреи отдельного подразделения — секции или даже отдела? По уставу ГМЭ отдел мог быть организован только в случае наличия национальной республики, поэтому в конце концов было принято решение о создании еврейской секции при Белорусском отделе[49].

Еще одним аргументом в пользу создания еврейской секции стало то, что различные еврейские этносы были исторически объединены узами религии, даже если религиозные обряды «утратили актуальность» на текущий момент. В качестве важного фактора также упоминался язык как один из элементов национальной идентичности. Руководство музея отмечало, что на идише говорит подавляющее большинство еврейского населения СССР. (То, что этот критерий маргинализирует неашкеназские общины, по-видимому, не слишком заботило участников дискуссии.) Обсуждение тонкостей большевистской национальной теории шло своим чередом, но в конечном счете именно прагматические финансовые и политические соображения определили решение музея объединить все еврейские этносы в рамках единой еврейской секции. Главными среди этих соображений были перспектива финансирования от ОЗЕТа[50] и надежды на то, что ЕАО когда-нибудь превратится из автономной области в автономную республику (на это намекали в своих выступлениях Калинин и Каганович), что, в свою очередь, оправдает будущее преобразование еврейский секции в еврейский отдел. Еще одно, не менее важное соображение подталкивало администрацию музея к этому решению: ей не хотелось заново рассказывать об истории еврейских страданий при царизме и благодарить товарища Сталина за новую счастливую жизнь советских евреев в каждом отделе музея, посвященном той или иной республике, в которой проживало еврейское меньшинство[51]. Все это стало

---

[49] АРЭМ. Ф. 2. Оп. 5. Д. 22. Л. 3об.

[50] ОЗЕТ (Общество землеустройства еврейских трудящихся) — общественная организация, существовавшая в 1925–1938 годах. Отвечала за переселение евреев в земледельческие колонии в Крыму и Причерноморье, а затем за переселение в ЕАО.

[51] АРЭМ. Ф. 2. Оп. 5. Д. 22. Л. 12.

основанием для создания единой еврейской секции, представляющей всё еврейское население Советского Союза в целом.

Пульнеру, возглавившему новую секцию, было первоначально поручено курировать выставку, посвященную созданию ЕАО «как достижению Великой октябрьской социалистической революции и ленинско-сталинской национальной политики среди евреев». Однако в процессе планирования выставки было решено, что она должна отражать достижения социалистического строительства среди еврейского населения всего СССР, а не только ЕАО. В течение очень короткого времени Пульнер и его сотрудники должны были подобрать экспонаты, которые, демонстрируя достижения советской национальной политики в еврейском вопросе, произвели бы должное впечатление на посетителей музея[52]. Пульнер особенно стремился заполучить предметы материальной культуры, которые опровергли бы нацистскую антропологию, утверждавшую, что евреям не хватает «врожденного творческого начала». Эта тема, к которой Пульнер неоднократно возвращался, приоткрывает и другую вероятную мотивацию создания единой еврейской секции — речь идет об ответе на заявления нацистской антропологии о расовой неполноценности народов СССР, и в первую очередь евреев[53]. С целью сбора экспонатов о жизни биробиджанских евреев для показа на выставке была даже организована этнографическая экспедиция в ЕАО в апреле — июле 1937 года, в которой Пульнер принял участие в качестве этнографа[54].

Выставка «Евреи в царской России и в СССР», открывшаяся для публики в марте 1939 года, охватывала период с 1881 по 1939 год и состояла из более чем пятидесяти витрин с фотографиями, картами, литографиями, диаграммами и этнографиче-

---

[52] АРЭМ. Ф. 2. Оп. 5. Д. 48. Л. 20–21.

[53] Обзор советской этнографии в период распространения нацистской идеологии см.: *Hirsch F.* Empire of Nations. Ch. 6.

[54] См. об этом подробнее: Отчет экспедиции Государственного музея этнографии в Еврейскую автономную область в 1937 г. (АРЭМ. Ф. 2. Оп. 5. Д. 34. Л. 1–24).

скими диорамами. В соответствии с советской идеологической формулой устройства этнографических выставок, экспозиция была организована как движение «от тьмы к свету», то есть ее первый раздел был посвящен угнетению евреев царизмом, а второй — их освобождению в советском государстве[55]. Если вторая половина выставки, демонстрирующая прогресс евреев при социализме, была идеологическим центром выставки, то в первой, дореволюционной, половине особое внимание уделялось «народному творчеству» и «оптимизму» еврейских трудящихся, отразившимся в ремеслах, орнаментах и пуримшпилях[56].

Несмотря на то что для организации выставки музею удалось приобрести целый ряд экспонатов по всему Советскому Союзу, а для ее первой части широко использовать коллекцию Ан-ского, Пульнер был глубоко обеспокоен недостатками и пробелами в экспозиционном нарративе, тем более что многие из них были отмечены в отзывах посетителей[57]. Как до открытия экспозиции, так и после Пульнер неоднократно жаловался директору ГМЭ на то, что комплектование еврейской секции «недостаточно развито» по сравнению с другими подразделениями ГМЭ. В 1939–1940 годах Пульнер добился некоторого прогресса в сборе дополнительных этнографических экспонатов на территории Украины, но ему пришлось столкнуться с нерегулярным финансированием и слабой материально-технической поддержкой со стороны ГМЭ, что затрудняло планирование экспедиции и наём вспомогательного персонала[58].

---

[55] О том, что эта экспозиция являлась примером «музеификации» опыта советских евреев, см.: *Иванов А.* «Евреи в царской России и в СССР»: выставка достижений еврейского хозяйственного и культурного строительства в Стране Советов. С. 158–182.

[56] Пуримшпиль — народное театральное представление на праздник Пурим, часто основанное на сюжете библейской Книги Есфирь.

[57] Об отдельных отзывах посетителей см.: *Иванов А.* «Евреи в царской России и в СССР»: выставка достижений еврейского хозяйственного и культурного строительства в Стране Советов С. 173–176. Оригинальные документы находятся в: АРЭМ. Ф. 9. Оп. 3. Д. 6; Ф. 9. Оп. 3. Д. 7.

[58] АРЭМ. Ф. 9. Оп. 1. Д. 25. Л. 1.

Докладные записки Пульнера, написанные в 1938–1941 годах, показывают, как он сам понимал свою роль хранителя еврейской народной культуры. Пульнер был явно раздражен тем, что ему, руководителю подразделения, приходится одновременно заниматься поиском экспонатов. Он пишет: «...почти все необходимые по плану экспонаты приходилось собирать, приобретать и изучать в процессе строительства экспозиции, что является, конечно, совершенно ненормальным»[59]. Несмотря на то что когда-то, еще в студенческие годы, он сам каталогизировал коллекции Ан-ского, Пульнер называл существующую опись этого собрания «беспорядочной» и выражал недовольство тем, что ему приходится строить еврейскую экспозицию «буквально с нуля». В марте 1940 года Пульнер в своей докладной записке подытожил статус советской еврейской этнографии как совершенно ущербный, особенно с точки зрения изучения и собирания материальной культуры:

> Этнографическое изучение евреев СССР — сравнительно новое. До революции не было кадров еврейских этнографов (нет их почти и теперь). Этнографическое изучение евреев до революции и, за редкими исключениями, после революции велось не специалистами, дилетантски, урывками, случайно и поверхностно, любителями-одиночками и отдельными путешественниками. При этом изучение велось односторонне, главным образом, по сбору предметов культа и отчасти фольклора[60].

В коллекции ГМЭ, по мнению Пульнера, «почти нет вещей, отображающих материальную культуру евреев (жилище, утварь, одежда, пища, средства передвижения, ремесла, предметы по народному искусству и т. д.)». В результате отмирания старого образа жизни, добавлял он, многие этнографически и исторически ценные предметы еврейской культуры «погибли для истории и науки; остатки их гибнут и исчезают с невероятной быстротой»[61].

---

[59] АРЭМ. Ф. 2. Оп. 5. Д. 48. Л. 20.
[60] АРЭМ. Ф. 9. Оп. 1. Д. 25. Л. 1.
[61] АРЭМ. Ф. 9. Оп. 1. Д. 2. Л. 1.

Сетования на то, что время упущено, становится центральной темой в претензиях Пульнера к администрации музея. Мало того, что серьезные еврейские этнографические исследования начались «поздно» по сравнению с изучением других народностей; сама скорость советизации, которую Пульнер превозносил в своей выставке, подрывала его научную миссию как этнографа. Он высказал это напрямую: «...остатки еврейской старины гибнут с неимоверной быстротой в результате социалистической перестройки быта и культуры народов СССР»[62]. При этом он настаивал, что процесс социалистического строительства среди евреев также документирован весьма слабо. «Все это накладывает на Гос. Музей Этнографии и его Еврейскую Секцию — особую ответственность и ставит неотложные задачи по форсированию этнографического изучения евреев СССР»[63].

Пакт о ненападении: последствия для советской еврейской этнографии

Подписание Пакта о ненападении между СССР и Германией примерно через пять месяцев после открытия выставки «Евреи в царской России и в СССР» должно было бы сбить с толку Пульнера и его сотрудников, которые трудились над опровержением идей «фашистских каннибалов»[64]. Однако этот идеологический удар, по-видимому, не повлиял на состав экспозиции. В частности, в плане-проспекте выставки был подробно расписан раздел, критикующий нацизм. И хотя существование этого раздела не упомянуто в путеводителе по выставке, он все-таки существовал, по крайней мере до конца августа 1939 года, что отчетливо видно на фотографиях. Более того, как следует из докладной записки, составленной в январе 1941 года и подписанной Мильштейном и Пульнером, временная выставка «Евреи в цар-

---

[62] АРЭМ. Ф. 2. Оп. 5. Д. 47. Л. 1.

[63] Там же.

[64] Евреи в царской России и в СССР: краткий путеводитель по выставке. Л., 1939. С. 16.

ской России и в СССР» приобрела статус постоянной экспозиции. Она экспонировалась до самого начала войны в июне 1941 года[65]. Последовавшая за пактом советская аннексия Восточной Польши открыла новые перспективы для еврейских этнографических исследований, дала шанс изучить те аспекты традиционной еврейской жизни, которые, по мнению Пульнера, исчезли после двух десятилетий советской власти.

В докладной записке от 4 июня 1941 года Пульнер обозначил планы этнографических исследований на ближайшие месяцы. Упускать время было нельзя: процесс советизации на аннексированных территориях шел полным ходом, и оставалось небольшое окно возможностей, позволявшее этнографу, так сказать, шагнуть «во времени вспять»[66].

> Полевую работу текущего года предполагается провести в Западных областях Украины и отчасти Белоруссии. И это не случайно, так как эти районы сохранили на сегодня больше всего этнографических материалов по евреям, материалов, которые вне указанных районов СССР в значительной своей части исчезли или сохранились только в виде пережитков[67].

В распоряжении ГМЭ были преимущественно религиозные артефакты, собранные Ан-ским, но Пульнера интересовало другое: бытовая еврейская культура, особенно образцы еврейской одежды и украшений, поскольку

---

[65] АРЭМ. Ф. 2. Оп. 1. Д. 83. Л. 3.

[66] Бенцион Пинчук пишет о стремительной советизации евреев на аннексированных территориях. См.: *Pinchuk B.* Shtetl Jews Under Soviet Rule: Eastern Poland on the Eve of the Holocaust. Oxford, 1990. А. А. Гринбаум отмечает, что аннексия дала толчок «еврейскому культурному возрождению» в среде советских еврейских ученых. Например, он приводит цитату из статьи, опубликованной 12.04.1941 в американской коммунистической газете на идише «Моргн фрайхайт», в которой описываются планы минских ученых заняться исследованием еврейского фольклора в Западной Белоруссии. См.: *Greenbaum A. A.* Jewish Scholarship and Scholarly Institutions in Soviet Russia, 1918–1953. Jerusalem, 1978. P. 62, 71.

[67] АРЭМ. Ф. 2. Оп. 5. Д. 49. Л. 1.

> …изучение и сбор одежды и украшений по евреям, коллекций одежды в фондах секции ничтожны и создание такой коллекции является неотложной и актуальнейшей задачей. Промедление со сбором одежды, в связи с ее быстрым исчезновением и вытеснением европейской одеждой, смерти подобно для этнографии.

Пульнер отмечал аналогичную возможность для сбора информации о еврейском жилище и по этому поводу добавлял: «В этом направлении до настоящего времени фактически ничего не сделано. И этот вопрос является актуальнейшей задачей еврейской этнографии». Интерес Пульнера к устройству жилища охватывал не только изучение образцов народной архитектуры, но и коллекционирование домашней утвари и ремесленных изделий. «Последний вопрос особенно важен в связи с опровержением мною (1939 год)[68] антисемитского и клерикального положения об отсутствии у евреев гражданской архитектуры и искусства»[69]. В докладной записке Пульнера также содержалось предложение обследовать один или два новых колхоза на территориях, находящихся в процессе советизации. Он определил Львов, Тернополь, Станислав, Ровно и их окрестности в качестве маршрута для будущей экспедиции. По словам Пульнера, этот маршрут был ему рекомендован «старейшим исследователем евреев Западной Украины тов. Гольдштейном (Львов)»[70].

Выставочные планы накануне войны: местечко, пуримшпиль, клезмеры и «еврейская женщина»

Помимо программы полевых исследований на аннексированных территориях, Пульнер также сформулировал амбициозную музейную программу. В его планы на 1940 год входило: создание

---

[68] Непонятно, где именно Пульнер опубликовал это «опровержение».
[69] АРЭМ. Ф. 2. Оп. 5. Д. 49. Л. 2.
[70] См.: Переписка И. М. Пульнера с М. Гольдштейном, 1939 г. (АРЭМ. Ф. 2. Оп. 5. Д. 40. Л. 95–97об).

систематической библиографии публикаций по еврейской этнографии на идише, иврите, русском и других языках; регистрация, инвентаризация и фотографирование еврейских материалов в фондах ГМЭ; поддержание и обновление выставки «Евреи в царской России и в СССР», а также издание ее альбома. Предполагалось, что альбом будет использован при проведении массовой политико-просветительской работы среди еврейского населения западных областей Украины и Белоруссии с целью «показа в области достижений социалистического переустройства быта и культуры евреев СССР»[71]. Пульнер также подчеркивал необходимость изучать отзывы посетителей и вносить в экспозицию соответствующие изменения:

> Этому ценному материалу: критике масс, голосу народа, до сего времени в музее не уделяется должного внимания, между тем отзывы посетителей являются неиссякаемым источником устранения недостатков и допущенных ошибок, а также для планирования дальнейших научно-исследовательских, экспедиционных и экспозиционных работ музея[72].

Он также намеревался опубликовать научно-популярные брошюры, посвященные четырем конкретным темам, представленным в экспозиции: «Дореволюционное местечко», «Народный театр: пуримшпиль», «Клезмеры: еврейские народные музыканты» и «Еврейская женщина в царской России и в СССР»[73]. Пульнер был особенно заинтересован в создании новой выставки, посвященной женщинам, целью которой было одновременно «показать достижения в области социалистического переустройства быта еврейской женщины в СССР» и «стимулировать работы по этнографическому изучению быта еврейской женщины»[74]. Пульнер утверждал, что такая выставка будет политически особенно значима для социалистического переустройства жизни

---

[71] АРЭМ. Ф. 2. Оп. 5. Д. 47. Л. 4.
[72] АРЭМ. Ф. 2. Оп. 5. Д. 47. Л. 3.
[73] АРЭМ. Ф. 2. Оп. 5. Д. 47. Л. 6.
[74] АРЭМ. Ф. 2. Оп. 5. Д. 47. Л. 1.

еврейских женщин в западных областях Украины и Белоруссии, и поэтому намеревался превратить ее в передвижную[75]. В связи с планами проведения специальной выставки, посвященной этнографии еврейских женщин, Пульнер также намеревался опубликовать свою диссертационную работу в качестве научной монографии[76].

Пульнер предполагал, что его экспедиция во вновь присоединенные к СССР регионы продлится два с половиной месяца. Начать экспедицию он собирался между 20 и 25 июня 1941 года.

22 июня 1941 года, через две с небольшим недели после того, как Пульнер составил этот план, нацисты вторглись в Советский Союз.

Заключительные замечания

Деятельность И. М. Пульнера во главе еврейской секции ГМЭ выглядит трагическим парадоксом. Создание секции во многом было вызвано учреждением ЕАО, но совпало с началом сталинского террора, когда советские и партийные руководители ЕАО подвергались безжалостным чисткам[77]. Пульнер свободно владел идишем и собирал материалы на этом языке, но, проживая в Ленинграде, то есть на периферии советского «идишланда», не был поборником использования идиша в науке и культуре[78]. В то же

---

[75] АРЭМ. Ф. 2. Оп. 5. Д. 47. Л. 1–2, 4. Примечательно, что в качестве материалов для будущей экспозиции о еврейских женщинах Пульнер собирался использовать произведения классиков литературы на идише — Менделе-Мойхер Сфорима, И.-Л. Переца и Шолом-Алейхема. Этих писателей издавали в СССР, как в оригинале, так и в переводах на русский, поэтому Пульнер справедливо считал их политически приемлемым этнографическим источником.

[76] АРЭМ. Ф. 2. Оп. 5. Д. 47. Л. 3.

[77] См.: *Weinberg R.* Purge and Politics in the Periphery: Birobidzhan in 1937 // Slavic Review. Vol. 52, № 1. Spring 1993. P. 13–27.

[78] Благодарю профессора М. Крутикова за то, что он осветил для меня этот нюанс интеллектуальной биографии Пульнера.

время, если бы Пульнер пережил войну, он, вероятно, пал бы жертвой антисемитских кампаний, проходивших в СССР с конца 1948 года.

Считал ли Пульнер, что задача этнографа состоит в том, чтобы бережно хранить «пережитки» еврейской цивилизации для чисто научного изучения, и ничего более? Или же он видел себя преемником Ан-ского и делал все возможное, чтобы защитить «устную Тору» народной культуры в условиях тяжелейшего идеологического давления? Что на самом деле имел в виду Пульнер, когда говорил о важности коллекционирования «материальной культуры»? Однозначно ответить на эти вопросы невозможно. Тем не менее на основе архивных документов мы можем судить о лихорадочном темпе научной деятельности Пульнера. Видно, что он был человеком, одержимым скоротечностью времени. Пульнер скончался в возрасте сорока двух лет и оставил после себя множество незавершенных проектов, включая рукопись диссертации о еврейских свадебных обрядах. В канун войны он продолжал думать о расширении еврейской секции ГМЭ, о передвижных этнографических выставках. Его работы, хотя и предсказуемо окрашенные в цвета марксистско-ленинской идеологии, остаются во многом пропущенным, но необходимым звеном в истории изучения еврейской народной культуры.

Александр Иванов

Собрание документов И. М. Пульнера в Архиве Российского этнографического музея

(историко-археографический обзор)[1]

В 1939 году известный советский историк, этнограф и филолог, профессор Ленинградского государственного университета (ЛГУ) Е. Г. Кагаров писал: «И. М. Пульнер является в настоящее время лучшим в СССР знатоком этнографии евреев нашего Союза и одним из наиболее известных представителей советской этнографической науки вообще»[2]. Для столь высокой оценки Кагаров имел все основания. Как видно из записки 1930 года, отложившейся в личном деле Пульнера, Кагаров не только внимательно следил за успехами своего бывшего ученика[3], но и привлекал его к совместной работе в выставочных проектах:

---

[1] Благодарю за помощь в работе над статьей сотрудников Российского этнографического музея (РЭМ) — заместителя директора по учету, хранению и реставрации Н. Н. Прокопьеву и хранителя секции рукописей архива А. Н. Копаневу.

[2] Отзыв о научных работах И. М. Пульнера зав. кабинетом Кавказа Института этнографии Академии наук СССР, доктора исторических наук, проф. Е. Г. Кагарова. Ленинград, 12 июля 1939 г. (Архив Российского музея этнографии (АРЭМ). Ф. 9. Оп. 2. Д. 35. Л. 7). О жизни и деятельности Кагарова см.: *Кисляков Н. А.* Евгений Георгиевич Кагаров // Советская этнография. 1963. № 1. С. 144–147.

[3] В 1925–1929 годах Пульнер учился в ЛГУ, где его преподавателями были Е. Г. Кагаров, В. Г. Тан-Богораз и Л. Я. Штернберг. См.: [Свидетельство об окончании этнографического отделения географического факультета ЛГУ по специальности этнограф-кавказовед от 19 июля 1936 г.] (АРЭМ. Ф. 2. Оп. 3. Д. 188. Л. 11).

И. М. Пульнер еще в бытность свою студентом младших курсов проявлял большую активность в учебной работе, умение и привычку систематически заниматься и интерес специально к этнографии. <...> Т[оварищ] Пульнер принимал участие в организации выставки на тему жизнь ребенка в свете этнографии в Музее Антропологии АН, а в настоящее время, по поручению Ленингр[адского] Антирелигиозного Музея, организует в последнем отдел иудейской религии[4].

Незаурядные организаторские способности И. М. Пульнера и его вклад в развитие еврейской этнографии и музейного дела в СССР отмечали и другие видные деятели советской науки 1930-х годов, в частности директор Института этнографии АН СССР академик В. В. Струве, и. о. директора Государственной публичной библиотеки им. М. Е. Салтыкова-Щедрина (ГПБ) М. М. Урбан и ее ученый секретарь В. Э. Банк, старший ученый специалист Института востоковедения АН СССР профессор А. Н. Генко[5]. Все они, как и Е. Г. Кагаров, поддержали ходатайство, направленное еще в ноябре 1935 года в Высшую аттестационную комиссию Наркомпроса РСФСР из ГПБ, где Пульнер работал в то время заведующим еврейским отделением, о присвоении ему звания кандидата этнографии без защиты диссертации[6]. Затем, как отмечает В. В. Струве в своем письме в Комитет по делам высшей школы от 25 июля 1939 года,

---

[4] [Записка проф. ЛГУ Е. Г. Кагарова, 15 февраля 1930 г.] (АРЭМ. Ф. 2. Оп. 3. Д. 188. Л. 14об). См. о выставке в Музее антропологии и этнографии (МАЭ): Выставка жизнь ребенка при свете этнографии [Описание]. Ред. Е. Г. Кагаров. Л., 1929; о работе И. М. Пульнера по организации отдела «Иудаизм» в Ленинградском антирелигиозном музее — бывшем Исаакиевском соборе см.: *Sokolova A.* Between Ethnography of Religion and Anti-Religions Propaganda: Jewish Graphics in the Leningrad and Moscow Museums in 1930s // Three Cities of Yiddish: St. Petersburg, Warsaw and Moscow / Gennady Estraikh & Mikhail Krutikov, eds. Oxford, 2017. P. 169, 174–175.

[5] Отзывы Е. Кагарова, В. Струве, В. Банка, И. Мещанинова, А. Генко о деятельности и научных трудах Пульнера И. М.; список научных трудов; перечень экспедиций. 1935 г. (АРЭМ. Ф. 9. Оп. 2. Д. 35. Л. 1об–2, 9об–10, 13).

[6] [Письмо директора Института этнографии АН СССР, акад. В. В. Струве в Комитет по делам высшей школы от 25 июля 1939 г.] (АРЭМ. Ф. 9. Оп. 2. Д. 35. Л. 1).

> ...в декабре 1937 г., когда Наркомпросом было предложено пересмотреть научные труды лиц, представленных на утверждение научных степеней и подать в 10-дневный срок подтверждение о ходатайстве, тов. Пульнер уже работал в Гос. Музее Этнографии[7] и материалы о нем были посланы в установленный срок[8].

Начиная с середины 1930-х годов «ученые степени кандидата или доктора... чаще всего присваивались без защиты диссертации (или с обязательством ее представить)»[9]. Тем не менее, несмотря на мнение Е. Г. Кагарова о том, что научные работы его бывшего студента «вполне удовлетворяют требованиям, предъявляемым к кандидатской диссертации — и даже в своей совокупности — превосходят эти требования», И. М. Пульнера все-таки обязали подготовить и представить на рассмотрение Высшей аттестационной комиссии свою диссертационную работу по этнографии. Об этом В. В. Струве пишет вполне определенно: «В настоящее время тов. Пульнер заканчивает монографию на тему "Рождение, свадьба и смерть у евреев в свете этнографии", которая будет представлена им как работа для защиты диссертации на соискание степени кандидата наук»[10].

---

[7] Государственный музей этнографии (ГМЭ) организован в Ленинграде в 1934 году после отделения Этнографического отдела от Государственного Русского музея (ГРМ); в 1948 году переименован в Государственный музей этнографии народов СССР (ГМЭ народов СССР); с 1992 года — Российский этнографический музей.

[8] [Письмо директора Института этнографии АН СССР, акад. В. В. Струве в Комитет по делам высшей школы от 25 июля 1939 г.]. Л. 1.

[9] *Козлова Л. А.* «Без защиты диссертации...»: статусная организация общественных наук в СССР, 1933–1935 годы // Социологический журнал. 2001. № 2. С. 156.

[10] [Письмо директора Института этнографии АН СССР, акад. В. В. Струве в Комитет по делам высшей школы от 25 июля 1939 г.]. Л. 2. Также в одной из немногих опубликованных биографических справок о И. М. Пульнере указано, вероятно основываясь на письме В. В. Струве, что «в 1930-е гг. [Пульнер] работал над монографией "Рождение, свадьба и смерть у евреев в свете этнографии"» // Российская еврейская энциклопедия. Т. 2 / глав. ред. Г. Г. Брановер. М., 1995. С. 413–414.

Скорее всего, Струве ошибается, утверждая, что в 1939 году Пульнер уже «заканчивал» такую монографию, да и ее название приводит, вероятно, понаслышке[11]. Во всяком случае, в документах, отложившихся в фондах Архива Российского этнографического музея (АРЭМ), не удалось обнаружить ни одного упоминания о работе Пульнера над столь масштабным научным трудом. Если же Струве хотя бы отчасти прав и Пульнер действительно первоначально предполагал осветить в своей будущей диссертации все ключевые обычаи и обряды еврейского жизненного цикла, то нельзя не обратить внимание, что такая работа, по сути, повторяет структуру первой части «Еврейской этнографической программы», составленной С. А. Ан-ским и изданной в Петрограде под редакцией Л. Я. Штернберга в 1915 году[12]. Так или иначе, к 1939 году И. М. Пульнер сумел собрать существенные по объему полевые материалы для такого монументального исследования во время этнографических экспедиций в Грузию, на Украину и в Белоруссию[13]. Эти материалы были даже частично опубликованы или готовились

---

[11] Аналогичным образом, Е. Г. Кагаров упоминает в своем «Отзыве...» от 12 июля 1939 года о «наиболее выдающемся труде Пульнера, монографии "Еврейские пословицы и поговорки" (свыше 4 печ. л.), к сожалению, еще не напечатанной» (АРЭМ. Ф. 9. Оп. 2. Д. 35. Л. 8). Вероятно, Кагаров имеет в виду статью "Пища по еврейским пословицам и поговоркам" (4 печатных листа)», включенную в список «Печатные работы и рукописи» И. М. Пульнера [1939 г.] (АРЭМ. Ф. 9. Оп. 2. Д. 35. Л. 4). Полный текст упомянутой работы находится в настоящее время в архиве YIVO в Нью-Йорке (см. об этом подробнее в настоящем издании, с. 379). В АРЭМ отложились только «Тезисы статьи "Еврейские пословицы и поговорки о пище"» (б. д.), согласно которым статья была написана в 1926 году на идише «на основе 300 еврейских пословиц и поговорок о пище, выбранных из целого ряда специальных сборников, из экспедиционных записей автора и личных архивов» (Ф. 9. Оп. 2. Д. 30. Л. 1–2).

[12] *An-sky Sh.* Dos yidishe etnografishe program. Ershter teyl: der mentsh. Petrograd, 1915.

[13] Полевые материалы, собранные И. М. Пульнером в экспедициях и командировках в 1924–1939 годах, отложились в: АРЭМ. Ф. 9. Оп. 1. Д. 1–24; Ф. 2. Оп. 5. Д. 1, 3–6.

к публикации[14]. Причем для интервьюирования информантов Пульнер активно использовал вопросы из «Еврейской этнографической программы» С. А. Ан-ского, тем самым продолжая дело своего знаменитого предшественника[15]. Несмотря на то что «Еврейская этнографическая программа» являлась одним из ключевых инструментов в этнографических исследованиях Пульнера, его отношение к самому автору этого опросника было достаточно амбивалентным. С одной стороны, Пульнер признавал ценность коллекций, собранных Ан-ским во время историко-этнографических экспедиций 1912–1914 годов, как «раскрывающих богатую и многогранную сокровищницу еврейского народного творчества»[16]; с другой стороны, утверждал, что «этнографическое изучение евреев до революции… велось не специалистами дилетантски, случайно и поверхностно, любителями-одиночками»[17], не делая исключения для Ан-ского.

---

[14] См., например: *Пульнер И.* Из жизни города Гомеля — этнографо-экономическое исследование // Еврейское местечко в революции: очерки / под ред. В. Г. Богораз-Тана. М.; Л., 1926. С. 187–196; *Он же.* Обряди й повір'я, сполучені з вагітною породілею й народженцем у жидів // Етнографічний вісник / Укр. Акад. Наук, Етногр. коміс. За голов. редагув. А. Лободи та В. Петрова. Кн. 8. Київ, 1929. С. 100–114; Статья И. Пульнера «Поверья, обряды, обычаи и приметы, связанные с бесплодием, беременностью, родами и новорожденным у грузинских евреев» (рукопись, без окончания), 1929 г. (АРЭМ. Ф. 2. Оп. 5. Д. 8. Л. 1–22).

[15] См.: Ответы на вопросы программы Ан-ского «Еврейская этнографическая программа» под редакцией Л. Л. Штернберга, собранные студентом ЛГУ И. М. Пульнером в г. Кутаиси Грузинской ССР во время этнографической практики, 19 августа — 29 августа 1926 г. (АРЭМ. Ф. 9. Оп. 1. Д. 10. Л. 1–14); Ответы на вопросы программы Ан-ского «Еврейская этнографическая программа» под редакцией Л. Я. Штернберга и другие материалы по этнографии белорусских евреев, собранные И. М. Пульнером во время экспедиции в Белорусскую ССР, 1931 г. (Там же. Ф. 9. Оп. 1. Д. 23. Л. 1–45); Этнографические материалы, собранные экспедицией Пульнера в Белоруссию, июнь-август 1930 г. (Там же. Ф. 2. Оп. 5. Д. 12. Л. 19–35об).

[16] *Пульнер И. М., Шахнович М. И.* Из опыта строительства экспозиции «Евреи в царской России и в СССР», [1939] (АРЭМ. Ф. 2. Оп. 5. Д. 38. Л. 23).

[17] Отчет И. М. Пульнера о командировке к украинским евреям в гг. Бердичев, Бершадь, Одессу, Киев Украинской ССР с 27 июля по 10 сентября 1939 г. от 25 марта 1940 г. (АРЭМ. Ф. 9. Оп. 1. Д. 25. Л. 1).

Единственный сохранившийся в АРЭМ вариант диссертации И. М. Пульнера «Свадебные обряды у евреев» представляет собой недатированный машинописный и частично рукописный текст с авторской правкой и несколькими комментариями Е. Г. Кагарова, написанными карандашом на оборотных сторонах листов[18]. Именно этот вариант диссертации и служит основой для публикации в настоящем издании.

Несмотря на то что рукопись диссертации не датирована, по косвенным данным можно утверждать, что Пульнер работал над ней по крайней мере с 1939 года до конца 1940 года[19], одновременно заведуя еврейской секцией в ГМЭ[20]. Так, например, в «Плане работы Еврейской секции на 1940 год» намечена к марту

> …подготовка доклада на тему «Свадьба у евреев в царской России», [которая] должна подвести итоги проделанной работе при подготовке заведующим Еврейской Секцией диссертации на эту тему. Доклад… послужит как материал для тематической выставки «Еврейская женщина в царской России и в СССР»[21].

Вполне возможно, что необходимость сконцентрировать внимание лишь на одном из элементов еврейского жизненного цикла, а именно на свадебных обычаях и обрядах, возникла из-за сжатых сроков, отведенных на подготовку диссертации, пусть даже в черновом варианте, то есть с июня 1939 года, когда было

---

[18] *Пульнер И. М.* Диссертация «Свадебные обряды у евреев», б. д. (АРЭМ. Ф. 9. Оп. 2. Д. 9. Л. 1–306).

[19] Об этом свидетельствуют пометы, сделанные рукой Пульнера на страницах его полевых записей, фрагменты которых были включены в диссертацию. См., например, помету: «Использовано 6.12.1939 г.» (АРЭМ. Ф. 9. Оп. 1. Д. 23. Л. 44об).

[20] О создании еврейской секции в ГМЭ см. подробнее: *Иванов А. И.* Д. М. Позднеев — организатор еврейской секции в Государственном музее этнографии (по материалам петербургских архивов) // Право на имя: биографика 20 века. Пятнадцатые чтения памяти Вениамина Иофе. СПб., 2018. С. 73–81.

[21] План работы Еврейской секции ГМЭ на 1940 г., 21 января 1940 г. (АРЭМ. Ф. 2. Оп. 5. Д. 47. Л. 3).

подано ходатайство в Комитет по делам высшей школы о присвоении Пульнеру звания кандидата этнографии, до марта 1940 года, когда предполагалось «подвести итог проделанной работе».

Возможно, по этой же причине Пульнер сосредоточился исключительно на описаниях свадебных обрядов «западных евреев», то есть ашкеназов, которым он посвятил одноименный подробный историко-демографический очерк, принятый к печати в сборник «Народы СССР» Института антропологии и этнографии АН СССР. Сборник, к сожалению, так и не был издан[22]. В данном очерке было отмечено, что «западные евреи» составляют «многочисленную этническую группу», представители которой говорят на идише, а проживают главным образом в странах Европы и Америки. Они поселились в Западной Европе «после распадения Римской Империи»[23]. Далее было указано, что

> …главная масса западных евреев проживает в Польше (с XI в.). В конце XVIII в., после разделов Польши (с отделением от нее Белорусских земель, Подолии и др.), значительная масса польских евреев переходит в подданство России. <…> Сами себя западные евреи называют «Идн» (Yidn)… По данным переписи 1926 г., по всему СССР [их] численность [достигает] 2,6 млн[24].

По сути, в этом очерке были определены как главный объект изучения, так и географические рамки будущей диссертации.

В то же время Пульнер мог руководствоваться и другим соображением. Если по «западным евреям» им уже был собран в Белоруссии вполне репрезентативный полевой материал, а на лето

---

[22] Статья И. Пульнера «Западные евреи», тезисы статьи и замечания неизвестного автора к ней, б. д. (АРЭМ. Ф. 9. Оп. 2. Д. 8. Л. 1–35). Судя по списку «Печатные работы и рукописи» И. М. Пульнера, в котором эта статья указана под номером 5, она была написана между 1931 и 1932 годом (Там же. Д. 35. Л. 4).

[23] Там же. Д. 8. Л. 1.

[24] Там же. Л. 1–2. О «западных евреях» см. также: *Пульнер И. М.* Вопросы организации еврейских этнографических музеев и еврейских отделов при общих этнографических музеях // Советская этнография. 1931. № 3–4. С. 156.

1939 года была запланирована командировка на Украину, предусматривавшая «работы по полевым записям по разным вопросам этнографии евреев»[25], то по другим еврейским этническим группам, например по грузинским, горским и бухарским евреям, таких материалов было явно недостаточно[26] или они отсутствовали совсем[27].

Также с большой долей вероятности можно предположить, что интерес И. М. Пульнера именно к свадьбе как к группе обрядов жизненного цикла, включающей в себя многие формы нематериальной культуры — музыку, песни, элементы народной драмы, традиционную кухню и др., — возник под влиянием профессора ЛГУ Л. Я. Штернберга, у которого Пульнер учился в 1925–1929 годах[28].

Во введении к сборнику статей, написанных студентами-этнографами географического факультета ЛГУ, Штернберг пишет, что для своего сборника они «остановили свой выбор на материалах свадьбы как на институте особенно поучительном в научном и учебном отношении», и поясняет далее:

---

[25] Отчет И. М. Пульнера о командировке к украинским евреям в Бершадь, Бердичев, Одессу, Киев, 25 марта 1940 г. (АРЭМ. Ф. 9. Оп. 1. Д. 25. Л. 6).

[26] В полевых материалах И. М. Пульнера, отложившихся в АРЭМ, имеются лишь одно интервью и одно описание свадебных обрядов грузинских евреев; см.: Ответы на вопросы программы Ан-ского «Еврейская этнографическая программа» под редакцией Л. Я. Штернберга, собранные студентом ЛГУ И. М. Пульнером в г. Кутаиси Грузинской ССР во время этнографической практики. 19 августа — 29 августа 1926 г. (АРЭМ. Ф. 9. Оп. 1. Д. 10. Л. 5–12); Отчет студента ЛГУ И. М. Пульнера об этнографической практике в г. Кутаиси Грузинской ССР (август-сентябрь 1926 г.). 10 декабря 1926 г. (Там же. Д. 12. Л. 7об — 8).

[27] Судя по фондам АРЭМ, И. М. Пульнер занимался изучением этнографии горских и бухарских евреев, составлял библиографии и делал выписки для будущих работ, однако собственных полевых материалов по данной тематике у него не было. См., например, недатированные рукописи статей «Изучение среднеазиатских евреев после революции» (Ф. 9. Оп. 2. Д. 4. Л. 1–21), «Среднеазиатские евреи» (Там же. Д. 5. Л. 1–54) и «Заметки и рабочие материалы по горским евреям» (Там же. Д. 6. Л. 1–31).

[28] О жизни и деятельности Л. Я. Штернберга см.: *Kan S.* Lev Shternberg: Anthropologist, Russian Socialist, Jewish Activist. Lincoln, 2009.

> Свадебные церемонии сами по себе являются подлинной драмой, в которой роль каждого участника до мельчайших подробностей регламентирована исконными, веками установленными обычаями. Во всем этом сложном комплексе, заключающем множество обрядов — социальных, правовых, экономических, религиозных, магических и т. д., соединены в одном едином ритуале черты множества наслоений, идущих от самой глубокой древности и сложившихся под самыми различными историко-культурными влияниями[29].

Следование такой установке в изучении происхождения некоторых еврейских свадебных обрядов в частности и института брака в целом отчетливо проявилось в неопубликованной статье Пульнера «Элементы (пережитки) избранничества в свадебной обрядности у евреев в России (конец XVIII — начало XX века)»[30], в которой приведены цитаты из опубликованных в 1936 году «Лекций по эволюции религиозных верований, читанных в 1925/26 и 1926/27 учебных годах» Л. Я. Штернбергом в ЛГУ[31]. Поскольку Пульнер, согласно свидетельству, выданному студенческим отделом ЛГУ, успешно сдал экзамен по данному курсу лекций Штернберга, обращение к его теоретическим разработкам выглядит вполне закономерно[32].

Как видно из документов, отложившихся в личном деле И. М. Пульнера, диссертация, по крайней мере в черновом вари-

---

[29] *Штернберг Л. Я.* Новые материалы по свадьбе // Материалы по свадьбе и семейно-родовому строю народов СССР. Л., 1926. Вып. 1. С. 6–7.

[30] *Пульнер И. М.* Элементы (пережитки) избранничества в свадебной обрядности у евреев в России (конец XVIII — начало XX века), б. д. (АРЭМ. Ф. 2. Оп. 5. Д. 51. Л. 1–3). Поскольку данная статья не указана в списке «Печатные работы и рукописи» И. М. Пульнера от 5 июля 1939 года (Там же. Ф. 9. Оп. 2. Д. 35. Л. 4–5), с большой долей вероятности ее можно датировать 1940 годом, то есть временем, когда готовилась диссертация.
[Справка Высшей аттестационной комиссии Наркомпроса РСФСР от 26 августа 1941 г.] (АРЭМ. Ф. 2. Оп. 3. Д. 188. Л. 7).

[31] *Штернберг Л. Я.* Первобытная религия в свете этнографии. Исследования, статьи и лекции. Л., 1936. С. 367, 383.

[32] [Свидетельство об окончании этнографического отделения географического факультета ЛГУ по специальности этнограф-кавказовед от 19 июля 1936 г.] (АРЭМ. Ф. 2. Оп. 3. Д. 188. Л. 11).

анте, была закончена к началу 1941 года, но только в августе этого года, уже после нападения фашистской Германии на Советский Союз, Высшая аттестационная комиссия уведомила его о том, что ему позволено «защищать диссертацию на ученую степень кандидата наук без сдачи кандидатских испытаний»[33]. Однако в условиях окружения Ленинграда наступающими немецкими и финскими войсками перед сотрудниками ГМЭ были поставлены неотложные задачи по свертыванию экспозиций, подготовке наиболее ценных экспонатов к эвакуации в Горький и Новосибирск или о перемещении целых коллекций в более надежные хранилища Ленинграда[34], а также о несении службы по охране здания музея «в качестве членов унитарной команды» и участии в оборонных работах[35]. Пульнер принимал активное участие в этой деятельности, поэтому защита диссертации была отложена до окончания войны[36].

---

[33] [Справка Высшей аттестационной комиссии Наркомпроса РСФСР от 26 августа 1941 г.] (АРЭМ. Ф. 2. Оп. 3. Д. 188. Л. 7).

[34] См. об этом: Переписка с Наркомпросом о работе музея, июль — декабрь 1941 г. (АРЭМ. Ф. 2. Оп. 1. Д. 826. Л. 4, 6, 7, 9–10); Переписка с Наркомпросом и Горсоветом об эвакуации и реэвакуации экспонатов музея, опись коллекций, 1941–1945 гг. (Там же. Д. 825. Л. 1–5, 8).

[35] О «несении службы по защите музея его сотрудниками» см.: Письмо наркому просвещения РСФСР тов. Потемкину от 21 ноября 1941 г. (АРЭМ. Ф. 2. Оп. 1. Д. 826. Л. 12об); Доклад директора музея А. Ф. Быховской «Государственный Музей Этнографии в дни Отечественной войны», 16 сентября 1943 г. (Там же. Д. 863. Л. 2, 4); а также воспоминания: *Крюкова Т. А., Студенецкая Е. Н.* Государственный музей этнографии народов СССР за 50 лет советской власти // Очерки истории музейного дела в СССР. М., 1971. Вып. 7. С. 57. Следует пояснить, что во время блокады Ленинграда унитарные команды объединяли все службы Местной противовоздушной обороны (МПВО), организованные при городских учреждениях и предприятиях. Такие унитарные команды имели отделения: противовоздушное, противохимическое, противопожарное, медико-санитарное, общественного порядка, саперно-восстановительное и связи. См. подробнее: *Медведев М. Н.* По законам мужества. Л., 1987. С. 135.

[36] О деятельности И. М. Пульнера в ГМЭ в 1941–1942 годах см.: Справка о списочном составе работников Государственного Музея Этнографии на 1 июля 1941 г. (АРЭМ. Ф. 2. Оп. 1. Д. 828. Л. 7). По свидетельству зав. отделом народов Поволжья ГМЭ Т. А. Крюковой, Пульнер был членом противопожарного

Исай Пульнер умер в блокадном Ленинграде 11 января 1942 года[37], так и не успев защитить и опубликовать свою диссертацию.

* * *

Как видно из упомянутых выше документов, значительные по объему материалы, связанные с работой И. М. Пульнера над диссертацией «Свадебные обряды у евреев», отложились преимущественно в двух фондах АРЭМ: ф. 9 — Архив И. М. Пульнера (оп. 1–3) и ф. 2 — Российский этнографический музей (оп. 5, раздел 1 — Материалы еврейской секции Музея этнографии народов СССР).

В ф. 9 сосредоточены дела (д. 10–29), включающие тематические подборки выписок для диссертации из опубликованных работ и полевых материалов, которые выделены в отдельный раздел оп. 2, озаглавленный «Рабочие материалы И. М. Пульнера по еврейской свадьбе». Выписки систематизированы по рубрикам, полностью или частично совпадающим с главами диссертации, например: «Сватовство»; «Помолвка»; «Пир для нищих»; «Оформление кетубы»; «Венчание (хупа)», в диссертации — «День хупы (бракосочетание)»; «Свадебный поезд», в диссертации — «Поезд жениха к хупе, поезд невесты к хупе»; «Танцы во время свадьбы», в диссертации — «Танцы и развлечения»; «Первая брачная ночь»; «Первая неделя после свадьбы» и др.

Каждая напечатанная на машинке или рукописная выписка помещена на отдельном листке, а нередко и на нескольких листках. В некоторых случаях на одном листке помещены две и даже

отделения унитарной команды ГМЭ (*Vinkovetzky A.* Dos lebn un di arbet fun an etnograf // Sovetish Heymland. № 12. 1975. Z. 162). См. также статью: *Урицкая Л. Б., Якерсон С. М.* Еврейские сокровища Петербурга: ашкеназские коллекции Российского этнографического музея. СПб., 2009. С. 150.

[37] Запись о дате смерти Пульнера имеется в следующих документах АРЭМ: Лицевые счета рабочих и служащих [ГМЭ] на зарплату, 1942 г. (АРЭМ. Ф. 2. Оп. 4. Д. 52. Л. 71); Приказ № 4 по Государственному Музею Этнографии от 23 января 1942 г. (Там же. Д. 58. Л. 5).

три выписки аналогичного содержания, дополняющие друг друга[38].

Выписку предваряют тематический заголовок и подзаголовок, обозначающие тот или иной свадебный обычай (обряд), практиковавшую его еврейскую субэтническую группу, территорию ее проживания, а также исторический период, к которому приведенный в выписке обычай относился — от талмудической эпохи до начала XX века. Например: «Брачный возраст. Литовские и белорусские евреи. Вторая пол. XIX в.»; «Ранние браки. Германские евреи. Средние века»; «Сваты и свахи. Польские и литовские евреи. XVI век»; «Ихес (знатность рода). Белоруссия. Евреи. Конец XIX — нач. XX вв.»; «Посажение невесты. Евреи. Украина. Конец XIX — начало XX вв.»; «Венец жениха и невесты. Евреи. Талмудический период», «Невеста — гадание. Чехословакия. Карпатская Русь (Росвигово). Евреи. Начало XX века», «Свадебный пир. Белоруссия (Минск). Евреи. Первая половина XIX в.» и др.[39] В целом сведения по этнографии еврейской свадьбы в данном разделе описи относятся к обширной территории Центральной и Восточной Европы, включая Германию, Румынию и Грецию[40].

Кроме того, в подготовительных материалах имеется заметка И. Я. Черного «Свадебный обряд у тифлисских субботников, именующихся новоиудействующими», опубликованная в газете «Кавказ» за 1875 год (№ 25. С. 3)[41]. Однако по вышеуказанным

---

[38] Рабочие материалы И. М. Пульнера по еврейской свадьбе, б. д. (АРЭМ. Ф. 9. Оп. 2. Д. 18. Л. 27; Д. 19. Л. 9; Д. 20. Л. 22).

[39] Там же. Д. 10. Л. 1–3, 17; Д. 11. Л. 1; Д. 14. Л. 16, 20; Д. 15. Л. 3, 5, 7; Д. 20. Л. 18, 37; Д. 21. Л. 38–39.

[40] См., например: Запрещение ряжения. Греция. Евреи. 1727–1806 гг. (АРЭМ. Ф. 9. Оп. 2. Д. 27. Л. 46).

[41] Венчание (хупша): осыпание жениха и невесты зёрнами и деньгами; на «главной квартире» жениха и на «главной квартире» невесты перед венчанием; обряд венчания; время и место устройства венчания; обычай наступать на ноги во время венчания; разбивание посуды; венчание серебром; венок жениха; посыпание головы жениха пеплом; вторичное венчание; венчание вдовцов; свадебный обряд у тифлисских субботников, именующихся новоиудействующими; венчальные сборы; воздержание жениха и невесты от еды; свидетели; пословицы, поговорки и легенды, связанные с венчанием, б. д. (АРЭМ. Ф. 9. Оп. 2. Д. 21. Л. 71).

причинам Пульнер решил не включать эти сведения в диссертацию.

В конце каждой выписки приведен ее источник: в случае печатных работ — в виде не всегда полной библиографической ссылки; в случае полевых записей, как правило, указаны фамилия информанта, место его проживания и год записи интервью. Печатные источники охватывают широкий спектр материалов по теме диссертации, от библейских, талмудических и раввинистических текстов до исторических и этнографических работ, сборников пословиц и песенного фольклора, травелогов, мемуаров и энциклопедий[42].

Обращает на себя внимание отсутствие в рабочих материалах цитат из классиков марксизма-ленинизма; впрочем, и в диссертации приведена только одна цитата из работы Ф. Энгельса «Происхождение семьи, частной собственности и государства», которая носит скорее ритуальный характер[43]. Не будет преувеличением отметить, что Пульнер выступает в своей диссертации скорее собирателем и в определенном смысле хранителем традиционной культуры ашкеназов, не прибегая, за некоторыми исключениями, к социальной критике, например, клерикальной составляющей института брака и свадебной обрядности с позиций марксизма-ленинизма. По сути, Пульнер следует правилу, сформулированному еще в студенческие годы в его полевом дневнике во время первой экспедиции в Белоруссию в 1924 году, согласно которому он старается «быть фотографом в своей работе»[44].

Рабочие материалы И. М. Пульнера по еврейской свадьбе демонстрируют не только его обширные знания по теме диссертации, но и «умение и привычку систематически заниматься» этнографическими исследованиями, о чем писал Кагаров в процитированной выше записке. Принятая Пульнером систематизация

---

[42] См. об этом подробнее комментарии к диссертации И. М. Пульнера в настоящем издании.

[43] Настоящее издание. С. 45.

[44] Путевой (экспедиционный) дневник [И. М.] Пульнера за время экспедиции в Белоруссию, лето 1924 г. (АРЭМ. Ф. 2. Оп. 5. Д. 1. Л. 41).

подготовительных выписок опирается на структуру упомянутой ранее «Еврейской этнографической программы: Человек», порой буквально повторяя приведенные в ней формулировки. Данное обстоятельство также наглядно свидетельствует о том, что И. М. Пульнер выступает как преемник С. А. Ан-ского в изучении этнографии евреев и, в более широком смысле, в сохранении еврейского культурного наследия.

* * *

Среди отложившихся в АРЭМ материалов И. М. Пульнера можно условно выделить еще один комплекс документов, также имеющих непосредственное отношение к его диссертации. Это экспедиционные материалы — полевые дневники, записи интервью, проведенных с опорой на «Еврейскую этнографическую программу» С. А. Ан-ского, и отчеты о поездках и командировках с целью «этнографического изучения евреев СССР»[45].

В данном комплексе материалов невозможно не заметить существенные лакуны, образовавшиеся из-за утраты ряда документов, о которых тем не менее имеются отдельные упоминания в отчетах еврейской секции ГМЭ или в личной и ведомственной переписке ее заведующего. Представляется, что эти документы, в том числе связанные с подготовкой диссертации, находились в квартире И. М. Пульнера (ул. Жуковского, д. 57, кв. 10а) и после его смерти в 1942 году перешли к его брату Б. М. Пульнеру, также занимавшемуся изучением еврейской этнографии[46]. В пользу этого предположения свидетельствует черновик письма от 14 августа 1946 года фольклориста М. Я. Береговского[47] Б. М. Пульне-

---

[45] См., например: Отчет И. М. Пульнера о командировке к украинским евреям в гг. Бердичев, Бершадь, Одессу, Киев Украинской ССР с 27 июля по 10 сентября 1939 г. от 25 марта 1940 г. (АРЭМ. Ф. 9. Оп. 1. Д. 25. Л. 1).

[46] См. о нем: [Личное дело студента Боруха Менделевича Пульнера, 1926–1928 гг.] (Центральный государственный архив Санкт-Петербурга. Ф. Р-7240. Оп. 6. Д. 1797. Л. 1–12).

[47] См. о нем: *Береговская Э.* Еще раз о судьбе М. Я. Береговского // М. Береговский. Еврейские народные музыкально-театральные представления. Киев: Дух i Лiтера, 2001. С. 12–27.

ру о приобретении библиотеки и архива его брата за 5000 рублей для Кабинета еврейского языка, литературы и фольклора при АН УССР в Киеве[48]. Известно, что ранее Береговский был лично знаком с И. М. Пульнером и состоял с ним в переписке[49].

Несмотря на то что местонахождение этой части личного архива И. М. Пульнера не установлено, внимательное изучение материалов этнографа, отложившихся в АРЭМ, например полевых дневников, позволяет понять и отчасти реконструировать историко-политический контекст, в рамках которого происходили постепенное накопление и последующая обработка эмпирических сведений по еврейской этнографии, использованных в диссертации.

Летом 1924 года, еще во время обучения в Ленинградском институте еврейской истории и литературы, И. М. Пульнер совершил экспедиционную поездку в Белоруссию, надолго задержавшись в городе Лепеле, где он, говоря современным языком, занимался «включенным наблюдением» за жизнью местных евреев. Результаты наблюдений он ежедневно фиксировал в своем полевом дневнике, уделяя особое внимание тому, как становление советской власти в городе влияет на самосознание лепельских евреев. Пульнер подробно пишет о работе евреев на постройке новой синагоги в субботу, замечая попутно: «...то, что раньше считалось черт знает каким грехом, теперь как будто допускается»[50], или о «сне гражданки Глозман», в котором призрак расстрелянного контрабандиста просит ее украсть из отделения милиции тела его и его друзей и похоронить их на еврейском кладбище, что в результате и было сделано. В заключение Пульнер резюмирует: «...наряду с атеизмом есть и глубокая вера. Это, по-моему, для этнографа

---

[48] Институт рукописей Национальной библиотеки Украины им. В. И. Вернадского. Ф. 190. № 316. Л. 3. Благодарю киевского историка Е. И. Меламеда, приславшего мне копию письма М. Я. Береговского Б. М. Пульнеру.

[49] См., например, письмо И. М. Пульнера М. Я. Береговскому от 19 сентября 1938 года с просьбой выслать «оригинальный текст бадхонес» (АРЭМ. Ф. 2. Оп. 5. Д. 37. Л. 149).

[50] Путевой (экспедиционный) дневник [И. М.] Пульнера за время экспедиции в Белоруссию, лето 1924 г. (АРЭМ. Ф. 2. Оп. 5. Д. 1. Л. 28).

должно иметь значение»[51]. Но наиболее рельефно такого рода изменения проявились в отношении евреев Лепеля к традиционным свадебным обычаям и институту брака в целом. Довольно подробно описаны в дневнике случаи смешенных браков — даже Эмма Донадх, «дочка улльского раввина, вышла замуж за русского»[52]. Как отмечает Пульнер по поводу Ханы Рабинер, также создавшей семью с русским мужем, если раньше подобные браки заключались «тайком от родителей, города[53], [при] единодушном проклятии всех благочестивых евреев», то теперь «никто из обывателей г. Лепеля, по-видимому, не гнушается [этой] молодой женщиной, так как она посещает всех и отношения ее со всеми остались теми же, что были раньше. Как будто ничего особенного не произошло с нею»[54]. Читая записи полевого дневника 1924 года студента и начинающего этнографа Пульнера, нельзя не заметить, что, с одной стороны, он с энтузиазмом принимает преобразования новой власти, направленные на советизацию лепельских евреев, и весьма иронично, хотя не без симпатии, описывает представителей старой городской еврейской общины — раввина, меламеда, местных хасидов. С другой стороны, он видит свою главную задачу в описании обычаев и обрядов традиционной еврейской жизни, в том числе свадебных, утверждая, что «то здание, которое строилось сотни лет в еврействе, — здание ограничений и преград, — начинает получать сильные удары»[55].

Озабоченность судьбой еврейского культурного наследия, быстро исчезающего под «сильными ударами» социалистических преобразований на «еврейской улице», характерна и для других документов, отложившихся в Ф. 9 АРЭМ. Через 16 лет после своей первой этнографической экспедиции уже опытный этнограф и руководитель еврейской секции ГМЭ И. М. Пульнер констатирует:

---

[51] Там же. Л. 34об.
[52] Там же. Л. 30об.
[53] Традиционный синоним «еврейской общины».
[54] АРЭМ. Ф. 2. Оп. 5. Д. 1. Л. 24об.
[55] Там же. Л. 25об.

> В связи с отмиранием старого быта многие ценнейшие этнографические и исторические памятники еврейской культуры погибли для истории и науки, остатки их гибнут и исчезают с невероятной быстротой. <...> В соответствии с этим я указывал... особо ответственные и срочные задачи, именно: форсировать работы по организации систематического и всестороннего изучения этнографии евреев[56].

Планируя в начале лета 1941 года масштабные этнографические исследования, в том числе экспедиционную поездку в недавно аннексированные Советским Союзом Львовскую, Тернопольскую и Ровенскую области[57], Пульнер не предполагал, что через несколько дней разразится война, во время которой будут уничтожены не только памятники еврейской культуры, уцелевшие в процессе большевистских преобразований, но и миллионы ее носителей. Без всякого преувеличения диссертация И. М. Пульнера воспринимается сегодня не только как важный источник сведений о традиционной еврейской свадьбе, но и как символическое место памяти жертв Катастрофы восточноевропейского еврейства.

* * *

Отложившиеся в АРЭМ экспедиционные материалы Пульнера содержат сведения о его информантах — членах семьи Талалай из Завережья, Гинзбурге из Пропойска, М. Доновиче из Дубровно, М. Шпильберге из Бердичева, Н. Богомольном из Бершади и И. О. Ярошевиче из Одессы. Также имеются подробные росписи отдельных интервью, фрагменты которых впоследствии были включены в диссертацию, обозначенные в ней как

---

[56] Отчет И. М. Пульнера о командировке к украинским евреям в гг. Бердичев, Бершадь, Одессу, Киев Украинской ССР с 27 июля по 10 сентября 1939 г. от 25 марта 1940 г. (АРЭМ. Ф. 9. Оп. 1. Д. 25. Л. 1).

[57] План научной командировки сотрудников секции евреев СССР музея в Западные области Украины летом 1941 г., 4 июня 1941 г. (Там же. Ф. 2. Оп. 5. Д. 49. Л. 2).

«НПЗ», то есть «наши полевые записи». Хотя оригинальные полевые записи Пульнера, за редкими исключениями, хаотичны, сделаны в спешке и подчас в них не указаны фамилии, имена или инициалы интервьюируемых, сравнения отдельных частей интервью с систематизированными выписками из «Рабочих материалов по еврейской свадьбе» и другими документами из АРЭМ позволяют не только идентифицировать информантов, но и установить, во время какой из экспедиций те или иные сведения были записаны.

Летом 1927 года Пульнер был командирован от ЛГУ в деревню Заверéжье Могилевского района БССР «для изучения еврейского крестьянского быта»[58]. Полевой дневник этой экспедиционной поездки включает подробные описания повседневной жизни жителей Заверéжья, интервью с которыми Пульнер записал и впоследствии использовал в диссертации[59]. Наибольшее внимание в дневнике уделено семье ремесленника, занимавшегося изготовлением кирпичей, Бера Талалая — его жене Гите (Гисе) и сыновьям Моше-Лейбу, Лейзеру, Авелю, а также их многочисленным родственникам, которые стали основными информантами Пульнера[60].

Доверительные отношения, сложившиеся с ними, а также ценные этнографические сведения, которые сообщили члены семьи Талалай[61], несомненно, способствовали включению Заверéжья, наряду с Пропойском, в маршрут этнографической

---

[58] [Curriculum Vitae И. М. Пульнера, 1939 г.] (АРЭМ. Ф. 9. Оп. 2. Д. 35. Л. 3).

[59] Дневник экспедиции И. М. Пульнера в Белоруссию, июнь 1927 г. (АРЭМ. Ф. 2. Оп. 5. Д. 3. Л. 1–118).

[60] Там же. Л. 9–10, 19–21, 25–33, 83, 114–118.

[61] См., например, полевые записи интервью с членами семьи Талалай в деле: Заговоры и заклинания, записанные Пульнером И. во время экспедиции в Белоруссию, 1927 г. (АРЭМ. Ф. 2. Оп. 5. Д. 4. Л. 3–6, 18, 19, 38, 39, 40, 43, 59, 67); Народные приметы и поверья, записанные Пульнером И. во время экспедиции в Белоруссию в 1927 г. (Там же. Д. 5. Л. 100, 140, 167, 173, 180об — 181, 184об, 194–195); Заметки по народному календарю белорусов и белорусских евреев, сделанные И. М. Пульнером в Новобеличах и Заверéжье Белорусской ССР, 1927 г. (Там же. Ф. 9. Оп. 1. Д. 13. Л. 4, 8, 9–14, 16–19).

поездки Пульнера в 1931 году, организованной белорусским сектором Института по изучению народов СССР (ИПИН) АН СССР и Этнографическим отделом ГРМ в Ленинграде. Эту экспедиционную поездку можно считать единственным результатом безуспешной попытки Пульнера создать в феврале 1931 года еврейскую рабочую группу при ИПИНе[62]. Несмотря на детальный план работы и попытки привлечь к сотрудничеству известных специалистов, таких как востоковеды И. Г. Франк-Каменецкий и А. Я. Борисов, этнограф И. Н. Винников, историк Ю. И. Гессен, статистик В. И. Биншток, — группа не просуществовала и двух месяцев, предположительно — из-за отсутствия финансирования. Впрочем, и поездка Пульнера летом 1931 года была, по его словам, «фактически сорвана по вине неприсылки денег»[63], однако ему удалось собрать в Заверéжье и Пропойске значительный по объему этнографический материал, который пригодился для будущей диссертации[64]. Главным знатоком еврейской свадебной обрядности в Заверéжье выступила Гита Талалай; подробные выписки из ее интервью многократно представлены как в самой диссертации (см.: Талалай Г. Наши полевые записи), так и в рабочих материалах к ней (см.: Талалай. Заверéжье, 1931 г.).

Во время экспедиционной поездки 1931 года Пульнер записал еще ряд интервью с неким Гинзбургом в Пропойске. Выписки из этих интервью часто встречаются в рабочих материалах к диссертации (см.: Гинзбург, Пропойск, 1931 г.). Также

---

[62] См. об этом, например: Протокол заседания белорусского сектора и еврейской рабочей группы ИПИН от 8 февраля 1931 г. (Санкт-Петербургский филиал Архива Российской академии наук (ПФА РАН). Ф. 135. Оп. 1. Д. 244. Л. 13–14).

[63] Протокол продолж[ения] заседания сотрудников белор[усского] сектора, ездивших в экспед[ицию] в БССР, 8 сентября 1931 г. (ПФА РАН. Ф. 135. Оп. 1. Д. 244. Л. 19об).

[64] Ответы на вопросы программы Ан-ского «Еврейская этнографическая программа» под. ред. Л. Я. Штернберга и др. материалы по этнографии белорусских евреев, собранные И. М. Пульнером во время экспедиции в Белорусскую ССР, 1931 г. (АРЭМ. Ф. 9. Оп. 1. Д. 23. Л. 1–45).

в одном из дел АРЭМ среди несистематизированных документов данной экспедиции имеется полевая запись Пульнером ответов на вопросы «Еврейской этнографической программы» Ан-ского о свадебных обрядах без упоминания имени интервьюируемого[65]. Сравнение данной записи с вышеупомянутыми рабочим материалами к диссертации позволяет утверждать, что в этом случае именно Гинзбург был информантом Пульнера[66].

Ранее, в июне-июле 1930 года, Пульнер возглавил еврейско-белорусскую этнографическую экспедицию московского Государственного центрального музея народоведения (ГЦНМ)[67]. Хорошо систематизированные и оформленные согласно требованиям ГЦНМ материалы данной экспедиции, имеющиеся в АРЭМ[68], включают среди прочего подробный отчет о полевой работе, в котором указано, что

> ...к участию в экспедиции намечались Пульнер И. (этнограф) руководитель экспедиции, Резникова (этнограф) и Юдовин С. — художник — члены экспедиции. Художник Юдовин, однако, по болезни принять участие в экспедиции не смог и его заменил, на некоторое время, художник Паин Я. Маршрут экспедиции: Минск, Дубровно, Витебск, Ляды и Любавичи;

---

[65] Там же. Л. 15–24.

[66] Ср., например: АРЭМ. Ф. 9. Оп. 1. Д. 23. Л. 15–17 и «Сватовство и сваты: сватовство малолетних; сватовство до рождения; о юношах, сосватавших себя до достижения 18-летнего возраста без ведома родителей; отводы при сватовстве; время сватовства; пословицы и поговорки при сватовстве; сваты; испытание жениха; оплата труда сватов; предложение со всеми достоинствами; пословицы и поговорки о свате, б. д.» (Там же. Ф. 9. Оп. 2. Д. 17. Л. 6–8).

[67] См. о ГЦНМ: *Турьинская Х. М.* Из истории этнографического музейного дела в Москве в XIX — начале XXI вв. // Вопросы музеологии. 2012. № 1 (5). С. 45–47.

[68] Материалы (полевые записи, записи этнографического характера, по истории отдельных мест и т. д.) экспедиции в Белоруссию (Дубровно — Ляды — Любавичи), Пульнер И., 1930 г. (АРЭМ. Ф. 2. Оп. 5. Д. 12. Л. 1–152). См. также коллекцию экспедиционных фотографий: Фотоотдел Музея антропологии и этнографии им. Петра Великого (МАЭ). Коллекция № И-1820.

далее отмечено, что «в Дубровно были сделаны многие записи», в том числе «по обрядам, связанным… со свадьбой»[69]. Помимо отчета экспедиционные материалы содержат две подборки записок, завернутых в газетные листы, с надписями синим карандашом, сделанными рукой Пульнера: «Свадьба»[70] и «Фольклор». Первая подборка состоит из записей интервью на печатных бланках ГЦНМ, имеющих «шапку», полностью или частично заполненную от руки Пульнером, например: «Тема: Свадьба. Экспедиция: Евр[ейско]-Белор[усская]. Народ: Евреи Фам[илия]. Собир[ателя]: Пульнер И. Место записи: Дубровно. Дата. 1930 г. Записано от: М. Доновича»[71]. Затем в ряде случаев следует заголовок «Ответы по программе Ан-ского "Der Mentsch", ред. Л. Я. Штеренберг» и собственно сам текст интервью на русском и идише, охватывающий такие темы, как сватовство, обряды, предшествующие заключению браку, само бракосочетание под хупой и др. с описанием отдельных этнографических деталей, характерных для данного региона. Судя по этим полевым записям, главным информантом Пульнера по еврейским свадебной обрядности во время экспедиции 1930 года выступал М. Донович (см. также в рабочих материалах к диссертации — Донович. Дубровно, 1930 г.).

Последняя экспедиционная поездка Пульнера, во время которой он собирал материалы по еврейской свадьбе, состоялась в 1939 году и включала посещение Бердичева, Бершади, Одессы и Киева. В «Отчете о командировке заведующего Еврейской секцией Государственного Музея Этнографии И. М. Пульнера на Украину (с 27/XII — 10/IX 1939 г.)» отмечено следующее:

> Во время командировки мною также велись работы по полевым записям по разным вопросам этнографии евреев и работы по организации сети корреспондентов. Сделанные

---

[69] АРЭМ. Ф. 2. Оп. 5. Д. 12. Л. 61, 62 об.
[70] Там же. Л. 19–35 об.
[71] Там же. Л. 23.

мною полевые записи составляют 46 страниц на пишущей машинке и среди других вопросов содержат материалы по еврейскому жилищу и свадьбе[72].

Хотя эти полевые записи не сохранились по причинам, указанным выше, как в самой диссертации, так и в рабочих материалах к ней имеются многочисленные выписки из интервью с информантами В. Шпильбергом из Бердичева и Н. Богомольным из Бершади, датированные 1939 годом.

В этом же отчете Пульнер пишет о том, что ему также удалось «привлечь в качестве постоянных корреспондентов ГМЭ З. М. Окуня[73] — старшего научного сотрудника Музея еврейской культуры в Одессе и О. И. Ярошевича»[74]. Первая попытка создания сети корреспондентов на местах, состоящей из добровольных помощников, которые взяли бы на себя заботу об изучении и сохранении еврейского культурного наследия, была предпринята Пульнером еще в 1931 году во время кратковременного существования еврейской рабочей группы при ИПИНе АН СССР. Тогда на рассмотрение Президиума ИПИНа был представлен разработанный Пульнером и А. М. Брамсоном, бывшим директором Музея Еврейского историко-этнографического общества (ЕИЭО), проект из 12 пунктов, подробно регламентировавший работу такой сети, во многом построенной по аналогии с сетью «замлеров» (собиратели, *идиш*), действовавших по поручению ЕИЭО[75]. Впоследствии Пульнер пытался организовать «сеть корреспондентов — друзей еврейской этнографии» и при подведомственной ему еврейской

---

[72] Отчет И. М. Пульнера о командировке к украинским евреям в гг. Бердичев, Бершадь, Одессу, Киев Украинской ССР с 27 июля по 10 сентября 1939 г. от 25 марта 1940 г. (АРЭМ. Ф. 9. Оп. 1. Д. 25. Л. 1).

[73] О сотрудничестве И. М. Пульнера с З. М. Окунем см., например: Переписка И. М. Пульнера с сотрудниками Музея евреев Грузии в г. Тбилиси, Музея еврейской культуры в Одессе и с частными лицами о создании экспозиций, сборе материалов, обмене коллекциями и т. п., 22 сентября 1935 г. — 6 сентября 1939 г. (АРЭМ. Ф. 9. Оп. 3. Д. 1. Л. 67).

[74] Отчет И. М. Пульнера о командировке к украинским евреям в гг. Бердичев, Бершадь, Одессу, Киев Украинской ССР. Л. 6.

[75] Протокол № 5 заседания Президиума Еврейской группы ИПИНа при Академии Наук от 18 марта 1931 года (ПФА РАН. Ф. 135. Оп. 1. Д. 244. Л. 177).

секции ГМЭ, о чем писал в докладной записке, направленной директору музея Е. А. Мильштейну в апреле 1939 года[76].

Судя по документам, отложившимся в АРЭМ, самым активным корреспондентом-*замлером*, незамедлительно включившимся в работу по собиранию этнографических сведений об украинских евреях, оказался О. И. Ярошевич. Пульнер пишет все в том же отчете:

> Тов. Ярошевич ведет для Музея большую работу по записи обрядов и обычаев, связанных с жизненным циклом у евреев (рождение, свадьба и смерть), а также по еврейскому народному календарю. Со времени привлечения т. Ярошевича в качестве корреспондента ГМЭ он уже успел записать и прислать в адрес Еврейской секции 4 объемистых общих тетради с материалами по названным вопросам. С привлеченными корреспондентами я веду не только переписку, но и постоянный методический инструктаж. О результатах инструктажа можно судить по письмам, получаемым от названных корреспондентов. Так, в своем письме от 27/II-1940 г. тов. О. И. Ярошевич пишет: «Ваше письмо дало мне много ценных правил для ведения записей. Так, что я Вам очень благодарен за письмо, больше чем за все прочее (присланные программы)»[77].

Четыре объемистых тетради, о которых идет речь в отчете, также не удалось обнаружить в АРЭМ, однако многочисленные выписки из них как в рабочих материалах к диссертации, так и в ее тексте[78] показывают, что Пульнер в полной мере восполь-

---

[76] Докладная записка И. М. Пульнера директору ГМЭ о необходимости систематического изучения культуры и быта евреев, 1938–1939 гг. (АРЭМ. Ф. 9. Оп. 3. Д. 3. Л. 5).

[77] Отчет И. М. Пульнера о командировке к украинским евреям в гг. Бердичев, Бершадь, Одессу, Киев Украинской ССР (АРЭМ. Ф. 9. Оп. 1. Д. 25. Л. 6–7).

[78] В «Рабочих материалах И. М. Пульнера по еврейской свадьбе» фамилия его одесского корреспондента ошибочно указана как Ярошевский, также отмечены: год записи — 1939 г., или номера страниц из вышеупомянутых тетрадей. См., например: АРЭМ. Ф. 9. Оп. 2. Д. 13. Л. 1–2; Д. 17. Л. 12; Д. 19. Л. 8, 10, 14, 26, 27, 55; Д. 20. Л. 18, 38; Д. 21. Л. 55, 84, 63; Д. 24. Л. 4, 8–9, 14–17; Д. 26. Л. 8, 14, 17–18; и др. В тексте диссертации эта ошибка исправлена.

зовался этнографическими сведениями, собранными О. И. Ярошевичем. В то же время в АРЭМ отложились четыре его письма на идише, отправленные Пульнеру из Одессы в 1940–1941 годах[79]. В этих письмах говорится в основном о посылке в ГМЭ записей с ответами на вопросы «Еврейской этнографической программы» Ан-ского, из чего можно сделать вывод о том, что кроме четырех тетрадей, упомянутых в апрельском отчете 1940 года, Пульнер получил от Ярошевича в 1941 году и другие материалы «о жизненном цикле и о еврейском годе»[80]. Переписка Пульнера с Ярошевичем, а также с другими корреспондентами еврейской секции ГМЭ, например с Б. И. Топоровским, который послал описание свадебного наряда невесты и соответствующий фотоснимок 1878 года[81], дает основание утверждать, что по крайней мере к 1941 году сеть «друзей еврейской этнографии» функционировала вполне успешно. Благодаря ей Пульнер получил возможность дополнять свою диссертацию о еврейских свадебных обрядах новыми материалами, однако начало войны не дало ему воспользоваться этой возможностью.

* * *

В послевоенное время судьба научного архива И. М. Пульнера, включающего материалы по еврейской свадьбе, была непростой, однако это документальное собрание оказалось в итоге востребовано исследователями.

Во время блокады Ленинграда из-за воздушных бомбардировок и артиллерийских обстрелов существенно пострадало как само здание ГМЭ, так и его вещевые и документальные коллекции. Самая крупная фугасная бомба пробила купол авансала и взорвалась в центре подвального хранилища, уничтожив десятки тысяч

---

[79] См.: Письма разных лиц к И. Пульнеру, т. 1, 2 [29 октября 1937 г. — 25 февраля 1941 г.] (АРЭМ. Ф. 2. Оп. 5. Д. 31. Л. 15об; Д. 32. Л. 9об, 10об, 28–27об).

[80] Там же. Д. 32. Л. 10 с об, 27 с об.

[81] [Письмо Б. И. Топоровского Пульнеру от 4 февраля 1941 г.] (АРЭМ. Д. 31. Л. 18–19).

экспонатов, в том числе часть негативов фототеки и некоторые документы[82]. После окончания войны началось восстановление здания музея, которое продолжалось вплоть до 1953 года[83]. Одновременно сотрудники ГМЭ в спешном порядке приступили к инвентаризации коллекций музея и приведению в порядок фондов, поскольку из-за нарушения системы хранения экспонатов в разрушенном здании — невозможности обеспечить температурно-влажностный режим и вентиляцию — многие экспонаты утратили свое номерное обозначение[84]. Постепенно очередь дошла и до музейного архива. В «Отчете о работе ГМЭ народов СССР за 1953 г.», в частности, указано, что «для проведения частичной обработки архива был выделен научн[ый] сотрудник отдела Народов Средней Азии Кнорозов Ю. В. <...> Тов. Кнорозову удалось провести первичную обработку архива, т. е. разобрать архивные документы по тематике» и выделить в отдельный раздел «архив б[ывшей] еврейской секции», а для дальнейшей работы с рукописными документами «были приглашены специалисты из других научных учреждений Ленинграда»[85].

Одним из приглашенных был выпускник ЛГУ, молодой гебраист Л. Е. Вильскер[86], работавший в то время в ГПБ, который в том же 1953 году составил «Перечень этнографических материалов бывшей Еврейской секции» ГМЭ[87], собранных в разное время Пульнером. Несмотря на то что этот перечень был далеко не полным, он положил начало систематизации и описанию лично-

---

[82] *Крюкова Т. А., Студенецкая Е. Н.* Государственный музей этнографии народов СССР за 50 лет советской власти. С. 57–58.

[83] [Отчет ГМЭ этнографии народов СССР о работе за 1953 г.] (АРЭМ. Ф. 2. Оп. 1. Д. 1131. Л. 13).

[84] Там же. Л. 20–24.

[85] Там же. Л. 3.

[86] О его научной деятельности см.: *Якерсон С. М.* «Я остался в Ленинграде чтобы стать гебраистом». Немного о моем незабвенном наставнике Льве Ефимовиче Вильскере ז״ל и отечественной гебраистике его времени // Советская иудаика: история, проблематика, персоналии. Иерусалим; М., 2017. С. 274–285.

[87] Список этнографических материалов бывшей еврейской секции, январь 1953 г. (АРЭМ. Ф. 2. Оп. 5. Д. 50. Л. 1–6).

го архива Пульнера и документов еврейской секции с последующей постановкой этих фондов на учет в научном архиве ГМЭ народов СССР. Как отмечает в своей статье хранитель секции рукописей АРЭМ А. Н. Копанева, «в 1960–1970-е гг. рукописные материалы музея были систематизированы и описаны согласно существовавшим на тот момент архивным правилам»[88] и стали доступны для исследователей.

В апреле 1974 года с материалами Пульнера в НА ГМЭ народов СССР работал фольклорист А. Я. Виньковецкий[89]. На основе этих материалов Виньковецкий написал биографический очерк о Пульнере на идише, опубликованный в 1975 году в журнале «Советиш геймланд»[90]. В этом очерке приведено описание отдельных документов из архива Пульнера, хранящегося в то время в 95 папках[91]. Интересно отметить, что Виньковецкий, явно ощущая себя экспертом в области иудаики, посчитал необходимым дать оценки некоторым работам Пульнера. Так, например, в листе использованных документов, вложенном в дело с уже упоминавшейся ранее рукописью «Элементы (пережитки) избранничества в свадебной обрядности у евреев в России (конец XVIII — начало XX века)», он оставил следующий комментарий, не лишенный некоторых оснований: «Статья содержит целый ряд утверждений сомнительного характера, и автор приходит к необоснованным выводам»[92].

В этом же, сохранившемся с начала 1970-х годов, листе использованных документов зафиксировано лишь одно обращение к данной статье три года спустя, что свидетельствует о весьма

---

[88] *Копанева А. Н.* Из истории формирования рукописного собрания Российского этнографического музея // Музей. Традиции. Этничность. 2017. № 1 (9). С. 121.

[89] См. о нем: *Винковецкая Д.* Мой свекр Арон Виньковецкий // [Электронный ресурс.] URL: dianavinkovetsky.com/links/link33-Aron.pdf (дата обращения: 14.01.2020).

[90] V*inkovetzky A.* Dos lebn un di arbet fun an etnograf. Z. 162–165.

[91] Ibid. Z. 162.

[92] АРЭМ. Ф. 2. Оп. 5. Д. 51. Л. 1–30. Записи 1974 г. А. Я. Виньковецкого имеются и в других листах использованных документов, вложенных в дела с материалами И. М. Пульнера; см., например: АРЭМ. Ф. 2. Оп. 5. Д. 21, 22, 53, 54 и др.

ограниченном интересе к материалам Пульнера. Это можно объяснить «нежелательностью» иудаики в СССР в период «антисионистских кампаний» 1970-х годов[93]. Впрочем, даже после перестройки, в первых неподцензурных монографиях о советской иудаике, опубликованных в России в 1990-е годы, Пульнер не упомянут вовсе или в лучшем случае удостоен лишь беглого упоминания[94]. Вероятно, такое отношение было связано с тем, что авторы этих работ причисляли его к представителям официальной советской «еврейской науки», негативно охарактеризованной ими как «тепличное растение, взращенное советской национальной политикой»[95]. Исключением являлась лишь статья известного антрополога и еврейского общественного деятеля И. И. Крупника, который среди прочего отметил ключевую роль Пульнера в формировании ряда еврейских этнографических коллекций ГМЭ и в организации выставки «Евреи в царской России и в СССР», работавшей в музее с 1939 по 1941 год[96].

---

[93] См. об этом: *Дымшиц В. А.* Изучение фольклора и этнологии евреев в СССР и на постсоветском пространстве // Евреи / отв. ред. Т. Г. Емельяненко, Н. Э. Носенко-Штейн. М., 2018. С. 22 (Сер. «Народы и культуры»).

[94] См. например: *Гринбаум А.* Еврейская наука и научные учреждения в Советском Союзе, 1918–1953 // Евреи в России: историографический очерки, 2-я пол. XIX в. — XX в. М.; Иерусалим, 1994; *Бейзер М.* Евреи Ленинграда, 1917–1939: национальная жизнь и советизация. М.; Иерусалим, 1999. С. 170.

[95] *Гринбаум А.* Еврейская наука и научные учреждения в Советском Союзе, 1918–1953. С. 121.

[96] *Krupnik I.* Jewish Holdings of the Leningrad Ethnographic Museum // Soviet Jewish Affairs. 1989. Vol. 19, № 1. P. 35–48; *Крупник И. И.* Судьба коллекции: из истории формирования еврейских фондов Государственного музея этнографии народов СССР // ВЕК: (Вестник еврейской культуры). Рига, 1990. № 2(5). С. 43–45. О строительстве этой экспозиции в ГМЭ см. также: *Иванов А. И.* «Евреи в царской России и в СССР» — выставка достижений еврейского хозяйственного и культурного строительства в Стране Советов // Новое литературное обозрение. 2010. № 2(102). С. 158–182; *Он же.* Выставка «Евреи в царской России и в СССР» в контексте советского музейного строительства в 1930-е гг. // Советская иудаика: история, проблематика, персоналии / ред. М. Куповецкий. М.; Иерусалим, 2017. С. 157–200. *Он же.* «В поисках нового человека на берегах рек Биры и Биджана»: еврейская секция Государственного музея этнографии в Ленинграде (1937–1941) // Советская гениза. Новые архивные разыскания по истории евреев в СССР. Т. 1. Бостон; СПб.: Academic Studies Press, 2020. С. 171–292.

Впервые к материалам диссертации «Свадебные обряды у евреев» обратилась в конце 1990-х годов профессор Брандайского университета ЧаеРан Фриз (ChaeRan Freeze), работавшая над монографией «Еврейский брак и развод в царской России»[97]. Судя по многочисленным ссылкам на диссертацию и на некоторые другие материалы Пульнера, отложившиеся в АРЭМ[98], этнографические сведения о еврейской свадебной обрядности оказались исключительно ценными для книги американской исследовательницы.

Впоследствии к описанным в данной статье архивным материалам, в том числе и по еврейской свадьбе, обращались многие российские и зарубежные специалисты, опубликовавшие свои исследования о Пульнере и еврейской секции ГМЭ[99]. Полная публикация текста диссертации станет новой страницей в дальнейшем изучении и популяризации научного наследия этого выдающегося этнографа.

---

[97] *Freeze C. Y.* Jewish Marriage and Divorce in Imperial Russia. Hanover, NH, 2002.

[98] Ibid. P. 44–49, 325–326.

[99] О еврейских этнографических коллекциях и документальных фондах, сформированных при участии И. П. Пульнера и хранящихся сегодня в РЭМе, см.: Документы по истории и культуре евреев в архивах Санкт-Петербурга. Т. 3. Ч. 2. Ведомственные архивы / науч. ред.-сост. А. И. Иванов, М. С. Куповецкий. СПб., 2018. С. 93–101, 107–111, 126–129, 133–135, 142–145. См. также статьи (кроме указанных ранее) о научной деятельности Пульнера, написанные на основе документов АРЭМ: *Хаздан Е. В.* Еврейская свадьба в диссертации И. М. Пульнера // Круг жизни в славянской и еврейской культурной традиции. М., 2014. С. 207–222; *Yalen D.* After An-sky: I. M. Pul'ner and the Jewish Section of the State Museum of Ethnography in Leningrad // Going to the People: Jews and the Ethnographic Impulse / ed. by J. Veidlinger. Bloomington; Indianapolis, 2016. P. 119–145; *Ялен Д.* Этнограф И. М. Пульнер и его научное наследие: путешествие по страницам «Советиш Геймланд» // Jewish-Slavic Journal. 2019. № 1(2). С. 119–147; *Кононова Е. Ф.* The Formation of the Jewish Autonomous Region as Reflected in the Photographic Materials of the Russian Museum of Ethnography / Становление Еврейской автономной области в фотоматериалах Российского этнографического музея // The Village and the Revolution / Деревня и Революция. М., 2018. С. 600–635.

Евгения Хаздан

Музыка ашкеназской свадьбы: terra incognita

Музыка еврейской свадьбы, как и сам обряд, до сих пор остается практически не исследованной областью. Отношение к ней в какой-то мере является отражением подхода научного сообщества к еврейской музыкальной культуре в целом. С одной стороны, ее, безусловно, узнают, безошибочно выделяют среди других этнических традиций, с другой — постоянно подчеркивают ее несамостоятельность, неаутентичность, смешение в ней различных инонациональных элементов. Ее описывают как музыку «сплава» разнообразных музыкальных языков (fusion music), очевидно, предполагая, что сами «языки-доноры» представляют собой автохтонные, беспримесные феномены. В то же время периодически появляются охотники отыскивать следы ее влияния в различных областях музыкальной культуры: советской массовой песне, военных маршах, звуковых дорожках голливудских фильмов.

Музыку еврейской свадьбы считают безвозвратно ушедшей в прошлое, как будто не видя явного существования тех же явлений в современных обновленных условиях. Одну ее сферу — вокальную — не замечают вовсе и пытаются заместить песнями, имеющими к обряду лишь косвенное отношение, другую же — инструментальную — анализируют, используя методы, разработанные в русле академического музыкознания.

Парадоксы восприятия еврейской музыкальной культуры чаще всего обусловлены тем, что описание разных видов музицирования, определение их функций и связанная с ними жанровая классификация изначально задавались параметрами, разработанными на материале музыки других народов и к началу XX века прочно закрепившимися в европейской науке. Изучение музыки евреев словно двигается по кругу. Попробуем разомкнуть его, в том числе привлекая этнографические материалы, собранные и обобщенные И. М. Пульнером. Смена перспективы позволит высветить некоторые ключевые моменты и выйти за пределы заранее размеченных схем.

* * *

Происхождение еврейской свадебной традиции принято возводить к брачным празднествам, совершавшимся в древней Иудее и описываемым в Торе, однако в процессе жизни в диаспоре, в общинах формировались (и, вероятно, частью заимствовались) обычаи, сближающие ее со свадебными ритуалами соседних народов. В частности, составы инструментальных ансамблей у евреев, как правило, совпадают со свадебными ансамблями их этнических соседей.

Применительно к свадебной музыке евреев Восточной Европы это означает ее близость с народной музыкой восточных славян. Тем не менее звуковая среда еврейской и славянской свадьбы имеют ряд принципиальных отличий.

Во-первых, в ашкеназской свадьбе доминирующая роль принадлежит инструментальной музыке, исполняемой профессиональными музыкантами (клезмерами). Во-вторых, вокальная сфера в ней представлена не свадебными обрядовыми песнями (они в еврейской традиции отсутствуют), а произносимыми нараспев дроше (речью) жениха, импровизациями бадхена, чтением раввином «Шеве брохес» («Семи благословений»). В-третьих, в еврейском обрядс полностью исключается не только женское пение, но и совместное пение мужчин и женщин. Наконец, в-четвертых, сам принцип музицирования у ашкеназов базируется на ином, чем у славян, типе исполнительского общения.

Рассмотрим каждый из названных нами элементов более подробно.

Инструментальная (клезмерская) музыка
Угасание традиции

Как правило, говоря о еврейской инструментальной традиции, подразумевают лишь одну ее часть, а именно ту, которую впервые описал в 1904 году Иван Липаев в эмоциональном очерке, печатавшемся с продолжением в нескольких номерах «Русской музыкальной газеты»[1]. В небольшом по объему тексте уместились впечатления от того, как преображается местечко с приездом «еврейского оркестра» (именно так Липаев именовал клезмерские капеллы, численность которых могла достигать пятнадцати человек, но чаще ограничивалась тремя-пятью музыкантами), рассказ о методах обучения, распределении голосов в ансамбле, экономическом устройстве коллектива и характеристика сольного стиля игры. Автор набросал портрет одного из прославленных музыкантов — скрипача Педоцера[2] и упомянул одного из известных в то время бадхенов. Заканчивался очерк словами о том, что предмет «нуждается в гораздо более обстоятельном знакомстве с ним», и пожеланием коллегам «углубиться в далеко не праздное дело изучения еврейской музыки, музыки инструментальной…»

Отклика на этот призыв не последовало. Публикация Липаева длительное время оставалась единственным описанием инструментальной музыки ашкеназских евреев, причем отражением этого феномена в наивысшей его точке — на пике существования живой традиции. Дальнейшие исследователи (а следующая статья появилась только в 1926 году) говорили уже о ее угасании. Это

---

[1] *Липаев И.* Еврейские оркестры (очерк) // Русская музыкальная газета. 1904. № 4 (25 января). Стб. 101–103; № 5 (1 февраля). Стб. 133–136; № 6–7 (8–15 февраля). Стб. 169–172; № 8 (22 февраля). Стб. 205–207. В еврейской традиции существуют обряды, включающие в себя инструментальную составляющую — трубление в шофар (рог). Звуковой код инструментального звучания в них кардинально отличен от свадебного, притом что базовые функции инструментальной музыки в этих обрядах частично совпадают.

[2] Педоцер (или Пидуцер) — прозвище знаменитого бердичевского скрипача-виртуоза Арна-Мойше Холоденко (1828–1902).

трудно соотнести с первыми десятилетиями XX века — временем становления еврейской музыкальной фольклористики, появления национальной композиторской школы, периодом активной собирательской и публикаторской деятельности.

Через четыре года после выхода очерка Липаева, в 1908 году, в Петербурге было официально зарегистрировано Общество еврейской народной музыки, цель которого была обозначена в первом пункте его устава: "содействовать изучению и развитию еврейской народной музыки"[3]. Музыканты, вошедшие в общество, собирали, изучали, обрабатывали народные песни и хасидские нигуны, интересовались знаками кантилляции. Они не игнорировали инструментальную традицию, однако лишь несколько созданных ими обработок и оригинальных сочинений основаны на инструментальных наигрышах[4]. Знаменитая полемика "о ценности бытовой еврейской мелодии"[5] между Ю. Энге-

---

[3] *Копытова Г. В.* Общество еврейской народной музыки в Петербурге–Петрограде / Еврейский общинный центр Санкт-Петербурга. СПб.: Эзро, 1997. С. 9. См. также: *Копытова Г. В.* Уставные документы Общества еврейской народной музыки // Из истории еврейской народной музыки в России. Вып. 3. Общество еврейской народной музыки в Петербурге (1908–1921): столетие спустя / Сост. и отв. ред. Г. В. Копытова, А. С. Френкель. СПб., 2015. С. 19, 32.

[4] Это, например, обработки для фортепиано Г. Копыта (Freilichs [№ 1], 2012 и Freilich's Tanz № 2, 1917), И. Айсберга (Chassune Tanz, 1917), Ю. Энгеля (Freilachs, op. 20, № 2, 1923), сюита "Еврейские эскизы" А. Крейна и др. Отметим, что название может не отражать происхождения мелодии. Так, "Freilicher Tanz" для виолончели и фортепиано Б. Левинзона является обработкой песни М. Варшавского, а в основе "Hebräische Tanz" И. Ахрона для скрипки и фортепиано — хасидский нигун.

[5] Публикации выходили в еженедельнике "Рассвет", газете "Еврейская неделя" в 1915–1917 годах. Материалы собраны и прокомментированы в публикациях: *Гуральник Л. Ю.* К истории полемики Ю. Энгеля и Л. Саминского // Из истории еврейской музыки в России: Материалы международной науч. конф. "90 лет обществу еврейской народной музыки в Петербурге-Петрограде (1908–1919)" / Сост. Л. Ю. Гуральник, общ. ред. А. С. Френкеля. СПб., 2001. С. 119–124; *Энгель Ю., Саминский Л.* Спор о ценности бытовой еврейской мелодии / Публ. Л. Ю. Гуральника // Из истории еврейской музыки в России: Материалы международной науч. конф. "90 лет обществу еврейской народной музыки в Петербурге-Петрограде (1908–1919)" / Сост. Л. Ю. Гуральник; общ. ред. А. С. Френкеля. СПб., 2001. С. 125–164; "Спор о ценности бытовой

лем и Л. Саминским также затрагивала лишь вокальные жанры. Что же касается коллекций, то, в отличие от немалого числа опубликованных фольклористами сборников песенного фольклора, в первой четверти XX века вышла только одна тетрадь, содержащая клезмерские мелодии[6].

Чтобы пересчитать изданные в первой половине XX века работы, посвященные еврейской инструментальной музыке, достаточно пальцев одной руки: кроме упомянутого уже очерка Липаева, это:

— статья Николая Финдейзена о цимбалистах Лепянских, содержащая в приложении четыре нотированных наигрыша[7];

— вышедшая в Праге книга Пауля Неттла[8];

и две публикации Моисея Береговского (обе на идише):

— брошюра, включающая, помимо описания инструментальных ансамблей, программу и анкету для собирателей;

еврейской мелодии» Ю. Энгеля и Л. Саминского [1915–1917]: Дополнение / Подгот. текста и вст. Л. Гуральника // Из истории еврейской музыки в России. Вып. 3. Общество еврейской народной музыки в Петербурге (1908–1921): столетие спустя / Сост. и отв. ред. Г. В. Копытова, А. С. Френкель. СПб., 2015. С. 336–340.

6   Еврейские народные мелодии, записанные З. А. Кисельгофом. Вып. II. Петроград, 1915. Коллекция содержит 24 мелодии. Переиздана Еврейским общинным центром Санкт-Петербурга в 2001 году. Собравший эти материалы Зиновий Кисельгоф в своем докладе «О еврейской народной песне» (1911) указывал на недостаточное внимание композиторов к еврейской инструментальной народной музыке. См.: *Шолохова Л. В.* Коллекция Зиновия Кисельгофа как источник исследования по еврейскому музыкальному фольклору // Из истории еврейской музыки в России: Материалы международной науч. конф. «90 лет обществу еврейской народной музыки в Петербурге-Петрограде (1908–1919)» / Сост. Л. Ю. Гуральник, общ. ред. А. С. Френкеля. СПб., 2001. С. 78.

7   *Финдейзен Н. Ф.* Еврейские цимбалы и цимбалисты Лепянские // Музыкальная этнография: сб. ст. / Под ред. Н. Финдейзена. Л.: Издание Комиссии по изучению народной музыки при Этнограф. отд. Р. Г. О., 1926. С. 28–32.

8   *Nettl P.* Alte jüdische Spielleute und Musiker. Prag: Flesch, 1923. S. 65. Книга посвящена крупным музыкантам XVI века (в частности, Соломону Росси). Некоторые документы, приведенные в ней, свидетельствуют о деятельности клезмеров в Праге.

— статья в журнале «Sovetish»[9], которая представляла собой фрагмент готовящейся диссертации, — защита состоялась в январе 1944 года. Материалы диссертации Береговского увидели свет лишь в 1987 году[10].

Финдейзен, со слов Иосифа Лепянского, писал о «значительном распространении игры на цимбалах *еще в недавнем прошлом*», то есть к моменту публикации уже не актуальном. На своей защите, отвечая оппонентам, Береговский говорил об угасании традиции, указывая примерно на то же время — середину 1920-х годов:

> Приступил я к работе уже тогда, когда еврейская свадьба стала редкостью, когда клезмерские капеллы уже не существовали — остались только отдельные клезмеры. Причем клезмер 27-го — 28-го годов — это клезмер, который играет в современном оркестре. У меня не было возможности получить ни одной партитуры[11].

После холокоста фиксация песен и наигрышей представлялась отзвуком не просто угасшей, но безвозвратно утраченной традиции. В послевоенном Бухаресте опубликовал свою коллекцию Эмиль Секулец. Он начал собирательскую деятельность в 1930-х

---

[9] *Beregovski M.* Yidishe instrumentale folks-muzik (Program tsu forshn di muzikalishe tetikayt fun di yidishe klezmer) / Kabinet far derlernen di yidishe sovetishn literatur, shprakh un folklor: folklor-sektsie. Kiev: Farlag fun der Visnshaft Akademie fun USSR, 1937; *Beregovski M.* Yiddishe klezmer. Zayn shafn un shteyger // Sovetish. Literarisher almanakh. Moskve, 1941. № 12. Z. 412–450. При этом, например, выходили работы, посвященные профессиональному языку еврейских музыкантов (так называемый *клезмер-лошн*): *Weissenberg S.* Die Klesmer Sprache // Mitteilungen der Anthropologischen Gesellschaft in Wien. Wien, 1913. Bd. 43. S. 127–142; *Prilutski N.* Loshn ha-klezmorim be Polonia // Rekhumot. Odes, 1918. Z. 272–291.

[10] *Береговский М. Я.* Еврейская народная инструментальная музыка / Под ред. М. Гольдина. М.: Советский композитор, 1987.

[11] *Береговский М. Я.* Стенограмма защиты диссертации (выдержки) // Арфы на вербах: Призвание и Судьба Моисея Береговского / Сост. Э. М. Береговская. М.; Иерусалим: Еврейский университет в Москве; Гешарим, 1994. С. 157.

годах, но многие нотации датированы 1950-ми. В сборнике представлены в основном песни, но есть и несколько инструментальных мелодий[12].

В том же 1959 году в Израиле вышла монография Иоахима Стучевского[13]. Ее название («Клезмеры: История, фольклор, наследие»), избранная автором методология, структура работы как бы подчеркивали: черта подведена, и говорить об этом явлении можно лишь в прошедшем времени.

По свидетельству Ханкуса Нецки, в начале 1970-х годов многие в Америке считали музыку еврейской свадьбы традицией давнего прошлого, а записи мелодий представлялись «чем-то вроде свитков Мертвого моря, пригодных лишь для научного исследования»[14].

Однако полного угасания так и не произошло. Более того, сделав виток, инструментальная традиция утвердилась на музыкальной эстраде в качестве одной из этнических традиций. В пространстве World Music рубежа XX–XXI веков она стала выступать в качестве репрезентанта ашкеназской культуры, а в ряде еврейских сообществ — играть роль своего рода музыкального пароля еврейской традиции, хотя, по словам Нецки, «сама по себе эта музыка сегодня часто лишь символ — дразнящий, сентиментальный, который платит небольшую дань уважения утраченному миру и затем занимает его место в современной музыкальной культуре, не учитывающей его исторический контекст»[15].

---

[12] *Săculeţ E.* Yidishe folks-lider. Bukaresht: Musik-farlag fun der kompozitor-farband fun der R. F. R., 1959. [Cîntece populare Evreieşti. Bucureşti: Editura Muzicală, 1959]. (На идише и румынском языке). Z. 137–147, № 74–85.

[13] *Stutschewsky J.* Ha-Klezmerim: Toldotehem, orakh-hayehem, ve-yezirotehem. Jerusalem: Bialik Institute, 1959. 268. Недавно она была издана в первоначальном виде, то есть по-немецки: *S. Stutschewsky, Joachim.* Jüdische Spielleute («Klezmorim») / Hrsg. und kommentiert von Joachim M. Klein. Wiesbaden: Harrassowitz Verlag, 2019. VIII, 270 S. (Jüdische Musik: Studien und Quellen zur jüdischen Musikkultur. Bd. 16).

[14] *Netsky H.* Klezmer: Music and Community in Twentieth-Century Jewish Philadelphia. Philadelphia: Temple University Press, 2015. P. 4.

[15] Ibid. P. 16.

О том, как произошло возрождение, как те же самые и другие, вновь создаваемые инструментальные мелодии не только зазвучали вновь, но и получили мировое признание, написано уже немало. Для того чтобы посмотреть, *чем* эта музыка стала сегодня, в какой мере сохраняются в ней прежние ее черты, потребовалась бы отдельная статья.

Мы же вернемся назад и внимательнее вглядимся в период этого угасания — реального или мнимого, — потому что кроме только что описанного парадокса, когда миф о вечном возвращении перестал быть мифом, здесь можно обнаружить и другие, не менее парадоксальные ситуации.

«Имяреку, тебе...»

Название «клезмерская музыка» выглядит близким к аутентичному, однако оно возникло не в традиционной среде. У еврейской свадебной музыки не было собственного имени. Слово «музыка», в XIX веке уже вошедшее в идиш, как и у многих других народов, было заимствованным. Говоря о свадьбе, к этому термину не прибегали. Существовали названия танцев: фрейлехс, редл, карагод, и было свое имя для того, кто их исполняет: клезмер. В основе этого имени два слова на древнееврейском: כלי זמר — буквально «сосуды звуков», то есть музыкальные инструменты. По этим сосудам, как по артериям, струятся, разносятся по всему местечку мелодии, достигая самых дальних его уголков.

В идише два слова объединились в одно, а последние звуки — [-er] — своим звучанием напоминали суффикс, при помощи которого в германских языках образуются названия профессий. «Клезмер» — «музыкант» — слово, которое в таком значении могло возникнуть только на идише.

И. Липаев писал о «еврейских оркестрах», не используя ни слова «клезмер», ни производных от него. То же название видим в Еврейской энциклопедии: «...начиная с XVI века, многие еврейские общины имели собственные *оркестры из евреев*»[16]. Мы не находим у Липаева также названия, закрепившегося за ансамблями, — *kapelya*, хотя в русском языке «капелла» в одном из своих значений как раз означает «группа музыкантов»[17].

Между тем впервые в русскоязычной литературе термин «клезморим» (множественное число от «клезмер») появился еще в середине XIX века в «Очерке этнографии еврейского народонаселения в России» Моисея Берлина. Здесь же еврейские ансамбли поименованы оркестрами и указан их обычный состав:

> В каждом сколько-нибудь значительном обществе есть оркестр, состоящий из разных инструментов, именно: скрыпки [так!], кларнета и контрбаса: к ним прибавляются еще цимбалы, бубны и проч. Музыканты эти называются *клезморим*; редко кто из них учился по правилам музыки: не зная ни одной ноты, они исполняют пьесы с самой гармоничною отчетливостью[18].

Термин «клезморим» использовал и Финдейзин, причем не совсем удачно, именуя таким образом капеллу: «Ансамбль этот называется *клезмо́рим* (*клезмер* — музыкант) и, кроме цимбал и скрипок, состоит часто из кларнета, контрабаса и барабана»[19].

Прилагательное «клезмерский» вошло в музыковедческую литературу благодаря трудам Береговского, в первую очередь его диссертации. Хотя ученый не поставил его в название работы,

---

[16] *Карлин А.* Музыка в по-библейское время // Еврейская энциклопедия: Свод знаний о еврействе и его культуре в прошлом и настоящем: в 16 т. Т. 11: Миддот — Община. СПб., 1911. Стб. 373. Также и в другой статье: «Играл еврейский оркестр, состоявший из скрипки, цитры, лютни, цимбалов и бубна (во Львове)»; см.: Свадебные обряды // Еврейская энциклопедия. Т. 14: Сараево — Трани. СПб., 1913. Стб. 56.

[17] Термин «капелла» использует Береговский. З. Фелдман называет еврейские ансамбли «компаниями» («kompaniya», см. *Feldman W. Z.* Klezmer: Music, History, and Memory. New York: Oxford University Press. 2016. P. 62.).

[18] *Берлин М. И.* Очерк этнографии еврейского народонаселения в России, составленный согласно программе, изданной в 1852 г. императорским русским географическим обществом. СПб.: тип. В. Безобразова и К°, 1861. С. 44.

[19] *Финдейзен Н. Ф.* Еврейские цимбалы и цимбалисты Лепянские. С. 29.

но активно пользовался им, говоря о *клезмерском* репертуаре, истории и составе *клезмерских* капелл и т. п. Ранее же Береговский применил новый эпитет в рецензии на сборник А. М. Бернштейна «Музыкальный пинкос», написав: "Клезмерским" произведениям надо было уделить большее внимание»[20]. Определение взято в кавычки, — Береговский вводит его впервые.

В иврите аналогичный термин — *muzika klezmerit* — появился в монографии Стучевского. В английском языке словосочетание *klezmer music* возникло только в 1970-х годах в связи с движением «клезмерского возрождения». Термин был настолько нов, что в названии одного из первых CD-дисков, записанных Энди Статманом и Зевом Фелдманом, он дополнялся уточнением национальности: «Jewish Klezmer Music» (1978)[21].

* * *

Мы часто слышим, что имя определяет судьбу. Поменялось ли что-либо в связи с тем, что не называемый никак феномен обрел имя?

Первое, что вместе с именем обрела еврейская инструментальная традиция, — мировое признание. Береговский не просто ввел в научный обиход новый термин «клезмерская музыка» — он словно отдернул завесу, за которой была скрыта традиция, до той поры как будто невидимая остальным. Предложенное Берлиным, а затем Липаевым название «еврейские оркестры», во-первых, не могло отразить оригинальности рассматриваемого явления. Во-вторых, этот термин настраивал на академическое восприятие, а следовательно, появлялись вопросы: что это за «оркестр», который состоит всего из нескольких человек, где дирижер, где партитуры и партии и т. п.

---

[20] *Береговский М. Я.* Musikalischer Pinkes / Етнографічний Вісник. Київ, 1930. Кн. 8. С. 253. В сборнике А. М. Бернштейна представлены в основном паралитургические песнопения, но в конце есть несколько мелодий из клезмерского репертуара, в частности, «Proletarer beygele» (№ 239, z. 94), «Bazetsns» (№ 241, z. 95), а также № 242, 243 (без названий).

[21] См. об этом: *Feldman W. Z.* Klezmer: Music, History, and Memory. P. 90.

«Клезмерская музыка», напротив, могла быть описана с точки зрения репертуара, стиля, состава ансамблей и многих других параметров. Она могла и даже должна была отличаться от уже знакомых форм музицирования. Получение имени подействовало как прикосновение волшебной палочки: клезмерская музыка заняла место в ряду других явлений World Music, и те, кто раньше не замечал ее, стали ею восхищаться.

Но была и оборотная сторона медали. Отсутствие самостоятельного названия внутри еврейской общины означало, прежде всего, что звуковой феномен не воспринимался сам по себе. Он был неотъемлемой частью чего-то большего, что подразумевало в том числе и музыку. Этим бóльшим был обряд. Называние его или его частей само собой означало также и наличие определенного музыкального наполнения. Так, «базеценс» («усаживание <невесты>») — это и обряд, и соответствующая музыка[22].

Написанная в конце 1930-х годов, диссертация Исая Пульнера может послужить иллюстрацией этого тезиса. Мы видим, как во многих сценах упомянуты клезмеры (и иногда по-русски: музыканты). Слово «клезмеры» в это время еще не получило распространения в русском языке, и автор не изменяет его по падежам (так же как и некоторые другие термины). Он скрупулезно перечисляет всех участников свадебного действа на всех его этапах, но практически нигде не говорит о музыке, то есть о звуковом феномене как таковом. Пульнер не рассматривает его не только потому, что сам не является музыкантом, но в значительной мере потому, что этому еще нет называния. Он рассматривает обряд, который реализуется в том числе и благодаря смене определенного рода звучаний. За неимением общего термина, Пульнер, обозначая моменты звучания, называет тот или иной танец (или *марш*), либо просто указывает действие: «начинает играть».

---

[22] В таких случаях принято говорить, что музыка сопровождает обряд, однако в данном случае эта формула не годится. Именно музыка создает и ведет этот обряд, который без нее просто не может состояться. В терминологии, предложенной А. К. Байбуриным, еврейская свадьба является обрядом, в котором превалирует акустический код. См.: *Байбурин А. К.* Ритуал в традиционной культуре. Структурно-семантический анализ восточно-славянских обрядов. СПб.: Наука, 1993. С. 205.

Слово «музыка» несколько раз появляется в приводимых в рукописи Пульнера цитатах, причем во всех случаях этим термином обозначаются клезмеры. Например:

> Невесту ставят посредине комнаты, музыка начинает играть полонез... (Л. Леванда);

> Стихи он [бадхен] декламирует отдельными куплетами, и после каждого — музыка повторяет одни и те же трогательные мотивы (П. Чубинский);

> ...гости во главе с «мехутоним» отправляются с музыкой к одной лавочке, которая находится на площади. Здесь все останавливаются; музыка начинает играть, и присутствующие танцуют (М. Клячко).

Цитата из этнографического очерка Чубинского выглядит уникальной: несколькими штрихами, в одной фразе передано звуковое наполнение обряда. В остальных же случаях, как и в тексте самого Пульнера, звучание остается «за кадром». Мы как будто смотрим немое кино, лишь по титрам понимая происходящее.

Парадоксальным образом, связанные с музыкой пояснения, встречающиеся в работе исследователя, могут отдалять нас от сути. Упоминание полонеза отсылает нас не к бальному танцушествию в несколько пар, с перестроениями, поклонами и реверансами. С большой натяжкой он также может быть соотнесен с деревенским польским танцем, обычно исполнявшимся в начале свадьбы и в каждой местности имевшим свои особенности. Например, в Куявии мужчина и женщина танцевали его, держась за два конца платка, — это как будто напоминает нам *кошер-танц*. Однако партнерша в нем — всегда невеста, к которой по очереди выходят все почетные гости. Нет здесь ни проходов пары под платком, ни его перехватываний, нет вообще определенных ритмически организованных движений. *Кошер-танц* — не столько танец, сколько церемония, ритуал.

Еще меньше общего с общепринятым значением имеет термин *марш* — небольшой по продолжительности музыкальный номер, исполняемый для приветствия человека, оказания ему особого внимания. *Марш* всегда предваряется объявлением человека, которому его адресуют. Тому же, в свою очередь, следует заплатить музыкантам. Никаких движений исполнение *марша* не предполагает, его размер и ритмическая организация могут варьироваться в очень широком диапазоне. Поэтому в процитированных Пульнером воспоминаниях Леванды оказывается такой пассаж: «Заканчивал выступление бадхн словами утешения, музыка играла *марш* или *вальс*, и грустное настроение у присутствующих исчезало». Имелись в виду не полноценные развернутые музыкальные пьесы, но достаточно краткие звуковые «резюме», подытоживающие действо.

По свидетельству Чубинского, на юго-западе России эти музыкальные номера называли «виваты». Ученый подробно описал церемонию их исполнения:

> В здешних губерниях по окончании ужина играют в честь родителей новобрачных так называемые «виваты». <...> Бадхан выкликает по имени: «Такой-то нанял в честь мехутена (свата) виват!» Несколько (2–4) музыкантов тотчас наскоро заиграют несколько шумных фантастических вариаций одного и того же мотива, сопровождаемых звуками барабана; нанимающий «виват» между тем выпивает вместе с мехутеном, целуется с ним, <...> уплачивает вперед бадхану в пользу музыкальной группы несколько копеек (15–20), а богатые, особенно желающие тем почтить мехутена, дают и по рублю, и даже по три[23].

Пульнер, чрезвычайно подробно цитировавший все источники, не вставил этот фрагмент в свою работу, поскольку в нем с точки зрения свадебной церемонии не происходит ничего существенного. Более того, он, обращаясь к материалам, записанным в разных губерниях, называет отдельно *марши* и *виваты*, не

---

[23] *Чубинский П. П.* Труды этнографическо-статистической экспедиции в Западно-Русский край. Материалы и исследования: В 7 т. (в 9 выпусках). Т. VII. Вып. I. Ч. 1. Евреи юго-западного края. СПб.: Тип. К. В. Трубникова, 1872. VI. С. 41.

оговаривая, что это разные названия для своего рода музыкального приветствия[24].

Исполняемая клезмерами музыка являлась одним из основных средств формирования обрядового пространства. Она могла быть востребована не только на свадьбах, но и во время других обрядов перехода. По косвенным источникам становится понятно, что помимо свадьбы музыкантов могли приглашать на обрезание[25] и бар-мицву. Инструментальные мелодии могли сопровождать театральные представления на Пурим, и это не случайно: ведь в Книге Есфирь буквально каждый персонаж меняет свой статус, да и вся община на краткий период оказывается в некоем условно нестабильном — «перевернутом» состоянии. Клезмеров приглашают на праздник внесения нового свитка Торы в синагогу[26]. Звуки музыкального инструмента изредка могут провожать[27]

---

[24] В середине 1990-х годов мне довелось побывать на современной белорусской свадьбе, в которой были также и церемония представления гостей, и их приветствие «маршами». Устроители свадьбы воспринимали этот обычай как анахронизм.

[25] См., например, легенду об обрезании р. Иреле из Стрелиски (*Лангер И.* Девять врат / Пер. с чешского Н. Шульгиной. М., 2011. С. 155–156).

[26] Согласно классификации Геннепа, это постлиминарный обряд, то есть обряд включения. Он вводит вновь созданный свиток в обращение общиной. Внесение Торы уподобляется свадьбе и празднуется «как свадьба» — с музыкой и балдахином.

[27] Речь идет не о похоронной музыке в современном ее понимании, а о звучании инструментов как знаке перехода, своего рода аналоге молитвы. Так, в рассказе И.-Л. Переца, основанном на хасидских историях, клезмер, умирая, зовет к себе сыновей и просит их играть (*Перец И.-Л.* Смерть музыканта // Перец И.-Л. Избранное / Пер. с евр., сост. М. Беленький. М., 1976. С. 70–72). В воспоминаниях П. Венгеровой есть эпизод, когда мать понимает, что больной сын умер, увидев во сне музыкантов, которые «играют на скрипках, обтянутых черным сукном, и держат скрипки вверх ногами» (*Венгерова П.* Воспоминания бабушки. Очерки культурной истории евреев в России в XIX в. / [Пер. с немецкого Э. Венгеровой]. Иерусалим; М.: Гешарим; Мосты культуры, 2017. С. 231. (Прошлый век. Воспоминания)). В хасидском предании ребе Мойше-Лейб из Сассова, услышав мелодию, с которой молодых вели под хупу, пожелал, чтобы она звучала на его похоронах. Много лет спустя клезмеры попали в сильную метель и кони вынесли их к кладбищенской ограде. Музыканты увидели похоронную процессию и, узнав, что хо-

усопшего или — в определенный момент свадебного торжества — напоминать о нем[28].

И все же, как правило, клезмерскую музыку отождествляют с еврейской свадьбой: именно здесь полностью реализуются профессиональные навыки музыкантов. «Еврейский оркестр всецело царствует на свадьбах. Свадьба без него — это похороны», — писал Липаев[29]. Еще точнее определил роль клезмеров Береговский: «В основном еврейская свадьба *держалась* на инструментальной музыке, выполняющей роль своего рода *организатора* всего процесса»[30].

Появление термина, называющего музыку обряда отдельно от самого́ обряда, позволило рассматривать ее саму по себе. Музыковеды ограничиваются представлением одного-двух наиболее ярких эпизодов обряда, иллюстрируя на их примере роль — теперь уже в новом понимании — музыкального сопровождения. Береговский описывает один из ключевых моментов свадебного действа — усаживание невесты; Стучевский подробно останавливается на подписании тноим, дает колоритное изображение бройгез-танца (танца-ссоры). Однако в дальнейшем авторы научных работ о клезмерской музыке[31] сосредотачиваются на ин-

---

ронят ребе Мойше-Лейба, вспомнили и выполнили это пожелание (Сказка записана Е. С. Райзе в 1918 году, опубликована в кн.: Еврейские народные сказки, предания, былички, рассказы, анекдоты, собранные Е. С. Райзе / Сост. и предисл. В. Дымшица. СПб., 1999. С. 157–159). Эта же история известна в записи М. Бубера: *Бубер М.* Хасидские истории. Поздние учителя. М.; Иерусалим, 2009. С. 92.

[28] Этот момент нигде прямо не описан, однако бадхен во время обряда калебазецен напоминал невесте-сироте о ее родителях. Мелодия его импровизации основывалась на интонациях поминальной молитвы. Импровизацию, как правило, поддерживал скрипач.

[29] *Липаев И.* Еврейские оркестры. Стб. 102.

[30] *Береговский М. Я.* Еврейские народные песни / Под общ. ред. С. Аксюка. М.: Советский композитор, 1962. С. 22. Курсив наш. — *Е. Х.*

[31] На территории бывшего Советского Союза к этой теме обращались М. Д. Гольдин, Д. В. Слепович (его диссертация «Клезмерская традиция как феномен восточно-европейской еврейской культуры» была защищена в Белорусской академии музыки в 2006 году). Среди зарубежных исследова-

струментарии, жанрах, их структуре, особенностях «клезмерских ладов», специфике артикуляции, но практически не соотносят музыку с обрядами, которые она сопровождала.

Будучи неназванной, музыка еврейской свадьбы была как будто не слышна, но получив имя, она «очутилась» вне породившего ее и формируемого ею обряда. Более того, многие исследователи считают клезмеров светскими музыкантами (следовательно, исполняемую ими музыку — внеобрядовой). Для музыковедов, живших и работавших в Советском Союзе (М. Береговского, М. Гольдина, А. Юсфина), подчеркивание бытового характера наигрышей и их связей с народно-песенным мелосом могло быть обосновано идеологическими причинами. Однако и в зарубежных исследованиях искусство еврейских музыкантов считали светским (secular). Например, А. Сендрей относит танцевальную музыку к народным обычаям; светской он считает и саму свадебную церемонию[32]. Дж. Рубин начинает очерк об истории клезмерской музыки обозначением ее как «бытовой» (*vernacular*)[33]. Й. Стром определяет ее как «ашкеназскую народную танцевальную музыку» (*Ashkenazic folk dance music*)[34]. З. Фелдман оценивает с этой позиции не функцию (ритуальную или бытовую), а репертуар и стиль: «Восточноевропейские евреи создали единый

телей необходимо назвать И. Стучевского, Дж. Горовица, Дж. Рубина (в первую очередь его исследование: *Rubin J. E.* The Art of the Klezmer: Improvisation and Ornamentation in the Commercial Recording of New York Clarinettists Naftule Brandwein and Dave Tarras 1922–1929. Ph. D. dissertation, City University, London Department of Music, 2001), М. Слобина, З. Фелдмана, Р. Оттенс, К. Бёрлинга, Я. Мазора и др.

[32] *Sendrey A.* Music in Ancient Israel. New York: Philosophical Library, 1969. P. 461.

[33] *Rubin J.* Klezmer Music — a Historical Overview // The Cambridge Companion to Jewish Music / Ed. by J. S. Walden. Cambridge: Cambridge University Press, 2015. P. 119. См. также: *Netsky H.* Secular Jewish Music Expression — Is Northing Sacred? // Jewish Secularity: The Search for Roots and the Challenges of Relevant Meaning / Ed. by D. M. Gardis, Z. I. Heller. University Press of America, 2012. P. 77–90.

[34] *Strom Y.* The Book of Klezmer: The History, the Music, the Folklore. Chicago: A Cappella Books, 2011. XVI, 381 p.

комплексный музыкальный стиль через взаимодействие религиозного и светского репертуаров...»[35].

Существует несколько причин, по которым игра клезмерской капеллы оказывается отнесена к сфере светского музицирования. Назовем важнейшие из них:

1. Инструментальная свадебная музыка не связана напрямую с литургией и иными формами богослужения. (В отличие от нее, трубление в шофар входит в синагогальные службы Новолетия. Слушать звуки шофара — религиозная заповедь, эти звуки предваряются специальными благословениями, а чередование типов трубления строго регламентировано.)

2. Клезмерская музыка существует внутри обряда, для совершения которого, согласно галахе, достаточно вручения женихом невесте кольца при свидетелях и произнесения ритуальной формулы. Остальные составляющие свадьбы считаются обычаем. Однако некоторые детали обряда: хупа, ктуба, «Семь благословений» — являются обязательной частью ритуала. В то же время ритуальный статус клезмерской музыки не только не артикулируется, но практически не осознается ни участниками обряда, ни большинством исследователей.

3. Как в европейской, так и в русской науке принято разграничивать сакральное и профанное[36]. С этой точки зрения свадебный обряд, происходивший за пределами синагоги, был отнесен к светской культуре[37].

---

[35] *Feldman W. Z.* Klezmer: Music, History, and Memory. P. 36.

[36] Окончательно утверждение о разделении («антагонизме») сакрального и профанного было закреплено в 1912 г. в работе Дюркгейма. См.: *Дюркгейм Э.* Элементарные формы религиозной жизни: Тотемическая система в Австралии / Пер. с фр. А. Апполонов, Т. Котельникова; под науч. ред. А. Апполонова. М.: Изд. дом «Дело» РАНХиГС, 2018. С. 527–528.

[37] Подробнее см.: *Хаздан Е. В.* Музыка ашкеназской свадьбы: динамика сакрального и обыденного // Богослужебные практики и культовые искусства в современном мире / Ред.-сост. С. И. Хватова. Майкоп: Магарин О. Г., 2017. С. 654–676; *Хаздан Е. В.* Сакральное (религиозное) vs светское: о терминологии в исследованиях ашкеназской музыкальной культуры // Богослужебные практики и культовые искусства в современном мире. Выпуск 3: В 2 т. Т. 1 / Ред.-сост. С. И. Хватова. Майкоп: Магарин О. Г., 2018. С. 929–949.

«...Музыкантишка какой-нибудь»

Причиной невнимания исследователей к музыке еврейской свадьбы была далеко не только «безымянность» предмета изучения. Не менее существенным оказались особенности формирования репертуара, а также отношение к музыканту как в общине, так и за ее пределами.

Идеолог романтической фольклористики И.-Г. Гердер писал о песнях — именно их искали и собирали фольклористы[38]. Инструментальная музыка долгое время находилась вне поля исследовательских интересов. Кроме того, этнографы и фольклористы были нацелены на фиксацию «старинных», национально-характерных элементов культуры. Музыкальная составляющая свадеб, как правило, складывалась из разных по времени возникновения жанров, причем значительную часть инструментального репертуара (особенно это касается танцев) составляли заимствования. Из многих наименований лишь некоторые могут быть с той или иной долей уверенности отнесены к еврейским: это фрейлехс, шер, редл, скочна, бейгеле, хосидл, булгар, гас-нигн. Значительный корпус репертуара составляли распространенные во второй половине XIX века в Восточной Европе танцы: полонез, контрданс, хора, карагод, полька, кадриль, лансье, рондо, казачок и другие. Но даже в «чисто еврейских» жанрах нередко слышны интонационные и ритмические формулы, характерные для других народов Европы. Заимствования, «напластования», «чуждые элементы» свидетельствовали, по мнению ученых, об «испорченности» традиции, ее разрушении. Поэтому в глазах многих исследователей музыка еврейской свадьбы не могла полноценно представлять еврейскую культуру.

Столь же маргинальной представлялась фигура клезмера. Его статус был весьма низким как в еврейской общине, так и за ее пределами. П. Чубинский писал: «Музыкальное искусство, хотя

---

[38] *Гердер Г. И.* Идеи к философии истории человечества / Отв. ред. А. В. Гулыга, пер. и прим. А. В. Михайлова. М.: Наука, 1977. (Памятники исторической мысли). С. 198, 218–219.

само по себе любимо евреями, но музыканты, особенно молодые, не пользуются уважением общества: на них смотрят как на легкомысленных людей, не отличающихся ни нравственностью, ни религиозностью»[39].

Береговский, рассказывая об авторе «Записок еврея» Григории Богрове, мимоходом замечает: «...он происходил из такой семьи, которая сочла бы для себя величайшим позором, если бы он избрал музыку своей профессией»[40].

Клезмер много времени уделял вещам малозначимым с точки зрения верующего еврея. В поисках заработка он мог играть на свадьбах и увеселениях у помещиков, где подвергался недозволительным соблазнам: мог видеть неподобающе одетых женщин (в декольтированных платьях), слушать их пение, пробовать «трефную» еду и напитки и т. п.[41]

Мемуарист Е. Котик описал кобринского клезмера Шебсла, который «хоть и не знал нот, но игрой своей заставлял всех плакать. Сладость его игры описать невозможно»[42]. В этом повествовании неоднократно подчеркивается неподверженность Шебсла соблазнам: играя у помещиков, он ел лишь еду, приносимую из «еврейского ресторана», «ни вина, ни водки не соглашался попробовать», «вел он себя всегда тихо, и говорил только считанные слова; никогда не слышали, чтобы он смеялся...»; он даже уклонился от предложения быть представленным царю[43]. Настойчивое подчеркивание благочестия Шебсла (возможно,

---

[39] *Чубинский П. П.* Труды этнографическо-статистической экспедиции в Западно-Русский край. Материалы и исследования: В 7 т. (9 вып.) Т. VII. Вып. I. Ч. 1. Евреи юго-западного края. СПб., 1872. С. 93.

[40] *Береговский М. Я.* Еврейская народная инструментальная музыка. С. 27.

[41] П. Неттл приводит архивные документы, свидетельствующие о том, в 1641 году пражским музыкантам было официально разрешено играть на нееврейских свадьбах и других празднествах (сведения даны по: *Береговский М. Я.* Еврейская народная инструментальная музыка. С. 15).

[42] *Котик Е.* Мои воспоминания / Пер. с идиша М. А. Улановской; под ред. В. А. Дымшица. СПб.; М.: Мосты культуры; Гешарим, Издательство ЕУСПб, 2009. С. 54.

[43] *Котик Е.* Мои воспоминания. С. 54, 167.

приукрашенное молвой) свидетельствует о том, что нормой для клезмера — в глазах людей местечка — было иное поведение.

Сохранились воспоминания об игре музыкантов в театре, который с точки зрения ортодоксальных евреев также был недостойным развлечением. Например, в мемуарах П. Венгеровой есть фрагмент, описывающий Любань в 1850-х годах:

> Одним из развлечений был театр, приезжавший на гастроли раз в год, во время большой ярмарки. <...> В антрактах играл небольшой оркестр, почти исключительно из еврейских музыкантов — *клейзморим*. Поскольку публика их отлично знала, зрители часто со своих мест заказывали музыку: «Янкель, сыграй-ка польку!», а потом раздавалось: «Сыграй нам вальсок!» Янкель конечно же исполнял желание своего знакомого, а коллега — заказ своего, так что антракты растягивались до бесконечности[44].

Далее Венгерова добавляет: «Из евреев в театр ходила только молодежь. Старики и люди набожные не ходили в театр никогда».

В очерке С. Фруга предельно обостренным выглядит контраст между восхищением игрой музыканта и отношением к нему самому:

> ...кларнет Тевьи приводил меня воистину в какой-то исступленный, чисто-мистический восторг. <...> — Боже мой! — размышлял я — что же это такое? — <...> Тевья-клезмер, не умеющий даже правильно читать молитвы, музыкантишка какой-нибудь, играющий на мужицких свадьбах, — и что же? Приставит кларнет к губам, пробежит пальцами по этим клапанчикам и дырочкам и — Боже мой! — ведь слушая его можно сойти с ума от наслаждения. И никакого труда это ему не стоит: играется как-то само-собою...[45]

При сопоставлении высказываний о клезмерах обнаруживаются различия в том, что для исследователя является показателем

---

[44] *Венгерова П.* Воспоминания бабушки. С. 236.

[45] *Случайный фельетонист* [*Фруг С. Г.*] Два мира // Недельная хроника Восхода. 1890. № 34. Воскресенье, 26 авг. Кол. 860.

профессионализма. Берлин упоминал незнание нот, соседствующее с «гармонической отчетливостью», добавляя в качестве примера личное свидетельство о своем земляке, цимбалисте-виртуозе Михоэле Гузикове: «Могу засвидетельствовать, что кроме природной склонности к музыке, свойственной всем членам этой фамилии уже в 3-х поколениях и практического упражнения в ней на еврейских свадьбах, он ничего теоретического о музыке не знал»[46].

Липаев, напротив, писал: «…самоучек среди них почти нет, а не знающих нотации — и подавно. Играть без нот считается у них чуть ли не преступлением, хотя написанное на нотных линейках, особенно у скрипачей и кларнетистов, и служит многим предлогом для самой яркой фантазии»[47].

В этих случаях критерием профессионализма выступает не знание или незнание нотной грамоты, а художественное впечатление от игры музыканта. Иной взгляд был у евреев — выпускников консерватории. Вместе с дипломом свободного художника они получали право жить вне черты оседлости, в качестве музыкантов-исполнителей или музыкальных педагогов были вхожи в дома высшего общества. Безусловно, эти музыканты высоко ставили полученные знания и снисходительно отзывались о своих необразованных собратьях[48]. Говоря о клезмерской музыке,

---

[46] *Берлин М. И.* Очерк этнографии еврейского народонаселения в России. С. 44, сноска 43.

[47] *Липаев И.* Еврейские оркестры. Стб. 103.

[48] Эхо этого отношения слышно в высказывании внука клезмера, кларнетиста и руководителя ансамбля М. Левита: «Клезмер не был хорошим музыкантом. Существовало три сорта еврейских музыкантов: "Musikant", который был музыкантом с образованием, рядом появился "Klezmer" — парень, который играл на свадьбах, а потом пришел "Yardnik" — парень, который играл во дворах» (цит. по: *Bauer S.* Von der Khupe zum Klezkamp. Berlin: Piranha, 1999). Дж. Рубин отмечает существовавшее в США пренебрежительное отношение к клезмерам: более продвинутые коллеги считали их «исполнителями с ограниченными возможностями, неспособными освоить новый музыкальный стиль и могущими выполнять лишь функции еврейского свадебного музыканта» (*Rubin J.* Klezmer Music — a Historical Overview // The Cambridge Companion to Jewish Music / Ed. by J. S. Walden. Cambridge: Cambridge University Press, 2015. P. 125).

они подчеркивали элементарность фактуры и гармонического языка, указывали на очевидное незнание народными музыкантами нот.

Так, в 1945 году М. Гнесин писал о своей сюите «Еврейский оркестр на балу у городничего» (созданной для постановки Мейерхольдом «Ревизора»): «Я полагаю, что это мое произведение, несмотря на всю его относительную простоту и даже в некоторых отношениях *элементарность* <...>, едва ли могло быть исполнено полуграмотными, а часто и вовсе не знающими нот подлинными еврейскими свадебными музыкантами»[49].

М. Береговский полагал, что было немало тех, кто «в какой-то степени овладел музыкальной грамотой», перечислял известные ему случаи, когда клезмеры сами записывали собственные композиции, но также добавлял: «Само собой разумеется, что незнание нот ограничивало репертуар рядового клезмера, так как всякое новое произведение ему приходилось усваивать исключительно по слуху»[50].

Этих музыкантов не интересовал статус клезмера в общине: они сами принадлежали к эмансипированным евреям и искали признания в нееврейском обществе, где умение читать молитву не имело практического смысла[51]. Нотная грамота — основа академического музыкального образования — становилась для них критерием профессионализма и по отношению к клезмерской традиции. Изустная передача музыкального материала (и тем более устная аранжировка) казались им вынужденной формой трансмиссии, характерной для «малограмотных» участников клезмерских капелл. Соответственно, и музыка, составляющая репертуар капелл, многое теряла в их глазах.

---

[49] М. Ф. Гнесин — Рене Б. Фишер // Вс. Мейерхольд и Мих. Гнесин. Собрание документов / Сост. И. В. Кривошеевой и С. А. Конаева. М., 2008. С. 141.

[50] *Береговский М. Я.* Еврейская народная инструментальная музыка. С. 28.

[51] Однако эти музыканты осознавали себя евреями, не меняли веры и были приняты интеллигенцией как представители еврейской культуры.

* * *

Изменение статуса клезмерской музыки в конце XX века привело и к переоценке клезмеров XIX века. Так, в монографии З. Фелдмана создается поэтический образ музыканта-профессионала (и даже целого сословия профессиональных музыкантов!), занимавшегося исключительно своим искусством (full-time musicians)[52]. Ностальгический взгляд в прошлое рисует удаленного от суеты творца. Он сам создавал композиции, из которых и состоял его репертуар, и не принимал участия в собственно свадебной церемонии или танцах, а играл лишь на застольях для родных жениха и невесты, бывших своего рода концертами (либо на застолье у нееврейских аристократов).

Музыка еврейской свадьбы: сфера голоса
Бадхен и бадхонес

Инструментальная музыка еврейской свадьбы получила имя, а с ним пришло и ее признание сначала в кругах исследователей, музыкантов, а затем и у широкой публики. Говоря сегодня «клезмерская музыка», подразумевают музыку еврейской свадьбы. В то же время другая звуковая сфера, также входившая в свадебный обряд, осталась неназванной, а значит, по-прежнему «закрытой», практически невидимой.

Она не подходила ни под одно определение: она не была «кантилляцией», «молитвенным пением», «песней на идише», и при этом включала в себя все три названных компонента. Во многих моментах обряда она сопрягалась с инструментальной музыкой, но не становилась «пением с аккомпанементом». Например, в рассмотренной нами выше церемонии исполнения виватов

---

[52] *Feldman W. Z.* Klezmer: Music, History, and Memory. New York: Oxford University Press. 2016. P. XXIV, 3, 56, 93, 149 и другие. (См. рецензию на книгу: *Хаздан Е. В.* Клезмер: музыка, история, память — новый подход к традиции // Музыкальная академия. 2019. № 1. С. 241–247.)

(маршей) игра клезмеров перемежалась «выкликами» бадхена. Он также вызывал гостей к танцу с невестой. Характеристику этих выкликов дает Л. О. Леванда: «громко и *нараспев*». То есть речь идет не о пении, а о типе звукоизвлечения, близком кантилляции — полудекламационном, полувокальном[53]. В свадебном ритуале возгласы бадхена играют роль маркеров: он размечает временны́е рамки церемонии, называет новые социальные роли участников.

Примером подобных выкликов может служить нотация № 9, «Добраночь» в сборнике М. Береговского[54] (*илл. 1*). Приветствие, исполнявшееся при встрече гостей, записано вместе с восклицанием бадхена так, как будто они вместе являются одной пьесой. При этом мы не видим партитуры с отдельной вокальной строкой: голос бадхена выписан на том же нотоносце, что и наигрыш, так как он звучит не одновременно с игрой музыкантов, а предваряет ее, в восприятии же исследователя — составляет с ней единое целое[55].

Возглас являлся знаком для музыкантов: порядок представления, а также то, какими формулами бадхен приветствует того или иного гостя, служат капелле указанием играть более развернутую, виртуозную пьесу или другую, покороче и попроще. Пьесы такого рода принято относить к «музыке для слушания», однако по-

---

[53] М. Лобанов определил подобный тип интонирования как «вокальные мелодии-сигналы»; см.: *Лобанов М. А.* Лесные кличи: вокальные мелодии-сигналы на Северо-Западе России. СПб.: Изд-во Санкт-Петербургского университета, 1997. 232 с.

[54] *Береговский М. Я.* Еврейская народная инструментальная музыка. С. 51–52, запись скрипача Г. Гершфельда, Тирасполь, 1937 год. М. Гольдин не обратил внимания на название пьесы и текст, произносимый бадхеном, и ошибочно отнес номер к обряду базеценс (см.: Там же. С. 37, сноска 2).

[55] Немногочисленные архивные аудиозаписи подтверждают это: клезмеры, показывая музыкальное оформление *базеценс*, сначала напевают (иногда лишь намечают) «партию бадхена» и лишь затем начинают собственно наигрыш. См., например: The Historic Collection of Jewish Music 1912–1947. Vol. 1: Materials of J. Engel ethnographic expedition 1912. CD, Track ID: 30656. Kiev: Vernadsky National Library of Ukraine, 2001. См. также запись скрипача Леона Шварца (коллекция М. Альперта).

Илл. 1. «Добраночь». Восклицание бадхена: «В честь мехутена... (отца невесты или отца жениха, далее следует имя) совершенно прекрасное поздравление!»

добное определение не соответствует их роли в обряде. Их исполнение — отнюдь не «концерт», как пытается представить это в своей книге Фелдман, а церемония представления друг другу членов двух семейств и одновременно утверждения их новых социальных статусов. Они были выстроены таким образом, что никто из присутствовавших не оставался незамеченным, каждому уделялось внимание. Участники церемонии не сидели и не безмолвствовали: они оказывали новому родственнику определенные знаки внимания, вели к приготовленному для него месту, произносили приветствия и поздравления и т. п.

Интонация возгласа проста: восходящий квартовый ход, а затем речитация на одной ноте с возвращением в конце фразы к исходному тону. Более развернутые мелодические формулы были характерны для «бадхонес» — пространных импровизационных выступлений бадхена, произносимых во время обряда усаживания невесты, при вручении подарков, а иногда и во время танцев. Это интонирование отличалось ладовой определенностью. Так, Леванда упоминает, что во время *базеценс* речь бадхена звучала сперва «в минорном тоне, под аккомпанемент скрипки и баса под сурдинку», а далее «без всяких предисловий, внезапно» переходила «в мажорный тон»[56].

В этом и подобных описаниях используемая терминология отчасти помогает прояснить ситуацию, отчасти же, напротив, уводит нас в сторону. Выступления бадхенов не были пением (или речитативом) с аккомпанементом: как и во время «виватов», инструменты не звучали одновременно с голосом[57]. Они подхватывали (продлевали) концы фраз, беря негромко аккорд или — в унисон (через октаву) — тот тон, на котором заканчивал бадхен. Иногда музыканты оставались на том же тоне, в других случаях могли так же вместе, глиссандируя, подняться на секунду. Между строфами солист, скрипач или кларнетист, играл более или менее развернутую метрически свободную каденцию, которая повторялась почти дословно, становясь чем-то вроде рефрена (*илл. 2*).

М. Береговский отмечал, что составляющие единое целое куплеты бадхена и музыкальные отыгрыши тем не менее звучат как бы в разных ладах[58]. Комментируя его труд, М. Альперт указал, что интонационной основой импровизации бадхена являются напевы, звучащие при изучении Талмуда: так называемый геморе-нигн (напев для изучения Геморы) или лерн-штейгер (в данном случае напев для обучения). Эти напевы также используются в синагогальных проповедях[59].

---

[56] *Леванда Л. О.* Старинные еврейские свадебные обычаи // Пережитое. СПб., 1911. Т. 3. С. 124–125.

[57] По сведениям, собранным М. Альпертом, солистами могли быть скрипка, кларнет или флейта, остальная капелла могла состоять из второй скрипки (реже альта) и «баса» (низкий инструмент семейства виол, нередко называемый исследователями контрабасом). См.: Jewish Instrumental Folk Music: The Collections and Writings of Moshe Beregovski // Translated and ed. by M. Slobin, R. Pothstein, and M. Alpert; Annotations by M. Alpert; Foreword by I. Zemtsovsky. New York: Syracuse University Press, 2001. P. XIX, 50, note 25.

[58] *Береговский М. Я.* Еврейская народная инструментальная музыка. С. 37. Береговский назвал лады минором и «фрейгишем», имея в виду модальные структуры, звукоряд одного из которых омонимичен натуральному минору, а звукоряд другого имеет увеличенную секунду между пониженной второй и третьей ступенями.

[59] Jewish Instrumental Folk Music. P. 51, note 25.

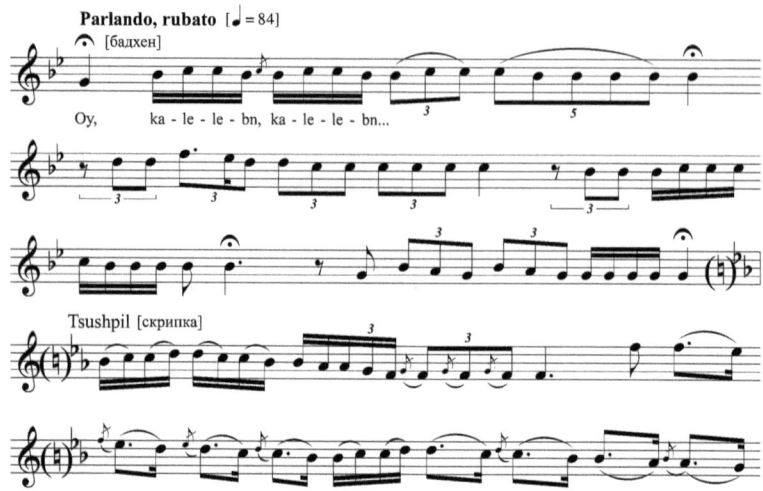

Илл. 2. Базеценс. Интонирование куплета бадхеном сменяется скрипичной каденцией[60]

Благодаря тому, что сфера голоса была непосредственно связана со словом, она оказалась достаточно полно представлена в диссертации Пульнера. Вопреки пренебрежительным отзывам литераторов, считавших бадхонес неуклюжими виршами, мы видим примеры любопытных текстов, содержащих сложные акростихи и цитаты. Интонации этих наставлений обусловлены как их жанром, так и содержанием: для человека, воспитанного в традиции, талмудические аллюзии были само собой разумеющимися. В то же время клезмер мог расцвечивать свою игру, вводя в свои импровизации интонации молитвенных напевов. В частности, если невеста была сиротой, то в обряде должны были звучать наигрыши, близкие по строю песнопениям «El mole rakhamim» и «Av harakhamim»[61].

---

[60] *Береговский М. Я.* Еврейская народная инструментальная музыка. С. 55, № 13 «Kale-bazecn / Усаживание невесты».

[61] אל מלא רחמים («Господь исполненный милосердия») — молитва в память об умершем, звучит после похорон, в дни поминовения; вторая молитва, אב הרחמים («Отец милосердный»), также входит в обряд поминовения.

Переход к утешениям в речи бадхена также подхватывался капеллой.

В упомянутых нами эпизодах обряда инструментальная и вокальная сферы не были разграничены, не мыслились по отдельности ни самими музыкантами, ни их слушателями. «Батхен (так! — *Е. Х.*) и оркестр — что-то неразрывное. Батхен произносит речь, вызывает чувства, слезы, радость и пляску, а оркестр обязан поддержать его логику, служить выразителем его слов, и выразителем вдохновенным», — писал И. Липаев[62].

Голос бадхена, принимавшего участие практически во всех эпизодах обряда за исключением собственно хупы, выступал знаком свадебного обряда в не меньшей степени, чем игра клезмерской капеллы. Интонационный строй бадхонес базируется на модусах, связанных с изучением священных текстов, — для нас это является дополнительным свидетельством того, что свадьба в глазах ее участников имела сакральный статус.

В ритуале был также ряд эпизодов, относящихся исключительно к сфере голоса, — клезмеры в них не участвовали: произнесение женихом дроше, интонирование раввином псалмов, а также чтение благословений. В мемуарах и материалах, собранных этнографами, отсутствуют какие-либо описания этих действий. Такое «невнимание» объяснимо: псалмы звучали регулярно в синагогальной службе. Характеристика их исполнения непременно появилась бы, если бы звучание здесь было непохожим на аналогичные действия, совершаемые каждодневно. Мы можем уверенно говорить о кантилляции псалмов, то есть произнесении их нараспев с интонациями, зафиксированными с помощью теамим (специальных помет, иногда называемых знаками кантилляции). Дроше — речь жениха на талмудическую тему — также полупропевалась, полупроговаривалась, причем ее мелодика была основана на тех же оборотах, которые звучали в бадхонес.

Таким образом, сфера голоса не была связана исключительно с фигурой бадхена, при этом основные ее эпизоды сохраняли интонационную связь с синагогальной кантилляцией (псалмы) и изучением Талмуда.

---

[62] *Липаев И.* Еврейские оркестры. Стб. 135–136.

Особенности хасидской свадьбы

У евреев Восточной Европы существовал (и существует по сей день) также иной тип свадеб, где сфера голоса является основной, — это хасидские свадьбы. Сопоставление хасидского и миснагедского[63] свадебных обрядов есть в воспоминаниях Котика, причем знаками отличия выступают одежда[64] и музыканты: «Дед был не согласен с папой. Он не хотел, чтобы на моей свадьбе были хасиды, и папа договорился с дедом, что хасиды будут только вечером в пятницу, в субботу утром и до исхода субботы. Хасиды пели, говорили о хасидизме <...>. Клезмеры играли почти всю неделю»[65].

Казалось бы, такое разделение вполне естественно: в субботу запрещена игра на музыкальных инструментах, и за праздничным субботним столом поются особые песнопения. Однако автор подчеркивает, что это была хасидская суббота. Ее звучание отличалось для него не только от других дней празднования свадьбы, но и от привычного ему священного субботнего дня. При этом Котик упоминает также о существовании другой капеллы, в которой лидирующий музыкант и бадхен были приверженцами хасидизма, — то есть «хасидской» свадьбу делало не исключительно пение, а другие признаки.

В хасидских общинах чрезвычайно высок статус музыки как таковой, однако формы ее бытования отличаются. Здесь одно из важнейших мест принадлежит особому вокальному жанру — нигунам (напевам)[66].

---

[63] Миснагедство — система религиозных взглядов и практик, сложившаяся преимущественно в Литве в процессе полемики с хасидизмом. Хасиды называли его последователей миснагедами (букв. «противниками»).

[64] Хасиды были приверженцами архаичного стиля в одежде: «Папе хотелось, чтобы я шел к хупе в туфлях, чулках и в атласной капоте» (*Котик Е.* Мои воспоминания. С. 228).

[65] *Котик Е.* Мои воспоминания. С. 230.

[66] Подробнее об этом жанре см.: *Хаздан Е. В.* Хасидский нигун в ракурсе традиционных каббалистических песнопений // Еврейская традиционная музыка в Восточной Европе: Сборник статей / Ред. Н. С. Степанская. Минск: Бестпринт, 2006. С. 156–167; *Хаздан Е. В.* Хасидский нигун: голос как инструмент // Традиционная культура: Научный альманах. М., 2007. № 1 (25). С. 98–110 и др.

Замена важнейшего музыкального компонента связана с иным восприятием свадебного обряда. В хасидской свадьбе акцент переносится с социальной стороны церемонии на ее мистическое содержание. Как известно, получение Моисеем скрижалей в иудаизме часто описывается как свадебный обряд, совершаемый между женихом — еврейским народом и невестой — Торой. В пиюте (гимне), звучащем в пятничный день вечером, суббота именуется невестой, которую встречает народ-жених.

Нигуны становятся доминирующим жанром, звучащим на хасидской свадьбе: с ними подводят к невесте жениха, а также ведут молодых под хупу. Нигуны поют за столом, под них танцуют. Функция инструменталистов здесь сводится к подыгрыванию поющим[67] и к исполнению тех же напевов на инструментах.

По многим внешним признакам клезмерские наигрыши и хасидские нигуны схожи. И те и другие могут быть как медленными, печальными, так и оживленными, танцевальными. И те и другие имеют коленное строение. Нигуны, как и музыка клезмеров, сакрализуют пространство, структурируют обряд. Как и клезмерские мелодии, напевы нигунов могут базироваться на заимствованном материале.

Инструментальное и вокальное начала в традиционной еврейской свадьбе прошлого уравновешивают друг друга. Сфера голоса воплощает личное начало: речи бадхена, молитвы, благословения и т. п. Клезмерская музыка направлена вовне, благодаря ей происходит объективизация обряда, цель которого — закрепление изменений в социальной структуре общины. Клезмерская музыка экстравертна, она распространяется «в горизонтальной плоскости», создавая общее пространство для всех членов общины. Пение нигуна выстраивает «вертикаль», становясь личным обращением каждого участника обряда к Всевышнему. Это пение интровертно, причем даже при совместном исполнении не может называться хоровым: одновременно звучит множество индиви-

---

[67] Далеко не всегда это сопровождение можно назвать аккомпанементом, поскольку инструменты по большей части дублируют напев.

дуальных вариантов напева. Именно поэтому в звучании хасидских коллективов мы слышим разноголосицу; специфическое нестройное пение — признак аутентичного исполнения.

Инструментальные наигрыши и нигуны рассчитаны на различные типы движения, различный жест, шаг: широкий, размашистый, упругий — у клезмеров, слегка покачивающийся, «топчущийся» — у хасидов. Хасидский танец — один из способов достижения его участниками экстатического состояния. Он не рассчитан на зрительское восприятие: движения в нем достаточно однообразные, танцевальный сюжет отсутствует или минимален. Во многих случаях хасиды танцуют «цепочкой», стоя в затылок друг другу — боком к центру.

В одном из наиболее известных еврейских танцев, фрейлехсе, также нет определенного сюжета, но он включает в себя достаточно много разнообразных движений: «змейку», «цепочку», «иголку с ниткой» и т. п. В обычном хороводе пляшущие могут двигаться специальным шагом. Широко распространенные танцы шер, пач-танц, хора также требуют от участников синхронных движений[68]. При этом необходима четкая метрическая основа — ощущение сильной доли, а значит, и слаженная игра ансамбля.

Исполнение хасидских нигунов, в отличие от клезмерских наигрышей, имеет меньшую степень свободы и творчества. Здесь особенно ценится мелодия, исполненная правильно, без вариантов, отклонений, спетая с верным настроем. Участники клезмерской капеллы постоянно обновляют мелодию, не играя одинаково практически ни одного колена, — варьируют основной материал, добавляют новую орнаментацию, вводят подголоски.

Наконец, еще одно отличие связано с вопросом профессионализма.

Клезмер — музыкант-профессионал, не случайно выдающиеся клезмеры славились своей виртуозной игрой. Он специально

---

[68] З. Фелдман подчеркивает, что неверно сделанное или небрежное движение может испортить рисунок танца *шер* (*Feldman W. Z.* Klezmer: Music, History, and Memory. P. 36).

обучается игре на инструменте, стремится освоить его на должном уровне, расширить свой репертуар, чтобы его мастерство приносило доход. Важными профессиональными навыками являются импровизация, игра в ансамбле, искусство устной аранжировки (умение выстраивать фактуру в зависимости от числа участников ансамбля и их роли в данной ситуации, поскольку состав капеллы может варьироваться). Для хасида же пение нигунов не является профессией, средством заработка. Хороший голос — дар, хорошее пение — благо, но оно является лишь средством для служения Всевышнему. Особенным вниманием будет пользоваться пение духовного лидера общины, цадика, — независимо от тембра и силы его голоса. Здесь требуется не виртуозность, не импровизация, а особое духовное воздействие, суггестия. Не случайно на вопрос интервьюера израильские музыканты отвечают, что отличие нигунов от «старых мелодий» (то есть клезмерских наигрышей) — их простота[69].

Песни на еврейской свадьбе

Есть ли у ашкеназов свадебные песни? Были ли они когда-либо ранее? Дискуссия длится уже более века, аргументы в ней приводятся самые разные. Сам по себе вопрос может быть понят двояко: пелись ли (или поются ли) песни на еврейской свадьбе, и существует ли у евреев *жанр свадебной песни*. Это разделение существенно, поскольку в некоторых случаях один из названных вопросов подменялся другим.

Так, Береговский подчеркивал:

> Надо заметить, что специально свадебных песен (кроме куплетов бадхона, которые он пел во время обряда усаживания невесты) на еврейских свадьбах не пели. Иногда во время танца пели одну-две строфы песни. На рассвете после свадебного ужина музыканты иногда играли пьесу

---

[69] *Rubin J.* Rumenishe shtiklekh. P. 18.

«Es togt shoyn» — «Уже светает», а барабанщик при этом пел «Уже светает», напоминая гостям, что поздно и пора расходиться[70].

Комментируя этот текст, М. Гольдин возражает:

> Высказанное замечание не может не вызвать ответной реакции тех, кто хоть раз бывал на какой-либо свадьбе. <...> На еврейской свадьбе, как и на свадьбе любого другого народа во все времена и во всех странах, пели. Остается лишь выяснить, были ли это специальные свадебные песни или какие-либо другие. <...> Береговский, по всей вероятности, имел в виду особые песни <...>, сопровождавшие самые эпизоды обряда (например, шествие к хупэ — балдахину) и к ним приуроченные. Таких песен в самом деле не было, но за столом, во время трапезы пели много, и притом, разумеется, именно специальные свадебные песни[71].

В качестве доказательства существования «специальных свадебных песен» Гольдин указывает на разделы «Песни о женихе и невесте» и «Свадебные песни» в сборнике Гинзбурга и Марека[72], а также раздела «Af khasenes un simkhes» («На свадьбах и праздниках») в сборнике самого Береговского[73]. Мы видим, что, во-первых, одну национальную традицию Гольдин предлагает рассматривать на примере обычаев других народов, во-вторых, смешивает данное песне жанровое определение, ее содержание и функцию[74].

---

[70] *Береговский М. Я.* Еврейская инструментальная музыка. С. 37.

[71] Там же. С. 223.

[72] Еврейские народные песни в России / Собраны и изданы под ред. и с введением С. М. Гинзбурга и П. С. Марека. СПб.: Изд. редакции «Восхода», 1901. С. 192–205 и 206–214.

[73] Yidishe folkslider mit notn / Tsunoyfgeshtelt fun M. Beregovski, I. Fefer. Kiev: Ukrmelukhenatsmindfarlag, 1938. Z. 247–265.

[74] Эти ошибки обусловлены принятой в то время методологией. Считалось, что все народы в своем историческом развитии проходят одинаковые этапы становления. При таком подходе для «передовых» народов появлялась возможность реконструировать прошлое, в то время как «отстающие» нации и народности, фактически получали готовую «программу действий». Соот-

Схожую позицию в начале XX века высказывал Ю. Энгель, когда в рецензии на сборник М. Варшавского причислил три его песни к свадебным[75].

> — Уместно заметить, что г. Энгель песни №№ 9 и 10 называет свадебными, тогда как они по своему содержанию в состав свадебных не входит, — возразил Варшавский[76].
> — Как же иначе назвать следующие песни: 1) «Kales tsad» (Shlogt, klezmer, in di tatsen... Got hot gebencht mayn hoyz, die mizinke oysgegebn), и 2) «Khosns tsad» (Die mekhutonim geyen... Shpilt a vivat dem khosns tsad)?[77] К какому же разряду отнести эти песни «по их содержанию»? — недоумевал в ответ рецензент[78].

Для Энгеля принадлежность к свадебным песням определяется их содержанием, то есть упоминанием в тексте «жениха», «невесты», «сватов». Для Варшавского — она определяется функцией: это должна быть песня, участвующая в формировании обрядовой ситуации.

ветственно, разрабатываемые классификации должны были подходить всем народам. См.: *Хаздан Е. В.* Жанровая структура песенного фольклора ашкеназов: постановка проблемы // Opera musicologica. 2015. № 4. С. 16–47; *Хаздан Е. В.* Фольклористика и еврейская культурная традиция — ключевые несовпадения // Наука о фольклоре в XX веке: традиция и метод / Отв. ред. Л. В. Фадеева. М.: Государственный институт искусствознания, 2021. С. 115–135.

[75] Энгель Ю. Д. По поводу «Еврейских народных песен» М. М. Варшавского // Восход. СПб., 1901. 8 марта. № 18. Стб. 19–20. Полемика Ю. Энгеля с М. Варшавским и Шолом-Алейхемом (1901) опубликована и откомментирована А. С. Френкелем в сб.: Из истории еврейской музыки в России. Вып. 3. СПб., 2015. С. 293. Энгель указывает на песни № 8, 9 и 10.

[76] Полемика Ю. Энгеля с М. Варшавским и Шолом-Алейхемом. С. 298. (Впервые опубликовано: *Варшавский М. М.* Несколько слов моему рецензенту: (Письмо в редакцию) // Восход. СПб., 1901. 12 апр. № 25. Стб. 20–22.

[77] «Сторона невесты» (Бейте, музыканты в тарелки... Бог благословил мой дом, младшенькая выдана замуж), и «Сторона жениха» (Сваты идут... Сыграйте виват стороне жениха) (*идиш*).

[78] Полемика Ю. Энгеля с М. Варшавским и Шолом-Алейхемом. С. 303–304 (Впервые опубликовано: *Энгель Ю. Д.* Ответ г. Варшавскому // Восход. СПб., 1901. 12 апр. № 25. Стб. 22–26.)

Любопытно, что Энгель указал на три песни, но Варшавский возразил лишь по поводу двух из них. Обе они передают свадебное веселье, причем та, что обращена к родне жениха, ведется как бы от лица бадхена, называющего каждого из гостей, дающего ему шутливую характеристику и призывающего приветствовать его. В ней есть даже имитация игры капеллы (те самые «виваты») — своего рода припев, исполняемый без слов, на слоги (см. № 36 в Приложении «Песни о сватовстве, свадьбе и свадебные песни»).

Варшавский понимал, что его песни лишь изображают ситуацию, подобную тем, что происходят на свадьбе, однако они не могут быть встроены в свадебную церемонию вместо импровизационных выступлений бадхена[79]. В его куплетах называются имена, обрисованы некие типажи, тогда как бадхену надо встречать, представлять и характеризовать конкретных людей. Механическая замена имен и эпитетов невозможна: метрически свободную импровизацию не втиснуть в рамки силлабо-тонической строфы.

Текст третьей песни — «Tsum badekens der kale» («К покрыванию невесты») — напротив, по сути повторяет основные формулы, звучавшие при покрывании невесты. Здесь бадхен говорил не о конкретной сидящей перед ним девушке, но представлял некую идеальную картину будущего. Песня Варшавского, так же как и две другие, изображает определенный момент свадебной церемонии, однако, как полагал, по-видимому, автор, она могла бы прозвучать и в реальном обряде. (Он не учитывал лишь, что традиционный текст его песни положен на танцевальную мелодию на 6/8, которая — с этим текстом — звучать не могла; см. № 33 в Приложении «Песни о сватовстве, свадьбе и свадебные песни».)

Все три эти песни процитированы в диссертации Пульнера. Следуя заветам Гердера, ученый стремится извлечь из них сведе-

---

[79] Шолом-Алейхем во вступлении к сборнику Варшавского подчеркнул: «Это не вирши, а именно песни» (*Varshavski M.* Yidishe folkslider. Mit tsvey forredem fun Sholem-Aleykhem. Tsveyte ufgang. New-York, 1918. Z. VI).

Илл. 3. Вариант песни М. Варшавского с инструментальным вступлением

ния о свадебных традициях. Мы видим, что ситуацию, созданную поэтическим воображением Варшавского, Пульнер принимает за этнографически точный документ. Анализ текстов наивен и сопровождается путаницей в определениях. Например, о песне «Tsum badekens der kale» Пульнер пишет:

> ...массовая песня, составленная М. М. Варшавским, в стиле выступлений бадхенов, но ставшая впоследствии популярной народной песней, исполнялась, очевидно, девушками — подругами невесты. В этой песне напоминается невесте о ее девичьей жизни, об ее обязанностях к мужу, детям и т. д.

Здесь что ни определение, то противоречие. Как может песня в бадхенском стиле быть массовой? Из чего сделан вывод о том, что песня поется девушками? Как получается, что девушки, не имеющие опыта семейной жизни, наставляют невесту и говорят о ее обязанностях к мужу? Лишь одно столь же противоречивое высказывание Пульнера соответствует действительности: песня, созданная Варшавским, впоследствии стала по-настоящему народной.

Береговский привел ее вариант в сборнике 1938 года — с другой мелодией, речитативного склада, более соответствующей тексту, а также с предваряющими ее несколькими тактами инструментального наигрыша[80] (*илл. 3*). Мы видим, что здесь, как и при фиксации пьес, сопровождавших усаживание невесты, пение и игра на музыкальном инструменте чередовались — и не мыслились одно без другого.

Загадочные песни

Необходимо упомянуть еще один «кочующий» сюжет о специальных, особенных песнях на еврейской свадьбе. Именно диссертация Пульнера помогает распутать его.

В Еврейской энциклопедии (и ее предшественнице-прототипе Jewish Encyclopedia, вышедшей в 1906 году, далее, соответственно, ЕЭ и JE) имеется несколько упоминаний свадебных песен, которые лишь отчасти совпадают. Так, в обоих изданиях есть отсылка к фразе из Талмуда: «Как танцуют перед невестой? Поют перед ней: невеста прекрасная и милая» (Кет. 17а). В JE эта фраза помещена в статье «Народные песни», а ее окончание названо «фрагментом свадебной песни» (*A fragment of a bridal song*), которую поют перед невестой[81]. В русском издании перевод той же фразы приведен в разделе, посвященном свадебным обрядам: «Талмуд приводит обычные восклицания в честь невесты: "красивая и симпатичная невеста"»[82].

Именно эти слова — «Sheyne, libe kale» — составляют первую строку «базеценс», которые, как полагал Пульнер, пели подруги

---

[80] Yidishe folkslider mit notn. Z. 254–255. К сожалению, в этом сборнике отсутствуют данные о времени и месте записи, либо об источнике, из которого взята мелодия.

[81] *Jacobs J., Harkavy A.* Folk-Songs // Jewish Encyclopedia. 1906. Vol. 5. P. 427.

[82] *Дикштейн Ф.* Свадебные обряды // Еврейская энциклопедия. Т. 14: Сараево — Трани. СПб., 1913. Стб. 51. Курсив наш. — *Е. Х.* Обратим внимание, что в российском издании рассматривается элемент свадебного обряда, а не песня как самостоятельный феномен.

невесты (см. в его работе отсылку к песне из сборника Кагана). Сравните со второй строкой упоминавшейся выше песни Варшавского (№ 8 «Tsum badekens der kale»): «Ибо ты красива и симпатична».

Бадхен, проводя обряд базеценс, обращался к невесте так, как предписывал Талмуд (но на идише, соответственно, имея возможность варьировать это обращение, подбирая эпитеты-синонимы). Его речь являла собой обрядовое интонирование — оно не являлось песней в привычном значении этого слова. Возможно, определение «обычные восклицания» в ЕЭ указывает на торжественное приветствие бадхена, обращенное к входящей невесте.

Далее же эта ситуация могла обыгрываться в песенных текстах. Нам известно, что песня, сочиненная Варшавским, входила в своего рода цикл, посвященный свадебным торжествам (автор не предполагал его исполнения непосредственно в процессе обряда). Возможно также, что какие-либо песни были созданы для театральных постановок, включавших сцены свадьбы, и наиболее удачные потом продолжали петься, приобретали статус народных. Таким образом, текст, приведенный в талмудическом трактате, действительно входит в песенные тексты, в которых изображается речь бадхена, но не наоборот: Талмуд не мог цитировать песен, известных авторам JE.

Заглянем теперь в статью «Песни народные» в ЕЭ. Она написана специально для русского издания и представляет развернутую жанровую классификацию песен[83]. Вот как представлены здесь свадебные песни (пункт VII): «Существующий с давних пор институт бадханов сделал особенно распространенным и популярным этот род песен. Наиболее характерны те из них, которые поют невесте в день венчания. Основной мотив этих песен — нравоучительный и назидательный»[84].

---

[83] Разряды этой классификации повторяют деление, предложенное в сборнике С. Гинзбурга и П. Марека.

[84] *Цинберг С.* Песни народные // Еврейская энциклопедия. Т. 13: Проклятие — Сарагосси. СПб., 1912. Стб. 147–148.

Здесь уже обращение бадхена к невесте названо песнями. Наконец, в обоих изданиях в статьях «Свадебные обряды» есть идентичный текст. В русском переводе он гласит: «Свадебные песни нередко носили форму загадок, по библейскому образцу (ср. свадьбу Самсона); обыкновенно их импровизировал бадхан»[85]. То есть во всех приведенных нами цитатах авторы подразумевают импровизации — *бадхонес*, за неимением идентичного термина в английском и русском языках названные «песнями». А что имеется в виду под «формой загадок» («the form of riddles»)?

Пульнер проводит подробные описания речи бадхена, обращенной к жениху, в которую вкраплялись акростихи. В частности, стихотворение Линецкого передает те речевые формулы, которыми бадхен вводил эти строчки: «Знаешь ли, что хупа (или невеста, и т. п.) означает?» Далее сам он давал ответы на свои мудреные вопросы, однако те из присутствовавших, кто был сведущ в Писании, могли, во-первых, оценить красоту акростиха, а во-вторых, опознать библейскую цитату, использованную при его составлении.

Собранные этнографом материалы позволяют оценить различия в, казалось бы, близких обрядах базеценс и каболас поним (встреча, приветствование). На базеценс присутствовали исключительно женщины[86], — речь бадхена была проще и не включала сложные «загадки»: здесь требовались иные средства воздействия. Речи бадхена, обращенные к жениху, также были рифмованными импровизациями (бадхонес)[87] и также исполнялись нараспев, то

---

[85] Свадебные обряды. Стб. 49–60. Стб. 53. См. также: *Adler C., Grunwald M.* Marriage Ceremonies // Jewish Encyclopedia. 1906. Vol. 8. P. 341. Загадка Самсона — загаданная им на пиру: «Из ядущего вышло ядомое, и из сильного сладкое» (Суд 14: 14).

[86] Сам бадхен и клезмеры были исключением, и это лишний раз подчеркивает их маргинальное положение относительно остального социума. Им также было можно во время танцев располагаться так, чтобы видеть оба помещения — как танцующих мужчин, так и женщин.

[87] Береговский называл их «куплетами». Этот термин не кажется удачным. С одной стороны, он может быть отнесен к песенной форме, с другой — в нем ощущается уничижительный оттенок, как будто речь идет о некоем легком жанре.

есть являлись скорее речитацией, нежели пением. Называя их «свадебными песнями», авторы и редакторы обеих энциклопедий указывают их создателя и исполнителя — бадхена, — тем самым уточняя жанр.

Для музыканта различия между кантилляцией и пением, а также между импровизацией и более устойчивой песенной структурой очевидны. Однако фольклористы анализируют *тексты*, нередко не обращая внимания на интонационно-мелодический строй и тембр конкретного высказывания. Ограничимся одним примером. Израильский ученый Дов Ной предположил, что свадебными являются песни с загадками и невозможными заданиями (то есть именно песни, а не *бадхонес*)[88].

* * *

Теперь наконец ответим на два поставленных нами вопроса: существует ли у евреев *жанр* свадебной песни и пелись ли песни на еврейской свадьбе.

На первый вопрос ответ будет отрицательным. Песня как вокальная форма музыки, объединяющая поэтический текст и мелодию, в свадебном обряде отсутствует. Бадхонес имеют иную природу интонирования, и, называя их песнями, мы вводим в заблуждение наших читателей.

На второй вопрос следует однозначный ответ: да. Это были любые песни, популярные в обществе. Они могли звучать как на мейден-мол (девичнике), так и на самой свадьбе после завершения важнейших обрядов, как одна из традиционных форм увеселения жениха и невесты помимо шуток, анекдотов, загадок и розыгрышей. На хасидских свадьбах была очень высокая доля совместного пения (только мужчин), которое могли поддерживать музыкальные инструменты, как правило, также исполняющие мелодию. На свадьбах миснагедов женские голоса также исключались, но основная часть песен звучала одноголосно и без

---

[88] *Noy D.* Chidot beseudot chatuna (Загадки на свадебных трапезах) // Machanayim. 1963. № 83. P. 64–71. (Иврит).

аккомпанемента. Все присутствующие могли подхватить несложный припев-нигун[89], но чаще даже этот удобный для совместного пения раздел исполнял один человек.

Это особый тип исполнительского общения, характерный для еврейской культуры в целом. Но прежде, чем сказать о нем, необходимо упомянуть об одной общеизвестной песне, которая неизменно звучит не только на свадьбах, но и на других застольях — и поется всеми присутствующими.

В уже упоминавшемся нами американском издании тома «Еврейской инструментальной музыки» Береговского, в комментарии к фразе об отсутствии свадебных песен, М. Альперт замечает, что есть одно исключение: общая приветственная застольная песня «Lomir ale ineynem» («Давайте все вместе»). Она до сих пор поется на свадьбах и праздниках в ашкеназских общинах по всему миру[90]. «Непонятно, как, при каких обстоятельствах она вошла в популярный репертуар», — пишет Альперт и обращает внимание, что инструментальный вариант мелодии (с тем же названием) был опубликован Н. Финдейзеном в приложении к его статье о цимбалистах Лепянских в 1926 году[91] (*илл. 4*).

Несложный, многократно повторяющийся текст знают многие. Но — *песня ли это по жанру?* В ней нет сюжета, а количество куплетов зависит от количества присутствующих и желания продолжать пение. Ее структура проста: в формульную матрицу — как в рамку — вставляются имена присутствующих (или обобщающие номинации: «все гости», «дети», «все евреи» и т. п.). Когда куплет обращен к конкретному человеку, он, обычно жестами, отвечает поющим (например, раскланивается, приподнимает бокал).

---

[89] То есть припев, поющийся без слов, на слоги.

[90] Jewish Instrumental Folk Music: The Collections and Writings of Moshe Beregovski. New York, 2001. P. 53 (footnote 47). М. Гольдин также упоминает эту песню в числе свадебных.

[91] Имеется в виду нотное приложение к статье: *Финдейзен Н.* Еврейские цимбалы и цимбалисты Лепянские. С. 35–44.

Илл. 4. «Ale ineynem»: еврейская застольная песня (из репертуара цимбалистов Лепянских)

Поименное перечисление гостей — их представление, оказание внимания каждому в отдельности — соответствует жанру «виватов» («маршей»). «Lomir ale ineynem» выполняет примерно те же функции. Начало мелодии — ее зачин — строится на восходящем квартовом ходе, — интонационно оно близко возгласам бадхена, предваряющим звучание капеллы. Это произведение могли петь в отсутствие ведущего свадьбу (и даже клезмеров), то есть оно становилось своего рода замещением действий бадхена в церемонии представления или чествования гостей.

Народ, умеющий слушать

«Еврейская традиционная фольклорная песня не только одноголосна, но она обычно и неудобна для коллективного исполнения», — отмечал М. Береговский[92].

> Во время наших фольклорных экспедиций я неоднократно пытался соединить небольшие группы исполнителей, которые знали друг друга, часто встречались друг с другом, а иногда даже работали вместе в течение продолжитель-

---

[92] *Береговский М.* Еврейский музыкальный фольклор: [В 5 т.]. Т. 1 / Под общ. ред М. Винера. М.: Гос. музыкальное издательство, 1934. С. 19.

> го времени, для совместного исполнения какой-нибудь песни, им всем знакомой. <…> Я не мог добиться положительных результатов: каждый исполнитель пел данную песню несколько иначе, и ему трудно было приспособиться к остальным исполнителям[93].

В сноске ученый оговаривал, что сказанное касается исключительно еврейских песен, в то время как «знакомую украинскую песню... такому импровизированному хору удается исполнить более или менее удовлетворительно»[94].

Как известно, для многих народов жанры, звучащие в обряде (равно как и в игре), являются внеаудиторными, то есть не предполагают присутствия сторонних слушателей. Все становятся участниками действа. Принципиальное различие не только свадебных обрядов у ашкеназов и славян, но и музыкальных культур этих народов в целом заключается в том, что основанием этих культур являются разные типы исполнительского общения[95].

Практически все основные эпизоды свадебного обряда восточноевропейских евреев проходят при разделении присутствующих на исполнителя/лей и слушателей: представление гостей, усаживание невесты, дроше жениха, благословения под хупой, чествование присутствующих, описание подарков и, наконец, увеселение молодых и гостей на пиру, включающее также и пение. Во всех перечисленных моментах, кроме благословений, отсутствует закрепленный текст. Присутствующие на свадьбе слушают специально для них создаваемую и исполняемую импровизацию.

Песни, звучащие в славянских обрядах, хорошо известны их участникам. Кроме того, в ряде ситуаций главенствующим оказывается не произносимый текст, а тембр (вопль, выкрик, особая голосовая подача), имеющий сильное суггестивное значение. Для ашкеназов же во всех случаях чрезвычайно важным оказывается

---

[93] Там же. С. 19–20.
[94] Там же. С. 20, сноска 22.
[95] О типах исполнительского общения см.: *Земцовский И. И.* Три кита музыки устной традиции // Традиционная культура. Поиски. Интерпретации. Материалы / Сост. А. Ф. Некрылова. СПб., 2006. С. 6.

слово. Чередование пения (речитации, кантилляции) и инструментальной игры также рассчитано на максимально полное донесение текста. Для большинства присутствующих участием становится активное слушание, нередко — оценка услышанного, реакция на него, его последующее обсуждение.

Описанная модель[96] доминирует и в ашкеназской традиционной культуре в целом. Совместное чтение и толкование Талмуда, проповеди магидов, молитвы и концерты канторов, театрализованные выступления бродерзингеров, а позднее — появление театра и эстрады, — все это рассчитано на активное слушание. Роль аудитории весьма важна. Вникание, понимание, оценивание происходящего, реакция на него (умело сформулированный вопрос, слезы, смех) и становятся участием присутствующих в том или ином действе.

Свадебный обряд — одно из наглядных воплощений указанной модели, которая в ашкеназской культуре охватывает как обрядовое, так и необрядовое культурное пространство.

Предложенное нами разделение музыки ашкеназской свадьбы на сферы достаточно условно. Помимо упомянутых нами эпизодов, в которых игра клезмеров не мыслилась вне восклицаний бадхена, между кантилляцией, пением и инструментальными наигрышами существовали другие многочисленные связи. Они проявлялись:

— на уровне репертуара, когда синагогальное песнопение, молитва становились основой для импровизации клезмера (таковы, например, пьесы «Ahava Raba»), но также и песня могла быть создана на клезмерскую мелодию;

— на уровне разделов, когда в слоговом припеве имитировалось звучание капеллы;

---

[96] И. Земцовский определяет ее как «сказительскую», «рапсодическую»; см.: *Земцовский И. И.* О природе фольклора в свете исполнительского общения // Искусство и общение. Л., 1984. С. 142–158.

— наконец, важными областями взаимодействия этих сфер были интонационный и артикуляционный уровни.

Одно из самых выразительных описаний характерной для еврейской музыки мелизматики оставил Липаев:

> Следует указать на обилие... минутами прямо-таки неуловимых различных мелодических украшений, произвольно нанизываемых скрипачами. В них большой простор фантазии и виртуозному умению играющего. Он то давит вас триллерами [трелями. — *Е. Х.*], также весьма обильными в еврейской музыке, то глиссандами, неотъемлемыми в ней, то головокружительными пассажами и различными кунстштюками смычка. Рядом с широкой кантиленой, спускающейся через глиссандо на арпеджии, скрипач вдруг начинает высекать из своего инструмента сотни бисерных ноток, разрастающихся в потоках замирания и стона[97].

Не менее разнообразной была вокальная мелизматика, причем значительная ее часть может быть отнесена к микроорнаментике, поскольку различия между соседними тонами либо вкрапления кратких нот-украшений в них порой едва уловимы — так называемые крехцы, кнейчи, дрейдлы и т. п. Они не менее, чем импровизируемый текст, подчеркивали индивидуальное личностное начало исполнения. Эти специфические украшения сообщали всему, что звучало, характерный еврейский колорит, в том числе и вовлекавшимся в репертуар песням и наигрышам окружающих народов[98].

Музыку еврейской свадьбы следует рассматривать вместе с обрядом, как его неотъемлемую часть. До сих пор исследователям недоставало подробного, полного этнографического описания свадебного обряда ашкеназов. Соотнесение с ним клезмерских мелодий было во многом умозрительным, за исключением нескольких более основательно проанализированных эпизодов. Диссертация И. М. Пульнера отчасти помогает восполнить существующий пробел.

---

[97] *Липаев И.* Еврейские оркестры. Стб. 171.

[98] Вопрос влияний и заимствований требует особого внимания и должен рассматриваться отдельно.

Валерий Дымшиц

Свадебные обряды у евреев Подолии и Бессарабии[1]

1. Введение

Исследования И. М. Пульнера не получили продолжения. В 1948 году еврейская этнография в СССР была уничтожена, так же как и другие отрасли академической иудаики. Через несколько десятилетий сложилась уверенность в том, что возрождение этих исследований невозможно, так как они не имеют своего объекта: «этнографические» еврейские общины исчезли в пламени Холокоста и под напором советской модернизации. Например, в авторитетной монографии, посвященной современному фольклору эмигрантов из бывшего СССР в Израиле, постулируется, что к 1990-м годам советские евреи были уже полностью оторваны от традиционной «культуры местечка»[2].

Однако в конце 1980-х годов группа энтузиастов из Ленинграда возобновила полевые исследования еврейской культуры; первоначально они были посвящены изучению памятников старины и, в меньшей степени, устной истории. Со второй половины 1990-х годов «в поле» начали работать американские специалисты по диалектам идиша. Начиная с 2004 года еврейские фольклорно-этнографические экспедиции стали систематически выезжать на Украину и, позднее, в Молдавию, Латвию, Белорус-

---

[1] Материалы полевых записей подготовлены к публикации С. Амосовой, В. Дымшицем, А. Львовым, В. Федченко.

[2] *Еленевская М., Фиалкова Л.* Русская улица в еврейской стране. Исследование фольклора эмигрантов в 1990-х в Израиле. М.: РАН, 2005.

сию, а также на западные окраины Российской Федерации. Эти экспедиции были организованы Межфакультетским центром «Петербургская иудаика» (Европейский университет в Санкт-Петербурге) совместно с Центром научных работников и преподавателей иудаики в вузах «Сэфер» (Москва). Затем к этой работе подключился Центр библеистики и иудаики РГГУ (Москва).

Результаты экспедиций были частично опубликованы в сборнике «Штетл. XXI век. Полевые исследования»[3] и монографии Джеффри Вайдлингера «In the Shadow of the Shtetl»[4], а также в целом ряде статей. Это были первые публикации, посвященные этнографии и фольклору еврейского местечка, вышедшие после Второй мировой войны.

Материалы, представленные ниже, были собраны в 2004–2019 годах в Подольско-Бессарабском макрорегионе, который вплоть до начала 1990-х годов обладал значительным старожильческим еврейским населением. Во время Второй мировой войны юго-западная Подолия (часть Винницкой и Одесской областей Украины, Левобережная Молдавия) была занята румынской армией. Румыны назвали эту зону «Транснистрия» (Заднестровье). Оккупанты загнали евреев в гетто и концентрационные лагеря, а население нескольких городов и местечек полностью уничтожили, но всё же большая часть еврейского населения Транснистрии выжила, более того, пережила оккупацию «у себя дома». Таким образом, после войны эта часть СССР оказалась одним из немногих регионов, где сохранилось компактное «этнографическое» еврейское население.

Характерным примером может служить город Могилев-Подольский, чье общее население составляло в 1980-е годы около

---

[3] Штетл, XXI век: Полевые исследования // Сост. В. А. Дымшиц, А. Л. Львов, А. В. Соколова. СПб.: Изд-во Европейского университета в Санкт-Петербурге, 2008.

[4] *Veidlinger J.* In the Shadow of the Shtetl. Bloomington & Indianapolis, Ind.: Indiana University Press, 2013. См. также подробную рецензию на эту книгу: *Дымшиц В.* Рецензия на *Jeffrey Veidlinger.* In the Shadow of the Shtetl. Bloomington; Indianapolis: Indiana University Press, 2013 // Антропологический форум. № 26. 2015. С. 293–302.

30 тысяч человек, из них не менее трех тысяч — евреи. Конечно, в военный период немало евреев погибло на фронте, в гетто и румынских концентрационных лагерях. Однако после войны наблюдался рост еврейского населения города за счет миграции из соседних мелких местечек. Этот прирост отчасти восполнил убыль еврейского населения Могилева во время войны. Если вычесть из числа горожан обитателей полусельских предместий, то в конце советского периода евреи составляли около 20 % населения центральных районов Могилева-Подольского. Похожая ситуация сохранялась еще в нескольких городах поменьше. Устные воспоминания жителей городов и местечек «Транснистрии» о «еврейской жизни» опираются не на довоенные детские впечатления или рассказы старших родственников, а на личный опыт 1940-х — 1980-х годов.

Многочисленное еврейское население сохранялось после войны и в Бессарабии, так как значительная часть евреев успела эвакуироваться, а остальные были депортированы румынскими властями в «Транснистрию». Румынские власти обходились с депортированными очень жестоко, но тотального уничтожения бессарабских евреев все-таки не произошло; соответственно, после войны многие выжившие сумели вернуться домой.

Несмотря на то что в результате массовой эмиграции в 1990-х годах еврейское население в городах Подолии и Бессарабии уменьшилось в 10 и более раз, в 2000-х годах здесь все еще сохранялось достаточно информантов.

Локальный вариант еврейской традиции в Подольско-Бессарабском макрорегионе достаточно однороден: еврейское население говорило на одном и том же диалекте идиша. Унификации культурной традиции способствовали соседство, внутренние миграции в пределах региона, совместное пребывание в румынских гетто, родственные и брачные связи.

В то же время отдельные части этого макрорегиона имеют свои локальные особенности, связанные с различием в их исторической судьбе. Дело не только в том, что Подолия когда-то входила в состав Речи Посполитой, а Бессарабия была под протекторатом Турции. Хотя некоторые рудиментарные различия сохранились до сих пор в терминологии на идише, но сто лет соседства в составе Российской империи сблизили эти исторические провинции. Основные отличия накопились в течение XX века. Левобережье Днестра было советским с момента возникновения Советского Союза. Бессарабия стала советской в 1940 году. Соответственно, наступление на религиозные институты, искоренение традиционных обычаев и обрядов в Бессарабии началось на поколение позже. Это различие четко осознается самими подольскими и бессарабскими евреями. Например, наши информанты в Кишиневе, говоря о евреях из различных городов Молдавии, переехавших в столицу республики, всегда упоминали их родной город, допустим, «бельцкие», «оргеевские», «сорокские» и т. п., и только евреев из левобережного Тирасполя называли не «тираспольскими», а «советскими». Многое из того, что для «советских» евреев уже отошло в область семейных преданий, для бессарабских оставалось частью личного опыта.

Полевые исследования еврейской этнографии и фольклора начались в городах Украины: Тульчин, Шаргород и Могилев-Подольский (Винницкая область), а также Балта (Одесская область). Затем работа была продолжена в Кишиневе, Бельцах (Молдова) и Черновцах (Украина). В настоящее время полевые исследования продолжаются в Левобережной Молдавии, прежде всего в Рыбнице.

Евреи малых городов Подолии — в основном местные уроженцы. В гораздо более крупных Кишиневе, Бельцах и Черновцах большинство евреев — приезжие. В Бельцах проживали евреи, переехавшие в этот город из местечек всей северной Бессарабии, в Кишиневе — выходцы из всех городов республики. В Черновцах практически нет коренного еврейского населения: буковинские евреи покинули город после Второй мировой войны. Современное еврейское население сформировалось за счет послевоенной миграции из Подолии и Бессарабии.

В течение советского периода обряды цикла жизни подверглись гораздо меньшей эрозии, чем сугубо религиозные обряды годового цикла. Особенно привлекательным объектом для изучения были свадебные обряды. Во-первых, они не в полной мере сводились к религиозным ритуалам, а значит, были меньше задеты антирелигиозными запретами; во-вторых, будучи социально обусловлены, позволяли комплексно взглянуть на процессы, происходившие в еврейских общинах. В сборник «Штетл. XXI век» вошло две статьи, посвященные свадебным обрядам евреев Подолии[5]. Данная работа подготовлена на основе этих статей, прежде всего на основе работы В. Федченко и А. Львова. Также использованы полевые материалы более поздних лет.

Этнографические материалы, собранные в южной Подолии, могут быть напрямую сопоставлены с материалами И. М. Пульнера, так как он тоже работал в этом регионе. В его диссертации упомянуты подольские города и местечки: Балта, Бершадь, Гайсин, Томашполь, Ямполь, а также недалеко от них расположенные населенные пункты Херсонской губернии — Тирасполь и Захарьевка.

В наших экспедициях, так же как в экспедициях Пульнера, в качестве опросника использовалась этнографическая программа Ан-ского «Человек»[6]. Применение одного и того же опросника наглядно выявляет динамику изменений обрядов и социальных практик. Кроме того, сама программа «Человек» была написана Ан-ским и его помощниками по результатам трех экспедиций на Украину, в том числе в Подольскую губернию. Таким образом, программа во многом отражает специфику еврейской традиции именно в Юго-Западном крае.

Современные полевые материалы по сравнению с материалами, собранными Пульнером, обладают одним значимым достоинством — они были записаны на диктофон; фрагмент интервью сообщает не только об особенностях того или иного обряда, но и доносит до читателя живые формулировки информанта.

---

[5] *Изард С.* Экономика еврейской свадьбы в Могилеве-Подольском советского периода // Штетл, XXI век: Полевые исследования. СПб.: Изд-во Европейского университета в Санкт-Петербурге, 2008. С. 177–185. *Федченко В., Львов А.* Сватовство, помолвка, свадьба // Штетл, XXI век: Полевые исследования. СПб.: Изд-во Европейского университета в Санкт-Петербурге, 2008. С. 226–260.

[6] *An-sky Sh.* Dos yidishe etnografishe program. Ershter teyl: der mentsh. Petrograd, 1915.

2. Сватовство

2.1. Брачный возраст
Пульнер пишет:

> Когда парень или девушка достигали принятого брачного возраста, родители подыскивали для них соответствующую партию. Заключение браков у евреев в России в рассматриваемый нами период[7], как и в предыдущие века, происходило путем предварительного сватовства. Брак нуждался, как правило, в посредничестве, и эту функцию выполнял шадхн[8].

Брак по предварительному сговору и с помощью шадхена был характерен прежде всего для элиты традиционной общины. Родовитые и богатые семьи культивировали ранние браки, так как отцы невест «охотились» за учеными женихами: такой брак укреплял престиж семьи. Кроме того, брак по сговору давал возможность зажиточной семье подтвердить ее статус на социальной лестнице. Малолетние новобрачные были зависимы от родителей, которые всё за них решали. Именно такие семьи в первую очередь прибегали к услугам шадхена[9].

Брак с помощью шадхена был когда-то настолько характерен для зажиточных слоев, что стал рассматриваться как обязательный для настоящих «меюхосим» («родовитых»). Уже в наше время в Могилеве-Подольском проживала в гражданском браке пожилая пара. Для обоих супругов этот брак не был первым: он был вдовцом, она — в разводе. После того как эти немолодые люди прожили вместе несколько лет, они решили зарегистрировать свои отношения. Так как оба супруга происходили из родовитых семей (их предки были когда-то богатыми купцами), то «жених» перед регистрацией брака нанял профессиональную

---

[7] То есть во второй половине XIX — начале XX века.

[8] См. с. 45 настоящего издания.

[9] *Штампфер Ш.* Социальный контекст ранних браков // Штампфер Ш. Семья, школа и раввины у евреев Восточной Европы. М.; Иерусалим: Мосты культуры / Гешарим, 2014. С. 9–34.

сваху, которая передала его предложение «невесте». По их мнению, именно такого поведения требовали «приличия»[10].

Большинство браков среди представителей низших сословий (ремесленников, бедняков) уже в XIX веке заключалось без сватовства: молодые люди знакомились друг с другом сами. Брак в этой социальной страте не подразумевал наличия приданого или «кеста» (содержания) от родителей, поэтому молодым людям приходилось до вступления в брак копить имущество для семейной жизни. Новобрачные, таким образом, были не такими юными и экономически не зависели от родителей[11].

В советское время брак по сватовству постепенно становился все более редким явлением. Этому способствовали бо́льшая свобода нравов и совместное обучение юношей и девушек.

Тем не менее брак по сватовству продолжал существовать наряду с современным «браком по любви» и был достаточно распространен. Девушек начинали сватать с 18 лет, то есть после окончания школы, юношей — с 20 лет, то есть после возвращения из армии.

> *Инф.*: Это просто мы уже понравились друг другу, как говорится, после. И он приезжал сюда в отпуск, и тогда была помолвка, а когда он демобилизовался, тогда мы сыграли свадьбу[12].

Считалось, что жених должен быть старше невесты и, по возможности, иметь профессию. Это требование также повышало оптимальный брачный возраст жениха.

> *Инф.*: Он [парень], во всяком случае, был постарше девушки. Двадцать два, двадцать три года, двадцать четыре года. Смотрели, чтоб у парня специальность была[13].

---

[10] Могилев-Подольский (2004). Е. Г., 1934; Е. Ш., 1937. Здесь и далее указаны место записи, год записи, инициалы информанта и год его рождения.

[11] *Штампфер Ш.* Любовь и семейная жизнь евреев Восточной Европы в Новое время // Штампфер Ш. Семья, школа и раввины у евреев Восточной Европы. М. — Иерусалим: Мосты культуры / Гешарим, 2014. С. 35–78.

[12] Черновцы (2009). А. М., 1946.

[13] Тульчин (2005). Ф. Б., 1926.

Ранние браки исчезли, однако с 25 лет девушка уже считалась *алте мойд* (старой девой), а парня называли *алтер бохер* (старый холостяк) примерно с 30 лет[14].

Стереотип «девочка — обуза для семьи» продолжал до известной степени действовать.

> *Инф.*: Каждая еврейская семья хотела выдать побыстрее свою девушку. И некоторые делали даже большие ошибки, ну, не смотрели... Ее надо было выдать замуж. Понимаете, это получалась тягость. «О, я уже сбыл свою эту вот [дочь]...» И казалось легче[15].

Дополнительное напряжение создавало то, что по обычаю младшая сестра не должна была выходить замуж раньше старших, а брат — жениться до того, как его старшие сестры будут просватаны.

> *Соб.*: А не говорили так, что молодой человек не должен жениться, пока он не выдаст замуж своих сестер?
> *Инф. 1*: Да. У нас так было.
> *Инф. 2*: А если он младше сестры — ни в коем случае!
> *Соб.*: А если, например, в доме есть девочки, так не может быть, чтобы младшая сестра выходила замуж раньше старшей?
> *Инф. 1*: Нежелательно. Должна была раньше выйти старшая, а потом младшая[16].

Семья старалась как можно быстрее просватать девушку — своими силами, с помощью родни или с помощью шадхена.

Девушка-сирота, о сватовстве которой некому было позаботиться, оказывалась в сложном положении. Стремясь заручиться «помощью» покойных родителей, она шла на кладбище и над могилой матери или отца просила найти ей хорошего жениха.

---

[14] Тульчин (2005). И. Ш., 1931; Р. Ш., 1936.
[15] Тульчин (2005). Е. К., 1939.
[16] Тульчин (2005). И. Ш., 1931; Р. Ш., 1936.

Соб.: А вот на кладбище не ходили, если, допустим, нужно замуж выйти или жениться, и человек сирота?
Инф.: Надо. Идут на кладбище, просят мертвых, чтобы помогли, и все такое, а они говорят, что слышат.
Соб.: А что говорят при этом? Вот вы знаете, что надо говорить?
Инф.: Ну, говорят: «Goteniu! Zolsti loyfn, beytn got: "Zolsti farshteln di shlekhte veygn. Zolsti gebm lebm. Gemichet tsekh tsu khosene... Shik mir... Zol zan a giter zeyvik". Zeyvik, heist es, nu, a mon a giter. Azoy, vi heist, tsigeshikt»[17]. То, что ей назначено[18].

Было принято при возникновении различных проблем (бездетность, болезнь, семейные проблемы и т. п.) просить умерших предков, прежде всего покойных родителей, чтобы они стали заступниками перед Богом за своих потомков. Очевидно, отсутствие хорошего жениха воспринималась как одна из таких проблем[19].

2.2. Шадхены

Пульнер пишет: «Функции шадхенов выполняли иногда родные, опекуны или знакомые жениха и невесты, но преимущественно — шадхены-профессионалы, мастера своего дела, для которых шадхонес (сватовство) являлось промыслом»[20].

В XX веке значение родственников и знакомых, которые бескорыстно занимались сватовством, постоянно повышалось: шадхены-«любители» постепенно вытесняли «профессионалов». Помощь при сватовстве рассматривалась как богоугодное дело[21].

---

[17] Боженька! Ты <покойный родитель> должен бежать, просить Бога: «Ты должен заградить плохие пути. Даруй жизнь. Постарайся (букв. «помучайся») для свадьбы. Пошли мне... Пусть будет хороший супруг». Супруг, то есть, ну, муж хороший. Так, как говорят, суженый (букв. «посланный» <судьбой>) (*идиш*). Здесь и далее все цитаты на идише даны так, как их произносили информанты, то есть на подольско-бессарабском диалекте.

[18] Тульчин (2005). И. К., 1927.

[19] *Дымшиц В.* Еврейское кладбище: место, куда не ходят // Штетл. XXI век. Полевые исследования. СПб.: Издательство ЕУСПб, 2008. С. 151.

[20] См. с. 48 настоящего издания.

[21] Помочь девушке выйти замуж считалось мицвой (богоугодным делом). О стремлении «заработать мицву» см.: *Дымшиц В.* Заповедь или добродетель? Концепция «мицвы» в традиционной культуре евреев Восточной Европы // Запреты и предписания в славянской и еврейской народной традиции / Отв. ред. О. В. Белова. М., 2018. С. 67–75.

Инф.: И просто тоже так. Допустим, вот я знаю, что там хорошая девочка, а в Шаргороде я знаю хорошего мальчика... Сводили просто вот так[22].

Выражение «просто вот так» следует понимать как указание на то, что это делалось бескорыстно, не для заработка.

Сообщения различных информантов о значимости сватовства для заключения брака очень различны. Брак по сватовству для многих информантов выглядел уже приметой прошлого. В качестве примера они часто рассказывали о знакомстве своих родителей, сватовству которых способствовало давнее знакомство или родство семей жениха и невесты.

Инф.: А они[23] какие-то родственники, да. В старые времена предлагали. Это было такая [мицва][24]... Говорили, что у меня есть дочка, а у тебя есть сын, давай приезжай, познакомим...[25]

С другой стороны, многие информанты, вспоминая свою молодость, то есть 1950–1960-е годы, утверждали, что и тогда преобладали браки, заключенные с помощью сватовства.

Соб.: А вообще как чаще знакомились — через сватов или?..
Инф.: Больше через сватов, да, больше через сватов[26].

Непременным атрибутом жизни провинциальных городов были общественные гуляния на главной улице или в городском парке. Прогулки в общественном пространстве рассматривались как удачное место и время для сватовства, тем более что потенциальные женихи и невесты прогуливались тут же и, таким образом, сватовство сопровождалось своего рода «смотринами».

---

[22] Могилев-Подольский (2004). М. Т., 1941.
[23] Родители информанта.
[24] Доброе дело, благодеяние, исполненная заповедь (*идиш*).
[25] Могилев-Подольский (2004). М. Т., 1941.
[26] Балта (2006). Е. Х., 1926.

Соб.: Мне рассказывали в Тульчине, что могли, например, сватать на скамеечках во время гулянья.
Инф.: Да, было такое, было. Но сейчас уже нет, а раньше было такое вот. «Ты знаешь, там у того есть сын за твою дочку». Я знаю по себе, меня когда-то сватали вот так. Да, да, да. Было такое. «Вот ты знаешь, он богатый…»[27]

Снижение роли брака по сватовству приводило к тому, что грань между профессиональными шадхенами и «любителями» размывалась. Скажем, из приведенного ниже рассказа непонятно, идет ли речь о профессиональном свате или нет.

Соб.: А кто вас сватал?
Инф.: Да тут был когда-то Мазлер такой, Ефим Емельянович. Он уже умер. Так у нас семья такая небольшая была[28]. Он говорит: «Ты знаешь, у меня есть мальчик вот такой вот. Из богатой семьи, вот такой». Я говорю: «Вы знаете, зачем мне надо?» Я говорю: «Не в свои сани не садись». Зачем оно мне нужно?
Соб.: А он много кого сватал или только вас?
Инф.: Да, он часто… Он часто находил всем [партию]… Я знаю?.. Не только евреям. Вот я помню, вот здесь была такая, небольшого роста, ну, как лилипутка, вот такая женщина. Он ей нашел, откуда-то привез сам, с Винницкой области откуда-то. И привез жениха ей. Тоже маленького такого, они долго там [жили]… Мне кажется, и сейчас живут они еще[29].

Сватовство постепенно из профессии превращался в приработок, источник дополнительного дохода.

Соб.: Это была профессия или так, заодно?
Инф: Это они себе занимались, это был дополнительный заработок.

---

[27] Балта (2006). Д. Б., 1951.
[28] То есть в семье информанта было мало родственников, которые могли бы помочь со сватовством.
[29] Балта (2006). Д. Б., 1951.

> *Соб.*: И у них была своя клиентура?
> *Инф.*: Нет. Они работали, они работали на своих работах, но кроме этого у них была своя клиентура, и они занимались [сватовством]...[30]

В городе с большим еврейским населением шадхенов могло быть несколько. Например, в Шаргороде, в котором в послевоенные десятилетия проживало около тысячи евреев, «было человек шесть [шадхенов], наверное»[31].

С профессией шадхена произошло то же, что со многими другими профессиями в XX веке — из сугубо мужской она стала преимущественно женской. Вопрос № 971 в программе «Человек» выглядит так: «Занимаются ли сватовством также женщины?»[32], то есть в начале XX века профессиональная сваха была редкой фигурой, которая обращала на себя внимание. Пульнер также пишет: «У евреев в России роль шадхенов выполняли чаще мужчины, реже — женщины-шадхнтес (свахи)»[33]. Однако с точки зрения многих современных информантов профессионально занимались сватовством только женщины:

> *Соб.*: А сватовством занимались только женщины или мужчины тоже?
> *Инф.*: Нет, что-то мне кажется, только женщины. У нас женщина была одна в Тульчине.
> *Соб.*: Одна в Тульчине, на весь Тульчин? Это была ее профессия, так сказать?
> *Инф.*: Ну, она так, типа, зарабатывала деньги[34].

Из рассказов о шадхенах видно, что, как правило, профессиональные шадхены занимались также маклерством: сватовство

---

[30] Могилев-Подольский (2004). М. Т., 1941.

[31] Могилев-Подольский (2004). М. Т., 1941.

[32] *An-sky Sh.* Dos yidishe etnografishe program. Ershter teyl: der mentsh. Petrograd, 1915. Z. 125.

[33] См. с. 48 настоящего издания.

[34] Тульчин (2005). Ф. Б., 1926.

было только частью их посреднической активности. Очевидно, ситуация, когда профессиональный сват вообще занимался всякого рода посредничеством, была достаточно традиционной. На это указывает вопрос № 967 из программы «Человек»: «Занимаются ли шадхены только сватовством или имеют также другой заработок?»[35]

Например, в Тульчине сватовством занималась Эстер ди шодхенте[36], популярный персонаж городских рассказов. Она была пожилой женщиной, домохозяйкой, нигде не работала и занималась не только сватовством, но также была квартирным маклером. Судя по прозвищу «шодхенте», именно сватовство воспринималось всеми как ее главное или, во всяком случае, наиболее характерное занятие.

> *Инф.*: A shodkhente. In Tulchin iz geveyn Ester di shodkhente[37]. Она занималась этими вопросами, сватала, находила квартиры, делала другие [сделки]... Но в том числе сватовство делала. Ester di shodkhente[38]. Это был ее кусок хлеба. Она этим занималась[39].

Хотя сватовство становилось после войны все более женской профессией, сваты-мужчины продолжали существовать. Например, в Балте был известен сват Фройка, который помимо сватовства, так же как Эстер из Тульчина, занимался обменом квартир.

> *Инф.*: Тут жил один маленький такой, по нашей улице, Фройка его звали. И что? Даже если он шел, там... квартиры людям находил, ему платили за это. Даром ничего не делал, ничего[40].

---

[35] *An-sky Sh*. Dos yidishe etnografishe program. Ershter teyl: der mentsh. Z. 125.
[36] Эстер-сваха (*идиш*).
[37] Сваха. В Тульчине была Эстер-сваха (*идиш*).
[38] Эстер-сваха (*идиш*).
[39] Тульчин (2005). И. Ш., 1931; Р. Ш., 1936.
[40] Балта (2006). Е. Х., 1926.

Вопрос № 970 в программе «Человек» сформулирован так: «Есть ли у вас ланд-шадхоним[41], и почему их так называют?»[42] Пульнер в своей диссертации также подтверждает существование таких шадхенов[43]. Встречались «ланд-шадхоним» и в послевоенные годы. Уже упомянутая сваха Эстер была как раз из их числа. О ней говорили: «И в Москве могла найти [жениха]»[44].

Отъезд евреев, прежде всего молодежи, в большие города приводил к тому, что «междугороднее» сватовство становилось все более активным.

Соб.: А вот эта шодхнте — она только в своем городе работала или на целую округу?
Инф.: Она имела большой это... Вот, например, Могилёв[45]. Многие разъехались по разным городам. Вот она с ними имела связь. Вот приезжали.
— Вот у меня есть дочка, у тебя нету парня?
— О, у меня есть парень, давай...[46]

Услуги шадхена, как правило, оплачивала семья потенциальной невесты, так как стремилась выдать дочку замуж. Один из информантов, женившийся с помощью свахи, вспоминает:

Инф.: Я не платил [свахе], а платили родители невесты[47].

Когда-то плата шадхена составляла определенный процент от стоимости приданого. На это прямо указывает вопрос № 976 в программе «Человек»: «Сколько приблизительно процентов от приданого составляет плата за сватовство?»[48] Мало кто из совре-

---

[41] Те, кто осуществляет «междугороднее» сватовство.
[42] *An-sky Sh.* Dos yidishe etnografishe program. Ershter teyl: der mentsh. Z. 125.
[43] См. с. 48 настоящего издания.
[44] Тульчин (2005). М. Ш., 1930; Ф. Ш., 1938.
[45] Могилев-Подольский.
[46] Могилев-Подольский (2004). М. Т., 1941.
[47] Могилев-Подольский (2004). М. Т., 1941.
[48] *An-sky Sh.* Dos yidishe etnografishe program. Ershter teyl: der mentsh. Z. 125.

менных информантов помнил о такой практике. Большинство утверждало, что с шадхеном просто заранее договаривались о фиксированном вознаграждении.

> *Соб.:* А сколько [свахе] платят?
> *Инф.:* Ну, смотря какие молодые. Богатые — значит, больше она получит.
> *Соб.:* А это какая-то фиксированная величина?
> *Инф.:* Не-не[49].

Только представители старшего поколения из Бессарабии помнили практику выплаты фиксированного процента от стоимости приданого. Всего один раз удалось получить ответ на загадочный вопрос № 977 из программы «Человек»: «Есть ли различие в процентах, если сватовство происходит по воде?»[50] Оказывается, когда-то существовала такая практика: если жених был из того же местечка, что и невеста, то шадхену платили 1 % от стоимости приданого, если из другого местечка — 2 %, а если местечко жениха было за рекой — 3 %[51].

Даже если роль шадхена брал на себя знакомый или родственник, его следовало вознаградить. Деньги непрофессиональным сватам давали редко, но если сватовство было удачным, подносили им дорогие подарки. «Профессионал» получал оговоренный заранее гонорар сразу после знакомства молодых людей, «любитель» — подарок после бракосочетания.

> *Инф.:* Допустим, я вас познакомила с кем-то, и он женится. Он обязательно должен заплатить или подарок хороший купить[52].

Пульнер подчеркивает, что у шадхенов была репутация людей лживых, хитрых и жадных. Он пишет: «Шадхену нет дела до бу-

---

[49] Хотин (2004). З. М., 1932.
[50] *An-sky Sh.* Dos yidishe etnografishe program. Ershter teyl: der mentsh. Z. 125.
[51] Сороки (2007). А. Г., 1921.
[52] Балта (2006). Е. Х., 1926.

дущей судьбы супругов; ему — лишь бы получить вознаграждение за сватовство, а там "хоть потоп"»[53]. Так же выглядела репутация свахи и в глазах современных информантов. С их точки зрения, удачный исход сватовства сваху не интересовал: оплату она получала сразу же в день знакомства жениха и невесты.

> *Инф.:* Одна единственная ее цель была познакомить. Она познакомила — она забрала деньги. Остальное уже было дело этих молодых людей, которые должны были или сойтись, или разойтись.
> *Соб.:* А она брала деньги после знакомства?
> *Инф.:* Вот она вас сегодня познакомила — сегодня вы ей плотите. И больше она вас не знает. Если у вас получится — получится, не получится — не получится[54].

Многие сваты и свахи были заметными фигурами, из тех, которых в городе «все знают». Воспоминания о них стали частью городского фольклора. Например, уже упомянутого шадхена Фройку в Балте называли «начальником города»: широкий круг знакомств и осведомленность наделяли его определенной властью.

> *Инф.:* Считали его «начальник города», потому что он этим [сватовством] только и занимался. А сам он просто простой был... Просто обыкновенный.
> *Соб.:* А «начальник города» почему? Он всех знал?
> *Инф.:* Ну, он всех знал и всех сводил. Всех знакомил[55].

Сваха — своего рода трикстер, она выглядит одновременно комично и грозно. В ее власти не только свести людей, но и развести их, не только создать, но и разрушить семью. Вот что рассказывали об уже упомянутой свахе Эстер из Тульчина:

> *Соб.:* А репутация у нее была вообще какая? Она считалась порядочная женщина?

---

[53] См. с. 55 настоящего издания.
[54] Тульчин (2005). И. Ш., 1931; Р. Ш., 1936.
[55] Балта (2006). Е. Х., 1926.

Инф. 1: Ну, такая она была, такая... a shleperke⁵⁶.
Инф. 2: Да, она брала деньги у любых ребят без всякого знакомства, только за то, что [иначе] она наговорит на этого парня.
Инф. 1: Ну, допустим, парень бедный, и он дорожит своей репутацией, потому что ему надо себе найти девушку, а она наговорит три мешка арестантов... И человек не захочет даже знакомиться⁵⁷, поэтому ей давали типа отступного.
Инф. 2: Как рэкет?
Инф. 1: Рэкетёрша. Чтобы на этого парня или на эту девушку [она] не наговаривала...
Соб.: А если, например, просто молодые люди без шодхнте познакомились?
Инф. 2: Все равно ей давали деньги...
Инф. 1: Потому что она будет болтать, она будет наговаривать: «Mit vemen hot er poznakomitse? Hot ir gehert, mit vemen hot?..» Es iz aza min... yidishe manses⁵⁸.

Если молодые люди обходились без посреднических услуг свахи Эстер, они все равно должны были ей платить, чтобы она не наказала их своей клеветой за упущенную выгоду. О необходимости платить «отступные» свахе в том случае, если обошлись без ее услуг, рассказывали и в Могилеве-Подольском⁵⁹.

Маркированность фигуры свахи подчеркивает ее внешность, то жалкая, то величественная, но в любом случае необычная. Вот как выглядела сваха Эстер из Тульчина:

Инф.: Я видела ее всегда тут, в Тульчине, я видела её вечно в бегах... Вечно она спешила, вечно куда-то шла. И у нее еще были на ногах язвы, открылись у нее, и они были перемотаны этими, тря... ой, этими, бинтами, все это самое... Но она бежала, бежала, у нее было море, масса работы⁶⁰.

---

⁵⁶ Побирушка (*идиш*), от глагола «shlepen zikh» — «таскаться», в том числе «таскаться по дворам», то есть «побираться, выпрашивать, вымогать».

⁵⁷ Следует понимать: «Никто не захочет с этим человеком знакомиться».

⁵⁸ «С кем он познакомился? Вы слыхали, с кем он?..» Это такого рода... еврейские россказни (*идиш*). Тульчин (2005). И. Ш., 1931; Р. Ш., 1936.

⁵⁹ Могилев-Подольский (2004). Е. Г., 1934; Е. Ш., 1937.

⁶⁰ Тульчин (2005). С. Г., 1936.

А вот описание свахи из Могилева-Подольского:

> *Инф.*: Этой свахе было лет под девяносто, она ходила с накрашенными губами, вся в белом всегда. Белое пальто, белая юбка. Она ездила по всему Союзу и искала невесту для жениха, жениха для невесты, и ей за это платили деньги. Называли ее сводная сваха[61].

Профессиональные шадхены существовали еще в 1950–1960-е годы, но потом это занятие стало исчезать. Например, сваха Эстер умерла в 1950-х годах, и с этого времени профессиональных шадхенов в Тульчине больше не было.

> *Соб.*: И до какого времени это происходило?
> *Инф.*: Да это где-то до пятидесятых годов. А потом уже и эта женщина умерла, и это всё умерло[62].

Итог теме подводит приведенный ниже фрагмент, содержащий все основные мотивы рассказов о сватах и сватовстве:

А) В прежние времена браки заключались с помощью шадхенов, что не исключало того, что молодые люди знакомились сами.

Б) Профессиональные шадхены были нужны в первую очередь для заключения «междугородних» браков: «лучшему» семейству было непросто отыскать ровню в своем же местечке.

В) Шадхеном был немолодой, солидный человек, он мог действовать и к худу, и к добру.

Г) В настоящее время шадхенов больше нет.

> *Соб.*: Расскажите еще, пожалуйста, кто занимался сватовством, были специальные люди?
> *Инф.*: В маленьких городах были шадхены. Они занимались сватовством. В основном [молодые люди] сами знакомились. Но шадхены были… Особенно с другого города приезжает, из другого местечка… И он [шадхн] предлагает…
> *Соб.*: Как они это делали?

---

[61] Могилев-Подольский (2007). Р. Б., 1954.
[62] Тульчин (2005). И. Ш., 1931; Р. Ш., 1936.

Инф.: Приходили к родителям: «Там есть такой сын, там есть такая дочь». И так занимались. Если они были честными — это было хорошо, а если они врали, их потом проклинали.
Соб.: Кто обычно работал шадхеном?
Инф.: Они все среднего возраста. Он занимался.
Соб.: Это был женатый человек?
Инф.: Средних лет человек, лет шестидесяти, женатый. Молодой человек не мог этим заниматься. Сейчас уже этого нет. Люди сами знакомятся[63].

2.3. Помолвка (кносемул, ворт, тноим)

Пульнер в своей работе выделяет три события, располагавшихся между сватовством и свадьбой: 1) предложение, 2) сговор и смотрины, 3) помолвка. Во второй половине XX века предсвадебные обряды оказались в значительной степени редуцированы. Из них выпало почти всё, что было связано с религиозной обрядностью и образованием, зато социальная и экономическая составляющие брака остались во многом без изменений. Это свидетельствует о том, что советская власть, агрессивно разрушая религиозные институты (синагога, хедер, иешива), оказалась более терпимой к традиционным для малых городов и местечек формам занятости и экономической активности — кустарному ремеслу, мелкой торговле, посредничеству[64].

Естественно, в советское время исчезла проверка талмудической эрудиции жениха[65], так как религиозное образование было полностью уничтожено. О существовании такого «экзамена» никто из наших информантов ни разу не вспомнил.

Наши информанты не выделяли как особый обряд «предложение», хотя, если брак заключался с помощью сватовства,

---

[63] Черновцы (2008). К. Ш., 1927.

[64] *Hakkarainen M.* Jewish Tradition Faces the Soviet Economy: Moral Dilemma of «Shadow». Entrepreneurship in the Former Pale of Settlement, Ukraine // East European Jewish Affairs. 2013. Vol. 43, № 2. P. 190–205; *Kushkova A.* An Essay on Jewish Ethnic Economy: Case of Belz (Moldova) // East European Jewish Affairs. 2013. Vol. 43, № 1. P. 77–100.

[65] О таком экзамене см. с. 68–71 настоящего издания.

шадхен (доброхот или профессионал, неважно) должен был провести предварительные переговоры с родителями потенциальных жениха и невесты.

Роль смотрин также упала, так как молодые люди в небольшом городе могли неоднократно общаться друг с другом — на прогулке, на танцах, в кино, в гостях у общих знакомых и т. п. Смотрины сохраняли смысл только в том случае, если жених и невеста жили в разных городах. Смотрины, как правило, устраивали в доме невесты.

Брак без предварительного знакомства жениха и невесты и без их согласия уже невозможно было себе представить. Тем не менее сохранилась коллективная память о том, что когда-то «до войны», то есть в неопределенно давнем прошлом, такие браки случались.

Соб.: А как раньше было?
Инф.: Сваты сватали, и ты могла не видеть до свадьбы жениха, и жених мог не видеть тебя, невесту. И всё! А на свадьбе — пусть будет уродом, пусть будет калекой. Женился — живи![66]

Одна из информанток рассказала семейное предание о своей прабабушке, бедной сироте, которую просватали за богатого. Она впервые увидела своего жениха во время бракосочетания, поняла, что он умственно неполноценный, и сбежала из-под хупы. Брак был признан несостоявшимся[67].

Препятствием к сватовству, кроме очевидного отсутствия взаимной симпатии, изредка могли служить как сословные границы (потомки родовитых людей не хотели родниться с потомками ремесленников и бедняков), так и некоторые старые обычаи.

Например, опасались свататься, если мать юноши и девушка носили одно и то же имя.

---

[66] Балта (2006). Р. П., 1918.
[67] Могилев-Подольский (2004). Е. Ш., 1937.

> *Инф. 1*: Az di mome heyst Khone, in er hot gebrakht a meydl in shtib arayn, in zi heyst Khone, tur me nit. Di mome un di nevestke, di shnir, darf zayn...[68] Разные имена[69].
> *Соб.*: А почему?
> *Инф. 1*: А почему?.. Я не знаю, такой обычай. Даже если ее маму зовут так же, как мою маму.
> *Инф. 2*: Тоже нельзя[70].

Информант, рассказавший об этом обычае, был уроженцем маленького местечка Горышковки[71], но, по утверждению его жены, в гораздо более крупном и «просвещенном» городе Тульчине это правило на ее памяти уже никто не соблюдал.

Пульнер выделяет два этапа помолвки — предварительный (сговор) и окончательный (тноим, букв. «условия») как два разных обряда, разделенных во времени. Термин «тноим» означал как письменное обязательство, перечень приданого, которое отец давал за своей дочерью, так и сам обряд подписания этого документа[72]. Обычай давать за дочерью приданое сохранился, но письменные условия превратились в устные договоренности, так как уже почти невозможно было найти специалиста, который бы составил эти «тноим» по всем правилам на древнееврейском языке.

> *Инф.*: Вот, например, женится человек бедный, а она богатая, так вот она говорит, что я... Ее родители говорят: «Вот я за своей дочкой даю то, то, то, то, то».
> *Соб.*: Это записывают или устно?
> *Инф.*: Не, устно. Никакой записи. Что это?[73]

---

[68] Если его маму зовут Хоне, и он привел девушку в дом, и ее тоже зовут Хоне, нельзя. Мама и невестка, должны быть... (*идиш*).

[69] Запрет на то, чтобы имя свекрови и невестки совпадали — это средневековый ашкеназский обычай, зафиксированный еще в «Завещании» Иуды Хасида (Германия, 1140–1217).

[70] Тульчин (2005). И. Ш., 1931; Р. Ш., 1936.

[71] Местечко в 30 км от Тульчина.

[72] См. с. 74 настоящего издания.

[73] Могилев-Подольский (2004). М. Т., 1941.

Рассказ о составлении настоящих тноим удалось записать только от очень пожилых информантов.

> *Соб.*: А не записывали тноим как договор?
> *Инф.*: Да, вы правы, на тноим тоже приходил рув[74] или кто, и обязательно записывал[75].

Другая пожилая информантка помнила, что во время помолвки составляли какой-то документ, но плохо себе представляла, для чего это делалось: она считала, что это не денежные обязательства, а какая-то клятва.

> *Соб.*: А при помолвке подписывали какой-то документ?
> *Инф.*: Обязательно.
> *Соб.*: То есть составляли письменный договор, да?
> *Инф.*: Да. Клятву, как говорят[76].

Для обряда помолвки, который из двух последовательных церемоний превратился в одну, информанты использовали несколько взаимозаменяемых названий: в Тульчине его чаще называли «кносемул»[77], а в Могилеве-Подольском — «ворт / а ворт» (букв. «слово», то есть «честное слово», «обещание») и «тноим». Большинство информантов считали все эти термины синонимами.

> *Инф.*: Ворт — это кносемул.
> *Соб.*: А тноим?
> *Инф.*: Это всё одно и то же.
> *Соб.*: Это синонимы?
> *Инф*: Это синонимы. Это одна такая встреча, это уже родители — главные действующие лица[78].

---

[74] Раввин (*идиш*).

[75] Могилев-Подольский (2007). М. С., 1915.

[76] Балта (2006). Е. Х., 1926.

[77] Так на подольско-бессарабском диалекте идиша звучит «кнас-мол». О кнас-мол в диссертации Пульнера см. с. 87 настоящего издания. «Кнас-мол», «штрафная» трапеза, изначально была только частью обряда помолвки.

[78] Тульчин (2005). И. Ш., 1931; Р. Ш., 1936.

Впрочем, некоторые информанты различали эти термины. С их точки зрения «ворт» — это сговор и обсуждение приданого, «тноим» — обсуждение свадебного торжества и расходов на него.

> *Соб.*: А после этого родители жениха и невесты встречаются?
> *Инф.*: Жениха, невесты.
> *Соб.*: И как это называется? А ворт?
> *Инф.*: Ну, ворт, конечно.
> *Соб.*: И где происходит а ворт?
> *Инф.*: У невесты.
> *Соб.*: А потом тноим? Или это одно и то же?
> *Инф.*: Не, не. Тноим — это совсем другое.
> *Соб.*: А что такое тноим?
> *Инф.*: Ну, перед свадьбой уже договариваются. На свадьбу что готовить, сколько людей.
> *Соб.*: А ворт — о чем договариваются?
> *Инф.*: А ворт — это... Ну раньше же закон был, что невеста дает деньги[79].

В наших материалах упоминания о раздельном проведении «ворт» и «тноим» редки: оба договора — о приданом и о свадьбе — обсуждались, как правило, во время одной встречи.

«Ворт» заключали родители жениха и невесты. Предметом этого договора было «нодн», приданое, которое давали за невестой: деньги и/или дом или квартира для молодой семьи.

> *Соб*: Кто договаривается?
> *Инф*: Родители!
> *Соб*: Между собой? Без жениха?
> *Инф*: Без жениха, без невесты!
> *Соб*: И о чем они договаривались?
> *Инф*: Ну, там нодн нужно было дать какой-то, приданое, и чтобы все это дочке было...

---

[79] «Невеста дает деньги» — имеется в виду приданое. Интервью записано в городе Хотине, который вошел в состав СССР в 1940 году. Информантка помнит, что «ворт» и «тноим» — два разных обряда, чего евреи с «советского» берега Днестра, как правило, уже не помнят. Хотин (2004). З. М., 1932.

Соб: И кто давал нодн?
Инф: Дочка, конечно.
Соб: И что в нодн входило?
Инф: Как они будут жить там... где... Или построят дом, или будут с родителями жить. Вот такое вот оговаривали.
Соб: А что в нодн входило, вы не помните?
Инф: В нодн? Деньги. Или построить дом, как говорится, со временем, хату — это уже договариваются... По любви тоже выходили в местечке все ж таки, но чаще всего именно такое вот...[80]

Наиболее архаичной формой приданого был «кест», полное или частичное содержание для молодой семьи. Семья невесты могла брать молодоженов «аф кест» («на содержание»), что считалось для нее очень почетно. Когда-то смысл этого обычая заключался в том, что молодой муж продолжал в первые годы после женитьбы «учить Тору», что приносило его тестю почет в общине[81]. В современных условиях смысл «кеста» изменился: молодого мужа не только содержали, но и обучали профессии.

Инф.: Взять в дом жениха — это считалось престижно. Ну, взяли жениха, и его обучали, обучали новой профессии, то есть его выводили в люди. Ну, так это богатые были. Так обязательно брали этого жениха, и они его тоже учили этому делу, чтобы продолжать это, продолжать этот род, вы понимаете, чтобы богатство никуда не девалось[82].

Срок и условия содержания также обговаривались во время помолвки.

Соб.: А вот не знаете, раньше записывали договор или устно договаривались?
Инф.: Как кто хотел. Если жених попадался умный, он говорит: «Письменно, а то ты меня завтра выгонишь». Он же на полном обеспечении тестя находится, на полном обеспе-

---

[80] Могилев-Подольский (2004). Е. Ш., 1937.
[81] См. с. 83 настоящего издания.
[82] Тульчин (2005). Е. К., 1939.

чении. Питание, одёжа — два года... Как они договорились — два года, три года. Самое меньшее — это год, меньше года он не имел права, чтоб их держать. Год он должен был содержать их: кормить, поить их, одевать — он придерживал[83] их. У них забот не было, понимаешь? А кинется молодежь сейчас — заботы всё: денег нету, работы нету, квартиры нету, ничего нету... Ну, собрал со свадьбы денег[84], их всё равно не хватит на квартиру. Это сложно. А в договоре написано, что он должен после двух лет обеспечить квартирой и обеспечить... Дать им специальность, научить. Он заставлял, допустим, жениха, чтоб... Ну, женщины не работали[85], а [тесть] заставлял жениха, чтоб он лучше ходил учился. Обычно, они все старались, конечно, иметь специальность — сапожник, портной... Ну... це[86], ну... «Melokhe — melikhe»[87].

Чтобы достойно выйти замуж, невеста перед свадьбой должна была как минимум иметь соответствующий гардероб. Интересно, что, рассказывая о приобретениях к свадьбе, информантки упоминали не свадебное платье, а деловой костюм и макинтош как необходимые атрибуты советской эмансипированной женщины.

> Инф.: Когда-то было, что девушка не может выйти замуж, если у нее нет костюма. Значит, она должна пошить костюм, потом она может выходить замуж. Костюм — это пиджак и юбка. Я помню, я тоже выходила замуж — пиджак и юбка. Серый такой, еле достали ткань. Пиджак и юбка.
> Соб.: Интересно. А свадебных платьев? Ничего такого не было?

---

[83] Имеется в виду «поддерживал».
[84] То есть те деньги, которые подарили гости на свадьбе.
[85] Замужние женщины в малых городах часто были домохозяйками.
[86] Это (*укр.*).
[87] «Ремесло — это царство». Поговорка, смысл которой в том, что владение ремеслом делает человека подобным царю, то есть свободным и счастливым. Также название популярной народной песни на стихи Зелига Бардичевера. Тульчин (2005). А. К., 1935.

> Инф.: Ну, были модистки. Модистки — это те, что шили, значит, легкое, платье. Там летние, зимние, там свадебные, вот это тоже были.
> Соб.: А, так костюм — это просто приданое такое, да?
> Инф.: Нет, ну, просто считалось, официально считалось, что девушка должна… Как выходит замуж, она должна, как… Чтоб потом не упрекнули, что она там бедненькая была. Она должна иметь костюм. Потом, когда появились эти макинтоши, значит, надо, чтоб она имела макинтош, чтоб она имела костюм. Вот, чтоб считалось, что, мол, она… Что ее выдали как положено замуж, а не так, как нищенку[88].

Если невеста была сиротой или из бедной семьи, то ей на приданое и на организацию свадьбы (за свадьбу должна была платить «сторона невесты») собирали деньги.

> *Инф.*: И то если бедная невеста, если сирота невеста, то община из синагоги, община давала ей приданое, готовила ей приданое. Это меценаты были. Вот, которые давали общине деньги. Вот они и эти деньги делали… Даже и свадьбы делали. Если девушка… это хорошая девушка[89].

С XVIII века во многих общинах Восточной Европы существовали благотворительные братства «Ахносес кале» (букв. «Введение невесты [под хупу]»)[90] . Их члены ходили по домам и собирали пожертвования на приданое бедным девушкам, чтобы те могли выйти замуж[91]. Сам термин «Ахносес кале» был нашим информантам неизвестен, но практика продолжала существовать. Собирали на приданое:

---

[88] Балта (2006). Р. Г., 1937.

[89] Балта (2006). Р. П., 1918.

[90] *Полян А. Л., Карасева Е. Н.* Экономическая трансформация практики «hахнасат кала»: случай в общине Московской хоральной синагоги // Семья и семейные ценности в славянской и еврейской культурной традиции / Отв. ред. О. В. Белова. М., 2020. С. 243.

[91] Анекдот о сборе пожертвований на бедных невест по домам см.: Еврейские народные сказки, предания, былички, рассказы, анекдоты, собранные Е. С. Райзе / Сост., лит. обработка, предисл., коммент. В. Дымшица. СПб.: Симпозиум, 1999. С. 287.

Инф.: Нашлись люди, ходили по домам, собирали... Говорили, что бедная девочка, что надо, чтоб вышла замуж[92].

Или на организацию свадьбы:

Инф.: У нас были специальные люди, которым доверяли. Сколько ты можешь, столько дай — по совести каждый давал. Чтобы было на что свадьбу делать[93].

Как правило, этими сборщиками пожертвований были немолодые уважаемые женщины, пользовавшиеся доверием общины. Они ходили всегда втроем, дабы никто не заподозрил их в хищении денег. Таких женщин называли «гобете»[94]. Быть «гобете» считалось очень почетным[95].

Инф.: Когда, я помню, какая-то девушка замуж должна была выйти, тоже из такой, не из богатой семьи, тоже всех обошли. И я помню, что на то, чтоб девушка вышла замуж, так все, буквально все, давали, и не только как мог, а побольше как мог. Ну, вот это я помню, это было, это при мне.
Соб.: А в какое время примерно это было?
Инф.: Это было в послевоенные годы. Примерно в сорок седьмом, в пятидесятые.
Соб.: А вот кто ходил?
Инф.: Кто ходил? Вы понимаете, это так негласно. Было, допустим, три-четыре человека, которые вот этим занимались. Это не то, что им кто-то говорил или что-то. Вот что-то случилось, они поднимались, там одна к другой зайдет, поднимались и шли, и собирали.
Соб.: Это женщины или мужчины?
Инф.: Женщины, вот ходили женщины. Ходили женщины и собирали. Это я помню, ходили по домам и собирали. Они заходили и говорили. Сначала они беседовали с тем, кому это

---

[92] Тульчин (2005). И. К., 1927.
[93] Шаргород (2004). М. Е., 1939.
[94] Гобете (*подольско-бессарабский диалект идиша*) — старостиха, женский род от «гобе». Гобе (*тот же диалект*) — староста благотворительного братства.
[95] Могилев-Подольский (2004). Е. Ш., 1937.

надо, выясняли, что, на что там и как, это самое, надо. И потом заходили и говорили, что вот, вы же знаете, что там случилась вот такая-то беда. Они говорили: «Me darf af a mitsve»[96].

Невыплата приданого после свадьбы или нарушение сроков «кеста» считались серьезным проступком. Тем не менее, очевидно, такое случалось, так как юмористические рассказы на эту тему широко представлены в еврейском фольклоре[97]. Один из информантов рассказал анекдот, объясняющий ненависть Гитлера к евреям тем, что ему не выплатили приданое.

Инф.: Ну, потому что Гитлер держал еврейку. Жена была. Ева ж была еврейка. Ну так он ненавидел евреев. Говорят, что его обманули и пре́даное ему не дали. Говорят, черт его знает... Это ж Гитлер был, это ж зверь был, это ж изверг. Жена была у него еврейка же[98].

В памяти информантов сохранились случаи, когда девушка выходила замуж без приданого. Это могло быть связано не только с искренним чувством между женихом и невестой, но и с сословным неравенством. Например, девушка из знатной (предки были купцами), но обедневшей семьи вышла замуж за состоятельного портного, который был в нее влюблен. Жених взял на себя все свадебные расходы, обеспечил невесту приданым. Тем не менее то, что *мейдл фин а ихес* (девушка из знатной семьи) согласилась на брак с ремесленником, воспринималось рассказчиком, который сам был из «меюхосим» (родовитых), как мезальянс[99]. Впрочем, в бывших местечках почти не осталось потомков старой общинной элиты. Абсолютное большинство наших информантов происходили из среды ремесленников-кустарей, поэтому такие сюжеты можно было услышать крайне редко.

---

[96] Нужно [дать] на благое дело (*идиш*). Балта (2006). Р. Г., 1937.
[97] См., например: Еврейские народные сказки, предания, былички, рассказы, анекдоты, собранные Е. С. Райзе. С. 233.
[98] Тульчин (2005). Л. Н., 1930.
[99] Могилев-Подольский (2004). Е. Г., 1934.

Организацию свадьбы (время и место ее проведения, количество гостей, расходы и прочее) родители жениха и невесты обсуждали, как правило, одновременно с договором о приданом. Договоренности о проведении свадьбы были также по большей части устными.

> *Соб.*: А во время тноим договариваются о...
> *Инф.*: За свадьбой.
> *Соб.*: А пишут что-то?
> *Инф.*: Ничего не пишут, ну, договариваются, как свадьба, сколько людей, сколько родичей[100].

Основные расходы по свадьбе традиционно несла семья невесты.

> *Соб.*: Это родители договариваются, да?
> *Инф.*: Да. Это договаривались родители: всё, это самое, всё...
> *Соб.*: О приданом?
> *Инф.*: Договаривались, сколько стоит свадьба, кто из них даст на свадьбу, кто что дает на свадьбу, понимаете, как это... Ну, у евреев чаще всего свадьбу делала невеста[101].

В приведенном ниже фрагменте интервью обращает на себя внимание использование информантом калек с идиша — «сторона жениха» и «сторона невесты»[102].

> *Соб.*: А кто расходы по свадьбе несет? Кто платит?
> *Инф.*: Невеста.
> *Соб.*: А родители жениха участвуют?
> *Инф.*: Ну, вообще, почти нет. Что-то считалось всегда... Считалось у нас, у евреев, что если пришли со стороны жениха, то они «ноги на стол», а уже [со стороны] невесты — «[ноги] под столом»[103].

---

[100] Хотин (2004). З. М., 1932.

[101] Тульчин (2005). Р. Ш., 1936.

[102] Об использовании этих терминов см. с. 141 настоящего издания.

[103] То есть «сторона жениха» занимает доминирующее положение, ведет себя гордо, независимо и даже капризно. Балта (2006). Ф. З., 1948.

Кроме расходов на приданое и на организацию свадьбы семья невесты также тратилась на подарки жениху[104].

> *Инф.*: У нас у евреев было заведено, что парню должны были сделать костюм, купить туфли, сделать свадьбу, взять его в дом, дать ему специальность и так далее.
> *Соб.*: Это кто должен сделать?
> *Инф.*: Невеста. Ее родители[105].

Помолвку («а ворт» / «тноим»), как правило, устраивали в доме невесты. Жених и его семья (не только родители, но и близкие родственники) приезжали к невесте.

> *Соб.*: А как помолвка происходила?
> *Инф.*: Просто у нас собрались на Кобылянской[106], так, сугубо родные, и решили, когда будет свадьба[107].

Угощением во время помолвки чаще всего были лекех и алкоголь (вино, водка), но могли накрыть и более пышный стол. «Лекех мит бранфн», то есть «лекех с водкой», считался своего рода ритуальным угощением, так как его подавали в честь различных значимых событий жизненного цикла (обрезание, поминки и т. п.). По тому, как получился лекех для помолвки, предсказывали, удастся ли договориться.

> *Инф.*: Вот она [сарверн][108] уже не работала, потому что она была старенькая, так мама пришла к ней и говорит: ты знаешь, спеки мне, значит, бисквит, a leykekh, потому что завтра, мол, придут ко мне гости. Ну, она взяла[сь]. Мама принесла, там, яички, не знаю сколько, конечно. Мама отдала, та спекла, вынесла ей этот бисквит. Она увидела,

---

[104] См. с. 108–112 настоящего издания.
[105] Тульчин (2005). И. Ш., 1931; Р. Ш., 1936.
[106] Одна из центральных улиц в Черновцах.
[107] Черновцы (2009). А. М., 1946.
[108] О сарверн см. ниже.

как он получился, и говорит, что между ними ничего не будет.
Соб.: А что там было в этом лейкех?
Инф.: Я знаю? Не могу вам сказать. Что не знаю, то я не знаю.
Соб.: А это была какая-то ее собственная, личная примета?
Инф.: Нет, это есть примета. Это очень такая есть, да[109].

Помолвка была торжественным обрядом, который даже сопоставляли со свадьбой.

Соб.: А что делали на тноим? Как это проходило?
Инф.: Ну, почти как на свадьбу, только меньше, понимаешь. Всё готовили такое: и мясо, и сладости.
Соб.: И приглашали тоже гостей на тноим?
Инф.: Немного, свои[110].

После того как стороны «договорились», в полотенце заворачивали тарелку и кто-нибудь из родственников разбивал ее.

Инф.: Да. И в полотенце эти осколки были. Я помню, надо постелить какое-то полотенце, не такое, прямо, махровое. Должны кто-то ударить кулаком, кто-то из родственников, естественно, мужчина[111].

Осколки разбитой тарелки сохраняли в память о произошедшем событии.

Инф.: А если приходят такие люди, что они хотят «тарелку разбить»[112], так приходят с его стороны и с ее стороны. Накрывают стол очень красивый. И давай, ну, поздравлять друг друга. Тогда они берут тарелку, платочек, и завязывают крепко, и давай бить, пока она не разобьется, тарелка. Потом берут эту тарелку и кинут на пол. А потом кто-то... Берут

---

[109] Тульчин (2005). Ф. Ш., 1938.
[110] Могилев-Подольский (2007). М. С., 1915.
[111] Бельцы (2012). Р. Л., 1963.
[112] «Тарелку разбить» — устойчивый фразеологизм, означающий «устроить помолвку».

тарелку и спрячут. Много-много... годы где-то на крыше[113], чтоб она валялась. Такая традиция была.
Соб.: А зачем прячут?
Инф.: Традиция, чтоб вспоминать![114]

Разбивание тарелки происходило публично, при гостях, которые таким образом становились свидетелями заключенного договора.

Инф.: Ну и приехали эти гости все. Ну, сейчас такие застолья шикарные, что, конечно, вам не надо говорить. Но тогда, при нашей такой очень бедной жизни, они приехали, взяли этот лейкех, разрезали по кусочкам, взяли граненые стаканчики. Вот такие вот стограммовые или семьдесятпятиграммовые, и взяли бутылку вина, и приехали в гости. Вот такое было угощенье, и каждому налили по чуть-чуть, и [дали] по кусочку лейкех. И меня засватали. Разбили тарелку, как делается на сватанье у евреев. Посадили нас рядом и сказали: «Вот это твой жених». Вот это были два слова. Разбили тарелку... Руками об угол стола.
Соб.: А осколки выбрасываются? Что с ними делают?
Инф.: Нет, они завязываются в полотенце. И [это] как бы символ или реликвия... Оставляют.
Соб.: А где его хранят-то потом?
Инф.: Ну, где-нибудь. В шкафу или где это... Где-нибудь[115].

Как правило, осколки тарелки, завернутые в полотенце, впоследствии хранила у себя мать невесты.

Инф.: Мама собрала [осколки], вот это завязала, и вот она хранила, вот она недавно мне отдала[116].

Тарелку могла, как будто нечаянно, разбить сваха в знак удачного завершения сватовства.

---

[113] Имеется в виду «на чердаке».
[114] Тульчин (2005). А. К., 1935.
[115] Тульчин (2005). Ф. Ш., 1938.
[116] Бельцы (2012). Р. Л., 1963.

> *Соб.*: А кто бьет тарелку?
> *Инф.*: Это та, которая свела ее [невесту]. Так она ее [тарелку] специально двигает, шодхнте. Двигает, чтоб разбилась эта...
> *Соб.*: А! То есть она сдвигает тарелку?..
> *Инф.*: И нечаянно вроде упала. Вы понимаете, это специально бьют тарелку[117].

С разбиванием тарелки была связана примета, предсказывающая будущую семейную жизнь.

> *Инф.*: [Тарелка] должна, говорят [разбиться], что[бы получилось] много мелких осколочков, это как бы хорошо. Дядя мой, папин брат, он такой крепкий, вот он ударил один раз кулаком, она [тарелка] разлетелась. <...> Я только помню, что надо с одного раза, если удачно там [вышло], не на две, не на три части, [а] на много осколков, это очень хорошо[118].

Кажется, что эта примета объясняет смысл разбивания тарелки: обряд символизирует необратимость принятого решения. Соответственно, чем больше осколков, тем меньше шансов склеить тарелку и тем самым повернуть принятое решение вспять.

После помолвки молодые люди официально считались женихом и невестой, это был определенный статус, поэтому расторжение помолвки происходило редко. Тем не менее такое случалось. Инициатива разрыва могла исходить как от жениха, так и от невесты, но информанты гораздо чаще говорят о расторжении помолвки женихом или его семьей. Семья невесты старалась выдать девушку замуж: нанимала шадхена, давала приданое и оплачивала свадьбу, поэтому выглядела более заинтересованной стороной в сохранении помолвки. Кроме того, разрыв помолвки был с точки зрения общественного мнения более травматичен для девушки, так как считалось, что это наносит ущерб ее репутации: брошенной невесте сложней отыскать новую партию. Именно из-за этого разрыв, инициированный женихом, чаще запоминался.

---

[117] Балта (2006). Е. Х., 1926.
[118] Бельцы (2012). Р. Л. 1963.

Причины разрыва могли быть различными, прежде всего невыполнение семьей невесты взятых на себя обязательств.

> *Инф.*: У нас же было как заведено? Был договор, разбили тарелку, стали жених и невеста. Готовятся к свадьбе, готовят наряды и так далее, и так далее. И если ее отец не выполнял все то, что он обещал, свадьбы не будет. Договор был — был, обговорили, так...[119]

Помолвка могла расстроиться по личным причинам (парень разлюбил девушку, заинтересовался другой) или из-за неожиданных изъянов невесты.

> *Инф. 1*: Допустим, может расстраиваться [помолвка] из-за таких случаев, что по обычаю должна мать жениха идти с невестою в баню. Ну, пришли они в баню, и мать жениха увидела, что у нее вся спина заросшая волосом от коровы.
> *Инф. 2*: А еще вот смотрите, у нас в Тульчине было такое дело. Было кносемул. Выходила [замуж] на этом кносемул, становилась невестой бедная девушка, и женихом становился бедный парень. И сидела за столом ее подруга. Подруга была со Шпикова[120]. Был вечер, жених пошел провожать эту подругу, которая была богатая, и стал женихом той девушки, а эту оставил[121].

Вот сравнительно редкая история о разрыве помолвки, инициированном невестой.

> *Инф.*: Потом он [жених] приехал еще раз, один раз. Мы с ним пошли в кино. И шли на «комсомольском расстоянии». Знаете, что это такое — «комсомольское расстояние»? Ну, друг от друга вот так, как мы с вами сидим. Вот вы сидите, и я тут сижу. Далеко друг от друга. Он был старше меня на десять лет. Вот. Мы прошлись. И я пришла [домой]. Он

---

[119] Тульчин (2005). И. Ш., 1931; Р. Ш., 1936.
[120] Местечко в 30 км от Тульчина.
[121] Тульчин (2005). И. Ш., 1931; Р. Ш., 1936.

уехал. Он в Брацлаве[122] жил, он уехал. И я пришла и сказала родителям, что я замуж не выхожу. Я его не хочу. Они, значит... Знаете, как родители? Ну, что значит, засватались, что?.. Ну, они не говорят, что, может быть, мне будет плохо или... «А что люди скажут?» Это же маленькое местечко, это же не город. Это Тульчин. Ну, не скажут, что ты его оставила, а скажут, что он тебя оставил. Я говорю: «Мне все равно». Мы так просидели в кино молча. Мы ушли молча и пришли молча. Вот это у нас было... такая встреча. Только я хотела сказать: это сейчас скажи молодежи — это скажут: «Только в первобытном строе может быть такое».

Да. Они стали очень возмущаться. Особенно мама. И нет, и нет. И ты выйдешь за него замуж. Вот. И я сказала: «Нет». И у нас такая была в доме... ну, трагедия была. Они настаивали очень, очень настаивали. А потом я поставила ультиматум им. Я сказала, если они меня только за него выдадут замуж, я утоплюсь. Ну и всё. И я говорю: «Возьмите, передайте ему, пусть он сюда больше не приезжает». Вот я ей сказала: «Мама...» Вот мама у меня была такая властная женщина. Отец — нет. Отец был такой мягкий и добрый. Ну и потом они увидели, что ничего с этого не выйдет. Они не посмели... Не знаю... Позвонили... Позвонить тогда не было. Это сейчас можно позвонить. Они передали «почтой», языковой «почтой». И он написал было письмо мне, что, мол, ты подумай. Они, во-первых, очень обещали, что они меня оденут. Значит, платье, часы... А знаете, что такое было тогда часы? Это... я даже не могу вам... как вот сейчас мобилка... И то не такая ценность, как тогда были часы. Вот. И часы мне подарят, и платье мне оденут. Да, написал письмо, что вот ты подумай. Давай будем встречаться, и не надо так. Но я так и не ответила, я так и не ответила, и на этом все кончилось.

Соб.: А вам не говорили, что вот если вы разорвете это сватовство, то какис-то будут нсприятности?

Инф.: Ничего не говорили. Нет, об этом даже и разговора не было. Единственно, что моя мама переживала очень, чтобы не сказали в Тульчине, что он меня бросил. И больше ничего[123].

---

[122] Местечко в 19 км от Тульчина.
[123] Тульчин (2005). Ф. Ш., 1938.

Из рассказа очевидно, что жених и невеста были незнакомы до помолвки, так как жили в разных городах. Помолвка совпала со смотринами. Невеста была бесприданница, из очень необеспеченной семьи (это известно из других частей ее биографического интервью). Впоследствии она вышла замуж по любви, и у нее не было свадебного торжества, так как отмечать свадьбу было не на что. Отвергнутый жених был старым холостяком, поэтому решился жениться на бедной. Не семья невесты дарила ему подарки, что было обычной практикой, а наоборот, он обещал подарки невесте[124]. Главное, что беспокоило мать невесты, это то, что в Тульчине не поверят в то, что бедная невеста бросила обеспеченного жениха: люди будут думать, что жених бросил невесту, и на ее репутацию падет тень.

Разрыв помолвки женихом часто считался тяжким проступком. Говорили, что «разорвать шидех[125] было хуже, чем разойтись после свадьбы»[126]. Считалось, что развод не позорит женщину, а брошенной невесте будет сложно выйти замуж. В еврейском фольклоре известны истории о том, как мужчину, разорвавшего помолвку, настигает проклятие невесты.

Например, сказка «Брошенная невеста» повествует о человеке, который разорвал помолвку, потом женился на другой, и его брак был бездетным. Он обратился к цадику, тот послал его вымаливать прощения у брошенной невесты. Герой сказки с трудом нашел ее на ярмарке в Балте. Она велела бывшему жениху отыскать ее племянницу и помочь ей выйти замуж, обеспечив приданым. Несчастный исполнил поручение, получил прощение и, уже став отцом, случайно узнал, что его бывшая невеста давным-давно умерла от горя. Трудное поручение ему дала ее неупокоенная душа[127].

По словам информантки, ее дядя в юности бросил невесту и женился на другой. Во время войны, так как он был уроженцем

---

[124] О дарении часов невесте вместе с ювелирными украшениями см. с. 111 настоящего издания.

[125] Здесь: помолвку.

[126] Тульчин (2005). М. З., 1925.

[127] Еврейские народные сказки, предания, былички, рассказы, анекдоты, собранные Е. С. Райзе. С. 155–156.

Бессарабии, его не взяли в армию и отправили на Урал работать на заводе. Там дядя рассказчицы мог бы выжить, но в самом конце войны жена попросила его приехать к ней. По дороге патруль снял его с поезда и отправил на фронт, где он сразу погиб. Рассказчица видела причину гибели своего дяди в том, что на него пало проклятье брошенной невесты[128].

Единственным способом, позволявшим избежать тяжелых последствий разрыва, было публичное прощение от оставленной невесты. Публичность здесь была важна, так как помолвка также представляла собой публичное событие. Такое примирение восстанавливало репутацию девушки.

Впрочем, некоторые информанты смотрели на разрыв помолвки совсем не так серьезно, полагая, что это обычное житейское дело.

Соб.: Не говорят, что вот если кто расторг помолвку, то у него будут какие-то неприятности?
Инф.: Не-не. Ну вот, me iz zikh tsegon, me hot zikh nit poluchet kin...[129] Вот его [мужа информантки] покойная мама всегда говорила: az s'iz fin meyern, es vet zikh farshleyern[130]. Если с морковки, так оно будет. In oyb s'iz fin khreyn, es vet zikh tsegeyn[131]. Если суждено Всевышним, то будет хорошая семья, если не суждено — всё![132]

3. Свадьба

3.1. Предсвадебный период

Обряды предсвадебного периода в послевоенное время выглядят существенно скромнее по сравнению с обрядами, описанными Пульнером. Это можно объяснить тем, что запрет на

---

[128] Могилев-Подольский (2004). Е. Ш., 1937.

[129] Разошлись, ничего не получилось (*идиш*).

[130] Если из моркови, выйдет замуж (*идиш*). Глагол *farshleyern zikh* — «выходить замуж» от *shleyer* — «фата».

[131] А если из хрена, разладится (*идиш*).

[132] Тульчин (2005). Р. Ш., 1936.

общение между юношами и девушками ослабел, следовательно, его преодоление в предсвадебный период потеряло ритуальный характер.

Даже те элементы традиции, которые сохранились, были существенно переосмыслены. Например, Пульнер пишет о том, что между помолвкой и свадьбой должен был пройти значительный срок, от нескольких месяцев до года[133]. Временной интервал между помолвкой и свадьбой остался прежним, но теперь его наличие объясняли не обычаем или правилами приличия, а практическими соображениями: информанты говорили о том, что за меньший срок было сложно подготовить свадьбу, приобрести дефицитные продукты (непростая задача в советских условиях), купить и сшить приданое невесте и т. п.

> *Соб.*: Значит, вот, тноим, ворт происходит, за сколько времени до свадьбы это?
> *Инф.*: Это не имеет значения. Ну, они могли, [если] сегодня выйдет [тноим], через год делать свадьбу. Как договорятся.
> *Соб.*: А от чего этот срок зависел?
> *Инф.*: А от всего, от условий...[134] Буквально от всего[135].

После помолвки молодые люди официально считались женихом и невестой. Теперь они уже могли вместе гулять, вместе появляться в общественных местах и т. п.

Жениху и невесте запрещалось выходить из дома в темноте без сопровождающих[136], но мотивация этого суеверного запрета была утрачена или рационализирована.

> *Инф.*: Говорят, если ты уже жених и невеста, одному нельзя ходить вечерами.
> *Соб.*: С какого момента нельзя ходить?
> *Инф.*: С тех пор как заневестился.

---

[133] См. с. 104 настоящего издания.
[134] Информант использует буквальный перевод слова «тноим» на русский язык.
[135] Могилев-Подольский (2004). М. Т., 1941.
[136] См. с. 162 настоящего издания.

Соб.: А заневестился — это от тноим? От тноим до свадьбы нельзя ходить?
Инф.: До свадьбы нельзя ходить. Вечером. Целый день она может сама ходить. А если вечером, если надо куда... Такой обычай. Чтоб не украли, чтоб не насиловали, чтоб не обидели ее. Понимаешь, это такое, да, чтобы она досталась жениху честная, хорошая[137].

Запрет информант обосновал не традиционной боязнью нечистой силы, действию которой особенно подвержены жених и невеста, а обереганием чести невесты. Из предложенного объяснения непонятно, почему этот запрет распространялся также на жениха.

Традиционно в предсвадебный период родители невесты дарили жениху подарки, важное место среди которых занимал талес, так как у ашкеназов мужчина начинал пользоваться талесом только после свадьбы[138]. В наших записях рассказы о дарении талеса присутствуют только в устных воспоминаниях бессарабских евреев о довоенной жизни. Вот рассказ уроженки бессарабского местечка Атаки, расположенного напротив Могилева-Подольского, на другом берегу Днестра:

Инф.: Yo, men hot gemakht in Otik[139] di khosene. A toles hot gehat mayn mame. Dus iz polozheno, az me trugt tsi dem khusn a toles. Hot zi getrugn... Toles iz geven greyt. S'iz geven aza fin vaysn dine voyl[140]. Как шелк...[141]

В предсвадебный период изготавливали и рассылали приглашения на свадьбу. До революции зажиточные евреи печатали приглашения в типографии. В советское время это стало невоз-

---

[137] Могилев-Подольский (2004). М. Т., 1941.

[138] О талесе как предсвадебном подарке см. с. 184 настоящего издания.

[139] Отик — еврейское название Атак.

[140] Да, устроили в Атаках свадьбу. У моей мамы был талес. Так положено, что жениху преподносят талес. Она преподнесла... Талес был готовый. Он был такой, из белой тонкой шерсти (*идиш*).

[141] Могилев-Подольский (2004). Е. Ш., 1937.

можно: приглашения писали от руки или заказывали фотографу, который печатал их фотоспособом. На них кроме текста размещали фотографии жениха и невесты, а также различные свадебные символы — изображения голубков, цветов, сердец и т. п. Текст приглашения составляли на русском и на идише.

> *Инф.*: «Mir betn akh, ir zolt tsu zan af indzer khosene mit familiye»[142]. Имя, отчество, всё. Во сколько начинается, сколько, и когда, и что... Вот и пригласительный. Khusns tsod[143] приглашает своих, koles tsod[144] — своих[145].

Письменные приглашения рассылали в другие города, а также некоторым землякам — в знак особого уважения. «Своих», то есть близких родственников, могли пригласить устно.

> *Соб.*: А вот вы говорите, приглашения писали. Приглашения писали по-русски или на идише?
> *Инф.*: Af yidish[146].
> *Инф.*: «Дорогие родные. Gelibte frant, mir betn akh af mayn khosene»[147]. Ну, знаете, так: «Kimt tsu furn»[148]. Очень будем рады. Tayere frant»[149]. Допустим, вот такое: «Mir betn akh zeyer ir zolt kimen otmetyen[150] такое знаменитое[151] [событие]». Дата. Как перевести по-русски?[152] И что: «Приезжайте, побудем вместе», вот. А если соседи, допустим, тоже. Я вам сказала: «Приходите!», если близкие, а если далекие, соседи, тоже написали[153].

---

[142] Мы просим вас, вы должны быть на нашей свадьбе с семейством (*идиш*).

[143] Сторона жениха (*идиш*).

[144] Сторона невесты (*идиш*).

[145] Тульчин (2005). И. К., 1927.

[146] На идише (*идиш*).

[147] Дорогие друзья, мы просим вас [прийти] на мою свадьбу (*идиш*).

[148] Приезжайте (*идиш*).

[149] Дорогие друзья (*идиш*).

[150] Мы просим вас очень, чтобы вы приехали отметить (*идиш*).

[151] Знаменательное.

[152] То есть как перевести на русский язык предыдущую фразу, сказанную на идише. Далее следует вольный перевод.

[153] Могилев-Подольский (2007). М. С., 1915.

Была еще одна категория «гостей», которых «приглашали» на свадьбу. Сироте перед свадьбой следовало пойти на кладбище и «пригласить» на свадьбу покойного родителя. Ан-ский посвящает этому обычаю два вопроса своей программы:

> 1113. Есть ли обычай, что, если жених и невеста — сироты, они должны перед хупой посетить могилы родителей?
> 1114. Есть ли обычай приглашать на свадьбу покойных родственников? Кто их приглашает? Как это происходит?[154]

Ан-ский, очевидно, различает посещение сиротой могилы отца или матери перед свадьбой и «приглашение» на свадьбу покойных родственников, не только родителей.

Пульнер также пишет о «приглашении» сиротой покойного родителя на свадьбу, хотя из приведенного им примера видно, что речь идет не столько о «приглашении» умершего, сколько о просьбе заступиться за свое дитя перед Богом, обращенной к умершему[155].

Наши информанты, среди которых были люди, похоронившие одного из родителей до свадьбы, рассказывали нам, что обычай «приглашать» умерших родителей на свадьбу был широко распространен и они сами его практиковали.

Во многих интервью утверждалось, что перед свадьбой на кладбище сирота beyt af der khosene, то есть «просит [умершего прийти] на свадьбу»[156].

> *Соб.*: А вот не говорят, что вроде умерших приглашают на свадьбу?..
> *Инф.*: Родителей? Вот этих... Если у нее мать мертвая — приглашают.

---

[154] An-sky Sh. Dos yidishe etnografishe program. Ershter teyl: der mentsh. Z. 129. Именно благодаря Ан-скому этот обычай стал широко известен: приглашение умерших на свадьбу — одно из ключевых событий, двигающих сюжет пьесы Ан-ского «Дибук» к роковой развязке.

[155] См. с. 294 настоящего издания.

[156] Могилев-Подольский (2004). Е. Ш., 1937.

Соб.: А как говорят?
Инф.: Говорят на идиш. Так как мы говорим. «Mir beytn dekh, zol zan mit indz af der khosene». Me darf geyn beytn[157].

Некоторые информанты считали, что цель предсвадебного визита сироты на кладбище — это не «приглашение» умерших, а обращение к ним за защитой и поддержкой. Умершие ближе к Богу и быстрей донесут до Него просьбу своего потомка.

Соб.: Сирота женится. У него, скажем, нет мамы или нет папы. А перед свадьбой он идет их приглашать на свадьбу?
Инф.: Ну, у нас не положено приглашать [умерших] на свадьбу. Просто идут на кладбище и говорят, что вот у меня... Я выхожу замуж, там, примерно... или там... То-то-то... и просят [чтобы умершие просили] у Бога, чтоб у меня все было благополучно[158].

Наконец, многие информанты полагали, что посещение кладбища сиротой включает и то и другое — и просьбу о помощи, и «приглашение». Вот, например, текст, который был записан от уроженца Шаргорода, проживавшего в Могилеве-Подольском.

Инф.: Перед свадьбой, если были родители умершие, или мать, или отец, так ходили просить [их прийти] на свадьбу. И родственники [ходили]...
Я-то тоже ходил. Я лично ходил, меня мама заставила. Мама была очень верующая, и мы с мамой поехали на кладбище к отцу, потому что мой отец уже тридцать шесть лет как умер. Не, больше. Тридцать семь лет как его нет[159]. Так мы ходили к нему на кладбище. Мама мне говорила, какие слова говорить, я говорил. Потом я...
Она говорит: «Zug's fun dan numen[160]. Скажи от своего имени: кто ты».

---

[157] «Мы просим тебя, чтобы [ты] была с нами на свадьбе». Нужно идти просить (*идиш*). Тульчин (2005). И. К., 1927.

[158] Тульчин (2005). Р. Ш., 1936.

[159] Интервью было записано в 2004 году, то есть на момент свадьбы информант был старше 24 лет.

[160] Скажи от своего имени (*идиш*).

[Я сказал:] «Beyde harts makhn a khosene. Un beyde...»[161] Чтоб ты[162] ходил и просил... Nu, loz geyn un beytn, zol zan shtil af der velt. In mir lomir leybm git, in mir lomir zan gezint, in ekh vel dikh nit fargesn»[163]. Вот такие [слова] я от своего имени мог сказать.
Соб.: Вы называли имя отца?
Инф.: Да. Arn reb Duvids. Арон Давидович.
Соб.: Вы можете это еще раз повторить?
Инф.: «Tote, ekh beyt dekh, kim tsu indzer der khosene. Loz loyfn in beytn...»[164]
Я извиняюсь, я неправильно... Раньше наоборот мы говорили:
«Tote, loz loyfn in beytn, 's loz zan shtil af der velt. Ole yidn in ole mentshen lozn zan gezint. In ekh beyt dekh, tote, azoy az ekh hob khosene, beyt ekh dekh af der khosene. In loyf in beyt, az man vab in ekh lomir zan gezint. In di mome loz zan gezint. In lomir ole...»[165]
Э...э... я уже не помню.
«Lomir ole nit fargesn shoyn dekh, imer nit fargesn»[166].
Вот всё, что мы говорили.[167]

Характерно, что информант начинает обращение к покойному отцу с просьбы о заступничестве за всех. Такая просьба часто является частью обращения к умершему во время посещения кладбища по любому поводу. И только после просьбы, содержащей устойчивые речевые формулы, например «loz loyfn in beytn»,

---

[161] Оба сердца женятся. И оба... (*идиш*). Информант допускает ошибку во множественном числе слова «harts» («сердце»).

[162] Покойный отец.

[163] Ну, иди и проси, чтобы было тихо в мире. И мы, чтобы мы жили хорошо, и мы, чтобы мы были здоровы, а я тебя не забуду (*идиш*).

[164] Папа, я прошу тебя, приди на нашу свадьбу. [Ты] должен бежать и просить... (*идиш*).

[165] Папа, беги и проси, пусть будет тихо в мире. Все евреи и все люди пусть будут здоровы. И я прошу тебя, папа, поскольку у меня свадьба, то я прошу тебя [прийти] на свадьбу. И беги, и проси, чтобы моя жена и я, чтобы мы были здоровы, и пусть мама будет здорова. И чтобы мы все...

[166] Пусть мы все уж не забываем тебя, никогда не забываем (*идиш*).

[167] Могилев-Подольский (2004). М. Т., 1941.

следует «приглашение» на свадьбу. Очевидно, что приглашение умершего на свадьбу представляет собой вариацию посещения кладбища по другим поводам.

В одном из интервью упоминалось о том, что при посещении кладбища на могиле оставляли письменное обращение к умершим. Здесь видна параллель с оставлением записки с просьбой («квитл») на могиле хасидского цадика.

> *Инф.*: На кладбище клали приглашение на свадьбу. Мать умерла или отец, идут на кладбище, просят отца, чтобы было всё хорошо, чтоб они не болели. Me beyt di mome mitn totn, az zol zan git, az zol zan di kind tsunoyf mitn yingl, az zol zan git yingl[168]. Чтоб он zol zan tumid gezint, zey hobm zekh kinder[169].

Из приведенного выше текста видно, что, хотя записка названа «приглашением», информант упоминает только содержащиеся в ней просьбы. Записка явно написана не от имени вступающего в брак, а от кого-то из его родственников. Есть и другие свидетельства того, что кладбище перед свадьбой не всегда посещали жених или невеста, это мог сделать кто-то из их родственников.

> *Инф.*: Как бы накануне свадьбы идешь, как бы умерших приглашаешь на свадьбу там.
> *Соб.*: Прямо приглашаешь?
> *Инф.*: Просишь просто, пусть пошлет здоровья, другое там, будем считать, что это приглашение, приглашает или как, но обычно идут накануне свадьбы.
> *Соб.*: Это кто идет?
> *Инф.*: Родственники.
> *Соб.*: Родственники?
> *Инф.*: Да[170].

---

[168] Просят маму с папой, чтобы было хорошо, чтобы ребенок [невеста] был вместе с мальчиком [женихом], чтоб был хороший мальчик [жених] (*идиш*).

[169] Был всегда здоров, чтоб у них были дети (*идиш*). Тульчин (2005). Л. К., 1925.

[170] Бельцы (2012). Р. С., 1946.

Информант, говоря о «приглашении», добавляет «будем считать, что это приглашение», то есть также понимает всю условность этого термина.

В любом случае основу «приглашения» умерших (вне зависимости от того, содержало ли оно слова «прошу прийти на свадьбу» или нет) составляли те же устойчивые речевые формулы, которые произносил на могиле родителей пришедший туда по другим поводам. Информанты сами отмечают это сходство.

> *Инф. 1*: Приглашают их на свадьбу. Di zelbe, vi me geyt af kever us.
> *Инф. 2*: Zol zan matriakh fin zan geleger in kimen af der khosene mekodesh a porfolk[171].

Основной причиной обычного посещения кладбища было обращение к предкам с просьбой о заступничестве. Оно происходило либо в месяце элуле перед осенними праздниками, когда судьба человека определяется на следующий год, либо окказионально, чтобы справиться с какой-нибудь бедой[172].

Жених и невеста находятся в лиминальном состоянии, так же как в лиминальном состоянии находится всякий еврей перед Новолетием и Судным днем, поэтому посещение кладбища для получения помощи от покойного родителя выглядит закономерным. Более того, речь бадхена во время обряда «кале базесн» («посажения невесты»), особенно если невеста — сирота, часто содержала прямые сравнения свадьбы с Йом Кипуром[173]. Неудивительно, что посещение кладбища сиротой перед свадьбой напоминает посещение кладбища перед осенними праздниками.

---

[171] *Инф. 1*: [Слова говорят] такие же, как когда идут на «могилы отцов». *Инф. 2*: Чтоб они побеспокоились с «постели» (то есть места своего упокоения) и пришли на свадьбу освятить пару (*идиш*). «Кевер ус» — «могилы отцов», то есть предков. Так называется посещение кладбища в элуле перед Новолетием. Могилев-Подольский (2004). Е. Ш., 1937; Е. Г., 1934.

[172] О взаимодействии жителей подольских местечек с кладбищем см.: *Дымшиц В.* Еврейское кладбище: место, куда не ходят. С. 135–158.

[173] См. с. 188 настоящего издания.

Вне зависимости от того, просил/а ли сирота прийти на свадьбу умерших родителей или нет, его/ее появление на кладбище перед свадьбой воспринималось как «приглашение умерших». Во-первых, кладбище в народном сознании выглядело городом, населенным мертвыми[174]. Сирота или его/ее родня шли туда накануне свадьбы, как шли в это же время в дома родственников и соседей, чтобы пригласить их на свадьбу. Во-вторых, как следует из текстов, произносимых бадхеном во время «кале-базесн» невесты-сироты, покойная мать незримо присутствует на ее свадьбе. Таким образом, умерших достаточно «известить» о предстоящей свадьбе, чтобы они могли, если захотят, «прийти» на нее и без приглашения.

О дне, в который сирота или его родные отправлялись на кладбище, говорили неопределенно — «перед свадьбой» или «накануне свадьбы». Посещение кладбища вряд ли могло происходить непосредственно в день свадьбы — слишком много в этот день забот у жениха и невесты. Кроме того, в послевоенные годы свадьбы стали играть в основном по субботам. Посещение кладбища в субботу запрещено еврейской традицией, и все наши информанты знали об этом запрете и соблюдали его.

Обряды понедельника, четверга и субботы в предсвадебную неделю, описанные Пульнером[175], были неизвестны нашим информантам, так как эти обряды всецело связаны с синагогой. В небольших городах в советское время не было официально действующих синагог, только незарегистрированные молитвенные дома. Но даже в тех городах, где синагоги были, их (как и нелегальные молитвенные дома) посещали преимущественно пожилые люди.

3.2. Канун хупы

Выбор дня свадьбы регулировала система запретов и предписаний. Информанты знали, что есть дни, в которые устраивать свадьбу нельзя, например в Йом Кипур и другие значимые религиозные праздники.

---

[174] *Дымшиц В.* Еврейское кладбище: место, куда не ходят. С. 154–155.

[175] См. с. 124 настоящего издания.

Соб.: Когда нельзя свадьбы делать?
Инф.: Наверное, на Йом Кипер нельзя, там еще какие-то такие [дни][176].

Информантам было также известно о том, что есть периоды, когда религиозный закон запрещает играть свадьбы, но когда именно — это большинство помнило неотчетливо.

Инф.: Я вам скажу открыто, что когда были еще эти праздники, которые Рошашуне, перед тем нельзя! Нельзя! Перед, допустим, Рошашуне, Йом Кипер и этот еврейский праздник, свадьбы делать нельзя было. А разрешали только, это когда... Ну вот, в июне, в июле, примерно в это время. А так, допустим, приближается какой-то праздник, нельзя было делать свадьбы, нельзя! Не разрешали по обычаю. Бог накажет![177]

Упоминание о том, что перед осенними праздниками свадьбы не играют, указывает на траурный период в месяцах таммуз и ав, когда устраивать свадьбы запрещает религиозный закон, и непосредственно предшествующий этим праздникам месяц элул, посвященный покаянию и посещению кладбищ, когда устраивать свадьбы было не принято. Свадьбы «в июне, в июле» — это воспоминание о том, что праздник Швуэс, приходящийся на конец мая — начало июня, завершает длящийся семь недель период Сфиры, во время которого играть свадьбы нельзя.

В большинстве случаев воспоминания о запрете свадеб во время Сфиры были очень смутными.

Соб.: А в какое время играют свадьбы? Есть время, когда их не играют, нельзя? Или весь год можно делать свадьбы?
Инф.: Нет, есть такие... Перед Паской, Псйсах, нельзя. Шесть недель перед Паской нельзя.
Соб.: А после Пейсах можно?
Инф.: А после Пейсах можно[178].

---

[176] Тульчин (2005). Р. Ш., 1936.
[177] Тульчин (2005). И. К., 1927.
[178] Могилев-Подольский (2004). Е. Л., 1932.

Информант помнит, что есть некий период, связанный с Пейсахом, когда действует запрет на свадьбы, и что он длится несколько недель, но ошибается как в продолжительности запрета (говорит о шести неделях вместо семи), так и в его сроках: запрет действует не до, а после праздника.

Гораздо отчетливей информанты называли период, когда свадьбы, наоборот, устраивать рекомендовалось. С их точки зрения это октябрь. Все они обосновывали выбор именного этого периода тем, что в это время дешевые овощи и фрукты, что было существенно, учитывая большое количество гостей на свадьбах. Мотивация, связанная с тем, что заканчивался длительный период осенних праздников, не упоминалась.

Представление о желательных и нежелательных днях недели для свадьбы были гораздо более отчетливыми. Описанный Пульнером запрет устраивать свадьбы в понедельник[179] был известен почти всем информантам.

В послевоенные годы преобладающее большинство граждан работало в государственных организациях и не могло свободно распоряжаться своим временем. Определяющим фактором для выбора дня свадьбы стали выходные. Запрет проводить свадьбу в субботу[180] оставлял, казалось бы, в качестве безальтернативного дня для свадьбы воскресенье.

> *Соб.:* А в какой день была свадьба?
> *Инф.:* В воскресенье. В субботу нельзя раньше было делать.
> *Соб.:* В воскресенье? Все говорят, что здесь устраивали свадьбы в субботу?[181]
> *Инф.:* Никогда... Или в субботу вечером. Nokh shabes. Af der file vokh[182].

---

[179] См. с. 125 настоящего издания.

[180] См. с. 126 настоящего издания.

[181] Вопрос собирателя связан с тем, что к тому времени во многих интервью прозвучало утверждение, будто свадьбы устраивали в основном в субботу.

[182] После субботы. На завершение недели (*идиш*, «филе вох» — букв. «полная неделя»). Могилев-Подольский (2004). М. Т., 1941.

В приведенном выше фрагменте обращает на себя внимание утверждение «нельзя раньше было делать», то есть раньше было нельзя, а теперь можно. В качестве альтернативы воскресенью информант называет вечер субботы. Обряд бракосочетания всегда проводили вечером, после заката, ему предшествовали многочисленные предварительные обряды. Это означает, что свадебные торжества шли всю субботу.

На самом деле большинство свадеб в позднесоветское время устраивали именно по субботам.

> *Соб.*: А в какой день свадьбу играют?
> *Инф.*: Раньше-то? Субботы всегда! У евреев — только по субботам.
> *Соб.*: В пятницу вечером или в субботу?
> *Инф.*: В пятницу вечером и готовят на субботу[183].

Свадьбу начинали готовить в пятницу вечером. Затем в течение субботы проводили свадебные обряды. Сам обряд бракосочетания совершался в субботу вечером. Свадебный пир шел всю ночь с субботы на воскресенье. Назавтра гости могли не торопиться с утра на работу. Таким образом, суббота из дня, категорически непригодного для устройства свадьбы, стала основным свадебным днем.

> *Инф.*: В течение субботы]играют свадьбы[. Суббота — это праздничный день[184].

Представление о том, что суббота не подходит для свадьбы, так как в субботу действует множество религиозных запретов: нельзя разжигать огонь, нельзя играть на музыкальных инструментах и т. д., — было давно забыто, так как до 1967 года суббота была в СССР рабочим днем. Ни о каком соблюдении субботы теми, кто работал на государственных предприятиях, уже давно не могло быть речи.

---

[183] Могилев-Подольский (2004). Е. Л., 1932.
[184] Тульчин (2005). Р. Ш., 1936.

В традиционном обряде, описанном Пульнером, свадебные мероприятия начинаются с момента прибытия жениха и гостей, то есть за день или даже за несколько дней до дня бракосочетания[185]. Еврейская свадьба в позднесоветское время длилась, как правило, один день, поэтому все основные события умещались в один день с утра до вечера.

Свадебный день открывался встречей и угощением жениха и его гостей. Этот обряд проходил в первой половине того дня, вечером которого должно было состояться бракосочетание, и назывался «умбасн». Так на подольско-бессарабском диалекте идиша звучит слово «онбайсн» — плотный второй завтрак или ранний обед.

Инф.: Я помню: я приехал. Я привез своих гостей. Я нанял автобус, привез гостей и музыку. Я музыку привез, потому что в Шаргороде[186] была очень хорошая еврейская музыка во главе с Семеном Флейшманом. Очень красиво играли всё, и на еврейский [лад тоже]. И вот я приехал. Мы остановились. Вот, например, там ее дом. Ну, вы же были в Черне́вцах?[187] Там эти маленькие домики... А мы остановились при въезде. И вот я начал играть, музыка начала играть, и я, с моими гостями, идем к невесте.
Соб.: А впереди кто, музыканты?
Инф.: Я шел.
Соб.: А они сзади?
Инф.: А они сзади шли.
Соб.: За гостями?
Инф.: Да. Мы шли. Они играли...
Соб.: А что они играли?
Инф.: Еврейские марши эти всякие. И мы шли. Вот, а там уже вышла невеста, но, правда, еще не в [свадебном] платье, потому что это был день, до свадьбы было далеко. И она вышла, невеста, в другом платье и с мамой. У нее отца тоже не было. С ее родственниками. И все соседи пособирались. Это у меня даже есть фотография. И так они меня встреча-

---

[185] См. с. 146 настоящего издания.
[186] Информант родился и провел юность в Шаргороде.
[187] Местечко в 30 км от Шаргорода.

ли, я ее обнял, мы поцеловались. Все вот это. Потом мы зашли в дом. Был обед. Как вы знаете, у нас делается обед. A umbasn. Умбасн — это обед.

Соб.: Умбасн — это любой обед так называется или только свадебный?

Инф.: Да. Это умбасн — это обед на свадьбу, для гостей. Тут пообедали, потом все разошлись кто куда. Ну, знаешь, мы приехали, например, в двенадцать часов дня, все разошлись кто куда. Потом на шесть часов музыка подошла к нашему дому, уже мы сделали хупу[188].

То, что все свадебные обряды проходили за один день, приводило к значительным нарушениям религиозной традиции. Например, в день свадьбы жених и невеста постятся с утра до свадебной трапезы поздно вечером[189]. Понятно, что проведение такого обряда, как умбасн, в день бракосочетания исключало пост, о чем прямо сказано в приведенном выше отрывке. Наши информанты помнили о том, что когда-то жених и невеста постились, но сами этого уже не практиковали.

Соб.: А жених и невеста перед свадьбой постились?
Инф.: Было такое, было такое. Да. Постились.
Соб.: С утра до...
Инф.: Но я этого не помню. У меня этого не было[190].

Проведение «советской» свадьбы в течение одного дня исключает элементы форшпила — предварительных свадебных обрядов: «маден-мол» (девичник), «хосн-мол» (мальчишник) и т. п.[191]

Еще один важнейший предсвадебный обряд — посещение невестой миквы[192] — оказался сильно редуцирован, так как микв в советское время не было. Посещение миквы свелось к посеще-

---

[188] Могилев-Подольский (2004). М. Т., 1941.
[189] См. с. 181 настоящего издания.
[190] Могилев-Подольский (2004). М. Т., 1941.
[191] См. с. 155–156 настоящего издания.
[192] См. с. 149 настоящего издания.

нию городской бани, куда невеста отправлялась, как правило, в сопровождении собственной матери и матери жениха.

Инф.: Невесту ведут в баню.
Соб.: А как эта баня называется? A mikve?
Инф.: Да, да.
Соб.: И кто ее ведет?
Инф.: Родители[193].

Как уже было сказано, предсвадебные обряды в целом подверглись в советский период существенной редукции, прежде всего в том, что касалось религиозных практик. Религиозное образование и сопутствующее ему сообщество юношей — соучеников жениха исчезли, а вместе с ними исчезли «жениховские» обряды — каболес-поним и произнесение дроше (проповеди) женихом на свадьбе[194]. Зато «женские» обряды, в большей мере не зависимые от религиозной традиции, сохранились гораздо лучше.

Перед хупой (обрядом бракосочетания) происходил обряд «кале-базесн»[195] (посажение невесты), который называли также «кале-базинген» (опевание невесты) или «кале-бавейнен» (оплакивание невесты).

Инф.: A khipe. Ikh bin geveyn a mol af a khipe oykhet. O, me bazingt di kole, me bazitst di kole. Me tit ot azoy in der shil, es kimt der rebe...[196] Этот как поп. И все это он спевает, и он им пожелает, чтобы они были счастливы. Чтоб они были...Got zol gebm parnuse[197].
A badkhn, это был a badkhn[198], так он все пел, пел на хипе. Этот он... И так это красиво... И все это пел, что я даже вам передать не могу. Beshas me bazetst zi...[199] Когда [бадхн] са-

---

[193] Могилев-Подольский (2004). Е. Л., 1932.

[194] См. с. 255 настоящего издания.

[195] См. с. 173 настоящего издания.

[196] Хупа. Я был однажды на хупе тоже. О, опевают невесту, усаживают невесту. Делают вот так в синагоге, приходит ребе... (*идиш*).

[197]]Чтобы[Бог дал благосостояние (букв. «заработок», *идиш*).

[198] Бадхн (*идиш*).

[199] Пока усаживают ее (*идиш*).

жает ее на стулик, тогда начинает уже петь. Оплакивать ее, baveynt zi... Me baveynt di kole: «Zolstu mozldik zayn». Ot azoy... «Di kinder zoln dir zayn mozldike»[200]. Всё вот это...[201]

«Кале-базесн», как правило, проводили в доме у невесты. Возможно, сообщение информанта о том, что обряд происходил в синагоге — это ложное воспоминание. По крайней мере, он ошибается, называя бадхена «ребе», то есть раввином, и сравнивая его с попом.

Пульнер выделяет отдельный обряд «кале-бадекн» (покрывание невесты), когда жених приходит после «кале-базесн» и накрывает лицо невесты платком или фатой[202]. В наших описаниях все происходило наоборот: невеста сидела во время «кале-базесн» с покрытым лицом.

Инф.: Невеста сидит, содят ее на стул. Она сидит в этом... в фате. И, ну, закрыта. И её обсыпают всякими там, это вот... сладостями, цветами[203].

Во время «кале-базесн» родители, жених и гости обходили вокруг сидящей с закрытым лицом невесты. Все должны были ритуально плакать.

Инф.: Коле-базесн — это такая молитва, ходят кругом и плачут.
Соб.: А кто ходит кругом?
Инф.: Ну, родители. И плачут, так как уже засватали[204].

В конце обряда жених поднимал фату, открывал невесте лицо, и все направлялись к хупе.

---

[200] Оплакивают невесту: «Пусть ты будешь счастливая». Вот так... «Пусть дети будут у тебя счастливые» (*идиш*).

[201] Тульчин (2005). И. К., 1927.

[202] См. с. 194 настоящего издания.

[203] Балта (2006). Р. П., 1918.

[204] Балта (2006). Е. Х., 1926.

Инф.: Я сидела, ноги на скамеечке. Накинута [фата] на меня, и я должна была поплакать. И это всё... Так я и поплакала.
Соб.: Почему?
Инф.: Вот так и называется, что должна плакать. Вот. «Veyn, veyn, veyn, kole!»[205] «Плачь, невеста, плачь, невеста!» А кругом ходили вот так вот. Кругом они ходили, все эти гости, и все вот. Муж ходил с ними и с платочком, а потом уже он открыл это всё и меня забрал оттуда. Вот так. То, что я помню.
Соб.: А вот как это называлось, вот когда вы сидели и... вот плакать должны были?
Инф.: Ну, это, a kole, я была невеста. И было a khipe, называется a khipe[206].

То, что обряд «кале-базесн» совмещен с «кале-бадекн» (невеста во время обряда сидит с покрытым лицом), может быть локальным вариантом традиции, однако скорее всего это результат изменения традиции в XX веке. По описанию наших информантов, «кале-базесн» перестало быть сугубо женским обрядом. Отсутствие отдельного «жениховского» обряда «каболес-поним» привело к тому, что жених вместе с отцом невесты и другими мужчинами присутствовал во время «кале-базесн». Соответственно, невеста в присутствии жениха сидела с покрытым лицом. Так как по окончании обряда жених должен был производить манипуляции с фатой, то теперь он ее не опускал, а, наоборот, поднимал.

3.3. Хупа

Далеко не все еврейские свадьбы в Подольско-Бессарабском регионе включали хупу, то есть религиозную брачную церемонию. В конце советского периода бракосочетание под хупой случалось все реже, но этот обряд проводили нелегально вплоть до конца 1980-х годов. Наши информанты описывали в основном свои собственные свадьбы. Большинство из них вступило в брак в 1940–1960-х годах.

---

[205] Плачь, плачь, плачь, невеста! (*идиш*). Фрагмент традиционного выступления бадхена. Ср. у Пульнера, с. 177–180 настоящего издания.
[206] Балта (2006). Л. Г., 1928.

Хупу часто устраивали по настоянию старших религиозных родственников.

> *Инф.*: Я сама выходила замуж при советской власти. Я вышла замуж в тридцать шестом году. Отец моего мужа был очень набожный. И [мои] отец и мать, и они хотели, чтобы поставили a khipe[207].

Впрочем, по мнению некоторых информантов, вдовам и разведенным при повторном вступлении в брак хупу ставить не полагалось. Непонятно, на чем основано это мнение, противоречащее нормам иудаизма.

> *Соб.*: Второй раз не венчают вдову?
> *Инф.*: Нет, у нас нельзя, у евреев.
> *Соб.*: Просто живут с вдовой?
> *Инф.*: Живут и всё.
> *Соб.*: А если в разводе женщина — тоже нельзя второй раз?
> *Инф.*: Нет[208].

После «кале-базесн» жених, невеста, родители и гости направлялись к хупе.

Двух разных процессий: отдельно невеста со своими гостями, отдельно жених — со своими, как это описывает Пульнер[209], уже не было, все шли вместе. Если хупу ставили во дворе дома невесты, то идти после «кале-базесн» никуда не надо было. Свадебные процессии с музыкантами остались в довоенном прошлом. Вот воспоминание о свадьбе в 1936 году:

> *Инф.*: Я помню, что в Озаринцах[210] ходили по всему местечку с музыкой[211].

---

[207] Могилев-Подольский (2008). Х. М., 1918.
[208] Могилев-Подольский (2004). Е. Л., 1932.
[209] См. с. 220 настоящего издания.
[210] Местечко в 17 км от Могилева-Подольского.
[211] Могилев-Подольский (2008). Х. М., 1918.

Хупу ставили не в синагоге и не на синагогальном дворе, тем более что в малых городах Подолии легальных синагог с 1930-х годов не было, а либо во дворе дома невесты или жениха, либо внутри дома.

Соб.: А где хупу ставили?
Инф.: На улице[212]. Возле дома... Или там возле [дома] жениха или возле [дома] невесты[213].

Иногда в качестве места проведения хупы упоминали «дом раввина», то есть дом того человека, который проводил обряд.

Инф.: Это всё делали у раввина в доме, чтобы никто не видел, чтоб никто не знал[214].

Обычно церемонию хупы назначали на шесть часов вечера, то есть, если дело происходило осенью, на закате. Это значит, если свадьбу проводили в субботу (так чаще всего оно и было), то обряд бракосочетания начинали тогда, когда суббота в религиозном смысле слова завершалась.

Инф.: Вот делали хупу перед свадьбой[215]. Вот, например, сегодня свадьба. Начало свадьбы в восемь часов вечера. Вот в шесть часов вечера делается хупа. За два часа до этого[216].

Так как религиозное бракосочетание проходило «нелегально», то на него приглашали гораздо меньше гостей, чем на свадебный пир.

Инф.: В основном делалась хупа, когда только близкие родственники. Самые близкие. Человек двадцать-тридцать соберется, а не когда — сто человек. И делалась хупа. У нас,

---

[212] То есть под открытым небом, во дворе.
[213] Могилев-Подольский (2004). М. Т., 1941.
[214] Могилев-Подольский (2008). Х. М., 1918.
[215] Имеется в виду свадебный пир.
[216] Могилев-Подольский (2004). М. Т., 1941.

я помню, в Шаргороде очень красиво делалась хупа, очень красиво[217].

Саму хупу описывали как балдахин на четырех шестах, которые держали мальчики или юноши.

> *Соб.*: А хупа как выглядела? Что это было?
> *Инф.*: Это было очень красивое, расшитое золотыми буквами, еврейскими, конечно, буквами, с бахромой, такое покрывало на четырех палках.
> *Соб.*: А кто эти палки держал?
> *Инф.*: Мальчики, в основном мальчики держали палки. Неженатые, да[218].

Часто информанты подчеркивают, что шесты держали подростки, не достигшие тринадцати лет, то есть возраста бар-мицвы. Далеко не всегда эти подростки были родня жениха и невесты.

> *Соб.*: Кто держит?
> *Инф.*: Хлопчики, вот такие вот, пацаны. Уже взрослые такие.
> *Соб.*: А до скольких лет можно держать хипе?
> *Инф.*: Ну, примерно десять лет, восемь лет, двенадцать лет.
> *Соб.*: А эти хлопчики, они из родни обязательно?
> *Инф.*: Их наняли тоже[219].

Невеста шла к хупе с закрытым лицом. Невесту и жениха под хупу вели родители.

> *Инф.*: Di kale iz geven garne umgetun, in fardekt dus ponim. In me hot zi gefirt tsu der khipe.
> *Соб.*: Ver hot zi gefirt?
> *Инф.*: Gefirt hot zi tsu der khipe ire eltern. In im hobm gefirt zane eltern[220].

---

[217] Могилев-Подольский (2004). М. Т., 1941.
[218] Могилев-Подольский (2004). М. Т., 1941.
[219] Тульчин (2005). И. К., 1927.
[220] «Невеста была красиво одета, и закрыто лицо. И ее вели к хупе». — «Кто ее вел?» — «Вели ее к хупе ее родители. А его вели его родители» (*идиш*). Тульчин (2005). М. З., 1925.

Тех, кто вел жениха и невесту под хупу, называли «интерфирерс» (букв. «подводящие»).

> *Инф.:* С одной стороны меня вела ее мама, а ее вела моя мама.
> *Соб.:* И как это называется?
> *Инф.:* У нас родители…
> *Соб.:* Унтерфирер?
> *Инф.:* Интерфирер.
> *Соб.:* Это обязательно родители?
> *Инф.:* Да. Вообще должны быть отцы, но так как отцов нет, мамы[221].

«Интерфирерами», кроме родителей, могли быть и другие родственники.

> *Инф.:* Жениха ведут либо родители, бывшие под хупой когда-то, либо родственники, бывшие под хупой[222].

Пульнер перечисляет установленный религиозным законом и обычаем порядок действий под хупой:

1. Жениха ставят под хупу первым, потом невесту семь раз обводят вокруг него и ставят рядом;
2. благословение новобрачных;
3. благословение над вином;
4. благословение брака;
5. жених и невеста отпивают вино;
6. жених надевает кольцо на палец невесты и произносит брачную формулу;
7. оглашение кетубы;
8. произнесение «семи благословений»;
9. жених и невеста отпивают по три глотка вина;
8. жених разбивает сосуд;
9. поздравление новобрачных;
10. возвращение жениха и невесты от хупы[223].

---

[221] Жених и невеста были сиротами. Могилев-Подольский (2004). М. Т., 1941.
[222] Бельцы (2012). Г. Б., 1937.
[223] См. с. 225–226 настоящего издания.

Многие наши информанты сами вступили в брак под хупой, но, перечисляя детали обряда, многое путали, пропускали и забывали. Сам обряд информанты называли или «хипе», или «хипе-кедише»[224]. Его проводил, по их мнению, раввин.

> *Инф.*: Ну и был специально рув[225], который дал хипе-кедише. Знаете? Я правильно выражаюсь? Хипе-кедише. Ну как вот перевести? Он должен был записать этот брак. Такая, знаете... И ставятся жених и невеста... Как это, хипе... Ну там он[226] и Богу молится, и они одевают [кольца][227]. У меня тоже было хипе, и в доме, с мужем моим. Так и был у нас очень хороший рув, немолодой, эти молодые, эти все... Мой [муж][228] очень верил в это, понимаете[229].

Для того, кто проводил обряд, было даже специальное название — «хипе-кедишер».

> *Инф. 1*: Хипе-кедишер — это, значит, тот человек, который под хупой [читает] молитву, вот это...
> *Инф. 2*: Он же и проводит хупу.
> *Соб.*: Но это не раввин?
> *Инф. 2*: Он обязательно должен иметь статус раввина, мне кажется, если он хипе-кедишер[230].

Поскольку в очень многих случаях раввина не было, то обряд проводил любой знающий религиозный человек, например шойхет (резник). До 1980-х годов шойхеты были практически

---

[224] «Хупе-укидушин» (букв. «покров и освящение», *подольско-бессарабский диалект идиша*).
[225] Раввин (*подольско-бессарабский диалект идиша*).
[226] Раввин.
[227] На самом деле только жених надевает невесте кольцо.
[228] Муж информантки был родом из Вижницы (Буковина). До войны учился в иешиве. В Могилев-Подольский был депортирован румынскими властями. Остался в Могилеве и много лет вел молитву в местной синагоге.
[229] Могилев-Подольский (2007). М. С., 1915.
[230] Бельцы (2012). Ш. Б., 1934.

в каждом городе с более или менее многочисленным еврейским населением.

> *Соб.*: Закрыто лицо у невесты?
> *Инф.*: Да. Фатой. Фатой закрыто. Потом нас подводят, он [совершающий обряд] начинает, начал молиться. Потом заводит нас под хупу.
> *Соб.*: А кто делает? Раввин, да?
> *Инф.*: Раввин. У нас такой... У нас не было раввина, был а shoykhet. Он умел молиться, так его взяли[231].

Невесту обводили вокруг жениха семь раз.

> *Инф.*: Ее [невесту] вдвоем водили вокруг. Вот как стол стоит. Вокруг, посередине это хипе. Вот так вот вокруг водили вдвоем[232].

Многие информанты нетвердо помнили, кого именно водили вокруг семь раз: главное — само ритуальное семикратное кружение.

> *Инф.*: И очень красиво пели, и очень красиво ходили вокруг, семь раз ходили вокруг этой...[233]

Некоторые, явно путая, сообщали, что, наоборот, это жениха водили вокруг невесты.

> *Инф.*: Значит, невеста закрыта, стоит посреди хупы, жениха ведут либо родители, бывшие под хупой когда-то, либо родственники, бывшие под хупой. За ним идут десять мужчин. Семь раз обходят вокруг невесты. Раввин идет впереди и читает молитву. Каждый поворот кидают деньги эти десять человек, то есть 11 с женихом. Это для раввина.

---

[231] Могилев-Подольский (2004). М. Т., 1941.
[232] Балта (2006). Р. П., 1918.
[233] Могилев-Подольский (2004). М. Т., 1941.

После этого жених подходит к невесте, поднимает фату, целует ее. Если вы читали историю, Яков хотел жениться на одной, а ему подсунули совсем другую[234].

Другие информанты утверждали, что жениха и невесту вместе обводили вокруг хупы.

Инф.: Потом семь раз обошли вокруг этого...
Соб.: Кто обошел?
Инф.: Я с невестой.
Соб.: Обошли вокруг чего?
Инф.: Вокруг хупы. А этот все молился. Я уже не помню, ведь тридцать шесть лет прошло.
Соб.: А водили вас под хупой или вокруг хупы?
Инф.: Вокруг[235].

Якобы раввин вел жениха и невесту вместе, а они при этом держались за платок.

Инф.: Они держатся руками вдвоем, а как бы этот платок... Как бы так шел между левой рукой и правой, так как бы соединял их всех этим одним платком. Они за него держали[сь], ну как бы, ну один конец и второй конец, а два конца держит ребе, и он идет, и благословляет, и говорит, и тому подобное. Они идут за ним, и все остальные уже...
Соб.: А как, по кругу?
Инф.: Ну, он по кругу их водит... Ну, я не помню, ну, может, по кругу... Какое-то расстояние там, двадцать метров, тридцать метров... Туда и по кругу, для того чтобы все гости увидели, и чтобы все гости...
Соб.: А гости стоят, да?
Инф.: А гости стоят, конечно. Ну, он их водит, ему дают дорогу... Ему дают дорогу, чтоб он их повел по всем, как говорится, закоулкам. Он их подводил к каждому углу [хупы], понимаешь, чтобы это все как бы сладилось. Ну, насколько я помню[236].

---

[234] Имеется в виду, что Иакова обманом женили на Лии вместо Рахили (Быт 29: 21–25). Вельцы (2012). Г. Б., 1937.
[235] Могилев-Подольский (2004). М. Т., 1941.
[236] Тульчин (2005). А. К., 1933.

Описание обряда выглядит, с одной стороны, очень конкретным, а с другой — непохожим на то, что мы знаем про еврейскую свадебную обрядность. Описывая помолвку у украинцев, Д. К. Зеленин пишет: «При этом они держат за концы специально для этого предназначенный платок, а дружко жениха или же дядя невесты берется за середину этого платка и ведет их на почетное место, где расстелена меховая шуба»[237]. Не в этом ли описании следует искать исток странного действия: «Жених и невеста держатся за концы платка, два других конца держит ребе, и они идут за ним»? Возможно, имело место проникновение элементов украинской обрядности, а возможно, на воспоминания информанта повлияла виденная им украинская свадьба.

После того как жених и невеста оказывались стоящими рядом под хупой, происходило чтение благословений. Так как никто из информантов не знал древнееврейский язык, то и не мог идентифицировать благословения: все вместе они назывались расплывчатым словом «молитва».

> *Инф.*: Der ruv. In me hot getrinken yeder tsu bislekh vayn. In er hot geleynt, dos heist…[238] Молитву он читал[239].

Главным событием в воспоминаниях информантов было не произнесение брачной формулы (о ней никто не вспомнил), а надевание кольца женихом на палец невесте. В бедные предвоенные и послевоенные годы часто своего обручального кольца не было. Жених одалживал кольцо или брал его в общине. Невеста носила его несколько дней и возвращала.

> *Инф.*: И одевал кольцо… Надо было носить неделю кольцо.
> *Соб.*: Неделю нужно было?
> *Инф.*: Да, если[240] у меня было чужое кольцо. Так если бы у меня было свое…[241]

---

[237] *Зеленин Д. К.* Восточнославянская этнография / Пер. с нем. К. Д. Цивиной. М.: Наука. Главная редакция восточной литературы, 1991. С. 334.

[238] Раввин. И каждый выпил немножко вина. И он читал, то есть… (*идиш*).

[239] Тульчин (2005). М. З., 1925.

[240] Поскольку.

[241] Могилев-Подольский (2007). М. С., 1915.

О бракосочетании с помощью общинного кольца пишет также Пульнер[242].

> *Инф.*: Я была такая самостоятельная, чтобы вместо такого, чтобы плакать тогда, я смеялась. Там такое, что раввин читает... Если ты понимаешь, что он читает, то вызывает слезы, и крутятся семь раз, и жених должен надеть обручалку. У меня, слава богу, не было обручалки. Я тогда не знала, что такое золото. Так у раввина было такое простое колечко металлическое. Называется металл по-еврейски «меш»[243]. В общем, простое такое металлическое колечко. И он дал моему мужу, и он мне одел тогда, когда крутились. И он[244] сказал, чтобы я носила три дня, а потом чтобы я ему вернула, потому что ему потом надо ещё кому-то дать[245].

После этого раввин зачитывал вслух кетубу, ритуальный брачный контракт.

> *Инф.*: In dortn iz geveyn shoyn der ruv, in er hot zey gemakht tsuzamen. Papir! In er hot gedavnt dortn. Ikh veys, vi es heist? Er hot gezugt tsu zey umtsugebm vayn trinken, im in ir a bisl. In er hot gezugt, az zey zaynen vayb in mon.
> *Соб.*: Ver hot gegebm papir?
> *Инф.*: Der ruv. Gegebm zey a papir, az zey zaynen vayb in...[246] Ну, как по-русски удостоверение, ну, брачное удостоверение.
> *Соб.*: Er hot dos aleyn geshribm, yo?
> *Инф.*: Yo, aleyn geshribm af hebreish[247].

---

[242] См. с. 231 настоящего издания.

[243] Латунь (*идиш*).

[244] Раввин.

[245] Могилев-Подольский (2008). Х. М., 1918.

[246] «И там уже был раввин, и он их соединил. Документ! (*букв.* Бумага!) И он молился там. Я знаю, как это называется? Он велел, чтобы им дали выпить вина, ему и ей немного. И он сказал, что они муж и жена». — «Кто дал бумагу?» — «Раввин. Дал им бумагу, что они жена и...» (*идиш*).

[247] «Он сам это написал, да?» — «Да. Сам написал на древнееврейском» (*идиш*). Тульчин (2005). М. З., 1925.

Из памяти информантов выпал происходивший в день свадьбы обряд составления кетубы[248], так как они при нем не присутствовали. Они имели смутное представление о содержании кетубы: это, по их мнению, было «как брачное удостоверение» или «договор». Однако сам документ имел магическую силу, поэтому его нужно было «спрятать».

> *Инф.:* А это, что он написал, надо было куда-то спрятать.
> *Соб.:* Этот договор?
> *Инф.:* Это соединение, понимаете. Это по-своему, тот писал по иврит, ну, допустим: это мужчина, и женится на такой девушке, и вот такое. И пожелал долгие годы, так[249].

По обычаю кетубу передавали на хранение теще.

> *Инф.:* Потом это... Шли еще раз туда. Он нам вручает...
> *Соб.:* Ксиву?
> *Инф.:* Ксиву.
> *Соб.:* А кто писал?
> *Инф.:* Он сам писал, он писал.
> *Соб.:* У вас есть эта ксива?
> *Инф.:* Я не помню. Надо спросить жену. Где-то, может, она спрятала. Но обычно теща прятала ее. А где?..[250]

Самый памятный информантам момент церемонии — разбивание стакана. После того как произносилось благословение, новобрачные выпивали вино, и жених должен был разбить стакан, наступив на него ногой.

> *Инф.:* In nokh alemen hot er... Es geveyn aza min a gloz. In er hot mitn fis tseklapt di gloz.
> *Соб.:* Ver?

---

[248] См. с. 167 настоящего издания.
[249] Могилев-Подольский (2007). М. С., 1915.
[250] Могилев-Подольский (2004). М. Т., 1941.

Инф.: Der ruv. In me hot getrinken yeder tsu bislekh vayn. In er hot geleynt, dos heist...[251] Молитву он читал.
Соб.: Un farvos hot er tsebrokhen a gloz?
Инф.: Azoy firt zekh. Ikh veys nit farvos. Di gloz iz geveyn angeviklt in blay[252]. Это фольга. In er hot mit dem fis... Neyn, dos hot shoyn tsebrokhn der khusn. Mit dem fis hot er tsebrokhn dos gloz. In der ruv hot gezogt, az zey zaynen vayb in mon. Yeder hot ungeheybem: mozl-tov, mozl-tov![253] Всё[254].

От места проведения хупы свадебная процессия направлялась к дому, где должно было состояться торжество: впереди шли жених и невеста, за ними гости, и замыкали шествие музыканты.

Соб.: А вот во время хипе музыканты играют?
Инф.: Играют, у-у-у! Всё они играют. Какие хочешь песни.
Соб.: А потом, когда из дома, где была хипе, идут в зал, где будет торжество? Музыканты провожают невесту с женихом?
Инф.: Провожают невесту, да, провожают.
Соб.: А где они идут, перед невестой?
Инф.: Они идут сзади. Да, провожают. Они[255] идут впереди, а музыканты сзади, как обычно[256].

3.4. Свадебные торжества

Свадебный банкет обычно проходил в общественном зале — доме культуры, кафе или ресторане, который снимали целиком. Количество гостей на банкете было гораздо больше, чем во время обряда хупы, иногда 200–300 человек. Чаще всего брако-

---

[251] «А после всего этого он... Был такой стакан. И он ногой разбивал стакан». — «Кто?» — «Раввин. И каждый выпил немножко вина. И он читал, то есть...» (*идиш*).

[252] «А почему он разбил стакан?» — «Так положено. Я не знаю почему. Стакан был завернут в фольгу» (букв. «в свинец», *идиш*).

[253] И он ногой... Нет, это уже разбил жених. Ногой он разбил стакан. И раввин сказал, что они муж и жена. Все начали: мазл-тов, мазл-тов! (*идиш*).

[254] Тульчин (2005). М. З., 1925.

[255] Жених и невеста.

[256] Тульчин (2005). И. К., 1927.

сочетание и банкет устраивали в один и тот же день. Если была хупа, то банкет начинался после хупы, но в любом случае приблизительно в восемь часов вечера, и длился до утра. Иногда свадьба растягивалась на два дня: в первый день устраивали хупу, на которой присутствовали только близкие родственники новобрачных, на второй день — свадебное пиршество.

> *Соб.:* Два дня праздновали?
> *Инф.:* Да. А первый день это вот...[257] А на второй день было самое интересное, потому что там уже они свободны, уже присутствовали все...
> *Соб.:* Танцевали?
> *Инф.:* В этом же вся суть. Первый день — это, по сути дела, нет возможности такой. Это пока все это длится, пока все люди собираются, потом это все в горячке... Я ж сказал, я не видел, чтоб жених и невеста, после того как они ушли... Их не было. Они уходили (я не знаю, спать или обниматься, это ихнее дело), но они не появлялись. Так мне кажется, потому что я их не видел. А второй день — они все присутствовали. И идет чисто веселье[258].

Свадебные торжества начинались при входе в банкетный зал. Там располагалась клезмерская капелла. При появлении очередного гостя бадхн или руководитель капеллы выкликал его имя. Затем музыканты играли в честь гостя марш или «виват». Гость вознаграждал музыкантов деньгами[259].

Организаторы свадьбы, как правило семья невесты, нанимали музыкантов за оговоренную сумму, но в процессе торжества те получали дополнительное вознаграждение от гостей.

В состав капеллы обычно входили скрипка, флейта, барабан, аккордеон или баян, кларнет и басовая труба; впрочем, набор инструментов варьировался. Некоторые клезмеры, особенно до войны, были профессиональными свадебными музыкантами.

---

[257] Хупа.
[258] Тульчин (2005). А. К., 1933.
[259] Могилев-Подольский (2004). М. Т., 1941.

> *Инф.:* Был у нас, я помню… Звали его Меир-клезмер. Клезмер — это музыкант. Он и его два сына, молодые совсем хлопчики, играли. Он играл на скрипке, они на трубе и барабане. Это был его хлеб, его парнусе[260], он этим занимался.
> *Соб.:* Скажите, вот Меир-клезмер, он давно был?
> *Инф.:* Он был в Могилеве[261], он был до войны.
> *Соб.:* Это была его единственная профессия или он еще чем-то занимался?
> *Инф.:* Нет, он только играл, его Меир-клезмер так и называли[262].

Однако часто клезмеры имели другую основную профессию, а на свадьбах подрабатывали. Например, члены клезмерской капеллы могли работать на одном предприятии, и тогда с точки зрения властей это был заводской самодеятельный оркестр. Это давало определенные преимущества: завод покупал музыкальные инструменты, предоставлял помещение для репетиций. В клезмерских капеллах часто могли быть музыканты-неевреи. Еврейские музыканты, в свою очередь, играли по селам на украинских и молдавских свадьбах. С одной стороны, они подстраивали свой репертуар к вкусам заказчика, с другой — происходило сближение музыки этнических соседей, вырабатывался единый музыкальный язык региона. Многие клезмеры, начав играть еще в школьные годы, получали дополнительную подготовку, проходя службу в военных оркестрах. Среди клезмеров также встречались профессиональные военные музыканты в отставке[263]. Многие популярные клезмеры были такими же популярными в городе фигурами, как знаменитые шодхенте или прославленные сарверн, свадебные поварихи. Рассказы о них стали частью городского фольклора.

> *Инф.:* У нас в Тульчине клезмер[ов] было человека три-четыре. Они играли: Пиня — на барабане, на флейте играл самоучка Шойл Тес. Но они самоучки, они все свадьбы, которые в Тульчине, они все играли. Они прямо… Весь город

---

[260] Заработок (*идиш*).
[261] Могилев-Подольский.
[262] Могилев-Подольский (2008). X. М., 1918.
[263] Могилев-Подольский (2004). Е. Г., 1934.

сходился, когда еврейские свадьбы были. Знаете какие? Весь город был на свадьбе, весь город ходил смотреть, как [проходит] еврейская свадьба[264].

Гости на свадьбе делились на «хуснс цод» (букв. «сторона жениха») и «колес цод» (букв. «сторона невесты»). Традиционно гостям со стороны жениха полагался больший почет. Это проявлялось уже в момент встречи гостей. Появление гостей со стороны жениха музыканты отмечали и приветствовали особо.

> *Инф.*: Раньше было разделение: хуснс цод и колес цод, это уже было.
> *Соб.*: А как делили? Что значит: хуснс цод и колес цод? Чем они отличались?
> *Инф.*: Отличалось тем, что больше было внимания хуснс цод. Все внимание: «Khusns tsod iz gekimen!»[265] А невеста... Хуснс цод это было... это было в старое время, а в советское — нет. «Di khusns tsod geyt!» — «Сторона жениха идет!» Музыка играет.
> *Соб.*: То есть объявляли, кто пришел со стороны жениха? Сразу об этом говорили?
> *Инф.*: Да, сразу же. Вот музыканты уже есть, некоторые родственники уже пришли, а потом, как они пошли: «Bagegnt khusns tsod! Khusns tsod!»[266] Я думала, что такое это хуснс цод? Обыкновенные люди. А теперь нет разницы.
> *Соб.*: А когда со стороны невесты приходили, говорили, что это колес цод? Говорили: «Koles tsod geyt»?[267]
> *Инф.*: Тоже. Да, говорили. «Di frant fin der kole!»[268] Родня со стороны невесты.

Впрочем, по мнению многих информантов постепенно разница между гостями сглаживалась. В приведенном выше интервью

---

[264] Тульчин (2005). К. К., 1935.
[265] Сторона жениха пришла! (*идиш*).
[266] Встречайте сторону жениха! Сторона жениха!
[267] Сторона невесты идет (*идиш*).
[268] Друзья невесты! (*идиш*).

отмечается, что «теперь нет разницы». Другие информанты еще более решительно настаивали на том, что в более поздние годы на свадьбах все гости стали равны, так как общественность «приучили к равенству».

> *Инф.*: Гости были все равны. Садились все вместе. Все ходили одинаково, говорили одинаково. Марш играли для каждого входящего. Игнорирования на свадьбах не было, приучили к равенству[269].

Это изменение можно объяснить тем, что постепенно все меньшую роль стали играть браки по сватовству, то есть браки с приданым. Семьи жениха и невесты солидарно несли расходы по свадьбе, таким образом неравенство сторон постепенно исчезло.

При входе в банкетный зал гости должны были первым делом вручить подарки. В качестве подарков приносили приемники, ковры, костюмы, но чаще всего дарили конверты с деньгами. Конверты поначалу дарили неподписанные, чем некоторые гости злоупотребляли.

> *Инф.*: Давали конверты, давали конверты… Никто не знал, сколько… Понимаете как? А потом люди стали бессовестные. Понимаете как? Конверт дают, а в конверте — либо рубль, либо вообще ничего, бумажка. Понимаете, стали обманывать, так вот, это самое…
> *Соб.*: Неподписанные конверты, да?
> *Инф.*: Неподписанные. Я с тех пор, вы знаете, как я услышала такое, я подписываю свой конверт. Понимаете как? Я не хочу попасться, знаете, впросак[270].

Конверты с деньгами забирали, как правило, родители молодоженов. Иногда для приема подарков нанимали специального человека. Один из информантов назвал его «гардеробщик»[271].

---

[269] Могилев-Подольский (2004). Е. Л., 1932.
[270] Тульчин (2005). И. К., 1927.
[271] Тульчин (2005). И. К., 1927.

Инф.: Хуснс цод и колес цод. То, допустим, гости хусна... Получали одни конверты, значит, стояли папа-мама, допустим, получали конверты. Колес цод получали своих гостей конверты. Потом они, значит, всё вместе, всё это самое... потом уже соединяли. Вот жених и невеста. Я приглашена со стороны вас, жениха. Значит, я подхожу к папе-маме жениха, если их нет рядом, значит, отдаю жениху деньги. Те[272] подходят к невесте, дают невесте... Потому что люди ведь не знакомы... гости эти... Понимаете, как все это?[273]

Иногда гости хвастались своими подарками и демонстрировали их остальным участникам торжества.

Соб.: Показывали всем подарки, объявляли?
Инф.: Обязательно! Он должен был показать, что он дарит!
Соб.: Ага. И считалось, что круто подарить что-нибудь большое?
Инф.: Ты понимаешь, у каждого человека это любопытство[274], он хочет показать, что он... Чтобы все видели, что он подарил. Да это ж...
Соб.: А вот какая-то очередность была: кто должен первым дарить подарок?
Инф.: Первым кто должен дарить подарок? Самые богатые.
Соб.: Самые богатые идут первыми? И все знают, кто самые богатые, никому ничего не надо доказывать?
Инф.: Ну конечно. Ты понимаешь, я тебе объясню, в чем дело. Дело в том, что не каждый может музыку заказать, средств нету... Вот когда он подходит уже дарить подарок, в это время музыка прекращается. Все должны слушать, что он говорит, и все должны видеть подарок. Я тебе объяснял, что подарки открывали и показывали. Это же, как сейчас говорят: «Дал конверт, а он пустой». Все должны были... это... Именно торжество в этом заключается. Ну, ты понимаешь, тогда не делались такие большие свадьбы, как сейчас. Делали небольшие свадьбы — только близкие родственники,

---

[272] Гости со стороны невесты.
[273] Тульчин (2005). С. Г., 1936.
[274] Здесь: желание, страсть.

человек 50–60. Понимаешь? Народу собиралось много, все хотели посмотреть, вокруг забора стояли или во дворе, они в принципе не участвовали в свадьбе[275].

Многие информанты считали, что на самом деле никакого «равенства» гостей все равно не было. Гости со стороны жениха и гости со стороны невесты рассаживались отдельно, причем первые сидели на почетных местах, во главе стола и ближе к молодоженам, а вторые — дальше от молодоженов.

> *Инф.*: Да, чтоб вы знали, почет больше имела khusns tsod.
> *Соб.*: А вот в чем выражался почет?
> *Инф.*: Почет — это вы сидели на первых рядах, a koles tsod iz shoyn gezesn...[276] черт его знает, на кулисах[277]. Вот как это было у евреев[278].

Гости со стороны жениха требовали от семьи невесты особого уважения и гордились своим статусом.

> *Инф.*: И вообще на еврейских свадьбах очень всегда пышались[279], очень, это самое, со стороны жениха приглашенные... Они так... Жених был, знаете, как, это самое... Они пышались. Это по-украински я сказала. Это, ну, они себя возносили, как бы, понимаете... «Я со стороны жениха!» Я, понимаете, как приглашена?[280]

Когда гости рассаживались, музыканты совершали обход свадебного стола, величая гостей и играя в их честь марши и «виваты». Величания или, как их называли информанты, «поздравления» произносили на идише и на русском, используя набор устойчивых формул. Каждый гость, названный по имени, платил музыкантам — кто сколько мог.

---

[275] Тульчин (2005). А. К., 1935.
[276] Сторона невесты уж сидела (*идиш*).
[277] Вероятно, контаминация выражений «за кулисами» и «на куличках».
[278] Тульчин (2005). И. К., 1927.
[279] Кичились, чванились (*укр.*).
[280] Тульчин (2005). С. Г., 1936.

Инф.: Der glavner muzikant[281] выкрикивал, допустим: «Yosip Abramovich, mir bagrisn akh mit indzer hosene, mir betn akh!» In me hot geshpilt a marsh. In se geveyn mesik-sheyn[282].

Иногда провозглашали здравицу супружеской паре или целой семье.

Инф.: Loz leybm Itsik mit Riten. Longe lebedike yurn![283]

До войны музыканты с помощью таких «поздравлений» собирали деньги для молодоженов. Вот как тогда выглядела практика величания.

Инф.: Начиналась свадьба, если была музыка. Музыканты, духовой оркестр, если такие более зажиточные были. Или там скрипка... Был у нас дядя Яша в Рыбнице[284] с баяном. Начинали играть и, чтобы собрать немножко денег для молодых, начинали: «Сейчас надо поздравить сидящих здесь родителей! Поздравить, там, главного соседа, который напротив живет, и поздравить его сына!» И за каждого надо платить. Вот эти деньги собирали. Платил кто сколько мог — рубль там, два... Богатые хотели показать [себя]: они давали пять и даже десять [рублей]. Тогда, до войны была три рубля одна бумажка, красненькая такая. И вот эти деньги собирали для молодых[285].

Постепенно, по мере того как в качестве свадебных подарков стали превалировать конверты с деньгами, музыканты начали собирать деньги с гостей для себя.

---

[281] Главный музыкант (*идиш*), то есть руководитель клезмерской капеллы.

[282] «Йосип Абрамович, мы поздравляем вас с нашей свадьбой, мы просим вас!» И играли марш. И было страшно красиво (*идиш*). Тульчин (2005). И. К., 1927.

[283] Да здравствуют Ицик с Ритой! [Желаем им] долгих, бодрых лет! (*идиш*). Тульчин (2005). И. Ш., 1931.

[284] Родной город информантки.

[285] Кишинев (2010). М. Ф., 1928.

Соб.: На еврейских свадьбах музыканты играли приветствия гостям?
Инф.: Да. Значит, в честь гостей... Называли, допустим, меня. Значит, в честь гостьи такой-то: «A sheyn fayn mozl-tov!»[286] И играли какую-то вещицу веселую. И так всех. И было так заведено, что кого он назвал, тот подходил и платил ему за это. Это был его [музыканта] заработок.
Соб.: Платил каждый или платили за всю семью?
Инф.: Платил один из семьи. Он не называл же каждого члена семьи. Называл отца или как... главу семьи.
Соб.: Это было, когда гости приходили или уже сидели за столом?
Инф.: Не, сидели за столом... И музыканты вызывали гостей: «A sheyn fayn mozl-tov! A sheyn fayn mozl-tov!» И все пели и поддерживали[287].

Для того чтобы заработать больше денег, величая гостей, клезмеры постепенно от «поздравления» всей семьи перешли к «поздравлению» каждого ее члена по отдельности.

Инф.: Di ershte tsat flegn az kimen af a khosen: «Yankl-Ber iz gekimen, a sheyner gost!»[288] Он [глава клезмерской капеллы][289] вызывал на идише: такой человек присутствует. Они играли какой-то танец, ему платили два рубля — рубль, кто сколько может. Nur dernukh di letste tsat hobm zekh shoyn prisposobitsa. Er rift: «Yankl-Ber iz gekimen!»[290] Ему платили рубль. Потом они по-другому. Zekh prisposobitsa, hot pozdravit zan vab. Er hot zekh oykhet getsult[291]. Раньше семью поздравляли, а потом каждого отдельно[292].

---

[286] Красивое прекрасное поздравление! (*идиш*)
[287] Могилев-Подольский (2008). Х. М., 1918.
[288] Сперва, обычно как придут на свадьбу: «Янкл-Бер пришел, прекрасный гость!» (*идиш*).
[289] Часто это был скрипач.
[290] А вот потом, последнее время, они уже приспособились. Он кричит: «Янкл-Бер пришел!» (*идиш*)
[291] Приспособился, поздравлял его жену. Он тоже платил (*идиш*).
[292] Тульчин (2005). Н. Ю., 1917.

В течение свадьбы солист капеллы, как правило скрипач, мог несколько раз обойти стол, играя в честь отдельных гостей и получая от них плату.

> *Инф.:* Вот сидят гости, этот скрипач подходит к каждому приглашенному и играет еврейскую какую-то красивую мелодию. Они должны бросать деньги. Это к каждому он подходит, кто что заказывает[293].

Основными развлечениями на свадьбе были музыка, танцы и пение.

> *Инф.:* Музыканты играли, да, музыка играла все время беспрерывно, и танцевали до упада. И все пели и поддерживали. Танцевали — брались за руки.
> *Соб.:* Танцевали все вместе, по кругу, брались за руки, это как?
> *Инф.:* Брались за руки и по кругу. А некоторые выходили в центр круга и танцевали там вдвоем. У меня сестра, она моложе меня на шесть лет. Мы с сестрой очень часто выбегали в этот круг и танцевали отдельно разными фигурами[294].

Еврейские народные танцы чередовались с бальными. Главным танцем на свадьбе считался шер, который танцевали четыре пары. Этим танцем открывали бал.

> *Инф.:* Было «a sher» — ножницы по-еврейски. Испанка[295], краковяк, полька, «семь-сорок»[296]. A sher — это четыре пары танцуют, и весь танец меняются пары[297].

Шер имел своего рода ритуальную функцию, так как его в первую очередь танцевали жених с невестой и их близкие родственники.

---

[293] Бельцы (2012). А. П., 1926.
[294] Могилев-Подольский (2008). Х. М., 1918.
[295] Падеспань.
[296] Разновидность фрейлехса. Фрейлехс (букв. «веселый», *идиш*) — народный хороводный танец.
[297] Тульчин (2005). Н. Ю., 1917.

Соб.: Ну вот был какой-то специальный танец, когда, скажем, папа жениха должен был станцевать с мамой невесты?
Инф.: Ну так я ж тебе рассказывал: вот этот танец... Начинает[ся] вот этот танец на четыре пары — это и есть танец жениха... родителей. Эти родители танцуют с этими, и танцуют жених с невестой, и самые близкие... допустим, брат или... Если только женщины — они танцуют. Это первый танец, он начинается. А потом, значит... Ну, я ж говорю — полчаса длился танец[298].

Отдельного танца для жениха с невестой не было.

Соб. А был танец жениха с невестой?
Инф.: Tonts a kole mitn khusn?[299] Любой танец они могли заказать, как[300] они знали. Полечку, а большинство — a freylekhs.
Соб.: А было такое, что жених с невестой танцевали с платочком?
Инф.: A tikhale[301]. А как же! Берется платочек, набираем пары, надо, чтоб много действовали, и танцуем[302].

Информанты не помнили ни о религиозном запрете на парные танцы мужчин и женщин, ни о существовании «кошер-танц»[303].

Инф.: Фрейлехс. Я помню, что шер был такой танец. Я помню, как танцевали, несколько пар, мужчины и женщины, долго так танцевали... Это красиво, это старинные танцы, не как сейчас.
Соб.: А это кто танцевал?
Инф.: Кто хотел. А как же. Приглашенные, пожалуйста, танцуйте. И жених, и невеста[304].

---

[298] Тульчин (2005). А. К., 1933.
[299] Танец невесты с женихом (*идиш*).
[300] Который.
[301] Платочек (*идиш*).
[302] Тульчин (2005). Н. Ю., 1917.
[303] О традиционных танцах на свадьбе см. с. 260–266 настоящего издания.
[304] Могилев-Подольский (2007). М. С., 1915.

К наиболее популярным танцам относились, кроме шера, фрейлехс и булгар.

> *Инф.:* Танцевали по-разному, кто как умел, кто как хотел. На еврейских свадьбах в основном фрейлехс и болгарески. И очень особенно любили на молдавский мотив, болгарески[305].

С клезмерской капеллой договаривались о том, что она сыграет определенное количество танцев. Эти танцы заранее оплачивались, как правило, родителями невесты. Однако на протяжение всего торжества гости заказывали дополнительные танцы за отдельную плату.

> *Инф.:* А если захотели еще вы танец лишний станцевать и так далее, и если хозяева не сговаривались за цену, которую хотели эти музыканты, то значит... Вы хотите танцевать? Платите деньги! Платите деньги... и всё! А если в зависимости от того, какого состояния были люди... если это были богачи, то кидали эти деньги. Знаете как? Один перед другим старался выставиться. Понимаете? Кидали эти деньги, кто как хотел. Их кидали большими суммами. Они [музыканты] набирали больше, чем ту сумму, что у хозяина они просили. Понимаете как? Так что у нас за марш давали всегда. Приходил, ты уже знал: любая свадьба, ты приходишь — знаешь, что за марш надо платить. Понимаете как? Заходит это самое... И старались люди так зайти, чтобы, значит... Допустим, марш вам сыграли. Так? Чтобы следующая пара зашла, чтобы снова сыграли. Понимаете как? Чтобы они... Они хотели деньги, а люди хотели, как вам сказать, почет[306].

Большинство информантов называли ведущего свадьбы «тамада»[307]. Почти исчез не только термин «бадхн», но и выполняемая им традиционная роль. Тем не менее некоторые из информантов еще помнили этот термин.

---

[305] Могилев-Подольский (2008). Х. М., 1918.
[306] Тульчин (2005). П. Г., 1928.
[307] О бадхене см. с. 267–273 настоящего издания.

Соб.: А бадхн был на свадьбе?
Инф.: А как же!
Соб.: А кто такой бадхн?
Инф.: Ну, этот, на хипе он читает...
Соб.: Нет, это рув.
Инф.: Рув, и этот тоже. Он им спивает, поет, за столом.
Соб.: И шутки какие-то говорит?
Инф.: И шутки, и за столом: за здравие[308].

Из свадебных развлечений информанты вспоминали исполнение матерями новобрачных песни «Mekhuteyneste mayne»[309].

Инф.: Да, «Mekhuteyneste mayne». Сейчас я забыла слова. Я даже ее пела. Было такое: сажали двух мехутейнесте, маму жениха и [маму] невесты, на стулья спинами друг к другу. И одна пела другой «Mekhuteyneste mayne». Мама невесты обращалась к маме жениха: «Если вы увидите, что сын ваш любит вашу невестку, чтоб вас это не задевало, чтоб вы не ревновали»[310]. Они называются мехутейнесте, как свахи[311]. «Как мать, чтобы вас это не задевало»[312].

Свадебную трапезу, как отмечали все наши информанты, готовил сарвер, специально нанятый свадебный повар. Понятно, что один человек не мог приготовить трапезу, рассчитанную на много десятков, а то и сотен человек. На кухне работали женщины, как члены семей новобрачных, так и нанятые помощницы. Они же накрывали на стол и подавали перемены блюд. Сарвер выполнял функции «дирижера» этого кулинарного «оркестра». Кроме того, сарвер отвечал за наиболее сложные блюда, и прежде всего за выпечку и кондитерские изделия.

Некоторые информанты отмечали, что до войны сарверами были преимущественно мужчины, а после войны — женщины:

---

[308] Хотин (2004). Х. М., 1930.
[309] «Сватья моя» (*идиш*).
[310] См. текст этой песни на с. 368 настоящего издания.
[311] Имеется в виду «сватьи».
[312] Могилев-Подольский (2007). М. С., 1915.

на смену «der sarver» пришла «di sarvern» или «di sarverke», так же как на смену сватам пришли свахи.

> *Соб.*: Довоенные свадьбы, на них кто готовил?
> *Инф.*: А до войны были специальные мужчины, да, я помню, мужчины. И у них [были] такие большие противни. Но там были мужчины, мужчины всё готовили и подавали[313].

Многие наши информанты, пользовавшиеся услугами свадебных поварих, вспоминали их по именам, обсуждали их сравнительные достоинства, но ни одного повара-мужчину вспомнить не могли.

В качестве обязательных блюд свадебной трапезы называли холодные закуски, «гефилте фиш» (фаршированную рыбу), мясные блюда, например «эсик флейш» (кисло-сладкое мясо), «маине» (пирог с мясом) и много сортов выпечки: торты, лекех, флудн.

> *Инф.*: Значит, готовили гефилте фиш, гебрутнс[314] — мясо зажаривалось в русской печке, что-то еще. В общем, столы были, холодное это все было. Потом было флудн и лейкех. Лейкех — это белый пряник.
> *Соб.*: А флудн?
> *Инф.*: Флудн, вы не знаете, что это такое? Это было обязательно на всех праздниках. И это не давали на стол, а когда люди уходили после свадьбы, им давали в мешочке кусочек флудн и кусочек лейкех. Флудн — это такое печенье. По-украински оно называется застелене. Делается тесто и вытягивается тоненько.
> *Соб.* Кто готовил на свадьбу?
> *Инф.*: Были специальные, они назывались сарверн, они готовили.
> *Соб.*: Их было несколько?
> *Инф.*: Она главная — эта сарверн, и были помощники, и потом были из близких, приглашенных. Приходили, помогали. Обслуживали столы самые близкие такие люди, в основном молодежь, им это было интересно, красиво[315].

---

[313] Могилев-Подольский (2007). М. С., 1915.

[314] Фаршированную рыбу, жаркое (*идиш*).

[315] Могилев-Подольский (2008). Х. М., 1918.

Перед свадьбой ее организаторы (как правило, семья невесты) заранее договаривались с той или иной сарверн, так же как договаривались с клезмерской капеллой.

> *Инф.*: Сарверн — повариха, которую нанимали. Ей помогают, естественно, так же как у украинцев — кухарка и помощники. В Тульчине их было три, примерно, раньше. Кто кого хотел — брал. Во-первых, смотрели за цену [работы сарверн] и смотрели, кто вкусней готовит. Уже ж люди ходили на свадьбы — и у той сарверн были, и у той. Вот эта хорошо готовит. Были у нее: она флудн печет хорошо, она лейкех печет хорошо. Она готовит [гефилте] фиш[316] хорошо[317].

Сарверн, так же как и музыканты, получала фиксированную плату от семьи невесты, которая ее нанимала, а кроме того, деньги от гостей в конце свадебного застолья. Она обходила столы в сопровождении музыканта и собирала вознагражденье, кто сколько даст, на поднос.

> *Инф.*: У нас раньше на свадьбу не нанимали сарверку. Они сами приходили проситься, чтобы их взяли на праздник, потому что они сами потом, после приготовления, они сами у гостей брали плату в конце свадьбы, когда свадьба подходит к концу. Садятся второй раз за стол и там уже третий раз за стол. И вот она начинает, если на свадьбе есть очень богатые люди, знаешь, она им разносит торты. Она сама их пекла. Она разносит им торты. Потом она берет поднос, и музыканты объявляют: «Сейчас будет ходить наша сарверке!» И вот она ходит по гостям, и все ей кидают на поднос деньги[318].

Кондитерские изделия, прежде всего торты, использовали не только для угощения, но также для подарков, выражения уважения к почетным гостям и игр.

---

[316] [Фаршированную] рыбу (*идиш*).
[317] Тульчин (2005). Р. Ш., 1936.
[318] Могилев-Подольский (2004). М. Т., 1941.

> *Инф.:* Потом, после этой хупы, когда уже заходили в зал, то у дверей ставили два стула, с одной и с другой стороны. Был испечен один очень большой торт, очень красиво украшенный торт. На стульях стояли мужчины и держали этот торт. Кто подпрыгнет и достанет этот торт, тот забирает его себе.
> *Соб.:* Это до войны было?
> *Инф.:* Это было до войны, теперь этого нет, это до войны было.
> *Соб.:* Этот торт как-то назывался?
> *Инф.:* Свадебный торт просто.
> *Соб.:* Они просто держали?
> *Инф.:* Они держали этот торт. Были мужчины взрослые, стояли на стульях один и другой и держали этот торт, кто подпрыгнет и достанет его, и тому он достается[319].

В конце свадьбы родственникам жениха и другим особо уважаемым гостям дарили специальные торты — «макес»[320]. Изготовление «макес» входило в обязанности сарверн, было проявлением ее искусства. «Маке» подносили, танцуя. Тот, кто получил в подарок торт, должен был протанцевать с ним, демонстрируя его гостям.

> *Инф.:* В конце свадьбы макес дарили. Делали такие торты родным жениха. Танцуют, танцуют, вручают этот торт. Он танцует, выходит в середину, показывает, что ему торт вручили. И так это час длилось. Пока этим вручили, пока этим[321].

«Макес» представляли собой белые бисквиты, на которых были написаны свадебные поздравления.

---

[319] Бельцы (2012). Г. Б., 1937.

[320] Этимология названия торта, «маке», непонятна. На идише слово «маке» означает «язва, болячка», а также является популярным ругательством, например «a make dir» — «язви тебя». Сами информанты часто с недоумением отмечали это странное совпадение — не то омонимию, не то иронический перенос.

[321] Тульчин (2005). А. Н., 1934.

> *Инф.*: Да. «Мы поздравляем вас, до ста двадцати лет, чтоб вы жили». Вот так было на торте написано. До стодвадцатилетия![322]

У гостя, который танцевал на середине зала со своим тортом, другие гости старались его выхватить. Если им это удавалось, то владелец «маке» должен был его выкупить, заказав танцы у музыкантов.

> *Инф.*: Родители делают свадьбу. Вот я женю сына, я сделал пять мак[323]. Я дарю их, кому захочу. И он ее несет. Это торт такой. Если я успеваю этот торт выхватить, уже никто не трогает меня, ни родители... Я делаю, что я хочу. Например, я говорю: «Музыканты должны играть десять раз». Она подходит, дает деньги музыкантам за десять танцев. Маке делали для родичей, уважаемых людей[324].

Дарили «маке» также жениху и невесте. И у них старались похитить этот торт. В танцах была заинтересована молодежь, поэтому похищение «маки», которую выкупали, заказывая танцы, превращалось в развлечение именно для молодых гостей.

> *Инф.*: Здесь был обычай, что жениху и невесте сарверн, то есть это та, что готовила еду, преподносила торт — а make. А тот [жених] уже расплачивался. У молодежи было единственное желание — украсть этот торт. Он должен был следить. Если украли, он должен был давать молодежи выкуп[325].

Вручая гостю «маке», родители невесты тем самым оказывали ему особый почет. Соответственно, если кому-то из родственников не хватило «маке», неизбежно происходили конфликты.

---

[322] Тульчин (2005). И. К., 1927.
[323] Говоря по-русски, информанты произносили это слово как «мака» и склоняли его.
[324] Тульчин (2005). Н. Ю., 1917.
[325] Могилев-Подольский (2008). Х. М., 1918.

> *Инф. 1*: Это маке уважения. Это было почетно.
> *Инф. 2*: Это было не одна ссора из-за этих маков. Потому что не каждому... Если кому-то не досталось маке, это был скандал.
> *Инф. 1*: Это была обида. И с этой маке... Брали вот так эту маке и танцевали еврейские танцы. И человек, который танцевал, получал эту маку, он этой сарверн, которая готовит на свадьбу, давал деньги. Ну, уже как финал свадьбы: «Вот сейчас мы будем дарить макес!» Это было почетно, это было действительно по-еврейски[326].

Кондитерские изделия также служили для подарков, которыми одаривали расходящихся со свадьбы гостей.

> *Инф.*: Потом уже настолько была вкусная и обильная пища, что сладкий стол кушать уже никто не мог. Флудн, штрудель, печенье, в общем, где-то пять разновидностей сладкого. Готовили специальные мешочки, люди сидели за столом и каждому [уходящему со свадьбы гостю] давали порцию. Ну, люди уже знали, что куда-то надо будет положить, ну, носили с собой [сумки], потому что настолько было изобилие[327].

Сласти дарили гостям организаторы свадьбы — родители новобрачных.

> *Инф.*: Давали черный лейкех. Это по-старому, и сейчас тоже. Уже начинают гости расходиться, и сидит его или ее мать: всем в кульках дают лейкех[328].

Свадьба длилась до раннего утра, а после завершения торжества клезмеры провожали почетных гостей домой с музыкой. Когда-то этот обычай назывался «добрыноч». Название забылось, но сам обычай сохранялся.

---

[326] Тульчин (2005). И. Ш., 1931; Р. Ш., 1936.
[327] Тульчин (2005). А. Н., 1934.
[328] Могилев-Подольский (2007). М. С., 1915.

Инф.: Клезмеры были. Еще самых почетных гостей эти клезмеры отводили домой, с музыкой. Уже когда оставались самые близкие друзья, самые родные, так эти клезмеры разводили их и возле дома чтось там играли. А им за это платили что-то, вот так[329].

Проводы почетных гостей с музыкой организовывали и оплачивали устроители свадьбы. Однако и сам гость мог при желании устроить себе проводы с музыкой.

Инф.: Раньше евреи начинали свадьбу с вечера и до утра — закон. Я был молодой, я ходил на свадьбы, и сорочка была мокрая. Гуляли до утра. А еще было хорошо: смотришь, в кармане осталось пять рублей или десять, тогда шел до клезмеров: «Вы мине отведете с музыкой домой?» И провожали до дому[330].

Этот обычай остался в прошлом. Характерно, что о нем вспоминают только очень пожилые информанты. Руководитель одной из последних клезмерских капелл рассказывал, что «добрыночь», проводы гостей с музыкой, — это то, что можно увидеть теперь только на украинской свадьбе в деревне. Евреи, по его мнению, теперь ночью с музыкой по городу не ходят[331].

3.5. Свадьба на кладбище

Особым типом свадьбы была свадьба на кладбище, которую называли «шварце хасене» («черная свадьба») или «шварце хупе» («черная хупа»). Такую свадьбу проводили в первую очередь как средство борьбы с эпидемией. Пульнер не упоминает о «черной свадьбе», несмотря на то что упоминание о ней содержится в программе Ан-ского «Человек»:

1318. Какие истории вы знаете о черных хупах, где они происходили?

---

[329] Могилев-Подольский (2007). Р. Ф., 1918.
[330] Тульчин (2005). Н. Ю., 1917.
[331] Могилев-Подольский (2004). А. Т., 1952.

1319. Знаете ли вы истории о хупах на кладбище в качестве сгулы?[332] Происходит ли это только во время эпидемии или также в других случаях? В каких?[333]

Возможно, Пульнер полагал, что описание свадьбы на кладбище относится не столько к этнографии обрядов перехода, сколько к народной медицине и суевериям. Тем не менее «черная свадьба» была не только обережным обрядом, но и настоящей свадьбой, после которой мужчина и женщина становились мужем и женой, поэтому описание «черной свадьбы» заслуживает репрезентации в данном разделе[334].

Свидетельства о «черной свадьбе» широко представлены в художественной и мемуарной литературе XIX–XX веков[335], а начиная с XX века — и в газетных публикациях. В XIX веке основной причиной для проведения «черной свадьбы» была холера. В устных воспоминаниях свидетельства о «черной свадьбе» приводились главным образом в связи с эпидемиями «испанки» и тифа в 1919–1921 годах. Обережный механизм свадьбы на кладбище был, видимо, связан с тем, что все умершие становились «гостями» на свадьбе и, тем самым, должны были стать заступниками для всей общины.

Люди, которые соглашались вступать в брак на кладбище, были, как правило, очень бедны, часто обладали физическими недостатками. За участие в обряде община вознаграждала их приданым. Без такого рода поддержки они, возможно, никогда бы не сумели вступить в брак.

---

[332] Средство, как правило суеверная практика, направленное против болезни, порчи или иной напасти.

[333] An-sky Sh. Dos yidishe etnografishe program. Ershter teyl: der mentsh. Z. 187.

[334] Подробней об этнографии «черной свадьбы» см.: *Мочалова В.* Исцеление, спасение, избавление в еврейской традиции и магическая практика (еврейский обряд кладбищенской свадьбы и его славянские параллели) // Народная медицина и магия в славянской и еврейской культурной традиции / Отв. ред. О. В. Белова. М., 2007. С. 89–109.

[335] О «черной свадьбе» упоминают в своих произведениях Менделе Мойхер-Сфорим, Г. Богров, Я. Ромбро, И.-Л. Перец, И. Эренбург, И. Башевис, Е. Котик и многие другие писатели.

> *Инф.*: Значит, когда был мор, эта чума на детей, так они пришли тут... еврейское население к раввину, спросили: «Что же это будет?» И он сказал, что, значит, найти бедного парня и бедную девушку и на кладбище сделать a khipe. Чтобы не было больше вот этого мора. Ну и, вроде бы, это все отошло.
> *Соб.*: То есть сделали хипе, да?
> *Инф.*: То есть они нашли бедного парня, нашли бедную девушку и сделали на [кладбище] свадьбу: еще хипе, шатер, все как положено, и там, значит, раввин сделал им [свадьбу]... И вроде бы прекратилось все.
> *Соб.*: А почему так: бедных и на кладбище?
> *Инф.*: Вот это вопрос.
> *Соб.*: Ну, так всегда раньше делали?
> *Инф.*: Ну да. Бедные есть бедные, вы должны знать. И на сегодняшний день... оно тоже то же самое[336].

Среди тех, кого просили сыграть свадьбу на кладбище, могли быть сироты. Дело не только в том, что сирота был часто беден, но и в том, что его покойные родители становились «участниками» свадьбы, так что можно было рассчитывать на их заступничество.

> *Инф.*: У моей мамы было хипе. А тогда болели, так на кладбище... чтоб не болеть... Чтоб не болеть, так сказали, чтоб хипе делать на кладбище. На еврейском. Да. Потому что тогда сильно люди болели, и очень ее просили...
> *Соб.*: А мама была из семьи, или сирота была?
> *Инф.*: Бедные. Очень бедные. Он [жених] был сирота[337].

Большинство информантов сами никогда не были свидетелями «черной свадьбы». Все их воспоминания опирались на рассказы старших, как, например, в предыдущем фрагменте. Личные воспоминания единичны, однако встречаются и такие. В приведенном ниже фрагменте отчетливо видно, что цель свадьбы на кладбище — привлечь всех умерших к заступничеству за общину.

---

[336] Тульчин (2005). Е. К., 1939.
[337] Тульчин (2005). Ф. П., 1927.

Инф.: Было такое, поскольку я помню. Не то, что я была уже взрослая, но я была еще ребенком, но я помню, что была эпидемия черной оспы[338]. Очень много болели этой оспой. Так ходили на кладбище и поставили a khipe. Вот! И просили Бога, и просили умерших, чтобы они помогли, чтобы не было этой эпидемии. Это я такое слышала.

Соб.: А кто женился? Хупу ставили кому?

Инф.: Я не знаю.

Соб.: А почему на кладбище, как объясняли?

Инф.: Ну, самое святое место[339], самое близкое к Богу считается, я так понимаю.

Соб.: А вы на идише можете рассказать эту историю?

Инф.: Я могу, конечно, не очень, но… A mul iz geven an epidemie[340]. Я не знаю, как перевести «эпидемия» на [идиш]. A sakh menshn zaynen geven shlof af a shvartse pokn. Es zaynen gegongen afn feld[341] un me hot geshtelt a shvartse khipe un me hot gebetn got, az got zol helfn, az es zol…[342] прекратилось. Как это [на идише]? Чтобы люди не болели. Menshn zoln nit zayn shlof[343]. Вот и всё.

Соб.: А вот вы говорите: «Shvaztse khipe»?

Инф.: Azoy hot me ongerifn: «A shvartse khipe»[344]. Я не знаю, как это, но вообще у евреев, когда женятся, выходят замуж, так ставят a khipe. Значит, что такое «a khipe»? Это, значит, четыре палки, высокие, и такая, ну, как бы, скатерть плюшевая, красная. И вот поддерживают четыре человека эти четыре палки, и жених и невеста кружатся вокруг, и там есть раввин, он читает какую-то молитву, и вот это называется

---

[338] Возможно, речь идет об эпидемии сыпного тифа, которая бушевала в 1918–1922 годах. Оспа в начале XX века уже не представляла серьезной угрозы.

[339] Одно из обиходных названий кладбища на идише «heylik ort» — «святое место».

[340] Однажды была эпидемия (*идиш*).

[341] Букв. «поле», *идиш*. Характерный для местного диалекта термин, означающий «кладбище».

[342] Многие люди заболели черной оспой. Пошли на кладбище, и поставили черную хупу, и попросили, чтобы Бог помог, чтобы это… (*идиш*).

[343] Люди не болели (*идиш*).

[344] Так называли: черная хупа (*идиш*).

«a khipe». Так это красная, а вот afn feld hot me gemakht a shvartse khipe[345]. Значит вот это не красное, а черное — «шварц», вот[346].

Не только эпидемии, но и другие угрозы могли стать причиной для свадьбы на кладбище. По воспоминаниям очевидцев, «черные свадьбы», надеясь на спасение, играли во время оккупации в еврейских гетто[347]. Есть упоминания о таких свадьбах и в наших записях.

> *Инф.*: Хипе ставили, я видела, в гетто видела хипе. Вот, допустим, идет невеста, а жениху оставляют черный (нрзб.) такой большой.
> *Соб.*: Черное что?
> *Инф.*: Ну, такое покрывало. Идут они там, вот это я видела, дальше я не видела.
> *Соб.*: А что, в гетто много свадеб было?
> *Инф.*: Редко так, очень редко[348].

Существует и другое значение термина «черная свадьба» — это свадьба, состоявшая после похорон близких родственников жениха или невесты.

> *Инф.*: У нас был такой случай в нашей семье. Умерла моя мама в 29-м году в ноябре. Через полгода умер маминой сестры муж. А у нее была младшая сестра, и должна была быть свадьба. И назначена свадьба. И отложить нельзя. И что делать? Две похороны, и через месяц свадьба должна быть. И сделали, но сделали как? Без музыки, или так... И получилось... Это называется «черная свадьба», потому что ни музыки, ни веселья, ничего. Это у нас было, самая младшая сестра выходила, должна была. Сидели, думали, думали, говорили, что сделать, что сделать. Мы уже договорились все.

---

[345] На кладбище сделали черную хупу (*идиш*).
[346] Могилев-Подольский (2008). Х. М., 1918.
[347] *Мочалова В.* Исцеление, спасение, избавление в еврейской традиции и магическая практика С. 104–105.
[348] Балта (2006). Ф. Б., 1933.

Наконец, «черной хупой» могли назвать похороны девушки-невесты, умершей до брака. На еврейском кладбище в городе Романе (Румынская Молдова, Румыния) было обнаружено надгробие, украшенное изображением хупы, а эпитафия сообщала, что здесь погребена девица. По свидетельству очевидцев, во время похорон рядом с могилой девушки ставили черную хупу[349]. В другом варианте этого рассказа перед похоронами носилки с телом умершей ставили под черную хупу рядом с синагогой, то есть там, где обычно проводили свадьбы. Выразительное описание «черной хупы» дано в автобиографическом романе Лейба Квитко «Лям и Петрик». Детство поэта прошло в местечке Голосков, расположенном в юго-восточной Подолии.

> Люди у крыльца возились возле черных носилок, что-то выкрикивали. Женщины с заплаканными лицами ломали руки и вопили, только бабушка в заплатанной шали молча стояла у стены. Лицо ее пылало, точно ей было стыдно, что вот она, бабушка, жива, а ее внучка, девушка, невеста, скончалась. <...>
> — Ее будут венчать под черным балдахином.
> — А жених, говорят, уже знает... <...>
> Тем временем могильщики поставили над носилками черный балдахин. И лишь когда жених, пригнувшись, стал рядом с мертвым телом, весь народ колыхнулся и тронулся с места.
> Но вот черный балдахин убрали, и люди пошли на кладбище[350].

4. Заключение

Сопоставление этнографических материалов, собранных в начале XXI века, с материалами Пульнера, относящимися ко второй половине XIX — первой половине XX века, позволяет

---

[349] Черновцы (2006). Р. Ш., 1925.

[350] *Квитко Л.* Лям и Петрик / Пер. с идиша Я. Тайца и Л. Юдкевича. М.: Книжники, 2015. С. 11–12.

увидеть одновременно и существенную преемственность, и быстрые изменения. Эти изменения во многом были вызваны тем, что советская власть жестоко подавляла религию, особенно в ее институциональных формах, но не только этим. Видно, что речь идет не только об исчезновении многих обрядов, но и о появлении новых. Например, ни в программе Ан-ского «Человек», ни в диссертации Пульнера «Свадебные обряды у евреев» нет ни малейшего упоминания ни об одаривании гостей в конце свадьбы кондитерскими изделиями, ни об особых подарочных тортах «макес», ни о тех играх, которые происходили с их подношением, похищением и выкупом. Между тем, с точки зрения наших информантов, это была чуть ли не самая увлекательная часть свадебного пира. Воспоминания о «макес» встречаются в интервью очень часто. Позволительно думать, что это сравнительно новая традиция.

Исследования, начатые сто с лишним лет тому назад С. А. Анским и продолженные И. М. Пульнером, продолжаются и сейчас — в XXI веке.

Список иллюстраций

1. Соломон Юдовин. Свадьба в Полонном. 1913 г. Фотография. 14,4 × 10.
Фотоархив экспедиций Ан-ского. Коллекция Центра «Петербургская иудаика».

На фотографии изображен свадебный обряд, происходящий на синагогальном дворе. Сама синагога — массивное каменное здание — находится на заднем плане.

И. М. Пульнер пишет о том, что свадьба «всегда оставалась массовым народным праздником, праздником коллективного веселья и радости»[1].

Эта фотография как нельзя лучше отражает коллективный характер свадебного обряда. Во дворе синагоги собрался «весь город»: люди в традиционном и в современном городском платье; богатые и бедные; молодые и старые.

Исследователь фотографий Юдовина Александр Иванов пишет об этой фотографии:

> Смысловым акцентом в композиции фотоснимка выступает белое полотнище свадебного балдахина — хупы, сдвинутое влево от центра кадра. Оно парит над огромной толпой, которую даже не удалось целиком поймать в объектив. На снимке невозможно толком рассмотреть ни жениха, ни невесту. <...> При этом чередование белых и черных пятен — женских блузок и мужских пиджаков — создает пульсирующее движение: словно волны расходятся от хупы. Кажется,

---

[1] См. с. 292 настоящего издания.

в этом движении проявляется воля своенравной, только на первый взгляд разобщенной толпы, — воля, которая способна превратить семейное торжество в народное гулянье[2].

2. Бланк для тноим. Типография Я. К. Лидского. Варшава. 1904 г. Бумага, литография. 49,8 × 32,5.
Текст на древнееврейском языке. Выходные данные русском языке.
Музей истории евреев в России. Москва.

3. Бланк для тноим. Книжный магазина бр. Блетницких. Одесса. Конец XIX в. Бумага, высокая печать. 32,6 × 40,2.
Текст на древнееврейском языке с параллельным переводом на русский. Выходные данные на иврите и на русском.
Музей истории евреев в России. Москва.

4. Мендл Горшман. Расстроенная свадьба. Нэпманы. 1926 г. Бумага, тушь. 31,6 × 31.
Государственный музей истории религии. Санкт-Петербург.
Пульнер пишет: «Невыполнение обязательств по уплате приданого вызывало конфликты между сторонами, а иногда влекло даже к расторжению тноим»[3]. Очевидно, именно таков сюжет карикатуры Горшмана.

5. Соломон Юдовин. Пир для нищих. Правобережная Украина. 1912–1914 гг. Фотография. 12 × 17.
Государственный музей истории религии. Санкт-Петербург.
Пульнер пишет: «На пиру [для нищих] мужчины сидели за одним столом, а женщины за другим. <...> Обслуживали гостей за столом родители жениха и невесты и их домочадцы, самые почтенные члены семьи и родственники»[4].

---

[2] *Иванов А.* Опыты «молодого человека» для фотографических работ. Соломон Юдовин и русский пикториализм. Фотоархив экспедиций Ан-ского. Выставка первая. Каталог. СПб.: «Петербургская иудаика», 2005. С. 11–12.

[3] См. с. 82 настоящего издания.

[4] См. с. 138 настоящего издания.

Именно это изображает фотография: мужчины и женщины сидят за разными столами; в проходе стоят богато одетые мужчины, очевидно, члены семьи новобрачных.

6. Приглашение на свадьбу. Бершадь, Подольская губ. 1903 г. Бумага, высокая печать. 10,3 × 30,3.
Текст на древнееврейском языке.
Музей истории евреев в России. Москва.
Текст приглашения включает большое количество традиционных аббревиатур. Перевод текста приглашения[5]:

> С Божьей помощью
> МИХЛ ЯНОВСКИЙ и его супруга
> имеют честь пригласить почтенную публику[6]
> и родственников принять участие в торжестве
> нашего сына жениха господина АВРОМА МОРДХЕ,
> да продлятся его дни,
> и его избранницы невесты госпожи ХАНЫ ДРАХЛЯНСКОЙ, да продлятся ее дни, из Бершади.
> Вызов к Торе состоится в святую субботу [недели] раздела
> «Ваэсханэн»[7], 26 июля,
> а хупа состоится, с Божьей помощью, в четверг, в [неделю]
> раздела «Экев»[8], 31 июля 1903 г., в городе
> Бершади, и, с Божьей помощью, за радость наших детей
> «воздам вам»[9].

Кириллицей изображены инициалы невесты и жениха: ХД (Хана Драхлянская) и АЯ (Авром Янковский).

---

[5] Перевод выполнен А.Л. Полян.

[6] Букв. «высокое собрание».

[7] Пятикнижие разделено на 54 недельных раздела с тем, чтобы оно было прочитано целиком вслух в синагоге в течение года. Каждой неделе соответствует свой недельный раздел, и неделя носит название этого недельного раздела. Недельный раздел называется по его открывающим словам. Раздел «Ваэсханэн» («И молил») соответствует фрагменту Второзакония 2:23–7:11.

[8] Недельный раздел «Экев» («За то») соответствует фрагменту Второзакония 7:12–11:25.

[9] «Воздам вам» — Книга пророка Иоиля 3:4 (в еврейской Библии 4:4).

Обращает на себя внимание то, что даты торжественных событий указаны только по юлианскому календарю. Обычно даты указывали или по еврейскому календарю, или по обоим календарям. Это, так же как русские инициалы жениха и невесты, указывает на то, что семьи новобрачных принадлежали к достаточно модернизированному и, вероятно, зажиточному слою общества.

Приглашение рассчитано на два события: собственно обряд бракосочетания и вызов жениха к Торе в предшествующую свадьбе субботу.

7. Приглашение на свадьбу. Мукачево, Закрапатская обл., Украина. 1978 г. Фотопечать. 7,2 × 22,2.

Текст на правой стороне приглашения: первые две строки на древнееврейском, далее — на идише.

Музей истории евреев в России. Москва.

Перевод текста приглашения:

С Божьей помощью, да будет Он благословен[10]
голос жениха Мазл тов[11] голос невесты[12]
Родители жениха из Обавы[13]   Родители невесты из Мункач[14]
Довид и Хава   Йоэл
Гершкович   Якобович
С большой радостью
Приглашаем мы вас на свадьбу наших дорогих детей
Авром-Алтера   Шейндл

Благословение (С Божьей помощью), благопожелание (мазл-тов) и руки, соединенные в рукопожатии, напоминают о верхней

---

[10] Аббревиатура (*др.-евр.*, с опечаткой).

[11] Букв. «Доброй судьбы» (*др.-евр.*, с опечаткой) — традиционное поздравление и благопожелание.

[12] «Голос жениха и голос невесты» — фрагмент седьмого свадебного благословения и популярного свадебного гимна, восходящий к стиху из Книги пророка Иеремии (Иер 33:11).

[13] Обава — село Мукачевского р на Закарпатской обл. В Закарпатье много евреев проживало в селах.

[14] Мункач — венгерское и еврейское название Мукачево.

части традиционного бланка для тноим (см. ил. 2). В тексте на идише приведены еврейские имена жениха и невесты, а в тексте на русском их же, но совершенно другие, русские имена.

8. Приглашения на свадьбу.
А) Могилев-Подольский, Винницкая обл., Украина. 1954 г. Фотопечать. 8,7 × 12.
Б) Атаки, Молдавская ССР. 1958. Фотопечать. 8,7 × 12,6.
Коллекция Центра «Петербургская иудаика».

Фоном для приглашения на свадьбу из г. Атаки является фотография форзаца «Книги о вкусной и здоровой пище» (Пищепромиздат, М.: 1953). Так оформленные приглашения были широко распространены, как на украинском (Винницкая обл.), так и на молдавском берегу Днестра.

Могилев-Подольский и Атаки расположены напротив друг друга на разных берегах Днестра, соединенных мостом. В послевоенное время, несмотря на то что они находились в разных союзных республиках, составляли, по существу, единый город.

9. Бланк для ктубы. Тип. А. Цейлингольда. Варшава. Нач. XX в. Бумага, высокая печать. 44 × 36,5.
Текст на арамейском языке.
Музей истории евреев в России. Москва.

10. Бланк для ктубы. Тип. Гальтера и Айзенштадта. Варшава. 1894 г. Бумага, высокая печать. 32,7 × 40,3.
Текст на арамейском языке с параллельным переводом на русский. Выходные данные на русском языке.
Музей истории евреев в России. Москва.

11. Неизвестный художник. Еврейская свадьба. Российская империя (?). 1875 г. Холст, масло. 58 × 76,5.
Государственный музей истории религии. Санкт-Петербург.

Изображен обряд «кале базесн». В центре композиции, в окружении женщин, сидит плачущая невеста. Слева на возвышении стоит бадхн, рядом с ним клезмерская капелла. У дверей стоят, ожидая, когда их впустят, жених с дру́жками.

12. Соломон Юдовин. Шулхойф в Олыке. 1913 г. Фотография. 15,4 × 22,9.
Фотоархив экспедиций Ан-ского. Коллекция Центра «Петербургская иудаика».

Шулхойф (букв. «синагогальный двор», *идиш*) — синагогальный квартал в местечке. На переднем план слева: деревянная синагога (XVIII в.); на заднем плане справа: каменная синагога. Перед фасадом деревянной синагоги установлена конструкция для хупы. Пульнер пишет: «В России хупа устраивалась под открытым небом, преимущественно, на синагогальном дворе»[15].

13. Свечи для свадебной церемонии. Восточная Европа. XX в. Воск. 4 × 38; 3,5 × 34.
Музей истории евреев в России. Москва.

Пульнер пишет: «Свадебный поезд, то есть шествие к хупе, обставлялся весьма торжественно и сопровождалось особыми церемониями. Свадебный поезд освещали горящими "гавдолелихт" (свечами для гавдолы)»[16]. Свечи для гавдолы, использовавшиеся также во время свадебной церемонии, свиты из четырех свечей каждая.

14. Алексей Транковский. Еврейская свадьба. Почтовая открытка. Kunstverlag "Phönix", Leo Winz, Berlin. Б/д. Бумага, высокая печать. 8,6 × 13,5.
Коллекция Центра «Петербургская иудаика».

На открытке репродуцирована картина, изображающая свадебный поезд невесты к хупе. Сцена напоминает данное Пульнером описание обрядов, характерных для евреев в Дубровно (Могилевская губ.)

---

[15] См. с. 212 настоящего издания.
[16] См. с. 220 настоящего издания.

Пульнер пишет: «У белорусских евреев (Дубровно, конец XIX — начало XX в.) в поезде невесты впереди шли клезмеры. За ними — бадхн. За бадхеном — шамес. За шамесом — невеста. По правую руку невесты шел ее отец, по левую — мать. За ними — родственники со стороны невесты, а сзади — остальные. <...> Сопровождавшие поезд клезмеры играли грустные мелодии. <...> Унтерфиреры держали в руках горящие свечи»[17].

Транковский жил в Смоленской губернии и, вероятно, мог наблюдать еврейскую свадьбу в соседней Могилевской губернии. Картина «Еврейская свадьба» написана в конце XIX в. Место нахождения оригинала неизвестно.

15. Хупа. Текуч, Румынская Молдавия, Румыния. 1896 г. Бархат, золотое шитье, декоративные накладки. 174 × 174.
Надпись на древнееврейском и идише.
Музей истории евреев в России. Москва.
Надписи, вышитые на хупе, в шестиконечной звезде и вокруг.
Вверху и внизу: голос жениха и голос невесты[18].
Справа: знамя Текучи. Слева: молодежный союз[19].
В центре звезды: добро пожаловать.
Верхний треугольник: год.
Нижний треугольник: аббревиатура «п[о] м[алому] с[числению]»[20].
В верхних треугольниках: 656[21].
В нижних треугольниках: 1896[22].

---

[17] См. с. 222 настоящего издания.
[18] Об этой цитате см. примечание к ил. 7.
[19] Обе эти надписи на идише, все остальные на древнееврейском.
[20] Аббревиатура означает, что в дате не указано тысячелетие: это обычный формат указания года по еврейскому летосчислению, то есть от сотворения мира.
[21] Год по еврейскому летоисчислению: [5]656, что соответствует 1896 году по общему летосчислению. Дата указана с помощью еврейских букв, имеющих также цифровое значение.
[22] Год по общему летосчислению.

16. Сухер-Бер Рыбак. Свадьба. Из альбома «Местечко. Мой разрушенный дом. Воспоминание» (Берлин: «Швелн», 1923). Бумага, литография. 33,2 × 48,2.
Музей истории евреев в России. Москва.
Слева от хупы изображена клезмерская капелла, справа — здание синагоги.

17. Леонид Пастернак. Клезмеры. Почтовая открытка. Фототипия Шерер, Набгольц и Ко. М., б/д. Бумага, высокая печать. 13,8 × 8,9.
Коллекция Центра «Петербургская иудаика».
Рисунок, репродуцированный на открытке, выполнен в 1908 г.

18. Печатные доски для изготовления лекеха на свадьбу.
Слева: Подольская губ. Нач. XX в. Дерево, резьба. 10,3 × 12,5 × 9,8.
Музей истории евреев в России. Москва
Надпись на доске: Мазл тов.
Справа: Украина. Нач. XX в. Дерево, резьба. 2,2 × 15 × 9.
РЭМ 6402-10. Санкт-Петербург

19. Китл для жениха на свадьбу. Лович, Варшавская губ. Конец XIX в. Хлопок. 190 × 14.
РЭМ 1564-6. Санкт-Петербург

20. Праздничный наряд. Российская империя. Конец XIX в.
РЭМ 4035-4, РЭМ 6396-58/1,2, РЭМ 6396-66, РЭМ 6396-67. Санкт-Петербург
Парик. Вызна, Минская губ. Волосы. 45.
Юбка с кофтой. Волынская или Подольская губ. Шелк, хлопок, металлические пуговицы. 160 × 49 × 56.
Фата. Украина. Волынская или Подольская губ. Шелк. 118 × 21.
Передник. Украина. Волынская или Подольская губ. Шелк. 86 × 87.

21. Исаак Аскназий. Еврейская свадьба. Репродукция в журнале «Нива». 1903 г. Бумага, литография. 22 × 24.
Музей истории евреев в России. Москва.

Тема картины — свадебный поезд от хупы. На картине изображена широкая мощеная улица, застроенная частично каменными, частично деревянными домами. На заднем плане виден увенчанный православными соборами и двухэтажным казенным зданием холм. Скорее всего, это Витебск: так выглядит центр этого города. Сам художник был уроженцем местечка Дрисса (Витебская губ.).

Изображение на картине соответствует описанию Пульнера поезда от хупы в северной Белоруссии: «Свадебный поезд молодых открывали клезмеры. За ними следовал бадхн. За бадхеном шли молодые (молодая по левую руку от мужа). По обеим сторонам от новобрачных шли унтерфиреры (дружки и подружки, шаферы). Сзади следовали мехутоним и все остальные участники хупы»[23].

Слева, в голове процессии, изображен бадхн. Затем идут клезмеры: скрипач, цимбалист, кларнетист и музыкант, играющий на басе[24]. В середине процессии — жених и, по левую руку от него, невеста. На женихе надето пальто внакидку. Пульнер пишет: «В Белоруссии жених, отправляясь к хупе, надевал поверх сюртука китл, а поверх него — плащ или шубу»[25].

Перед процессией резвятся подростки-кундесы: один из них передразнивает скрипача. Пульнер приводит фрагменты из шуточной «Книги кундеса», в которой, в частности, сказано: «Везде, где совершается какое-нибудь публичное происшествие, например <...> венчание под балдахином <...> кундес должен быть одним из первых 10-ти участников. <...> Кундес должен бежать впереди музыканта, когда тот ведет свадебную процессию к балдахину, <...> когда же процессия возвращается из-под балдахина домой, кундес должен громко кричать <...>: "Горько жениху, трефная невеста, трефная!"»[26] На заднем плане видна хупа, которую,

---

[23] См. с. 239 настоящего издания.
[24] Бас (басетля, басоля) — народный музыкальный инструмент, напоминает виолончель.
[25] См. с. 223 настоящего издания.
[26] См. с. 229 настоящего издания.

держа за стойки, уносят подростки. Возможно, это тоже кундесы, о которых сказано: «В течение всего года кундес должен держать столбики балдахина»[27].

Также перед процессией танцуют замужние женщины, одна из них достаточно пожилая. Пульнер пишет: «В Белоруссии <…> при возвращении свадебного поезда от хупы перед молодыми плясали старухи с пирогами в руках»[28].

Картина «Еврейская свадьба» (холст, масло, 1893), редкий пример жанровой живописи в наследии Аскназия, хранится в Государственном Русском музее. Эта картина была очень популярна, много раз репродуцировалась. Она послужила моделью для картины Марка Шагала (1887–1985) «Русская свадьба» (1909), одной из самых известных ранних работ художника: на ней изображена еврейская свадьба в Витебске. При сохранении общей композиции, включая скрипача и цимбалиста, идущих перед процессией, Шагал добавляет точную этнографическую деталь: встречающего молодых еврея-водоноса. Пульнер пишет: «У белорусских <…> евреев (XIX — начало XX в.) был распространен обычай встречать возвращающийся от хупы свадебный поезд полными ведрами воды. Встречал молодых обычно водонос»[29].

Интересно, что картина Аскназия «Еврейская свадьба» экспонировалась на выставке «Евреи в царской России и в СССР» (1939–1941), организованной И.М. Пульнером в ГМЭ. Более того, она была специально описана М.И. Шахновичем в лекции для экскурсоводов по этой выставке.

> Здесь как раз изображен момент еврейской народной свадьбы, в которой большое участие принимают эти музыканты, клезмор[30], идущие впереди свадебной процессии, играющие на цимбалах, виолончели, увеселявшие это наиболее торжественное событие в условиях старого ме-

---

[27] См. с. 230 настоящего издания.
[28] См. с. 240 настоящего издания.
[29] См. с. 240 настоящего издания.
[30] Документ представляет собой стенографическую запись лекции Шахновича, поэтому содержит некоторые ошибки. Имеются в виду музыканты-клезмеры.

стечка 19-го, начала 20-го века. Здесь вы видите жениха, невесту, друзей невесты, бадхена, который руководит всей этой процессией, размахивая руками, увеселяет, руководит этой праздничной церемонией, дирижирует оркестром клезмор, мальчиков, которые помогают увеселять свадебную процессию, на фоне этих местечковых домиков. Это — картина одного из крупных еврейских художников, академика Ашкенази[31], она передает очень ярко быт, все условия жизни старого еврейского местечка.[32]

22. Анатолий Каплан. Свадьба нищих (Из серии иллюстраций к роману Менделе Мойхер-Сфорима «Фишка Хромой»). 1976 г. Бумага, сухая игла. 22 × 16,5.
Собрание И. и Л. Кушнир. Санкт-Петербург.
На офорте изображена «черная свадьба» во время эпидемии холеры, описанная в романе: «Глупская община в большом смятении хватала несчастных, калек, убогих, нищих и на кладбище, среди могил, венчала их с первыми попавшимися девицами, чтобы таким образом унять эпидемию» (Менделе Мойхер-Сфорим. Фишка Хромой. Пер. с идиша М. Шамбадала).

---

[31] Имеется в виду Исаак Аскназий.
[32] Лекция Шахновича по экспозиции «Евреи в царской России и в СССР» для экскурсоводов (стенографический отчет) / *Иванов А.* «В поисках нового человека на берегах рек Биры и Биджана»: еврейская секция Государственного музея этнографии в Ленинграде (1937–1941) // Советская гениза. Новые архивные разыскания по истории евреев в СССР. Т. 1. Бостон — СПб.: Academic Studies Press, 2020. С. 258–259.

Указатель имен

Азулай Хаим-Иосеф-Давид (1724, Иерусалим — 1807, Ливорно) — раввин и выдающийся библиограф. — 96.

Акива (ок. 50–135, Кесария) — танай, один из главных законоучителей Мишны, систематизатор галахи. — 218.

Альперт Майкл (1954, Лос-Анджелес) — исполнитель-мультиинструменталист, сочинитель и исполнитель песен на идише, фольклорист, этномузыковед. Один из лидеров клезмерского возрождения. — 449, 451, 466.

Амитин-Шапиро Залман Львович (ок. 1893, м. Сосница, Черниговская губ. — 1968, Фрунзе, ныне Бишкек) — этнограф. Автор ключевых работ по этнографии бухарских евреев. — 21, 381.

Ан-ский Семен Акимович (настоящее имя Шлойме-Занвл Раппопорт; 1863, Чашники, Витебская губ. — 1920, Варшава) — писатель, автор пьесы «Дибук» (1913–1915), этнограф, революционер и общественный деятель. Писал на идише и русском языке. В 1912–1914 годах организовал этнографические экспедиции по местечкам Юго-Западного края. Считается «отцом» еврейской этнографии и фольклористики. Пульнер широко использовал этнографическую программу Ан-ского «Дер Менч» («Человек») в своей полевой работе. — 9–13, 23, 34, 373, 379–381, 390, 391, 393, 397, 401, 402, 405, 411, 416–418, 421, 475, 511, 553, 559–561.

Аскназий Исаак Львович (м. Дрисса, Витебская губ., 1856–1902, Санкт-Петербург) — известный живописец, выпускник Петербургской академии художеств, академик живописи. Большинство его работ написаны на библейские сюжеты. — 567–570.

Банк Владимир Эммануилович (1876, Санкт-Петербург — 1942, Ленинград) — историк-медиевист, библиотековед, библиограф, педагог. Окончил историко-филологический факультет Петербургского университета, затем стажировался в университетах Берлина и Лейпцига. С 1901 года работал в Императорской публичной библиотеке (с 1925 года — ГПБ). Автор научных работ по истории и библиотековедению. Оказывал помощь И. М. Пульнеру по созданию еврейского отделения, а позже отдела в ГПБ (1930–1938), поддержал ходатайство в Высшую аттестационную комиссию Наркомпроса РСФСР о присвоении ему звания кандидата этнографии без защиты диссертации (1935). Умер во время блокады Ленинграда. — 373, 399.

Байбурин Альберт Кашфуллович (род. в 1947 году, Ейск, Краснодарский край) — фольклорист, антрополог. Доктор исторических наук, профессор факультета антропологии Европейского университета в Санкт-Петербурге. — 436.

Береговский Моисей Яковлевич (1892, с. Термаховка, Киевская губ. — 1961, Киев) — выдающийся исследователь еврейского музыкального фольклора и народного театра. Учился в Киевской консерватории в классе Б. Л. Яворского, продолжил обучение в Петроградской консерватории у М. О. Штейнберга. В 1927–1950 годах работал в различных учреждениях АН УССР. Состоял в переписке с И. М. Пульнером, обсуждал с ним музыку еврейской свадьбы. В 1950 году арестован и приговорен к десяти годам заключения в лагерях особого режима, реабилитирован в 1956 году. Автор пятитомного исследования «Еврейский музыкальный фольклор» (выходило отдельными томами в 1930–1990-х годах, полностью не издано до сих пор). — 222, 261–263, 274, 366, 368, 411, 412, 431, 432, 434, 435, 440, 441, 444, 447, 449, 451, 452, 457, 458, 462, 464–467.

Берлин Моисей Иосифович (1821, м. Шклов, Могилевская губ. — 1888, Санкт-Петербург) — этнограф, публицист, общественный деятель. За исследование «Очерк этнографии еврейского населения в России» (1861) был избран в действительные члены Императорского Русского географического общества. — 220, 434, 435, 446.

Бернштейн Авром-Мойше (1866, м. Шацк, Минская губ. — 1932, Вильна) — кантор, хормейстер, создатель еврейской литургической музыки, фольклорист и педагог. Был кантором Виленской хоральной синагоги. Возглавлял Музыкальный отдел в виленском Историко-этнографическом обществе им. С. Ан-ского. — 59, 119, 435.

Бёме Франц Теодор Магнус (1827, Виллерштедт, Германия — 1898, Дрезден) — музыковед, фольклорист, композитор. Собирал и изучал немецкие народные песни. — 261, 274.

Биншток Вениамин Исаакович (1865–1933, Ленинград) — санитарный врач, демограф. Один из учредителей комитета Общества охранения здоровья еврейского населения (ОЗЕ). Редактор четырех сборников «Вопросы биологии и патологии евреев» (1926–1930). В 1931 году приглашен для работы в еврейской рабочей группе ИПИНа, организованной И. М. Пульнером. — 383, 416.

Богораз Владимир Германович (литературный псевдоним Тан; 1865, Овруч, Волынская губ. — 1936, Ростов-на-Дону) — писатель, этнограф. Родился в еврейской семье, крестился. Учился на физико-математическом факультете Петербургского университета. В 1889 году за участие в народовольческих кружках был сослан в Якутскую губернию, где стал заниматься этнографией и изучением народов Севера. Создал классические труды по этнографии чукчей. Один из создателей «Трудовой группы». После революции профессор Ленинградского университета. Его ученики, среди которых был И. М. Пульнер, заложили основы еврейской этнографии в СССР. Создатель и первый директор Музея истории религии (1930–1936). — 14, 15, 376–378, 399, 402.

Богров Григорий Исаакович (1825, Полтава — 1885, с. Деревки, Минская губ.) — писатель, мемуарист. Автор известных «Записок еврея» (1871–1873). — 273, 444, 554.

Борисов Андрей Яковлевич (1903, с. Волговицы, Петербургская губ. — 1942, Орехово-Зуево, Московская обл.) — востоковед-семитолог, иранист. С 1930 года работал в еврейском отделе ГПБ (ныне Российская национальная библиотека), позднее преподавал арабский и древнееврейский языки в ЛГУ. Сотрудничал с еврейской рабочей группой в ИПИНе, организованной И. М. Пульнером. В 1937 году получил звание кандидата филологических наук ЛГУ без защиты диссертации по совокупности научных трудов. Продолжил работу в Эрмитаже в должности старшего научного сотрудника. С 1942 года работал в Институте востоковедения АН СССР. Умер во время эвакуации из Ленинграда. — 383, 416.

Брамсон Абрам Моисеевич (1871, Ковно — 1939, Ленинград) — доктор медицины, историк, библиограф, еврейский общественный деятель. Один из основателей Туберкулезного института в Санкт-Петербурге, разработал принципы диспансеризации туберкулезных больных. Совмещал научную работу с активной общественной деятельностью. Принимал участие в работе Общества для распространения просвещения между евреями в России (1911), Еврейского общества поощрения художеств (1915) и Общества еврейской народной музыки (1919). Входил в правление ЕИЭО, был директором музея ЕИЭО. В 1931 году был заместителем председателя и членом президиума еврейской рабочей группы в ИПИНе, организованной И. М. Пульнером. Работал вместе с Пульнером над составлением библиографии работ по этнографии и истории грузинских евреев. — 383, 384, 419.

Варшавский Марк (Мордехай) Маркович (1848, Одесса — 1907, Киев) — юрист, поэт, сочинитель и исполнитель песен на идише. В 1901 году при содействии Шолом-Алейхема опубликовал сборник своих песен «Идише фолкслидер» («Еврейские народные песни»). Многие песни Варшавского были необычайно популярны и исполняются до сих пор. — 198–202, 204, 205, 311, 355, 429, 459–461, 463.

Венгерова Паулина (Песя) Юделевна (1833, Бобруйск, Минская губ. — 1916, Минск) — автор мемуаров «Воспоминания бабушки. Очерки культурной жизни евреев России в XIX в.» (1908–1910, на нем. языке). — 439, 445.

Веспасиан (Тит Флавий Веспасиан, 9–79) — полководец, римский император, основатель династии Флавиев. В 66 году возглавил римскую армию, посланную Нероном для подавления Иудейского восстания. После смерти Нерона в 69 году стал римским императором. — 206.

Вильскер Лев Ефимович (1919, м. Шумск, Волынская губ. — 1988, Ленинград) — семитолог, гебраист. В 1950 году окончил восточный факультет Ленинградского университета. Заведовал отделением литературы на семитских языках в ГПБ. Изучал средневековых еврейских поэтов. Публиковал статьи в «Советиш Геймланд». В 1953 году составил «Перечень этнографических материалов бывшей Еврейской секции ГМЭ», собранных в разное время И. М. Пульнером. — 422.

Винников Исаак Натанович (1897, м. Хотимск, Могилевская губ. — 1973, Ленинград) — семитолог, этнограф. Окончил этнолого-лингвистическое отделение Ленинградского университета в 1925 году. После окончания читал лекции на восточном факультете ЛГУ, сотрудничал с Еврейским историко-этнографическим обществом. В 1929–1943 годах работал в Институте этнографии АН СССР. Участвовал в работе еврейской рабочей группы в ИПИНе, организованной И. М. Пульнером. — 383, 416.

Виньковецкий Арон Яковлевич (ум. в 1987, Холон, Израиль) — инженер-конструктор, фольклорист. Собирал еврейский песенный фольклор, сотрудничал с журналом «Советиш Геймланд», в частности опубликовал там очерк о И. М. Пульнере «Жизнь и работа этнографа» (1975). В 1979 году репатриировался в Израиль. — 379, 380, 423.

Гаи б. Давид (IX век) — гаон (титул духовного лидера в Вавилонии, VI–XI века), глава иешивы в Пумбедите (Вавилония) в 890–897 годах. — 168, 172.

Генко Анатолий Нестерович (1896, Санкт-Петербург — 1941, Ленинград) — кавказовед, лингвист, этнограф, историк. В 1919 году окончил историко-филологический факультет Петроградского университета, также занимался на армяно-грузинском отделении факультета восточных языков. С 1923 года — штатный научный сотрудник Азиатского музея Академии наук (с 1930 года — Института востоковедения АН). В 1920–1930-е годы преподавал на кафедре горских кавказских языков на восточном факультете и руководил Кавказским кабинетом на этнографическом факультете ЛГУ, где в 1925–1929 годах учился И. М. Пульнер. Дважды был арестован органами НКВД — в 1938 и 1941 годах. Умер во внутренней тюрьме НКВД. — 373, 399.

Гердер Иоганн Готфрид (1744, Морунген, Восточная Пруссия — 1803, Веймар) — немецкий мыслитель и историк культуры. Автор труда «Идеи к философии истории человечества» (1784–1791), в котором сформулировал учение о народном духе и национальной самобытности. — 443, 460.

Гершберг Авром-Шмуэл (1858, м. Кольно, Ломжинская губ., Польша — 1943, Белосток) — коммерсант, историк, журналист. Писал на иврите и идише. Был текстильным фабрикантом в Белостоке. Писал о положении евреев в Палестине. Автор книги «Пинкас Белосток» (опубл. 1949–1950) об истории еврейской общины Белостока. Убит нацистами в гетто Белостока. — 132, 209.

Гессен Юлий Исидорович (1871, Одесса — 1939, Ленинград) — историк, публицист, общественный деятель. Литературную карьеру начал в 1895 году в журнале «Восход». С 1900 года занимался изучением истории евреев в России на основе архивных материалов. В 1905–1906 годах был секретарем Союза для достижения полноправия еврейского народа в России. Составил для депутатов 2-й Государственной думы докладную записку «О жизни евреев в России» (1906). Приглашен для работы в еврейской рабочей группе ИПИНа, организованной И. М. Пульнером. В 1939 году участвовал в обсуждении выставки «Евреи в царской России и в СССР», подготовленной еврейской секцией ГМЭ. Автор свыше 300 научных работ, включая монографию «История еврейского народа в России» (1914). — 383, 416.

Гинзбург Саул (Шоул) Моисеевич (1866, Минск, Российская империя — 1940, Нью-Йорк, США) — историк, фольклорист, журналист, редактор, и общественный деятель. Основатель (в 1903 году) и редактор первой ежедневной газеты на идише «Дер фрайнд» («Друг»). Совместно с П. С. Мареком выпустил сборник «Еврейские песни в России» (1901), положивший начало систематическому изучению еврейского фольклора. — 46, 291, 458, 463.

Гнесин Михаил Фабианович (1883, Ростов-на-Дону — 1957, Москва) — композитор, педагог, музыкально-общественный деятель. Учился в Санкт-Петербургской консерватории по классу композиции у Н. А. Римского-Корсакова и А. К. Лядова. Один из основателей Общества еврейской народной музыки (1908). Изучал еврейскую народную музыку в России и Палестине. Создал ряд произведений на еврейские темы. — 447.

Гольдин Макс Давидович (1917, Рига, Латвия — 2009, там же) — композитор, музыковед, фольклорист. Исследовал еврейский музыкальный фольклор. Составитель антологии «Еврейская народная песня» (1994). — 440, 441, 449, 458, 466.

Гольдштейн Максимилиан (Мордехай; 1880, Лемберг, ныне Львов — 1942) — искусствовед, коллекционер. Работал банковским служащим в Вене.

Во время деловых поездок познакомился с деятельностью еврейских музеев. В 1910 году предложил программу создания еврейского музея в Лемберге. Основал Общество любителей еврейского искусства (1911). К 1920-м годам собрал выдающуюся коллекцию еврейского народного искусства. В июне 1941 года, после захвата Львова немецкими войсками, передал свое собрание на хранение в Львовский музей искусств. Умер в концлагере в 1942 году. В настоящее время коллекция Гольдштейна экспонируется в Львовском музее этнографии и художественных ремесел. — 394.

Горшман Михаил (Мендл) Ефимович (1902, м. Новоборисов, Минская губ. — 1972, Москва) — живописец, график. Ученик Купреянова и Фаворского. Один из ведущих иллюстраторов произведений еврейской литературы в СССР. — 561.

Готлобер Авром-Бер (1811, Староконстантинов, Волынская губ. — 1899, Белосток) — просветитель, поэт, историк, переводчик и журналист, писал на иврите и идише. Один из пионеров Гаскалы в России. — 52, 84, 86, 88, 89, 100, 126, 149, 156, 178, 226, 233, 270, 283.

Гузиков Михоэл-Йойсеф (1806, м. Шклов, Могилевская губ. — 1837, Аахен, Германия) — ксилофонист-виртуоз. Выходец из клезмерской семьи, создатель собственной модели инструмента. Гастролировал в России и странах Европы. — 446.

Данциг Авраам (ок. 1747, Данциг, ныне Гданьск — 1820, Вильна) — кодификатор галахи, автор респонсов. — 190.

Дейнард Эфраим (1846, м. Сасмакен, Курляндская губ., ныне Валдемарпилс, Латвия — 1930, Сент-Луис, США) — библиограф, издатель, путешественник, мемуарист. С 1862 года совершал путешествия с целью изучения жизни евреев в разных странах. В 1888 году переехал в США, где издавал еженедельную газету на иврите, а затем на идише. В 1926 году выпустил полную библиографию всех книг на иврите и идише, изданных в США с 1735 года. — 48, 58, 190.

Дубнов Семен Маркович (1860, Мстиславль, Могилевская губ. — 1941, Рига) — выдающийся историк, литературный критик, публицист, общественный деятель. Теоретик автономизма. Создатель «Всемирной истории еврейского народа» (первое издание, 1925–1929). Один из основателей Петербургского еврейского историко-этнографического общества (1908–1929). В 1922 году эмигрировал из советской России. Был убит нацистами в Рижском гетто. — 8, 10.

Зеленин Дмитрий Константинович (1878, с. Люк, Вятская губ. — 1954, Ленинград) — выдающийся диалектолог, фольклорист, этнограф, специалист по материальной культуре и верованиям восточных славян. Член-корреспондент АН СССР. — 14, 16, 20, 26, 532.

Иосе бен Халафта (II век, Палестина) — танай. Считался чудотворцем, легенда приписывает ему встречи с пророком Илией, который осведомлял рабби Иосе о том, чем занят Всевышний. — 38.

Исаак б. Абба Мари из Марселя (ок. 1120, Прованс — ок. 1190, Марсель) — раввин, автор респонсов. — 172.

Иссерлес Моше (ок. 1530, Краков — 1572, там же) — раввин, кодификатор галахи. Собрав все галахические решения ашкеназских раввинов, составил сборник дополнений к своду «Шулхан Орух» («Накрытый стол») Йосефа Каро и назвал его «Мапа» (букв. «Скатерть», 1569). Тем самым Иссерлес сделал «Шулхан Орух» пригодным для практического применения в ашкеназских общинах. — 43, 47, 207.

Каган Иуда-Лейб (1881, Вильна — 1937, Нью-Йорк) — фольклорист. Занимался собиранием еврейских народных песен. Принимал участие в создании института YIVO и руководил его фольклорной комиссией (1925–1937). — 274, 332, 352, 358, 363, 463.

Кагаров Евгений Георгиевич (1882, Тбилиси — 1942, Ессентуки) — историк, этнограф, лингвист. В 1906 году окончил историко-филологический факультет Новороссийского университета. С 1914 года профессор Харьковского университета, а с 1925 года — Ленинградского университета. Первоначально занимался изучением античной религии, позднее этнографии. С 1926 года — научный сотрудник Музея антропологии и этнографии (МАЭ). В 1934 году защитил диссертацию на степень доктора этнографических наук. За тридцать лет научной и педагогической деятельности написал более 200 работ, в том числе посвящённых идишу. В 1925–1929 годах был одним из преподавателей И. М. Пульнера, когда тот учился в ЛГУ. Приглашал Пульнера участвовать в выставочных проектах МАЭ, в частности в подготовке выставки «Жизнь ребенка при свете этнографии» (1929). — 14, 16, 17, 20–22, 27, 28, 205, 254, 291, 373, 376, 398, 399–401, 403, 410.

Каплан Анатолий (Танхум) Львович (1902, Рогачев, Могилевская губ. — 1980, Ленинград) — живописец, график, керамист. Прославился своими литографиями и офортами, созданными по мотивам произведений еврейских писателей. — 570.

Кацович Исроэл-Исер (1859, Виленская губ. — 1934, США) — литератор, журналист и издатель. В 1905 году эмигрировал в США. В 1910–1925 годах был редактором журнала «Идишер фармер» («Еврейский фермер»). — 180, 183.

Клибанов Гилел (1847, Борисов, Минская губ. — 1895, там же) — поэт, бадхен. С детства был парализован. Писал стихи на идише и иврите, затрагивая в них морально-этические проблемы. Его стихи пользовались широкой популярностью, в том числе у бадхенов, которые их часто исполняли. — 266.

Кнорозов Юрий Валентинович (1922, Южный, Харьковская губ. — 1999, Санкт-Петербург) — историк, этнограф, лингвист, переводчик. Прославился расшифровкой письменности народа майя. С 1949 года работал в Государственном музее этнографии народов СССР, занимался там разбором архива бывшей еврейской секции, затем перешел на работу в Институт этнографии АН СССР (1953–1999). — 422.

Ковнер Аркадий (Авром-Ури) Григорьевич (1842, Вильна — 1909, Ломжа, Польша) — писатель, критик, публицист. Сначала учился в иешивах, затем получил светское образование. Находился под влиянием идей Д. И. Писарева. В конце 1860-х годов переехал в Санкт-Петербург, работал в газете «Голос». Состоял в переписке с Ф. М. Достоевским, посвященной еврейскому вопросу. Автор мемуаров «Из записок еврея» (1903), в которых изложена критика патриархального уклада еврейской жизни. — 269.

Котик Ехезкел (1847, м. Каменец-Литовский, Гродненская губ. — 1921, Варшава) — мемуарист, общественный деятель. Автор популярных мемуаров «Мои воспоминания» (1912–1913). Владел кафе в Варшаве, в котором собирались еврейские литераторы и журналисты, активисты различных еврейских политических партий. Мемуары Котика — классический источник по истории повседневной жизни в еврейском местечке. — 69, 72, 241–243, 272, 275, 444, 454, 554.

Крупник Игорь Ильич (род. в 1951 году, Ростов-на-Дону) — этнограф, историк, общественный деятель. Окончил Московский государственный университет в 1973 году. В 1976–1991 годах работал в Институте этнографии АН СССР, затем ведущий антрополог Центра арктических исследований Смитсоновского института и ведущий научный сотрудник Центра традиционной культуры и природопользования Российского научно-исследовательского института культурного и природного наследия имени Д. С. Лихачева. Один из основателей Еврейской историко-этнографической комиссии (1981), был ее ученым секретарем. Занимался идентификацией экспонатов еврейских этнографических коллекций в Российском этнографическом музее (РЭМ), в том числе собранных С. А. Ан-ским и И. М. Пульнером. — 424.

Леванда Лев Осипович (Иуда-Лейб; 1835, Минск — 1888, Санкт-Петербург) — писатель, публицист, один из пионеров русско-еврейской литературы. В 1854 году окончил Виленское раввинское училище. Преподавал в минском казенном еврейском училище, в 1860–1886 годах занимал пост ученого еврея при виленском генерал-губернаторе. В 1860 году стал одним из ведущих сотрудников первого еврейского журнала на русском языке «Рассвет», позже сотрудничал с журналом «Восход». — 39, 40, 76, 84, 85, 88–90, 126, 130, 131, 138, 139, 150, 151, 154, 156, 166, 173, 175, 177, 178, 180, 181, 184–187, 197, 210, 220, 221, 223, 234, 235, 240, 244, 246, 249, 250, 255, 2256, 276, 281, 284, 285, 437, 449–451.

Лепянский Иосиф Исаевич (1873, Шлиссельбург, Петербургская губ. — 1942, Ленинград) — цимбалист. Вместе с сыновьями создал ансамбль цимбалистов. — 430, 431, 466, 467.

Линецкий Ицхок-Йоэл (1839, Винница, Подольская губ. — 1915, Одесса) — писатель-сатирик. Писал на идише. Особенный успех имел антихасидский сатирический роман «Дос пойлише йингл» («Польский мальчик», 1868). — 188, 228, 237, 464.

Липаев Иван Васильевич (1865, с. Спиридоновка, Самарская губ. — 1942, Ташкент) — тромбонист, музыкальный критик, дирижер, сотрудник «Русской музыкальной газеты» (1896–1917). — 428–430, 433, 434, 440, 446, 453, 470.

Лурия Шломо (акроним Магаршал; 1510, Познань — 1573, Люблин) — раввин, комментатор Талмуда. В 1550–1568 годах занимал пост главного раввина Острога, затем переехал в Люблин, где и оставался на посту главного раввина до конца жизни. — 109, 171.

Магарам Минц (Моше бен Ицхак га-Леви Минц; XV век) — раввин, автор респонсов. Был раввином в Майнце, Ландау, Бамберге и Позене (ныне Познань, Польша). — 233, 234.

Магарил (Яков бен Моше га-Леви Молин; ок. 1360, Майнц — 1427, Вормс) — раввин. Был раввином в Майнце. Впервые собрал и кодифицировал обычаи немецких евреев. — 212.

Магаршал — см. Лурия Шломо.

Магаршо (Шмуель-Элиезер бен Иуда Эдельс; ок. 1555–1631, Острог) — раввин, выдающийся комментатор Талмуда и литургический поэт. С 1614 года главный раввин в Остроге. Был главой ряда иешив. Стандартные издания Талмуда включают его комментарии. — 69.

Маггид Давид Гилелевич (1862, Вильна — 1942, Ленинград) — историк, искусствовед, музыковед, библиограф. Родился в семье раввина, получил традиционное еврейское образование. Окончил в 1894 году Академию художеств, продолжил обучение в Археологическом институте (1899–1990) и на факультете восточных языков Санкт-Петербургского университета (1906–1910). Заведовал библиотекой ОПЕ. Автор ряда статей в «Еврейской энциклопедии Брокгауза и Ефрона» (1908–1913), в числе которых работы, посвященные знакам кантилляции в Торе. — 228, 230.

Маймонид (Моше бен Маймон, известный под акронимом Рамбам; 1135, Кордова, Испания — 1204, Фустат, Египет) — выдающийся философ, богослов и врач. Составил галахический кодекс «Мишне Тора» (1177). — 37, 45, 153, 154, 169, 172.

Марек Петр (Пейсах) Семенович (1862, м. Шадов, Ковенская губ. — 1920, Саратов) — фольклорист, историк, педагог. Совместно с С. М. Гинзбургом выпустил сборник «Еврейские песни в России» (1901). — 46, 291, 324, 458, 463.

Меир б. Гдалия из Люблина (1558, Люблин — 1616, там же) — выдающийся комментатор Талмуда, раввин. В 1595–1613 годах занимал пост главного раввина Львова, затем переехал в Люблин, где и оставался на посту главного раввина до конца жизни. — 171.

Меир из Перемышлян (1780, Перемышляны, Галиция — 1850, там же) — хасидский цадик, раввин. Основоположник Перемышлянской хасидской династии. Популярный герой хасидского фольклора. — 190.

Мендельсон Мозес (1729, Дессау, Германия — 1786, Берлин) — философ, переводчик Библии на немецкий язык, основоположник Гаскалы. Мендельсон был горбуном. — 58.

Мильштейн Ефим Абрамович (1902, Ачинск, Енисейская губ. — 1989, Ленинград) — историк, этнограф, библиограф. Окончил факультет общественных наук Московского государственного университета в 1926 году, затем продолжил обучение в Институте красной профессуры по специальности «История СССР». В 1937 году назначен директором Государственного музея этнографии (ГМЭ) в Ленинграде, осуществлял общее руководство подготовкой выставки «Евреи в царской России и в СССР». В 1953 году перешел на работу в ГПБ, занимался составлением указателя по этнографии народов СССР. — 371, 392, 420.

Неттл Пауль (1889, Хоенэльбе, Чехия — 1972, Блумингтон, США) — этномузыколог. Автор книги «Еврейские музыканты прошлого» (1923). — 430, 444.

Нецки Ханкус (1955, Филадельфия, США) — музыкант-мультиинструменталист, этномузыколог, композитор. Основатель и руководитель ансамбля «Klezmer Conservatory Band». — 432.

Ной Дов (1920, Коломыя, Галиция — 2013, Иерусалим) — фольклорист. Собрал большую коллекцию сказок и устных рассказов различных еврейских общин. Крупнейший исследователь еврейского фольклора. — 465.

Огиньский Михаил Клеофас (1765, Гузув, Польша — 1833, Флоренция) — композитор, политический деятель. Автор полонеза «Прощание с Родиной» (1794), известного как «Полонез Огиньского». — 263.

Окунь Залман Мордухович (1892, м. Селиба, Минская губ. — 1952, Вихоревка, Кемеровская обл.) — фольклорист, драматург, педагог. Преподавал еврейский язык и литературу. В 1938–1941 годах работал в литературном отделе Музея еврейской культуры им. Менделе Мойхер-Сфорима в Одессе. В это время состоял в переписке с И. М. Пульнером и помогал ему в сборе материалов для выставки «Евреи в царской России и в СССР». Занимался изучением и обработкой еврейского фольклора, в 1939 году издал «Антирелигиозные сказки и пословицы» на идише. После Великой Отечественной войны работал заведующим литературной частью в Московском государственном еврейском театре (ГОСЕТ). В 1948 году был арестован и осужден на десять лет исправительных работ. Умер в лагере. — 419.

Паин Яков Семенович (1898, Орша, Могилевская губ. — 1943) — художник, скульптор, педагог. Учился в Виленской художественной школе, в 1915 году поступил в Строгановское училище в Москве. Член Еврейского общества поощрения художеств. В 1918 году принял участие в «Выставке еврейских художников» в Москве. Участвовал в еврейско-белорусской этнографической экспедиции, которой руководил И. М. Пульнер в 1930 году. Пропал без вести на фронте во время Великой Отечественной войны. — 417.

Паперна Абрам Израилевич (1840, Копыль, Минская губ. — 1919, Одесса) — педагог, писатель. Писал преимущественно на иврите и русском. Автор популярных мемуаров «Из Николаевской эпохи» (1910–1911). — 41, 42, 270, 273.

Пастернак Леонид Осипович (1862, Одесса — 1945, Оксфорд) — живописец, график, академик живописи. В своем творчестве неоднократно обращался к еврейской теме. — 567.

Педоцер (Педуцер) — см. Холоденко Арн-Мойше.

Переферкович Наум Абрамович (1871, Ставрополь — 1940, Рига) — лингвист, гебраист, переводчик. Родился в семье бывшего кантониста. Окончил факультет восточных языков Петербургского университета в 1894 году. С 1893 года публиковал статьи в журнале «Восход». Перевел Мишну, Тосефту и галахические мидраши на русский язык. Составил словарь рифм русского языка. После революции жил в Риге и сотрудничал в прессе на идише. — 27, 167, 168, 172, 207, 215, 216.

Пульнер Борух Менделеевич — этнограф. Брат И. М. Пульнера. В 1922–1928 годах учился на этнографическом отделении географического факультета ЛГУ, но был отчислен по болезни. Во время учебы участвовал в этнографических экспедициях под руководством профессоров В. Г. Тан-Богораза и Л. Я. Штернберга. Опубликовал этнографический очерк «Из религиозного мира» в сборнике: Еврейское местечко в революции: Очерки / Под ред. проф. В. Г. Тана-Богораза. М.; Л.: Гос. изд-во, 1926. — 411.

Раши (акроним Рабейну Шломо б. Ицхак — «наш наставник Шломо сын Ицхака», 1040, Труа, Франция — 1105, там же) — крупнейший комментатор Писания и Талмуда. Его комментарий до сих пор остается основным при традиционном изучении этих книг. — 58, 72, 165, 172.

Рубин Джоэль (род. в 1955 году, Лос-Анджелес) — кларнетист, музыковед. Автор ряда работ о клезмерской музыке, в числе которых книга «Нью-Йоркский клезмер в начале XX века: музыка Нафтуле Брандвейна и Дейва Тарраса» (2020). — 441, 446.

Рыбак Сухер-Бер (1897, Елисаветград, в настоящее время Кропивницкий, Украина — 1935, Париж) — живописец, график. Один из ведущих художников «Культур-лиги» и иллюстраторов детских книг на идише. — 567.

Саминский Лазарь Семёнович (1882, м. Валегоцулово, Херсонская губ — 1959, Порт-Честер, США) — фольклорист, музыковед, композитор. Один из активных членов Общества еврейской народной музыки. — 429, 430.

Секулец Эмиль (1915, Извоареле-Сучевей, Буковина — 1976, Ришон-ле-Цион, Израиль). — Фольклорист, этномузыковед, композитор, пианист и дирижер. Исследователь еврейской народной музыки в Румынии. — 431.

Сендрей Альфред (Аладар; 1884, Будапешт — 1976, Лос-Анджелес) — музыковед, органист, композитор и дирижер. Составитель двухтомника «Библиография еврейской музыки» (1951). Автор трудов «Музыка в Древнем Израиле» (1969), «Музыка евреев диаспоры» (1970) и др. — 441.

Симха б. Шмуэл из Витри (конец XI — начало XII века, Франция) — комментатор Талмуда. Один из учеников Раши. Автор галахических сборников. — 168, 172.

Сиркис Йоэл б. Шмуэл (1561, Люблин — 1640, Краков) — раввин, кодификатор галахи. Раввин ряда общин в Речи Посполитой. Крупнейший галахический авторитет польского еврейства, автор галахического кодекса «Байт хадаш» («Новый дом», 1619) и весьма значимых примечаний к Талмуду. — 95.

Статман Энди (1950, Нью Йорк) — мультиинструменталист (кларнет, саксофон, гитара, банджо, мандолина). Учился у легендарного кларнетиста Дэйва Тарраса. Записал более тридцати альбомов, оказавших большое влияние на клезмерское возрождение. — 435.

Стром Йель (1957, Детройт, США) — скрипач, композитор, режиссер, писатель. Исследовал взаимосвязи еврейской и цыганской музыки. — 441.

Струве Василий Васильевич (1899, Санкт-Петербург — 1965, Ленинград) — египтолог и ассириолог, действительный член АН СССР. Окончил историко-филологический факультет Санкт-Петербургского университета. С 1920 года — заведующий кафедрой Древнего Востока Петроградского университета. В 1911–1938 годах заведовал египетским отделом Государственного Эрмитажа, затем был директором Института этнографии АН СССР и Института востоковедения АН СССР. Дал положительный отзыв на диссертацию И. М. Пульнера. — 373, 399–401.

Стучевский Иоахим Калманович (1891, Ромны, Полтавская губ. — 1982, Тель-Авив) — композитор, виолончелист, фольклорист. Выходец из семьи клезмеров, получил академическое образование в Лейпцигской консерватории. Организовал в Вене в 1924 году Общество еврейской музыки. Опубликовал сборники хасидских нигуним (1946, 1950), а также книгу «Клезмеры: История, фольклор, наследие» (1959, на иврите). — 432, 435, 440, 441.

Тан-Богораз В. Г. — см. Богораз В. Г.

Тит Флавий (39, Рим — 81, там же) — римский император, полководец. Сын императора Веспасиана. В 66 году сопровождал отца во время подавления восстания в Иудее. После провозглашения Веспасиана императором в 69 году возглавил римскую армию. Взял Иерусалим и уничтожил Храм. В 79–81 годах римский император. — 206.

Топоровский Борис Исаевич — гебраист, литературовед, общественный деятель. Жил в Екатеринославе (ныне Кропивницкий, Украина). Печатался в различных периодических изданиях, в том числе в «Еврейской старине». В 1930-е годы состоял в переписке с И. М. Пульнером. — 421.

Транковский Алексей (1847 — ок. 1914) — живописец-любитель. Писал картины на жанровые, этнографические и исторические темы. Его картины часто репродуцировались на открытках. — 565, 566.

Урбан Модест Миронович (1896, Балачанск, Иркутская губ.) — эсперантист, библиограф. Работал заведующим библиотекой Иркутского народного университета. С 1923 года жил в Петрограде, учился на библиотечном факультете в Институте внешкольного образования, но не окончил его. Был товарищем секретаря Ленинградского комитета союза эсперантистов и членом Центрального комитета союза эсперантистов СССР. В 1935–1936 годах работал в ГПБ на разных должностях, вплоть до и. о. директора библиотеки, преподавал на Высших курсах библиотековедения при ГПБ. Уволен из ГПБ в 1936 году, дальнейшая судьба не известна. Поддержал ходатайство в Высшую аттестационную комиссию Наркомпроса РСФСР о присвоении И. М. Пульнеру звания кандидата этнографии без защиты диссертации (1935). — 399.

Фелдман Зев (1949, Нью-Йорк) — исследователь клезмерской музыки и народных танцев, цимбалист. Автор книг «Музыка Османского двора» (1996) и «Клезмер: музыка, история, память» (2016). — 434, 435, 441, 448, 450, 456.

Фидельман Сендер-Эли (известен как Сендер-бадхен, 1825 или 1827, Минск — 1892, там же) — бадхен. Родился в семье клезмера. Отец научил его играть на скрипке, виолончели и гитаре. Популярный бадхен в 1870-е годы. Выступал на свадьбах в Минске и ближайших местечках. Издал сборники стихов на идише: «Свадьба в маленьком местечке» (1873), «Стихи для веселого времяпрепровождения» (1877). — 142, 148.

Финдейзен Николай Федорович (1868, Санкт-Петербург — 1928, Ленинград) — музыковед, музыкальный критик, общественный деятель. Автор «Очерков по истории музыки в России с древнейших времен до конца XVIII века» (1928–1929). Основатель и главный редактор «Русской музыкальной газеты» (1894–1918). С 1925 года возглавлял комиссию по изучению народной музыки при Русском географическом обществе. — 430, 431, 434, 466.

Франк-Каменецкий Израиль Григорьевич (1880, Вильна — 1973, Ленинград) — египтолог, семитолог, философ. Изучал философию и историю Древнего мира, позднее семитологию и египтологию в Гёттингене и Кёнигсберге, где получил степень доктора философии по разряду востоковедения. В 1922 году переехал в Петроград, преподавал на археологическом отделении Ленинградского университета, в Географическом институте и в Институте высших еврейских знаний. Научный сотрудник ряда ленинградских институтов, в том числе входил в еврейскую рабочую группу при ИПИНе, организованную И. М. Пульнером. — 383, 416.

Фруг Семен Григорьевич (1860, еврейская земледельческая колония Бобровый Кут, Херсонская губ. — 1916, Одесса) — поэт, прозаик, публицист. Писал на русском и идише, в конце жизни — на иврите. Был очень популярен в конце XIX века. — 445.

Холоденко (прозвище Педоцер) Арн-Мойше (1828, Бердичев, Киевская губ. — 1902, там же) — народный музыкант, скрипач и композитор. Руководил клезмерской капеллой, известной далеко за пределами Бердичева. — 428.

Цунзер Элиокум (1835, Вильна — 1913, Нью-Йорк) — бадхен, автор песен на идише, поэт, драматург. Издал множество сборников своих стихов и пуримшпил «Мехирас Йосеф» («Продажа Иосифа», 1874). — 267, 270, 271.

Чемеринский Хаим (псевдоним Мордхеле; 1862, Мотыль, Минская губ. — 1917, Екатеринослав) — писатель, баснописец. Литературную карьеру начал в 1903 году в газете «Дер фрайнд» («Друг»). Известен своими переводами басен И. А. Крылова на идиш. — 222.

Черниховский Саул (1875, еврейская земледельческая колония Михайловка, Таврическая губ., ныне село Михайловка, Запорожская обл., Украина — 1945, Иерусалим) — выдающийся поэт, переводчик, врач. Писал на иврите. Перевел на иврит «Илиаду», «Одиссею», «Царя Эдипа», «Калевалу» и «Слово о полку Игореве». Прославился гексаметрическими элегиями, воспевавшими быт евреев-колонистов. В. Брюсов и В. Ходасевич переводили стихотворения Черниховского на русский язык. С 1932 года жил в Палестине, продолжал заниматься медициной и литературой. — 11, 144–145, 148.

Черный Иосиф Яковлевич (1835, Минск — 1880, Одесса) — этнограф, журналист. Писал на русском и иврите. Совершил путешествие по Кавказу. Первый исследователь этнографии горских евреев. — 409.

Чубинский Павел Платонович (1839, хутор Чубинка, Полтавская губ., ныне в границах города Борисполь, Киевская обл., Украина — 1884, Киев) — этнограф, историк, географ. Член этнографическо-статистической экспедиции в Юго-Западный край. Издал «Труды экспедиции» в семи томах (1872–1878), имеющие большое научное значение. — 84, 86, 87, 106, 107, 119, 127, 129, 130, 150, 155, 173–176, 180, 221, 248, 437, 438, 443, 444.

Шахнович Михаил Иосифович (1911, Санкт-Петербург — 1992, там же) — религиовед, историк культуры, фольклорист. Окончил историко-филологическое отделение Ленинградского университета в 1932 году. Ответственный секретарь в журналах «Советская этнография» и «Советский фольклор». Был одним из основателей Музея истории религии АН СССР, где занимал должность старшего научного сотрудника. В 1944–1960 годах в том же музее заместитель директора по научной работе. С 1960 года — преподаватель, а с 1965 года — профессор философского факультета ЛГУ. Также был научным сотрудником еврейской секции ГМЭ и вместе с И. М. Пульнером готовил выставку «Евреи в царской России и в СССР» (1939–1941). — 402, 569, 570.

Шимон бен Шетах (конец II века — I век до н. э.) — танай. — 167, 168.

Шимшон б. Песах из Острополя (ок. 1600, Корец, Волынь — 1648, Полонное, Волынь) — раввин, каббалист. Был магиддом в Острополе, затем раввином в Полонном. Писал комментарии к книгам по каббале. В 1648 году погиб во время погромов Богдана Хмельницкого. — 285.

Шолом-Алейхем (настоящее имя Шолом Рабинович; 1859, Переяслав, Полтавская губ. — 1916, Нью-Йорк) — великий еврейский писатель, писал преимущественно на идише, а также на русском и иврите. — 31, 50–52, 58, 59, 70–73, 82, 92, 204, 396, 459, 460.

Штернберг Лев Яковлевич (1861, Житомир — 1927, Ленинград) — выдающийся этнограф и антрополог. Получил традиционное еврейское образование. Учился на юридическом факультете Новороссийского университета, арестован за участие в съезде «Народной воли» (1883). После трех лет тюремного заключения был на 10 лет сослан на Сахалин, где изучал этнографию аборигенов. С 1899 года работал в Музее антропологии и этнографии АН. Сотрудничал с журналом «Русское богатство». Один из членов и последний председатель ЕИЭО. С 1925 года — председатель этнографического отделения и профессор Географического факультета ЛГУ. И. М. Пульнер был студентом Штернберга. — 9, 13, 14–16, 20, 23–25, 376, 377, 380, 398, 401, 402, 405, 406, 416.

Шюнеман Георг (1884, Берлин — 1945, там же) — музыковед, педагог. Профессор и директор Берлинской Высшей школы музыки. С 1933 года директор музыкального отдела Прусской библиотеки. Автор работ, посвященных музыкальному воспитанию. — 261.

Эльзет Иуда (настоящее имя Иуда-Лейб Злотник; 1887, Плоцк, Польша — 1962, Израиль) — раввин, фольклорист, журналист, общественный деятель. Писал на иврите, идише и английском. Раввин в Гомбине (Польша) в 1910–1919 годах. После Первой мировой войны уехал в Канаду, где был раввином в Ванкувере, директором еврейских школ и Еврейского национального фонда. В 1949 году переехал в Израиль. В последние годы жизни занимал пост президента Израильского института фольклора и этнологии. — 228.

Энгель Юлий (Йоэл) Дмитриевич (1868, Бердянск, Таврическая губ. — 1927, Тель-Авив) — музыковед, музыкальный критик, этномузыколог, композитор. Один из основателей Общества еврейской народной музыки (1908). Участник первой экспедиции С. А. Ан-ского (1912). Собирал еврейские народные песни. Автор музыки к пьесе Ан-ского «Диббук». — 204, 429, 430, 459, 460.

Энгельс Фридрих (1820, Бармен, Германия — 1895, Лондон) — немецкий философ, историк и политический деятель, один из основоположников марксизма. — 14, 19, 24–26, 39, 45, 91, 410.

Юдовин Соломон Борисович (1892, м. Бешенковичи, Витебская губ. — 1954, Ленинград) — график, исследователь еврейского народного искусства. Учился в Школе рисования и живописи И. Пэна в Витебске, в Рисовальной школе Общества поощрения художеств в Петербурге. В 1912–1914 годах участвовал в экспедициях С. А. Ан-ского в качестве художника и фотографа. На основе материалов экспедиций опубликовал альбом «Еврейский народный орнамент» (1920). В 1923–1928 годах был хранителем и ученым секретарем Еврейского музея ЕИЭО. Прославился линогравюрами и ксилографиями, преимущественно на еврейскую тему. Иллюстрировал книги еврейских писателей. — 383, 384, 417, 560, 561, 565.

Юсфин Абрам Григорьевич (1926, Бугуруслан, Самарская губ. — 2011, Санкт-Петербург) — композитор, музыковед. Доктор искусствоведения. — 441.

Янкев-Ицхок из Макарова (1832–1892) — цадик, принадлежал к влиятельной Чернобыльской хасидской династии. — 42, 46.

Указатель географических названий

Атаки — местечко Бессарабской губ. В настоящее время Отачь, Молдова. По переписи населения 1897 года в нем проживало 4700 евреев (67 % населения). В конце 1950-хгг. в Атаках проживало около 1 тыс. евреев. Расположены на правом берегу Днестра напротив Могилева-Подольского. — 509, 564.

Балта — уездный город Подольской губ. В настоящее время Одесская обл., Украина. По переписи населения 1897 года в нем проживало 13 тысяч евреев (57 % населения). Место проведения крупнейших в Юго-Западном крае ярмарок. В 1924–1940 годах в составе Молдавской АССР, Украина. До 1928 года — столица Молдавской АССР. В 1940 году Балта вошла в состав Одесской области УССР. Во время Второй мировой войны находилась в зоне румынской оккупации. После войны проживало около 3000 евреев, в начале 2000-х годов — около 100. — 17, 18, 51, 100, 105, 114, 119, 128–130, 184, 216, 227, 231, 233, 234, 240, 245, 246, 248, 253, 278, 280, 282, 474, 475, 480, 481, 483, 486, 492, 498, 499, 506, 523, 524, 530, 557.

Белая Церковь — местечко Киевской губ. В настоящее время Киевская обл., Украина. По переписи населения 1897 года в нем проживало 19 тысяч евреев (53 % населения). Крупный ярмарочный центр. — 49, 290, 315, 368.

Белостокская область — сформирована в 1939 году в составе Белорусской ССР. Упразднена в 1944 году. В настоящее время территория области разделена между Польшей и Беларусью. — 18, 60, 64, 123, 318, 329, 575.

Бельцы — уездный город Бессарабской губ. В настоящее время в составе Молдовы. По переписи населения 1897 года в нем проживало более 10 тысяч евреев (56 % населения). В начале 2000-х годов еврейское население составляло около двух тысяч человек. — 474, 501–503, 514, 528, 529, 531, 544, 550.

Бердичев — уездный город Киевской губ. В настоящее время Житомирская обл., Украина. По переписи 1897 года в нем проживало 42 тысячи евреев (80 % населении). Крупнейший ярмарочный центр. Место действия многих произведений еврейской литературы. — 12, 42, 49, 66, 83, 88, 100, 111, 117, 139, 140, 145, 171, 195, 212, 214, 215, 219, 222–224, 226, 234, 240, 251, 278, 284, 286, 316, 402, 405, 411, 414, 418–420, 428, 584.

Бершадь — местечко Подольской губ. В настоящее время Винницкая обл., Украина. По переписи населения 1897 года в нем проживало 6600 евреев (74 % населения). — 44, 49, 104, 107, 110, 113, 128, 214, 215, 313, 314, 402, 405, 411, 414, 418–420, 475, 562.

Бессарабия — историческая провинция Молдавского княжества. С 1811 года и до революции Бессарабская губ., губернский город — Кишинев. В настоящее время территория Бессарабии входит в основном в состав Республики Молдова и, частично, в состав Украины. По переписи 1897 года население около двух миллионов человек, из них почти 12 % евреи (37 % городского населения). — 18, 19, 34, 119, 472, 472–474, 479, 485, 492, 497, 507, 509, 520, 524, 529.

Богополь — местечко Подольской губ. В настоящее время Первомайск, Украина. По переписи населения 1897 года в нем проживало около 6 тысяч евреев (82 % населения). — 42.

Борщов — уездный город в Галиции (Австро-Венгрия). В настоящее время Тернопольская обл., Украина. В конце XIX века в нем проживало свыше 13 тысяч евреев (30 % населения). — 240, 243.

Брацлав — уездный город Подольской губ. В настоящее время поселок Винницкой обл., Украина. По переписи 1897 года в нем проживало 2460 евреев (39 % населения). Несмотря на то что Брацлав находился в зоне румынской оккупации, большая часть еврейского населения погибла. В начале 2000-х годов еврейское население составляло около 50 человек. — 505.

Варшава — губернский город. В настоящее время столица Польши. По переписи 1897 года в ней проживало 220 тысяч евреев (32 % населения). — 63, 103, 148, 328, 345, 561, 564, 567.

Виленская губерния — в настоящее время в составе Беларуси и Литвы. По переписи 1897 года в ней проживало примерно 205 тысяч евреев (13 % населения). — 44, 134, 166, 195, 249, 252, 264, 265, 269, 312, 332, 341, 358.

Вилкомир — уездный город Ковенской губ. В настоящее время Укмерге, Литва. По переписи 1897 года в нем проживало более 7 тысяч евреев (54 % населения). — 64, 326, 327.

Вильна — губернский город. В настоящее время Вильнюс, столица Литвы. По переписи 1897 года в нем проживало 63 тысячи евреев (41 % населения). — 63, 269, 270, 288, 312, 327, 363, 366.

Витебск — губернский город. В настоящее время областной центр, Беларусь. По переписи 1897 года в нем проживало 34 500 евреев, что составляло половину населения. — 97, 98, 130, 131, 417, 568, 569.

Вызна — местечко Слуцкого уезда, Минской губ., в настоящее время, поселок Красная Слобода, Минская обл., Беларусь. В конце XIX в. население — около 1 тыс. человек, из которых евреи составляли почти 90 %. — 567.

Гайсин — уездный город Подольской губ. В настоящее время Винницкая обл., Украина. По переписи 1897 года в нем проживало более четырех тысяч евреев (46 % населения). — 50, 475.

Глухов — уездный город Черниговской губ. В настоящее время Сумская обл., Украина. По переписи 1897 года в нем проживало примерно четыре тысячи евреев (26 % населения). — 50.

Гомель — уездный город Могилевской губ. В настоящее время областной центр, Беларусь. По переписи 1897 года в нем проживало около 20 тысяч евреев, что составляло половину населения. — 15, 374, 378, 402.

Горышковка — местечко Подольской губ. В настоящее время село Винницкой обл., Украина. По переписи 1897 года в нем проживало 380 евреев (18 % населения). Находилось в зоне румынской оккупации. Почти все евреи выжили, но в начале 1960-х годов покинули местечко. — 491.

Гродно — губернский город. В настоящее время областной центр, Беларусь. По переписи 1897 года в нем проживало около 23 тысяч евреев, что составляло примерно половину населения. — 116, 127, 138, 139, 155, 174–176, 184, 185, 187, 228, 244–246, 253, 256, 257, 259, 276, 278, 283, 286, 291.

Грубешов — уездный город Люблинской губ. В настоящее время в Польше. По переписи 1897 года в нем проживало пять тысяч евреев, что составляло половину населения. — 161.

Гусятин — местечко Подольской губ. В настоящее время село в Хмельницкой обл., Украина. По переписи 1897 года в нем проживало 1150 евреев (40 % населения). — 17, 28, 100, 105, 114, 128–130, 141, 145, 184, 216, 227, 231, 233, 234, 240, 245, 246, 248, 253, 278, 280, 282.

Дубровно — местечко Могилевской губ. В настоящее время Витебская обл., Беларусь. По переписи 1897 года в нем проживало более четырех тысяч евреев (57 % населения). — 67, 68, 78, 86, 87, 100, 110, 114, 118, 122, 123, 125, 138, 157, 173, 175, 181, 184–186, 192, 194, 214, 215, 221–223, 227, 232, 233, 239, 240, 244, 248–250, 252, 253, 256, 257, 259, 280, 281, 414, 417, 418, 565, 566.

Едвабне — местечко Ломжинской губ. В настоящее время в Польше. По переписи 1897 года в нем проживало примерно две тысячи евреев (78 % населения). — 18, 64, 329.

Завережье — еврейская сельскохозяйственная колония (основана в 1835 году). В настоящее время деревня в Могилевской обл., Беларусь. По переписи 1897 года население колонии составляло 259 человек, в основном евреи. В 1925–1926 годах 49 еврейских семей были заняты земледелием. В 1930-е годы в Завережье был организован еврейский колхоз «Коминтерн». — 21, 67, 78, 83, 85, 86, 88, 100, 107, 110, 111, 113, 117, 122, 132, 150, 151, 157, 166, 174, 179, 181, 195, 196, 205, 214, 215, 219, 222, 223, 227, 228, 234, 239, 240, 245, 249, 252, 278, 280, 281, 284, 286, 380, 415, 416.

Захарьевка — местечко Херсонской губ. В настоящее время поселок в Одесской обл., Украина. По переписи 1897 года в нем проживало 1700 евреев (49 % населения). — 17, 28, 100, 105, 110, 114, 128–130, 141, 145, 184, 216, 227, 231, 233, 240, 245, 246, 248, 253, 278, 280, 282, 475.

Калининдорф — еврейская земледельческая колония в Херсонской губ. В настоящее время поселок Калиновское, Херсонская губ., Украина. Одна из первых в Российской империи еврейских сельскохозяйственных колоний. Основана в 1807 году выходцами из Могилевской, Черниговской и Витебской губерний. До 1927 года называлась Сейдеменуха (от «сде менуха» — «поле отдохновения», *др.-евр.*). По переписи 1897 года в Сейдеменухе проживало 1300 евреев (88 % населения). В 1927–1941 годах Калининдорф — центр Калининдорфского еврейского национального района. — 289, 367.

Каменец-Литовский — местечко Гродненской губ. В настоящее время Каменец, Брестская обл., Беларусь. По переписи 1897 года в нем проживало примерно 3000 евреев (60 % населения). — 212, 241.

Киев — губернский город. В настоящее время столица Украины. По переписи 1897 года в нем проживало примерно 248 тысяч человек, из них около 32 тысяч евреев (12 % населения). Центр Киева был исключен из черты оседлости, евреи жили в основном на окраинах, на Подоле и в Демиевке. — 51, 59, 117, 285, 366, 383, 402, 405, 411, 414, 418–420.

Кишинев — губернский город Бессарабской губернии. В настоящее время столица Молдовы. По переписи 1897 года в нем проживало около 50 тысяч евреев, примерно половина населения. В начале 2000-х годов еврейское население составляло около 3000 человек. — 474, 542.

Кобрин — уездный город Гродненской губ. В настоящее время Брестская обл., Беларусь. По переписи 1897 года в нем проживало 6700 евреев (65 % населения). — 271, 275, 444.

Ковенская губерния — в настоящее время в составе Литвы. По переписи 1897 года в губернии проживало примерно 213 тысяч евреев (13 % населения). — 60, 61, 63, 65, 99, 151, 291, 319, 322, 324, 326, 342.

Коломыя (Коломея) — уездный город в Галиции (Австро-Венгрия). В настоящее время Ивано-Франковская обл. (с 1939 до 1962 года — Станиславская обл.), Украина. В 1890 году в Коломые проживало 16 500 евреев, около половины населения города. — 62, 325.

Кольно — уездный город Ломжинской губ. В 1939–1941 годах в составе Белостокской обл., Беларусь. С 1944 года в составе Польши. По переписи 1897 года в нем проживало 2860 евреев (57 % населения). — 60, 318.

Копыль — местечко Минской губ. В настоящее время Минская обл., Беларусь. По переписи 1897 года в нем проживало 2600 евреев (60 % населения). — 270.

Кременчуг — уездный город Полтавской губ. В настоящее время Полтавская обл., Украина. По переписи 1897 года в нем проживало примерно 30 тысяч евреев (47 % населения). — 50.

Курляндская губерния — в настоящее время в составе Латвии. Губернский город Митава (современное название Елгава). По переписи 1897 года в ней проживало около 34 тысяч евреев (5 % населения). — 60, 319, 330.

Кутаиси — губернский город. В настоящее время в Грузии. По переписи 1897 года в нем проживало 4800 евреев (15 % населения). Еврейское население Кутаиси составляли в основном грузинские евреи. — 402, 405.

Лепель — уездный город Витебской губ. В настоящее время Витебская обл., Беларусь. По переписи 1897 года в нем проживало 3400 евреев (54 % населения). — 412, 413.

Лович — город Варшавской губ., в настоящее время, Лодзинское воеводство, Польша. В конце XIX в. еврейское население составляло около 5500 чел. (примерно 40 % населения города). — 567.

Лодзь — уездный город Петроковской губ. В настоящее время в Польше. По переписи 1897 года в нем проживало примерно 100 тысяч евреев (32 % населения). — 200, 352.

Любавичи — местечко Могилевской обл. В настоящее время село в Руднянском районе, Смоленская обл., Россия. По переписи 1897 года в нем проживало 1600 евреев (67 % населения). В 1813 году ребе Дойвбер Шнеерсон основал в Любавичах центр хасидского движения Хабад. — 417.

Люблинская губерния — в настоящее время в составе Польши. По переписи 1897 года в ней проживало примерно 157 тысяч евреев (13 % населения). — 150, 161, 280.

Ляды — местечко Могилевской губ. В настоящее время село в Дубровненском районе, Витебская обл., Беларусь. По переписи 1897 года в нем проживало около 3800 евреев (85 % населения). В Лядах основатель хасидского движения Хабад ребе Шнеур-Залман создал свою резиденцию. — 417.

Макаров — местечко Киевской губ. В настоящее время поселок в Киевской обл., Украина. По переписи 1897 года в нем проживало 1700 евреев (56 % населения). В Макарове находилась резиденция влиятельных хасидских цадиков из Чернобыльской династии. — 42, 46.

Меджибож — местечко Подольской губ. В настоящее время поселок в Летичевском районе Хмельницкой обл., Украина. По переписи 1897 года в нем проживало шесть тысяч евреев (74 % населения). В 1740–1760 годах в местечке жил основатель хасидского движения ребе Исроэл б. Элиезэр, известный как Баал-Шем-Тов или Бешт. — 50.

Минск — губернский город. В настоящее время столица Беларуси. По переписи 1897 года в нем проживало 48 тысяч евреев (52 % населения). — 126, 130, 131, 138, 139, 150, 166, 173, 175, 177, 180, 184, 185, 187, 196, 210, 220, 221, 223, 234, 240, 244, 246, 249, 250, 252, 253, 256, 276, 279, 281, 284, 285, 393, 409, 417.

Минская губерния — в настоящее время территория входит в состав Беларуси. По переписи 1897 года в ней проживало 336 тысяч евреев (16 % населения). — 56, 81, 99, 198, 312, 318, 330, 567.

Могилев — губернский город. В настоящее время областной центр, Беларусь. По переписи 1897 года в нем проживало около 43 тысяч человек, из которых половина — евреи. — 161.

Могилев-Подольский — уездный город Подольской губ. В настоящее время Винницкая обл., Украина. По переписи 1897 года в нем проживало 12 500 евреев, что составляло половину населения. Во время Второй мировой войны находился в зоне румынской оккупации. В 1950-х годах в нем проживало около 5 тыс. евреев, в начале 2000-х годов — около 300. — 472–477, 480, 482, 484, 487, 488, 490–492, 494, 497, 507–513, 515, 517–519, 521, 522, 525–534, 536, 537, 539, 543–549, 551–553, 557, 564–566.

Могилевская губерния — в настоящее время территория входит в состав Беларуси и России. По переписи 1897 года в ней проживало 204 тысячи евреев (12 % населения). — 69, 98, 130, 131, 317.

Могилевский уезд — в настоящее время территория входит в состав Беларуси. По переписи 1897 года в нем проживало 34 тысячи евреев (22 % населения). — 69, 415.

Молдавская АССР — автономная республика в составе Украинской ССР в 1924–1940 годах. До 1928 года столица — Балта, затем Тирасполь. По переписи 1939 года в ней проживало примерно 37 тысяч евреев (6,2 % населения). В 1940 году территория Молдавской АССР была разделена между Молдавской и Украинской республиками в составе СССР. — 17, 18, 7, 114, 119, 128, 142, 148, 184, 216, 231, 240, 245, 248, 253.

Мукачево (Мункач) — город в Закарпатье. В настоящее время в Закарпатской обл., Украина. Перед Второй мировой войной в Мукачево проживало около 30 тыс. евреев (три четверти населения города), в 1970-х гг. — около 2 тыс. — 321, 340, 349, 563.

Низгурец (Слобода Низгурец) — еврейская земледельческая колония в Бердичевском уезде, Киевская губ. В настоящее время село Великие Низгорцы в Бердичевском районе, Житомирская обл., Украина. В ней проживало 340 евреев (около 20 % населения). — 42, 46.

Новобеличи — деревня в Слуцком районе, Минская обл., Беларусь. — 415.

Овруч — уездный город Волынской губ. В настоящее время Житомирская обл., Украина. По переписи 1897 года в нем проживало 3400 евреев (47 % населения). — 50, 51.

Одесса — была выделена в отдельную административную единицу, градоначальство. В настоящее время областной центр, Украина. По переписи 1897 года в Одессе проживало 140 тысяч евреев (34 % населения). Важнейший центр еврейской светской культуры, литературы и просвещения. — 114, 402, 405, 411, 414, 418–421, 561.

Озаринцы — местечко Подольской губ. В настоящее время село в Могилев-Подольском районе, Винницкая обл., Украина. По переписи 1897 года в Озаринцах проживало 994 еврея (25 % населения). Входило в зону румынской оккупации. Выжившие евреи покинули местечко в 1960-х годах. — 525.

Олыка — местечко Волынской губ., в настоящее время Волынская обл., Украина. В конце XIX в. еврейское население составляло около 2,6 тыс. чел. (примерно половина населения местечка). — 565.

Острополь — местечко Волынской губ. В настоящее время село в Староконстантиновском районе, Хмельницкая обл., Украина. По переписи 1897 года в нем проживало 2500 евреев (30 % населения). — 285.

Перемышляны — город в Галиции (Австро-Венгрия). В настоящее время Львовская обл., Украина. В конце XIX века в нем проживало 2700 евреев (63 % населения). — 190.

Подберезы — местечко Виленской губ. В настоящее время село в Сморгонском районе, Гродненская обл., Беларусь. По переписи 1897 года в нем проживало 556 евреев (80 % населения). — 134, 264, 265, 358, 360.

Подолия — историческая провинция на юго-западе Украины между реками Южный Буг и Днестр. Входила в состав Подольской губ. — 52, 92, 121, 160, 404, 472–475, 515, 524, 526, 558.

Подольская губерния — в настоящее время ее территория входит в состав Винницкой, Хмельницкой и Одесской областей, Украина. Губернский город Каменец-Подольский. По переписи 1897 года в ней проживало примерно 371 тысяча евреев (12 % населения). — 17, 119, 313, 475, 567.

Полонное — местечко Волынской губ., в настоящее время город в Хмельницкой обл., Украина. В конце XIX в. еврейское население составляло в нем около 8 тыс. чел. (примерно половина населения местечка). — 560.

Пропойск — местечко Могилевской губ. В настоящее время Славгород, Беларусь. По переписи 1897 года в нем проживало 2300 евреев (53 % населения). — 63, 69, 83, 84, 86, 88, 100, 110, 111, 123, 127, 138–140, 150, 166, 174, 175, 181, 182, 185, 195, 214, 215, 222–224, 228, 234, 239, 240, 241, 245, 249, 251–253, 255, 277, 278, 280, 281, 414–416.

Росвигово — в настоящее время район г. Мукачево (Закарпатская обл., Украина). До 1939 года село в составе Подкарпатской Руси, Чехословакия. — 60, 321, 340, 349, 409.

Ружаны — местечко Гродненской губ. В настоящее время Брестская обл., Беларусь. По переписи 1897 года в нем проживало 3600 евреев (72 % населения). — 123.

Селиба — местечко Минской губ. В настоящее время село в Березинском районе, Минская обл., Беларусь. По переписи 1897 года около 500 жителей, большинство евреи. — 198.

Сквира — уездный город Киевской губ. В настоящее время Киевская обл., Украина. По переписи 1897 года в нем проживало девять тысяч евреев, что составляло примерно половину населения. — 286.

Славута — местечко Волынской губ. В настоящее время Хмельницкая обл., Украина. По переписи 1897 года в нем проживало пять тысяч евреев (57 % населения). — 289, 368.

Староконстантинов — уездный город Волынской губ. В настоящее время Хмельницкая обл., Украина. По переписи 1897 года в нем проживало 9200 евреев (60 % населения). — 244, 245, 252, 255, 256, 270, 277–279, 283.

Тална (современное название Тальное) — местечко Киевской губ. В настоящее время в Черкасской обл., Украина. По переписи 1897 года в нем проживало 5450 евреев (57 % населения). Резиденция цадиков Чернобыльской хасидской династии. — 50, 51.

Текуч — уездный город в Румынской Молдавии. В 1930-х годах в нем проживало 17000 человек. Евреи составляли примерно 10 % населения. — 566.

Тирасполь — уездный город Херсонской губ. В настоящее время в Молдове. Столица непризнанной Приднестровской Молдавской республики. По переписи 1897 года в нем проживало примерно 8700 евреев (28 % населения). В 1924–1940 годах в Молдавской АССР, Украина. С 1928 года — столица Молдавской АССР. В 1940 году Тирасполь вошел в состав Молдавской ССР. — 17, 100, 105, 114, 119, 128–130, 184, 216, 217, 227, 231, 233, 234, 240, 245, 246, 248, 253, 278, 280, 282, 449, 474, 475.

Томашполь — местечко Подольской губ. В настоящее время поселок в Винницкой обл., Украина. По переписи 1897 года проживало пять тысяч евреев (больше половины населения). — 51, 475.

Тульчин — местечко Подольской губ. В настоящее время Винницкая обл., Украина. Перед войной в нем проживало 5600 евреев (42 % населения). Во время Второй мировой войны находился в зоне румынской оккупации. После войны проживало около 2500 евреев, в начале 2000-х годов — около 200. — 474, 477, 478, 479, 481–484, 486–488, 491, 492, 494, 495, 497–502, 504–507, 510, 512, 514, 517, 519, 523, 527, 531–533, 535–546, 549–553, 555.

Улла — местечко Витебской губ. В настоящее время село в Бешенковичском районе, Витебская обл., Беларусь. По переписи 1897 года в нем проживало 1540 евреев, что составляло половину населения. — 413.

Утяны (современное название Утены) — местечко Ковенской губ. В настоящее время в Литве. По переписи 1897 года в нем проживало 2400 евреев (74 % населения). — 190.

Хелм (еврейское название Хелом, русское — Холм) — уездный город Люблинской губ. В настоящее время в Польше. По переписи 1897 года в нем проживало 7600 евреев (41 % населения). — 13, 291.

Херсонская губерния — в настоящее время территория входит в состав Украины. По переписи 1897 года в ней проживало 340 тысяч евреев (12 % населения). — 17, 76, 119, 148, 367, 475.

Хотимск — местечко Могилевской губ. В настоящее время поселок в Могилевской обл., Беларусь. По переписи 1897 года в нем проживало около 2200 евреев (69 % населения). — 56, 317.

Хотин — уездный город Бессарабской губ. В настоящее время Черновицкая обл., Украина. По переписи 1897 года в нем проживало 9300 евреев (43 % населения). После Второй мировой войны проживало около тысячи евреев, в начале 2000-х годов — около 50. — 485, 493, 499, 547.

Черневцы — местечко Подольской губ. В настоящее время поселок в Винницкой обл., Украина. По переписи 1939 года в нем проживало 1455 евреев (19 % населения). Во время Второй мировой войны находился в зоне румынской оккупации. После войны проживало около тысячи евреев, к началу 2000-х годов еврейское население отсутствовало. — 520.

Черновцы — в настоящее время областной центр, Украина. До 1918 года — в Австро-Венгрии, в 1918–1940 и 1941–1944 годах — в Румынии. После Второй мировой войны буковинские евреи почти полностью покинули Черновцы. В город переехало много евреев из Бессарабии и Подолии — двух регионов, в которых значительная часть еврейского населения выжила во время войны. В начале 1970-х годов проживало свыше 35 тысяч евреев (около 25 % населения города), в начале 2000-х годов — около четырех тысяч. — 474, 477, 489, 500, 558.

Шаргород — местечко Подольской губ. В настоящее время Винницкая обл., Украина. По переписи 1897 года в нем проживало около четырех тысяч евреев (72 % населения). Во время Второй мировой войны находился в зоне румынской оккупации. После войны проживало около тысячи евреев, в начале 2000-х годов — около 100. — 160, 163, 474, 480, 482, 497, 512, 520, 527.

Шпиков — местечко Подольской губ. В настоящее время поселок в Тульчинском районе, Винницкая обл., Украина. Перед войной в нем проживало 860 евреев (18 % населения). — 504.

Шпола — местечко Киевской губ. В настоящее время Черкасская обл., Украина. По переписи 1897 года в нем проживало примерно 5400 евреев (45 % населения). — 51.

Ямполь — уездный город Подольской губ. В настоящее время Винницкая обл., Украина. По переписи 1897 года в нем проживало 2800 евреев (43 % населения). — 51, 475.

Глоссарий

Термины (за исключением некоторых, закрепившихся в русском языке в определенном написании) приведены в ашкеназской транскрипции.

Ав (Ов) — пятый месяц еврейского календаря, приблизительно соответствует июлю — августу.

Агада — фрагменты Талмуда и мидрашей, имеющие нравоучительный, а не законоучительный характер.

Агуна (букв. «связанная», *др.-евр.*) — женщина, которая вследствие того, что ее муж находится в безвестном отсутствии, обречена на безбрачие.

Адар (Одр) — двенадцатый месяц еврейского календаря. Приходится на февраль — март.

Айнгемахтс — варенье, чаще всего редька, сваренная в меду, блюдо еврейской кухни.

Алия (букв. «восхождение», *др.-евр.*) — вызов к Торе. Вызванный поднимается на биму для участия в публичной рецитации фрагмента Пятикнижия по свитку. Происходит во время утреннего богослужения в понедельник, четверг и субботу.

Ашкеназы — евреи Центральной и Восточной Европы, говорящие на идише.

Бадекнс (букв. «покрывание», *идиш*) — обряд покрывания невесты.

Бадхн — ведущий традиционной еврейской свадьбы. Во время обряда «покрывания невесты» бадхн рассказывает невесте о прощании с девичьей жизнью, заставляя ее плакать; во время свадебного застолья представляет гостям жениха, невесту и их родню, объявляет о принесенных гостями подарках и, в качестве свадебного шута, забавляет публику остроумными рассказами, сценками, шутками и песнями. Свои речи бадхн обычно импровизирует в стихах на более или менее устойчивые рифмы и традиционный напев.

Базецнс (букв. «усаживание», *идиш*) — обряд усаживания невесты.

Башитнс (букв. «осыпание», *идиш*) — обычай обсыпания жениха орехами, изюмом, конфетами в синагоге в субботу перед свадьбой при его вызове к Торе.

Бейс-дин (букв. «дом закона», *др.-евр.*) — раввинский суд.

Белфер — помощник меламеда (учителя) в хедере.

Бесмедреш (букв. «дом толкования», *др.-евр.*) — молитвенный дом, место для молитв и ученых занятий, синагога. Бесмедреш был чем-то вроде закрытого клуба, так как у него был постоянный состав прихожан из числа зажиточных горожан, которые в нем молились и занимались чтением и обсуждением Талмуда и раввинистических сочинений.

Бима (букв. «возвышение», *др.-евр.*) — огражденное возвышение в центре синагоги, предназначенное для чтения свитка Торы.

Брохе (*мн. ч. брохес, др.-евр.*) — благословение, произносимое перед совершением какого-либо действия либо после его завершения (перед трапезой и после нее, перед исполнением заповеди и т. п.).

Брустихл (букв. «нагрудный платочек», *идиш*) — деталь традиционного еврейского женского костюма, род манишки. Парадный брустихл украшали шитьем и драгоценными камнями. Брустихл выполнял не только декоративные, но и обережные функции.

Гавдола — обряд отделения субботы от будней. Сопровождается зажиганием специальной свечи, свитой из четырех тонких свечек, и вдыханием аромата благовоний.

Галаха — нормативная часть иудаизма, религиозный закон.

Габай — староста еврейской общины, синагоги или какого-либо братства, цеха или общества. У хасидского цадика — помощник, секретарь, посредник между цадиком и его хасидами.

Гаон (букв. «великий», *др.-евр.*) — почетный титул. В средневековой Вавилонии — глава иешивы. В Литве и Белоруссии так именовали наиболее выдающихся раввинов и талмудистов, чьи решения были авторитетны не только для их собственной, но и для многих общин.

Гартл — специальный кушак, которым подпоясывается мужчина во время молитвы.

Гафтара (букв. «заключение», *др.-евр.*) — фрагмент из одной из Книг Пророков, которым заканчивается чтение недельного раздела Торы в синагоге.

Гемара — см. Талмуд.

Даян — член раввинского суда, помощник раввина. В раввинском суде кроме самого раввина состоят еще два даяна.

Дроше (букв. "толкование", *др.-евр.*) — комментарий на какой-либо фрагмент Писания или Талмуда, а также речь, в которой оратор осуществляет такое комментирование, например выступление проповедника в синагоге. Жених на свадьбе должен был произнести дроше. Соответственно, свадебный подарок рассматривался как награда и назывался "дроше-гешанк" — "подарок за дроше".

Ирусин — помолвка, обручение.

Ихес — знатное происхождение, родовитость.

Каболес поним (букв. "встреча", *др.-евр.*) — в контексте свадебных ритуалов обряд, который жених проходит перед бракосочетанием.

Кале — невеста.

Калес цад (букв. "сторона невесты", *др.-евр.*) — родители, родственники, близкие друзья невесты.

Кантор — см. Хазан.

Капелла — клезмерский оркестр.

Кеаре — ритуальная тарелка, блюдо.

Кест — содержание молодой семьи в течение оговоренного времени после свадьбы, чаще всего родителями невесты.

Кидуш (букв. "освящение", *др.-евр.*) — освящение праздника или субботы, которое производят, произнося над бокалом вина специальное благословение. Это благословение тоже называется кидуш.

Киньян (букв. "приобретение", *др.-евр.*) — предварительные условия брачного договора.

Китка — плетеная булка.

Китл — длинный белый халат, который жених надевает на свадьбу, а женатый мужчина — на Песах и на Йом Кипур. Белый цвет символизировал чистоту помыслов молящегося и одновременно напоминал о саване, о готовности принять смерть по воле Всевышнего.

Клаен (букв. "отруби", *идиш*) — отвар из отрубей, праздничное лакомство.

Клезмер (*от др.-евр.* кле земер, букв. "музыкальный инструмент") — еврейский народный музыкант. Клезмерские капеллы играли в основном на свадьбах.

Клойз (букв. "закрытый", *идиш*) — маленькая синагога, объединявшая прихожан по принципу принадлежности к той или иной профессии или тому или иному направлению в иудаизме. Термин *клойз* широко использовался в хасидской практике.

Кнас — неустойка, штраф за невыполнение оговоренных при заключении помолвки условий.

Кнас-мол (букв. «штрафная трапеза», *идиш*) — вечеринка, завершавшая заключение предварительных условий брачного договора.

Кошерный — разрешенный для использования в пищу, антоним к слову «трефной». В переносном смысле слова — дозволенный.

Ктуба (букв. «запись», *др.-евр.*) — брачный контракт.

Кугл — запеканка, пудинг, блюдо еврейской праздничной кухни.

Кундес — озорник.

Кущи — русское название праздника Сукес (Суккот). Это осенний праздник, в течение которого полагается жить или хотя бы трапезничать в сукке, то есть в специальной куще, шалаше.

Лагбоймер (Лаг ба-Омер, букв. «33-й [день Счета] Омера», то есть Сфиры, *др.-евр.*) — праздник. В этот день умер рабби Шимон бар Иохай, которому приписывают авторство каббалистической книги «Зогар». Лагбоймер — прежде всего детский праздник. В этот день отменяли занятия в хедерах, дети шли гулять, играли в подвижные игры, стреляли из игрушечных луков. В течение Сфиры нельзя устраивать свадьбы, но Лагбоймер — исключение.

Лекех мит бранфн (лекех с водкой) — традиционное угощение, которое прихожанин приносил в свою синагогу в связи с каким-либо семейным событием, например обрезанием или бар-мицвой сына, годовщиной смерти одного из родителей и т. п.

Лекех — медовый пряник.

Маден-мол (букв. «девичья трапеза», *идиш*) — девичник, пиршество у невесты.

Мазл-тов (букв. «доброго зодиакального созвездия», *др.-евр.*, то есть доброй судьбы) — традиционное пожелание счастья и поздравление.

Маршалек — то же, что бадхн.

Мафтир — последний вызов к Торе для чтения гафтары, а также человек, получающий этот вызов.

Махзор — сборник молитв на праздники.

Маца — опреснок, пресная лепешка из пшеничной муки и воды. Мацу едят в течение восьми дней праздника Пейсах.

Мезуза (букв. «дверной косяк», *др.-евр.*) — прямоугольный кусочек пергамена, на котором помещены стихи из Второзакония (Втор 6:4–9, 11:13–21). Этот пергамен сворачивается в свиток и помещается в специальную коробочку, которая прикрепляется к косяку каждого дверного проема в доме. Мезуза считалась надежным оберегом от нечистой силы.

Мейвин — знаток, эксперт, экзаменатор, испытывающий жениха во время смотрин.

Меламед — учитель в хедере (начальной религиозной школе для мальчиков).

Мехутенесте — сватья, мать зятя или невестки.

Мехутн — сват, отец зятя или невестки.

Мехутоним — сваты, родители зятя или невестки, расширительно: родственники зятя или невестки.

Ми шеберах (букв. «Тот, кто благословил», *др.-евр.*) — молитва, читаемая после вызова к Торе, за здравие вызванного или того, о ком вызванный попросит.

Мидраш (букв. «изучение», *др.-евр.*) — жанр еврейской позднеантичной и раннесредневековой литературы, основанный на внеконтекстном толковании библейских стихов.

Мизрах (букв. «восток», *др.-евр.*) — табличка с надписью «мизрах», прикрепляемая на восточную стену комнаты, чтобы обозначить сторону, в которую следует повернуться во время молитвы. Часто такие таблички были богато декорированы.

Миква (букв. «бассейн», *др.-евр.*) — ритуальная купель, погружение в которую предписано для достижения ритуальной чистоты, в частности замужним женщинам после регул.

Минха — ежедневная послеполуденная молитва.

Миньян (*букв.* «количество», *др.-евр.*) — кворум, необходимый для совершения публичного богослужения и ряда религиозных церемоний, состоящий из 10 совершеннолетних (старше 13 лет) мужчин.

Мицва — 1) заповедь; 2) доброе дело.

Мишна — см. Талмуд.

Надн — приданое.

Нида — состояние ритуальной нечистоты у женщины в период менструации.

Нисан — первый месяц еврейского календаря, приходится на март — апрель.

Нисуин — обряд бракосочетания.

Орн-койдеш (Арон кодеш, букв. «священный ковчег», *др.-евр.*) — кивот в синагоге, в котором находятся свитки Торы. Расположен у восточной стены молельного зала.

Паройхес — занавес, часто богато украшенный, закрывающий дверцы орн-койдеша.

Пасха — русское название праздника Пейсах. Праздник посвящен Исходу из Египта. Важнейшим ритуалом этого праздника является специальная трапеза, сейдер. В течение Пейсаха, который длится восемь дней, запрещено есть и даже держать в доме квасное, то есть хлеб, крупы и другие продукты из зерна. Вместо хлеба едят пресные лепешки, мацу.

Пинкос — книга протоколов, постановлений, регистрации событий и должностных лиц в еврейских общинах, погребальных обществах, благотворительных братствах.

Пурим — веселый праздник, посвященный событиям, описанным в Свитке Эстер (Книге Есфирь). Сопровождается пирушками и веселыми представлениями, разыгрываемыми на библейские сюжеты. Эти представления называются пуримшпил.

Проким ришойним (букв. «первые параграфы», *др.-евр.*) — предварительные условия брачного договора.

Пятидесятница — русское название праздника Швуес (букв. «недели, седмицы», *др.-евр.*), посвященный дарованию Торы на Синае. Отмечается через пятьдесят дней после Пейсаха.

Раввин — лицо, имеющее высшее духовное образование и / или исполняющее обязанности раввина, то есть эксперта по галахическим вопросам и главы раввинского суда.

Реб (букв. «господин», *др.-евр.*) — форма вежливого обращения к взрослому женатому мужчине, аналогичная русскому «господин».

Ребе — 1) учитель в хедере, то же, что меламед; 2) обращение к раввину, даяну, другим лицам духовного звания; 3) то же, что цадик.

Респонс — письменный ответ квалифицированного раввина или другого специалиста на сложный галахический вопрос. Такие вопросы и ответы на нах собирают в сборники и публикуют.

Рош-хойдеш (букв. «голова месяца», *др.-евр.*) — новомесячье, праздничный день в первый день месяца по еврейскому календарю.

Сарвер (букв. «сервировщик», *идиш*) — повар и официант на свадьбе.

Сейдер — см. Пасха.

Сфира (то же, что Счет Омера) — сорок девять дней начиная с первого дня Пейсаха до Швуес. В этот период, кроме Лагбоймера, нельзя играть свадьбы.

Сподек — разновидность штраймл. Высокая меховая шапка.

Талес — покрывало, накидываемое мужчинами на плечи во время утренней молитвы. К углам талеса в соответствии с заповедью прикреплены четыре кисти, называемые цицес. У ашкеназов в талесе молятся только женатые мужчины.

Талес-зекл — мешочек для талеса. Часто невеста сама вышивала такой мешочек в подарок жениху, чтобы он пользовался им после свадьбы.

Талмуд — собрание устного учения, сформированного во II веке до н. э. — V веке н. э. Состоит из более древней части — Мишны и комментария на Мишну — Гемары. Талмуд содержит в себе как галахические, то есть законоучительные, так и агадические, то есть повествовательные, фрагменты. Является основным предметом изучения в бесмедрешах и ешивах.

Талмуд-тора (букв. «изучение Торы», *др.-евр.*) — хедер для сирот и мальчиков из бедных семей, за обучение которых родители не могут платить меламеду. Талмуд-тору содержали на общинные средства и благотворительные пожертвования.

Тамуз — четвертый месяц еврейского календаря. Соответствует приблизительно июлю.

Твиле — ритуальное погружение в микву.

Тизлик — кафтан.

Тишебов (Тиша бе-Ав, *букв.* девятый день месяца Ав, *др.-евр.*) — день разрушения Первого и Второго Иерусалимских Храмов. Отмечается обрядами траура: суточным постом, отказом от кожаной обуви и, в некоторых общинах, посещением кладбища.

Тишрей — первый месяц еврейского календаря. Соответствует приблизительно сентябрю — октябрю. На этот месяц приходятся многочисленные осенние праздники.

Тноим (*букв.* условия, *др.-евр.*) — условия предстоящего бракосочетания (время свадьбы, расходы сторон, размеры приданого и т. п.), документ, содержащий эти условия, и акт подписания этих условий семьей жениха и семьей невесты, то есть помолвка. После тноим молодые люди официально считаются женихом и невестой.

Тноим ришойним (*букв.* первые условия, *др.-евр.*) — предварительные условия брачного договора, записанные условия помолвки.

Тора — главный священный текст иудаизма, Пятикнижие. В более широком смысле слова — вся совокупность текстов, на которые опирается еврейская традиция.

Тойсфес (*букв.* дополнения, *др.-евр.*) — глоссы и комментарии к Талмуду, созданные в школах учеников Раши в XII–XIII веках, главным образом во Франции и в Германии.

Трефной — запрещенный к использованию в пищу, антоним к слову «кошерный». В переносном смысле: запретный, нечистый.

Тукерин — окунальщица, следившая за выполнением женщинами правил ритуального погружения в микву.

Тфилн — кожаные коробочки с вложенными в них четырьмя библейскими цитатами (Исх 13:10; 13:11–16, Втор 6: 4–9; 11:13–21), написанными на пергамене. Тфилин совершеннолетний мужчина должен повязывать на левую руку и лоб во время утренней молитвы.

Тфилн-зекл — мешочек для тфилн.

Унтерфирер (*букв.* тот, кто подводит [жениха под хупу], *идиш*) — дружка, шафер.

Флодн — род торта.

Форшпил (*букв.* предварительная игра, *идиш*) — танцы и увеселения у невесты и жениха по отдельности в субботу перед бракосочетанием.

Фрейлехс (*букв.* веселый, *идиш*) — народный еврейский танец.

Хазн (кантор) — синагогальный певчий, лицо, осуществляющее вокальное ведение публичной молитвы. Некоторые хазаны были очень популярны благодаря своим вокальным данным и, «гастролируя», переезжали из общины в общину.

Хала — часть теста, которая должна быть отделена при замесе. Во времена Храма это тесто отдавали священнику, после его разрушения сжигают. Так как эту заповедь исполняли во время выпечки хлеба на субботу, слово «хала» стало обозначать субботнюю булку, часто пшеничную и плетеную.

Халица (*букв.* разувание, *др.-евр.*) — обряд избавления от исполнения заповеди левиратного брака. В Пятикнижии (Втор 25:5–10) сказано о заповеди левиратного брака, то есть об обязанности неженатого человека жениться на бездетной вдове своего старшего брата. Дабы избавить вдову и деверя от обязанности вступать в левиратный брак, там же в Пятикнижии прописан обряд халицы, впоследствии уточненный мудрецами Талмуда. Обряд состоит в том, что вдова снимает с правой ноги деверя специальную кожаную сандалию, отбрасывает ее, плюет в пол перед разутым и произносит: «Так поступают с человеком, который не созидает дома брату своему, и нарекут ему имя в Израиле: дом разутого» (Втор 25:9–10).

Ханука (*букв.* новоселье, *др.-евр.*) — зимний веселый праздник в честь освящения Храма Маккавеями после осквернения греко-сирийцами. Длится восемь дней. Во время Хануки зажигают специальный светильник как напоминание о чуде: масла, достаточного всего на один день, хватило для горения в храмовом семисвечнике, меноре, в течение восьми дней. На Хануку принято играть в различные игры, в том числе азартные.

Хасене — свадьба.

Хасид (благочестивый, *др.-евр.*) — приверженец хасидизма.

Хасидизм — мистико-экстатическое направление в иудаизме, возникшее в середине XVIII века и захватившее существенную часть еврейского мира Восточной Европы. Остается влиятельным до сих пор среди ортодоксального еврейства. Основателем хасидизма был р. Исроэл Бал Шем Тов. Для хасидов характерно то, что они являются фанатичными приверженцами своих духовных лидеров — цадиков.

Хевре (*букв.* товарищество, *др.-евр., мн. ч.* хеврес) — братство, добровольное объединение для выполнения тех или иных религиозных или социальных функций в общине. Среди прочих хеврес были распространены: хевре кадише — погребальное братство; хевре талмуд-тора — братство по бесплатному религиозному обучению бедных детей; хевре малбиш арумим — братство «одевания нагих», то есть приобретения одежды для бедняков; хевре бикур хойлим — братство помощи больным); хевре ахносас кало — братство вспомоществования бедным невестам, то есть сбор средств для бесприданниц, и т. д.

Хедер (*букв.* комната, *др.-евр.*) — начальная религиозная школа для мальчиков.

Холамоед (*букв.* будни праздника, *др.-евр.*) — дни между двумя первыми и двумя последними днями праздников Пейсах и Сукес. Эти праздники длятся восемь дней. Статусом полного праздника обладают только два первых и два последних дня, а в середине между ними холамоед, полупраздничный период.

Хосн — жених.

Хосн-мол — пиршество у жениха, мальчишник.

Хоснс цад (*букв.* сторона жениха, *др.-евр.*) — родители, родственники, близкие друзья жениха.

Хупа — свадебный балдахин.

Хупе укидушин (*букв.* покров и освящение, *др.-евр.*) — обряд бракосочетания.

Цадик (*букв.* праведник, *др.-евр.*) — см. Хасидизм.

Цимес — тушеные овощи, чаще всего морковь, блюдо еврейской кухни.

Цицес — специальные кисти, прикрепленные к углам талеса и арбоканфеса (малого талеса, который мужчина носит, не снимая, под одеждой). Их ношение является заповедью.

Шабес Шире (*букв.* Суббота Песни, *др.-евр.*) — суббота, в которую в синагогах читают недельный раздел Торы Бешалах («Когда отпустил»).

Именно в этот раздел входит Шират а-Ям («Песнь моря»), которую пели сыны Израиля, после того как перед ними расступилось Чермное море.

Шабес Нахаму (*букв.* Суббота Утешения, *др.-евр.*) — первая суббота после Тишебов. Название дано по первым словам отрывка из Книги Исайи, который читают в этот день в синагоге: «Утешайте (нахаму), утешайте народ Мой» (Ис 40:1).

Шадхн — профессиональный сват.

Шадхонес — сватовство.

Шайтл — парик, который носит замужняя женщина.

Шамес — синагогальный служка.

Шатнез — библейский запрет смешения волокон растительного и животного происхождения, например льна и шерсти. Запрещено не только использование смесовых тканей, но и применение, допустим, льняных ниток для сшивания шерсти.

Швуес — см. Пятидесятница.

Шева брохес — семь благословений, произносимых во время бракосочетания, а также на послесвадебных трапезах в течение недели.

Шидех — брачная партия.

Шлеер — фата, женское головное покрывало.

Шойфер — бараний рог, в который трубят в синагоге в Рошашоне и Йом Кипур.

Штраймл — парадный головной убор женатого мужчины, шапка с бархатной тульей, отороченной мехом. Как правило, штраймл была знаком учености и высокого социального статуса ее обладателя.

Шулхан Орух (*букв.* Накрытый Стол, *др.-евр.*) — галахический кодекс, составленный в середине XVI века Иосифом Каро (1488–1575). Наиболее авторитетный источник практической галахи, регулирующий жизнь общины и отдельного человека.

Шхине (Шехина) — Божественное присутствие в мире.

Элул — шестой месяц еврейского календаря, приблизительно соответствует августу — сентябрю.

Оглавление

В. Дымшиц. Исай Менделевич Пульнер и его ненаписанная книга «Свадебные обряды у евреев» 5

И. Пульнер. Свадебные обряды у евреев. *Подготовка текста —
Е. Хаздан и В. Дымшиц при участии А. Ольмана
и Е. Домниковой. Примечания В. Дымшица и Е. Хаздан* 35

1. Сватовство 37
   1.1. Общие замечания 37
   1.2. Шадхены (сваты) 48
   1.3. Предложение 60
   1.4. Сговор и смотрины 66
   1.5. Тноим (помолвка) 74
2. Свадьба (хасене) 93
   2.1. Общие замечания 93
   2.2. Предсвадебный период 104
   2.3. Последняя неделя до хупы (бракосочетания) 122
      2.3.1. Понедельник и четверг, предшествующие хупе .. 125
      2.3.2. Суббота, предшествующая хупе 126
      2.3.3. Пир для нищих 138
      2.3.4. Канун хупы 141
         2.3.4.1. Съезд сторон 141
         2.3.4.2. Обрядовое купанье невесты 149
         2.3.4.3. Маден-мол (девичник) 155
         2.3.4.4. Хосн-мол (мальчишник) 156
   2.4. День хупы (бракосочетания) 160
      2.4.1. Воздержание жениха и невесты от еды 164
      2.4.2. «Добрыдзинь» 166
      2.4.3. Оформление кетубы (брачного контракта) 167
      2.4.4. Ди кале базецн (посажение невесты) 173
      2.4.5. Каболес поним (приветствование или прием
          гостей <у жениха>) 184
      2.4.6. Ди кале бадекн (покрывание невесты) 194
      2.4.7. Хупа (бракосочетание) 206
         2.4.7.1. Общие замечания 206
         2.4.7.2. Место устройства хупы 212
         2.4.7.3. Время устройства хупы 214
         2.4.7.4. Участники хупы 219
         2.4.7.5. Свадебный поезд к хупе 220
         2.4.7.6. Обряд хупы (бракосочетание) 225
         2.4.7.7. Свадебный поезд от хупы 239

    2.4.8. Хупе-вечере (свадебный пир, ужин) 244
        2.4.8.1. Разговение молодых 244
        2.4.8.2. Хупе-вечере (свадебный пир, ужин) 248
        2.4.8.3. Хосн-дроше и дроше-гешанк (проповедь жениха и подарок за проповедь) 255
        2.4.8.4. Бенчн (послетрапезное благословение) 259
        2.4.8.5. Танцы и развлечения 260
        2.4.8.6. Первая брачная ночь 276
  2.5. Первая неделя после хасене (свадьбы) 280
3. Общие выводы 292
Список литературы 304

ПРИЛОЖЕНИЯ

Песни о сватовстве, свадьбе и свадебные песни, процитированные в диссертации И. М. Пульнера. *Составила Е. Хаздан. Подготовка текстов Е. Хаздан при участии Е. Домниковой. Перевод текстов В. Дымшица* 311
Д. Ялен. Научная биография И. М. Пульнера. *Перевод Ал. Глебовской* 371
А. Иванов. Собрание документов И. М. Пульнера в Архиве Российского этнографического музея (историко-археографический обзор) 398
Е. Хаздан. Музыка ашкеназской свадьбы: terra incognita 426
В. Дымшиц. Свадебные обряды у евреев Подолии и Бессарабии. *Материалы подготовлены при участии В. Федченко, А. Львова и Св. Амосовой* 471
  1. Введение 471
  2. Сватовство 476
    2.1. Брачный возраст 476
    2.2. Шадхены 479
    2.3. Помолвка (кносемул, ворт, тноим) 489
  3. Свадьба 507
    3.1. Предсвадебный период 507
    3.2. Канун хупы 516
    3.3. Хупа 524
    3.4. Свадебные торжества 535
    3.5. Свадьба на кладбище 553
  4. Заключение 558

Список иллюстраций. *Составил В. Дымшиц* 560
Указатель имен. *Составили В. Дымшиц и Е. Сидорова* 571
Указатель географических названий. *Составили В. Дымшиц и Е. Сидорова* 587
Глоссарий. *Составили В. Дымшиц и Е. Хаздан* 596

Научное издание

Пульнер И. М.
СВАДЕБНЫЕ ОБРЯДЫ У ЕВРЕЕВ

Директор издательства *И. В. Немировский*
Ответственный редактор *И. Белецкий*

Заведующая редакцией *О. Петрова*
Дизайн *И. Граве*
Редактор *Р. Рудницкий*
Корректор *А. Филимонова*
Верстка *Е. Падалки*

При оформлении обложки использовано изображение:
Сухер-Бер Рыбак. Свадьба. Из альбома «Местечко. Мой разрушенный дом. Воспоминание» (Берлин: «Швелн», 1923). Бумага, литография. 33,2 × 48,2. Музей истории евреев в России. Москва

Подписано в печать 17.06.2022.
Формат издания 60 × 90 $^1/_{16}$. Усл. печ. л. 38,0.
Тираж 500 экз.

Academic Studies Press
1577 Beacon Street, Brookline, MA 02446 USA
https://www.academicstudiespress.com

ООО «Библиороссика».
190005, Санкт-Петербург, 7-я Красноармейская ул., д. 25а

Эксклюзивные дистрибьюторы:
ООО «Караван»
ООО «КНИЖНЫЙ КЛУБ 36.6»
http://www.club366.ru
Тел./факс: 8(495)9264544
e-mail: club366@club366.ru

Книги издательства можно купить
в интернет-магазине: www.bibliorossicapress.com
e-mail: sales@bibliorossicapress.ru

*Знак информационной продукции согласно
Федеральному закону от 29.12.2010 № 436-ФЗ*

www.ingramcontent.com/pod-product-compliance
Ingram Content Group UK Ltd.
Pitfield, Milton Keynes, MK11 3LW, UK
UKHW021828220426
5348IPUK00004B/5